AF145397

LE**GUIDE**VERT

Corse

1 **Bastia et le cap Corse** 31

2 **Le Nebbio et les Agriate** 81

3 **La Balagne** 103

4 **Corte et sa région** 169

5 **Porto, les Calanche et Cargèse** 225

6 **La région d'Ajaccio
et le haut Taravo** 263

7 **Le Sud : Propriano, Bonifacio
et Porto-Vecchio** 305

8 **La côte orientale
et le Fiumorbo** 387

9 **Castagniccia,
Costa Verde et Casinca** 405

DÉCOUPAGE GÉOGRAPHIQUE DU
GUIDE SUR LA CARTE CI-CONTRE

L'équipe du Guide Vert Michelin, de gauche à droite : Camille Bouvet, Denis Rasse, Natacha Brumard, Amaury de Valroger, Lucie Fontaine, Philippe Orain, Florence Dyan, Catherine Guégan, Hervé Dubois, Julie Duhourcau, Hélène Payelle, Marie-Pierre Renier, Éric Boucher, Véronique Aissani, Marie Simonet, Carole Diascorn, Camille Therville, Marion Capéra, Pascal Grougon, Dominique Auclair.

Édito

Voyager en France, c'est partir à la découverte d'un patrimoine culturel et naturel extraordinaire. C'est également un moment privilégié pour rencontrer les femmes et les hommes qui font vivre ce patrimoine, mais aussi ses fêtes, ses arts, ses traditions, sa gastronomie, sa culture au sens large. Autant d'expériences incontournables ou insolites, de lieux connus ou confidentiels, que nos équipes ont dénichés au cours de leurs innombrables tournées sur le terrain.

Dans cette nouvelle édition du Guide Michelin Voyage et Cultures Corse, en complément des sites étoilés ★★★, nos auteurs partagent leurs itinéraires, leurs bonnes adresses ainsi que leurs plus beaux souvenirs de voyage. Sans oublier leurs coups de cœur pour des établissements engagés dans une démarche écoresponsable, signalés au fil des pages par le symbole ⌀.

Nous sommes convaincus que chaque destination est digne que l'on s'y attarde, que chaque rencontre mérite que l'on s'y intéresse, que chaque culture a le pouvoir d'enrichir la nôtre.

Afin de redonner du sens au voyage, ralentissons le pas pour nous imprégner en profondeur de la richesse des lieux que nous traversons et des gens que nous croisons. Soyons curieux de tout ce qui se trouve sous nos yeux, en ville ou à la campagne, sur un chemin de traverse, loin de chez nous ou juste au bout de la rue.

Alors, avec ce Guide Michelin Voyage et Cultures, à votre tour de faire le plein de beau, de bon et de rencontres.

Philippe Orain,
Directeur du Guide Michelin Voyage & Cultures

Sommaire

Nos incontournables 4

Nos coups de cœur 8

Nos itinéraires 16

Nos spots en famille 20

DÉCOUVRIR LA CORSE

1 Bastia et le cap Corse
Bastia 32
Le cap Corse 56

2 Le Nebbio et les Agriate
Saint-Florent 82
Le Nebbio 87
Les Agriate 93
La vallée de l'Ostriconi 98

3 La Balagne
Calvi...106
L'Île-Rousse 120
Villages de Balagne 127
Corbara 144
Pigna 147
Calenzana...151
Le Giussani 155
Le cirque de Bonifato 159
Le golfe de Galéria.........................162

4 Corte et sa région
Corte 172
Les gorges de la Restonica...............185
La vallée de l'Asco 191
Calacuccia et le Niolo 197
Le Bozio...208
La basse vallée
    du Tavignano..............................212
De Corte à Vizzavona 214
La forêt de Vizzavona 219

5 Porto, les Calanche et Cargèse
Le golfe de Porto............................228
Les gorges de Spelunca 241
Évisa et la forêt d'Aïtone..............243
Cargèse et le golfe de Sagone.........247
Vico et le Liamone 254
La Cinarca..259

6 La région d'Ajaccio et le haut Taravo
Ajaccio..264
Le golfe d'Ajaccio 280
La vallée de la Gravona 289
Bastelica 293
Zicavo, le haut Taravo
    et l'Incudine................................299

7 Le Sud : Propriano, Bonifacio et Porto-Vecchio
Propriano et le golfe de Valinco......308
Sartène..319
Sainte-Lucie-de-Tallano
    et la vallée du Rizzanèse 329
L'Alta Rocca 334
Les aiguilles
    et la forêt de Bavella...................344
Le golfe de Figari
    et son arrière-pays.....................348
Bonifacio et ses environs 353
Porto-Vecchio..................................370
Le golfe de Porto-Vecchio.............379

8 La côte orientale et le Fiumorbo
Solenzara...388
Ghisonaccia 391
Ghisoni et le Fiumorbo.................. 395
Aléria..399

9 Castagniccia, Costa Verde et Casinca
La Castagniccia 408
Cervione et la Costa Verde.............421
La Casinca 429

📍 **Retrouvez nos carnets d'adresses à la fin de chaque chapitre**

COMPRENDRE LA CORSE

Bienvenue en Corse 434

8 choses à savoir 435

Nature
et environnement 436

Saveurs locales 444

Histoire 448

Personnalités corses 456

Tradition
et art de vivre 458

Art et culture 462

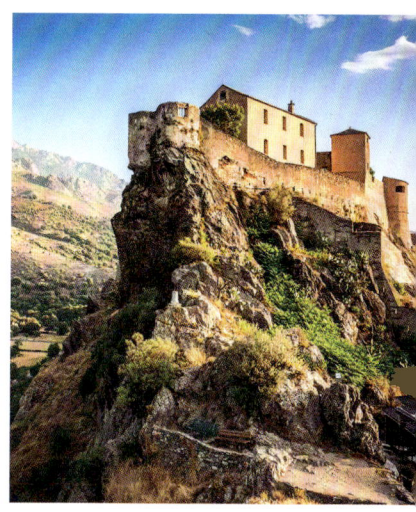

dominikmichalek/Getty Images Plus

pkazmierczak/Getty Images Plus

ORGANISER SON VOYAGE

Séjours à thème 476

Aller en Corse 478

Avant de partir 480

Sur place de A à Z 485

Agenda 500

Livres et films 502

Index général 504

Cartes et plans 513

Légende des cartes
et plans .... 2e rabat de couverture

Nos incontournables

★★
La plage de Santa Giulia

Dans ce paradis du farniente, le ruban de sable blanc forme un cercle presque fermé autour des eaux translucides du golfe de Porto-Vecchio. **Voir p. 380**

sam74100/Getty Images Plus

★★★
Les aiguilles de Bavella

Les très photogéniques pointes rouges érodées qui surgissent de la forêt sont le domaine de prédilection des randonneurs. **Voir p. 344**

Audrey Giraud/Getty Images Plus

★★
Calvi

Une citadelle debout entre deux golfes, une vie culturelle riche, des spots de plongée superbes, une plage et un port de plaisance animé… que demander de plus ? **Voir p. 106**

★★★
La Balagne

Sur les pics et les pentes de ce relief ouvert sur la mer, des villages de charme dégringolent sur un fond bleu ciel. **Voir p. 127**

joningall/Getty Images Plus

Balate Dorin/Getty Images Plus

★★★
Le cap Corse

Une crête rocheuse plongeant dans la Méditerranée, qui la cerne sur trois côtés. Entre autres bonheurs : petits ports de pêche enchanteurs, villages perchés, littoral découpé, hérissé de tours génoises, et paysages particulièrement sauvages. **Voir p. 56**

Naeblys/Getty Images Plus

Nos incontournables

★★

Le vieux port de Bastia

Dominées par les deux tours de l'église Saint-Jean-Baptiste, les maisons forment un amphithéâtre coloré autour du manège des embarcations. **Voir p. 38**

pkazmierczak/Getty Images Plus

★★

La Castagniccia

Une région sauvage et préservée, où les hameaux se dressent comme des forteresses au-dessus du manteau de châtaigneraies. **Voir p. 408**

Maleo Photography/Getty Images Plus

S. Lemaire/hemis.fr

Le palais Fesch - musée des Beaux-Arts

Au cœur d'Ajaccio, une collection d'art italien sans équivalent en France, ou presque! **Voir p. 270**

Bonifacio

Sa ville haute posée sur l'étrave d'un gigantesque paquebot de pierre est LA carte postale de la Corse littorale. **Voir p. 353**

pkazmierczak/Getty Images Plus

Les Calanche de Piana

De superbes falaises rouges plongeant dans la mer : un paysage pétrifié par « le vouloir de quelque dieu extravagant ». L'une des curiosités de Corse à ne manquer sous aucun prétexte ! **Voir p. 232**

Sasha64f/Getty Images Plus

Nos coups de cœur

En haut du monte Cinto.
ValerioMei/Shutterstock

TOP 5
des villages perchés

1. Sant'Antonino (p. 133)
2. Nonza (p. 70)
3. Sainte-Lucie-de-Tallano (p. 331)
4. Piana (p. 149)
5. Loreto-di-Casinca (p. 434)

Le village de Nonza.
zodebala/Getty Images Plus

❤ **Siroter** longuement son verre sur une terrasse ombragée de la place St-Nicolas ou le long du vieux port et regarder vivre Bastia : ses habitants au caractère affirmé, le ballet des ferries colorés, l'animation du marché aux puces du dimanche matin… **Voir p. 32 et p. 38.**

❤ **S'initier** à la musique et aux chants corses dans l'adorable village de Pigna, notamment lors du festival Festivoce en juillet. Et découvrir le meilleur de l'artisanat corse en parcourant les boutiques-ateliers cachés dans ses ruelles. **Voir p. 147.**

❤ **S'asseoir** en spectateur, à bord d'U Trinighellu, le train corse qui, d'Ajaccio à Bastia et de Corte à Calvi, traverse les superbes paysages de l'intérieur de l'île. Vision panoramique et air conditionné inclus dans le ticket. **Voir p. 122 et p. 498.**

❤ **Guetter** patiemment les mouflons, les gypaètes et autres espèces emblématiques de la riche faune qui hante la superbe et tourmentée vallée de l'Asco. **Voir p. 191.**

❤ **Embrasser** toute la Corse, du haut du monte Cinto (2 706 m), point culminant de l'île. Un panorama inoubliable sur les reliefs, la mer, le continent même. À quel prix ? Un bon entraînement pour marcher 10h accompagné d'un guide ! **Voir p. 203.**

Chemin de fer du train corse U Trinighellu.
Sasha64/Getty Images Plus

Nos coups de cœur

Église San Michele de Murato, Nebbio.
Eisenlohr/Getty Images Plus

❤ **Détailler** la polychromie originale et harmonieuse de San Michele de Murato, dans le Nebbio, un bijou d'église romane, vedette des cartes postales, qui domine le « désert » des Agriate. **Voir p. 88**.

Coucher de soleil sur les îles sanguinaires.
dulezidar/Getty Images Plus

❤ **Profiter** de l'arrière-saison à Porto-Vecchio, un peu snob, très cher et surpeuplé en été. Ses plages superbes seront alors à vous seul ou presque. Le calme revenu, tout cet espace pour déployer votre serviette… voilà le vrai luxe ! **Voir p. 370**.

❤ **Rencontrer** les vignerons et producteurs corses lors de la Fête du Vin de Luri (cap Corse) en juillet. Découvrir, échanger, déguster avec modération et force spécialités locales : charcuteries, fromages, douceurs… **Voir p. 73**.

❤ **Marcher** sur le sentier des douaniers à la pointe du cap Corse, de tours génoises en anses sauvages, avec en toile de fond le bleu intense de la Méditerranée. **Voir p. 67**.

Corte, la place Gaffory et l'église de l'Annonciation.
G. Lansard/hemis.fr

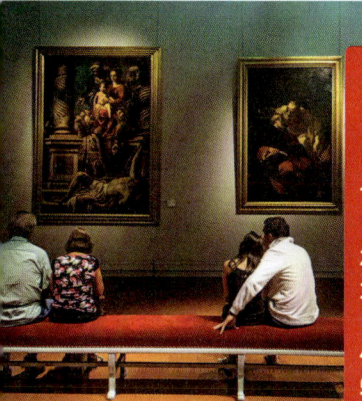

Palais Fesch.
A. Brusini/hemis.fr

TOP 5
des musées

1. Palais Fesch - musée des Beaux-Arts, à Ajaccio (p. 270)
2. Musée de la Corse à Corte (p. 176)
3. Musée départemental de Préhistoire corse et d'Archéologie (p. 320)
4. Musée de Bastia (p. 39)
5. Fort de Matra à Aléria (p. 399)

♥ **Partager** la ferveur – excessive diront certains ? – des Corses pour le ballon rond, en assistant à un très chaud derby entre le SC Bastia et un club d'Ajaccio, ou des rivaux continentaux. **Voir https://sc-bastia.corsica**

♥ **Immortaliser** le coucher du soleil enflammant le porphyre des îles Sanguinaires, un archipel en forme de concentré des beautés de la Corse. **Voir p. 281.**

♥ **Écouter battre** le cœur de l'île en prenant ses quartiers à Corte, ville universitaire attachante située au carrefour de belles vallées (à arpenter sans retenue) et gardienne de l'identité corse. **Voir p. 172.**

♥ **Se régaler** de beignets au *brocciu* en parcourant les allées du marché d'Ajaccio parmi les gourmands attirés par les étals chargés de produits corses. **Voir p. 277.**

Nos coups de cœur

Randonnée sur le GR 20.
tony740607/Getty Images Plus

❤ **Souffler** (et souffrir !) avec plaisir le long des 180 km du mythique et très exigeant GR 20. En bandant mollets, collectionner les images et les émotions et, après deux semaines de marche, tout au bout de l'effort, enfin soupirer : « je l'ai fait ». **Voir p. 492.**

❤ **Prendre le large** à bord du bateau « San Paulu », au départ de Macinaggio pour admirer le cap Corse depuis la mer, tout en découvrant la réserve naturelle des îles Finocchiarola, refuge des oiseaux marins. **Voir p. 76.**

Sentier avec vue sur les îles de Finocchiarola.
Naeblys/Getty Images Plus

TOP 5 des plages

1. Saleccia (p. 96)
2. Rondinara (p. 365)
3. Ostriconi (p. 98)
4. Palombaggia (p. 379)
5. Erbaju (p. 326)

La plage de Palombaggia.
sam74100/Getty Images Plus

❤ **Caresser**, après 2h30 de marche à travers les pins laricio de la forêt de Valdu-Niellu, le tapis de pelouse vert tendre du lac de Nino, dont les eaux si fraîches soulagent les pieds des randonneurs ravis. **Voir p. 204.**

❤ **Nager et se prélasser** sur le sable ou sur les doux et étranges rochers des îles Lavezzi, baignées par des eaux transparentes. Les Seychelles, sans les palmiers certes, ne sont finalement pas si loin du continent. **Voir p. 361.**

❤ **Voir surgir** le campanile de l'église baroque de La Porta, chef-d'œuvre de la Castagniccia. Profiter de sa fraîcheur tout en admirant les peintures en trompe l'œil et son orgue classé, avant d'aller déguster quelques spécialités locales à base de châtaignes. **Voir p. 410.**

❤ **Combiner** la marche, les vues spectaculaires et la découverte archéologique en rejoignant le site du Castellu di Cucuruzzu, complexe monumental isolé datant de l'âge de bronze. **Voir p. 332.**

❤ **Suivre** la procession U Catenacciu qui, le Vendredi saint, serpente entre les demeures austères, verticales et fascinantes de Sartène, la « plus corse des villes corses » selon Prosper Mérimée. **Voir p. 323.**

Les îles Lavezzi.
Diego Fiore/Getty Images Plus

Nos coups de cœur

Sur la D81 entre Galéria et Calvi.
CSP joningall/Fotosearch LBRF/age fotostock

❤ **Marcher dans les pas** de Napoléon Bonaparte à Ajaccio en visitant sa maison natale et en collectionnant les innombrables témoignages (statue, toponymie...) de la vie et du passage de l'empereur. **Voir p. 266**.

❤ **S'enivrer** des senteurs du maquis dans le désert des Agriate, en empruntant la D 81 ou en marchant le long du sentier littoral, de plage en plage, jusqu'à l'Ostriconi où, ce n'est pas une chimère, les vaches paissent sur le sable blanc. **Voir p. 94**.

❤ **Programmer** plusieurs journées en une à Galéria, en foulant les galets de l'immense plage de la Riciniccia, en parcourant en kayak le delta du Fango, en plongeant au large de Scandola, en prenant le frais dans les vasques creusées par la rivière quelques kilomètres en amont... Avant de déguster un poisson grillé, les pieds dans le sable **Voir p. 162**.

❤ **Explorer** les eaux cristallines de la réserve naturelle des Bouches de Bonifacio à l'occasion d'une sortie plongée au départ de la belle plage de Palombaggia. Au retour, rien de tel qu'un moment de farniente sur cette étendue de sable blanc, petit paradis baigné d'eaux turquoise. **Voir p. 379 et 384**.

Les îles Lavezzi.
bru_greg/Getty Images Plus

TOP 5
des sites de plongée

1. Îles Lavezzi (p. 361)
2. Golfe de Porto (p. 240)
3. Calvi (p. 117)
4. Golfe d'Ajaccio (p. 278)
5. Golfe de Sagone (p. 253)

Canoë sur la rivière Fango, près de Galéria.
blickwinkel/Alamy/hemis.fr

Et vous, quels sont vos plus beaux souvenirs de voyage ?

Partagez-les nous sur Instagram ! Vous serez peut-être sélectionnés pour une publication dans une prochaine édition en mentionnant le # : **#coupsdecoeurGuideVertMichelin**

Nos itinéraires

7 jours
Les mystères du cap Corse

En bref : 180 km époustouflants entre terre, ciel et mer.

Bastia   J-1 & 2

Visitez Bastia (**p. 32**) et ses environs, en particulier la citadelle et son musée ; déambulez le soir sur le vieux port et sur la place St-Nicolas.

Côte est du Cap   J-3

Montez jusqu'à la chapelle N.-D.-des-Neiges de Castello (**p. 57**), passez à Sisco (**p. 58**) et à la marine de Pietracorbara (**p. 58**) ; faites étape à Macinaggio (**p. 62**).

Rogliano   J-4

Prenez le grand air sur le sentier des douaniers jusqu'à Barcaggio (**p. 67**), puis rejoignez Rogliano (**p. 62**).

Centuri   J-5

Haltes au moulin Mattei (**p. 64**), à Cannelle, à Centuri (**p. 64**), à Morsiglia, à la tour de Sénèque (**p. 66**), à Pino et à Canari (**p. 68**).

Nonza et Patrimonio   J-6

Visitez le beau village de Nonza (**p. 70**), sans oublier sa plage, accessible par un sentier. Terminez la journée à Patrimonio (**p. 71**), célèbre pour son vignoble.

Conseil : agrémentez votre périple d'une dégustation dans une cave.

St-Florent   J-7

Flânez sur le port de St-Florent (**p. 82**), puis rendez-vous à Oletta (**p. 90**), au cœur du Nebbio, et rentrez à Bastia par le col de Teghime.

Le port de Barcaggio.
Michel PERES/Getty Images Plus

7 jours

La Corse insolite : Casinca et Castagniccia

En bref : 270 km de routes en équilibre et de forêts profondes.

La Casinca   J-1

Parcourez la région (**p. 429**) aux gré de vos envies : Vescovato, Venzolasca, Loreto-di-Casinca, Penta-di-Casinca, Castellare-di-Casinca.

La corniche   J-2

Découvrez les villages perchés au-dessus du littoral le long de la corniche de la Castagniccia (**p. 423**) ; visitez Cervione (**p. 421**).

Valle d'Alesani   J-3

Entrez au cœur de la Castagniccia et suivez ses charmantes routes, *via* Carcheto (**p. 414**) et Piedicroce (**p. 413**).

La Porta   J-4

Continuez la traversée de la Castagniccia, direction l'église de La Porta et Morosaglia (**p. 410**).

En route pour Corte   J-5

Admirez la chapelle San Quilico de Cambia (**p. 418**) et le village de Bustanico ; étape à Corte (**p. 172**).

Aléria   J-6

Longez la vallée du Tavignano (**p. 212**). Découvrez les ruines et le musée d'Aléria (**p. 399**), ainsi que l'étang de Diane (**p. 402**).

Costa Verde   J-7

En rentrant à Bastia, prévoyez une escale farniente sur la plage (**p. 423**).

Conseil : peu d'hébergement dans la Castagniccia. Si vous voyagez en haute saison, pensez à réserver.

Valle Alesani.
RnDmS/Getty Images Plus

Nos itinéraires

7 jours
Cœur de Corse

En bref : 340 km entre montagnes et vallées.

Bastia — J-1

Découverte Bastia (**p. 32**), Terra-Vecchia, le vieux port, la citadelle, puis promenade le long du front de mer (U Spassimare).

Au pied du Niolo — J-2

Remontez la vallée du Golo jusqu'à sa source, en empruntant le défilé de la Scala di Sta-Regina (**p. 202**) et contemplez les cimes autour du Niolo.

Corte — J-3 & 4

Flânez dans les ruelles de la ville haute jusqu'à la citadelle (**p. 172**) ; prévoyez une journée entière dans les gorges de la Restonica (**p. 185**).

Vizzavona — J-5 & 6

Rejoignez Vizzavona (**p. 219**) dans son écrin forestier, *via* les cols de Morello et de Sorba (**p. 216**) qui offrent de superbes points de vue. Choisissez parmi les nombreuses promenades ou randonnées pour explorer les beautés naturelles alentour. L'été, et le week-end, il y a foule !

La Gravona — J-7

Escale à Bocognano avant de profiter de la vallée de la Gravona (**p. 289**) jusqu'à Ajaccio.

Conseil : une grande partie de cet itinéraire peut se faire en train, ligne Bastia-Ajaccio.

Vallée de la Restonica.
joningall/Getty Images Plus

13 jours

La Corse plein sud

En bref : 650 km entre nature et culture.

Ajaccio — J-1

Le matin, arpentez le vieil Ajaccio (**p. 264**), puis visitez le palais Fesch - musée des Beaux-Arts ; en fin d'après-midi, suivez la côte sud du golfe d'Ajaccio (**p. 284**) jusqu'à Coti-Chiavari, où vous dormirez (**p. 285**).

Filitosa — J-2

Longez la côte jusqu'à Porto-Pollo (**p. 312**) ; faites un détour au site archéologique de Filitosa (**p. 310**), avant de reprendre le littoral vers Propriano (**p. 308**).

Golfe de Valinco — J-3

Suivez la rive sud du golfe de Valinco (**p. 314**) jusqu'à Campomoro (**p. 315**), avant d'entamer la montée à Sartène, bâtie en amphithéâtre.

Sartène — J-4

Après la visite du musée départemental de Préhistoire corse et d'Archéologie (**p. 320**), engagez-vous dans le circuit des mégalithes qui vous mènera jusqu'à ceux de Cauria (**p. 323**).

L'Alta Rocca — J-5

Remontez la vallée du Rizzanèse et traversez les villages de l'Alta Rocca (**p. 334**) : Ste-Lucie-de-Tallano (**p. 329**), Levie (**p. 335**) et Zonza (**p. 337**) où vous ferez étape.

Le site archéologique de Filitosa.
gdefilip/Getty Images Plus

Nos itinéraires

Bonifacio.
Photogilio/Getty Images Plus

Bavella   J-6

Admirez les aiguilles du col de Bavella
(**p. 344**) visibles sur une grande
partie de la route conduisant jusqu'à
Solenzara (**p. 388**).

Porto-Vecchio   J-7 & 8

Longez la côte vers le sud jusqu'à
Porto-Vecchio (**p. 370**). Pause
baignade ! Explorez le golfe de
Porto-Vecchio et profitez de ses
plages : Santa Giulia (**p. 380**)
ou Palombaggia, sans oublier une
visite du site préhistorique castellu
d'Araghju (**p. 383**).

Santa-Manza   J-9

Poursuivez vers le sud : baie
de Rondinara, puis du golfe
de Santa-Manza (**p. 365**)
à Bonifacio.

Bonifacio   J-10

Visite de la cité et du site (**p. 353**).
Savourez ensuite la vue sur les
bouches de Bonifacio et la pointe
méridionale de l'île, le Capo
Pertusato, lors d'une promenade
en mer (**p. 361**).

Les îles Lavezzi   J-11

Prévoyez une journée excursion
aux îles Lavezzi (**p. 361**).

*Conseil : emportez palmes, masque
et tuba ou réservez une randonnée
accompagnée d'un guide sur le
sentier sous-marin.*

Retour vers Ajaccio
par la côte   J-12 & 13

Suivez la côte ouest *via* l'ermitage
de la Trinité et Caldarello (**p. 349**).
Retour à Ajaccio en passant par
Sartène (**p. 319**) et Propriano
(**p. 308**).

La plage de Palombaggia.
Sasha64f/Getty Images Plus

14 jours

Les merveilles de la côte ouest

En bref : 550 km entre golfes et villages perchés.

Plages des Agriate   J-1

Au départ de St-Florent (**p. 82**), profitez des plages mythiques des Agriate (**p. 93**), que vous rejoindrez à pied ou en bateau.

Le Nebbio   J-2

Explorez l'arrière-pays du Nebbio (**p. 87**) à travers ses villages perchés (Oletta, Olmeta-di-Tuda, etc.) et visitez la célèbre église à la façade polychrome de Murato (**p. 88**).

Désert des Agriate   J-3

Traversez l'impressionnant désert minéral des Agriate jusqu'à la vallée de l'Ostriconi (**p. 98**).

La haute Balagne   J-4

Prenez un bain matinal à Lozari (**p. 123**), avant de suivre les routes de montagne de la haute Balagne, *via* Belgodère (**p. 136**), jusqu'au Giussani (**p. 155**).

Villages de Balagne   J-5

Repassez le col de Battaglia et traversez les charmants bourgs de Balagne (**p. 127**) : Speloncato, Sant'Antonino, Aregno, Pigna.

Corbara et L'Île-Rousse   J-6

Dirigez-vous vers la mer, *via* le village perché de Corbara (**p. 144**), et faites escale à L'Île-Rousse (**p. 120**), villégiature idéale.

L'Île Rousse et son phare.
CSP_joningall/Fotosearch LBRF/age fotostock

Nos itinéraires

La Balagne littorale   J-7

Longez le littoral de la Balagne et ses jolies baies d'Algajola (**p. 133**) et de Lumio (**p. 134**), et réfugiez-vous en fin de journée à Calenzana (**p. 151**).

Cirque de Bonifato   J-8

Faites une excursion pédestre au cirque de Bonifato (**p. 159**) puis prenez un bain sur la plage de Calvi.

Calvi   J-9

Déambulez dans la citadelle de Calvi (**p. 106**) et profitez de l'animation de la marine sur l'une des nombreuses terrasses qui lui font face.

Galéria   J-10

Empruntez la séduisante route littorale jusqu'au golfe de Galéria (**p. 162**).

Golfe de Girolata   J-11

En chemin pour Porto, ne manquez pas de descendre à pied jusqu'à Girolata (**p. 231**), où le temps semble s'être arrêté.

Golfe de Porto   J-12

Après les joies de la baignade, partez en bateau apprécier les couleurs du coucher de soleil sur les Calanche de Piana (**p. 234**) et la réserve naturelle de Scandola (**p. 231**).

Cargèse   J-13

Suivez la petite route traversant les Calanche jusqu'à la tranquille petite cité perchée de Cargèse (**p. 247**).

Golfe de Sagone   J-14

Longez le large golfe de Sagone (**p. 249**), avant de rejoindre Ajaccio (**p. 264**).

Conseil : deux belles randonnées possibles pour agrémenter le séjour : le désert des Agriate par le sentier du littoral, de St-Florent à la plage du Loto (5h), retour en bateau ; de Galéria à Girolata par le « Mare è Monti Nord » (6h), avec retour à Galéria le lendemain en bateau par Scandola.

Le village de Speloncato.
joningall/Getty Images Plus

5 jours

La Balagne, condensé de l'île de Beauté

En bref : kilométrage selon votre choix d'itinéraire.

Calvi   J-1

Voir ci-contre.

Villages de Balagne   J-2

Partez à la découverte des villages perchés (**p. 127**). Ruelles étroites, places photogéniques, artisanat, repas inoubliables et panoramas vous attendent à Pigna, Sant'Antonino, Corbara, Speloncato, etc.

Galéria   J-3

Empruntez la superbe route littorale pour rejoindre le calme village balnéaire de Galéria (**p. 162**). Balade sur la plage de Riciniccia. Découverte en kayak du delta (**p. 167**). Remontez la vallée du Fango (**p. 164**) pour, en complément de courtes promenades, prendre le frais dans eaux de la rivière. Retour à Calvi par la D 81.

L'Île-Rousse, Lumio   J-4

Montez à bord du tramway de Balagne (**p. 122**) qui longe la côte pour gagner l'attachante petite ville de L'Île-Rousse (**p. 120**). Après-midi sur une plage de Lumio (**p. 134**) et dîner les pieds dans le sable.

Cirque de Bonifato   J-5

Partez à la découverte des forêts et des sentiers de ce superbe cirque isolé (**p. 159**). Repas à l'accueillante Auberge de la Forêt et baignade dans la rivière. Dernière soirée à Calvi.

Conseil : optez pour trois ou quatre villages et promenez-vous aux alentours.

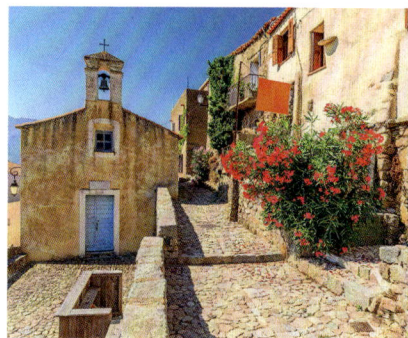

Rue du village de Sant'Antonio.
pkazmierczak/Getty Images Plus

U. Katzmaier/imageBROKER/age fotostock

Canyoning dans les cascades de Purcaraccia.

Tout au long du guide, ce symbole vous aidera à repérer les sites ou activités qui intéresseront les enfants.

▶ Observation des oiseaux à l'étang de Biguglia.

En arpentant les rives de la plus vaste lagune de l'île, une réserve naturelle où nichent plus de 100 espèces d'oiseaux aquatiques, les ornithologues en herbe se feront un malin plaisir à débusquer flamants roses, aigrettes, grands cormorans, martins-pêcheurs et de nombreux oiseaux migrateurs… À vos jumelles ! **Voir p. 44.**

▶ Canyoning dans le massif de Bavella.

Au cœur du massif de Bavella, trois canyons permettent aux plus sportifs d'accéder à de petites oasis de fraîcheur : nage en rivière, glisse sur un toboggan poli par l'eau, descente en rappel ou saut dans des vasques aux eaux limpides. Le Pulischellu est le plus adapté aux familles. **Voir p. 347.**

Activité réservée aux enfants de plus de 7 ans sachant bien nager.

▶ Balade avec un âne en Balagne.

Que vous empruntiez ou non les sentiers de randonnée du mythique GR 20 ou du « Mare a Mare », les montagnes corses regorgent de chemins qu'il est agréable de parcourir à pied, en compagnie d'un âne qui peut porter les bagages ou les enfants. Les âniers vous indiqueront les itinéraires les plus adaptés à leur âge. **Voir p. 142.**

▶ Excursion en mer dans le golfe de Porto.

Hissez les voiles pour envisager l'île d'un autre point de vue. Prenez les Calanche de Piana, Girolata ou la réserve naturelle de Scandola, même vos moussaillons en conviendront, c'est encore plus beau vu d'un bateau ! Au départ de Porto, les propositions d'excursions ne manquent pas. **Voir p. 239.**

Prévoyez des chaussures de marche et des jumelles !

▶ Sensations fortes et vitesse pour tous.

Le Bike Park de Bavella dans le village de Zonza offre un ensemble unique de pistes pour tous niveaux et adeptes de différentes disciplines de VTT

Mouflon.
wrangel/Getty Images Plus

(enduro, descente, cross-country). Il y a même un minibike park pour les petits (3-5 ans et 6-8 ans) ! Et aussi un service de navettes pour la remontée ! Voir p. 342.

▶ Exploration sous-marine dans le golfe d'Ajaccio.
Profitez de votre séjour dans le golfe d'Ajaccio pour faire vos premières bulles sous l'eau. Randonnée le long d'un sentier marin ou initiation à la plongée, on chausse ses palmes pour s'immerger dans les eaux poissonneuses entre la pointe de la Parata et la pointe Guardiola, afin de surprendre un mérou brun, une daurade royale ou un barracuda ! Voir p. 288.

▶ Rencontre avec les tortues d'A Cupulatta.
Direction la vallée de la Gravona où déambulent paisiblement plus de 3 000 tortues terrestres et aquatiques, représentantes de plus de 170 espèces originaires des cinq continents. De la Corse aux Seychelles, de l'Inde aux Galapagos, on s'offre un tour du monde à tout petits pas ! Voir p. 290.

▶ Nature et culture au parc Galea.
Un endroit original, dédié à la géographie, l'histoire et la culture de l'île, où expositions, jardins, ateliers ludiques et installations artistiques éveillent la curiosité. Pour finir en beauté, le sentier sensoriel à parcourir pieds nus amuse toute la famille ! Voir p. 423.

▶ Promenade dans le parc de Saleccia.
Près de L'Île-Rousse, un magnifique jardin organisé en différents espaces thématiques agrémentés de sculptures et de panneaux pédagogiques. Avec ateliers et jeux pour les enfants. Voir p. 123.

▶ Cabotage en kayak aux Agriate.
Pour que la découverte des Agriate ne s'apparente pas à une traversée du désert, abordez ses criques sauvages et ses magnifiques plages en kayak de mer, à partir de St-Florent. Vous pouvez aussi opter pour les navettes maritimes… Voir p. 84 et 86.

Vous avez vécu une super expérience en famille ?

Partagez-la nous sur Instagram ! Vous serez peut-être sélectionnés pour une publication dans une prochaine édition en mentionnant le # : **#enfamilleGuideVertMichelin**

Les Calanche de Piana.
L. Montico/hemis.fr

Le village perché de Nonza.
ViktorCap/Getty Images Plus

DÉCOUVRIR LA CORSE

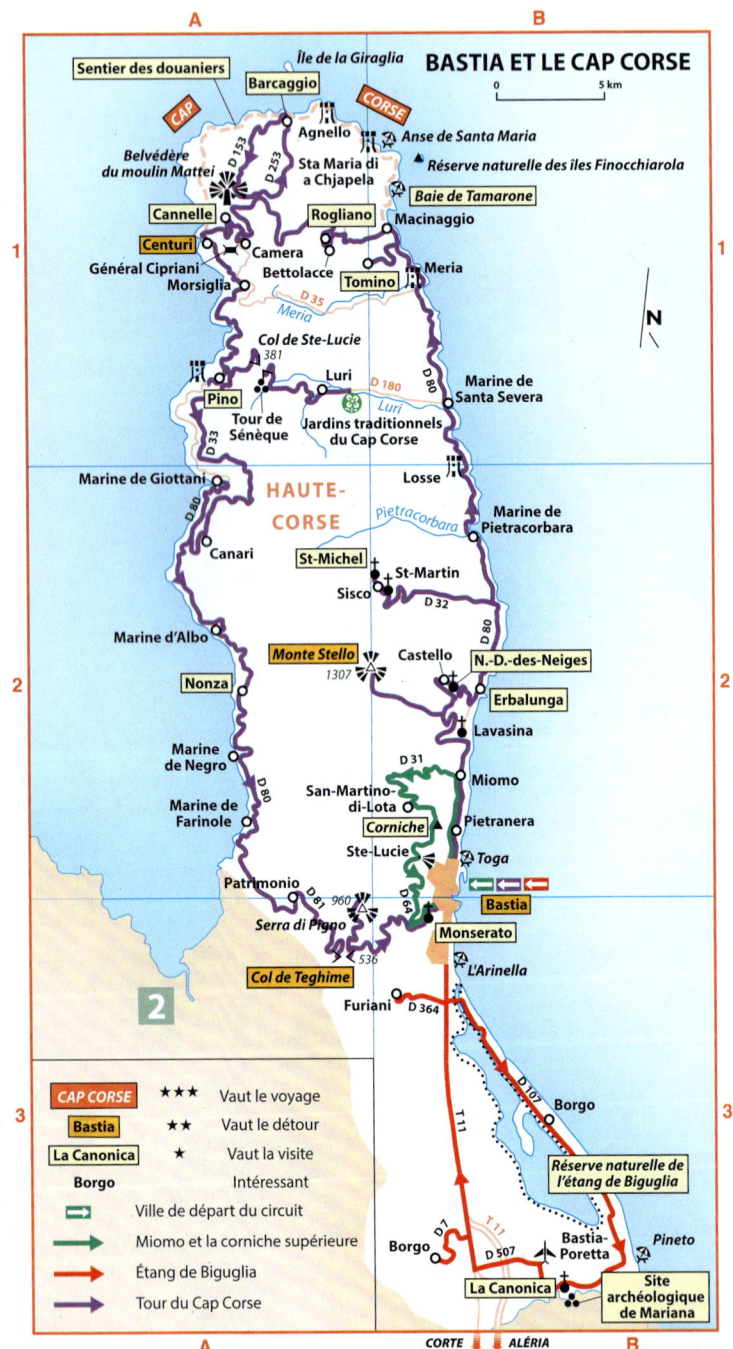

BASTIA ET LE CAP CORSE

0   5 km

Sentier des douaniers

CAP CORSE

Île de la Giraglia

Barcaggio

Agnello

Anse de Santa Maria

Belvédère
du moulin Mattei

Sta Maria di
a Chjapela

Réserve naturelle des îles Finocchiarola

Baie de Tamarone

Cannelle

Rogliano

Macinaggio

Centuri

Camera
Bettolacce

Meria

Général Cipriani
Morsiglia

Tomino

Meria

Col de Ste-Lucie
381

Luri

Marine de
Santa Severa

Pino

Tour de
Sénèque

Jardins traditionnels
du Cap Corse

Luri

Marine de Giottani

HAUTE-
CORSE

Losse

Pietracorbara

Marine de
Pietracorbara

Canari

San-Michel
Sisco

St-Martin

Marine d'Albo

Monte Stello
1307

Castello

N.-D.-des-Neiges

Nonza

Erbalunga

Lavasina

Marine
de Negro

Miomo

Marine de
Farinole

San-Martino-
di-Lota

Corniche

Ste-Lucie

Pietranera

Toga

Patrimonio

Serra di Pigno

Bastia

Monserato

Col de Teghime

L'Arinella

Furiani

Borgo

Réserve naturelle de
l'étang de Biguglia

CAP CORSE   ★★★   Vaut le voyage

Bastia   ★★   Vaut le détour

La Canonica   ★   Vaut la visite

Borgo   Intéressant

⇨   Ville de départ du circuit

→   Miomo et la corniche supérieure

→   Étang de Biguglia

→   Tour du Cap Corse

Borgo

Bastia-
Poretta

Pineto

La Canonica

Site archéologique
de Mariana

CORTE   ALÉRIA

1

Bastia et le cap Corse

CARTE MICHELIN DÉPARTEMENTS 345 – HAUTE-CORSE (2B)

Bastia★★   32

Au nord de Bastia :
Le cap Corse★★★   56

Bastia ★★

Au pied de l'altière Serra di Pigno, la préfecture de la Haute-Corse est la principale porte d'entrée de l'île. La cité aux toits de lauze s'étire du nord au sud, autour de son vieux port sur lequel veille la citadelle ou ville haute, nommée Terra-Nova. Au nord, la ville basse, Terra-Vecchia, s'ordonne autour de l'immense place St-Nicolas d'où l'on ne se lasse pas d'admirer le ballet des navires. La ville a conservé, malgré son développement, une forte personnalité. Elle s'est récemment offert un front de mer piétonnier et une promenade très agréable, U Spassimare, trait d'union entre le centre-ville et la mer, où se côtoient joggers, promeneurs, cyclistes et pêcheurs. Avec son caractère affirmé et son animation, sa vie culturelle riche et variée, Bastia mérite qu'on lui consacre au moins une journée et une soirée.

▶ Se repérer

44 829 Bastiais – Haute-Corse (2B)
CARTE B2/3 (P. 30) ET CARTE DES ENVIRONS DE BASTIA P. 43. Bastia développe ses immeubles administratifs vers le nord et étend ses quartiers d'habitation et sa zone industrielle et commerciale dans la plaine littorale, au sud, le long de la route T 11.

☺ À ne pas manquer

Terra-Vecchia ; la vue sur le vieux port de la jetée du Dragon ; le bel ensemble de l'Assomption de la Vierge à l'église Ste-Marie.

⏱ Organiser son temps

La ville est très animée et agréable en soirée (place St-Nicolas et vieux port). Il est donc aisé d'y prendre pied en fin d'après-midi et de consacrer la journée du lendemain à la visite. Commencez le matin par la place du Marché, près de l'église St-Jean-Baptiste et de Terra-Vecchia.

👥 En famille

La promenade à pied ou à vélo sur l'*U Spassimare* ; la plage de l'Arinella ; les oiseaux de l'étang de Biguglia ; sport avec Corsica Loisirs Aventure *(voir « Nos adresses »)*.

ℹ Carnet pratique p. 48

📍 Nos adresses p. 49

Se promener

PLAN DE LA VILLE

★ Terra-Vecchia

▶ *Circuit tracé en vert sur le plan p. 37 – Compter environ 2h.*
Au cœur de la vieille ville bastiaise, ce circuit permet de découvrir la ville basse organisée autour d'une petite crique qui fut autrefois la marine d'un village de pêcheurs, **Cardo**. Elle offre aujourd'hui le visage d'un petit port méditerranéen où l'on se perd avec plaisir dans un dédale de rues étroites et mouvementées : ruelles en escalier, linge suspendu aux cordes, passages couverts et venelles tortueuses réservent mille surprises *(voir l'ABC d'architecture p. 472)*.

★ Place St-Nicolas AB1/2

Bordée de terrasses ombragées, cette esplanade ceinturée d'une allée de platanes et de palmiers s'étire sur 300 m et s'ouvre sur le port, où accostent les ferries et où se tient un marché aux puces *(dim. matin)*. À l'ouest et au sud, de hauts

Le port de Bastia.
pkazmierczak/Getty Images Plus

immeubles couverts de lauzes dressent leurs sobres façades. En arrière-plan, la montagne abrupte et dénudée clôt l'horizon. La place a été aménagée à la fin du 19e s. De part et d'autre du kiosque à musique s'élèvent la statue de Napoléon et un monument aux morts de la guerre de 1914-1918, illustrant un épisode de la guerre d'Indépendance : le sacrifice d'une veuve de son dernier fils pour défendre la patrie corse. Dans l'angle nord-est, remarquez le **kiosque du sous-marin Casabianca**.

Prendre dans le prolongement de la place le cours H.-Pierangeli.

Sur la gauche, un ensemble de bâtiments abrite le lycée Jean-Nicoli qui occupe l'ancien couvent des missionnaires lazaristes (17e s.) ; il devint palais du Gouvernement lors de l'annexion de la Corse par la France, puis fut habité par sir Gilbert Elliott, le vice-roi de l'éphémère royaume anglo-corse.

Sous-marin libérateur

Une reproduction du kiosque du **sous-marin Casabianca** se dresse au milieu d'un rond-point dans l'angle nord-est de la **place St-Nicolas**. Un hommage plutôt discret au regard de l'importance historique du bâtiment... Lancé en 1935, ce sous-marin doté d'un moteur diesel échappe au sabordage de la flotte française à Toulon, le 27 novembre 1942, avant de combattre les marines italienne et allemande, et d'assurer la liaison entre la France occupée et l'Algérie. Sous les ordres du capitaine de corvette Jean L'Herminier (1902-1953), il participe à l'organisation de la Résistance en Corse (renseignement, ravitaillement en armes, débarquement d'hommes) puis à la libération de l'île. Celle-ci débute le 13 septembre 1943 à Ajaccio et s'achève à Bastia le 4 octobre. En 1951, Jean Vilar incarnera le rôle de L'Herminier dans un film retraçant l'épopée du sous-marin. Un an plus tard, le sous-marin est désarmé, juste avant la disparition de son prestigieux commandant.

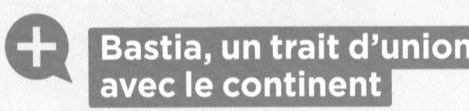

Bastia, un trait d'union avec le continent

Port de Cardo

Les objets découverts sur les hauteurs environnantes confirment une occupation du site dès 1500 av. J.-C. Les Romains y installèrent une colonie, sans doute **Mantinôn** (citée par le géographe grec Ptolémée), qui ne survécut pas à l'invasion vandale et fut abandonnée à la fin du 6ᵉ s. Au début du 11ᵉ s., les pêcheurs utilisèrent dans la crique de « Terra-Vecchia » le petit port de Cardo. Le rivage étant trop vulnérable aux raids barbaresques, ils y édifièrent seulement des cabanes.

Citadelle génoise, capitale de la Corse

Les Génois recherchèrent un emplacement propice à l'établissement d'une cité capable d'assurer un contact permanent et sûr entre leur patrie et leur colonie. En 1380, le gouverneur Leonello Lomellini choisit la marine de Cardo, port naturel, étroit, peu profond, exposé aux terribles coups du *libeccio,* mais protégé par un rocher aisément défendable. En 1480, Tomasino de Campofregoso entreprit la construction de remparts autour de la marina, qui devint le quartier de Terra-Nova. Autour du port de Cardo le quartier de Terra-Vecchia poursuivit son extension vers le nord. Le rocher accueillit une *bastiglia* ou « bastille » qui donna son nom à la ville.
Trait d'union entre la terre génoise et les plus riches régions agricoles de la Corse (cap Corse, Balagne, plaine orientale), Bastia fut, sous la domination génoise, la capitale de la Corse. Le gouverneur et ses services administratifs entretinrent un commerce dynamique, et établirent quelques manufactures. La bourgeoisie de Bastia rivalisa, par ses constructions et son activité, avec le patriarcat de Gênes. Au 17ᵉ s., la ville connut une forte croissance démographique. La floraison d'églises et de chapelles de confréries indique aussi un regain de ferveur religieuse. De cette époque date notamment le somptueux oratoire de St-Roch, décoré par le Florentin Giovanni Filiberto. Cette expansion permit la fusion des colons génois primitifs et des Corses venus de l'intérieur. En 1700, Bastia comptait tout un peuple d'artisans et plusieurs fabriques de pâtes alimentaires…

Le sac de Bastia

Bastia symbolisait la « tyrannie génoise ». Sa richesse apparente provoqua la colère populaire en période de disette alimentaire. Des pillages avaient déjà eu lieu à Aléria, dans le cap Corse, à St-Florent et en Balagne. Le 19 février 1730, 4 000 montagnards saccagèrent Terra-Vecchia trois jours durant, tandis que la citadelle de Terra-Nova restait à l'abri derrière ses remparts. À force d'instances et de promesses, Mari, l'évêque d'Aléria, obtint enfin le départ des envahisseurs.
Entre 1740 et 1770, la cité perdit de son attrait et sa population stagna. De nombreux habitants partirent exercer leur métier en des lieux moins troublés. Cependant, les « populani », essentiellement des artisans et des marins, pour se protéger des paysans montagnards (« paesani ») qui avaient mis la ville à sac, restèrent fidèles à Gênes. Mais celle-ci perdit de sa puissance au point de ne plus être capable de faire face aux manifestations indépendantistes. Quand, avec le traité de Versailles, la Corse devint française en 1768, Bastia célébra unanimement la fin du carcan économique et politique génois.

Insurrections religieuses pendant la Révolution

L'application de la Constitution civile du clergé, en 1791, engendra de violents incidents à Bastia. L'évêque, Mgr du Verclos, dut s'exiler en Italie et céder son siège épiscopal. À l'appel de certains religieux, les fidèles se révoltèrent et suivirent les directives d'une femme de caractère, **Fiora Oliva**, bientôt surnommée « la colonelle ». Pascal Paoli, qui commençait en cette année 1792 à prendre clairement ses distances avec les partisans corses de la Révolution, réprima ces troubles sans grande vigueur.

Au moment où le Directoire succédait à la Convention, une nouvelle vague de persécutions religieuses s'abattit sur la Corse. En 1798, une révolte éclata dans le Golo, conduite par **Agostino Giafferi**, âgé de 80 ans. Arborant une petite croix blanche (la Crocetta) sur leur coiffure, les insurgés se rendirent bientôt maîtres d'une partie de la Castagniccia et de la Casinca. À Bastia, Lucien Bonaparte, anticlérical notoire, dirigea la répression. Devant sa détermination et le supplice de quelques insurgés, le mouvement de la Crocetta se dispersa. Giafferi fut fusillé sur la place St-Nicolas le 21 février 1798.

Nouvel essor

En 1796, la Corse fut divisée en deux départements : le Golo, avec Bastia pour chef-lieu, et le Liamone avec Ajaccio. Dès lors, Bastia se tourna résolument vers le commerce et devint une place d'échange entre les produits agricoles du pays et les objets manufacturés du continent. Les industries s'y développèrent, comme les forges du Toga, au nord de la ville, qui exploitaient le fer de l'île d'Elbe et celui de Cardo. La ville poursuivit son essor : elle comptait plus de 20 000 habitants à la fin du 19e s. Son nouveau port, commencé en 1862, fut achevé cinquante ans plus tard. La construction de la nouvelle préfecture en 1976, puis celle de l'hôtel du département aux allures futuristes, la rénovation du port, enfin, ancrèrent l'image d'une capitale moderne de la Haute-Corse.

Bastia aujourd'hui

L'aéroport de Bastia-Poretta et le port connaissent un développement croissant. En faisant exception des croisières, en plein développement, l'activité portuaire place Bastia au premier rang des ports français de Méditerranée avec un trafic passagers d'environ 2,3 millions de personnes et environ 50 % du trafic total de la Corse. Pour le fret, le port de Bastia concentre la moitié du tonnage de l'île et l'essentiel s'effectue avec Marseille.

Le commerce, les industries (cigarettes, produits alimentaires), le tourisme, ainsi que la présence des administrations animent la ville dont l'extension s'effectue vers le sud : quartiers de Lupino et Montesoro, et deux zones industrielles de plus de 20 km. Bastia entretient avec l'Italie (et particulièrement avec la Toscane), par Gênes, La Spezia, Livourne et Piombino, des liaisons qui renforcent son rôle de premier centre économique de l'île et en font un pôle d'attraction pour tout le cap Corse, le Nebbio, la Castagniccia, la Balagne, et une grande partie de la plaine orientale.

Enfin, Bastia s'est donné un visage plus avenant avec la création d'U Spassimare, voie douce inaugurée en 2018 longeant la façade maritime, entre le port de plaisance de Toga, au nord, et la plage de l'Arinella, au sud. L'Aldilonda, aménagée au-dessus des flots, constitue le moment fort de cette promenade, offrant un spectacle d'une rare beauté.

Place du Marché A2

Bordée par l'ancienne mairie, plantée de platanes et dallée de schiste, elle a gardé son cachet originel grâce aux vieilles maisons – plusieurs datent du 17e s. –, aux façades hautes et percées de fenêtres souvent occultées de persiennes. Elle est animée par ses terrasses de restaurants et les jours de marché *(mar.-vend. et sam. 8h-13h)*.

Église St-Jean-Baptiste A2

4 r. du Card.-Viale-Préla - 04 95 55 24 60 - www.bastia-tourisme.com - tlj sf dim. apr.-midi, en dehors des offices. Voir ABC d'architecture p. 469.

La haute façade classique de ce vaste édifice, calée entre deux fines tours, domine Terra-Vecchia et le vieux port. Plus vaste église paroissiale de Corse, elle fut élevée de 1636 à 1666. L'entrée se fait par le flanc est, donnant sur la place du Marché. La porte est surmontée d'un portique à quatre colonnes.

À l'intérieur, la haute nef et ses deux collatéraux, à l'ordonnance caractéristique du baroque bastiais, ont reçu au 18e s. un décor de marbres précieux (fonts baptismaux), de stucs dorés et de peintures en trompe-l'œil (celles de la voûte datent de 1871). Remarquez aussi l'élégante **tribune d'orgues** (1742), les quelques **tableaux** de la collection du cardinal Fesch *(voir p. 39)* et le curieux **Christ** en papier mâché du maître-autel à la cambrure typiquement baroque (17e s.).

En sortant par le porche latéral, passer devant la façade monumentale et remonter la rue St-Jean. Prendre à droite la rue des Terrasses.

★ Oratoire de l'Immaculée-Conception A2

R. Napoléon - 04 95 54 20 40 - & - 8h-18h (en dehors des offices religieux).

Donnant sur un minuscule parvis à mosaïque de galets représentant un soleil, cette chapelle de confrérie à nef unique fut commencée en 1589. L'extérieur est d'une grande sobriété, à peine égayé par une frise de guirlandes et d'angelots. Dans ce monument se tinrent au 18e s. de nombreuses réunions politiques et historiques, dont les assises du parlement anglo-corse dirigées par le vice-roi Elliot. L'intérieur, richement paré au 18e s., offre des murs couverts de boiseries dans leur partie basse. Une symphonie de dorures et de marbres s'étale sous un plafond peint à fresque. La décoration de la voûte représente l'Immaculée Conception et les médaillons ovales sous la corniche, les apôtres et les évangélistes. Le maître-autel de 1624, rénové en 1763, est orné d'une copie d'une *Immaculée Conception* de Murillo.

La chapelle de droite abrite un crucifix de bois génois du 18e s. La chaire, en marbre polychrome et décorée d'un trompe-l'œil, présente l'originalité d'être accessible par un escalier ménagé dans le pilier auquel elle est adossée.

Poursuivre dans la rue qui prend le nom de rue Napoléon.

Réservée aux piétons, la **rue Napoléon** est bordée de façades dont les teintes chaudes rappellent l'Italie.

Oratoire de la confrérie St-Roch A2

R. Napoléon - 04 95 54 24 60 - 8h30-12h, 14h30-18h, dim. 8h30-12h (en dehors des offices).

Élevée en 1604, sans doute après une épidémie de peste si l'on en croit son vocable, la chapelle affiche une façade néoclassique du 19e s..et un portail de marbre blanc surmonté d'une coquille de pèlerin. Sa décoration intérieure est l'œuvre de maîtres ligures et le retable du maître-autel est dû au Florentin Giovanni Filiberto. Remarquez à gauche, dans une vitrine, la statue processionnelle de saint Roch, fêtée le 16 août avec distribution de petits pains bénis, et les boiseries

BASTIA

0   100 m

SE RESTAURER

Les Blés d'Or	1
Pinelluciu	2
Les Zéphyrs	3
L'Epica	4
L'Ardoise	5
Grazie Mille	6
Le Conti	7
Le Col Tempo	8
U Paisanu	9
Lavezzi	10
Chez Huguette	11
Le Coude à coude	12
Chez Vincent	13

SE LOGER

Babbu Hôtel	1
Hôtel Napoléon	2
Hôtel Central	3
Hôtel Riviera	4
Hôtel Les Voyageurs	5
Hôtel Port Toga	6
Hôtel Des Gouverneurs	7

La relève du gouverneur

Le deuxième week-end de juillet, le **vieux port** de Bastia retrouve les fastes d'une cérémonie datant de plus de cinq cents ans. Elle rappelle la passation des pouvoirs entre les gouverneurs nommés par Gênes et dont le protocole, scrupuleusement reproduit, est inspiré de l'étiquette de la cour d'Espagne. Selon ce rite, le gouverneur quitte le donjon de l'ancien palais des gouverneurs vers 21h pour accueillir, sur le môle génois, son successeur à bord de la galère d'honneur. Cette brillante rétrospective historique, ponctuée de nombreuses joutes (archers, ballets de drapeaux), est animée par plusieurs centaines de figurants bastiais en costume d'époque.

d'applique de facture génoise du 18e s. qui courent le long des murs. Enfin, la tribune d'orgue en bois sculpté et doré soutient un buffet en noyer, abritant un instrument de 1750.

Revenir sur ses pas en direction du vieux port.

Juste après le croisement avec la rue St-Jean, remarquez au n° 4 de la rue des Terrasses, si vous avez la chance de trouver la porte ouverte, le vestibule décoré de fresques. Cette demeure, appelée la **maison Castagnola**, ainsi que celle qui lui fait face (au n° 5), avec sa façade sculptée, appartenaient à deux familles rivales. Elles seraient les deux plus anciennes maisons de Bastia.

★★ Vieux port AB3

Au pied de la citadelle et dominé par la haute silhouette de l'église Saint-Jean-Baptiste, la petite crique de l'ancienne marine de **Cardo** abrite le port de pêche et de plaisance. L'ensemble forme l'image emblématique de Bastia. Les vieux immeubles de Terra-Vecchia s'ordonnent en amphithéâtre. Petits yachts au mouillage, barques de pêche en bois peintes de couleurs vives et pêcheurs ravaudant leurs filets dessinent un tableau pittoresque. En saison, des chanteurs animent les terrasses des restaurants et les voitures n'ont plus droit de cité. Les maisons serrées les unes contre les autres, usées par les ans et polies par le vent du large, courent le long des quais. Elles reprennent au fil du temps leurs couleurs d'origine. Le long du front de mer *(quai des Martyrs-de-la-Libération)* qui relie le vieux port à la place St-Nicolas, remarquez la façade du 17e s. du **palais Galeazzini**.

En chemin sur le quai du Sud, vous rencontrerez sur la droite l'**ascenseur** *(gratuit)* du **Mantinum**, nom romain de Bastia. Il mène à un belvédère de la ville haute. De la terrasse s'offre une **vue★★** en plongée sur le vieux port.

On vous emmène à U Spassimare

Envie de découvrir Bastia en profitant de vues inédites sur la ville ? U Spassimare, voie douce destinée aux joggers, aux cyclistes et aux promeneurs, entendait mettre en valeur la façade maritime de Bastia : pari réussi ! Après avoir pris un verre à l'ombre de la place St-Nicolas, vous atteindrez le vieux port en empruntant le quai des Martyrs, puis vous arriverez au « clou » de la promenade, l'**Aldilonda**, qui file au bas des remparts de la citadelle, environnée du bruit des flots s'échappant par les grilles... Un moment unique ! Ne manquez pas de monter à la **poudrière**, bastion triangulaire avec vue imprenable sur la mer. À la hauteur du tunnel, la promenade longe la voie rapide, devenant bien moins agréable. Elle peut se poursuivre vers le sud jusqu'à la plage de galets de Figaghjola et la plage de sable de l'Arinella *(env. 3 km)*, histoire de piquer une tête dans la mer.

De l'extrémité de la **jetée du Dragon**, on profite également d'une **vue**★★ remarquable sur le port. En arrière-plan se profile l'échine montagneuse du cap Corse, souvent coiffée de « l'os de seiche », nuage annonciateur d'une *libecciada* (coup de *libeccio*). Au large, par temps très clair, on distingue l'archipel toscan (du nord au sud : les îles Capraia, d'Elbe et de Montecristo).

★ La citadelle - Terra-Nova

▶ *Circuit tracé en vert sur le plan p. 37 – Compter 1h30.*
À pied, le plus rapide est d'emprunter l'ascenseur du Mantinum (voir plus haut), menant directement à la ville haute, à deux pas du palais des gouverneurs. Les moins pressés arpenteront les allées du jardin Romieu menant à la vaste esplanade du théâtre de verdure. Si vous êtes voiture, laissez la au parking de la place d'Armes.
La citadelle de Bastia, ceinturée de remparts du 15ᵉ s., fut édifiée par les Génois entre le 15ᵉ et le 17ᵉ s. Il fait bon flâner dans les ruelles, bordées de petits restaurants et d'échoppes ouvertes en saison, de ce quartier calme et agréable.
La porte monumentale, dite porte Louis-XVI (fin 18ᵉ s.), mène **place du Donjon**, bordée de belles demeures, comme A Casetta qui accueillait jadis les réunions du conseil des Anciens.

Ancien palais des gouverneurs A3

À l'intérieur du fortin, les bâtiments accolés au donjon bordent une petite cour et des jardins. Ils constituèrent le palais des gouverneurs génois du 15ᵉ au 18ᵉ s., puis celui du Conseil supérieur créé par Louis XV, avant d'être sérieusement endommagés en 1943. Le bâtiment a peu évolué depuis l'époque génoise. Le pont-levis a été reconstruit à l'identique. Le jardin perché sur l'un des bastions, accessible par le musée, offre une **vue**★ imprenable sur le vieux port et le centre historique.
★★ **Musée de Bastia** - *Pl. du Donjon -* ☎ *04 95 31 09 12 - musee.bastia.corsica -* ♿ *- mai-sept. : tlj sf lun. 10h-18h30 (tlj en juil.-août) ; reste de l'année : tlj sf dim.-lun. 9h-12h, 14h-17h ; fermé j. fériés et vac. de Noël - 5 € (10-18 ans -2,50 € ; janv.-avr. gratuit).* Outre d'intéressantes expositions temporaires, il présente l'histoire de la ville sous des aspects les plus divers (politique, économique, culturel, social, etc.), à travers 18 salles thématiques. La muséographie, sobre et réussie, mélange reconstitutions d'intérieurs, tableaux d'artistes locaux du 20ᵉ s., céramiques, statuaires... De nouvelles présentations d'œuvres s'intègrent chaque année au parcours. Ne manquez pas la **maquette géante de la ville**, sur laquelle les édifices d'avant-guerre sont revêtus de papier aquarellé, ni les **coffres de marins**★ richement ornés rappelant la vocation portuaire de Bastia, ni les peintures baroques, en particulier celles de la **collection du cardinal Fesch**, oncle

1

Ocre et gris-bleu

Connus pour leurs façades teintées d'ocre rouge et jaune, les édifices historiques de Bastia sont recouverts de lauzes grises aux reflets bleus. Symbole de la Corse schisteuse, les toits du centre historique proviennent de l'ancienne carrière de Casavecchie, hameau situé sur les hauteurs de la ville. Les lauzes sont encore employées pour la rénovation des toitures tout comme pour des constructions modernes, mais elles proviennent aujourd'hui du cap Corse (de Brando, entre Erbalunga et Sisco) et de Campodonico dans la Castagniccia. Pour admirer au mieux les toitures de Bastia, rendez-vous dans les jardins du palais des gouverneur ou à la **montée Filipina** qui offre un point de vue plus bucolique.

de Napoléon *(voir p. 270)*. La chapelle abrite la **collection Carlini**, du nom d'un maire de Bastia qui légua en 1973 une centaine d'œuvres et d'objets décoratifs de la période Empire : jeux de cartes, éventails, coffrets, etc. Au sous-sol, des cellules de garnison témoignent de la vocation de place forte du site. Deux impressionnantes **citernes★** souterraines voûtées, d'une capacité de 270 000 et 400 000 litres, assuraient l'autonomie en eau de la citadelle en cas de siège.

La **terrasse** au 5e étage (☎ *04 95 31 09 12 - musee.bastia.corsica - accès séparé possible - 1 €.)* est aménagée en agréable **jardin suspendu** d'où vous bénéficierez d'une **vue★★** superbe sur la ville, le vieux port, le trafic des ferries, les pêcheurs... Des concerts sont organisés dans cette calme oasis fleurie.

Depuis la place du Donjon, plusieurs ruelles bordées de très vieilles maisons traversent la citadelle et mènent à l'ancienne cathédrale.

★ Église Ste-Marie (protocathédrale) AB3

12 r. Notre-Dame - 8h-18h, dim. 8h-12h.

Sa façade restaurée, surmontée d'un fronton rectangulaire, donne sur une petite place. Au n° 12, dans le presbytère, le **général Hugo** et son fils Victor séjournèrent de 1803 à 1805.

Construite à partir de 1495 par l'évêque de Mariana, l'église fut élevée au rang de cathédrale en 1570. Elle conserva ce statut jusqu'au transfert de l'évêché de Corse à Ajaccio, en 1801. Le clocher date du début du 17e s. L'intérieur majestueux, aux trois nefs richement décorées dans une harmonie joyeuse de rose et d'or, est représentatif du baroque des 17e et 18e s. Remarquez le dallage polychrome en marbres, blanc de Carrare, bleu de Corte, rouge d'Oletta (ce pavage n'est pas l'original, il a été posé en 1869 lors de la visite de l'impératrice Eugénie) et, les soubassements des piliers et des murs de l'église, plaqués de roche verte (serpentine) du Bevinco. Dans le chœur, au-dessus de l'autel, se font face les **cantorie**, tribunes des chanteurs pratiquées dans l'épaisseur du mur. Dans les bas-côtés sont disposées des **chapelles de confréries**. Dans une niche vitrée du bas-côté droit s'élève le groupe de l'**Assomption de la Vierge★★**. Composée d'argent, la statue fut ciselée au 18e s. à Bastia par le Siennois Gaetano Macchi. Surmontant l'autel du Sacré-Cœur, au fond du bas-côté gauche, l'**Assomption** est signée du peintre italien Leonoro dell'Aquila (1512). On découvre, dispersés dans l'église, des statues de bois polychrome du 17e s. et des tableaux de la **collection du cardinal Fesch**.

En sortant de Ste-Marie, tourner à droite et suivre sur le côté gauche de l'église la rue de l'Évêché, dallée en escalier, jusqu'à l'entrée de la chapelle Ste-Croix.

★ Chapelle Ste-Croix B3

R. de l'Évêché - ☎ 04 95 32 31 70 - & - horaires, se rens.

Elle fut construite par les deux plus puissantes confréries bastiaises de pénitents afin d'abriter un crucifix miraculeux, repêché en 1428. Exposé dans la chapelle latérale droite, ce **Christ des miracles★** (appelé aussi *U Cristu Negru* : le Christ Noir), est emmené en procession le 3 mai *(voir Agenda dans le carnet pratique)*. L'intérêt de l'édifice réside aussi dans le somptueux **décor★★** rococo, réalisé entre 1758 et 1775, représentatif du style « barocchetto » génois. Sur le fond bleu du plafond de la nef se détachent des angelots et les gracieuses arabesques des stucs recouverts d'or. Le maître-autel en marbre polychrome est dominé par un majestueux retable de Giovanni Bilivert, *L'Annonciation*, de 1633. L'intéressant **buffet d'orgue** du 18e s. et un groupe processionnel en bois polychrome aux expressions particulièrement théâtrales méritent votre attention.

En sortant, remonter la rue de l'Évêché, tourner à gauche devant l'église Ste-Marie, puis prendre tout de suite à gauche la rue de l'Hospice qui longe l'église.

Les marches du jardin Romieu.
R. Franken/imageBROKER/age fotostock

Passé une minuscule place, pavée de galets disposés en mosaïque, sur laquelle donne la façade de l'oratoire Ste-Croix, une rampe donne accès au bastion sud de la citadelle aménagé en jardin public.

Avant de quitter la citadelle, goûtez le calme de la **place Guasco** et des venelles alentour.

Descendre vers le port par le jardin Romieu.

★ Jardin Romieu AB3

Sur les pentes qui montent à la citadelle, ce jardin intimiste apporte fraîcheur et calme. Depuis un point de vue d'où l'on contemple une nouvelle fois le vieux port et les vieilles maisons du quartier de Terra-Vecchia, un sentier tortueux se glisse parmi les palmiers, les lauriers, les plantes grasses et les pins parasols, dont quelques spécimens se dressent au pied des murailles. Un élégant **escalier** à double révolution mène enfin au vieux port par le quai du Sud.

À proximité   CARTE DES ENVIRONS DE BASTIA P. 43

Plage de Toga

▶ *De la place St-Nicolas, prendre l'avenue Émile-Sari. Comptez 15mn à pied.*
Port de plaisance un peu atone hors saison, s'étend à la sortie nord de Bastia. La marina regroupe restaurants, bars et prestataires proposant divers services (club de plongée). Juste après la sortie du port, on accède à une petite plage de galets.

Sentier des crêtes, de Toga à Alzeto *(50mn aller - difficulté moyenne) – Dép. des hauteurs de Toga. Place Mattei, quittez la route du cap Corse et dépassez les panneaux indiquant « chemin de San Rucucciu » et le « Sophros ». Là débute le sentier muletier.* Les villageoises empruntaient autrefois ce sentier pour vendre leurs fruits et légumes au marché de Bastia. La balade s'achève au hameau d'Alzeto, avec son habitat traditionnel, offrant en chemin de très belles vues sur Bastia, la mer et l'archipel toscan.

Les plus sportifs grimperont le **chemin des glacières** (« e nivere ») de Ville-di-Pietrabugno, pour découvrir quelques exemples de ce petit patrimoine (16e-18e s.) un peu oublié, en pierre sèche, où l'on conservait des pains de glace afin que les riches familles basquaises puissent déguster glaces et sorbets au cœur de l'été. La glace était aussi utilisée comme anesthésiant lors des interventions chirurgicales, ou pour faire baisser la fièvre.

À noter que le **chemin des glacières** est aussi accessible depuis le village perché de **Cardo** (bus 3 depuis le palais de Justice, puis 3h30 AR ; dénivelé de 550 m).

Plage de l'Arinella

▶ 3,5 km au sud du centre-ville. Se diriger vers le sud (dir. Bonifacio) ; indications. La plage est reliée au reste de la ville par la voie Spassimare (voir encadré p. 38).

👥 La plage de sable fin gris s'étend sur des kilomètres. Surveillée, équipée pour faciliter l'accès aux personnes handicapées, elle accueille des aires de jeux ainsi qu'une **base nautique** (juil.-août, activités de voile, kayak ou paddle).

Miomo et la corniche supérieure

▶ Circuit de 24 km au départ de Bastia tracé en vert sur la carte des environs de Bastia p. 43. Quitter Bastia par le nord et la D 80.

Après avoir longé la **plage de Toga** et la station balnéaire de **Pietranera**, la route épouse les sinuosités du littoral.

Miomo

Une solide **tour génoise**, restaurée en 2021 (exposition et vidéos, dont l'une évoquant une attaque barbaresque), est la première à bénéficier de l'ambitieux programme de restauration des tours du littoral, lequel s'étendra sur plusieurs années. Campée sur des affleurements de schiste vert, domine la petite plage de galets. L'ensemble offre un paysage caractéristique du cap Corse.

Prendre à gauche la D 31 en direction de San-Martino-di-Lota.

La route serpente à flanc de montagne, passe au pied de deux cascades avant d'arriver à Acqualta, principal hameau de San-Martino-di-Lota.

San-Martino-di-Lota

La placette bordant l'église d'**Acqualta** offre une vue plongeante sur la vallée profonde. L'église est flanquée d'un clocher à deux étages. Chaque Vendredi saint, les habitants ont coutume de réaliser un objet en palmes tressées.

Après San-Martino-di-Lota, la route est taillée en **corniche★** dans les schistes verts aux reflets dorés.

Ste-Lucie

De l'église perchée sur un rocher, la **vue★★** s'étend sur Bastia avec son port et sa citadelle, l'étang de Biguglia et l'archipel toscan.

Retour par le petit village résidentiel de Cardo et l'oratoire de Monserato.

★ Oratoire de Monserato

Se garer dans le tournant juste au-dessus du couvent St-Antoine sur la D 81.

🚶 Accès à pied (15mn) par la petite route étroite, qui dessert de luxueuses résidences, un peu plus haut sur la gauche. Accès également possible depuis le palais de justice de Bastia (45mn). Se rens. à l'office de tourisme. 8h-18h.

Extérieurement très simple, cet oratoire daté du 18e s. abrite un « escalier saint » ou **Scala Santa**, installé en 1884 et réplique de celui de la basilique St-Jean-de-Latran

ENVIRONS DE BASTIA

à Rome. Remarquez, dans l'abside, la Vierge à l'Enfant en marbre du 17ᵉ s. Deux pèlerinages ont lieu chaque année : le 12 mai (St-Pancrace) et le 2 juillet. En sortant, admirez la **vue★** sur Bastia depuis le couvent St-Antoine. À proximité, en redescendant vers le centre-ville, la **fontaine sous voûte** d'Alletto (ou Monserato) présente, dit-on, la plus vieille inscription lapidaire bastiaise (1560).

Étang de Biguglia

▶ *Circuit de 65 km au départ de Bastia tracé en rouge sur la carte p. 43 – Compter environ 3h. Quitter Bastia par le sud et rejoindre la T 11.*
L'itinéraire sillonne les alentours de l'étang de Biguglia, dont certaines zones sont fortement marquées – voire dégradées – par l'activité humaine.

Scala Santa

En 1816, le pape Pie VII conféra à Bastia le rarissime privilège de posséder un tel escalier, en reconnaissance de l'aide apportée par les Bastiais aux prêtres romains refusant de prêter serment et exilés en Corse par Napoléon Ier. Selon la tradition chrétienne, la Scala Santa désigne l'escalier du palais de Ponce Pilate à Jérusalem que le Christ gravit le jour de sa Passion. La faveur attachée aux répliques de cet escalier veut que le fidèle qui le gravit à genoux soit absous de ses pêchés.

Furiani

À 4 km au départ de la T 11.
Perché sur une colline et gardé par une tour génoise, le village offre une **vue★** sur l'étang de Biguglia et la mer. Il accueille la **brasserie Pietra** *(voir « Nos Adresses »)* ainsi que le **stade** du **Sporting Club de Bastia**. Son nom est tristement associé à la tragédie qui s'y déroula le 5 mai 1992 : une tribune s'effondra avant la demi-finale de Coupe de France de football qui opposait Bafuriastia à Marseille. Il y eut 18 morts et plus de 2 000 blessés.

Non loin de la plage de sable de **Tombulu biancu** (« le héron blanc »), située sur le territoire de la commune de Furiani, un sentier *(3 km)* ponctué de 9 bornes mène à une construction en bois pour observer les oiseaux migrateurs.

Randonnée à Santa Maria Assunta *(45mn, facile ; clef à la mairie)* – *De Furiani, remontez la rue principale et prenez à droite à l'intersection en direction du cimetière.* 😊 *Prévoir un pique-nique : tables disposées près de la chapelle.* Le début de la randonnée est indiquée par un panneau portant l'inscription « Capella Santa Maria » et balisée en rouge au sol.

De la D 107, après le rond-point de Furiani, suivre immédiatement sur la droite, après la ligne ferroviaire, les panneaux indiquant l'écomusée du Fortin, à 1 km.

★ Réserve naturelle de l'étang de Biguglia

Rte de l'Étang - 📞 *04 95 20 40 - reserves-naturelles.org/reserves/etang-de-biguglia -* ♿ *- juin-sept. : visite guidée sur réserv. - (le cœur de la presqu'île de San Damiano, séparant les bassins nord et sud de l'étang, ne se visite qu'en compagnie d'un guide) - pêche interdite - se munir d'un répulsif anti-moustique.*

Le plus grand étang de Corse, en réalité une lagune de faible profondeur, s'étire sur 1800 ha. Elle constitue l'une des étapes essentielles des oiseaux d'eau migratoires sur l'axe Europe-Afrique.

Écomusée du Fortin – 📞 *04 95 33 55 73 - juin.-sept. : 9h-17h ; oct.-mai : 9h-12h, 14h-17h - fermé dim. - 2 €.* Présentant la faune et la flore, ainsi que les activités humaines autour de l'étang, il occupe une solide bâtisse, vieille de trois siècles, sur l'îlot d'Ischia, sur la rive nord-ouest.

Revenir vers la D 107 et suivre la route de la lagune qui longe le cordon littoral entre l'étang de Biguglia et la mer.

Étang de Biguglia – L'étang et ses alentours proches hébergent une population unique d'oiseaux : plus de 100 espèces, dont près de 30 hivernants et plus de 60 migrateurs estivants,

Biguglia, capitale ?

On a peine à croire que ce gros village qui domine l'étang et la mer fut la capitale de l'île sous la domination pisane, puis génoise. En 1372, les Génois en furent chassés suite à une révolte corse ; ils s'installèrent alors à Bastia.

comme le grand cormoran, le héron pourpré, la foulque macroule. Mulets et surtout anguilles fréquentent assidûment les eaux de l'étang. L'anguille a d'ailleurs long-temps constitué la principale ressource de Biguglia. Les canaux de draînage des rives sud et ouest abritent quant à eux une population dense de **tortues cistude** d'Europe. La richesse floristique n'est pas moindre. Grâce à son cordon lagunaire constitué des alluvions de l'ancienne embouchure du Golo et la source d'eau de mer située à son extrémité nord, l'étang abrite une exceptionnelle variété de végétaux : herbiers de zostères au nord, prairies inondées au centre, roselières denses et vasières au sud.

🌿 Une **piste cyclable** longe la lagune sur 11 km.

🥾 **Sentier de Tumbulu Biancu** – *Prendre la direction du Lido de la Marana et gagner le parking de la plage (panneau explicatif).* Le sentier du « héron blanc » (inondé en hiver) longe les berges du lac sur 1,7 km, permettant de découvrir près de 500 espèces végétales différentes, ainsi que plusieurs centaines d'oiseaux (martin-pêcheur, cormorans, flamants roses, etc.). Il offre par ailleurs de nombreux points de vue sur l'étang, le fortin, et la montagne.

Dans la pinède, les grands ensembles pavillonnaires et les villages de vacances comme celui de Borgo ont accès aux **plages du Lido de la Marana**.

On traverse les parcs à moutons avant d'atteindre la route d'accès à la **plage de Pineto**.

★ Site archéologique de Mariana

Rte de la Marana - lieu-dit de La Marana - ☎ 04 95 30 14 30 - www.musee-mariana.com. Mariana a été fondée au 1er s. av. J.-C. par le général romain Marius, qui lui donna son nom. En juin 2021 a ouvert le nouveau musée archéologique, qui retrace l'histoire des lieux et rassemble les objets trouvés lors des fouilles.

★ **Musée archéologique de Mariana Prince Rainier III de Monaco** – *☎ 04 20 19 02 40 - mar.-dim. 10h-19h - 7 € (8-18 ans à 4 €) - visites guidées (+ 2 €) merc. et sam.-dim. à 15h 30 ; hors sais. sam.-dim. à 15h.*

Il est formé de deux bâtiments modernes d'une grande sobriété. L'un abrite les services administratifs et de recherche, l'autre, sur pilotis avec parterre d'eau, les espaces publics et le musée. Sur quelque 10 000 objets retrouvés, le musée en présente 500, le tout agrémenté d'animations numériques interactives. La muséographie adoptée privilégie une approche thématique, exposant des objets évoquant des domaines aussi divers que le soin du corps, la vie quotidienne, les rites funéraires, ou encore le culte de Mithra (ex-voto d'un sacrifice de taureau). Les plus belles pièces sont les deux **mosaïques**★ paléochrétiennes, l'une provenant du baptistère, l'autre de la basilique. La visite s'achève sur la terrasse au 2e étage, d'où l'on distingue l'église de « La Canonica ».

Prendre derrière le musée et se diriger vers l'église.

★ **Cathédrale romane « La Canonica »** – *☎ 04 95 30 14 30 - visite guidée en basse sais. sur demande ; reste de l'année : se rens. - 2 €.* Bordée par la D 107, l'église à l'élégante silhouette est appelée localement « La Canonica », réminiscence de l'époque médiévale où l'évêque et des chanoines *(canonicus)* résidaient non loin. Elle a été consacrée en 1119, sous le vocable de Santa Maria Assunta, par l'archevêque de Pise. Malgré ses dimensions modestes, 35 m d'est en ouest, elle est le plus grand édifice religieux médiéval de l'île. De plan basilical, elle compte une nef centrale plus large et plus haute que les nefs latérales et une abside semi-circulaire couverte d'une voûte en cul-de-four.

Sa beauté vient de la netteté et de la pureté des volumes et des élévations, mais aussi de la subtile polychromie de la pierre, allant du gris-jaune au vert pâle. Il s'agit d'un calcaire cipolin, sorte de marbre, provenant des carrières de Sisco et Brando,

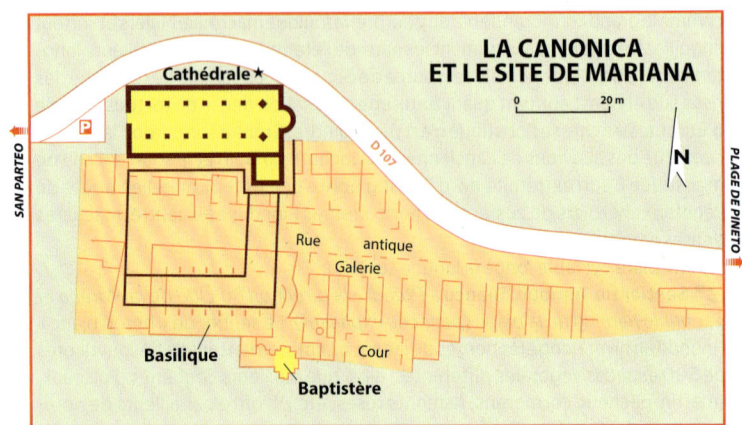

dans le cap Corse. La porte de la façade occidentale est décorée d'entrelacs sur le linteau monolithe et sur l'archivolte coiffant le tympan nu, surmontée de six claveaux sculptés d'animaux.

Cité antique – Les vestiges visibles au bas de la cathédrale appartiennent à un quartier excentré situé au sud de la cité. Il s'organisait autour d'une voie à portiques qui concentrait les activités marchandes. Sur cette voie s'ouvraient également des habitations dont l'entrée était parfois magnifiée par des colonnes de briques, toujours visibles. Côté sud, se distinguent les bases d'une basilique paléochrétienne à trois nefs, construite entre le 3e et le 5e s., dont un fragment des mosaïques est exposé au musée. Au sud-est se trouve un baptistère édifié à la même époque. Les colonnes de granit sont toujours visibles.

Église San Parteo – 📞 04 95 54 20 40 - *à 300 m à l'ouest de la cathédrale de la Canonica. Voir l'ABC d'architecture p. 468.* Autour de l'église s'étendait un cimetière, utilisé de l'Antiquité romaine jusqu'au Moyen Âge. Lors des fouilles, on a dégagé, les fondations d'un édifice paléochrétien qui avait dû être élevé au 5e s. L'église actuelle, d'inspiration toscane, a été réalisée en deux campagnes : l'abside au 11e s., la nef au début du 12e s. Le linteau en bâtière de la porte latérale sud est sculpté de deux lions couchés à l'ombre d'un palmier.

Suivre la direction de l'aéroport de Bastia-Poretta.

Borgo : de défaite en reddition

Borgo fut le théâtre des deux plus importants revers de l'armée française en Corse. Le premier, en décembre 1738, porte le nom de « **Vêpres corses** » : les troupes envoyées dans l'île par le roi de France, à la demande de Gênes, sont écrasées par les nationaux. Le second, en octobre 1768, retarde la réunion de l'île à la France. Le Français Ludre se retranche, avec ses hommes, à Borgo pour des raisons stratégiques. Mais ils se trouvent bloqués par les troupes corses commandées par Clément Paoli, frère de Pascal. Le marquis de Chauvelin, chef de la garnison de Bastia, se porte au secours de Ludre, mais il doit renoncer après dix heures de combat. Les Français laissent sur le terrain 600 morts, 1 000 blessés, 600 prisonniers et 700 fusils, et Ludre est contraint à la reddition.

La Canonica.
F. Guiziou/hemis.fr

Aéroport Bastia-Poretta

Sur l'esplanade de l'aéroport, une plaque rappelle la dernière mission de recon-
naissance photographique (le 31 juillet 1944) de l'écrivain-aviateur Antoine de
Saint-Exupéry, membre d'une escadrille basée à Bastia-Borgo.
*Suivre les panneaux « Toutes directions » puis Lucciana. Au-rond-point, tourner
à droite sur la T 205 (direction Bastia), puis sur le rond-point, prendre la D 7 vers
Borgo.*

Borgo (Borgu)

Les maisons en schiste couvertes de lauzes de ce village **belvédère★** occupent
un promontoire dominant la mer, la plaine et l'étang de Biguglia. Appartenant à
l'aire économique du « Grand Bastia », Borgo fait partie d'une communauté de
dix communes et connaît un développement important.
L'**église de l'Annonciation** se signale par sa façade en pierre restaurée de style
baroque (17e s.). Utilisées comme cimetière, les ruines de l'ancienne église dédiée
à **saint Appien**, patron du village célébré chaque 13 novembre, surplombent
le village.
Revenir sur la T 205 et poursuivre sur la T 11 par laquelle s'effectue le retour à Bastia.

ℹ Carnet pratique

S'informer

Office du tourisme de Bastia –
PLAN DE LA VILLE A1 (P. 37).
Pl. St-Nicolas - ℘ *04 95 54 20 40 -*
www.bastia-tourisme.com.
Brochures téléchargeables
sur la ville et le pays bastiais.
Visites guidées de la ville –
Différentes vistes thématiques sont
proposées sur réservation à l'office
de tourisme *(1h30 ; 15/20 €).*

Arriver/partir

En avion

Aéroport Bastia-Poretta –
℘ *04 95 54 54 54 - bastia.aeroport.*
fr. L'aéroport se situe 20 km au sud
de la ville par la voie rapide T 11.
Liaisons aéroport-Bastia –
Des navettes de **bus** (℘ *04 95 31*
06 65 - 9 € - 20-35mn de trajet
selon la circulation) circulent entre
l'aéroport et le centre-ville (gare
ferroviaire). Des **taxis** assurent
aussi la liaison (℘ *04 95 36 04 65 -*
env. 50 € de jour, env. 70 € dim.,
et de 19h à 7h).

En bateau

Gare maritime – ℘ *04 95 55 25 85 -*
www.bastia.port.fr. Le port se
trouve dans le centre de la ville.
Compagnies – *Voir p. 478.*

En train et en bus

Gare ferroviaire – ℘ *04 95 32*
80 57 - cf-corse.corsica. Liaisons
quotidiennes avec Ajaccio
(4h) via Ponte-Leccia et Corte,
et avec Calvi (3h) via Ponte-Leccia
et l'Île-Rousse.
Autocars – *Fiches horaires*
à l'office de tourisme et sur
www.corsicabus.org. Au départ
de la gare routière ou de la gare
ferroviaire (PLAN DE VILLE A1).
Quelques compagnies desservent
les principales localités de Corse :
Calvi (2h), Corte (1h15), St-Florent
(40mn), Porto-Vecchio (3h)... Pas
de desserte d'Ajaccio.

Se déplacer

Transports en commun

Navette de l'Arinella – *Tlj sf dim.*
8h10-19h40 - gratuit. Il faut oublier
la voiture pour circuler dans la ville.
Une navette assure la liaison entre
le parking relais de l'Arinella et
la place St-Nicolas (20mn).
Bus – *www.bastia-agglomeration.*
corsica - tickets à l'unité 1,50 €,
carnet de 10 tickets 10 €. Seulement
utile si vous résidez en dehors du
centre-ville. Attention, service
réduit le dimanche.

Vélo

APPeBIKE – ℘ *04 95 24 22 03 -*
appebike.com - 26,25 €/2h,
39,90 €/4h, 52,50 €/j. Présent
dans plusieurs villes corses, réseau
de location de vélos électriques,
ainsi que de trottinettes.

Location de voitures

Les principales sociétés de location
sont présentes à l'aréoport.

Se garer

Stationner dans le centre de Bastia
est ardu. Optez pour le parking du
vieux port et le quai des Martyrs-
de-la-Libération, pris d'assaut en
saison. Sinon, essayez les parkings
payants de la citadelle, la place
St-Nicolas et la place du Marché.

Train et bus touristiques

👥 **Petit train touristique** –
Pl. St-Nicolas - ℘ *04 95 31 61 16 -*
www.lepetittrainbastia.corsica -
de mai à oct. : 14h-17h, dép. ttes
les heures (horaires susceptibles
de modifications) - 8 € (3-12 ans
3,50 €) - durée : 50mn. De la place
St-Nicolas à la citadelle.
👥 **Bastia Vision** – ℘ *06 73 92*
09 18 - www.bastia-tourisme.com -
avr.-oct. : 9h30-16h30, ttes
les heures au dép. de la gare
routière (horaires susceptibles
de modifications)- 8 € (3-15 ans
3,50 €) - Parcours d'1h en bus
à ciel ouvert, pour découvrir les
principales attractions de Bastia.

Agenda

Pâques – Procession du Chemin de Croix dans les ruelles de la vieille ville *(le soir du Vend. saint).*

San Martino di Lota – *Vend. saint.* Les confréries de la Pième de Brando partent en procession à travers le maquis. Selon la tradition, elles se suivent sans se rencontrer.

Festival BD à Bastia – *una-volta. com - déb. avr.* Exposition de planches originales, rencontres...

Fête du Christ noir des Miracles – *Le 3 mai.* Procession de la statue du Christ noir, trouvée en mer en 1428 et conservée dans la chapelle Ste-Croix de la citadelle. Réunissant pêcheurs, confréries et fidèles, la fête s'achève par la bénédiction de la mer.

Fête de saint Érasme – *Le 2 juin.* Procession en mer en l'honneur du patron des pêcheurs.

Creazione – *2 j. fin juin - creazione.*

corsica. Festival de la mode et du design au Palais des Gouverneurs.

Fête de saint-Jean-Baptiste – *Le 23 en soirée et le 24 juin.* Fête patronale de la ville.

Relève du gouverneur et Notte à Memoria – *2e w.-end de juil. (p. 38).* Spectacle historique le sam.

Assomption – *Le 15 août.* Sortie en grande pompe de la statue processsionnelle de la Vierge en argent massif de la cathédrale.

Fête de saint Roch – *Le 16 août, voir p. 36.*

Salon du chocolat et des délices de Corse – *oct. - www.salon-chocolat-bastia.com.*

Festival du film méditerranéen – *mi-oct. – www.arte-mare.corsica.*

Les Musicales de Bastia – *Déb. nov. - www.musicales-de-bastia.com.* Le festival de toutes les musiques.

1

📍 Nos adresses

Restauration

Terra-Vecchia et Vieux Port

Premier prix

1 **Les Blés d'Or** – AB1 - *7 av. Émile-Sari - ☎ 04 95 36 39 50 - tlj, service continu - moins de 15 €.* Dans cette boulangerie-pâtisserie qui fait également salon de thé, la carte vous met l'eau à la bouche avec son choix de pains et de douceurs corses. À proximité immédiate de la place St-Nicolas, un lieu parfait pour une petite pause gourmande ou un déjeuner léger.

2 **Pinelluciu** – B1 - *10 bis av. Émile-Sari - ☎ 06 86 95 66 14 - fermé dim. apr.-midi-lun., service continu - moins de 15 €.* Lasagnes aux trois fromages corses, gratins de légumes, hot-dogs, délicieux bastelles, ces petits chaussons

farcis aux oignons confits, au *brocciu...* À 100 m du débarcadère, sur place ou à emporter, de quoi se régaler des saveurs corses en toute simplicité. Propose aussi un choix de cafés à emporter.

7 **Le Conti** – A2 - *9, bd du Gén.-de-Gaulle (pl. St-Nicolas) - ☎ 04 95 31 71 47 - fermé lun., service continu - plats 16/21 €.* Une valeur sûre de la place St-Nicolas, un établissement réputé pour l'inventivité de ses antipasti et pour ses assiettes bien présentées à base de produits frais, sans oublier bien sûr ses pizzas.

10 **Lavezzi** – A2 - *8 r. St-Jean - ☎ 04 95 38 89 66 - tlj, midi et soir - pizza 12,50/17 €.* Surplombant le vieux port, ce restaurant cosy au décor raffiné dispose d'une petite terrasse panoramique recherchée. Au menu, si les (excellentes) préparations tendance fusion et produits de la mer ont la vedette, les viandes en sauce ou encore les pâtes ne sont pas oubliées.

6 Grazie Mille – AB2 – 1 r. du Marché – ☎ 04 95 31 42 45 ou 04 95 32 38 22 - tlj, midi et soir - fermé mar. et merc. midi - plats 20/38 €. Pâtes, pizzas, desserts, un restaurant italien de très bonne tenue, tant pour la qualité de la cuisine que pour la sincérité de l'accueil.

Budget moyen

4 L'Epica – A2-3 – 2 r. de la Marine - ☎ 04 95 35 86 07 - tlj, midi et soir - fermé dim. et lun. - plats 16/22 €. À deux pas de l'église St-Jean-Baptiste, la discrète entrée de ce restaurant conduit dans une salle joliment décorée, qui s'achève par une petite terrasse surplombant l'agitation du port. Le choix de plats est restreint et change souvent, ce qui est bon signe. Goûtez aux délicieuses sardines à la basquaise et réservez pour profiter de la terrasse en balcon sur le port. Accueil charmant.

3 Les Zéphyrs – B2 – 22 quai des Martyrs de la Libération - ☎ 04 95 31 50 17 - fermé le soir - plats 15/25 €. Envie de déjeuner avec vue sur la mer ? Ce sympathique restaurant est pour vous. De plus, il est bien moins touristique que ceux du vieux port, à deux pas de là, et moins cher. La cuisine familiale est irréprochable, tant les viandes que les poissons, et le rapport qualité/prix imbattable. Patronne aussi charismatique que joviale.

9 U Paisanu – B2 – 9 r. Monseigneur-Rigo - ☎ 07 84 11 03 32 - www.upaisanu.com - fermé dim. soir - 17/30 €. Une épicerie-restaurant des plus pittoresques et authentiques qui ne rechigne pas à proposer ses produits typiquement corses au déjeuner et pour le dîner. La cuisine du chef, d'une amabilité proverbiale, jouit d'une juste réputation de qualité. Réserver impérativement !

5 L'Ardoise – A2 – Pl. du Marché - ☎ 04 95 35 17 11 ou 06 24 64 01 88 - tlj, service continu - menu 25,50 €, plats 16,50/27,50 €. Discrètement installé dans une salle fraîche prolongée d'une terrasse, ce sympathique bistrot moderne propose une simple, mais belle cuisine locale et internationale (pizzas et pierrades). De bons produits, un accueil gentil, pour un excellent rapport qualité-prix.

Pour se faire plaisir

8 Le Col Tempo – A2 – 4 bis r. St-Jean - ☎ 04 95 58 14 22 - juil.-août : tlj sf dim. soir ; reste de l'année : fermé dim.-lun. - plats env. 30/40 €. Sur le Vieux Port, restaurant « bistronomique » tenu par un jeune chef féru de cuisine moderne et inventive. Une carte réduite pour des plats savoureux à base de bons produits de saison. Une réussite.

11 Chez Huguette – A3 – R. de la Marine - quai Sud - ☎ 04 95 31 37 60 - www.chezhuguette.fr - service continu - fermé dim. soir-lun. - plats 25/69 €. Ce restaurant est installé depuis 1969 face au Vieux Port, un agréable voisinage qui donne le ton à la cuisine où sont mis à l'honneur fruits de mer et poissons frais... et pour cause : ici, on va se fournir directement chez les pêcheurs locaux !

La Citadelle

Premier prix

12 Le Coude à coude – B3 – Pl. Guasco - ☎ 06 38 29 39 85 - le soir - fermé dim. et lun. - tapas 12/20 €. L'équipe du Col Tempo (voir ci-dessus) poursuit dans le (très) bon goût avec son adresse dans la Citadelle. Le concept de leur établissement : un bar à vins (grande sélection au verre) où l'on se délecte de tapas joliment réalisés (anchois à la bastiaise, rillettes de sardines, gaspacho de courgette...).

Budget moyen

13 Chez Vincent – A3 -
12 r. St-Michel - ☎ *04 95 31 62 50 -
fermé dim., lun. midi et sam. midi -
pizza 12/15 €, plats 25/34 €.* Cette
adresse vaut le détour pour ses
savoureuses pizzas, ses poissons
frais, son bœuf en croûte et sa
terrasse, qui domine la ville basse
et le vieux port. Attente possible.

À proximité

Budget moyen

La Place – *Pl. de l'église -
20200 San-Martino-di-Lota (env.
3 km au nord) -* ☎ *04 95 31 82 61 -
fermé oct.-avr. et le midi hors
juil.-août - plats env. 25/45 €.*
Charmante maison en pierre
postée à l'entrée du village, face
au parvis ombragé de l'église. On
y sert d'excellentes pizzas à pâte
fine, mais aussi du veau corse bio.
Desserts soignés et généreux.
Veranda et terrasse panoramique
à l'arrière avec vue sur mer.

Petite pause

☺ Les terrasses du **quai des
Martyrs-de-la-Libération** ou de la
place du Donjon (dans la citadelle)
invitent à d'agréables haltes.
Mais celles qui s'étendent sous
les platanes de la **place St-Nicolas**
sont de loin les plus animées.
Café des Gourmets – A2 - *23 bd
Paoli -* ☎ *04 95 48 51 92 - page
Facebook - lun.-sam. 7h30-15h,
dim. 9h-15h.* L'endroit idéal pour
prendre un petit-déjeuner de
qualité (ne pas manquer la brioche
perdue aux fruits rouges) ou
les œufs façon corse) ou pour
bruncher. Cadre à la fois paisible
et convivial, avec patio arboré.
Une belle adresse pour commencer
la journée.
Ghisoni's – A1 - *26 r. César
Campinchi -* ☎ *04 95 44 05 63 -
www.ghisonis.com - 12h-14h,
18h-22h.* Rattachée à la célèbre
boulangerie Ghisoni voisine, bien

connue des Bastiais, cette adresse
permet de se restaurer, dans un
décor réussi, de salades, burgers
(vaste choix), boulettes, petits
chèvres pannés, sandwichs et
pâtisseries. Large choix de cafés,
thés, bières et vins.
Glacier Raugi – A1 -
2 bis r. du Chanoine-Colombani -
☎ *04 95 31 22 31 - www.raugi.fr -
9h-23h - fermé dim.-lun.* Depuis
trois générations, ce glacier a su
plaire aux Bastiais qui aiment se
retrouver pour déguster une de
ses nombreuses glaces artisanales.
Au restaurant, régalez-vous de
salades et pizzas et, surtout,
d'une incontournable spécialité
hivernale, la tarte aux pois chiches
(*torta di cecce*).
Palais des Glaces – A2 - *13 bd
Ch.-de-Gaulle -* ☎ *04 95 31 05 01 -
www.lepalaisdesglaces.com - 7h-1h.*
Attablez-vous dans ce palais pour
déguster une glace artisanale,
boire un verre ou commander
un plat (fait aussi brasserie), car
c'est ici qu'il faut voir et être vu...

À proximité

Brasserie Pietra – *Rte de la Marana -
20600 Furiani -* ☎ *04 95 30 14 70 -
www.brasseriepietra.corsica -
9h30-17h30, fermé dim.-lun.*
Fondée en 1996, la brasserie Pietra
est la première à s'être installée
dans l'île et la première du monde
à brasser une bière à la farine de
châtaigne. Les délicieuses Pietra,
Serena et Colomba (aux herbes
du maquis) ou encore la Colomba
rosée et la Colomba bio, se
retrouvent partout en Corse.

Shopping

**Marché traditionnel et bio
Mercatu** – A2 - *Pl. de l'Hôtel-de-
Ville - sam. et dim. matin.* Les
meilleurs produits de la région :
charcuterie, fromages, poissons
et autres produits corses !
A Volta – A2 - *24 r. Napoléon -*
☎ *09 86 43 28 41 - tlj sf dim. et*

1

lun. midi. Une petite boutique qui vaut le coup d'œil pour elle-même. Sous sa voûte en briques, vous y trouverez les meilleures produits pour pique-niquer dans le cap Corse : charcuteries, fromages, vins, etc. Attention, les très belles vanneries accrochées au plafond sont là pour la déco, et pas en vente ! Bons conseils et accueil.

Chez Mireille – A3 - *5 r. des Terrasses -* ☎ *04 95 32 41 05 - fermé dim. soir-lun.* Petite adresse familiale incontournable pour se restaurer ou faire le plein de douceurs avant le retour : beignets, *fiadone, panetta, canistrelli* aux arômes variés, etc.

Ciriola – B1 - *20 av. Émile-Sari -* ☎ *07 62 94 85 02 - tlj.* Bonne adresse pour dénicher d'excellents produits corses parmi une large gamme avant de prendre le ferry du retour. Expédition possible.

Maison L.N. Mattei Cap Corse – A2 - *15 bd du Gén.-de-Gaulle -* ☎ *04 95 32 44 38 - www.capcorsemattei.com - fermé dim. soir-lun. (tlj en été).* Cette magnifique boutique (seule boutique Monuments de France de Corse), met à l'honneur son apéritif de quinquina et ses célèbres créations digestives Mattei Cédratine et Myrttei. Également des confiseries et des produits dérivés de la marque.

L'Empreinte – A1 - *4 av. du Maréchal-Sébastiani - autre adresse au 24 r. César-Campinchi A2.-* ☎ *04 65 31 13 - page Facebook - fermé dim.* Un choix sans pareil de vins et de spiritueux (plus de 3 000 références !) chez ce caviste. Vous trouverez aussi ici des bières artisanales, des huiles d'olive, et les macarons et biscuits d'Anne Marchetti, réputés dans toute l'île. Des cours d'œnologie sont également proposés.

U Paese – A2 - *5 r. Napoléon -* ☎ *04 95 31 12 27 - upaese.corsica. fermé dim.* Toute la Corse dans une seule boutique : charcuterie et fromages fermiers issus des meilleurs producteurs, vins, huiles d'olive, confitures artisanales, miels, biscuits, farines, sans oublier les spécialités saisonnières, comme le figatellu ou le boudin.

Santa Catalina – A3 - *8 r. des Terrasses -* ☎ *04 95 32 30 69 - fermé dim.* Une boutique de poche dont les produits inspirent d'emblée confiance : fromages, charcuteries, uniquement de saison, vins, miels et confitures.

U Muntagnolu – A2 - *15 r. César-Campinchi -* ☎ *04 95 32 78 04 - www.umuntagnolu.com - fermé dim. (sf en juil.-sept. et en déc.).* La Corse est réunie ici, du salé au sucré en passant par le liquide ou le solide. Charcuterie, fromages, huile d'olive, vins, liqueurs, miel AOC, confitures, fruits confits, aromates, tout a été sélectionné avec soin. Également de l'artisanat. Dégustation de charcuterie. Expéditions possibles.

Les Pierres de Corse – PLAN A2 - *38 bd Paoli -* ☎ *04 95 37 85 19 - lespierresdecorse.com - fermé dim.* Les amateurs de belles pierres ne manqueront pas cette boutique : toute la diversité géologique de l'île est au rendez-vous !

En soirée

Pour boire un verre, parfois en musique, citons **La Rhumerie** *(pl. Galetta -* ☎ *06 64 39 19 82 - 18h-2h, fermé dim.),* la seule rhumerie de l'île, et le très coloré **Café Wha !** *(Vieux Port -* ☎ *04 95 34 25 79 - 9h-0h),* bar à cocktails, tous deux proches du Vieux Port.

Activités

Plongée

De Bastia, il est possible de découvrir des dizaines de sites réputés, des fonds riches en épaves notamment. Plusieurs sont accessibles aux plongeurs de niveau 1. Ainsi la Roche aux Mérous (24-34 m, un plateau rocheux peuplé de nombreux et amicaux mérous), les roches colorées et très poissonneuses des Petit et Grand Pain de Sucre, les grands nacres et mérous du tombant de Cinquini (17-40 m), l'épave du Chasseur P-47 Thunderbolt (chasseur américain de la Seconde Guerre mondiale reposant à 19 m de fond dans un champ de posidonies) ou encore celle de La Louise (un vapeur qui a sombré en 1860 à l'entrée du port et qui repose à 17 m de fond).

Club de Plongée bastiais – *Port de Toga* - HORS PLAN, B1 EN DIR - *06 18 39 96 37 - www.plongee-bastia.com - fermé dim.* Une équipe sympathique vous prend en charge par petits groupes pour explorer les plus beaux spots des environs. Baptêmes *(65 €),* plongées pour enfants et formation de plongeurs.

Toga Plongée – *Port de Toga -* *06 76 46 34 16 -* *www.togaplongee.com -* *fermé dim. - baptême 70 €.*

Divers

Corsica Loisirs Aventure – *06 12 02 32 02 - corsica-loisirs-aventure.fr - avr.-oct. - location kayak 35/40 €/1/2 j.* Randonnées, kayak de mer, plongée sous-marine, snorkeling, promenade en bateau, jet-ski, parapente, baptêmes de l'air, quad, 4x4, rafting, hydrospeed, canyoning, raquettes en hiver, etc. Vous aurez l'embarras du choix.

Club Nautique Bastiais – *Lido de la Marana - plage de Tombulubiancu – 20600 Furiani - 06 11 83 09 14 (lido) ou bureau sur le vieux port de Bastia, quai Sud - www.clubnautiquebastiais.com - juin-sept. et vac. scol. : tlj ; hors sais. : merc. et sam. - catamaran 35/45 €/h.* Installé sur la plage, le club propose des locations de catamarans, planches à voile, dériveurs, kayaks de mer, leçons de voile...

Escapade à l'île d'Elbe

Compagnie Corsica Ferries – *www.corsica-ferries.fr.* De juin à septembre, 2 liaisons/sem., trajet (1h30) vers Portoferraio au nord de l'île d'Elbe. Possibilité d'un aller-retour dans la journée, ou de retour le lendemain.

Hébergement

Budget moyen

2 Hôtel Napoléon – A1-2 - *43 bd Paoli - 04 95 31 60 30 - www.hotel-napoleon-bastia.fr - P - 13 ch. 69/117 € - 9 €.* Au 1er étage d'un immeuble donnant sur un boulevard passant, un hôtel central et bien tenu. Chambres basiques, mais confortables, fonctionnnelles et bien insonorisées. Petit-déjeuner en chambre. Bon accueil.

4 Hôtel Riviera – B1 - *1 bis r. Adolphe-Landry - 04 95 31 07 16 - www.hotel-riviera-bastia.fr - - 21 ch. 115/156 € - 7 €.* Face au nouveau port. Une option pratique si vous êtes en transit. Petites chambres propres et sans prétention, réparties sur 3 étages (avec ascenseur). Évitez celles donnant sur la cour intérieure où ronflent les systèmes de climatisation.

Sud Hôtel – HORS PLAN - *490 av. de la Libération - 04 95 30 20 61 - www.sudhotel-bastia.com - P - 24 ch. 77/101 € - 10 €.* Une grosse bâtisse orange se dresse devant la très empruntée avenue reliant la citadelle aux quartiers sud (bus ou 15mn de marche). L'adresse familiale, conviviale et colorée est attachante. Chambres modernes, simples mais confortables. Terrasse-jardin *rooftop,* restaurant et petit-déjeuner dès 5h30. Une adresse pratique pour les personnes motorisées.

①　Babbu Hôtel – A2 - *20 bd Paoli -
☎ 04 95 31 02 53 - 15 ch. - 77/122 €
☐ 12 €.* À l'étage d'un immeuble
cossu du 18ᵉ s. du boulevard Paoli,
à deux pas du centre avec de
nombreux parkings à proximité,
un hôtel aux chambres refaites à
neuf, confortables, accueillantes
et bien insonorisées. Réception
sympathique.

⑤　Hôtel Les Voyageurs – A1 -
*9 av. du Mar.-Sébastiani -
☎ 04 95 34 90 80 - www.
hotel-lesvoyageurs-bastia.com -
& - ☐ payant - 23 ch. 87/137 € -
☐ 13,50 €.* Non loin de la gare et
de la place St-Nicolas, cet hôtel
accueille les voyageurs depuis un
siècle. Chambres bien insonorisées
et joliment décorées.

③　Hôtel Central – A2 - *3 r. Miot -
☎ 04 95 31 71 12 - www.centralhotel.
fr - 20 ch. 83/141 € - ☐ 10 €.*
Une façade aux persiennes
à la génoise. Les chambres sont
confortables, personnalisées,
et certaines possèdent un
balcon donnant sur la cour
intérieure envahie de plantes
vertes. Au 4ᵉ étage, deux vastes
appartements avec kitchenette
équipée, parfaits pour un court
séjour à Bastia.

Chambre d'hôte Villa Patrizia –
HORS PLAN - *Les Terrasses de Cardo,
villa nº 4 - ☎ 06 80 38 32 50 -
villa-patrizia-guest-house.business.
site - ☐ ⚓ ⚐ - 3 ch. 119/149 € ☐ -
dîner sur réserv.* Une vue sur la
ville et l'archipel toscan à couper le
souffle, des chambres climatisées
et confortables aux grands lits
douillets, des chemins d'accès
pleins de charme avec le centre
de Bastia... Le lieu vous ravira
instantanément. La maîtresse de
maison, en authentique Mamma,
ne manque pas d'attention
pour ses hôtes. Petite piscine
panoramique, et vaste terrasse où
est servi l'excellent petit-déjeuner.
Garage à moto et arrêt de bus
à proximité.

Pour se faire plaisir

⑥　Hôtel Port Toga – B1 - *Rd-pt de
Toga - ☎ 04 95 34 91 00 - www.
hotel-port-toga.com - ✕ & - ☐ sur
réserv. - 40 ch. 89/146 € - ☐ 15 €.*
Situé aux abords du port de Toga
(à 600 m du centre-ville), cet hôtel
récent au design moderne, propose
des chambres aussi attrayantes que
confortables. Une réussite !

Best Western Montecristo – HORS
PLAN - *Av. J.-Zuccarelli - ☎ 04 95 55
05 10 - www.corsica-hotels.fr -
☐ & - 71 ch. 91/141 € - ☐ 13 €.*
Architecture contemporaine
et équipements modernes
très appréciables. Chambres
agréables et calmes. Petit salon
et restaurant-grill. Promotions
sur le site Internet.

Une folie

⑦　Hôtel Des Gouverneurs – B3 -
*3 bis r. des Turquines - ☎ 04 95 47
10 10 - www.hoteldesgouverneurs.
fr - ✕ ⚓ ☐ - 27 ch. 154/319 € - ☐
25 €.* Ce luxueux hôtel se dresse en
bordure littorale de la citadelle. Les
chambres allient charme historique
et confort moderne, offrant de
superbes vues sur la mer et la ville.
Terrasse panoramique, bar, piscine
intérieure, espace bien-être...

À proximité

Premier prix

Camping San Damiano – *Lido de la
Marana (9 km au sud-est par la T 11
et D 107 à gauche, direction Lido
de la Marana) - ☎ 04 95 33 68 02 -
www.campingsandamiano.com -
⚓ ✕ - avr.-oct. - réserv. conseillée -
148 empl. 17/58 €.* Belle situation
à proximité de l'étang de Biguglia.
Les emplacements en bord de mer,
sur une plage de sable fin et pinède,
sont agréablement ombragés et
paysagés, mais beaucoup plus
chers *(7 nuits mini.).* Également des
bungalows tout confort (2-6 pers.).
Restaurant les pieds dans l'eau.
Pour les loisirs et les sports,
vous aurez l'embarras du choix :
piscine, aire de jeux...

Budget moyen

Hôtel La Corniche – *Hameau de Castagneto - San-Martino-di-Lota (env. 3 km au nord) -* 📞 *04 95 31 40 98 - www.hotel-lacorniche.com -* 🅿 ⛷ *- fermé de déb. janv. à mi-fév. - 21 ch. 77/152 € -* 🍽 *15 € -* 🍴 *sur réserv.* Une excellente adresse ! Perchée sur les hauteurs du village, à flanc de colline, cette maison jouit d'une vue incomparable sur la vallée et la mer. Spacieuses chambres, aménagées avec goût, colorées et offrant différents niveaux de confort. Calme. Superbe piscine. Très bon restaurant de cuisine terre et mer, réputé pour sa carte de vins.

Pour se faire plaisir

Hôtel Pietracap – *Sur la D 131, 20 rte de San-Martino - Pietranera (env. 2 km au nord de Bastia) -* 📞 *04 95 31 64 63 - www.pietracap. com -* ⛷ *- 35 ch. 81/165 € -* 🍽 *20 €.* Non loin de Bastia, bordé d'un parc d'oliviers et d'arbres fruitiers, un élégant hôtel des années 1970, aux murs envahis de tableaux colorés. Chambres agréables et fraîches, avec des balcons fleuris, dont la plupart ouvrent sur la mer.

Une folie

Chambre d'hôte Château Cagninacci – *San-Martino-di-Lota (env. 3 km au nord) -* 📞 *06 78 29 03 94 - www. chateaucagninacci.com - fermé de déb. oct. à mi-mai -* 🅿 *- 4 ch. 181/203 € -* 🍽 *12 € - 2 nuits mini.* Agrippé à flanc de montagne, divin couvent de capucins du 17e s. remanié au 19e s. dans l'esprit des demeures toscanes. Chambres spacieuses meublées à l'ancienne et un gîte pour 5 pers. Calme absolu et vue superbe.

Hôtel-restaurant Pineto – *Lido de la Marana (env. 7 km au sud)-* 📞 *04 95 33 68 28 - www.hotel-pineto.com -* ⛷ 🅿 ♿ *- fermé déb. oct.-fin avr. - 21 ch. 164/290 €* 🍽 *-* 🍴. Entre une pinède et la mer, l'établissement bénéficie d'une situation exceptionnelle. Toutes les chambres sont de plain-pied et lumineuses, l'accueil est chaleureux, et la splendide terrasse en teck borde une petite plage privée. Le restaurant de qualité a ses habitués.

1

Le cap Corse ★★★

U Capicorsu

Villages perchés en balcon au-dessus de la mer, marines blotties dans les échancrures du rivage, plages de sable ou de galets et côtes rocheuses, phare dressé sur un îlot sentinelle… Tel un index signalant le nord, le cap Corse dévoile des paysages parmi les plus sauvages de l'île, qui se révèlent le long d'une superbe route panoramique filant entre littoral et montagnes de schiste. Le Cap ravira aussi les amateurs de plongée sous-marine, avec ses fonds rocheux et ses eaux claires très poissonneuses.

▶ Se repérer

Haute-Corse (2B)

CARTE AB1/2 (P. 30 ET CARTE DU CAP P. 59). Le cap Corse s'ordonne de part et d'autre d'une arête centrale qui culmine à 1307 m au monte Stello. Cette chaîne de montagnes s'abaisse au sud vers le col de Teghime (536 m), entre Bastia et St-Florent, et au nord vers un littoral de plages de sable, veillé par l'îlot de la Giraglia.

☺ À ne pas manquer

Le sentier des douaniers ; les villages perchés de Rogliano, Cannelle ou Nonza ; les marines de Barcaggio et Centuri ; la plage de Tamarone.

⏱ Organiser son temps

Consacrez au moins deux jours à la découverte du cap en faisant étape à Macinaggio, Barcaggio, Centuri ou Nonza. La route en corniche, élargie sur le littoral ouest, requiert une conduite attentive.

👥 En famille

Outre la baignade, promenade en mer, plongée sous-marine ou sentiers thématiques (voir « Nos adresses »).

ℹ Carnet pratique p. 73

📍 Nos adresses p. 74

Rogliano.
R. Manin/hemis.fr

CARTE DU CAP CORSE

★★ Tour du cap Corse

▶ *Circuit d'env. 165 km au départ de Bastia tracé en violet sur la carte p. 59 – Compter 2 jours. Quitter Bastia par le nord. Après avoir longé la plage de Toga, la route en corniche suit le littoral.*

1

Miomo *(voir p. 42)*

Lavasina

En bordure d'une plage de galets, le hameau possède un sanctuaire (église N.-D.-des-Grâces) vénéré dans l'île : selon la tradition, le tableau représentant la Vierge et l'Enfant (16e s.) serait à l'origine de guérisons miraculeuses. Des pèlerinages s'échelonnent durant tout le mois de septembre, en particulier le 8 *(voir « Agenda », p. 73)*, ce qui vaut à Lavasina le surnom de « Lourdes de la Corse ».
À l'entrée sud de Lavasina, quitter la D 80 et emprunter la D 54 sur 5,5 km jusqu'à Pozzo.

★★ Monte Stello

La route s'élève sur un vaste versant dominant la mer, où sont établis les villages de Poretto et Pozzo. Le campanile du couvent des capucins se dresse au sommet de la pente parmi les pins centenaires. Au couvent, monter la route jusqu'à l'entrée du village *(laisser la voiture au parking)*.
Les randonneurs chevronnés effectueront l'ascension jusqu'au sommet du cap Corse, à 1307 m d'altitude *(voir p. 67)*.

Castello

Il verrouille un amphithéâtre de schiste vert tourné vers le large, sur la pente orientale du monte Stello. Castello doit sans doute son nom au château médiéval, demeure d'une puissante famille cap-corsine, les seigneurs Gentile, dont le donjon massif (13e s., remanié au 15e s.) domine encore le hameau.
★ **Chapelle N.-D.-des-Neiges** – *300 m avant Castello, prendre à gauche, à la fourche, la route qui monte à Silgaggia. Fermé au public.* Le modeste sanctuaire du 11e s. possède une abside en cul-de-four et une toiture de *teghje* (lauzes). Il abrite les plus anciennes **fresques** connues dans l'île, datées de 1386 et réalisées par un artiste italien.
L'église paroissiale mitoyenne, dédiée à **Santa Maria Assunta**, est plus vaste. Elle présente une façade du 19e s., avec fronton surmonté des armes pontificales.
Rejoindre la D 80.

★ Erbalunga

La petite marine de la commune de Brando aligne ses vieilles maisons à fleur d'eau sur une très photogénique péninsule de schiste vert surmontée d'une ancienne tour génoise à demi ruinée. Il fait bon flâner autour du port dans les ruelles en escalier, ombragées de platanes, de lauriers et de palmiers, et sur les places fleuries. Erbalunga est le berceau de la branche paternelle de l'écrivain **Paul Valéry** (1871-1945), mais c'est à son charmant **port** de poche que la localité doit sa réputation. Avec ses bateaux de pêche et de plaisance aux couleurs vives, il attira le regard des peintres dans les années 1930. Un ponton de bois au-dessus de l'eau mène à la **tour génoise**, où une plaque mentionne la date de 1561, probablement celle de sa construction. D'agréables restaurants se sont établis près de celle-ci. Au nord d'Erbalunga, le paysage devient plus sauvage et les pentes se couvrent de maquis. La route est taillée en corniche ou court au niveau du rivage, longeant de jolies anses où se développent de petites marines.

À 5,5 km, prendre à gauche la D 32.

Sisco (Siscu)

La commune comprend une modeste marine en bordure de la route côtière et plusieurs hameaux d'altitude de part et d'autre d'une vallée très verdoyante. Les versants en pente douce portent encore de nombreuses terrasses abandonnées aux herbages et aux asphodèles printaniers, qui contrastent avec le maquis des hauteurs. Au Moyen Âge, Sisco fut une des rares localités de Corse à posséder des ateliers de métallurgie. Des forgerons, armuriers et orfèvres fabriquaient des armes blanches, des cuirasses et des bijoux.

Chapelle St-Martin – *Hameau de Mucanaghja, à 7 km de la marine de Sisco par la D 32, puis par une mauvaise piste.* Elle se signale par son clocher accolé au flanc sud, sur une place ombragée de six gros chênes verts. De là, vous apercevez la chapelle St-Michel de Sisco située au nord-ouest, à 900 m à vol d'oiseau, sur la pente assez raide du maquis.

★ Chapelle St-Michel (San Michele de Siscu) – 🥾 *1h AR depuis l'église St-Martin S'engager sur l'étroite D 32 qui longe le cimetière de l'église St-Martin, puis prendre à gauche un chemin empierré dans une épingle à cheveux. Suivre le chemin sinueux sur 600 m environ, prendre à droite d'un gros châtaignier, traverser un ruisselet (parfois à sec), puis continuer tout droit.* La chapelle St-Michel, ravissant édifice bien proportionné, apparaît comme une version montagnarde de San Parteo de Mariana *(voir p. 46)*. Son abside est discrètement mise en valeur par des bandes murales verticales reliées par des arcatures. Ce chef-d'œuvre du premier art roman en Corse témoigne de la maîtrise acquise par les maçons toscans au 11e s. St-Michel-de-Sisco aurait été bâtie en 1030. Des hauteurs, la **vue★★** embrasse les marines de Sisco et de Pietracorbara, et un large secteur de la mer Tyrrhénienne et des îles toscanes. Par beau temps, on distingue l'Italie.

Revenir sur la D 80 et la reprendre vers le nord.

👪 La marine de **Pietracorbara** (Petra Curbara) offre une agréable **plage** (mélange de sable et de galets) de plus d'un kilomètre de long, ouverte sur un amphithéâtre de reliefs. Possibilité de se restaurer, de louer des stand up paddles et des jets-ski. Environ 4 km plus loin se dresse la **tour de Losse**. Elle précède la **marine de Porticciolo**, avec ses quelques ruelles descendant vers un minuscule port. **Santa-Severa** est dotée d'une plage, d'un petit port de plaisance et d'agréables restaurants pour déjeuner au bord de l'eau ; une autre plage, plu sablonneuse et vierge de construction s'étend non loin au nord. Peu avant Macinaggio s'élève la tour génoise de **Meria**.

Quitter la D 80 avant Macinaggio et prendre à gauche la D 353.

LE CAP CORSE

0   4 km

Île de la Giraglia

★ **Barcaggio**
Tollare
Agnello

Sentier des douaniers ★

Capo Bianco

Belvédère du moulin Mattei

Acqua Tignese

Sta Maria di a Chjapela ★

Anse de Santa Maria

Sta Maria Capandula

Baie de Centuri

Réserve naturelle des îles Finocchiarola

★ **Cannelle**
★★ **Centuri**
Crique de Mute
Ersa

Rogliano ★

Baie de Tamarone ★

L'Annonciation

Camera

D 53
Bettolacce

Macinaggio ★

Général Cipriani

Tomino ★

D 353 **Meria** ★

Morsiglia

D 35

Meria
Marine de Meria

D 80

Golfe d'Aliso

Ancien couvent St-François ✝

Col de Ste-Lucie
381

D 180

(Piazza)
Luri

D 180

Santa Severa ★

★ **Pino**
Mte Minervio
416

Tour de Sénèque

Jardins traditionnels du Cap Corse

Luri

Marine de Porticciolo ★

D 33

Monte Alticcione
1139

Losse

Marine de Giottani

Marinca

Pnta di Canelle

Canari

Cima di e Folicce
1322

Marine de Pietracorbara

St-Michel ★

St-Martin

Rocher d'Albo

Marine d'Albo

D 80

Guado Grande

Sisco

D 32

Marine de Sisco

★★ **Monte Stello**
130?

Castello

Nonza ★

Erbalunga ★

N.-D.-des-Neiges ★

Pozzo

Lavasina

Marine de Negro

Monte Pruno
1238

D 31

Miomo

Marine de Farinole

D 80

San-Martino-di-Lota

D 80

Pietranera

Fiume Albine

Ste-Lucie

Toga

Serra di Pigno

Bastia ★★

Golfe de St-Florent

Col de San Bernardino
76

960

D 81

D 64

Patrimonio

Monserato ★

○ **St-Florent** ★

536
D 38

Col de Teghime ★★

T 11

N

1

Le cap Corse, une île dans l'île

Une terre de contrastes

Deux versants dissemblables

Le cap Corse ne présente pas la même physionomie à l'ouest et à l'est. La côte occidentale, très découpée, est dominée par la haute chaîne dorsale dont les pentes plongent brutalement dans la mer. Elle offre des sites impressionnants et des villages hardiment perchés. La côte orientale est moins élevée, plus rectiligne, régularisée par les alluvions arrachées à la montagne par les torrents.

Les cultures et les vents

Balayé par des vents contraires, le cap Corse et la côte tyrrhénienne sont soumis l'hiver à l'influence des vents du sud-est et du nord-est, le *sciroccu* (sirocco), chaud, et le *gregale*, sec et froid. Les vallées plus préservées favorisent naturellement les cultures et les prairies. Sur le versant occidental, consacré au 17e s. à la monoculture de la vigne, seuls quelques îlots de cultures en terrasses où s'épanouissent vignes et vergers subsistent. Il faut les protéger des vents du sud-ouest, le *libecciu*, et du nord, la *tramuntana* (tramontane). Nombre de moulins à vent en ont profité par le passé en se juchant au sommet de collines à la pointe du cap Corse. Aujourd'hui, des éoliennes ont pris le relais.

Un territoire découpé

Les ramifications vers l'ouest et vers l'est de l'arête centrale isolent de courtes vallées creusées par les torrents côtiers et séparent les territoires des communes. Ceux-ci s'étendent de la montagne à la mer, occupant chacun un petit bassin fluvial. Chaque commune, dont le nom ne correspond généralement à aucun des hameaux dispersés sur les hauteurs qui la composent, possède sa « marine ».

Une forte influence italienne

Rivalité entre Pise et Gênes

Le Cap connut dès le 9e s. l'influence de Pise qui en confia la seigneurie aux marquis toscans de Massa. Les nombreux édifices romans semés sur les versants du Cap sont les témoins architecturaux d'une présence qui ne fut pas seulement militaire. Très naturellement, des contacts commerciaux s'établirent entre les marines du cap Corse et Pise, qui monopolisa ainsi le négoce des produits agricoles de Balagne et du Cap. Le vin cap-corsin notamment, très prisé des Toscans, constituait la principale exportation de la péninsule. Au 12e s., les relations commerciales firent l'objet d'une lutte acharnée entre Gênes et Pise, puissances rivales vivant toutes deux du négoce.

La mouvance génoise

Des rapports privilégiés s'établirent entre le cap Corse et Gênes, « la Superbe », située à 150 km de l'extrémité du Cap. Le Génois Ido est à l'origine des grandes familles cap-corsines : Peverelli, Turca et Avogari. Lorsque les Peverelli, chassés par les Avogari, se réfugièrent à Gênes, ils vendirent leur fief, en 1198, à un amiral génois, Ansaldo da Mare. Ces familles, auxquelles s'ajoutèrent les Gentile de Brando et de Nonza, maintinrent l'alliance génoise. Sous cette protection, les habitants du cap Corse se livraient sans risque à une activité commerciale très développée. La configuration géographique et la prospérité du cap Corse conjuguée au déclin de Gênes au milieu du 16e s. l'exposait aux incursions **barbaresques**. De la fin du 16e s. au milieu du 17e s., cette étroite bande de terre fut donc une cible de choix.

Dialecte

Les contacts fréquents avec la
Toscane ont fortement influencé
la langue et le tempérament des
Cap-Corsins. Ceux-ci parlent,
en effet, un dialecte italien riche
en particularismes toscans.
Aussi le philologue François-
Dominique Falcucci (1835-1902),
de Rogliano, auteur du *Vocabolario
dei dialetti corsi*, a-t-il pu dire que
le dialecte cap-corsin était « le plus
pur des idiomes italiens ».

Des Cap-Corsins dynamiques

Une région en marge

Lié à Gênes par tant d'intérêts
économiques, le cap Corse fut
longtemps un foyer de résistance à
la révolution corse du 18e s. **Paoli** se
heurta, dans ses efforts pour armer
une flotte nationale, au manque de
motivation des marins cap-corsins,
guère tentés d'abandonner les profits
du commerce pour les risques de la
course contre Gênes. Il fit construire
et arma cependant une douzaine de
navires corsaires, qui ébranlèrent la
puissance génoise *(voir encadré p. 63)*.

Un renouveau des activités

Au début du 19e s., le Cap,
durement frappé dans ses activités
maritimes, se reconvertit de façon
particulièrement dynamique et
courageuse dans l'agriculture.
Les Cap-Corsins aménagèrent en
terrasses maintes pentes abruptes
de la péninsule. L'entreprise fut
couronnée de succès et le Cap
s'affirma comme une région agricole
pendant plus de cinquante ans.
Tout le paysage demeure façonné
par ce travail de fourmis.

Un pays de navigateurs et d'immigrants

Les Cap-Corsins furent à l'origine
des premiers comptoirs français
créés au 19e s. en Afrique du Nord.
Un grand nombre d'entre eux
émigrèrent dès le milieu du 18e s.
aux États-Unis, en Amérique du
Sud et aux Antilles. L'émigration
cap-corsine vers l'Amérique du Sud,
très importante jusqu'au début du
20e s., a influencé l'architecture
de la région. Les immigrés ayant
fait fortune notamment à Porto
Rico et au Venezuela (un président
vénézuélien était d'ailleurs d'origine
corse) firent bâtir dans leur village
d'origine de somptueuses demeures
à l'allure de *palazzi* Renaissance
italienne ou de style colonial sud-
américain. À la sortie d'un hameau
ou au détour d'un vallon, le visiteur
peut apercevoir ces « **demeures
d'Américains** », témoignages de
la réussite des immigrés (il y en
a environ 80 dans le cap Corse).
La plupart restent des propriétés
privées, mais certaines sont petit
à petit transformées en chambres
d'hôtes. Les plus remarquables se
situent à Sisco, Cannelle, Metino,
Morsiglia (hameau de Pecorile, palais
Ghjelfucci) et également à Rogliano.

Aujourd'hui

L'hémorragie démographique
amorcée à la fin du 19e s. (due à
l'émigration) a freiné l'activité de la
péninsule, qui conserve cependant
sa réputation de **terre viticole** de
qualité. La production est très variée :
vins blancs moelleux de muscat et
malvoisie à Macinaggio et Tomino ;
vins rouges, blancs et rosés fruités à
Patrimonio. Le tourisme est devenu
l'activité principale.

★ Tomino (Tuminu)

La plus petite commune du Cap aurait été l'un des premiers foyers du christianisme en Corse au 6e s. Sur un éperon rocheux, le joli village regroupe une église, une chapelle de confrérie, une tour génoise et une tour carrée (dans la partie basse). Du parvis de le la chapelle de style baroque *(table d'orientation)*, la **vue**★★ embrasse Macinaggio, les îles Finocchiarola et Capraia. Les habitants de Tomino partagent aujourd'hui avec leurs voisins de Rogliano l'exploitation d'un vignoble produisant un muscat réputé.

Macinaggio (Macinaghju)

ⓘ *Voir « Carnet pratique ».*

Fréquenté depuis l'Antiquité, le mouillage de Macinaggio reste une halte fréquentée par lesnavigateurs : son port peut en effet abriter jusqu'à 600 bateaux. Les amoureux de littoraux ne manqueront pas le splendide **sentier des douaniers** au départ de la plage et jalonné de tours génoises *(voir p. 67)*. À Macinaggio accostent en saison les bateaux assurant la liaison avec Barcaggio, qui ramènent les randonneurs ayant suivi le sentier des douaniers *(sanpaulu.fr - ☎ 06 14 78 14 16 - juin.-sept. : 2 à 3/j dans les 2 sens ; avr. et oct. 1 liaison/j. - réserv. conseillée - 19 €, 4-11 ans 13 €).*

Sur le quai, diverses plaques commémorent le passage à Macinaggio de **Pascal Paoli** (1790), de Napoléon Bonaparte, alors bambin, le 10 mai 1773, de l'impératrice Eugénie le 2 décembre 1869, et les exploits des Cap-Corsins qui, sous les ordres d'Ambroise de Negroni, s'illustrèrent à Lépante en 1571.

★ **Plage de Tamarone** – *Environ 2,5 km au nord du port.* Prenez la direction du camping « U Stazzu », et suivez la route de terre (chaotique) jusqu'au bout. Le dernier tronçon, lorsque la baie se dévoile en contrebas, révèle une superbe plage de sable fin. Pour parachever ce tableau idyllique, excellente paillote pour se restaurer *(voir « Nos adresses »).*

Réserve naturelle des îles Finocchiarola – *Accès interdit toute l'année. La réserve naturelle se visite uniquement depuis la mer (voir « Nos adresses »). L'été, la baignade est proscrite dans un périmètre de 200 m délimité par des bouées. Se conformer à la réglementation en vigueur dans les réserves naturelles.* L'ensemble de trois îlots dominé par une tour génoise est un site de ndification du **goéland d'Audouin**. L'oiseau marin, propre à la Méditerranée et identifiable à son bec rouge strié de noir, est plus petit que le goéland commun, au bec jaune, également présent dans le secteur. Plus au nord, l'**île de la Giraglia** abrite des colonies de goélands communs et de cormorans huppés. Ces derniers sont reconnaissables à leur plumage noir, leur long cou et leur vol au ras de l'eau.

À partir de Macinaggio, la route s'élève dans la montagne et coupe le Cap vers l'ouest. À 2 km du village, prenez sur la gauche la route *(D 53)*, qui monte à **Bettolacce** (commune de Rogliano), dite « chemin de l'Impératrice ». Elle offre de très belles vues sur les hameaux de cette commune.

★ Rogliano (Ruglianu)

Habitée dès l'époque romaine, Rogliano étage ses tours, les façades de ses églises et ses hautes demeures anciennes dans une conque verdoyante à l'abri du mont Poggio. Deux tours carrées se dressent dans les hauteurs. L'impératrice Eugénie préleva sur sa cassette de quoi faire construire la route qui traverse Rogliano et s'appelle depuis « chemin de l'Impératrice ».

L'épopée de Capraja de Pascal Paoli

Au 18e s., le cap Corse demeurait encore sous la dépendance de Gênes. La France, absorbée par la guerre de Sept Ans (1756-1763), n'occupait que les citadelles de Bastia et de St-Florent. **Pasquale Paoli** entreprit donc de conquérir le Cap. Il commença par la conquête de l'**île de Capraja** (Capraia). À mi-chemin entre la Corse et la côte ligure, celle-ci appartenait à Gênes depuis 1507. Paoli créa à Centuri un chantier naval. En 1757, il assiégea le port de **Macinaggio**, qui capitula en 1761. Dès lors, il disposait d'une base pour ses opérations navales. Le 16 février 1767, un corps expéditionnaire de 200 hommes, commandé par **Achille Murati**, débarquait sur l'île de Capraja et investissait la citadelle. Le 31 mai suivant, l'île capitulait. Cette prise sanctionna la fin de l'occupation génoise de la Corse. Vingt-huit ans plus tard, le 14 juillet 1790, Paoli, de retour de son exil en Angleterre, arriva à Macinaggio ; bouleversé d'émotion, il tomba à genoux. La joie populaire fut à son comble et un cortège l'accompagna à Bastia.

Tour d'Agnello – La tour ronde (fin du 16e s.), désormais protégée, occupe le sommet d'une pointe, dominant les hautes maisons de Bettolacce, principal hameau du village.

Église St-Agnel – *Ne se visite pas.* Elle fut érigée au 16e s., et agrandie au 18e s

Église St-Côme-et-St-Damien – *Ne se visite pas.* Ravagée par un incendie en 1947, elle est bâtie dans un vallon au sud de Bettolacce, sur un site déjà habité à l'époque romaine. Elle tire son originalité de son curieux campanile rectangulaire, isolé et placé de biais par rapport à la façade.

Ruines de San Colombano – *Accès en continuant au-delà de St-Agnel.* De Vignale, **vue**★ sur la mer et les autres hameaux de Rogliano. À gauche, sur un éperon, se détachent les ruines du château fort de San Colombano, qui fut appelé *u castellacciu* (mauvais château), en raison de la fidélité à Gênes de ses seigneurs. Cette forteresse, propriété de la famille da Mare, aurait été élevée, vers la fin du 12e s.

Couvent de St-François – *Ne se visite pas.* Le couvent, dont l'église est en ruine, s'élève près du château fort. Il est précédé d'une haute **tour carrée** avec mâchicoulis.

En continuant sur la D 53, on rejoint la D 80 que l'on suit jusqu'à Ersa.

Une très belle route relie Rogliano à **Ersa**, traversant une campagne inhabitée, avec ses affleurements rocheux et ses forêts de chênes-lièges.

Quitter la D 80 à Ersa en prenant sur la droite la D 153, puis la D 253.

Après une course sinueuse (7 km) à travers le maquis et les oliviers, on découvre **l'îlot de la Giraglia** à l'extrême nord du cap Corse qu'il protège de son phare. L'extrémité du cap Corse, entre les îles Finocchiarola et la pointe du Becco (Punta di Corno di Beccu) contraste par son aspect sauvage avec le reste de la péninsule. Les eaux turquoise de la côte et l'immensité de la mer offrent un superbe spectacle.

★ Barcaggio (Barcaghju)

Le paisible petit port de la pointe du cap Corse, qui retrouve sa tranquillité après les grands mouvements estivaux, se niche au fond d'une baie. Ici appareillent les bateaux assurant la liaison avec Mocinaggio *(sanpaulu.fr - ☎ 06 14 78 14 16 - mai-sept. : 1 à 2 liaisons/j. sf w.-end - 19 €, 4-11 ans 13 €).*

Du côté est s'étend une longue et **plage de sable fin et de galets**, prisée des vaches en errance ; elle offre une belle vue sur l'îlot de la Giraglia, le point le plus septentrional de la Corse.

◦🚶 Une courte randonnée est possible entre la côte et la tour génoise d´Agnello. Pour y accéder, marchez environ 200 m après le parking *(payant en haute saison)*. *Reprendre la D 253 et tourner à gauche dans la D 153 ramenant à Ersa. De là, suivre la D 80 jusqu'au col de Serra qui, à 365 m d'altitude, échancre la ligne de crêtes du cap Corse.*

Belvédère du moulin Mattei

◦🚶 *20mn AR. Parking au col.* Une première fois restauré au lendemain de la Première Guerre mondiale par **Mattei**, célèbre fabricant de spiritueux corses, l'ancien moulin à vent a été rénové par le Conservatoire du littoral. À 404 m d'altitude, il offre un **panorama**★★ très étendu de l'île de la Giraglia au nord à l'anse de Centuri et à la côte rocheuse de l'Ouest. On aperçoit très bien les alignements d'éoliennes de la commune d'Ersa.
Regagner la D 80 que l'on suit jusqu'à Camera, hameau de la commune de Centuri. Là, prendre à droite la D 35 en direction de Centuri, mais abandonner cette route 1 km plus loin pour atteindre Cannelle.

★ Cannelle

◦🚶 *Accès possible par un sentier au départ de Centuri (1h30 AR. Prendre le chemin de terre en haut du village, au nord du port. Sentier balisé et bien entretenu).*
La route se termine à l'entrée de ce hameau, ancien centre céréalier important, accroché à la colline. Des venelles étroites, avec de longs passages sous voûte, fleuries de géraniums, de gueules-de-loup et de passiflores, pavées de dalles de schiste et de marches taillées dans le roc, mènent dans un monde à l'écart de toute circulation motorisée.
Au-delà de la dernière maison, une petite place cernée par des rochers à pic offre une source sous un portique blanc orné d'une statuette, encadré d'un abreuvoir et d'un lavoir. Le regard plonge au-delà des pins et des aloès vers les monts qui dévalent jusqu'à la baie de Centuri.
Regagner la D 35 vers Centuri.

★★ Centuri

Prisée des estivants, la petite baie de Centuri est une étape charmante sur la route du Cap. Au petit matin, l'atmosphère du port est délicieuse. Une douce lumière teinte les maisonnettes et les casiers de bois. Le soir, au coucher du soleil, les bateaux de pêche colorés sont rentrés à quai, tandis que les bars et restaurants aux grandes terrasses se préparent à accueillir leur clientèle.

Un port très actif

Au 2e s., le géographe grec Ptolémée localisait déjà **Centurinon** parmi 32 villes ou ports. Sa position stratégique lui valut par la suite de jouer un rôle dans l'histoire. Au 13e s., les da Mare et les Avogari, alliés de Gênes, s'unirent à Giovanninello de Nebbio, pour combattre Giudice de la Cinarca. Défaits et pourchassés par Giudice, ils se réfugièrent sur l'îlot de Centuri où, faute d'embarcation, Giudice ne put les atteindre. Profitant de la nuit, ils firent voile sur la Balagne, où ils fondèrent Calvi. Au 17e s., le port de Centuri employait plus de 100 marins. Vers 1760, Pascal Paoli y créa un port de guerre et un chantier naval pour armer une flotte corse. Depuis, l'activité commerciale a beaucoup baissé, mais il reste toujours une dizaine de pêcheurs qui lancent leurs filets à l'ouest et au nord du Cap pour ramener 10 t de poissons et 2 t de langoustes chaque année.

Le port et le village de Centuri.
Michel PERES/Getty Images Plus

Les fonds marins alentour (14 m de profondeur en moyenne), aux eaux limpides et poissonneuses, raviront aussi l'amateur de plongée sous-marine.

★★ **La marine (Centuri-Port)** – Des maisons au crépi ocre, gris ou blanc et aux belles toitures de serpentine verte encadrent le port. Au printemps, la floraison des genêts et des tamaris ajoute une touche colorée au pittoresque village. En automne, la coutume locale propose la dégustation de *panzarotti*, beignets fourrés de bettes et de raisins secs.

Au sud s'ouvre la petite **crique de Mute**, abritée par l'îlot de Centuri, autrefois fortifié. Un oratoire aux murs décorés de galets se dresse le long de la plage.

Château du général Cipriani – *4 km à l'est. Ne se visite pas.* En rejoignant **Camera** par la D 35, on découvre au sud du village, au hameau d'Ortinola, un château élevé au 19e s. dans le style néo-médiéval. Il était la demeure du général comte **Leonetto Cipriani**, né et mort à Centuri (1812-1888), dont les ancêtres avaient guerroyé aux Antilles et en Amérique du Sud aux côtés de Bolivar. Leonetto se rendit célèbre au service du grand-duc de Toscane en négociant l'union de l'Émilie et du Piémont pour le compte de Victor-Emmanuel II. Très lié aux Bonaparte, il fut aussi négociateur officieux de Napoléon III.

Prendre la D 35 vers le sud.

La route dévoile le golfe de St-Florent, le Nebbio qui ferme l'horizon, et en arrière-plan les sommets enneigés du monte Cinto et du monte Padro. À 2,8 km de Centuri, on trouve sur la gauche la route conduisant à l'ancien **couvent de l'Annonciation**, dédié à N.-D.-des-Sept-Douleurs et fondé par les servites de Marie à la fin du 16e s. Son église passe pour être la plus grande du cap Corse.

Morsiglia (Mursiglia)

La commune s'étage jusqu'à la mer. Son hameau principal, ceint de hautes falaises, est gardé par de grosses tours d'habitation carrées. La côte, abrupte, est surplombée par une tour génoise et sur les crêtes, des moulins à vent.

La route devient plus étroite et domine de façon spectaculaire les indentations du rivage. Les pentes sont couvertes de houx et de cistes blancs.,

Peu avant le hameau de Ciocce (commune de Pino), prendre à gauche la D 180 qui s'enfonce dans les terres. Juste après la chapelle Ste-Lucie, emprunter la route étroite montant en lacet parmi les pins.

Col de Ste-Lucie

Alt. 381 m. Dans un bois de pins maritimes s'élève la chapelle Ste-Lucie (1815). **Vue★** sur la mer et le golfe d'Aliso.

Tour de Sénèque

Parking au col de Ste-Lucie (indications). La tour de guet à demi ruinée, datant du Moyen Âge, connue sous le nom de tour de Sénèque, se dresse dans un **site★** sauvage, sur un pic du monte Rottu (alt. 564 m). Elle a été construite au 16e s. par les Motti sur des fondations plus anciennes. D'après la légende, le philosophe (1er s.) aurait été exilé ici par l'empereur Claude, après l'assassinat de Caligula. Pour avoir tenté de séduire une jeune bergère, il fut fessé par les villageois avec des orties. Sénèque a laissé une description de l'endroit qui reste d'actualité : « Où trouver un lieu plus désolé, plus inaccessible de toutes parts, que ce rocher, plus dépourvu de ressources, hérissé d'aspérités plus menaçantes et sous un ciel plus funeste ? » De fait, il est probable que Sénèque ait séjourné sur la côte orientale dans les colonies d'Aléria ou de Mariana, où « on rencontre plus d'étrangers que des citoyens ». Pendant huit ans, de 41 à 49, il eut le temps de se consacrer à son *Traité de la consolation.*

🥾 **1h30 AR.** Au bout de la route *(bâtiments abandonnés),* la tour paraît lointaine, presque inaccessible, juchée sur son piton rocheux ! Un sentier bien tracé grimpe parmi les pins, les buissons de cistes et les chênes. À la sortie du sous-bois, on aborde un amas rocheux, où s'amorce un petit escalier naturel conduisant à la base de la tour *(attention, glissant par temps de pluie).* Des pans de mur et un réservoir rappellent l'existence de la **tour** des Motti, qui protégeait le château des Motti, 150 m plus bas. Par temps clair, la **vue★** s'étend jusqu'aux îles d'Elbe et de Capraia et la côte italienne.

🥾 **3h45mn AR.** Du parking du gîte Sénèque *(descendre vers U Fenu),* la **boucle des « crêtes du cap Corse »,** file vers le sud et traverse le maquis, au cœur du Cap. Elle passe non loin du village de **Fieno,** rencontre un menhir, avant de remonter vers le nord en passant au bas du Monte Grofiglieta (belle vue). Après la descente vers la tour de Sénèque, prendre à droite pour retrouver le point de départ. *À 5,5 km depuis le col de Ste-Lucie en poursuivant sur la D 180.*

Et les plages ?

Malgré son littoral jalonné d'anses, de criques et de longues plages, la réputation balnéaire du cap Corse ne peut rivaliser avec celle d'autres « régions » de l'île… Et pourtant, sans prétendre offrir les mêmes cadres paradisiaques que les plages de Saleccia, Rondinara ou Santa Giulia, le cap Corse ravira les amateurs de baignade. Parmi les musts, retenons la **plage de Tamarone,** sable blanc, eau limpide et baie protégée *(voir p. 62)* ; **Barcaggio,** le site le plus septentrional de l'île, ses vaches égarées, et l'îlot de la Giraglia en ligne de mire ; la longue **plage de Nonza,** qui éblouit par le contraste de ses couleurs ; eau turquoise contre sable noir *(voir p. 70),* et la douce **plage de Farinole,** dernière baignade dans des conditions optimales pour clore le magique tour du Cap *(voir p. 71).*

Randonnées dans le cap Corse

Randonnées tracées en pointillés violets sur la carte p. 59.

★ Sentier des douaniers

Env. 8h au total : 3h20 de Macinaggio à Barcaggio (45mn jusqu'à la chapelle Santa Maria), 45mn de Barcaggio à Tollare, 4h de Tollare à Centuri - passages difficiles ou glissants, soyez vigilant - s'informer au préalable de la météo et des risques d'incendie, être bien chaussé et emporter de l'eau.

Après avoir longé le port et atteint l'extrémité nord de la **plage de Macinaggio**, le sentier épouse les anfractuosités du littoral, ponctué de deux tours génoises. Après le premier promontoire, s'ouvre la belle plage de sable blottie au fond de la **baie de Tamarone**. Le sentier contourne ensuite par l'est le monte di a Guardia et redescend en vue de la première tour génoise. Il pénètre dans la **zone protégée de Capandula**. Le promeneur traverse des prés d'asphodèles piquetés de buissons de lentisques tordus par les vents. En face de la plage, on distingue **les îles Finocchiarola**. Dans un site désert, la **chapelle de Santa Maria**, bâtie au 12ᵉ s. sur les vestiges d'un édifice paléochrétien du 6ᵉ s., présente une abside jumelée, effet de la réunion au 19ᵉ s. de deux chapelles élevées côte à côte. Reprenant le sentier, on atteint **l'anse de Santa Maria**. Posée dans l'eau d'un bleu profond se dresse la tour génoise ruinée de **Santa Maria di a Chjapela**. En continuant 5mn le long de la côte, on rejoint **cala Genovese** (plage de sable), puis un chemin oblique à droite vers **cala Francese**. Après 20mn de marche, on longe les falaises de Capandula. Le sentier grimpe ensuite brusquement jusqu'à une crête (vue sur l'île de Giraglia au loin, avec son phare), puis descend vers la **tour d'Agnello**, signalant l'une des pointes septentrionales du cap Corse. Au bout de ce cap, soumis à des vents perpétuels, le ciel et la mer prennent des couleurs d'une grande pureté. En atteignant les baies rocheuses ou sablonneuses des dunes de la cala d'Agnello, le chemin rejoint, au milieu des genévriers, la magnifique plage de dunes de **Barcaggio** avant de rallier la petite localité. Le retour peut se faire par bateau (*voir p. 63*).

★★★ Ascension du monte Stello

6h AR du centre de Pozzo, sans compter les haltes (1 000 m de dénivelé) - la randonnée jusqu'au plus haut sommet du Cap est réservée aux bons marcheurs, qui devront s'assurer au préalable de la persistance du beau temps (secteur sujet à de brusques arrivées de brouillard rendant le retour très risqué) - excursion peu recommandée par grande chaleur estivale à cause des brumes limitant la visibilité.

L'itinéraire emprunte les ruelles de **Pozzo** indiquées par un balisage orange intermittent. Après 200 m de piste, il rejoint un sentier bien tracé, qui s'élève rapidement au-dessus du village. Lorsque la pente s'adoucit, le chemin longe les gorges du torrent Arega, puis grimpe jusqu'aux **bergeries de Prunelli** (abri aménagé et source). Il s'achemine ensuite vers une brèche (Bocca di Santa Maria) et aborde le versant ouest du massif. Après 1h30 de montée, on passe le col de Santa Maria ; redescendre sur 100 m, tourner sur le sentier à droite pour atteindre le sommet du monte Stello. Par temps très clair, **panorama★★★** saisissant. La vue embrasse l'ensemble du Cap, avec à sa base le golfe de St-Florent et l'arrière-pays ondulé des Agriate, la Balagne et les contreforts étagés des massifs centraux. À l'est, l'archipel toscan ponctue l'horizon.

Luri

La commune s'éparpille en plusieurs hameaux dans une vallée verdoyante ouverte sur la côte orientale du cap Corse. L'activité viticole y est importante, comme en témoignent sa **foire du vin** *(voir « Agenda » en fin de chapitre)* et son petit musée.
Église St-Pierre – ℘ *04 95 35 00 15 - se rens. à la mairie.* Dans le relativement important hameau principal de **Piazza**, cette église du 17ᵉ s. *(voir l'ABC d'architecture p. 468)* abrite derrière l'autel une peinture sur bois de la fin du 16ᵉ s. illustrant la vie de saint Pierre. Le paysage en arrière-plan représenterait les châteaux forts du cap Corse au 15ᵉ s., en particulier ceux des seigneurs da Mare : à droite, le château présumé de San Colombano à Rogliano, rasé au 16ᵉ s. ; à gauche, haut perchée, la tour des Motti (tour de Sénèque), dont les ruines serviront à édifier la tour de Sénèque ; à ses pieds, le **château des Motti**, qui fit place à un couvent au 16ᵉ s. *Faire demi-tour pour rejoindre la D 80.*
La mer apparaît alors brusquement, toute proche. La descente du col offre de belles **vues**★ sur le golfe d'Aliso et les hameaux de Pino.

★ Pino (Pinu)

Les maisons de ce charmant village, les tours génoises, l'église et les nombreuses chapelles funéraires, élevées à la mémoire de riches particuliers, s'étagent à flanc de montagne au milieu d'une abondante végétation.
L'**église Ste-Marie**, restaurée aux 18ᵉ et 19ᵉ s., présente, face à la mer, une façade baroque.
Prendre la petite route qui descend en forte pente jusqu'à la minuscule marine de Pino et sa plage de galets.
Côte à côte s'élèvent une vieille **tour génoise** et l'ancien couvent St-François *(ne se visite pas).*
La D 533 et la D 33 qui la prolonge, étroite et tortueuse (de la D 80, prendre à gauche au niveau d'un caveau en forme de rotonde soutenue par des colonnes ioniques, avant d'entrée à Baretelli) franchit le col de la Montagne-Minervio.
Les villages s'agrippent à flanc de colline, où apparaissent les anciennes terrasses de culture cernées de murets de pierres sèches. Des torrents dévalent les pentes. Oliviers et vignes laissent place au maquis. Des trouées laissent deviner les abrupts et la route inférieure. Une **vue**★ superbe sur le cap Minervio et la marine de Giottani apparaît, avant de prendre à gauche la route vers Canari.

Canari

Sur l'étroite et spectaculaire route de corniche qui domine la D 80, s'étage à flanc de montagne ce petit village possédant deux églises intéressantes. La commune abrite un gisement d'**amiante**, exploité de 1926 à 1965 pour l'industrie du fibrociment. Il fut considéré comme le plus important d'Europe. L'apparition de son ancienne usine en ruine (peu avant la marine d'Albo) étonne au sein de l'environnement naturel du Cap, vierge de toute autre trace d'industrialisation...
À l'entrée du village, prendre immédiatement sur la droite et laisser la voiture sur la place du Clocher.
Un carnet, disponible à la mairie et au Conservatoire du Cap Corse, décrit neuf randonnées *(sans difficulté)* dans le village et aux alentours, riches en fontaines, en lavoirs, en anciennes bergeries et en chapelles. En 1h, vous atteindrez Ercuna, point de départ vers les cols alentours.
Vous profiterez de superbes vues depuis la place, vaste esplanade flanquée de la poste et de la mairie et disposée en belvédère autour du clocher isolé. Carré et blanc, entouré de palmiers, celui-ci prend de faux airs de minaret.
Église Santa Maria Assunta – *Pour la visite des deux églises et du musée, contacter Jean-Michel Ambrosi au ℘ 06 52 04 77 70 ou écrire à jmabroo@free.fr ; visites*

en été le jeu. à 15h ; RV pl. du clocher. Très sobre, l'édifice roman pisan du 12e s. se signale par l'assemblage soigné de ses dalles de schiste vert pâle. Sur la façade, percée au 18e s. d'une large fenêtre, remarquez la fine décoration de feuillages et crochets du linteau, et des modillons qui le supportent. La corniche entourant l'église est décorée de curieux masques, têtes d'animaux ou figures humaines stylisées, disposés au centre des arcs ou sur les modillons. Le décor intérieur du 17e s. est en cours de restauration.

Église du couvent St-François – ♿ - *voir église Santa Maria Assunta.* Dominant une esplanade, contre le cimetière, l'église décorée dans le style baroque abrite des **peintures sur bois** (dont un *Saint Michel terrassant le dragon*) et, devant le chœur à gauche, la dalle funéraire en marbre blanc de Vittoria de Gentile, morte en 1590 au couvent de Canari. L'épouse d'Horatio Santelli Cenci, seigneur de Canari, porte sa fille emmaillotée sur le bras gauche et tient, dans sa main droite, une reproduction du château de Canari. Les armoiries des Cenci et des Gentile sont placées à la droite et à la gauche de la gisante. Dans l'allée centrale, près de là, une plaque de marbre carrée, datée du 19 octobre 1754 en l'honneur de la fête de saint Pierre d'Alcantara, porte l'**emblème des franciscains** dont il avait réformé l'ordre : deux bras croisés portant les stigmates sur une croix. Dans la sacristie, meuble sculpté.

Conservatoire du Costume corse – *Couvent St-François - voir église Santa Maria Assunta.* Une salle voûtée accueille un intéressant, mais tout petit musée, consacré au costume corse au 19e s. Contrairement aux idées reçues, les tenues traditionnelles de la femme corse peuvent être très colorées.

Revenir sur la D 33 et descendre sur Marinca, pour retrouver la D 80.

La D 80 domine de plus près la côte. Au nord, au-delà de Pino, la route contourne par l'ouest la pyramide du monte Minervio plongeant dans la mer ; des murets retiennent la terre en terrasse. La **marine de Giottani** apparaît nichée au fond d'une anse profonde. La couleur ocre des roches fait place à un blanc schisteux, et le maquis s'éclaire de touffes de genêts parmi les éboulis. En repartant vers le sud, la route longe les bâtiments de l'ancienne mine d'amiante de Canari, puis le rocher d'Albo avant de descendre au fond de la baie du Guado Grande.

Marine d'Albo (Marina di Albu)

Le hameau de pêcheurs veillé par une tour de guet restaurée en 2021 se blottit au fond d'une petite **baie** couverte de galets. En 1588, une importante flotte barbaresque (92 navires) mouilla à la marine d'Albo pour se livrer à une razzia spectaculaire dans l'intérieur : le hameau d'Ogliastro fut détruit et 40 habitants enlevés.

Tours génoises

Voir p. 465 et ABC d'architecture, p. 473. Construites à l'instigation de Gênes, les tours jalonnant le littoral corse assuraient essentiellement une fonction d'observation et d'alerte de la population. Jusqu'au 18e s., des règles très strictes, établies par les Génois, régissaient la garde des tours de guet. Voici quelques extraits des obligations des veilleurs, les *torregiani* : monter chaque soir après le coucher du soleil pour vérifier l'absence d'approche barbaresque et, selon le cas, communiquer avec les tours avoisinantes par les feux conventionnels ; interdiction de s'absenter plus de deux jours, et pour un guetteur à la fois ; obligation de renseigner tous les navigateurs sur l'état de sécurité de la route empruntée.

Des fonctions de préleveurs de taxes sur les bateaux de passage étaient également échues aux guetteurs.

★ Nonza

☺ *Se garer est une véritable épreuve en haute saison !*

Nonza se groupe autour de l'église et sur le rocher qui porte la vieille tour. Son nom vient sans doute de sa position stratégique : Nonza en corse signifie « annonciateur ». Une craquante petite place fleurie, quelques tables disposées autour de la fontaine à l'effigie de Pascal Paoli, voilà l'endroit où profiter de l'ambiance du village. Aux environs, arbres fruitiers et jardinets en terrasses, abrités du vent, s'étagent de la mer aux premières pentes du mont Stavo.

Église Ste-Julie – L'église du 16ᵉ s., précédée d'un harmonieux perron, possède un autel baroque (1694) en marqueterie de marbres polychromes, provenant de l'ancien couvent franciscain. Il aurait été fabriqué à Florence en l'honneur de N.-D.-de-Santé dont la statue domine l'autel. Il est surmonté d'un tableau représentant sainte Julie crucifiée.

Traversez le centre du village en suivant quelques ruelles en escalier bordées de maisons couvertes de lauzes. Certaines portes sont ornées de motifs architecturaux.

Tour paoline – Elle fut édifiée au 18ᵉ s. sur ordre de Pascal Paoli à l'emplacement d'un ancien fortin génois, pour surveiller le golfe de St-Florent. Elle couronne un promontoire schisteux dominant vertigineusement la mer de ses 160 m d'altitude. En août 1768, la tour subit victorieusement le siège des troupes françaises de Grandmaison chargées d'appliquer le traité de Versailles. De chacune de ses meurtrières, les coups partent, parfaitement coordonnés. Mieux vaut parlementer : on convient que la garnison quittera son retranchement, libre et avec les honneurs. Le vieux Jacques Casella sort de la tour, boiteux et solitaire, mais avec quelle fierté : il avait imaginé un système de transmission lui permettant de manœuvrer seul toutes ses pièces ! Du pied de la tour, la **vue★** est fort étendue. À droite, le bleu profond de la mer contraste avec la teinte grise de l'immense plage. Au loin se profilent le golfe de St-Florent, la Balagne et le massif du Cinto. Plus près, se dévoilent les toits du village et le clocher accroché au chevet de l'église.

Fontaine Ste-Julie – À 50 m sur la route de Pino, 160 marches descendent (même chemin que pour la plage) à cette fontaine dont les eaux sont réputées miraculeuses. L'agréable promenade ombragée offre un point de vue original sur le village, sa vieille tour et sur la plage Noire en contrebas.

★ Plage Noire – 🌿 👫 On accède à la grande plage de galets noirs en descendant l'interminable escalier (éviter les tongs) partant à gauche de l'église sur la route principale (en face du magasin d'alimentation). Comptez 15/20mn pour descendre et au moins 20mn (selon votre forme physique) pour remonter (pause possible en chemin à la fontaine Ste-Julie). La plage est aussi accessible par une route carrossable, 3 km au nord de Nonza.

Les vagues y sont superbes quand le vent souffle. D'un bleu profond ou intensément lumineuses, en fonction du temps, elles viennent exploser en gerbes

La patronne de la Corse

Julie, une jeune fille de Nonza, fut crucifiée dans son village sur ordre du préfet Barbaru pour avoir refusé de participer à une fête païenne. Sur le lieu du martyre jaillit une source miraculeuse. Le corps de la sainte, évacué en 734 devant la menace sarrasine, se trouve aujourd'hui à Brescia en Italie, mais quelques reliques sont conservées à l'église de Nonza. L'analogie de son supplice avec celui du Christ fait de **sainte Julie** la patronne de la Corse.

Le village de Nonza.
zodebala/Getty Images Plus

blanches sur la plage grise. Cette couleur est due aux galets de schiste amiantifère accumulés ici depuis 1932, anciens déblais de l'usine d'amiante de Canari (fermée depuis 1965) érodés par les vagues, qui ne présentent *a priori* pas de toxicité, l'amiante traité étant seul dangereux. La baignade, en raison de forts courants, est très déconseillée.

« **Les Terrasses et la marine** » – *1h (1,5 km)*. Le **sentier** conduit du village à la plage Noire. Remontant les terrasses restaurées, pour certaines recouvertes de maquis et de forêts, il traverse une zone longtemps dédiée à la monoculture du cédrat, qui a conservé ses murets et ses fontaines.
Poursuivre sur la D 80 en direction de Patrimonio.

À **Marine de Negro (Negru)**, faites une halte sur sa jolie **plage** de sable, veillée par une tour génoise, à moins que vous ne préfériez le sable blond de celle de **Marine de Farinole**.

Peu avant Patrimonio, le paysage change. La transition très marquée d'un univers sauvage à un autre plus verdoyant indique que l'on atteint les portes du Nebbio.

Patrimonio

Sur les premières pentes du Nebbio, Patrimonio dissémine ses maisons et sa grande église au flanc d'une colline plantée de vergers et de vignes. *Patrimoniu* veut dire « patrimoine » en corse. Au 17e s., c'est le nom que l'on donnait à un regroupement de terres. C'est aujourd'hui le nom d'un vignoble réputé. De longue date, le patrimonio se classe, par ses cépages et par le soin apporté à son élaboration, parmi les meilleurs crus élevés en Corse *(voir « Nos adresses »)*. Impossible de dénombrer les enseignes de producteurs proposant dégustation et vente dans le village !

★ **Église St-Martin (San Martinu)** – *En restauration (financement participatif)*. Avec ses schistes qui prennent au soleil couchant une chaude tonalité blond doré, elle compose une des « images » touristiques les plus connues de la Corse. Édifiée à partir de 1570, l'église fit l'objet d'une importante restauration entre 1801

Une terre de caractère

Patrimonio a donné le jour à deux adversaires de Bonaparte : **Joseph Arena** (1771-1801), député au Conseil des Cinq-Cents en 1796, qui protesta contre le coup d'État du 18 Brumaire. Accusé d'avoir pris part à un complot contre le Premier consul, il fut guillotiné le 30 janvier 1801. Son frère **Barthélemy** (1775-1829), député à l'Assemblée législative, puis aux Cinq-Cents, s'opposa lui aussi au coup d'État, mais réussit à échapper à la police consulaire et se réfugia à Livourne, où il acheva obscurément sa vie.

et 1810. Le clocher et la partie supérieure de l'église datent de cette époque. Un peu isolée, posée sur une butte dominant le village, elle apparaît comme un édifice monumental avec son haut clocher, ses robustes contreforts et son fronton à volutes. Elle surprend avec ses murs dépourvus de parement, laissant encore apparents les trous de boulin.

U Nativu – À côté du monument aux morts, un abri grillagé protège la **statue-menhir** en calcaire du Nativu trouvée en 1964 dans la commune de Barbaggio. L'œuvre mesure 2,29 m de hauteur. Elle possède des épaules et des oreilles proéminentes, un menton accusé et présente une mystérieuse gravure sur le torse.

★★ Col de Teghime

À 536 m d'altitude, le col marque la fin de la grande arête dorsale délimitant les versants est et ouest du cap Corse. Il est le point de contact avec la région du Nebbio. Le *libecciu* soufflant de l'ouest s'y engouffre parfois avec violence. Du col, le **panorama**★★ embrasse le golfe de St-Florent, le Nebbio, Bastia et la plaine orientale. Un **monument** commémore un épisode déterminant de la **libération de la Corse** en 1943. Les 1er et 2 octobre, les goumiers marocains, envoyés d'Alger pour renforcer les résistants, parvinrent en effet à prendre le col aux Allemands et dès lors firent peser une menace décisive sur le port de Bastia et les mouvements des navires ennemis.

Sur le versant oriental du col, la route, sinueuse, descend vers Bastia.

Serra di Pigno

4 km par la D 338, qui s'embranche peu après le col de Teghime en allant vers Bastia. À 960 m d'altitude, le sommet de la Serra di Pigno porte un relais de télévision. Le remarquable **panorama**★★★ s'étend sur les deux versants du cap Corse et sur toute la racine de cette grande presqu'île.

★ Oratoire de Monserato *(voir p. 42)*

ℹ️ Carnet pratique

S'informer

Office du tourisme intercommunal du cap Corse – *Port de Plaisance - 20248 Macinaggio -* 📞 *04 95 35 40 34 - www.capcorse-tourisme.corsica.* Brochures en téléchargement. Informations utiles également sur : authentiquecapcorse.corsica.

Adresses utiles

Distributeurs de billets – Uniquement aux bureaux de poste d'Erbalunga et de Macinaggio. Soyez prévoyant !

Se déplacer

Disposer d'un véhicule est bien sûr l'idéal, mais il est tout à fait possible de visiter le cap Corse avec les transports en commun. Une carte des lignes de **bus** avec les coordonnées des compagnies est téléchargeable sur http://www.odyssea.eu/geodyssea/PDFs/22942_1607789241.pdf. Pour plus de précisions sur les horaires, adressez-vous aux offices de tourisme ou consultez le site www.capcorse-tourisme.corsica (« Informations pratiques », « Se déplacer »).

Agenda

La Cerca – *À Erbalunga-Brando - Jeu. et Vend. saints.* Le jeudi soir, une procession gagne le monastère des bénédictines qui domine Brando. Les hommes, revêtus d'une aube blanche, portent une croix de 40 kg, tandis que les femmes, la tête couverte d'une jupe bleue *(la faldette)* participent en supportant une croix de 20 kg. Le vendredi, la procession quitte l'église d'Erbalunga vers 7h, pour un circuit à pied d'environ 12 km comportant des haltes dans toutes les églises et chapelles de la commune de Brando : c'est la **« Cerca »** (« recherche »). Le soir, à la lumière des torches, la procession des pénitents réalise des figures traditionnelles, devenues célèbres, comme celle de la *Granitola*, en forme de spirale, et celle de la croix.

Fête de sainte Julie – *Le 22 mai, à Nonza.* Pèlerinage en l'honneur de la patronne de la Corse.

Fête de saint Érasme – *Le 2 ou 3 juin, à Erbalunga.* Procession en l'honneur du patron des pêcheurs, avec bénédiction de la mer.

Fiera di u Vinu – *À Luri - 1er w.-end de juil.* La foire au vin, sur la place du village, avec dégustations et animations. Producteurs du cap Corse et du reste de l'île.

Les Nuits de la guitare – *À Patrimonio - www.festival-guitare-patrimonio.com - mi-juil.* Il y a près de 50 ans que les frères Dominici ont fait le pari de transformer le village en lieu de rencontre musicale. Et c'est réussi ! De Marcel Dadi à Gilberto Gil en passant par George Benson, le programme ne cesse de s'étoffer alors que l'ambiance est toujours aussi conviviale.

Festival de musique – *À Erbalunga - 2e sem. d'août.* L'un des plus anciens festivals de Corse : 3 j. de concerts (variétés françaises).

Festival international de chant lyrique à Canari – *Fin août-déb. sept.* À l'église St-François.

Fête de Notre-Dame de Lavasina – *Le 8 sept. - www.lavasina.fr.* La veille, une procession aux flambeaux parcourt la plage. Une foule considérable, venue de toute l'île, participe à cette veillée qui s'achève par une messe de minuit.

Fête de St-Martin - *À Patrimonio, autour du 11 nov.* Fête mi-religieuse (procession), mi-populaire, où le vin est à l'honneur (Martin est le saint patron des vignerons).

1

📍 Nos adresses

Restauration

Erbalunga

Une folie

Le Pirate – *Au port -* 📞 *04 95 33 24 20 - www.restaurantlepirate.com - fermé de nov. à mi-mars et lun.-mar. hors saison - plats 26/50 €, menus 60/200 €.* L'accès au port étant interdit aux voitures, c'est à pied que vous rejoindrez cette jolie maison en pierre avec son agréable terrasse inscrite dans un véritable paysage de carte postale. Le chef concocte une belle cuisine d'aujourd'hui, fine et précise. Le meilleur de la pêche locale, la viande des petits producteurs alentour : on ne triche pas avec les produits et cela se sent !

Sisco

Budget moyen

A Casaïola – *Marine de Sisco -* 📞 *04 95 35 21 50 -* 🅿 *- tlj, service continu - fermé oct.-avr. - plats 18/23,50 €.* Cuisine aux saveurs du monde, poisson du jour et spécialités de la mer, à déguster dans une coquette salle à manger, sur la terrasse ombragée ou sur la terrasse les pieds dans l'eau, face aux îles d'Elbe et de Capraia. Que demander de plus ?

Pietracorbara

Budget moyen

Les Chasseurs – *Marine-de-Pietracorbara -* 📞 *04 95 35 21 54 -* 🅿 ⛷ *- fermé nov.-mars - plats env. 15/25 € - 7 ch.* Il règne une ambiance décontractée dans ce sympathique restaurant familial situé près de la plage. Aux beaux jours, des spécialités locales (très bonnes tripettes à la mode corse, à partir de sept.) et les plats du jour sont servis sous la tonnelle. Les amateurs apprécieront les excellentes pizzas au feu de bois. Après le repas, laissez-vous tenter par une partie de pétanque... Chambres rénovées simples et calmes.

Macinaggio

Budget moyen

La Vela d'Oro – *Dans une ruelle, derrière le port (en arrivant dans le village) -* 📞 *04 95 35 42 46 - tlj, service continu - fermé de mi-nov. à mi-mars - plats 16/28 €, menus 20/22 €.* Une affaire familiale tenue avec sérieux et professionnalisme. Spécialisé dans les produits de la mer, le restaurant propose poissons de la pêche locale et langoustes (prix au poids, à choisir dans le vivier), accommodés simplement. Service dynamique et efficace.

U Paradisu – *Sur la plage de Tamarone -* 📞 *06 12 89 96 43 - tlj, service continu - fermé de fin sept. à fin avr. - plats env. 25 €, tapas moins de 16 €.* Difficile de rêver cadre plus enchanteur, cette paillote étant posée sur la plage de Tamarone. À la carte, d'efficaces assiettes, qui mêlent brochettes d'agneau, poissons grillés, généreuses salades, sans oublier les (bonnes) pizzas au feu de bois. Service rapide et souriant. Une adresse sympathique.

Rogliano

Budget moyen

Osteria di u Portu – 📞 *04 95 35 40 49 - tlj - fermé déc.-mars - plats 22/29 €.* Un lieu fort agréable avec la seule terrasse face au port, donc prise d'assaut (réservez). Dans l'assiette, des plats corses et un menu de la mer.

Centuri

Budget moyen

La Macciotta – *Au port -* 📞 *04 95 35 64 12 - tlj, service continu - fermé de fin oct. à déb. avr. - réserv. conseillée - formule déj. 20 €, menus 55/77 €.* Les amateurs de poissons frais choisiront la marée du jour dans ce restaurant à dénicher parmi les maisonnettes du premier port de pêche du cap Corse. Le chef propose également des poissons d'élevage et une entrecôte cuite au feu de bois. Sobre salle à manger immaculée et charmante terrasse.

Nonza

Pour se faire plaisir

La Sassa – *Rte de la Tour - www.castalibre.com (réserv. en ligne seult) - tlj - fermé mi-oct.-mi-mai - plats 20/30 €.* À l'ombre de la tour paoline, un restaurant en plein air qui offre une vue splendide sur la mer. Plat signature : le grand canelloni au *brocciu* à la truffe. Concerts en été.

Patrimonio

Budget moyen

Libertalia – *Rte de l'église - ℰ 06 23 16 41 25 - tlj, le soir - fermé oct.-avr. - plats env. 25/40 €.* Pierre-François Maestracci, agitateur local, arbore fièrement son étendard, Libertalia. Des légumes du jardin et une cuisine au feu de bois faisant la part belle aux poissons de ligne, aux volailles labellisées et au porc nustrale. Également des pizzas cuites dans le four à pain familial *(autour de 15 €)*. Dans le verre, la bière Ribella dont le propriétaire *(voir « Shopping »)* est le créateur et les vins du domaine familial. Une belle adresse, emplie d'honnêteté et hors des sentiers battus.

Osteria di San Martinu – *Hameau Poretto - ℰ 04 95 37 11 93 - fermé merc. et dim. soir - plats 15/20 €.* Cette petite *osteria* est à fréquenter l'été : tout se passe alors sur la terrasse, dressée sous une pergola et animée par la présence du barbecue. Plats corses et grillades s'arrosent avec le patrimonio produit sur le domaine du frère du patron.

Shopping

Vin

☺ **Route des vins de Patrimonio** – Trente-trois viticulteurs vous accueillent sur cette route jalonnée des sept villages composant le domaine AOC. On vous y racontera l'histoire du « Nebbiu », la brume venue du golfe, évitant les gelées, et de la « Conca d'Oro », qui ont donné leurs noms aux terres et aux paysages exceptionnels du golfe de St-Florent. Dégustations gratuites pour découvrir la production de vins blancs, rouges, rosés et muscats.
Rens. : www.vinsdepatrimonio.com

Clos Nicrosi – *Caveau de dégustation en face de l'hôtel Best Western - Macinaggio - ℰ 04 95 35 41 17 - en saison : tlj sf dim., téléphoner au préalable ; hors saison sur RV.* Un domaine réputé qui travaille en agriculture raisonnée, régulièrement plébiscité par les magazines spécialisés. À ne pas manquer : le blanc de blanc, à la fraîcheur et vivacité exceptionnelles et un muscat très soigné. Prix assez élevés justifiés par un travail de grande qualité sur toutes les cuvées.

Domaine Pieretti – *Santa-Severa - Luri - ℰ 04 95 35 01 03 - ℙ - avr.-sept : se rens. pour les horaires ; reste de l'année : sur demande.* Lina, cinquième génération de Pieretti à travailler au domaine, entretient les 14 ha de vignes (*nielluciu, vermentinu,* grenache), situées sur les coteaux qui surplombent la mer. Vous y dégusterez de délicieux crus issus notamment des vignes de grenache, plantées en 1959 et signature de la viticultrice : son 100 % grenache *Il Murtate* exhale notamment des arômes de cerise au sirop et d'épices ; son vieilles vignes 50 % grenache, 50 % *nielluciu* possède une élégance rare. Également de très bons muscats.

Antoine Arena – *Morta Maio - à l'entrée sud du village - Patrimonio - ℰ 04 95 37 08 27 - fermé dim., sur RV.* Dans son domaine de presque 14 ha, Antoine Arena compose des vins de très grande qualité, passés du bio à la biodynamie,

1

et entièrement naturels comme le muscat du cap Corse, le patrimonio 100 % *vermentinu* et 100 % *niellucciu*, ou le « Bianco Gentile » (cépage local qu'il a fait renaître).

Bière

Brasserie Ribella – *Lieu-dit Pastricciola (sur la rte de St-Florent) - Patrimonio -* 📞 *06 23 16 41 25 - biereribella. com - fermé w.-end.* Non filtrées et non pasteurisées, les bières artisanales Ribella feront le bonheur des amateurs de houblon. Des noms de cuvées évocateurs (Divina, Immurtale, Inferna, Mistica) pour des productions épousant respectueusement le terroir local (bières au marc de muscat, à la châtaigne, etc.). Possibilité d'accompagner la dégustation par de bons produits locaux (légumes bio, charcuterie et fromages AOP) au bar de la brasserie.

Confiserie

Les Cédrats du Cap Corse – *20228 Barrettali -* 📞 *06 25 30 69 76 ou 06 72 15 84 78 - lescedratsducapcorse com -* 🅿 *- mai-sept. : fermé w.-end (fermé dim. en juil.-août) - sur RV.* Xavier Calizi s'est lancé un pari fou : faire revivre le cédrat qui fut l'une des richesses de la région jusque dans les années 1930. Il a relevé le défi et cultive ces agrumes peu communs qu'il transforme en confiserie, confitures et liqueurs. Visite de la plantation et boutiques.

Activités

Plongée

Calypso – *Port d'Erbalunga -* 📞 *06 25 98 48 19 - www.calypso-marine.fr - avr.-nov. - baptême plongée 75/95 €.* Petit club proposant de nombreuses activités nautiques, entre plongée (baptêmes pour les enfants),

exploration et randonnées palmées, snorkeling avec ou sans guide.
Dollfin – *Marine de Sisco - Sisco -* 📞 *09 7456 40 77 ou 06 07 08 95 92 - www.dollfin-plongee.com -* 🅿 *- d'avr. à mi-nov. - sur RV hors sais. - baptême 75 €.* Une école de plongée sérieuse (plongée pour enfants, exploration autonome équipée, visites d'épaves...), qui propose aussi la location de canoë-kayaks *(9/12 €/h).*

Excursions en mer

Bateau San Paulu – *Port de Macinaggio -* 📞 *06 14 78 14 16 - sanpaulu.com - avr.-sept., horaires des dép., se rens. - promenade La pointe du cap Corse 25 € (4-11 ans 15 €) - navette 19 € (4-11 ans 13 €).* Circuits à la pointe du cap Corse (réserve des îles Finocchiarola, Santa-Maria, île de la Giraglia, Barcaggio, Centuri), avec ou sans escale et navette du sentier des douaniers. Pêche en mer *(juil.-août, 40 €)* et observation des dauphins et des baleines *(80 €)* ; excursion à l'île de Capraia *(80 €).*

Nautisme

Club nautique de Macinaggio – *Plage de Macinaggio -* 📞 *06 86 72 58 40 - mai-oct.* Location de dériveur, planche à voile, stand up paddle... et cours particuliers.
Cap Évasion – *Sur le port de Macinaggio-* 📞 *06 81 70 38 48 - www.cap-evasion.biz - avr.-oct. - 150/450 €/j.* Location de bateaux avec ou sans permis.

Nature

Sentiers thématiques – Dix-huit promenades sont proposés autour des villages du cap Corse *(balisage jaune),* carte et fiche en téléchargement sur : www.capcorse-tourisme.corsica.
Randonnées – Le syndicat **Bocca du San Gjuvani** propose 14 randonnées *(balisage orange)* conduisant d'une vallée à l'autre

dans les villages du centre ou du bord de mer jusqu'aux sommets. Le **Chemin de Lumière** (balisage en forme de croix jaune) relie Pietracorbara à Barrettali, de la côte est à la côte ouest, suivant la course du soleil (12 km ; 6h ; dénivelé de 600 m).

Le **sentier des Crêtes** (balisé par un rectangle rouge ; 48 km ; dénivelés de 500 à 800 m), suivant les sommets du massif, s'adresse aux randonneurs confirmés.

Hébergement

Erbalunga

Une folie

Castel Brando – *Rte du Cap -* ☏ *04 95 30 10 30 -* ⊠ *- www.castelbrando.com - fermé nov.-mi-avr. - 40 ch. et 6 suites 154/294 € -* ⊡ *20 €.* Dans cette maison de maître édifiée par un médecin des armées napoléoniennes, tout est ravissant : le jardin luxuriant et ses palmiers, les chambres raffinées (certaines dans des villas annexes), les piscines, l'espace forme et massage, la véranda... On aimerait ne jamais partir ! Excellent petit-déjeuner à base de produits locaux et bio.

Sisco

Premier prix

Camping La Pietra – *Marine de Pietracorbara (3 km de Sisco) -* ☏ *04 95 35 27 49 - www.la-pietra. com -* ✗ ♿ � ⊡ *- fermé déb. nov.- fin mars - 126 empl. 25,50/30 €.* Les emplacements sont beaux, bien délimités et ombragés dans un décor d'arbres et surtout de lauriers-roses... Corse oblige.

Budget moyen

Hôtel A Stalla Sischese – *Marine de Sisco -* ☏ *04 95 35 26 34 - www.astallasischese.com - fermé nov. à mars -* ⊡ ⌇ *Spa* ♿ *- 27 ch. 80/105 € -* ⊡ *15 € -* ✗ *menu 25 €.* Dans cet hôtel récent, rien de luxueux mais un bon niveau de

confort et une décoration soignée, dans une palette de couleurs chaudes. Balcon à toutes les chambres et piscine à l'arrière.

Chambre d'hôte La Ferme U San Martinu – *Marine de Sisco - Lieu-dit Canavaghja -* ☏ *06 16 59 13 95 - www.ferme-usanmartinu. com -* ⊠ ⊡ ⌇ *- mi-avr.-déb. oct. - 5 ch. 100/120 € -* ⊡ *(ch. triple 120/140 €* ⊡*, quadruple 150/170 €* ⊡*) - repas env. 30 €.* Dans cette ferme aménagée en chambres d'hôte, Pierre-Jean et Marine ont su apporter la touche de rusticité nécessaire pour rendre l'atmosphère un peu plus authentique. Une cuisine corse généreuse, souvent composée de produits maison, est servie au bord de la piscine.

Macinaggio

Budget moyen

U Libecciu – *Rte de la Plage -* ☏ *04 95 35 43 22 - www.u-libecciu. com -* ⊡ ⌇ *- 30 ch. 87/135 € - 8 appart. -* ⊡ *en sus.* Cette adresse proche du port abrite de spacieuses chambres avec terrasse et des appartements équipés pour un long séjour. Bon accueil. Une adresse fiable.

Pour se faire plaisir

U Ricordu – ☏ *04 95 35 40 20 - www.hotel-uricordu.com - fermé nov.-mars -* ✗ ⊡ ⌇ *- 56 ch. 91/157 € -* ⊡ *16 €.* Chambres actuelles, orientées côté route ou côté montagne. Deux piscines chauffées et une lumineuse salle à manger où est servie une cuisine traditionnelle.

Rogliano

Pour se faire plaisir

U Sant'Agnellu – ☏ *04 95 35 40 59 - www.hotel-usantagnellu.com -* ⊡ *- 14 ch. 88/133 € -* ⊡ *12 € -* ✗. Dans cette fière bâtisse aux larges baies vitrées ou sur sa terrasse ombragée, le regard se perd sur la ligne bleue de la mer, entre

1

l'île d'Elbe et celle de Capraia. Une vue dont vous profiterez en savourant une belle cuisine typique. Chambres agréables et tout confort. Deux disposent d'une terrasse. Jardin sous une oliveraie.

Une folie

Palazzu Nicrosi – *Lieu-dit Vignale (peu de signalisation, se faire préciser l'accès au préalable par les hôtes)* - ℘ 06 78 00 84 18 - www.palazzu-nicrosi.com - 🅿 🛏 - *fermé oct.-avr. - 2 ch. 160/210 € et 2 suites -* 🍽 *16 €.* Une « maison d'Américains » *(voir p. 61)* bâtie en 1877 par un Cap-Corsin ayant fait fortune dans le sud des États-Unis, en Alabama. Fresques conservées au plafond, tomettes d'origine, escaliers monumentaux... Difficile de ne pas sentir le poids de l'Histoire (mais non écrasant) dans cette maison de maîtres dont la décoration est relevée de jolies touches contemporaines. Chambres tout confort, petit-déjeuner gourmand. Un séjour exceptionnel et hors du temps... Vues exceptionnelles sur Macinaggio et le littoral ?

Ersa

Budget moyen

Chambre d'hôte Côté-Corse/Latu-Corsu – *Hameau Poggio (Poghju)* - ℘ 06 16 10 70 70 - cote-corse.fr - *fermé de fin sept. à fin mai - 5 ch. et 1 studio 97/137 €* 🍽 *- 2 nuits mini.* Restaurée avec soin et décorée avec goût (tableaux contemporains), cette vaste maison de village vous charmera avec ses murs en schiste, ses vieilles poutres patinées, ses tomettes et son parquet rustique. Accueil soigné. À l'étage inférieur, l'ancien moulin à huile a conservé son pressoir.

Barcaggio

Pour se faire plaisir

Hôtel-restaurant Petra Cinta – *Au port - Barcaggio -* ℘ 04 95 36 87 45 - www.petracinta.com - *fermé oct.-avr. - 9 ch. 97/162 € -* 🍽

8,50 € - 🍴. Dans cette jolie maison blanche, en retrait du pittoresque port, les chambres, vraiment avenantes, sont décorées avec goût et certaines sont adaptées pour les familles. Tout est doux et reposant, à prix raisonnable. Restauration.

Centuri

Premier prix

Camping Isulottu – *Accès par la RD 35 - Morsiglia (à 800 m de Centuri) -* ℘ 04 95 35 62 81 - isulottu.fr - 🍴 ♿ - *fermé d'oct. à déb. mai - 80 empl. (à 300 m de la mer) 34 € + 4 € pour l'électricité - 2 chalets 660/995 €/sem.* Ici le repos est privilégié. C'est à l'ombre d'une agréable chênaie que vous ferez la sieste, ou, au soleil, sur la plage toute proche. Restauration familiale le soir composée de produits corses et de pizzas.

Budget moyen

Hôtel La Jetée – *Au port -* ℘ 04 95 35 64 46 - www.hotel-de-la-jetee-centuri.com - 🅿 - *17 ch. 100/129 € -* 🍽 *14 € -* 🍴. Ses chambres claires et climatisées offrent un hébergement abordable à Centuri. Préférez celles avec vue sur la mer, dont trois possèdent un petit balcon donnant sur le port. Le point fort de cet établissement est la terrasse du restaurant qui offre une vue exceptionnelle. Nombreuses recettes de poisson à la carte.

Luri

Premier prix

Chambre d'hôte I Fundali – *I Fundali -* ℘ 04 95 35 06 15 ou 06 82 67 18 64 - www.locationcorse-ifundali.com - ✉ 🅿 - *fermé nov.-mars - 5 ch. 67 €* 🍽 *- 3 gîtes (2 pers.) 430 €/sem.* Vous aimerez le calme de cette charmante maison au fond *(fundali)* de la vallée luxuriante de Luri ainsi que la chambrette confortable. Barbecue en libre service.

Canari

Premier prix

Résidence I Fioretti – *Au couvent St-François - ℰ 04 95 37 13 90 - www.ifioretti.com -* 🗫 🅿 *- 5 ch. 78/94 € 🍽 - 3 gîtes.* L'ancien couvent St-François a été rénové et propose des chambres d'hôte, aménagées dans les ex-cellules de moines. Bel escalier, voûtes en pierre, meubles réalisés par un artisan du village, costumes exposés dans l'ancien réfectoire : le lieu a du cachet. Également, trois gîtes ruraux.

Nonza

Premier prix

Casa Lisa – *Bas du village - ℰ 04 95 37 83 52 - www.casalisa. fr -* 🗫 *- fermé nov.-mars - 5 ch. 60/85 € - 🍽 7 €.* Des chambres d'hôte champêtres et ensoleillées, qui ne manquent pas de cachet avec leurs tommettes et leur vue sublime sur la grande bleue. Petit-déjeuner servi dans le jardin, avec vue sur la mer.

Budget moyen

Casa Maria – *Chemin de la Tour - ℰ 04 95 37 80 95 - www.casamaria-corse.com - 5 ch. 90/105 € 🍽, 1 appart. (3 pers.) -* ✗ *hors sais.* Dans une ancienne maison de maître du 18e s., à la décoration élégante, les chambres – dont une familiale – ont vue sur la mer. Accueil chaleureux. Petit-déjeuner sous la treille. Plats corses à la table d'hôte hors saison.

Olmeta di Capocorso

Budget moyen

Chambre d'hôte Relais du Cap – *Plage de la Marine de Negro - ℰ 04 95 37 86 52 - www. relaisducap.com -* 🅿 🗫 *- fermé oct.-avr. - 4 ch. 85/120 € 🍽 - 1 appart. (4 pers.).* Cette maison, la toute dernière du hameau, n'a que la mer pour vis-à-vis. Depuis ses chambres aux murs blanchis, d'un confort assez élémentaire (WC sur le palier), vous jouirez d'une vue sublime sur la grande bleue. N'hésitez pas à solliciter les charmants propriétaires, ils se feront un plaisir de vous conseiller dans vos sorties.

Patrimonio

Budget moyen

Casa Eva Maria – *Rte impériale - ℰ 06 28 46 24 27 - www. casaevamaria.com -* 🗫 🅿 ⛵ *- 4 ch. 95/120 € 🍽 - gîte.* Ces quatre chambres modernes et confortables s'ouvrent sur un beau panorama embrassant le village de Patrimonio et les collines alentour. Elles disposent chacune d'une douche à l'italienne et d'une petite terrasse. En face, jardin à la pelouse impeccable et piscine bordée par le chalet commun, avec cuisine d'appoint. Le propriétaire et sa famille habitent la maison située juste à côté.

1

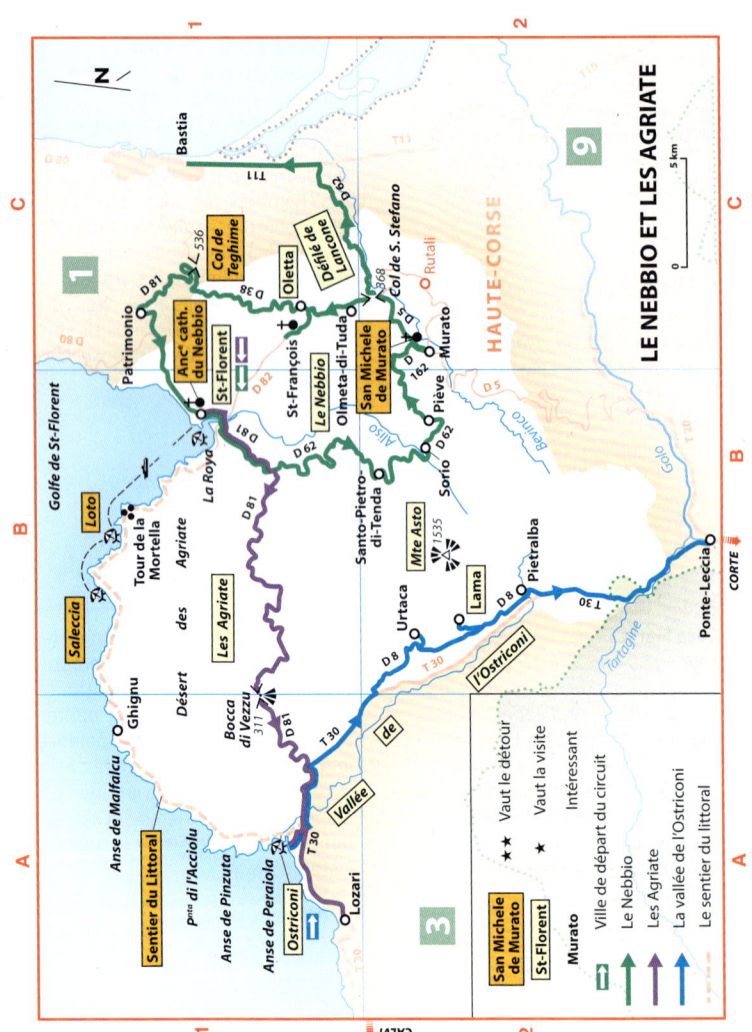

LE NEBBIO ET LES AGRIATE

HAUTE-CORSE

Vaut le détour ★★
Vaut la visite ★
Intéressant

Ville de départ du circuit
Le Nebbio
Les Agriate
La vallée de l'Ostriconi
Le sentier du littoral

San Michele de Murato
St-Florent
Murato

0   5 km

2

Le Nebbio et les Agriate

CARTE MICHELIN DÉPARTEMENTS 345 – HAUTE-CORSE (2B)

Saint-Florent★ 82

Au sud-est de St-Florent :
Le Nebbio★ 87

À l'ouest de St-Florent :
Les Agriate★ 93

La vallée de l'Ostriconi★ 98

Saint-Florent ★

San Fiurenzu

Au creux d'un golfe remarquable, auquel elle a donné son nom, St-Florent est bâtie sur une légère hauteur au nord de l'embouchure de l'Aliso. Station balnéaire très fréquentée, dont le succès se mesure à l'envergure des yachts amarrés dans son port de plaisance, n'est pas surnommée sans raison la « St-Tropez de la Corse ». Les remparts de la citadelle et les vieilles maisons colorées rappellent son rôle historique de capitale du Nebbio, arrière-pays à l'ancestrale culture agricole parsemé de hameaux et de bergeries.

▶ Se repérer

1637 Saint-Florentins – Haute-Corse (2B)

CARTE B1 (P. 80). À l'extrémité sud-ouest du cap Corse. St-Florent est traversée par la nationale venant de Bastia (23 km). Cette route mène à la place des Portes, lieu central de la cité. Les vieux quartiers et la citadelle s'étendent vers l'ouest. Au sud-ouest, la « route de la plage » conduit à la longue plage de la Roya. Au nord, derrière la citadelle, se trouve la plage de galets d'Olzo.

☺ À ne pas manquer

L'ancienne cathédrale du Nebbio ; les plages mythiques des Agriate

(féminin pluriel en corse, comme les « calanche »).

⏱ Organiser son temps

Pour rejoindre les plages des Agriate, possibilité de combiner une randonnée sur le sentier des douaniers et les navettes en bateau (selon la saison et de la météo, *voir chapitre Les Agriate*).

👪 En famille

Nombreuses activités nautiques proposées sur la plage de la Roya.

ℹ Carnet pratique p. 84

📍 Nos adresses p. 85

Se promener

La **vieille ville★** se rassemble autour de l'église dont le clocher domine le port de pêche et de plaisance abrité par une longue jetée. On flâne avec plaisir à travers ses ruelles tortueuses bordées de vieilles maisons et ses placettes fleuries de lauriers-roses.

Place des Portes

Séparant les rues sombres de la vieille ville et les espaces dédiés à l'activité balnéaire, celle que l'on appelle aussi la place des Ormeaux est le centre d'animation de la cité. Vous n'aurez aucun problème pour dénicher une terrasse de café idéalement située afin d'admirer en même temps l'élégance des passants et la précision des joueurs de pétanque.

Citadelle

📞 04 95 37 10 63 - juil.-août : 9h-12h30, 14h30-19h30 ; reste de l'année, se rens. auprès de l'office de tourisme.

Bâtie par les Génois sur un promontoire calcaire, elle domine la ville et le port. La citadelle a été plusieurs fois remaniée depuis sa fondation en 1439 par Tomasino

Le port de St-Florent.
T. Kakalik/Panther Media/age fotostock

de Campo Fregoso qui érigea celle de Bastia, quarante et un ans plus tard. Après avoir franchi le portail, avancez-vous sur la gauche du parapet pour découvrir une vue surprenante sur les vieilles maisons bâties à fleur d'eau. Le donjon circulaire est un remarquable exemple d'architecture militaire génoise. La citadelle était la résidence du gouverneur du Nebbio.

Plage de la Roya (plage de la Roia)

Par la route, environ 2 km au sud-ouest du centre. Prendre la D 81 et franchir l'Aliso, puis prendre à droite vers les campings.

👥 Cette longue plage (env. 2 km) offre de multiples activités nautiques *(voir « Nos adresses »).*

La capitale du Nebbio

Occupé dès le Néolithique, urbanisé par les Romains qui y fondèrent la cité de **Nebium**, le site de St-Florent fut sans doute dès le 4ᵉ s. le siège de l'évêché du Nebbio et le resta jusqu'au 18ᵉ s. La ville s'est seulement développée au 15ᵉ s., autour de la citadelle fondée par les Génois en 1439. Le site était insalubre, car dans ces basses terres mal drainées sévissait la malaria ; mais St-Florent bénéficiait de l'abri sûr de son golfe et d'une position stratégique. Aussi fut-elle âprement disputée par les Français, les Corses et les Génois durant les conflits (1553-1563) qui précédèrent le traité de Cateau-Cambrésis. St-Florent demeura une cité de garnison et de pêcheurs jusqu'à la fin du 17ᵉ s. Son déclin brutal survint après la décision génoise de raser les remparts (1667), dont l'entretien coûteux n'était plus justifié, la sécurité maritime semblant acquise. Victime encore de la malaria, la ville fut désertée pendant près de deux siècles. Au Second Empire et sous la 3ᵉ République, des travaux d'urbanisme et l'assèchement des marais permirent à la cité de renaître.

À l'extrémité ouest de la plage, un **sentier**★★ *(voir p. 94)* longe la côte des Agriate et permet d'atteindre l'Ostriconi en passant par les magnifiques plages du **Loto**★★ *(4h30 AR)* et de **Saleccia**★★. En saison, un bateau assure des liaisons avec ces plages.

À proximité

CARTE DE RÉGION P. 80

★★ Ancienne cathédrale du Nebbio (église Santa Maria Assunta) B1

À 1 km par la D 238, direction Poggio-d'Oletta (une pancarte légèrement en retrait indique la direction depuis le carrefour central de St-Florent). ✆ 04 95 37 10 63 - www.corsica-saintflorent.com - juin-août : lun.-sam. 10h-12h30, 15h-18h30 ; reste de l'année, se rens. auprès de l'office de tourisme - 1,50 €.

Voir l'ABC d'architecture p. 469. L'église Santa Maria, bâtie là où s'étendait la cité romaine, est l'un des plus importants témoignages de l'architecture religieuse en Corse. Ancienne cathédrale, représentative de la seconde période du roman pisan dans l'île, elle fut probablement achevée vers 1140. Elle possède un appareillage soigné de moellons de marbre tarentin d'une belle finesse de grain. Par ses dimensions et son plan basilical à trois nefs, elle accuse sa filiation avec la cathédrale de la Canonica *(voir p. 45)*. Elle s'en distingue cependant par sa recherche décorative : double étage d'arcatures de la façade et corniches ouvragées à la base des toitures.

À l'intérieur, la même recherche s'observe dans l'alternance de piliers et de colonnes surmontées de chapiteaux dont certains sont ornés, outre de crochets et de coquilles, de curieuses sculptures d'animaux. Une châsse vitrée abrite les reliques de saint Flor, soldat romain qui subit le martyre au 3e s.

ℹ Carnet pratique

S'informer

Office du tourisme St-Florent-Nebbiu Conca d'Oru – *Centre Administratif - ✆ 04 95 37 06 04 - www.corsica-saintflorent.com - brochures à télécharger.*

Arriver/partir

Autocars – *Autocars Santini - ✆ 04 95 37 02 98 - St-Florent-Bastia : tte l'année(sf dim. hors saison). - 10 €. Autocars Mariani - ✆ 04 95 65 04 72 - St-Florent-L'Île-Rousse : juil.-août seult, tlj - 15 €.*
Navettes maritimes – Pour les plages du Loto et de Saleccia *(voir p. 97)*.

Se déplacer

Se garer – Stationner est difficile. Tentez votre chance au grand parking du port *(payant)*, ou du côté de la plage l'Ospedale, à l'est. La ville se visite très facilement à pied.

Agenda

Fête de saint Flor – *Tous les trois ans (prochaine en 2021) le lun. de Pentecôte.* La fête honore la relique de saint Florent.
Concerts – À la cathédrale Santa Maria Assunta en été.
Porto Latino – *Déb. août - portolatino.fr.* Concerts de musique latino-américaine.

Nos adresses

Restauration

Budget moyen

L'Altezza – *R. du Furnellu -*
04 20 20 40 92 - fermé merc. -
formule déj. 19 € - plats 15/28 €.
Très beau cadre (salle voûtée en
pierre) et terrasse ombragée à
l'avenant à l'étage. Plats variés et
copieux, comme toujours en Corse,
et service chaleureux. Bon rapport
qualité-prix.

Le Grill – *Quai d'Honneur (en*
face du port) - 04 95 37 19 69 -
www.whatiseat.com - tlj - fermé
janv.-fév. - plats env. 20/30 €.
Sélectionnées avec soin par le
chef Yohan, affairé derrière la baie
vitrée de la cuisine, les pièces de
viande sont ici à l'honneur : côtes
d'agneau, brochettes de magret
ou *tagliatta*, morceaux d'onglet
garnis de roquette et de parmesan.
Également thon, espadon, moules
et gambas, venus tout droit de
la poissonnerie du village. Les
légumes sont produits sur place et
un chef pâtissier assure la carte des
desserts. Jolie terrasse.

Budget moyen

Le MaThyS – *R. Furnellu -*
04 95 37 20 73 - fermé dim.-lun.,
mar. soir et merc. soir - menus
26/42 €, plats 16/38 €. Une façade
d'un rouge éclatant qui se détache
d'une agréable placette, une
terrasse ombragée par la grâce
d'un platane mûrier, bienvenue
dans ce bistrot gourmand qui
propose des assiettes vives,
généreuses et audacieuses.
D'un renversant trompe-l'œil de
carbonara (lamelles de calamars) à
un gourmand millefeuille de vanille
Bourbon, en passant par un agneau
de lait nustrale aux artichauts à
la barigoule, tout sonne juste et
frappe fort.

Une folie

La Gaffe – *Port de plaisance -*
04 95 37 00 12 - www.restaurant-
lagaffe.com - fermé janv.-fév., mar.
et merc. - menus 58/90 €.
Embarquement immédiat pour
un voyage de saveurs marines.
Langoustes et pêche locale
se dégustent dans une salle à
la décoration d'esprit bateau.
Une belle sélection de vins les
accompagne. Aux beaux jours,
les larges baies s'ouvrent pour
profiter de la brise marine.

Petite pause

Scotto – *Pl. Doria - 04 95 37*
00 47 - fermé dim. Épicerie fine où
trouver toutes sortes de produits
locaux et de fruits pour préparer
un pique-nique dans le Nebbio ou
dans les environs.

Maison Salge– *Pl. de la Porta-*
04 95 37 00 43 - www.maison-
salge.com - 10h-18h30. José Salge,
connu dans toute l'île, est l'une
des princes de la glace artisanale
corse ! Crèmes glacées ou sorbets
à base de produits de très bonne
qualité, issus de circuits courts,
que l'on trouvera un peu partout
dans l'île. Parmi les parfums
typique, citons le *brocciu*, le cédrat,
la clémentine bio de Corse IGP,
le miel de Corse AOP, la noisette
de Canistrelli, et la *castagna*
(châtaigne) AOP, entre autres.
Un must !

Shopping

Charcuterie U San Petrone –
Pl. de l'Ancienne-Poste -
06 50 57 13 35 - fermé dim.
apr.-midi ; hors-saison : se rens.
Benoît Rinaldi, producteur
d'exception, élabore *lonzu*,
coppa et jambons. Pour le
reste (fromages, liqueurs, vins),
il fait appel à des artisans qui
travaillent, comme lui, avec de
bons ingrédients.

Domaine Gentile – *Lieu-dit Olzo -*
04 95 37 01 54 - www.domaine-
gentile.com - fermé dim., sur
demande préalable. 30 ha de
cépages corses dans le vignoble de
Patrimonio, cultivés en agriculture
bio : le *niellucciu* pour les rouges

2

et rosés, la malvoisie pour le blanc et le muscat à petits grains pour le muscat du Cap-Corse. Goûtez le *rappu*, une spécialité de la région.

Activités

👥 **Agriates Kayak** – *Plage de la Roya -* ☎ *06 15 77 81 13 - www.agriateskayak.com - avr.-oct. : 9h-18h30 ; reste de l'année, se rens. Location de kayak (10/20 €/h), paddle (15 €/h) et pédalo (20 €/h).* Pour une découverte accompagnée des côtes sauvages du désert des Agriate en kayak de mer. Stages d'initiation à l'esquimautage et de perfectionnement toute l'année.

Hébergement

De nombreux hôtels et résidences se regroupent à la sortie est, en direction de Bastia.

Budget moyen

Hôtel Flor – *Chemin de la Cathédrale -* ☎ *04 95 37 05 30 - www.hotel-flor.com -* 🅿 *- fermé de nov. à mars - 19 ch. 78/138 € -* ☕ *12,50 €.* Cette bâtisse blanche aux volets bleus s'élève au bord d'un petit canal où il est possible de s'amarrer. Entièrement rénovées en 2020, ses chambres établies sur deux niveaux sont reposantes, lumineuses et décorées avec goût, pour la plupart dotées de balcon.

Pour se faire plaisir

Hôtel Les Galets – *Rte du Front-de-Mer - prom. Vincetti -* ☎ *04 95 37 09 09 - www. appartementslesgalets.com et www.hotel-lesgalets.com -* 🅿 *- fin avr.-oct. - 16 ch. 91/187 €-* ☕ *15 € - 9 appart. (3 nuits mini. hors saison).* Des chambres simples (doubles ou triples) avec terrasse et des appartements climatisés (2 à 5 pers.), environnés d'un agréable jardin planté d'arbustes méditerranéens, de palmiers et de fleurs, profitent de la vue sur le golfe. À proximité, sports nautiques et randonnées à cheval.

Hôtel Le Bellevue – *Rte Principale -* ☎ *04 95 37 00 06 - hotel-bellevue-saint-florent.fr -* 🅿 *- fermé nov.-mars - 28 ch. 102/194 € -* ☕ *11 €.* Une place de choix au milieu d'un beau parc dominant la mer, face au cap Corse. Les chambres sont dotées de lits en fer forgé, parfois à baldaquin. Restaurant ouvert à la non clientèle de l'hôtel.

Le Nebbio ★

U Nebbiu

La région, située entre le cap Corse et la Balagne, doit son nom à la brume (« nebbia » en corse) qui s'installe souvent en hiver au petit matin. Mais le Nebbio est avant tout un pays de vignobles. Ses paysages sont quadrillés de murets de pierres sèches et parsemés de bergeries. Il compte aussi quelques charmants villages perchés, gardiens de la fertile vallée de l'Aliso.

▶ Se repérer

Haute-Corse (2B)
CARTE BC1/2 (P. 80). Le Nebbio, au sud-ouest de Bastia, est réputé pour son littoral, avec le golfe de St-Florent. La région est traversée par la D 62 venant de St-Florent et la D 38 venant de Bastia. Les deux routes se rejoignent à San Michele de Murato en sinuant entre vergers, oliveraies et villages pittoresques.

☺ À ne pas manquer

L'église San Michele de Murato, pour sa splendide architecture romane et le panorama offert par le site.

⏱ Organiser son temps

Prévoyez une journée pour profiter de la région, goûter et découvrir les vins de l'AOC patrimonio, déjeuner dans une ferme-auberge et profiter des points de vue sur la « conca d'oru » que dispense régulièrement la route.

📍 Nos adresses p. 92

2

Tour du Nebbio

CARTE DE RÉGION

▶ *Circuit de 70 km au départ de St-Florent tracé en vert sur la carte p. 80 – Compter environ 4h. Quitter St-Florent par la route de Calvi et passer le pont sur l'Aliso.* Après avoir longé pendant 4 km le **désert des Agriate** *(voir p. 93),* prenez sur la gauche la D 62 qui, étroite et torturée, domine la vallée de l'Aliso.

Santo-Pietro-di-Tenda (Santu-Petru-di-Tenda) R2

Ses maisons s'étalent sur les pentes du massif de Tende au-dessus de l'Aliso. Deux **églises** baroques, une dédiée à **saint Jean l'Évangéliste** et l'autre servant de chapelle aux **pénitents de la Ste-Croix**, sont unies en façade par un clocher à quatre étages (*☎ 04 95 37 70 70 - se rens. à la mairie située dans le haut du village.*). À 1,5 km du village, **vue** sur le clocher qui se profile au-delà des frondaisons. La route s'engage alors dans un étroit défilé jusqu'à Sorio.
Quitter le village par la D 62 en direction de Sorio.

Nebbio ou « conque d'or » ?

Le **Nebbio** est le nom donné au bassin de l'Aliso qui se développe en amphithéâtre dans l'arrière-pays du golfe de St-Florent entre le monte Asto au sud, le col San Stefano et la dorsale du col de Teghime au nord. Les statues-menhirs (*stantari*) découvertes dans les champs de Patrimonio et de Piève témoignent d'une occupation ancienne. Par la suite, une économie pastorale et agricole florissante lui valut d'être surnommé « **conque d'or** » (*conca d'oru*) par Pascal Paoli, le « père de la nation corse ».

Sorio (Soriu) B2

Entre les oliviers et les châtaigniers, ce village mérite une halte pour son panorama sur le Nebbio.

Derrière l'église Ste-Croix, un chemin goudronné grimpe à l'oratoire Sant'Antone. Une table d'orientation et un petit banc vous y attendent.

Poursuivre sur la D 62 en direction de Piève.

Piève B2

Depuis la D 62, un raidillon mène à l'esplanade de l'église paroissiale où veillent de précieux témoignages de la présence préhistorique dans le Nebbio : **trois statues-menhirs** en schiste cristallin. Déplacées du col de Tenda, ces statues seraient des monuments funéraires.

☺ Les *pièves*, dont le village tire son nom, sont les ancêtres des actuels cantons. Sous la domination génoise, la Corse comptait 66 *pièves*.

🐾 **Villages du Nebbio** – *7,5 km, 3h - prévoir de bonnes chaussures.* Une balade familiale en boucle pour découvrir églises, chapelles et villages oubliés, le tout agrémenté de points de vue sur le golfe de St-Florent et la plaine de Patrimonio. Descendre la D 62 sur 500 m vers Sorio, monter un chemin à gauche, passer une barrière puis un ru, et prendre à droite. Après avoir profité de la vue au col de Sorio, vous atteindrez le village. Continuer la route, descendre à gauche dans la chênaie, et passer la chapelle Santa Margarita et la fontaine de Gargalella. Traverser le ruisseau et remonter vers Piève, en passant devant un lavoir.

Continuer sur la D 62. 2 km après Rapale, prendre à droite la D 162.

Murato (Muratu) et alentours C2

Murato a été le premier quartier général de Pascal Paoli lors de sa lutte pour l'indépendance. Ses quartiers anciens se répartissent de part et d'autre de la départementale. L'un des seuls villages du Nebbio à tourner le dos à la mer, il tire son nom de *murata*, qui signifie « maçonnerie » en corse. Peut-être faut-il y voir un lien avec la bichromie des murs de sa célèbre église ?

En contrebas de la D 5 se dresse la vaste demeure en pierre, percée de passages voûtés, qui abrita le premier **hôtel de la monnaie**, où **Paoli** fit battre la monnaie corse à l'effigie de la tête de Maure. La réunion des métaux précieux nécessaires à cette opération fut possible grâce à la collecte, dans chaque paroisse, d'une partie du trésor religieux et des bijoux personnels donnés à fondre. En 1766, l'établissement fut transféré à Corte.

L'**église de l'Annonciation** *(ne se visite pas)* possède de belles stalles et une intéressante œuvre de l'école du Titien représentant sainte Marie-Madeleine.

🐾 **Tra Aghje e Pagliaghji** – *Au dép. du village de Rutali, 6 km à l'est de Murato, (parking au-dessus de l'église) - 8 km - 2h; facile, prévoir de bonnes chaussures.* De la fontaine du village, une boucle bien balisée fait découvrir les paysages des hauteurs de Rutali, façonnés par le travail des hommes avec leurs vestiges de cultures en terrasses. Vous y rencontrerez une dizaine de *pagliaghji* (pailliers) constructions en pierres sèches caractéristiques du Nebbio et des Agriate, en encorbellement et couvertes de *teghje,* grandes dalles de schiste local *(encadré p. 94),* certains encore flanqués de leur aire de battage du blé ou *aghja.*

★★ San Michele de Murato C2

1 km au nord-est. Juin-sept. : 9h30-19h - 1,50 € ; hors saison, s'adresser à la mairie. Isolée à 475 m d'altitude, l'église San Michele se dresse avec majesté sur un plateau qui domine le bassin du Bevinco. L'harmonie exceptionnelle de l'édifice est soulignée par le cadre montagnard et sauvage qui l'entoure.

L'église de San Michele de Murato.
Naeblys/Getty Images Plus

Construite aux alentours de 1280, elle appartient à la fin de la période du roman pisan en Corse. Elle se caractérise par une **polychromie originale et harmonieuse★** et par un développement de l'œuvre sculptée. Une cordelière court sous le rampant du toit au chevet et à la façade.

La **sculpture★**, parfois gauche et souvent naïve, est plus soignée que dans les autres églises de l'île. On observe, sur la façade ouest, les **consoles sculptées** d'animaux ou de personnages grossièrement ébauchés ; aux appuis et aux encadrements des étroites fenêtres latérales, des rinceaux et des entrelacs ; au chevet, des consoles et des modillons ouvragés.

L'intérieur couvert en charpente présente, à l'arc triomphal, des restes de fresques (1370) représentant l'Annonciation. Au 19e s., la tour carrée a malheureusement été surélevée, ce qui bouleverse les proportions de l'édifice.

Prendre à gauche la D 5.

La route continue dans un paysage de hauts plateaux, à la végétation odorante.

Col de San Stefano C2

Le col, lieu de passage obligé entre la plaine orientale et le golfe de St-Florent, a été le théâtre de violents combats en septembre 1943 entre l'avant-garde des tirailleurs marocains et l'arrière-garde de l'armée allemande. Une stèle commémore ces faits d'armes.

Du site, ample **panorama★★** sur la conque du Nebbio. À l'arrière-plan, on devine St-Florent et, sur la gauche, les monts des Agriate.

Olmeta-di-Tuda C1

Le pittoresque village, dominé par les sommets du massif du Zuccarello, est ombragé de beaux ormes. En suivant sa rue circulaire, on découvre de jolies vues sur St-Florent et son golfe.

La route traverse la campagne couverte de châtaigniers, d'oliviers et de vignes.

★ Oletta C1

Accroché à une colline verdoyante, Oletta étage ses hautes maisons blanches, ocre et roses. Une **vue★** se déploie sur le golfe de St-Florent et sur le Nebbio. On aperçoit en contrebas le couvent St-François et, en face, sur un mamelon, le mausolée du comte Rivarola, gouverneur de Malte. Les alentours sont notamment réputés pour leur fromage de brebis.

Église paroissiale St-André – L'église du 18e s. présente un bas-relief archaïque assez effacé figurant la Création. À l'intérieur, face à l'entrée latérale, triptyque du 16e s. : Vierge allaitant entre sainte Réparate et saint André.

Musée d'Art sacré – *Lieu-dit Santa-Croce - ℰ 04 95 39 01 09 - www.oletta.fr - &- juin-août : mar.-sam. 10h-12h, 14h30-18h30, dim. 10h-12h, 15h30-18h30 ; reste de l'année : sur demande préalable - gratuit.* Installé dans la chapelle Santa Croce qui fait face au village, le musée donne une vision originale de la richesse du patrimoine religieux du Nebbio et du cap Corse. Un « retable vidéo », formé de deux écrans verticaux, entoure le chœur, et les murs de la nef sont recouverts d'images stéréoscopiques. Des objets religieux sont également exposés.

Couvent St-François C1

À 2,5 km d'Oletta par la D 82 en direction de St-Florent, puis le sentier caillouteux qui s'ouvre sur la droite.

Le couvent, à demi ruiné, est entouré de collines verdoyantes. Il a conservé son beau clocher.

Revenir vers Oletta et prendre à gauche la D 38.

Serra di Pigno.
benslimanhassan/Getty Images Plus

La route suit la grande arête dorsale délimitant le Nebbio. Le parcours de 9 km s'agrémente de **vues**★ étendues sur les vallées du Fiuminale et de l'Aliso, sur les collines du Nebbio, le golfe de St-Florent et le désert des Agriate.

★★ Col de Teghime et Serra di Pigno *(voir p. 72)*
À partir du col, prendre sur la gauche la D 81 vers St-Florent.
La route descend vers le rivage en de nombreux lacets, délivrant des **vues**★★ pittoresques de Patrimonio dans son paysage de montagnes avec le golfe de St-Florent et le désert des Agriate en toile de fond.

Patrimonio *(voir p. 71)*
La D 81 rejoint au col de San Bernardino la D 80 et ramène à St-Florent.

Vers Bastia par le défilé de Lancone C1/2

▶ *Circuit de 53 km au départ de St-Florent tracé en vert sur la carte p. 80. De St-Florent au col de San Stefano, même circuit que le précédent. Au col, prendre à droite la D 62 qui longe le Bevinco et s'engage dans le défilé de Lancone.*

★ Défilé de Lancone
Avant de se jeter dans l'étang de Biguglia, le Bevinco, fleuve descendu des hauteurs du Murato, franchit une dernière barrière montagneuse dans laquelle il a creusé de profondes gorges. La route surplombe les sinuosités du torrent. Au sortir du défilé, la **vue**★ se dégage sur la vallée inférieure du Bevinco, l'étang de Biguglia et la mer.

⌖ En rejoignant à Casatorra la T 20, possibilité de prendre à gauche la route en montée pour admirer les vues depuis le village de Biguglia.

📍 Nos adresses

Restauration

Murato

Pour se faire plaisir

La Ferme de Campo di Monte – *Lieu-dit Peru - 📞 04 95 37 64 39 - www.lafermecampodimonte.fr - 🚫 ℙ - fermé dim.-lun. - sur réserv. - repas complet (boisson comprise) 60 € - 3 ch. d'hôte dans le village.* De cette authentique ferme de 1630, entourée de chênes verts et de châtaigniers, admirez l'église San Michele et le golfe de St-Florent. Dans ces petites pièces intimistes, les maîtres de maison servent un repas bien ancré dans le terroir. Une adresse très courue...

Oletta

Budget moyen

Le potager du Nebbio – *Sur la route de San Griolo (à proximité du domaine de Panciarella) - 📞 04 95 60 64 16 - page Facebook - fermé lun. et nov.-mars - plats 18/26 €.* Dans cette exploitation agricole en bio, on régale le visiteur de passage. Une terrasse éclairée aux lampions le soir, des tables en bois disséminées sous les oliviers, et dans l'assiette, le goût du terroir : samoussas de fromage frais aux herbes du potager, médaillon de veau et écrasé de pommes de terre... Une jolie adresse.

Shopping

Miellerie du Nebbiu - Olivier Morati – *Hameau Vezzi - 20245 Santo-Pietro-di-Tenda - 📞 04 95 37 71 98 - sur RV préalable.* Nul ne résiste au charme de cette famille de passionnés. La qualité du miel et de l'huile d'olive douce (AOP) fait de cette propriété, perchée au-dessus de 20 ha d'oliviers multicentenaires, l'étape incontournable des gastronomes.

Charcuterie San Mighele – *Lieu-dit Ornelli - Murato - 📞 04 95 37 62 30 - www.charcuteriepascalflori.com - fermé le w.-end (sf RV préalable) en basse sais.* Éleveur de cochons de la race Pin di Nat (« à boucle d'oreille »), Pascal Flori est réputé dans toute l'île et jusqu'aux meilleures tables du continent pour son exquis *prizuttu,* jambon sec au goût de châtaigne, affiné jusqu'à 52 mois. Dégustation à la boutique.

Hébergement

Oletta

Premier prix

Chambre d'hôte M. Gaucher – *Dans le hameau - Vallecalle (8 km au sud d'Oletta) - 📞 04 20 20 04 19 - www.chambresencorse.com - 🚫 - 2 ch. et 1 suite 75/80 € 🛏 - dîner 15 €.* Accrochée à la montagne, cette demeure du 18ᵉ s. offre un large panorama sur la vallée du Nebbio jusqu'à la mer. Chambres simples et lumineuses avec balcon, dont deux avec salle de bains et salon communs.

Budget moyen

Résidence de vacances Les Arbousiers – *Castelluccio d'Oletta - St-Florent (3 km au nord d'Oletta) - 📞 06 14 61 03 11 - www.residencesaintflorent.com - ℙ 🏊 - avr.-oct. - 16 mini-villas 85/155 € - 2 nuits mini.* À 3 km d'Oletta et près du centre de St-Florent, des mini-villas aménagées dans un jardin ombragé et fleuri, véritable paradis des oiseaux. Piscine à disposition des hôtes.

Les Agriate ★

E Agriate

Il est loin le temps où les Agriate étaient un éden verdoyant. Progressivement abandonné par l'homme, brûlé par le soleil et par les nombreux incendies, il est devenu un désert quasi minéral qui se couvre, au printemps, d'un magnifique tapis de fleurs. Le maquis aux odeurs enivrantes accompagne le randonneur qui ne s'éloigne jamais beaucoup du littoral, où l'attendent de superbes criques désertes et de longues plages de rêve. Pas étonnant que l'accès à ce domaine se mérite : les routes sont rares, parfois « sportives », et malheureusement envahies l'été par des caravanes d'excursionnistes en 4x4 ou en quads. Navettes, bateaux et sentiers demeurent donc les moyens les plus sûrs pour le découvrir.

▶ Se repérer

Haute-Corse (2B)

CARTE AB1 (P. 80). Ouvert sur la mer par une côte dentelée de 36 km entre St-Florent et l'embouchure de l'Ostriconi, qui marque la limite de la Balagne, le **désert des Agriate** (mot féminin pluriel en corse, comme « calanche ») est dominé par quelques sommets d'altitude modeste : la Cima d'Ifana, point culminant, atteint 478 m. À l'ouest de St-Florent, la D 81 est la seule route asphaltée qui le traverse ; de St-Florent, elle rejoint la T 30 vers l'anse de Peraiola.

☺ À ne pas manquer

Le sentier du littoral et ses plages, qui ne sont pas trop fréquentées au début de la saison ; une sortie en kayak à partir de la plage de la Roya *(voir « Nos adresses » à St-Florent)* pour profiter au mieux de la côte.

⊙ Organiser son temps

Les randonneurs qui veulent suivre le sentier du littoral (35 km) doivent partir dès l'aube, car la chaleur peut être accablante en été, et bien prévoir les haltes. De St-Florent, il faut compter 4h de marche pour rejoindre la plage du Loto, 5h pour celle de Saleccia, et près de 15h pour celle de l'Ostriconi, à l'extrémité ouest !

♟ En famille

Profitez des navettes maritimes pour rejoindre les plages ; vérifiez au préalable les horaires qui peuvent varier en fonction de la météo.

ℹ Carnet pratique p. 97

📍 Nos adresses p. 97

2

★ L'intérieur : de Saint-Florent à Lozari

▶ *Circuit de 38 km au départ de St-Florent tracé en violet sur la carte p. 80. Quitter St-Florent par la D 81 vers Calvi.*

C'est l'unique route qui traverse d'est en ouest le massif. À la **Bocca di Vezzu**, dominée par la Cima d'Ifana, la **vue★** s'étend à l'est sur le Nebbio, au nord-ouest sur les Agriate et au sud-est sur la vallée de l'Ostriconi et la Balagne. Attention, la route non revêtue sur la droite vers l'anse de Malfacu est difficile et réservée aux 4x4. Avant les falaises de la punta d'Arco, la route débouche sur une perspective séduisante à l'embouchure de l'Ostriconi sur l'anse de Peraiola.

Les Agriate : une terre riche et sauvage

Le nom de la région viendrait d'une altération du mot latin *ager* signifiant « terre cultivée » en référence à son riche passé agraire.

Les Agriate étaient en effet surnommées « **le grenier à blé de Gênes** ». Les cultivateurs de St-Florent et du cap Corse venaient alors travailler la terre (blé, oliviers, vignes et vergers) de juin à l'automne ; ils laissaient ensuite la place aux bergers du Nebbio et de l'Asco qui faisaient paître troupeaux de brebis et de chèvres. Les **pagliaghj** (paillers), basses constructions de pierre qui jalonnent toujours les Agriate, servaient d'abri pour les bergers et les récoltes. Les Agriate sont de nos jours dépourvues d'habitat, à l'exception du hameau de Casta.

Elles conservent en revanche une faune et une flore très riches, l'uniformité du maquis n'étant qu'apparente. En bordure de la mer, plus résistants aux embruns et aux rafales de vent, on rencontre des lentisques et des myrtes. Les vallons plus abrités accueillent cistes, arbousiers, genêts et chênes verts. C'est le domaine d'un papillon emblématique des Agriate : le **jason**, que l'on repère sur les arbousiers, les anciens arbres fruitiers et les excréments des bovins. Une multitude d'espèces de fauvettes, dont la fauvette sarde (la plus répandue), ont élu domicile dans ce maquis. L'**engoulevent** assure également par ses frôlements une présence discrète.

Accéder au littoral

Le Conservatoire du littoral corse et le Syndicat mixte des Agriate s'attachent à la préservation du site. La visite du domaine sauvegardé (5 000 ha comprenant les 36 km de côtes) est régie par une réglementation affichée sur place.

Pour rejoindre le rivage, il faut suivre l'une des deux pistes cahoteuses qui s'embranchent de la **D 81** vers la mer. La première débute vers le nord, non loin de la sortie du hameau de **Casta**, et rejoint la plage de Saleccia (12 km) ; la seconde s'amorce au nord du **col de Bocca di Vezzu** et mène à l'anse de Malfacu (14 km). Mais attention, ces 2 pistes ne sont praticables qu'en 4x4 à vitesse très réduite, en VTT (pour les pratiquants confirmés) ou, pour les plus courageux, à pied.

Promeneurs, campeurs, fumeurs… soyez prudents ! Le feu est le plus terrible ennemi du maquis et de la forêt.

Randonnée

CARTE DE RÉGION

★★ Le sentier du littoral AB1

▶ *Circuit tracé en pointillés beiges sur la carte p. 80. À la sortie ouest de St-Florent, après avoir franchi le pont sur l'Aliso, poursuivre au-delà de la plage de la Roya, puis emprunter en voiture la piste qui s'amorce à gauche. Il faudra contourner des propriétés privées qui ont les pieds dans l'eau. Laisser son véhicule après la deuxième crique, au niveau de l'anse de Fornali, là où le tracé du sentier rejoint le littoral.*

La meilleure manière de découvrir, au gré des dénivelés d'un relief chaotique, les beautés cachées des Agriate ! Ceux qui n'ont qu'une journée peuvent aller à pied jusqu'à la plage du Loto (environ 4h) et revenir par bateau à St-Florent *(voir « Nos adresses »)*.

La plage de Saleccia, désert des Agriate.
pkazmierczak/Getty Images Plus

De St-Florent à Saleccia

2

21,5 km aller, 6h40 (stationner près de la plage de Roya). Après avoir dépassé la plage et atteint l'anse de Fornali, le sentier des douaniers longe et parfois traverse un maquis odorant d'épineux denses d'où émergent des escarpements rocheux séparés par de petits torrents. Ces ravins deviennent en périodes de pluies les seules sources d'alimentation de petits étangs où se rassemble une faune originale. Après avoir franchi le Santo, le sentier aborde la **tour de la Mortella**, construite à la pointe au 16e s. par les Génois *(illuminée la nuit)*. Son architecture défensive se révéla si efficace que la flotte anglaise de Nelson en releva les plans lors de l'éphémère royaume anglo-corse (1794). Ils édifièrent sur le même modèle les Martello Towers, un chapelet de 73 tours identiques courant sur la côte sud de l'Angleterre en réponse aux menaces d'invasion de Napoléon.

Il faut alors environ 30mn de marche (remonter vers l'ancien sémaphore, redescendre vers punta de Cavallata et dépasser la grotta di l'Oru) pour rejoindre la **plage du Loto★★** (ou Lotu) tapissée de sable fin et enchâssée entre deux promontoires rocheux. Elle attire beaucoup de monde... ainsi que des vaches !

Quelques précautions avant le départ...

De par sa longueur (env. 35 km), cette **randonnée du littoral** suppose un « minimum » d'organisation. L'itinéraire proposé par le Conservatoire du littoral se fait en 2 étapes, 3 si possible. Prévoir une voiture au débouché du sentier (Ostriconi) ou se renseigner sur les horaires de bus. S'assurer par ailleurs que le gîte d'étape est ouvert... et qu'il y a des places disponibles. Les étapes peuvent être faites au camping de Saleccia où vous pourrez vous restaurer en saison, et au gîte de Ghignu où vous ne pourrez compter que sur vos propres ressources *(voir « Hébergement » dans « Nos adresses »)*. Prévoir une carte IGN ou un topoguide, provisions, eau, chapeau et crème solaire.

De la plage du Loto à celle de Saleccia, deux options s'offrent à vous à partir de l'extrémité ouest de la plage : suivre le littoral *(sentier bien tracé, compter 1h30)* ou prendre le chemin qui monte vers les terres *(env. 1h)*. Après environ 20mn à travers la végétation arbustive, vous atteignez un ensemble de bergeries que vous quittez par la droite. Comptez 20mn pour atteindre une petite mare (asséchée en été) qu'il faut franchir à l'aide d'une planche posée à côté.

Pour la fin du parcours, suivez les panneaux bleus indiquant la buvette de la plage ; 5mn plus tard, vous voici dans un petit paradis : la **plage de Saleccia★★**. Elle s'étend sur plus d'un kilomètre le long d'une pinède de pins d'Alep plantés au 19e s. Ce cadre magnifique est rehaussé par la blancheur et la finesse du sable, et la limpidité d'une mer prenant de superbes teintes turquoise. Le site, enchanteur, a servi de cadre pour le tournage de scènes de débarquement du film *Le Jour le plus long*. Les lieux avaient connu une activité plus furtive mais réelle les 1er et 2 juillet 1943, lorsque le sous-marin *Casabianca* y débarqua, par un silencieux ballet de canots pneumatiques, 13 tonnes d'armes et de munitions destinées à la **Résistance** corse *(voir encadré p. 33)*.

À proximité de la plage, un **pagliaghj** accueille un gîte d'étape *(voir « Nos adresses »)*. Dans le cas d'une étape au camping, il est possible d'effectuer en 4h environ une excursion dans l'intérieur jusqu'à l'ancienne bergerie de Chiosu, à la découverte d'un maquis plus sauvage.

De Saleccia à Ghignu

2h45 (aller). L'anse de Ghignu compose un paysage plaisant ombragé de pins et de cyprès. Vers l'est, le chemin bordé d'eucalyptus et de figuiers de Barbarie mène au promontoire de Ghignu, dominant une plage plus authentique et surtout bien moins fréquentée que celles du Loto ou de Saleccia ; un peu plus à l'ouest s'étire la **crique de Malfalcu**, sauvage et tranquille car plus difficile d'accès aux 4x4. Connue des initiés, elle est en outre bien abritée des vents d'ouest. On y voit encore les maigres ruines et la plantation d'eucalyptus d'une ancienne propriété des Rothschild, victime d'une explosion dans les années 1970.

★ De Malfalcu à la plage de l'Ostriconi

6h30 (aller). C'est la partie la plus sportive, car le sentier épouse les nombreuses anfractuosités de la côte. Il est fortement déconseillé d'emprunter d'hypothétiques raccourcis.

Après la **punta di l'Acciolu**, le sentier dévie vers l'intérieur à la hauteur de l'**anse de Pinzuta**. L'itinéraire ménage de belles vues sur les criques dont les rochers rouges tranchent avec la limpidité des fonds marins. Au débouché de la vallée de l'Ostriconi, la rudesse de l'**anse de Peraiola**, ceinturée de dunes plantées de genévriers et limitée par une zone de marécages, s'accentue avec le déferlement des vagues. Au terme du parcours *(à 15mn d'un parking)*, la superbe **plage de l'Ostriconi★**, l'une des plus belles des Agriate, invite à la baignade. Attention toutefois, par temps de *libecciu* (vent du sud-ouest), restez vigilant, la mer peut se révéler dangereuse (puissants courants). Elle est par ailleurs périodiquement envahie par des algues.

ℹ️ Carnet pratique

S'informer

Office du tourisme de St-Florent – *Voir p. 84.*

Se déplacer

👥 **Navettes maritimes** – **Le Popeye** – 📞 04 13 33 32 84 - www.lepopeye.com - billetterie sur le port de St-Florent - traversée 20mn - « U Saleccia » : pour la plage du Lotu - 18/20 € AR (2-10 ans 12/15 €) ; « Taxiboat » pour la plage de Saleccia 30/35 € (2-10 ans 20/35 €). Formules 2 plages avec liaison Loto-Saleccia à pied - 28/35 € (0-10 ans 25/30 €) ; avec liaison Loto-Saleccia en 4x4 - 34/36 € (2-10 ans 26/29 €). Autres formules possible, dont le tour complet de l'Agriate, détails sur le site Internet.

📍 Nos adresses

Restauration

Palasca

Budget moyen

Ferme-auberge de Pietra Monetta – *Rte de l'Ostriconi (T 30)* - 📞 06 20 19 52 61 - 🅿️ - fermé lun.-mar. et de fin sept. à fin avr. - le soir -plats 20/40 € - 4 ch. Cet ancien relais de poste du 19e s., joliment aménagé par ses propriétaires agriculteurs, est une étape agréable aux portes du désert des Agriate. Sous la treille, vous dégusterez spécialités corses et produits de la ferme. Quatre chambres très simples, claires et plaisantes.

Petite pause

Pour pique-niquer aux Agriate, achetez le nécessaire à St-Florent, à l'épicerie **Scotto** par exemple *(p. 85)* ou à la supérette Spar, près du port *(Résidence Ste-Anne - 7h30-19h30).*

Activités

Le littoral se prête très bien à la pratique du **kayak de mer** *(voir « Nos adresses » à St-Florent)* et du **VTT** *(location au Relais de Saleccia - 60 €/j ; 28 € 1/2 j. à assistance électrique).*

Hébergement

Si vous choisissez de suivre le **sentier du littoral** sur toute sa longueur, il vous faudra faire étape. Sachez qu'il n'y a pas d'hôtels sur le parcours. Vous trouverez un **camping familial** de 50 emplacements à la plage de Saleccia *(camping* **U Paradisu** - 📞 04 95 37 82 51 - www.camping-uparadisu.com - de juin à sept.)* et un **gîte d'étape** installé dans l'un des *pagliaghj* restauré *(gîte Paillers de Ghignu - 📞 04 95 59 17 35 - réserv. obligatoire sur Internet : agriate.org - de mai à mi-oct. - 15 €/pers., -10 ans gratuit).* Attention, il n'y a ni coin cuisine, ni eau courante. Les sanitaires sont collectifs et l'eau n'est pas potable.

Casta

Budget moyen

U Santu Petru – *Casta* - 📞 04 95 37 04 60 - www.usantupetru.com - fermé oct.-14 avr. - 🅿️ ♿ - 9 ch. 65/145 € - 🍽️ 10 € - 🍴 plats 20/30 €. Hôtel familal. Chambres confortables et sans reproche, d'un syle à la fois épuré et chaleureux ; les chambres confort et la chambre supérieure offrent de belles vues sur les Agriate. Plats traditionnels (ingrédients locaux), avec une touche contemporaine. Terrasse avec magnifique panorama sur les Agriate.

2

La vallée de l'Ostriconi ★

Aux confins de la Balagne, du Nebbio et des Agriate, la vallée de l'Ostriconi est une région fertile portant les traces d'une ancienne et intense exploitation oléicole. Les vestiges des moulins et des oliveraies, retournées à l'état sauvage, donnent un attrait supplémentaire aux promenades qui sillonnent la vallée à partir de Lama. Ce village, chef-lieu de la région, a restauré ses quartiers anciens, assurant aux randonneurs, aux curieux et aux amateurs de cinéma une étape pleine de charme.

▶ Se repérer

Haute-Corse (2B)

CARTE AB1/2 (P. 80). Les cinq villages dominant le cours de l'Ostriconi sont accessibles par des voies perpendiculaires à la N 1197 (dite la « Balanina ») ou par les deux routes parallèles à la vallée. Attention au bétail sur les routes étroites ! Lama est à 41 km de St-Florent et à 31 km de L'Île-Rousse.

☺ À ne pas manquer

Lama ; la plage de l'Ostriconi.

⏱ Organiser son temps

Faites vos courses à St-Florent ou à L'Île-Rousse pour pique-niquer. Quelques restaurants ouverts en saison.

ⓘ Carnet pratique p. 101

⦿ Nos adresses p. 101

De l'anse de Peraiola à Ponte-Leccia

▶ *Circuit de 35 km au départ de la plage de l'Ostriconi tracé en bleu sur la carte p. 80 – Compter 2h environ. Prendre la T30 en direction de Bastia, puis continuez vers le sud sur cette même route au-delà de la bifurcation vers Bastia.*

★ Plage de l'Ostriconi A1

La plage sauvage occupant l'**anse de Peraiola**, site appartenant au Conservatoire du littoral, constitue l'une des extrémités du sentier du littoral qui longe le désert des Agriate *(voir p. 94)*.
Remonter vers l'embouchure du fleuve, et prendre la petite route en cul-de-sac conduisant à Ogliastro.
Le cours de l'Ostriconi finit en paresseux méandres où viennent s'abreuver de pacifiques bêtes à cornes ; cette zone marécageuse des Agriate porte le nom de « site de l'Ostriconi ».
Pendre l'axe routier « La Balanina » filant vers le sud et Ponte-Leccia ; tourner à gauche (D 208) pour rallier Urtaca.

Urtaca B2

Longeant des oliveraies anciennes, envahies par le maquis, la route buissonnière débouche sur **Urtaca**, où les grosses maisons de pierre semblent fixées aux arêtes rocheuses. Une pause au café *(en saison sur la place du village, près du boulodrome)* récompensera vos flâneries dans les ruelles escarpées.
Suivre la D8 sur 3,5 km vers le sud.

Petite crique et plage d'Ostriconi.
joningall/Getty Images Plus

★ **Lama** B2

Accroché à flanc de piton, le village médiéval surplombe l'axe routier de la « Balanina ». Frappé par l'exode rural, le bourg perché a repris vie grâce à une politique communale basée sur le tourisme vert et une réhabilitation harmonieuse, à l'instar du **Stallò**, anciennes écuries devenues espace d'exposition de photos. Lama bénéficie aujourd'hui d'un certain cachet : ruelles empierrées et fleuries, pas de fil électrique ni d'antenne de télévision, éclairages publics stylisés... Deux styles d'architecture sont mis en valeur dans le village : les petites maisons accolées au rocher et les passages voûtés du vieux quartier jouxtent les grandes maisons du 18ᵉ s. des gros producteurs oléicoles. Les enfants de ces derniers, envoyés suivre leurs études en Italie, notamment en Toscane, désiraient, à leur retour, appliquer à leur maison familiale les éléments d'architecture qui les

Un ancien grenier à huile

Si l'ensemble de cette microrégion ne compte actuellement pas plus de 600 habitants permanents, elle fut longtemps le principal grenier à huile de la Corse du Nord. À la suite de la réglementation génoise imposant la plantation, chaque année, d'une des 5 espèces nobles d'arbres (châtaignier, mûrier, figuier, vigne et olivier), les oliveraies couvrirent le fond de la vallée jusqu'à mi-versant. Au début du 20ᵉ s., la région de Lama comptait près de 80 000 pieds d'oliviers produisant 100 000 l d'huile. Les saignées démographiques des deux guerres mondiales amorcèrent le déclin de la vallée. Le coup de grâce vint du terrible incendie d'août 1971 qui embrasa l'Ostriconi et une partie de la Balagne, réduisant en cendres l'ensemble des oliveraies. L'architecture porte encore l'empreinte de cette monoculture et l'on peut aisément découvrir, au cours de promenades, les moulins hydrauliques (*e fabrice*, en corse) le long du cours de l'Ostriconi et ceux, plus nombreux, à traction animale (*i franghji*, en corse).

avaient marqués pendant leur séjour italien. Ainsi, une demeure affiche un inattendu belvédère florentin, face au clocher de l'église.

Le circuit « Da una casa all'altra » dessert les plus belles maisons, tandis que le « chemin des fontaines » vous fera emprunter les pas des porteuses d'eau. Au bureau d'informations touristiques, vous trouverez également des renseignements sur le sentier du patrimoine *(2h),* en boucle autour du village.

Randonnées au départ de Lama

Sentier Lama-Urtaca – *2h30 ; env. 7 km AR.* 👣 L'agréable promenade sans difficulté traverse une campagne préservée, offrant des vues sur l'autre versant de l'Ostriconi et sur le littoral.

👣 **Monte Asto (Astu)★** – *13 km - 6h 40 env. AR dont 4h aller - dénivelé 1000 m - difficile, porter un pantalon à cause des buissons d'épineux et des plantes urticantes ; être bien chaussé ; emporter de l'eau et une carte (topoguides à l'OT).* Du haut de Lama, une autre randonnée, plus sportive, emprunte un chemin bordé de cistes et atteint après 2h de marche un refuge, au-delà duquel commence l'ascension *(1h30)* au monte Asto (Astu ; 1565 m) : du sommet, la **vue★** s'étend de la Balagne au cap Corse. L'itinéraire passe pour être l'un des plus beaux de l'île. *Continuer sur la D 8 jusqu'à Pietralba, au-delà de laquelle vous retrouverez rapidement la T30.*

Ponte-Leccia B2 *(voir p. 192)*

❶ Carnet pratique

S'informer

Informations touristiques – S'adresser aux offices de tourisme de St-Florent *(p. 84),* Calvi *(p. 114)* ou Ponte-Leccia *(p. 196).* Bureau en saison dans le village de Lama - *www.balagne-corsica.com*

Agenda

Festival européen du cinéma et du monde rural – *À Lama - festilama.org - 1re sem. d'août.* Depuis 1994, il présente des films tous formats. Plusieurs sites de projections séduisants (certains en plein air).

📍 Nos adresses

Restauration

Lama

Budget moyen
Amama – ✆ *06 08 56 86 86 - fermé mar., service continu - fermé oct.-avr. - plats 22/34 €.* Sympathique restaurant avec grande terrasse donnant sur la campagne pour admirer le coucher du soleil. Cuisine originale (trilogie de rillettes aux câpres et à l'orange, parfumée à la nepeta), planches, salades et pizzas... Tout est frais et maison, varie au gré des saisons, avec des légumes issus du potager et des ingrédients des meilleurs producteurs de la région.

Hébergement

Choix de gîtes *(à la sem. en juil.-août, au w.-end hors saison)* gérés en majorité par le bureau d'information touristique de Lama.

Urnaca

Premier prix
L'Ernaghju – ✆ *06 70 20 43 00 - campingalafermecorse.fr - avr.-oct. - empl. à partir de 16 € et appart 300/550 € (3 à 4 pers., 3 nuits mini.).* Sympathique camping à la ferme bien tenu, où l'on fabrique de l'huile d'olive AOP et où l'on pratique aussi différents artisanats (savon à l'huile d'olive, liqueur de salsepareille et de myrte, macérâts de plantes, etc.).

Lama

Une folie
Hôtel Case Latine – *Rte du Village - Lama -* ✆ *06 22 37 14 16 - www.caselatine.com -* 🏊 *- avr.-sept. - 8 ch. 235/400 € -* 🍽 *20 € -* ✗. Un lieu plein de charme sur les hauteurs du village. Des suites aménagées dans de petites maisons en pierre rustiques avec toit-terrasse. Côté table, une cuisine valorisant les produits locaux.

2

L'Île-Rousse.
gianliguori/Getty Images Plus

3

La Balagne

CARTE MICHELIN DÉPARTEMENTS 345 – HAUTE-CORSE (2B)

Calvi★★ — 106

L'Île-Rousse★ — 120

Entre Calvi et L'Île-Rousse :
Villages de Balagne★★★ — 127

Corbara — 144

Pigna★ — 147

Calenzana — 151

Dans le haut-pays, au sud de Calvi et de L'Île-Rousse :
Le Giussani — 155

Le cirque de Bonifato★ — 159

Au sud de Calvi :
Le golfe de Galéria★ — 162

LA BALAGNE

0 _____ 5 km

N

MER

MÉDITERRANÉE

Punta de la Revellata

Anse de Recisa

N.-D. de la Serra

Baie de Nichiareto

Capo a u Cavallo

Route côtière

Baie de Crovani

Bocca Bassa

Golfe de Galéria

Tour de Riciniccia
Punta Stollo

Galeria

Capo Tondo
839

Vallée du Fango

Ponte-Vecchiu

Forêt

Pirio
du

Tuarelli

Manso

Bardiana

Monte-Estremo

Fango

Marine de St'Ambroggio

Algajola

Balagne

T 30

Île de Spano

Golfe de Calvi

Calvi

de

Tramway

T 30

D 71

Occi

Lumio

St-Pierre

Lavatoggio

509

Col de Salvi

St-Rainier

Montemaggiore

D 151

Ste-Restitude

Calenzana

Calvi-Ste-Catherine

Vallée de la Figarella

Figarella

D 81

D 251

Bocca Reza

Bocca di Marsulimu

Vallée du Marsolino

D 81

HAUTE-

Forêt de Bonifato

D 81B

D 81B

D 351

Parc

D 351

5

CORSE- DU- SUD

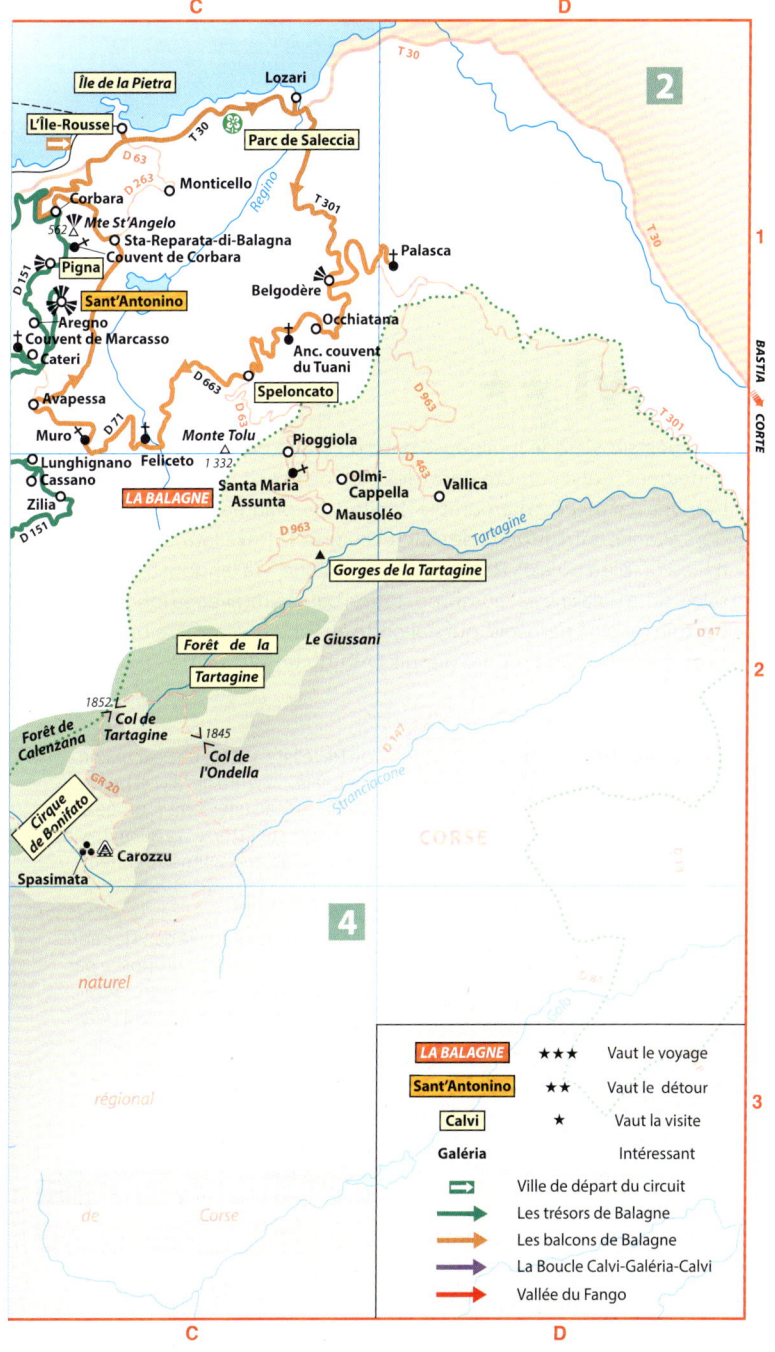

Île de la Pietra

Lozari

L'Île-Rousse

Parc de Saleccia

T 30

D 63

D 263

Monticello

Regino

T 301

Corbara

Mte St'Angelo

562

Sta-Reparata-di-Balagna

Couvent de Corbara

Palasca

Pigna

D 151

Belgodère

Sant'Antonino

Occhiatana

Aregno

Couvent de Marcasso

Anc. couvent du Tuani

Cateri

D 663

Avapessa

Speloncato

D 63

Muro

D 71

Monte Tolu

Pioggiola

Feliceto

1 332

Lunghignano

D 963

Santa Maria Assunta

Olmi-Cappella

Vallica

Cassano

D 463

Zilia

LA BALAGNE

Mausoléo

D 151

D 963

Tartagine

Gorges de la Tartagine

Forêt de la

Le Giussani

D 47

Tartagine

1852

Forêt de Calenzana

Col de Tartagine

1845

Col de l'Ondella

GR 20

D 147

Stranciacone

CORSE

Cirque de Bonifato

Carozzu

Spasimata

naturel

régional

de Corse

BASTIA · CORTE

T 30

T 301

2

1

2

3

LA BALAGNE	★★★	Vaut le voyage
Sant'Antonino	★★	Vaut le détour
Calvi	★	Vaut la visite
Galéria		Intéressant
		Ville de départ du circuit
		Les trésors de Balagne
		Les balcons de Balagne
		La Boucle Calvi-Galéria-Calvi
		Vallée du Fango

Calvi ★★

Campée sur sa rade lumineuse dans un cadre de montagnes souvent enneigées, Calvi compte parmi les plus beaux sites maritimes de l'île. L'arrivée par mer est mémorable : la citadelle, plantée sur le promontoire qui s'avance entre le golfe de Calvi et celui de la Revellata, se détache au milieu du bleu du ciel. Réputée pour la pêche à la langouste, la « capitale » de la Balagne est aussi une station balnéaire, avec sa longue plage bordée de pins parasols, qui s'allonge au fond d'une vaste baie. Enfin, avec son mouillage réputé depuis l'Antiquité, elle est très fréquentée par les plaisanciers.

▶ Se repérer

5 442 Calvais – Haute-Corse (2B)
CARTE B1 (P. 104) ET CARTE DE LA BALAGNE P. 130-131. Calvi se compose d'une ville haute, la citadelle, et d'une ville basse, la marine, où se concentre l'animation estivale et nocturne.

☺ À ne pas manquer

Arpenter nez en l'air, au petit matin ou en nocturne, les ruelles de la citadelle, en profitant des échappées sur la mer, la ville basse et l'arrière-pays balanais ; un trajet à bord du tramway (train des plages) de Balagne.

◷ Organiser son temps

Deux sites des alentours, N.-D.-de-la-Serra et le domaine de la punta de Revellata, valent une excursion matinale. La visite de la ville peut s'effectuer en une demi-journée et s'achever sur la terrasse du mythique cabaret Tao, très animé en soirée.

👪 En famille

La visite de la citadelle dans le cadre de la chasse au trésor proposée par l'office de tourisme ; une croisière en bateau à fond transparent dans les plus beaux sites naturels de la côte ; une promenade à dos de poney ; initiation aux sports nautiques à la base de Calvi (*voir « Nos adresses »*).

ℹ **Carnet pratique p. 114**

📍 **Nos adresses p. 115**

Vue sur la ville et la citadelle de Calvi.
joningall/Getty Images Plus

Se promener

PLAN DE LA VILLE P. 109

★★ La citadelle B1

▶ *Circuit tracé en vert sur le plan p. 109 – Compter 2h.*

Voir l'ABC d'architecture p. 473. Le nom de Calvi viendrait du mot latin **calvus** signifiant « chauve », en référence au rocher dénudé sur lequel fut construite la citadelle.

Sur son promontoire rocheux, elle a connu six siècles de présence génoise. Elle dresse les murailles ocre de son enceinte puissamment bastionnée au-dessus de la ville basse et du port. Protégée par les remparts, l'attachante vieille ville se compose de ruelles étroites, de placettes en pente ou en escaliers et bordées de maisons progressivement restaurées.

Place Christophe-Colomb

Le sculpteur Emmanuel Frémiet, neveu et élève de François Rude, est l'auteur de **La Renommée** en bronze installée sur le monument aux morts de la Première Guerre mondiale

Pénétrez dans la citadelle par son unique entrée, jadis gardée par un fossé à pont-levis avec une herse dont on voit encore l'emplacement. Au-dessus de la porte est gravée la devise de la cité : *Civitas Calvi semper fidelis* (La cité de Calvi, toujours fidèle, *voir p. 111*).

Musée des Arts de la citadelle de Calvi (MUDACC)

Porche d'entrée de la citadelle - ouv. mai-sept. : lun.-jeu. 10h30-17h30, vend. 10h-13h, dim. 15h30-18h30 - 7 €.

Inauguré en 2019, il présente des expositions temporaires constituées d'œuvres appartenant aux fonds d'art de la ville de Calvi.

Montez par la rampe pavée et suivez le chemin de ronde qui fait le tour des remparts et réserve de belles **vues★** sur le large. Vous vous trouvez au cœur du dispositif défensif de la baie de Calvi, d'où l'on peut surveiller une très large portion de mer et toute la plaine, jusqu'aux derniers contreforts du massif du Cinto et du monte Padro.

★ Les fortifications

Édifiés sur des assises de granit, les remparts envahis de figuiers de Barbarie enserrent la haute ville dans un quadrilatère dont trois côtés donnent sur la mer. Ils ont été élevés par Gênes à la fin du 15ᵉ s., mais modifiés lors des sièges.

3

Questions d'origine

☺ Plusieurs villes d'Italie et d'Espagne revendiquent avec Calvi l'honneur d'avoir vu naître **Christophe Colomb**. Comme « l'amiral des Mers Océanes » était sujet génois de naissance, il pourrait être né à Calvi qui, vers 1450, appartenait à la république de Gênes… À côté des marches accédant à la citadelle, depuis la place Christophe Colomb, un monument a été élevé à la gloire de celui que l'on tient pour l'enfant du pays, « Cristofanu Colombu ».

Trois bastions furent initialement édifiés sur les côtés sud et est. À l'angle sud-ouest, le **Spinchone** écrase de toute sa masse la marine et le port ; le **Malfetano** relie les côtés sud et est ; le **Teghiale** termine au nord la défense est. Vous y trouverez une table d'orientation à l'ombre de vieux genévriers. Le côté ouest, qui présentait un front de rochers abrupts, s'est longtemps contenté de murs droits. Du bastion ouest, on découvre la ville basse, la presqu'île St-François, le golfe et la pointe de la Revellata. Au hasard de votre déambulation, vous rencontrerez sans doute plusieurs pochoirs représentant l'auteur-compositeur interprète et acteur **Jacques Higelin** (1940-2018). Un escalier *(a scalinata)* a été dédié en 2020 au Calvais de cœur qu'il était, amoureux fou de la Corse et de la Balagne en particulier.

Ancien palais des gouverneurs génois
Pl. d'Armes - citadelle - ℘ 04 95 65 16 67 - ne se visite pas.
Flanquée d'un donjon, cette construction massive (13e s.) a été édifiée par Giovanninello et agrandie en 1554 par l'Office de St-Georges. Elle comprend de vastes salles, des citernes souterraines et des oubliettes. Le palais abrite la caserne Sampiero et le mess des officiers du 2e régiment étranger de parachutistes.

Cathédrale St-Jean-Baptiste
Pl. d'Armes - 10h-18h - gratuit.
Édifiée au sommet du rocher, elle se dresse derrière sa façade austère surmontée d'une coupole aux abords de la place d'Armes. On y accède par un escalier. Fondée au 13e s. puis gravement endommagée en 1567 à la suite de l'explosion du magasin de poudre de l'ancien château, l'édifice fut reconstruit en 1570 et érigée en cathédrale six ans plus tard.
En forme de croix grecque, l'**intérieur★** aux murs immaculés est éclairé par le lanternon, aux chapiteaux bleu ciel, de la coupole. À droite dans la nef, un bénitier en albâtre (1443) est orné de têtes d'anges. Dans le pan coupé gauche, derrière une grille, les **fonts baptismaux** de style Renaissance, décorés de gracieuses têtes d'anges sur la vasque et de sirènes sur le piédestal, furent offerts en 1569 par un riche négociant calvais. Des loges grillagées, situées dans les pans coupés, sous la coupole octogonale, accueillaient les femmes des notables, afin d'être séparées du peuple lors des offices. Adossée à un pilier de droite, une **chaire** en chêne sculpté montre saint Jean-Baptiste entouré des symboles des évangélistes. Une inscription peinte sur trois cartouches rappelle que la chaire a été offerte en 1757 par les Calvais. Sur un autel latéral à droite du chœur, remarquez un **Christ noir** dit des Miracles (15e s.), vêtu d'un pagne d'argent. Selon la tradition, les habitants le suivirent en procession dans la ville durant le siège de 1553 par les Turcs. À gauche du chœur, la statue en bois très vénérée de la **Vierge du rosaire**, vêtue

différemment selon les périodes religieuses, aurait été rapportée d'Espagne au 15ᵉ s. Le chœur s'orne d'un imposant **maître-autel** du 17ᵉ s. en marbre polychrome. Dans l'abside se trouve un grand **triptyque★** sur bois (1458), du peintre génois **Barbagelata**. Cette très belle œuvre, à laquelle manque le panneau central, représente l'Annonciation en présence des saints patrons de la ville, ainsi que des scènes de la vie de la Vierge et de l'enfance du Christ.

Redescendre place d'Armes (Piazza d'Arme), et prendre la ruelle qui s'ouvre à gauche face à la caserne Sampiero. À 50 m s'élève sur la droite l'oratoire de la confrérie St-Antoine.

Oratoire de la confrérie St-Antoine

10h-18h. Le linteau sculpté de la porte d'entrée de cet édifice de la fin du 15ᵉ s., sculpté dans l'ardoise noire, représente saint Antoine abbé et son petit cochon entre saint Jean-Baptiste et saint François. L'oratoire demeure le lieu de piété de la confrérie St-Antoine et expose leurs objets liturgiques (croix, lanternes, chasubles).

SE RESTAURER		Aux Bons Amis	4	SE LOGER	
Casa Vinu	1	U Casanu	5	Hôtel Balanea	1
Le Tire-Bouchon	2	A Candella	6		
U Minellu	3	Bistrot via marine	7		

L'intérieur présente une grande nef centrale avec deux colonnades délimitant deux petites nefs latérales. Au fond, les fenêtres donnent sur la baie de Calvi. Sur le mur gauche, deux **fresques** représentent la Crucifixion : la plus ancienne, de la fin du 15ᵉ s., est très effacée ; l'autre, du 16ᵉ s., bien conservée, figure le Christ entre saint Antoine abbé, la Vierge, saint Sébastien et saint Roch.

Palais des évêques de Sagone

Ne se visite pas. La construction haute et massive (15ᵉ s.) était la résidence d'été des évêques de Sagone *(voir p. 249).* En 1928, Tao Khan Bey Kerefoff, un officier du tsar exilé à New York après la révolution russe et séduit par la beauté de la Corse qu'il avait découverte deux ans plus tôt, rachète le palais des évêques. Il y ouvre **Chez Tao**, un cabaret rendu mythique par la qualité de ses spectacles et son emplacement unique. Toujours tenu par ses héritiers, l'établissement est aujourd'hui un piano-bar réputé à Calvi *(voir « Nos adresses »).*
Prendre la ruelle qui fait face au palais, et la suivre jusqu'à Carrughju Agnese.

Maison Giubega

En contrebas du chevet de la cathédrale St-Jean-Baptiste, une plaque apposée sur la maison rappelle le séjour qu'y fit, en mai-juin 1793, **Napoléon** fuyant les anglo-paolistes qui l'avaient contraint à abandonner Ajaccio.
Par la rue du Fil, au bout de la rue Giubega à gauche (les inconditionnels de la geste colombine pourront méditer devant quelques ruines censées être celles de la maison natale du découvreur des Amériques), puis la rue Columbo à gauche encore, regagner la place Christophe-Colomb et descendre vers le port.

La marine

Avec ses cafés et ses restaurants, ses quais plantés de palmiers, la ville basse envahie par les touristes en été offre un contraste saisissant avec les rues silencieuses de la citadelle. Pavée de grosses pierres et bordée de boutiques et de maisons aux couleurs pastel, la **rue Clemenceau** en est l'artère principale.

Le port AB2

Bien protégé des vents d'ouest par la citadelle, sûr et facile d'accès, il est l'un des ports de plaisance les plus recherchés de Corse. Les voiliers venus de toute l'Europe côtoient des yachts parfois impressionnants. Des barques de pêche et quelques bateaux de gros tonnage, qui exportent les produits de la Balagne, rappellent que son activité ne se limite pas à la plaisance.

Tour du Sel B2

Ouvert juin-sept., lun.-vend., horaires se rens. La tour ronde du 15ᵉ s., accrochée aux murailles de la citadelle par un arceau, était probablement, à l'origine, un embryon de fortification et un poste de guet. Elle servit aussi de dépôt pour le sel apporté par bateau. Entièrement rénovée, elle accueille des expositions thématiques. Sa plate-forme panoramique offre de superbes vues sur Calvi et la côte. Attenant à la tour, la Caponnière, elle aussi restaurée, s'élance vers la citadelle.

Église Ste-Marie-Majeure A2

Sa façade ocre et rose vif s'élève sur une petite place d'un quartier paisible. L'édifice remplace une église paléochrétienne du 4ᵉ s., détruite par les Barbares au 5ᵉ s., puis reconstruite au 13ᵉ s. et à nouveau détruite au 16ᵉ s. par les Sarrasins. L'**orgue** de facture italienne (18ᵉ s.), sur sa tribune coiffée d'une voûte peinte, fait bel effet. Dans le chœur, remarquez deux peintures : **N.-D. de l'Assomption**

Une fidélité exemplaire

De l'occupation romaine à la domination pisane

Le golfe de Calvi, occupé dès le Néolithique sur les sites de la Revallata et de la Serra, est désigné par les Romains sous le nom de *Sinus Cæsiæ* ou *Sinus Casalus*. Fondée au 1er s. par ces derniers, la cité occupait la partie basse de la marine, là où s'élève la tour du Sel. À la fin de l'Empire, la bourgade possédait déjà une basilique paléochrétienne. Réduite à quelques maisons à la suite des invasions des Vandales, elle se ranima sous l'hégémonie de Pise aux 11e, 12e et 13e s., mais demeura une simple marine.

Un bastion génois

Dans la seconde moitié du 13e s., une guerre entre seigneurs fut à l'origine de la fondation de la ville haute. **Giovanninello**, un seigneur du Nebbio, s'allia à de puissantes familles du cap Corse, favorables aux Génois et, en 1268, se retrancha sur le promontoire où s'élève la citadelle. Les Calvais se rebellèrent ensuite contre la tyrannie de leurs seigneurs et demandèrent en 1278 protection à la république de Gênes. Calvi resta jusqu'au 18e s. un point d'appui de la puissance génoise en Méditerranée occidentale.

Cité de la fidélité

De 1553 à 1559, la domination de Gênes rencontra la résistance de Sampiero *(voir p. 295)*, appuyé par le corps expéditionnaire français du maréchal de Thermes. À deux reprises, en 1553 et en 1555, Calvi leur opposa une résistance victorieuse : la devise de la ville *Civitas Calvi semper fidelis* (toujours fidèle), gravée au-dessus de la porte d'entrée de la citadelle, commémore son fait d'armes de 1555. Cette fidélité de Calvi explique la résistance de la cité à **Paoli**, grand ennemi de Gênes, et l'accueil favorable qu'elle réserva à ses opposants, en particulier à Napoléon Bonaparte en mai et juin 1793.

Lors de l'éphémère royaume anglo-corse *(voir p. 411)*, la ville fut assiégée du 16 juin au 5 août 1794 par 6 000 Anglais et paolistes. Au cours de ce siège, le futur **amiral Nelson**, blessé par une projection de pierrailles, perdit l'œil droit. La citadelle, ayant reçu plus de 24 000 boulets, bombes et obus, fut dévastée. Les Anglais évacuèrent seulement Calvi le 24 octobre 1796.

Une ville de tradition : la Semaine sainte

Le Jeudi saint commence par une messe à l'église Ste-Marie. On y bénit et distribue les *canistrelli* (petits gâteaux en forme de couronne), juste avant le lavement des pieds. La messe est suivie de la procession de pénitence des deux confréries de la ville. Elle s'achève à l'oratoire St-Antoine, où a lieu une seconde bénédiction de *canistrelli*. Le vendredi, de 21h à 23h, une procession, la **Granitula**, décrit une spirale au départ de l'église St-Jean-Baptiste à travers les rues de la haute et de la basse ville, accompagnée de vieilles complaintes calvaises. Les membres des confréries de St-Antoine et de St-Érasme portent une statue grandeur nature du Christ mort, suivie de celle de la Vierge du rosaire, en pleurs et vêtue de noir. Des pénitents courbés sous le poids de la croix y participent, pieds nus, en robe blanche et cagoule rabattue.

(16e s.) et l'**Annonciation de la Vierge** (18e s.), œuvre florentine, legs de la collection Fesch. Dans la chapelle à gauche du chœur, une **peinture sur cuir** de Cordoue (15e s.) représente N.-D.-de-la-Serra ; elle provient du sanctuaire du même nom.

Hôtel de ville A1/2

On y accède depuis la rue Albert-Ier par un jardin en escalier, orné de palmiers, de mimosas et de lauriers-roses. Au 1er étage, dans la salle des Fêtes, sont exposées quelques toiles provenant de la collection du cardinal Fesch, données à la ville en 1842 par le comte de Survilliers.

★ Vue sur la citadelle

En montant l'avenue Gérard-Marche, on parvient à la caserne et au cimetière dominant la mer. De là, on jouit d'une vue sur la citadelle, d'où émerge le dôme de la cathédrale St-Jean-Baptiste, sur la ville basse, la baie et la plage.

La pinède et la plage

Elle s'étend sur près de 4 km, de la marine à l'embouchure de la Figarella. Créée à la fin du 19e s. pour assurer le maintien des dunes et l'assainissement des marais, elle est plantée de pins maritimes, de mûriers et d'eucalyptus. Un parcours de santé ombragé permet d'y pratiquer la course à pied, la marche, le VTT... Des infrastructures de tourisme et de loisirs y ont élu domicile.

La voie ferrée Calvi-Ponte-Leccia longe la pinède sur sa totalité, le **tramway de Balagne** desservant plusieurs plages de Calvi à L'Île-Rousse *(voir encadré p. 122)*. La **plage** est séparée de la pinède par les rails. Fort longue, elle offre de belles vues sur la ville et la citadelle. Pour vous baigner, éloignez-vous un peu de la ville et privilégiez **la plage de la Pinède** *(accessible à pied ou en train)* – où quelques scènes du *Grand Bleu* ont été tournées –, voire celle d'Algajola *(p. 133)*.

À proximité

CARTE DE RÉGION P. 104

★ **Notre-Dame-de-la-Serra** B2

▶ *6 km à l'ouest par la D 81^B direction Galéria par la côte.*

À la sortie de Calvi, à droite, une plate-forme, marquée d'une croix, offre une **vue** d'ensemble sur la citadelle, le golfe de Calvi et la pointe de la Revellata.

À 4 km, une petite route à gauche *(panneau)* monte à travers le maquis dans un environnement (assez dégradé par endroits) où les pins surgissent entre des rochers aux formes parfois étonnantes. Après avoir prodigué des **coups d'œil★** sur la presqu'île de la Revellata, elle passe à droite d'un chaos de rochers granitiques, érodés et creusés de *taffoni (voir encadré p. 234)*. Entourée d'un mur d'enceinte, la chapelle *(ne se visite pas)* surgit du maquis. Un escalier mène à la terrasse dominant la baie, offrant une **vue★★★** admirable sur le rivage, les montagnes et la citadelle. La chapelle a été édifiée au 19e s. sur les ruines d'un sanctuaire du 15e s. détruit au cours du siège de Calvi en 1794. Du haut de son rocher, la **statue de N.-D.-de-la-Serra** regarde la baie.

▸ Vous pouvez grimper à N.-D.-de-la-Serra à pied du centre de Calvi *(2h30 AR, facile avec un léger dénivelé, accessible en famille)*. Rue de la République, suivez l'avenue Christophe-Colomb, puis le chemin de la Serra. Un sentier pédestre mène ensuite à la chapelle.

★★★ **Réserve naturelle de Scandola** *(voir p. 231)*

▶ *Accessible en bateau à partir de Calvi (voir « Activités » dans le carnet d'adresses).*

Chapelle Notre-Dame de la Serra.
joningall/Getty Images Plus

★ Boucle Calvi-Galéria-Calvi AB1/3

▶ *Circuit de 70 km tracé en violet sur la carte p. 104. Voir Galéria p. 162.*

Randonnée CARTE DE RÉGION P. 104

3

Domaine de la punta de la Revellata A1

▶ *6 km. Sortir de Calvi par la route de Porto, puis juste après l'embranchement de la route de N.-D.-de-la-Serra, laisser la voiture sur le parking de la plage de l'Alga. Se conformer à la réglementation affichée.*

env. 9 km AR - 2h30 à 3h30 AR selon votre rythme (léger dénivelé), 1h30 AR pour les VTT (cyclistes confirmés). Randonnée assez longue, mais généralement peu fréquentée, avec de larges pistes faciles à suivre ; bonnes chaussures indispensables ; prévoir de l'eau en quantité importante ; à faire de préférence en fin de journée pour éviter les fortes chaleurs. Bordée d'une côte sauvage dentelée, gérée par le Conservatoire du littoral, cette péninsule est un joyau du patrimoine naturel calvais. Les paysages, magnifiés par l'accord formé par le bleu de la mer, la couleur des roches et de la végétation, sont sublimes ; quelques criques présentes pour se rafraîchir (galets dans l'eau). À l'extrémité du vaste promontoire de 300 ha se dresse un **phare,** d'où s'offre une vue★★ magnifique, accompagnée du ressac de la mer et de l'odeur du maquis. Au loin sur la gauche se devinent les roches rouges de Scandola. Tout au long de la descente, au sein de l'univers coloré des cistes, des arbousiers et des immortelles se détachant sur la roche beige, des **vues★** splendides se révèlent sur les anfractuosités de la côte.

☺ Il est conseillé d'effectuer une boucle, en suivant la piste partant au centre de la péninsule, et de revenir par le chemin littoral (côte est).

ℹ️ Carnet pratique

S'informer

Office du tourisme Calvi-Balagne – PLAN DE LA VILLE A2 (P. 109) - *Chemin de la Plage* - ☎ 04 95 65 16 67 - balagne-corsica.com. Visite audioguidée 8 € *(audioguide disponible à l'annexe de juin à sept., et à l'OT de la ville basse le reste de l'année)* pour les adultes et chasse au trésor dans la citadelle pour les enfants *(5 €)*. Guide patrimoine 2 €. Agenda audio. Réservation randonnées accompagnées et visites guidées thématiques *(voir le site Internet)*. Articles très intéressants du magazine *So Balagne*.

Annexe de la Citadelle – PLAN DE LA VILLE B1 (P. 109) - *Porche d'entrée - 20260 Calvi* - ☎ 04 95 65 16 67 - juil.-sept. Avec espace d'expositions et boutique (marque Corsica's Sunny Side, vêtements et accessoires de mode).

Arriver/partir

En bateau
En provenance de Nice et Marseille, les ferries accostent à L'Île-Rousse *(26 km au nord-est, voir p. 123)*.

En avion
Aéroport de Calvi Ste-Catherine – *7 km au sud-est de la ville* - ☎ 04 95 65 88 88 - calvi.aeroport.fr
Liaison avec le centre L'aéroport n'est pas desservi par le bus. En **taxi**, 20/25 € en journée, 25/30 € la nuit et le dim.
Radio Taxis Calvais – ☎ 04 95 65 30 36 - radio-taxis-calvais.fr
Jean Taxi – ☎ 06 03 89 38 23.
Location de voiture – À l'aéroport. Plusieurs agences près de l'office de tourisme, sur le port de plaisance.

Se garer
Parking *(payant en saison)* à l'entrée de la ville, avenue Christophe-Colomb ; parkings *(payants)* du port de plaisance et de la citadelle. Horodateurs dans le centre-ville.

Se déplacer

Gare ferroviaire – PLAN DE VILLE A2 - *À côté de l'office de tourisme* - cf-corse.corsica. 2 trains/j. pour Bastia et Ajaccio.
Le tramway de Balagne *(voir encadré p. 122)* relie Calvi à L'Île-Rousse, desservant toutes les plages *(6 € l'aller ; 2 €/section)*.
Autocars – Compagnie Corsicar- *3 r. Joffre* - ☎ 04 95 65 11 35 - www.corsicar.com. Ligne Calvi-Bastia par L'Île-Rousse, Ponte-Leccia et Casamozza (correspondance pour Porto-Vecchio assurée par « Les Rapides Bleus ») : en été : tlj 2/j. ; reste de l'année : lun.-vend. 1/j. - durée 2h-2h30.

Agenda

Semaine sainte – Jeudi saint, dans l'après-midi, bénédiction des gâteaux « canistrelli » et procession. Vendredi saint, procession de la Granitola avec pénitents en cagoule et pieds nus.
Fête de saint Érasme – *Le 2 juin*. Procession en mer en l'honneur du patron des pêcheurs.
Festival de jazz – *3ᵉ sem. de juin* - www.jazzincalvi.fr.
Calvi on the rocks – *www.calviontherocks.com* - *déb. juil.* Festival electro les pieds dans l'eau. Calvi se mue alors en Ibiza-Coachella version corse.
Rencontres polyphoniques – *www.facebook/ rencontrespolyphoniquescalvi* - *mi-sept.* Concerts le soir, dans la citadelle et la cathédrale St-Jean-Baptiste.

📍 Nos adresses

Restauration

Premier prix

③ U Minellu – A2 - *Traverse de l'Église* - 📞 04 95 65 05 52 - www.u-minellu.zenchef.com - *de fin mars à fin mai : lun.-vend. à midi, w.-end midi et soir ; de fin mai à fin sept. : midi et soir ; reste de l'année se rens. - menu 21,50 € - plats 17/25 €.* Dans une cour aux murs colorés, des tables disposées sous des parasols. Un menu copieux et quelques délicieuses spécialités maison à la carte qui change au gré des saisons et des arrivages (agneau aux herbes, tourtes aux herbes, courgettes farcies) Ambiance jeune et décontractée. À noter : le restaurant fait brocante (mobilier des années 1950-1970).

① Casa Vinu – A1 - *15 bd Wilson -* 📞 *04 95 31 37 09 - midi seult - fermé dim. - plats env. 15/25 €.* Cette boutique réputée est spécialisée dans les vins corses. On y propose quelques bonnes assiettes de charcuterie et fromages et des petits plats bien faits et généreux. La carte est brève, celle des vins « inexistante », car il suffit de parcourir le magasin pour trouver et se faire conseiller une bonne bouteille.

U Fanale – HORS PLAN, A1 EN DIR - *Mozello - Rte de Porto -* 📞 *04 95 65 18 82 - tlj, le soir - plats 16/25 €.* Situé à 500 m à l'ouest du centre-ville, ce bel établissement concocte une cuisine traditionnelle et créative, à base d'excellents produits locaux. Une bonne adresse jouissant d'une belle vue sur la baie !

Budget moyen

Le Blockos – HORS PLAN, B2 EN DIR - *Plage de Calvi (accès par l'entrée du supermarché Casino, sur la T 30) -* 📞 *04 95 46 21 29 - page Facebook -* *tlj, service continu - fermé nov.-mars - plats 20/27 €, menu 47 € - location transat.* Un des plus beaux emplacements de la ville, face à la citadelle et au bord de la plage de sable. Cuisine simple tournée vers la mer, service souriant et attentionné.

② Le Tire-Bouchon – A2 - *15 r. Georges-Clemenceau -* 📞 *04 95 65 25 41 - service continu - fermé lun. - plats env. 20/30 €.* Comment ne pas tomber sous le charme de ce bar à vins et de sa terrasse dominant la rue piétonne ? Une cinquantaine de références de qualité pour accompagner un veau aux figues ou de la viande d'agneau corse.

⑥ A Candella – B1 - *9 r. St-Antoine -* 📞 *04 95 65 42 13 - fermé de mi-oct. à mi-avr. et sam. midi - plats 24/30 €.* Un des rares restaurants de la ville haute, parfait le soir pour son calme et son cadre intime (en terrasse panoramique ou dans la petite salle). Cuisine typique des restaurants touristiques corses.

⑤ U Casanu – A2 - *18 bd Wilson -* 📞 *04 95 65 00 10 - fermé nov.-déc. et dim. sf juin-août - plats 25/34 €.* Très agréable restaurant de poche (pensez à réserver en été) où l'on déguste une honnête et savoureuse cuisine familiale : poulpe rôti, soupe ou couscous de poissons, agneau grillé, etc.

④ Aux Bons Amis – A2 - *R. Georges-Clemenceau -* 📞 *04 95 65 05 01 - fermé merc. midi et de mi-oct. à mars - menus 27/39 €.* Dans la rue piétonne la plus touristique, une famille de pêcheurs tient ce sympathique petit restaurant décoré sur le thème... de la pêche ; vivier à langoustes et homards. Spécialités de produits de la mer : daurade au four, aïoli de poissons... Bon accueil.

Une folie

La Table by La Villa – HORS PLAN, A1 EN DIR - *Chemin de N.-D.-de-la-Serra -* 📞 *04 95 65 10 10 -*

3

www.lavilla.fr - fermé oct.-avr. - plats env. 35/50 €. Au sein de l'hôtel La Villa, dont le luxueux décor s'efface devant la majesté du panorama, cette table cultive les trésors de l'île. Saint-pierre, viandes ou agrumes : le chef travaille chaque produit avec originalité, toujours dans le respect des saveurs. Cuisine plus simple (mais gourmande) le midi. Superbe terrasse.

Petite pause

A Scola – A1 - *27 Haute-Ville - 📞 06 31 41 56 72 - en sais. : 9h30-23h (dim. 17h).* Juste en face de l'église St-Jean-Baptiste, dans la ville haute, café sans prétention proposant d'excellentes glaces artisanales aux parfums typiquement corses, et généreusement servies. Quelques tables, à moins que vous ne souhaitiez errer dans les ruelles un cornet à la main !

Soléa – A2 - *14 r. Clémenceau - 📞 06 07 66 06 21 - 10h-1h.* Bien que la concurrence soit rude à Calvi, c'est ici qu'on dégustera sans doute les meilleures glaces, avec un très large choix. Goûtez en particulier la noisette ou le chocolat. Quelques tables pour les savourer tranquillement et sans chichi, ce qui n'est pas le cas ailleurs sur le port. Bon accueil.

L'Amadeus – A2 - *2 r. Maréchal-Joffre - 📞 04 95 30 57 15 - 7h-19h.* Près de l'office de tourisme, viennoiseries, sandwichs et pain frais pour préparer un pique-nique *(supérette Spar proche de là au 2, r. Clémenceau - 8h30-20h, dim. 8h30-13h).*

Shopping

Marchés – *R. Alsace-Lorraine - 8h-13h.* Le marché couvert (produits de Balagne), idéal pour préparer son pique-nique en Balagne, il s'anime tous les matins.

Le port vit à l'arrivée des pêcheurs (vente directe).

A Casetta – A2 - *16 r. Georges-Clemenceau - 📞 04 95 65 32 15 - www.acasetta.net - tlj - fermé de mi-nov. à mars.* En passant sous les jambons suspendus à la potence au-dessus de l'entrée de cette jolie boutique, vous trouverez une belle sélection de fromages, huiles, herbes du maquis, paniers garnis, vins et bières... Terrasse sur le port pour déguster produits artisanaux et plateaux-repas découverte.

Annie Traiteur – A2 - *5 r. Georges-Clemenceau - 📞 04 95 65 49 67 - annietraiteurcalvi.com - tlj - fermé de fin oct. à fin mars.* L'adresse de référence de Calvi de par la qualité des produits, de l'accueil et les prix raisonnables. Une devanture aussi surchargée qu'attirante : des centaines de produits locaux, tels confitures, liqueurs, huiles d'olive, saucissons, terrines, fromages, tartes, vins...

Aux Gâteaux Corses – *9 bd Wilson -* A2 - *📞 04 95 65 01 07 - www.facebook.com/ AuxGateauxCorsesPierreMoretti - tlj.* Pierre Moretti n'a rien changé dans sa façon de faire les biscuits de ses aïeuls. Une authenticité garantissant le succès de ses gâteaux, et de ses beignets. Également des macarons.

☞ **Casa Vinu** est une boutique de vins corses fort recommandable *(voir « Restauration »).*

Domaine L'Enclos des Anges – HORS PLAN, A2 EN DIR. - *Chemin de La Signoria - rte de la forêt de Bonifatu - 📞 06 20 26 31 70 - en sais. : tlj.* Richard Spurr et son épouse exploitent depuis 2007 un vignoble de 23 ha. Ils élaborent des vins sans artifice ni intrant, vinifiés et élevés en cuves béton et inox. Leur rosé possède beaucoup d'envergure, tandis que leur blanc, lui, présente des notes salines.

En soirée

😊 Pour savoir où sortir, téléchargez l'app. pour smartphone **Moov in the City**.

Chez Tao – B1 -*Ancien palais des évêques* - 📞 *04 95 65 00 73 - de mi-juin à août : de 23h à l'aube.* Une adresse incontournable de la vie calvaise, perchée dans la citadelle. Les héritiers de Tao Khan, né en 1901 dans le Caucase et qui devient danseur de ballet à New York avant d'ouvrir en 1935 un cabaret-dancing à Calvi, ont conservé l'esprit des lieux et la passion slave pour la fête. Salles voûtées superbes, concerts, DJ. Vue imprenable sur la mer depuis les trois terrasses.

Activités

😊 De nombreuses agences proposant toutes sortes d'activités sont installées le long du port de plaisance, près de l'office de tourisme. L'e-boutique de ce dernier propose également de nombreux « produits d'expérience ».

Nautisme

Tra Mare è Monti Locations – A2 - *Port de plaisance - 📞 04 95 65 21 26 - www.tramare-monti.com - 9h-20h - fermé le w.-end nov.-mars.* Location de bateaux (avec ou sans permis)*, de scooter, moto, voiture, 4x4 et randonnées en quad.

👥 **Calvi Nautique Club** – A2 - *Port de plaisance - 📞 04 95 65 10 65 - www.calvi-nautique-club.com - juil.-août : tlj ; reste de l'année : fermé dim.-lun.- location de catamaran 45 €/h, kayak double 18 €/h, paddle 15 €/h, planche à voile 20 €/h.* L'une des bases nautiques les plus importantes de Corse. Location de planches à voile, kayaks, funboard, optimists, windfoils, mais aussi stages. Ambiance familiale et décontractée.

👥 Excursions en mer

Colombo Line – A2 -*Quai Landry, port de plaisance - 📞 04 95 65 32 10 - www.colombo-line.com - en sais. : 9h-18h.* Excursions en bateau vers la réserve de Scandola, Girolata, Calanche de Piana, plages des Agriate, Ajaccio.

Calvi Évasion – A2 -*Quai Landry, port de plaisance - 📞 07 87 13 59 95 - www.calvi-evasion.com - en sais. : 8h30-19h.* Excursions en bateau dans le golfe de Calvi, mais aussi vers Scandola, les Agriate, Girolata, et jusqu'aux calanques de Piana *(de 2h à 7h : 35/120 €).*

Calvi Promenade en mer – A2 - *Quai Landry, port de Plaisance - 📞 06 43 34 30 58 - www. calvipromenadeenmer.com - en sais. : 8h30-21h30.* Différentes excursions : golfe de Calvi *(2h, 35 €) ;* coucher du soleil *(2h, 45 €) :* le zodiac dépose ses passagers *(maxi 12 pers.)* au pied du phare de La Revellata le temps d'une balade, les transporte ensuite jusqu'à la grotte des veaux marins puis, moteur coupé, s'abandonne aux aimables caprices du courant à l'heure du coucher du soleil et de l'apéritif (quelquefois, les dauphins sont même de la partie !). Propose aussi des sorties en bateau jusqu'à Scandola *(70 € ; 4h),* mais aussi vers Girolata *(90 € ; 6h)* ou les calanques de Piana *(120 € ; 6h).*

Plongée

Calvi est l'un des grands centres de plongée de Corse et de Méditerranée. Au programme des fonds aussi sauvages que colorés et quelques épaves. Ainsi le fameux **bombardier B-17** abattu en février 1944 et qui repose à 28 m de fond sur du sable blanc. Une plongée de niveau 2.
Les abords de la réserve naturelle de la pointe de **La Revellata**, accessibles aux plongeurs de tous niveaux, offrent entre 15 et 40 m de fond, des formations rocheuses

3

spectaculaires peuplées d'une flore et d'une faune abondantes et variées.

Autre plongée accessible à tous, celle de la **Pointe St-François**, proche de la citadelle. Idéale pour les baptêmes, on peut y plonger jusqu'à 23 m de fond et découvrir une grotte renfermant une statue de la Vierge protectrice des plongeurs.

Citons enfin **La Bibliothèque** (tous niveaux, jusqu'à 25 m), pour ses éboulis et cavités très fréquentés par la faune locale. Les plongeurs confirmés pourront découvrir également nombre de secs (hauts-fonds) ou encore la Grotte à Corail.

Centre de plongée Castille – A2 – *Port de plaisance -* 🕿 *04 95 65 14 05 ou 06 07 89 77 63 - www.plongeecastille.com - baptême 90 €.* Le plus ancien club de plongée de Calvi. La particularité de ce centre : aucun transport ni aucune manipulation de matériel lourd grâce au bateau qui lui sert de base (accueil, vestiaire, théorie, etc.)

Autres clubs présents sur le port : **EPIC** (epic-plongee.com), **Calvi Plongée** (www.calviplongee.com), L'Hippocampe (www.plongee-calvi-corse.com), **Diving Calvi** (www.divingcalvi.fr) basé sur la plage.

Équitation

👥 **Associaton Équitable Corse** – HORS PLAN, A2 EN DIR - *Lieu-dit La Morra, 149 r. de Pietra Maggiore, Calvi -* 🕿 *04 95 65 37 36 - www.equitable-corse.com.* Cours et stages d'équitation pour adultes et enfants avec le souci constant de ne pas harasser l'équidé. À contacter pour obtenir d'autres adresses dans les environs.

Cyclotourisme et VTT

Wild Machja – HORS PLAN, A2 EN DIR - *Résidence Caroline, Av. Ch. Colomb -* 🕿 *07 78 57 35 61 -* *www.wildmachja.com - 9h-12h, 15h-18h30 - fermé le dim. en hiver - 18/45 €/h.* Location réparation, vente de vélos, VTT, VTC... François et Julien vous réservent un accueil sympathique.

Hébergement

😊 En juillet août, les tarifs atteignent des sommets et les hôtels font vite le plein. Réservez bien à l'avance.

Premier prix

Camping Paduella – HORS PLAN, B2 EN DIR - *Lieu-dit Paduella, T 30 (rte de L'Île-Rousse, à 400 m de la plage) -* 🕿 *04 95 65 06 16 - www.campingpaduella.com - de déb. mai à déb. oct. -* ♿ 🚿 - *bungalows 39/65 € (réserv. conseillée) - 147 empl. 19,50/37 €.* Situé sur un agréable terrain très boisé, ce camping bénéficie d'emplacements bien ombragés.

Budget moyen

Casa Bianca – HORS PLAN, B2 EN DIR - *Chemin San Francesco - Rte du stade -* 🕿 *04 95 60 08 33 - www.hotel-casa-bianca.com -* 🅿 🚿 - *8 ch. 102/217 € et suites -* 🍽 *12 €.* Un bel hôtel, moderne et bien conçu, où les chambres épurées et agréables sont toutes climatisées et, pour certaines, prolongées d'une terrasse. Les suites peuvent accueillir jusqu'à 4 personnes. L'établissement se situe à 400 m au sud de la gare, à quelques pas du port de plaisance.

Hôtel Cyrnea – HORS PLAN - *Av. Christophe-Colomb - Rte de Bastia -* 🕿 *04 95 65 03 35 - www.hotel-cyrnea.fr -* 🅿 🚿 - *fermé de nov. à avr. - 42 ch. 75/102 €* 🍽 *7/11 €.* Côté pinède comme côté terre, toutes les chambres bénéficient d'un balcon. Jolie décoration de frises au pochoir réalisée par la maîtresse de maison, mobilier fonctionnel et tenue impeccable. Piscine et plage toute proche. Un bon rapport qualité-prix.

Pour se faire plaisir

Hôtel Casa-Vecchia – HORS PLAN, B2 EN DIR - *Rte de Santore - ☎ 04 95 65 09 33 - www.hotel-casa-vecchia. com - ♿ 🅿 🛏 - fermé oct.-avr. - 14 appart. et 2 ch. 76/195 € - 2 nuits mini.* Cette résidence regroupe, autour d'un jardin méditerranéen, plusieurs bâtiments abritant chambres et appartements, tous sans prétention mais parfaitement entretenus. Ceux du dernier étage offrent une vue superbe sur le golfe de Calvi.

Hôtel L'Onda – HORS PLAN, B2 EN DIR - *Av. Christophe-Colomb - ☎ 04 95 65 35 00 - www.hotel-londa.com - fermé nov.-mars - 24 ch. 79/189 € - 🍽 17 €.* À proximité de la plage et de la pinède créée à la fin du 19e s., petit immeuble engageant dont les chambres, pratiques, bénéficient d'une loggia privée.

❶ Hôtel Balanea – A2 - *6 r. Georges-Clemenceau - ☎ 04 95 65 94 94 - www.hotel-balanea.com - fermé de nov. à avr. - 37 ch. 79/198 € - 🍽 17 €.* Accès par une rue piétonne. Les chambres affichent une ambiance contemporaine ; les plus chères

offrent un beau panorama sur la mer et le port.

Une folie

Hôtel La Caravelle – HORS PLAN, B2 EN DIR - *Rte de la Plage - ☎ 04 95 65 95 50 - www.hotel-la-caravelle.com - ♿ 🅿 - fermé de mi-oct. à mi-avr. - 40 ch. 146/762 € - 🍽 15 €.* En bordure d'une plage de sable fin, à l'entrée de la ville, un joli jardin vous accueille... et vous êtes sous le charme. De votre chambre avec terrasse, admirez la vue sur la mer et la citadelle.

À proximité

Une folie

La Signoria – *Rte de la Forêt de Bonifato - près de l'aéroport - 6,5 km au sud de Calvi par la T 81B - ☎ 04 95 65 93 00 - www.hotel-la-signoria.com - ♿ 🅿 🛏 - fermé nov.-mars - 27 ch. et suites 424/784 € 🍽 - 🍴 menus 140/190 €.* Aménagé dans un domaine du 18e s., membre du réseau Relais & Châteaux, cet établissement 5 étoiles offre tout le luxe et les services attendus. Superbe jardin, spa, piscine, restaurant étoilé du chef Romain Masset...

3

L'Île-Rousse ★

L'Isula Rossa

Le principal port de Balagne, troisième porte d'entrée maritime de Corse, accueille les ferries et les navires exportant les produits de la région. Avec son plan en damier, ses squares fleuris et ses nombreux commerces, L'Île-Rousse est une villégiature attachante, moderne et prospère, très fréquentée dès le printemps par les plaisanciers. Elle attire un tourisme haut de gamme, des visiteurs séduits par la douceur de son climat et par sa vieille ville au charme italien.

Le phare de la Pietra et la tour génoise sur l'Île-Rousse.
Naeblys/Getty Images Plus

▶ Se repérer

3103 Île-Roussiens – Haute-Corse (2B)
CARTE C1 (P. 105) ET CARTE DE LA BALAGNE P. 130-131. L'Île-Rousse se situe sur la côte de Balagne, 24 km à l'est de Calvi. La vieille ville et le quartier commerçant se concentrent autour de la place Paoli.

☺ À ne pas manquer

Un verre à l'ombre des platanes de la place Paoli ; le tramway de Balagne.

⏱ Organiser son temps

Approvisionnez-vous le matin en produits du terroir au marché.

≗ En famille

Parc de Saleccia ; petit train touristique, activité nautique ou promenade à cheval.

ⓘ Carnet pratique p. 123

⑨ Nos adresses p. 124

SE RESTAURER		Le Bistrot de la place	5	Hôtel Le Splendid	2
Brasserie du Port	1	Le Marinella	6	Hôtel L'Amiral	3
A Quadrera	2			Hôtel La Pietra	4
L'Escale	3	SE LOGER		Hôtel Perla Rossa	5
U Spuntinu	4	Hôtel Le Grillon	1		

Se promener

PLAN DE LA VILLE CI-DESSUS

Le port d'Isula Rossa fut fondé par **Pascal Paoli** en 1758 pour concurrencer le trafic d'Algajola et de Calvi et contrecarrer l'activité génoise dans l'île. Avant cette date n'existaient ici que de vagues vestiges d'une cité romaine et une tour génoise. La vieille ville laisse un bon souvenir avec son marché couvert entouré de boutiques d'alimentation, l'architecture soignée de ses maisons et ses ruelles dallées descendant vers la mer.

Place Paoli B2

La place rectangulaire, centre de l'animation urbaine, est ombragée de grands platanes et bordée de cafés. Les joueurs de pétanque viennent s'y retrouver. Au centre, quatre hauts palmiers-dattiers encadrent une fontaine surmontée du buste de Pascal Paoli.

On vous emmène à bord d'U Trinighellu

Vous avez rêvé de prendre un train longeant la mer et de descendre, votre serviette sous le bras, piquer une tête dans une mer bleu émeraude ? Un rêve on ne peut plus accessible avec le **« tramway de Balagne »** ! Il suffit de monter dans l'un des petits wagons de l'U Trinighellu (« le petit train », en corse), qui relie L'Île-Rousse à Calvi plusieurs fois par jour en « collant » au plus près des plages du littoral (la mer n'est souvent qu'à quelques mètres !). Le train emprunte depuis 1965 et sur 22 km, la voie unique créée à la fin du 19e s. pour relier Ponte-Leccia à Calvi. Il dessert une quinzaine d'arrêts en une quarantaine de minutes : une allure de sénateur et une forme d'hommage à la lenteur, pour profiter du moment présent. Le plus difficile sera de choisir entre les plages de Calvi, de Lumio, de Sant'Ambroggio, d'Algajola ou de L'Île-Rousse. Le train roule fenêtres ouvertes, occasion de faire de superbes photos ! *Voir p. 498.*

La **plage** de sable fin de Marinella et ses paillotes est à deux pas, seulement séparée de la place par les rails discrets de la ligne Ponte-Leccia-Calvi. La baignade n'est pas conseillée, de l'avis même des riverains. Vers l'est, au-delà d'un grand parking, les eaux sont plus propres.

Église de l'Immaculée-Conception B2

Pl. Paoli. Son fronton classique domine une triple rangée de palmiers-dattiers. L'intérieur est d'une grande simplicité avec une coupole nue au-dessus du transept.

Marché couvert B2

En retrait de la place Paoli, son **architecture★** du 19e s. témoigne du soin accordé à sa construction avec ses colonnades antiques. On y trouvera chaque matin des produits de Balagne (charcuteries, miels, fruits et légumes…) et, bien sûr, du poisson frais. Une exposition rappelle qu'elle fut autrefois la halle des pêcheurs et des poissonniers.

Autour du Square Tino-Rossi B2

Au bout de la rue Notre-Dame, face au **square Tino-Rossi**, une tour à demi ruinée, proche de l'hôtel de ville (où sont parfois organisées de petites expositions d'art et d'histoire), porte une inscription rappelant la fondation de L'Île-Rousse. Derrière le square, une esplanade avec un monument aux morts sculpté par Volti s'ouvre sur la baie face à l'**île de la Pietra**

★ Île de la Pietra AB1

Presqu'île à proprement parler, elle est reliée à la ville par la jetée protégeant le port. C'est à ses granits rouges que L'Île-Rousse, un temps baptisée **Paolina** en l'honneur de son fondateur, doit son nom. Emblématique de la ville, elle est formée de rochers creusés d'alvéoles. Ce petit univers très minéral, flanqué du port de ferries, est le but de la promenade vespérale ou du jogging matinal des locaux comme des touristes. De l'ancienne **tour génoise** et du **phare** s'offre un panorama sur la ville, ses environs et la mer.

À proximité
CARTE DE RÉGION P. 105

 Des sentiers de difficultés et de durées variables *(de 2h20 à 5h)* permettent de découvrir l'arrière-pays ou le littoral *(rens. à l'office de tourisme de L'Île-Rousse ou de Calvi).*

Monticello C1

▶ *À 4 km au sud de L'Île-Rousse, par la D 263 partant du parking de la Poste.*
Perché au-dessus de L'Île-Rousse, le village entouré d'oliviers et de figuiers de Barbarie a conservé un cachet authentiquement méditerranéen avec sa grande place bordée de vieilles maisons.

À la sortie de Monticello *(suivre la D 263 en direction de Santa-Reparata)*, la route étroite, taillée en corniche au-dessus de la plaine littorale, offre des **vues★** étendues sur L'Île-Rousse et les rochers de la Pietra, la basse Balagne et les petits villages perchés.

◉ De Santa-Reparata-di-Balagna *(voir p. 138)*, vous pouvez rejoindre L'Île-Rousse *via* Corbara *(voir p. 144)* ou le circuit « La Balagne de la vallée du Régino » *(voir p. 136)*.

★ Parc de Saleccia C1

▶ *À 4 km de L'Île-Rousse, sur la T 30. Rte de Bastia - parc accessible à pied (3 km) depuis l'Île-Rousse par un chemin longeant la mer - ☎ 04 95 36 88 83 - www.parc-saleccia.fr - juil.-août : 9h30-19h ; mars-juin et sept. : mar.-sam. 9h30-19h, dim. 10h-19h ; oct. : merc.-dim. 10h-18h - fermé fin mars-nov. - 11 € (4-18 ans 9 € ; famille 30 €) - visite avec plan et 30 panneaux pédagogiques. Observatoire à oiseaux, expositions, ateliers, soirée astronomie, etc. Buvette-snack, boutique et terrain de jeux pour enfants.*

👥 Aménagé sur 7 ha, à la manière des jardins savants, ce jardin botanique vous plonge au cœur de la **végétation méditerranéenne** en général et corse en particulier. Il se divise en six espaces thématiques (ne manquez pas ceux dédiés au maquis et à l'olivier), à parcourir sur 1 km de sentiers ombragés jalonnés de sculptures ou d'installations, et de panneaux pédagogiques sur la botanique et l'histoire du lieu, une ancienne propriété agricole ayant échappé aux appétits immobiliers. Belles collections de lauriers-roses, oliviers, romarins et euphorbes.

Plage de Lozari C1

▶ *À 8 km à l'est de L'Île-Rousse, sur la T 30 en dir. de Bastia.*
La plage aux abords de laquelle les rivières Regino et Lozari se rejoignent avant de se jeter dans la mer, est réputée pour sa **base nautique**, où l'on pourra pratiquer le kayak et le paddle *(voir « Nos adresses »)*. Elle est accessible depuis la partie orientale de la plage. 👣 Dans sa partie ouest *(la plus proche en venant de L'Île-Rousse ; au panneau indiquant l'office du Tourisme – A Casa di Lozari –, tourner à gauche)* **trois courts sentiers** permettent de sillonner la zone humide, de longer la plage, ou encore de rejoindre une tour génoise.

3

---

❶ Carnet pratique

S'informer

Office du tourisme de L'Île-Rousse – PLAN DE LA VILLE B2 (P. 121). *Av. Joseph-Calizi - 20220 L'Île-Rousse - ☎ 04 95 60 04 35 - balagne-corsica.com.*

Arriver/partir

En bateau
Gare maritime – PLAN DE VILLE B1 - *Compagnies, voir p. 479.* Liaisons de/vers Marseille avec Corsica Linea et de/vers Nice et Toulon avec Corsica Ferries.

En train
Gare ferroviaire – PLAN DE VILLE A2 - *cf-corse.corsica.* 2 trains

par jour sur la ligne de Bastia ainsi que sur celle d'Ajaccio. Le **tramway de Balagne** (voir encadré p. 122) relie L'Île-Rousse à Calvi (6 € l'aller).

En avion
Aéroport de Calvi-Ste-Catherine – ℘ 04 95 65 88 88 - www.calvi.aeroport.fr.

Se garer
En arrivant, prenez l'avenue Picciani et garez-vous au parking de la place Paoli (payant en été), à celui de la Poste (payant) ou prenez la direction du port pour vous garer au parking près de la gare ferroviaire (gratuit).

Se déplacer
👥 **Petit Train touristique** – Mars-oct. - dép. de la pl. Paoli - 7,50 € (3-12 ans 3,50 €). La ville est petite et se parcourt très bien à pied. Mais vous pourrez monter à bord du petit train qui vous conduira du centre vers l'île de la Pietra.

Location de scooters – En saison, face à la gare (8h-20h).

📍 Nos adresses

Restauration

Budget moyen

3 L'Escale – B2 - 20 r. Notre-Dame - ℘ 04 95 60 10 53 - www.lescaleilerousse.fr - tlj, service continu - plats 18/30 € - menu 42,90 €. Cette maison familiale fondée par le grand-père en 1903 – à présent déclinée en plusieurs adresses (hôtels, restaurants) à travers la ville – s'ouvre sur une rue animée d'un côté, et sur la mer de l'autre. On peut s'y restaurer, dans un décor moderne et avec vue sur la mer, de plats corses et méditerranéens colorés et bien préparés. Fait aussi hôtel, avec des chambres au design contemporain réussi : **L'Escale Côté Sud** (℘ 04 95 63 01 70 - www.hotel-ilerousse.com - 18 ch.).

4 U Spuntinu – B2 - 1 r. Napoléon - ℘ 04 95 60 00 05r - fermé lun. et de mi-déc. à mi-févr. - plats 19/34 €, menu 33 €. Agréable adresse familiale où l'on sert (en terrasse) depuis plus de 45 ans une honnête cuisine locale. Essayez la copieuse « assiette découverte » pour un panorama de saveurs corses ou les excellents beignets de courgettes.

6 Le Marinella – B2 - Promenade de la Marinella - ℘ 04 95 60 28 36 - www.restaurant-marinella.com - tlj, service continu - menu 29 € - plats 19/35 €. Restaurant de plage tout en transparences pour le plaisir d'un repas face à la mer, presque les pied dans l'eau (évitez cependant la terrasse quand il y a du vent). Au menu : poissons et fruits de mer bien sûr, mais aussi des plats de pâtes, sans oublier l'incontournable veau corse aux olives. Bon accueil et service rapide.

1 Brasserie du Port – AB1 - Port de Commerce - ℘ 09 71 21 19 50 - tlj, service continu - plats 20/25 €. Sur deux niveaux, avec vue sur le port voisin et la mer, une brasserie sans prétention (poisson, pizzas) convenable pour un repas en attendant le bateau.

2 A Quadrera – AB2 - 6 r. Napoléon - ℘ 04 95 60 44 52 - fermé mar.-merc. et nov.-avr. - menu 29 €, plats 24/37 €. Les Îles-Roussiens apprécient cette adresse sans prétention qui propose un menu ainsi que quelques plats régionaux ou plus traditionnels, toujours bien maîtrisés. C'est dans une ambiance conviviale que l'on déguste la soupe du jour.

À proximité

Budget moyen

A Pasturella – *Pl. du Village - 20220 Monticello -* ☎ *04 95 60 05 65 - a-pasturella.fr - fermé nov.-déc. - plats 20/25 € - 10 ch.* Dans un pittoresque village perché de la corniche Paoli. Poissons du jour et plats traditionnels à savourer dans une salle décorée avec goût ou sur la terrasse. Dans la partie hôtel, belles chambres actuelles.

☞ *Voir aussi « Nos adresses » en Balagne, p. 139.*

Petite pause

Le Glacier – B2 - *3 pl. Pascal-Paoli -* ☎ *04 95 60 09 21 - en sais. : 10h30-20h, dim. 14h-19h.* Glaces correctes, généreusement servies. C'est la terrasse surtout qui achève de convaincre, pour profiter de l'animation et de l'ambiance de la place principale de L'Île-Rousse.

Le Grand Large – B2 - *Promenade A Marinella -* ☎ *04 95 60 02 29 - avr.-oct. : tlj.* Restaurant, glacier... et surtout une situation privilégiée sur la plage. Idéal pour un apéritif « panoramique », dans un transat. Idem au restaurant **A Siesta** voisin (*www.a-siesta-restaurant-l-ile-rousse.fr*).

Bar Lounge Le Rendez-vous – B2 - *22 r. Notre-Dame -* ☎ *04 95 63 01 70 - www.hotel-ilerousse.com - 7h-23h.* On s'arrête au bar de l'hôtel-restaurant L'Escale (*voir ci-dessus*) pour profiter de la terrasse panoramique dominant la mer, on s'y attarde pour savourer les glaces artisanales étonnantes et pour finir, on s'y attable pour déguster un plat de poisson.

A Casa Corsa – B2 - *22 pl. Paoli -* ☎ *04 95 60 23 63 - 9h-0h.* Du salé au sucré, rien n'est oublié, ni la charcuterie de montagne, ni le fromage, ni les vins et encore moins la fameuse bière de Furiani. Petite restauration façon bar à vins sur une terrasse agréable.

Shopping

Marché – B2 - *Pl. du Marché - tlj 8h-13h.* Marché couvert : poissons, légumes et fruits de Balagne.

Biscuiterie Salvatori – *Pl. du Canon -* ☎ *04 95 60 01 49 - fermé dim. apr.-midi en hiver.* La boutique de la biscuiterie familiale artisanale basée à Cateri (*p. 130*), en Balagne, pour acheter *canistelli, tourtellini* et *olioses* (*canistrelli* salés), ainsi que des confitures.

En soirée

Cinéma Le Fogata – HORS PLAN PAR A2 - *Col de Fogata - www.cinema-fogata.com.* Une salle intérieure et une extérieure (*séance en plein air tlj à 21h30 en juillet-août*).

Activités

Nautisme

👥 **Club nautique de L'Île-Rousse** – B2 - *Rte du Port (plage de la gare) -* ☎ *04 95 60 22 55 - mars-nov.* Initiation, stages et location de catamarans (pour enfants et adultes), planches à voile, optimists, funboards, paddle : tous les moyens sont bons pour découvrir la baie.

Centre nautique de Lozari – HORS PLAN, B2 EN DIR - ☎ *04 95 47 69 48 - interracorsa.com/activites-corse/base-nautique-de-losari - avr.-sept.* Sur la plage du même nom, location de kayak (*15 €/h*) ou de paddle (*15 €/1h*). Vous pourrez participer à une balade en kayak pour approcher les Agriate ou découvrir L'Île-Rousse de la mer durant env. 2h (*45 €, 4-12 ans 40 €*).
Location de kayaks, paddles et de trotinettes des mer également chez **Miss Paddle Water sport** (☎ *06 52 59 32 89*).

Plongée

Les clubs de L'Île-Rousse proposent des explorations de sites allant jusqu'à Calvi et la pointe de la Revelatta (*voir « Nos adresses »* à *Calvi*). Parmi les sites les plus proches de L'Île-Rousse, le **Brucettu** (jusqu'à 40 m, un tombant peuplé de nombreuses espèces de poissons, qui finit par un passage dans un petit canyon) et le **Naso** (pic rocheux et tombant, peuplés de mérous et de murènes) font figure d'incontournables.

École de plongée de L'Île-Rousse – A1 -*Le port - 📞 06 81 97 86 82 - www.epirplongee.com - mi-avr.-mi-oct. - baptême de plongée 90 €.* Ce centre propose baptêmes, explorations et stages pour tous niveaux, ainsi que des cours destinés aux enfants et des randonnées palmées.

Autre club : **Beluga Diving** (A1 - *Abri du Port - 📞 06 82 04 95 10 - www.beluga-diving.com - mai-oct. - baptême de plongée 95 €*).

Équitation

Ferme équestre d'Arbo Valley – HORS PLAN, B2 EN DIR - *Lieu-dit Saleccia - rte de Bastia - Monticello - 📞 06 16 72 53 12.* Balades d'une demi-journée ou d'une journée le long du littoral du désert des Agriate avec baignade et pique-nique *(65/140 €)* ; randonnées itinérantes de plusieurs jours (pour cavaliers confirmés).

Hébergement

Premier prix

1 Hôtel Le Grillon – B2 - *10 av. P.-Doumer - 📞 04 95 60 00 49 - www.hotelgrillon.com - P - 16 ch. 45/95 € - 🍽 8/12 €.* Accueil convivial dans ce petit hôtel où les chambres, insonorisées, arborent un mobilier en bois peint patiné.

3 Hôtel L'Amiral – B2 - *Bd Ch.-Marie-Savelli - 📞 04 95 60 28 05 - www.hotel-amiral.com - fermé de mi-oct. à mi-avr. - 20 ch. 85/95 € - 🍽 12 €.* Embarquez à bord de cet hôtel à l'ambiance très marine, dont les parties communes ressemblent à l'intérieur d'un bateau, tout en bois exotique. Chambres fonctionnelles.

Pour se faire plaisir

2 Hôtel Le Splendid – B2 - *Av. Comte-Valery - 📞 04 95 60 00 24 - www.le-splendid-hotel. com - fermé mi-nov.-mars - 51 ch. 76/203 € 🛏.* L'hôtel est aménagé dans une imposante demeure flanquée de palmiers, à deux pas de la plage et de la place Paoli. Plusieurs types de chambres et de tarifs : les moins chères peuvent être petites mais offrent un bon rapport confort-prix.

4 Hôtel La Pietra – AB1 - *Chemin du Phare - 📞 04 95 63 02 30 - www.hotel-lapietra.com - fermé de nov. à déb. avr. - P - 41 ch. et suites 94/232 € - 🛏 19 € - 🍽.* Belle situation face au port, les « pieds dans l'eau », pour cet hôtel des années 1970 (évidemment rénové depuis). Les chambres ont toutes un balcon côté mer ou côté tour génoise (15ᵉ s.). Salon-piano bar et espace détente (Jacuzzi, soins balnéo, massages...). Au restaurant, recettes locales et suggestions du jour, avec la grande bleue en toile de fond.

Hôtel Funtana Marina – HORS PLAN B2, EN DIR - *À 1 km par la rte de Monticello - 📞 04 95 60 16 12 - www.hotel-funtana.com - P 🏊 ♿ - 23 ch. 104/246 € 🛏.* Sur les hauteurs, cette bâtisse est immergée dans une végétation luxuriante. Les chambres, confortables, regardent la belle piscine, elle-même tournée vers la mer et la ville.

Une folie

5 Hôtel Perla Rossa – B2 - *30 r. Notre-Dame - 📞 04 95 48 45 30 - www.hotelperlarossa.com - de mi-avr. à mi-oct. - 10 suites 132/319 € - 🛏 19 €.* Aménagé dans un palazzu du 18ᵉ s., cet hôtel de charme vaut pour ses vastes chambres modernes, élégantes et confortables, offrant pour la plupart de belles vues sur la mer. Un bémol cependant : certaines côté rue peuvent s'avérer bruyantes.

Villages de Balagne

La Balagne contemple la Méditerranée depuis son balcon de collines fertiles et son littoral aux baies bordées de plages de sable. Des villages au charme rustique, volontiers juchés sur des hauteurs ou perchés au flanc des vallées, s'éparpillent au milieu des paysages d'une contrée riante, jamais monotone, pays de cocagne insulaire planté de vergers, de vignes et d'oliviers. Au-delà des premiers reliefs sur lesquels s'accrochent les principaux bourgs, la Balagne devient sauvage et méconnue, et livre d'inoubliables panoramas. Pour découvrir cette région, empurntez un peu au hasard les petites routes et des chemins qui serpentent au milieu des champs, des palmiers, des agaves, témoins de la douceur du climat.

▶ Se repérer

Haute-Corse (2B)

CARTE BC1/2 (P. 104-105) ET CARTE DE LA BALAGNE P. 130-131. La Balagne descend doucement vers la mer, depuis la ligne de crêtes qui surplombe les gorges de l'Asco au sud-est. Elle est délimitée au nord-est par le désert des Agriate et au sud-ouest par la vallée du Fango. Calvi et L'Île-Rousse, sont de bons lieux de séjour pour concilier plaisir balnéaire, activités culturelles et visites des villages perchés.

🫒 À ne pas manquer

Les panoramas sur le golfe de Calvi à Montemaggiore et au col de Salvi ; Sant'Antonino et son site à couper le souffle ; l'église en appareillage polychrome de la Trinité à Aregno ; Pigna et son effervescence lors du festival Festivoce.

🕐 Organiser son temps

Activités nautiques sur la côte, randonnées et itinéraires de découverte dans l'arrière-pays.

👥 En famille

Jardin botanique fruitier à Avapessa, tramway de Balagne *(voir p. 122)*, balade avec un âne *(voir « Nos adresses »)*.

ℹ Carnet pratique p. 138

📍 Nos adresses p. 139

3

★★ La Balagne aux portes de Calvi

CARTE DE LA BALAGNE

▶ *Circuit en boucle de 80 km au départ de Calvi tracé en vert sur la carte p. 130-131 – Compter environ une journée. Quitter Calvi par la T 30 vers L'Île-Rousse.*
La route longe la pinède de Calvi ; aussitôt après le pont, prenez à droite la D 151 qui remonte la vallée de la Bartasca plantée de vignes. Elle conduit à Calenzana, point de départ du fameux GR 20.

Calenzana *(voir p. 151)*
Suivre la D 151 en direction de Zilia.

★ Église Ste-Restitude *(voir p. 153)*
À travers les chênes verts, les oliviers et les amandiers, la route contourne alors le bassin du Fiume Secco.

Zilia (Ziglia)

Village-balcon au pied du monte Grosso, Zilia est bâti dans un paysage d'oliviers et d'amandiers. Il conserve de vieilles maisons et offre de sa terrasse, face à l'église, une belle vue sur la vallée verdoyante du Fiume Secco.

La commune a donné son nom à une **eau de source** captée à 80 m de profondeur et largement distribuée dans l'île. Le logo original des bouteilles marque d'ailleurs durablement les touristes. L'usine d'embouteillage se visite sur rendez-vous *(Rte de Zilia - ☏ 04 95 65 90 70 - www.eauxdezilia.fr - lun.-vend. 8h-16h sur RV.)*.

1h. Il est possible de relier à pied Zilia à Cassano en longeant la rivière, puis en remontant vers Cassano.

2 km après Zilia, quitter la D 151 en descendant à gauche, direction Cassano.

Cassano

L'église paroissiale possède un **triptyque★** sur fond or (1505) représentant la Vierge à l'Enfant sous un dais entre des saints, œuvre d'un certain Simonis de Calvi. En déambulant dans les ruelles, notez les bancs, abondamment décorés et recouverts d'écailles sculptées.

Revenir sur la D 151 au niveau de la fourche et monter à gauche en suivant la direction de Lunghignano.

Lunghignano

Le minuscule hameau, en surplomb de la route, abrite l'**église St-Vitus** de la fin du 18e s. édifiée en gros appareil de pierre, ainsi qu'une fontaine sous voûte. À la sortie, à 300 m sur la droite, le **moulin à huile U Fragnu** du 19e s., restauré et de

La Balagne à pied

Les amateurs de randonnées trouveront dans chaque localité un panneau illustré « **Sentiers de Balagne** » (en général près de la place du village) décrivant les sentiers alentour. Ainsi informés et équipés d'une bonne carte ou des fiches fournies par les offices du tourisme, vous pourrez profiter des 250 km de parcours dans la région.

Téléchargeable sur balagne-corsica.com, la brochure *La Balagne, côté nature*, recense 30 randonnées dans la région. Chacune fait l'objet d'une fiche *(2 € l'unité, 6 € les 4, 10 € les 8, etc.)*, en vente aux offices de tourisme de L'Île-Rousse, Calvi, et les bureaux touristiques des villages. Vous y trouverez également plusieurs guides utiles *(Corse Balagne, 30 balades de 2h à 2 j. (18,90 €)* ; et *Escapades et randonnées autour de L'Île-Rousse (15 €)*. De nouveaux itinéraires, le long du littoral, sont à l'étude.

Le village de Montemaggiore.
joningall/Getty Images Plus

nouveau en activité, propose des produits régionaux *(voir « Nos adresses »)*. On peut le visiter en quelques minutes en bénéficiant d'un commentaire explicatif. La récolte et le pressage y ont lieu tous les deux ans (années paires).

★ Montemaggiore

Le village à demi déserté est bâti sur un promontoire au-dessus du bassin du Fiume Secco et au pied de la chaîne du monte Grosso. De la terrasse de sa grande église baroque St-Augustin *(fermée hors saison)* à la façade un peu décatie, un vaste **panorama★★** s'offre sur le golfe de Calvi, la presqu'île de la Revellata, Calenzana et son cadre montagneux. En repartant, notez la grande maison crème attenante à la chapelle : Don Juan y serait passé lors d'un bref et unique séjour sur l'île, au 16e s., pour y séduire une jeune femme, bien sûr.

Au nord du village, près d'une fontaine, la vue se dégage sur la chaîne du monte Grosso.

De Montemaggiore, il est possible d'effectuer une boucle en passant par Cassano et Lunghignano *(1h45 - 220 m de dénivelé positif)*. Un autre sentier permet de descendre vers Lumio *(2h)*.

Reprendre la D 151, direction Cateri. 1 km après Montemaggiore, dans un lacet, prendre à droite (panneau marron indiquant « San Rinieru ») une petite route revêtue que l'on suit sur 900 m environ.

Chapelle St-Rainier (San Rinieru)

Montemaggiore - 04 95 62 72 78 - sur demande à la mairie tlj sf w.-end mat. et apr.-midi.

Elle s'élève dans le cimetière. De style roman pisan, elle présente une façade polychrome ; au fronton, une croix ajourée sépare deux figures humaines. Le chevet arrondi a conservé son toit en *teghje*. À l'intérieur, les archivoltes surmontant les deux premières fenêtres sont décorées de curieux masques grimaçants. En sortant, panorama sur le monte Grosso, encore plus beau l'hiver, quand il étincelle, enneigé, sous le soleil.

Reprendre la D 151 qui, étroite et tourmentée, monte dans un paysage désolé jusqu'au col de Salvi.

En montant vers le **col de Salvi**, la route tracée en corniche offre des **coups d'œil★** sur Calenzana, le bassin du Fiume Secco et la mer.

Du col, splendide **panorama★★** sur le golfe de Calvi que l'on domine de 500 m et sur la pointe de la Revellata.

2 km après le col, tourner à gauche dans la D 71. On bascule alors dans la région de L'Île-Rousse.

Cateri

Stationnement (obligatoire en saison - 3 €) en descendant de la D 71 sur la gauche.

Niché dans les oliviers, Cateri s'étage au-dessus du bassin d'Algajola. Gagner à pied le cœur du village par des ruelles étroites, pavées, reliées par des passages voûtés et bordées de hautes maisons de granit où travaillent quelques artisans ; belle vue sur les villages d'Aregno, Sant'Antonino et Corbara.

L'**église Santa Maria Assunta** accueille dans une châsse le corps de saint Bénin, rapporté de Rome au 18e s. En face de l'entrée, la chapelle du Très-St-Crucifix a été construite pour la confrérie de saint Antoine de Padoue.

LA BALAGNE

Peu après, sur la route de Lavatoggio, le couvent de Marcasso est fléché sur la droite. Le stationnement y étant interdit, il est beaucoup plus simple de laisser sa voiture au parking de Cateri et de s'y rendre à pied (5mn).

Couvent de Marcasso

🖉 *04 95 61 70 21 - visite guidée sur demande préalable en avr.-oct. - don bienvenu - concerts en été.*

Le couvent bénédictin encore en activité, mais menacé de fermeture (après le départ du dernier bénédictin, une nouvelle présence spirituelle maintient néanmoins l'activité du site), fut édifié en 1621. Il s'élève sur une terrasse entourée d'olivaies et de vergers.

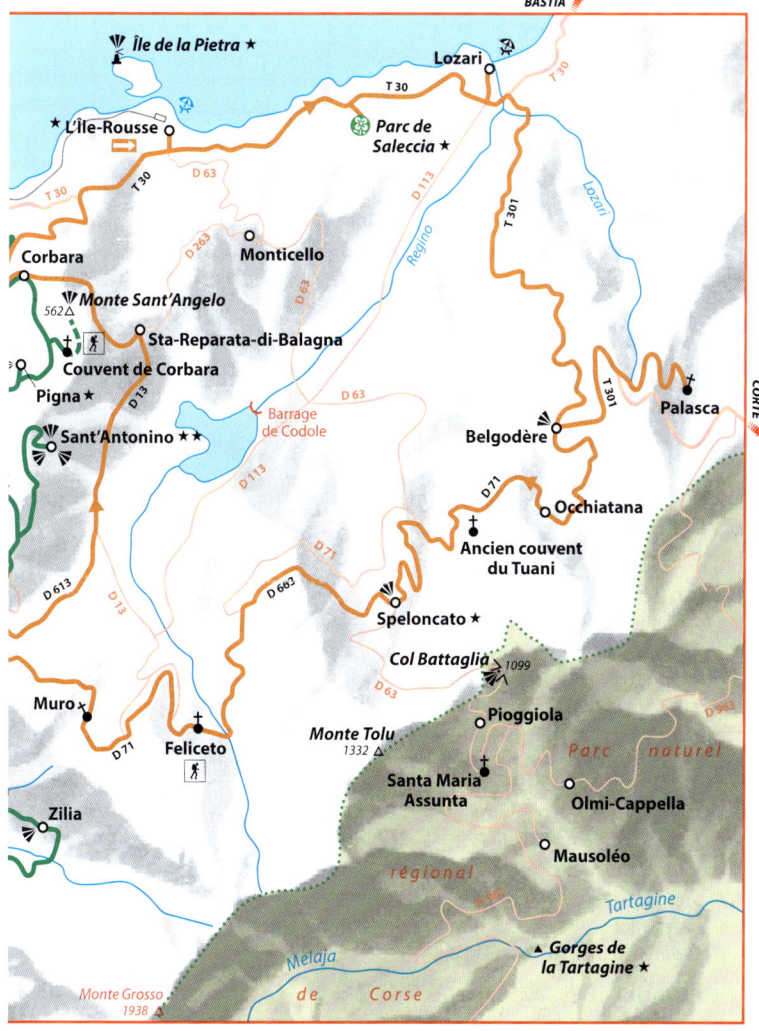

L'**église conventuelle** (*en restauration - se rens.*) abrite une toile restaurée du 18ᵉ s. représentant le Repas pascal, ainsi que des stalles, un beau meuble de sacristie et quatre statues de saints en bois du 17ᵉ s. Boutique monastique.
Suivre la D 71 jusqu'à Lavatoggio.

Lavatoggio

Le village était autrefois renommé pour la qualité de ses sources. De la terrasse de l'église, la **vue**★ s'étend sur la plage d'Algajola, la côte et les dernières pentes de la Balagne, à l'ouest de la ligne de crêtes qui sépare ces pentes du bassin du Regino.
Faire demi-tour et regagner Cateri. Prendre à gauche la D 151, puis très rapidement à droite la D 413 vers Sant'Antonino.

★★ Sant'Antonino

🙂 Boutiques et restaurants sont fermés hors saison ; parking obligatoire en bas du village (*3 €*).

ⓘ **Bureau d'informations touristiques** – *Guérite située au bas du village, près des boutiques de souvenirs - www.santantonino.fr - en saison seult, se rens.*

Perché à 500 m d'altitude, ce bourg en nid d'aigle classé parmi les plus beaux villages de France forme un harmonieux dédale de ruelles pavées de grosses pierres et de passages voûtés. Maupassant avait été marqué par la vue de ce « mont élevé que couronne un paquet de maisons jetées dans le ciel bleu si haut que l'on pense avec tristesse à l'essoufflement des habitants contraints de remonter chez eux ». Aujourd'hui, sa restauration très réussie en fait un pôle d'attraction touristique. Quelques boutiques d'artisanat se sont installées (poteries, bijoux, spécialités gastronomiques, etc.), concentrées essentiellement en bas du village, non loin du parking. Contournez la localité dans le sens des aiguilles d'une montre pour admirer le remarquable **tour d'horizon**★★ sur la vallée du Regino, la Balagne vallonnée de Belgodère à Lumio, les hautes montagnes enneigées, le bassin d'Algajola et la mer.

👣 De Sant'Antonino, un sentier permet de rallier Aregno en moins d'1h (boucle de la Pieve d'Aregno ; *voir encadré p. 128*).
Redescendre et prendre à droite la D 151 vers L'Île-Rousse.

Aregno

ⓘ **Point numérique d'informations** (borne tactile avec QR codes)

Le village de 600 âmes s'accroche au flanc de doux reliefs. Son territoire planté d'agrumes, d'oliviers et d'amandiers se prolonge vers une étroite façade maritime.

★ **Église de la Trinité** – *Pl. de l'Église - ℰ 04 95 61 70 34 - mai-sept. : horaires, se rens. - clé disponible à la mairie.* À l'entrée du village, dans le cimetière, s'élève cette charmante petite chapelle. Elle étonne par l'appareillage polychrome de ses murs de granit. Prenez le temps de détailler les figures humaines et les animaux fabuleux, admirablement sculptés, qui rythment la façade et les murs latéraux. Les fenêtres latérales en meurtrières sont surmontées d'archivoltes décorées de motifs symboliques : deux paons affrontés, la croix et l'arbre, une main ouverte et une crosse. L'intérieur abrite deux **fresques** du 15ᵉ s. : les quatre docteurs de l'Église latine ; saint Michel pesant les âmes et terrassant le dragon.
Reprendre la D 151 jusqu'à Pigna.

★ Pigna (voir p. 147)

Corbara et son couvent (voir p. 144)

Rejoindre la N 197 et prendre à gauche en direction de Calvi.

Eglise de Sant'Antonino.
joningall/Getty Images Plus

Algajola

ⓘ **Office du tourisme d'Algajola** – *Pl. de la Gare - Algajola - ☎ 04 95 65 16 67 - www.balagne-corsica.com - mi-juin.-août - lun.-vend. 9h-12h, 13h-16h30.*

Nichée au creux le plus profond de la baie, une longue plage de sable fin (1,5 km) et une photogénique petite citadelle ont fait la popularité de cette agréable station balnéaire, établie entre les marines de Davia et de Sant'Ambroggio. De son architecture militaire, la ville conserve des maisons blotties à l'intérieur de remparts, quelques ruelles et passages voûtés et une partie de sa citadelle au bout du promontoire. Quelques bars, des activités nautiques et un camping animent le bord de mer. La plage, longue d'1,5 km, est très organisée ; la mer peut être dangereuse quand le vent souffle fort.

Au sud d'Algajola, le quartier **San Damiano** accueille le port de pêche et une petite plage abritée.

★ **Citadelle** – *Privée, ne se visite pas.* Construite au 17ᵉ s. autour d'un château (dont subsiste la tour fortifiée), elle conserve son bastion triangulaire et ses échauguettes. En 1643, lors de la destruction d'Algajola par les Sarrasins, la garnison génoise s'y retrancha tandis que l'église St-Georges servait de refuge aux

Une vocation de place forte

La fondation d'**Algajola** remonte vraisemblablement aux Phocéens. Elle connut son apogée au 17ᵉ s. grâce au commerce des olives et des huîtres. Jusqu'au 18ᵉ s., la cité fut une défense génoise avancée de Calvi. Ses remparts furent édifiés en 1664, pour la protéger d'un éventuel retour des Sarrasins, qui l'avaient saccagée le 26 juin 1643. En 1729, les Corses insurgés contre Gênes s'en emparèrent. En 1767, elle fut pour Pascal Paoli une position de premier plan. L'essor de L'Île-Rousse provoqua, à la fin du 18ᵉ s., l'abandon presque total de la cité.

habitants. Les abords, bien aménagés, se composent notamment d'un jardin donnant sur la mer.

Église St-Georges – *Été : dim. durant l'office.* L'église semi-fortifiée, placée sous la protection du saint patron de la ville de Gênes, a été remaniée au 17e s. après avoir été incendiée par les Sarrasins. L'intérieur est éclairé par de petites fenêtres hautes et présente une abside à voûte génoise.

Marine de Sant'Ambroggio

😊 Hors saison, tous les commerces ou presque sont fermés.

Le port de plaisance de Sant'Ambroggio offre toutes les facilités recherchées par les plaisanciers. Son cadre naturel, autour d'une belle **plage** de sable et au fond d'une baie, n'a pas trop pâti de la multiplication des lotissements et de la présence d'un grand village de vacances.

À proximité *(2 km - suivre au rond-point le panneau « Vival », mais ne pas traverser le rail et continuer vers la droite)*, une route, endommagée par endroits, et des sentiers conduisent à la **punta di Spano★**, promontoire sauvage qui avance ses chaos granitiques vers l'ouest et que prolonge l'île de Spano. Belles vues sur le Golfe de Calvi. Et possibilité de baignade dans une **crique** proche du parking en bout de route.

★ Lumio

Groupé en amphithéâtre, au-dessus de sa grande église baroque à la façade rose flanquée d'un haut campanile ajouré, ce bourg opulent et fleuri de Balagne, patrie de Laetitia Casta (qui s'y est mariée en 2017), forme un belvédère sur le golfe de Calvi, au milieu des oliviers et des vergers. On ne peut manquer, avenue Bella-Vista, l'imposante construction carrée décorée d'arcades à son sommet. Il s'agit du **Carrubo**, construit au 18e s. par un abbé pour accueillir une école et les pauvres du village.

★ **Site ruiné d'Occi** – *Départ derrière l'hôtel-restaurant Chez Charles ou en face du camping Le Panoramic. Accès au site 30mn, boucle de 2h (éviter les shorts).*

🥾 L'ancien village abandonné au 19e s. et ruiné, qui domine Lumio et la punta di Spano, est une très belle destination de randonnée, avec d'exceptionnelles **vues panoramiques★** sur le littoral, les sommets environnants et le cap Corse. Le chemin contourne les hauteurs par la droite mène à la chapelle N.-D.-de-la-Stella avant de redescendre *(à droite)* à travers le maquis sur Lumio. Il se révèle une bonne occasion de découvrir d'anciens vestiges pastoraux, les fleurs du maquis comme l'immortelle, dont on extrait une huile essentielle aux nombreuses vertus *(voir « Nos adresses/Shopping » en fin de chapitre),*et, très certainement, quelques rapaces.

À la sortie de Lumio en allant vers Calvi, au niveau de la Pharmacie du Golfe, vous pouvez emprunter la route, à droite, qui descend vers la plage de l'**Arinella** *(à 1,5 km)*, idéale pour la baignade ou les bains de soleil tout en profitant d'une belle vue sur la baie de Calvi. La zone comprend plusieurs **petites plages** de sable blanc bordées de rochers doux et caressées par des eaux cristallines. Bondées en été (bien plus tranquilles le reste de l'année), elles sont approchées par le tramway de Balagne (arrêt Ondari-Arinella), reliées entre elles par un sentier et équipées d'agréables paillotes-restaurants (Matahari, Pain de Sucre...).

Chapelle St-Pierre

À 1 km de Lumio par la route de Calvi, puis, à gauche, une route d'accès revêtue (la chapelle est indiquée par un panneau).

La chapelle romane (11e s.) en granit ocre relève du début du roman pisan en Corse, mais elle a été remaniée au 18e s. En façade, deux pittoresques **têtes**

La Balagne, verger de la Corse

« Balanin, oint et fin ! », selon un vieux dicton corse, allusion à l'huile d'olive, qui fit longtemps la richesse de la Balagne. La région tirerait d'ailleurs on nom du mot grec *balanos* signifiant « gland » ou « fruit du gland », allusion à la forme de l'olive et donc aux oliveraies qui couvraient plaines et collines.

Une occupation ancienne

La Balagne fut habitée dès la Préhistoire. À l'âge du fer, les hommes y vivaient vraisemblablement déjà de la pêche et du commerce maritime. Dans l'Antiquité, Grecs et Étrusques y passèrent. Puis les Romains s'y installèrent et la cultivèrent. Des témoignages de leur présence ont été découverts à Calvi, L'Île-Rousse, Algajola, Speloncato et Calenzana. Attirés par les richesses de la contrée, les Sarrasins y multiplièrent les razzias, dont celle d'Algajola, la plus célèbre.

Une région prospère

La Balagne devint au 11e s. le fief des « **marquis de Massa et Corse** », établis par les Pisans pour se défendre contre les incursions sarrasines. Pour surveiller le rivage, ils édifièrent des châteaux forts, dont subsistent de nombreux vestiges, comme ceux de la forteresse des Savelli à Corbara, par exemple.

Ces seigneurs furent les bienfaiteurs des bénédictins. Solidement implantés en Balagne au 12e s., ils contribuèrent au renouveau agricole de la contrée, ruinée par l'anarchie et les invasions. Corrélativement, le commerce avec la Toscane reçut une nouvelle impulsion. À la fin du 12e s., la Balagne était la première région viticole de l'île avec Bastia et le cap Corse. Une population aisée fit édifier, pendant la période pisane, un grand nombre d'églises, parfois sur d'anciens sites paléochrétiens : à Calenzana, Cassano, Montemaggiore, Lumio, Aregno... si bien que l'on parla de la « **sainte Balagne** ».

La république de Gênes s'implanta dans la région au 13e s. ; elle y fonda les places fortes de Calvi et d'Algajola, qui disposaient ainsi d'un territoire assez riche pour subvenir aux besoins de la garnison et de la population. Au 17e s., la Balagne était une région de polyculture méditerranéenne, où dominait l'olivier. Son huile était très prisée. Au 18e s., Pascal Paoli bâtit L'Île-Rousse, principal débouché de la Balagne fertile.

La Balagne aujourd'hui

La désertification, les menaces d'incendies, la concurrence des pays émergents et le dépeuplement de la région ont conduit au déclin des activités agricoles traditionnelles au profit du développement touristique. Des ensembles résidentiels de vacances avec ports de plaisance privés ont vu le jour et les stations balnéaires, en pleine expansion, d'Algajola et de L'Île-Rousse concurrencent maintenant Calvi. Les villages de l'arrière-pays se sont associés pour mettre en valeur leur patrimoine et faire connaître leurs traditions. Ainsi est née la **route des artisans de Balagne** *(voir « Shopping » dans « Nos adresses »)*, circuit touristique à travers les plus beaux villages de la région. Le tourisme vert avec les randonnées, mais aussi la musique et l'artisanat d'art, sont également fortement valorisés.

Un aménagement hydraulique, dont relève le barrage de Codole, avec réseau de canalisations et stations de pompage établi pour l'ensemble de la Balagne, favorise le renouveau de l'agriculture dans les plaines de L'Île-Rousse et d'Algajola.

de lion, en granit, probablement remployées, encadrent le linteau de sa porte d'entrée.

La chapelle vaut surtout par son **chevet★** : l'influence pisane se manifeste dans les chapiteaux à palmettes, les archivoltes doubles et les petites ouvertures géométriques.

Retour à Calvi par la T 30.

★ La Balagne de la vallée du Regino

CARTE DE LA BALAGNE

▶ *Circuit de 70 km au départ de L'Île-Rousse tracé en orange sur la carte p. 130-131 – Compter environ une demi-journée. Quitter L'Île-Rousse par la T 30 vers l'est.*

La route longe la côte jusqu'à **Lozari** *(voir p. 123).*

Prenez la T 301 à droite qui s'élève vers Belgodère.

Belgodère (Belgude)

Le village médiéval, dominé par les ruines d'un vieux fort, occupe un séduisant **site★** de terrasses au-dessus de la vallée verdoyante du Regino.

Église St-Thomas – *Visite sur demande à la mairie ou aux commerces proches.* Dans le chœur, un panneau sur bois (16e s.) représente la Vierge à l'Enfant entre deux apôtres et les membres d'une confrérie. Un beau retable baroque en bois sculpté orne une chapelle, à droite.

★ **Vieux fort** – *Accès par une ruelle en escalier, entre les deux cafés de la place principale, direction « point de vue ».* Des ruines, **vue★** sur la vallée.

🐾 Plusieurs sentiers sillonnent les environs *(voir le panneau face à la Poste). De Belgodère, suivre la RT 301 (dir. Ponte-Leccia) vers l'est et prendre à gauche la D 163 dir. Palasca.*

Palasca

Le village isolé est blotti dans un creux en contrebas de la nationale.

Église Santa Maria Assunta – *Ouvert pdt les offices (env. 1 par mois).* Dotée d'un joli clocher, elle abrite une toile du 16e s. représentant la Crucifixion.

Retourner ensuite à Belgodère, puis poursuivre sur la D 71.

En quittant le village, vous apercevrez sur la gauche la silhouette massive du **château de La Costa** (ou Malaspina), construit en 1892 par Jean-Toussaint Malaspina (1853-1904), un enfant du pays, proche de Georges Clemenceau, qui combina carrière politique et journalistique.

Occhiatana (Ochjatana)

Le village dispose ses maisons ocre et rosées à flanc de colline, ses terrasses piquées d'orangers et de citronniers surplombant la D 71. Sur la place principale, en belvédère sur la vallée, une ancienne chapelle a été transformée en snack.

Peu après Occhiatana apparaît, sur la gauche, la masse harmonieuse de l'ancien **couvent du Tuani**. Ce couvent franciscain fut repris un temps par les dominicains, puis devint propriété privée en 1964. L'église, construite en 1494, fut restaurée en 1898. À 100 m du couvent émergent les ruines de la chapelle St-Jean, édifice pisan du 11e s.

L'étroite D 663, sur la gauche, conduit en lacets serrés à Speloncato.

À l'arrivée, la vue sur le bourg est à couper le souffle, surtout quand la neige blanchit encore les sommets.

★ Speloncato (Spiluncatu)

Il n'est pas toujours aisé de se garer en été à Speloncato. Parking gratuit à 400 m du village, en dir. de Calvi.

Perché à 650 m d'altitude au-dessus du bassin du Regino, sur un éperon détaché du monte Tolo, l'attachant village devrait son nom au tunnel naturel distant de 2 km (*spelunca* signifie « grotte »). Un charmant dédale de ruelles sinueuses et de passages voûtés bordés de vieilles maisons de granit vous attend. Située un peu au-dessus de la place centrale, l'**église Santa Maria Assunta** *(clés en mairie si fermée)*, d'origine romane, a été pourvue d'un portail daté de 1509. Elle est devenue collégiale en 1749. Remarquez la **tribune★** portant l'orgue à volets peints, réalisée par l'ébéniste Giuseppe Saladini en 1821, très demandé sous l'Empire et jusqu'en 1840. La **place de la Libération**, ornée d'une fontaine, est animée par deux petits bars. De là, regardez dans l'axe de la rue qui jouxte l'église sur la droite pour apercevoir l'ouverture naturelle longue de 8 m de la **Pietra Tafonata** à travers laquelle filtrent les rayons du soleil. Chaque année, le 8 avril et le 8 septembre se produit un curieux phénomène d'éclipse. Après avoir disparu derrière la montagne vers 18h, le soleil réapparaît quelques instants par l'ouverture de la Pietra Tafonata. Un petit effort supplémentaire vous conduira au sommet de Speloncato pour un panorama sur les montagnes et la mer.

Un panneau situé sur la petite place du village indique les différents sentiers permettant de parcourir les environs et de rallier les villages voisins. Vous pouvez ainsi rejoindre Pioggiola et le Giussani *(2h30 - 600 m de dénivelé positif)* et même l'Île-Rousse *(env. 4h)*.

De Speloncato, vous pouvez rapidement rejoindre le Giussani *(voir p. 155)* en suivant la direction **Pioggiola** (9 km).

Reprendre la route tracée à mi-pente qui contourne en corniche le bassin du Regino, puis la D 71 jusqu'à Feliceto.

Feliceto (Felicetu)

Relativement important, le village entouré de vergers s''étale au-dessus du bassin du Regino. En contrebas s'élève son **église baroque** au clocher étagé et coiffé d'une coupole.

2h AR. En vous enfonçant dans le maquis en direction de la « maison du bandit » – une habitation troglodytique où un ancien maire du village abritait les mercenaires et bandits locaux –, vous atteindrez les hauteurs de Feliceto d'où vous jouirez de superbes panoramas.

Muro

L'**église** dresse sur la place du village son imposante façade jaune. L'intérieur est caractéristique du baroque tardif : maître-autel et clôture du chœur en marbre polychrome, buffet d'orgue à volets peints, profusion de marbres, de colonnes torses, de dorures... Remarquez au fond de l'édifice le **visage du crucifié** qui, en 1730, « se mit à saigner et s'auréola d'une lumière éclatante ». Chaque année, une foule commémore ce miracle.

Poursuivre sur la D 71. La route ne traverse pas Avapessa, mais le contourne. Se garer au niveau de la route (pas de parking dans le hameau), puis descendre à pied vers le hameau.

Avapessa

À mi-pente au-dessus de la vallée du Regino, dans un paysage d'oliviers, de figuiers de Barbarie et de jardins en terrasses, ce hameau en contrebas de la route possède une petite église baroque (1618) à clocher carré.

Reprendre la voiture et descendre en longeant le village (route étroite et sinueuse, ne pas entrer dans le hameau). Indiqué sur la droite.

★ **Jardin botanique fruitier** – *Domaine du Gros-Chêne -* ☎ *04 95 61 81 91 - www.jardinfruitieravapessa.com - visite guidée avr.-sept. : 16h ; reste de l'année : 15h - 12 € (enf. 10 €).* 👥 Il regroupe sur 3 ha une quarantaine d'espèces de fruits comestibles (et quelques légumes) en provenance du monde entier à l'exception des zones tropicales. Certains sont particulièrement rares, comme des pommes à chair rouge d'Amérique du Nord ou des jujubiers chinois. Les visites guidées sont passionnantes et les dégustations inoubliables.

Reprendre la petite route qui se poursuit dans la vallée et rejoint la D 13 qui file vers L'Île-Rousse.

Santa-Reparata-di-Balagna

Étagé au-dessus du littoral, le village offre de la terrasse de son église une **vue★** sur L'Île-Rousse au nord, la vallée du Regino et le lac de retenue de Codole à l'est, la chaîne du monte Grosso au sud. L'**église**, de style baroque, vient curieusement se greffer sur une chapelle pisane, dont l'essentiel de la nef et de l'abside du 12e s. a été conservé.

Suivre la direction de Corbara par la D 263.

Corbara *(voir p. 144)*

Le retour sur L'Île-Rousse s'effectue par les D 151 et la T 30.

De la terrasse de la petite chapelle **Notre-Dame-des-Sept-Douleurs** située dans un lacet, 500 m après Corbara, on bénéficie d'une large vue sur la baie d'Algajola et la marine de Davia.

ℹ Carnet pratique

☾ *Voir aussi « Nos adresses » à Corbara (p. 146), Pigna (p. 149) et Calenzana (p. 154).*

S'informer

Offices du tourisme de L'Île-Rousse et de Calvi – *Voir p. 123 et p. 114 - balagne-corsica.com*

Visites

La Montagne des orgues - association Saladini – *La Gare -* ☎ *04 95 61 34 85 - mars-nov. : sur réserv. - 35 € (12-18 ans 17,50 €).* Une historienne de l'art et organiste propose des journées de découverte du patrimoine religieux et de l'histoire en Balagne, Giussani, Castagniccia et Cortenais, agrémentées de concerts sur les orgues historiques de la région.

Se déplacer

Tramway de Balagne – cf-corse. corsica. Pour vous déplacer en train le long du littoral entre Calvi et L'Île-Rousse *(voir encadré p. 122).*

Agenda

Fête de saint Antoine – *Aregno, le dim. suivant le 17 janv.* Procession en l'honneur de saint Antoine et fête des oranges.
Les **foires** rythment le calendrier estival. En juillet à Lumio (foire de la pierre), à Montegrosso (foire de l'olivier) ; en août à Feliceto (foire de l'artisan), à Aregno (foire de l'amandier) et à Sant'Antonino (foire de l'âne).

📍 Nos adresses

Restauration

Cateri

Budget moyen

Chez Léon/Hôtel U San Dumé – ☎ 04 95 61 73 95 - www.hotel-corse-usandume.com - 🅿 - *tlj, service continu - plats 20/30 € - 5 ch., 2 studios, 4 appart.* Les terrasses offrent une vue panoramique sur les massifs et la mer. Là ou dans la grande salle à manger, vous dégusterez une excellente cuisine régionale. En dessert, ne manquez pas le fiadone ! Quelques chambres et studios modernes et élégants.

Lavataggio

Pour se faire plaisir

Ferme-auberge Chez Edgard – ☎ 04 95 61 70 75 - www.chez-edgard.fr - 🅿 ⊠ - *fermé midi et de mi-oct. à Pâques - menu 45 €.* Cette auberge attachante est tenue par un passionné qui vous fera découvrir les meilleures viandes fermières corses, longuement rôties ou mitonnées. Cadre aussi rustique qu'agréable. Grande terrasse.

Sant'Antonino

Budget moyen

La Voûte – *Au village* - ☎ 04 95 61 74 71 - *fermé sam. et oct.-mars - plats 17/27 €.* Restaurant familial posté au sommet d'un grand escalier en pierre. Des deux terrasses, préférez celle face à la montagne : la vue s'y étend jusqu'à la mer. Cuisine locale et spécialités maison (céviche de loup et de saumon, agneau corse).

I Scalini – *Haut du village* - ☎ 04 95 47 12 92 - *tlj, fermé de mi-oct. à avr. - plats 19/34 € - réserv. conseillée.* Un étroit escalier en pierre conduit à ce restaurant perché au sommet du village. Intérieur original et quatre petites terrasses offrant de superbes panoramas.

Délicieux plats (standards corses ou préparations plus osées) et ambiance zen.

Algajola/Aregno

Budget moyen

La Vieille Cave – *9 pl. de l'Olmo* - ☎ 04 95 60 70 09 - *tlj - fermé de mi-oct. à fin mars et midi - menu 33 €, plats 20/31 € - réserv. conseillée.* À quelques pas de la citadelle, une valeur sûre à Algajola, où l'on déguste une correcte et copieuse cuisine corse et internationale. Au choix, la belle terrasse ombragée ou la cave voûtée. Bons desserts.

Lumio

Budget moyen

Le Matahari – *Plage de l'Arinella* - ☎ 04 95 60 78 47 - www.lematahari.com - 🅿 - *fermé lun. soir et de fin sept. à mi-avr. - plats 20/35 €.* Les pieds de table dans le sable de la petite plage de l'Arinella, cette Matahari séduit avec ses bons produits de la mer, ses spécialités insulaires et ses préparations aux influences italiennes. Réservation indispensable en soirée pour dîner à la lueur des bougies.

Une folie

La Table di Mà – ☎ 04 95 60 61 71 - www.acasadima.com - 🅿 - *fermé le midi sf dim., merc. et nov.-avr. - plats 56/64 €, menus 165/230 € - 29 ch.* En bordure de route, cette maison blanche et grise abrite une lumineuse salle et une terrasse panoramique ombragée. Cuisine actuelle et créative, étoilée au Michelin. Chambres contemporaine et piscine à débordement *(3 nuits mini en saison).*

Belgodère

Premier prix

Café de France – *Pl. de l'Église* - ☎ 06 89 96 94 75 - *tlj - fermé de mi-oct. à fin mars - plats 15/25 €.* Un sympathique café, où se mélangent touristes de passage, randonneurs et habitués. Plats

3

corses traditionnels à déguster sur une terrasse agréable et ombragée, juste en face de l'église. Très bon accueil. Le proche **café de la Paix**, de l'autre côté de la place, est tout autant recommandable et dispose aussi d'une terrasse sous parasols.

Pour se faire plaisir

Table d'Hôtes I Salti – *Golfe du Reginu (accès par la rte D 113) -* ☏ 04 95 34 35 59 - *fermé dim.-lun., le soir (sf w.-end), et de mi-oct. à mars - plats 31/34 €, menu 66 €.* Le vieux moulin familial de Carina a ouvert ses portes pour le plus grand plaisir des gourmets. Cuisine fine, moderne et créative, à base de produits de saison, le plus possible en circuit court. Parmi les spécialités : la joue de bœuf, l'agneau de lait, les langoustines... Terrasse abritée et ravissant jardin à l'ombre d'un micocoulier.

Speloncato

Budget moyen

A Merendella – *Col de Battaglia, (env. 8 km au sud-est par la D63) -* ☏ 06 23 24 93 65 - *fermé oct.-mars - plats 16/28 €.* Dans le site exceptionnel du col de Battaglia, un restaurant sans prétention où l'on est accueilli chaleureusement. Très bonne cuisine corse à base de produits du terroir.

Santa-Reparata-di-Balagna

Budget moyen

Ferme-auberge L'Aghjalle – *Hameau de Toro (rte de Muro) -* ☏ 04 95 60 31 77 - 🅿 ⛔ - *fermé midi et d'oct. à mi-avr. - menu 38 € - 5 ch.* Elle nous plaît bien cette ancienne bergerie avec sa salle voûtée, sa décoration rétro et sa terrasse sous une pergola couverte. Le patron parle avec ferveur de ses veaux, de son huile d'olive et de ses légumes préparés avec amour par son épouse. L'Aghjalle, ce sont aussi 6 belles chambres accueillantes aménagées dans une annexe.

Pour faire vos emplettes en prévision d'un pique-nique, vous trouverez une supérette à Calenzana, Zilia, Algajola, Belgodère ou achèterez directement auprès des producteurs de fromages (**L'Anghjulescu** à Aregno), de produits de la ferme (**U Casanu** et au **camping à la ferme** de Santa-Reparata-di-Balagna (qui vend aussi de l'huile d'olive bio), rencontrés lors de votre périple Reportez-vous à la brochure « *Route des Sens authentiques* » (*voir ci-après*).

Artisanat

Strada degli artigiani – *Brochure gratuite « La route des Savoir-Faire en Balagne », disponible dans les offices du tourisme et chez les artisans. Liste complète des membres de l'association sur le site www.routedesartisans.fr.* À la rencontre de ceux qui dévoilent leur savoir-faire : céramique, jouets, coutellerie, bijoux, instruments de musique, reliure, ferronnerie, verrerie, etc.

Vins

Domaine d'Alzipratu – *Rte de Zilia -* ☏ 04 95 62 75 47 - *www. domaine-alzipratu.com - en sais. : tlj, hors sais., se rens. - parcours sensoriel avec visite guidée et dégustation de 5 vins et de 5 mets, sur RV.* Situé sur un coteau entre mer et montagne, ce domaine produit un délicieux vin nommé le *fiumeseccu* (rouge, rosé ou blanc).

Clos Culombu – *Chemin San-Petru - Lumio -* ☏ 04 95 60 70 68 - *www.closculombu.fr - visite sur RV seult - tlj ; oct.-avr. : fermé dim.* Le succès grandissant de ses deux cuvées, Clos et Tribbiera (chacune en blanc, rouge et rosé ; AOP Calvi), est un encouragement pour Étienne Suzzoni, qui met un point d'honneur à entretenir ses vignes de la façon la plus raisonnée possible. Il entend par ailleurs lier le vin à l'art en organisant régulièrement concerts, expositions et conférences.

Domaine Maestracci – *sur la D 13 - Feliceto - ℘ 04 95 61 72 11 - www.domaine-maestracci.com - sur RV, fermé dim.-lun.* Située sur une ancienne moraine glaciaire, la vigne de ce domaine de la vallée du Reginu produit trois très bonnes cuvées (gardées trois ans en foudre et en barrique). Vous pourrez les déguster sur place après la visite *(sur RV)* des caves.

Autres produits

En Balagne, se trouvent de nombreux producteurs d'huile d'olive (**U Spuntinu**, à Sant'Antonino ; **Le Moulin du Château**, à Feliceto), de miels (**Antoine Negretti**, à Aregno ; **Les Chasseurs du Miel**, à Lumio ; **A Matricula**, à Santa-Reparata-di-Balagna). Autres adresses recommandables :

Biscuiterie de Zilia – *Zilia - ℘ 04 95 62 79 53 - avr.-oct. : fermé w.-end.* Réputé pour son eau de source, le village l'est aussi pour ses *cuqqiulelle*, délicieux biscuits secs croquants, à la châtaigne, aux amandes grillées, aux noisettes ou au vin blanc. Un régal !

U Fragnu – *Lunghinano Village, D 151 - Montegrosso - ℘ 06 86 56 18 75 - www.ufragnu.fr - tél. au préalable - tlj - fermé mi-oct.-mars.* Gridgioni, c'est l'âne qui, tous les deux ans, à la récolte des olives, fait tourner ce moulin de 1850. Outre une huile douce et fruitée, vous trouverez une sélection de produits corses et faits maison, et pourrez savourer un plat mitonné dans le petit atelier de cuisine.

Biscuiterie Salvatori – *Cateri - ℘ 04 95 61 73 83 - fermé midi et dim.-mar.* Dans la partie haute du village, le long de la route menant à Lavatoggio, cette biscuiterie familiale régale les locaux et les touristes de douceurs croquantes et de délices salés typiquement corses.

Clos Antonini – *À l'entrée du village (avant le parking) - Sant'Antonino - ℘ 06 09 58 94 01 - tlj - fermé nov.-mars.* Sur sa propriété, le sympathique Olivier Antonini cultive citronniers, amandiers et vignes. Dans une grande salle voûtée, il vous invite à la dégustation rafraîchissante d'un jus de citron, de raisin, ou d'un délicieux mélange des deux. Vente de vins rouge et rosé qu'il produit, huiles d'olive, confitures d'agrumes et autres délices. Pique-nique sur place possible dans la belle salle.

Coopérative oléicole – *Le long de la T 30 - ZA de Corbara - Algajola - ℘ 04 95 60 30 60 - www.oliudicorsica.fr - tlj - fermé nov.-fév.* Huiles pressées au moulin de la boutique, du vin, des biscuits... à déguster sur place.

GAEC de l'Astratella – *Pastricciola I Salducci - Lumio - ℘ 06 87 28 32 45 - www.astratella.com - avr.-juin et oct.-déc. : tlj l'apr.-midi ; juil.-sept. : tlj ; reste de l'année : sur RV.* Pour acheter la fameuse huile essentielle d'immortelle de Milou Corteggiani, qui guérit toutes les blessures, (y compris les bleus à l'âme, dit-on !) ; fabriquée selon un processus de fabrication inchangé depuis des lustres. Cette petite entreprise familiale à ne pas manquer propose aussi d'autres huiles essentielles artisanales (pin laricio, romarin, myrte, etc.), des hydrolats, des macérations et des huiles de massage.

GAEC de Lozari – *Hameau Lozari - Belgodère - ℘ 04 95 60 18 13 - tlj, sur RV.* Réputés depuis l'Antiquité, les miels corses sont autant de poèmes célébrant l'île. Ici, les frères Gacon produisent sept ou huit miels de maquis différents, qu'ils déclinent en hydromels, révélant des saveurs de la plus douce à la plus aromatique.

Activités

Randonnées avec un âne

Pour les enfants, les randonnées sont toujours plus amusantes avec un âne bâté comme compagnon.

👫 **Balagn'âne** – *Rte de Muro - Santa-Reparata-di-Balagna - ☎ 06 30 13 91 25 ou 06 74 91 81 83 - randonnées sur réserv. - à partir de 25 €/h - buvette et snack*. Le seul éleveur d'âne corse de l'île. Visite de la ferme, vente de lait d'anesse et de produits cosmétiques, traite.

Plongée

Diving Corsica Sports – *Marine de Sant'Ambroggio - Lumio - ☎ 06 27 57 18 06 - www.divingcorsica.com - fermé oct.-mars. - 95 € le baptême*. L'un des centres de plongée les mieux équipés de la côte; explorations jusqu'à la baie de Calvi, parmi plus de 30 sites répertoriés, dont le célèbre Danger d'Algajola (5-20 m, idéal pour les débutants - barracudas, mérous…) et les impressionnants tombants de la Revellata. Baptêmes *(à partir de 8 ans)* et snorkeling. Mais aussi location de paddle et kayak.

Divers

Algajola Sport et Nature – *Résidence Bella-Vista - Algajola - ☎ 06 30 60 08 64 - www.algajola-sportetnature.com - avr.-oct. : fermé dim. - 95 € le baptême*. Le paradis des sports nautiques : plongée, planche à voile, paddle, surf, bodyboard, kayak de mer. Mais aussi location de vélos, y compris à assistance électrique, et VTT à la journée *(30/55 €)*. Également des sorties encadrées.

Altore – *☎ 06 08 72 67 19 - www.altore.com - selon la météo et sur RV - fermé nov.-mars - 95 € baptême parapente*. Cette annexe

du centre sportif de St-Florent vous propose baptêmes, stages de parapente, parcours aventure, vols en ULM hydro et autres activités autour de Calvi ou de St-Florent.

Hébergement

Algajola

Premier prix

Hôtel St-Joseph – *1 chemin de Ronde - pl. de la Gare - ☎ 04 95 60 73 90 - www.hotel-algajola.com - 🅿 - fermé nov.-mars - 23 ch. 67/109 € - ⊡ 8 €*. Proche de la gare du tramway de Balagne, cet hôtel domine une charmante crique. Empruntez son escalier de bois et vous êtes sur les rochers face à la mer. Deux catégories de chambres proposées : simples et calmes, modernes et aux tons reposants.

Budget moyen

Hôtel de La Plage - Les Arcades – *15 rte nationale - ☎ 04 95 60 72 12 - hotelalgajola.com - fermé nov.-avr. - 17 ch. 65/130 € - ⊡ 8 €*. Les chambres, d'où l'on profite d'une vue sur la mer ou sur la montagne, sont aménagées au-dessus des arcades, les pieds dans l'eau ou presque. Simples et modernes, elles offrent tout le confort nécessaire. Un bon rapport qualité-emplacement-prix.

Pour se faire plaisir

Hôtel Beau Rivage – *29 r. A.-Marina - ☎ 04 95 60 73 99 - www.hotel-beau-rivage.com - 🅿 - fermé de mi-oct. à fin avr. - 27 ch. 77/230 € - ⊡ 12 €*. Hôtel moderne, coloré et confortable, les pieds dans l'eau. Les chambres peuvent être petites mais sont agréables à vivre et pour certaines prolongées de terrasses. C'est aussi sur une terrasse que l'on prend le petit-déjeuner… face à la mer bien sûr, l'hôtel porte bien son nom.

Hôtel Stella Mare – *Chemin Santa-Lucia - ☎ 04 95 60 71 18 - www.stellamarehotel.com - 🅿 - fermé de mi-oct. à fin avr. -*

16 ch. 110/150 € - 🍽 15 € - 7 nuits mini en haute sais. Les chambres climatisées de style provençal de ce petit hôtel ont vue sur la citadelle d'Algajola et la mer. Parc, jardin et jolie terrasse.

Lumio

Premier prix

Camping Le Panoramic – *Rte de Lavatoggio (2 km sur D 71) - 📞 04 95 60 73 13 - 🍽 ✗ 🛖 ♿ - de fin mai à fin sept. - 88 empl. 37 €, mobile homes (6-8 pers.) 770/1 266 €/sem.* Accueil familial et chaleureux dans ce camping situé entre L'Île-Rousse et Calvi. Belles terrasses ombragées avec vue panoramique pour quelques emplacements. Piscine, snack-restaurant, épicerie.

Belgodère

Une folie

Le Niobel– *Lieu-dit Aghjola - 📞 04 95 61 34 00 - www.leniobel. com - fermé nov.-mars - 11 ch. 161/206 € - 🍽 18,50 € - ✗ - 2 nuits mini. en été.* Petit hôtel de charme à taille humaine, aux chambres décorées toutes différemment, les plus chères offrant une vue imprenable sur la vallée et la mer. Ambiance un peu désuète, mais

agréable et reposante, de maison de famille. Bonne table.

Speloncato

Premier prix

A Spelunca di U Sechju – *Pl. du Village - 📞 04 95 61 50 38 - www.hotel-a-spelunca.com - fermé nov.-mi-mai - 10 ch. 70/99 € - 🍽 9 € - ✗.* Dressé au cœur du village, cet ancien palais du cardinal Savelli offre un panorama splendide sur la haute Balagne. De vastes chambres au luxe discret y voisinent avec de riches salons au décor d'origine. Vous dégusterez une bonne cuisine corse modernisée.

Feliceto

Pour se faire plaisir

Hôtel Mare è Monti – *📞 04 95 63 02 00 - www.hotel-maremonti.com - 🅿 🛖 - fermé oct.-avr. - 18 ch. 132/163 € - 🍽 14 € (enf. 8 €) - ✗.* Fortune faite dans la canne à sucre, les ancêtres de la famille revinrent de Porto Rico et édifièrent au 19e s. ce « palais américain » délicatement posé entre mer et montagne. Les chambres rénovées ont beaucoup de charme. Cuisine du marché servie sur une belle terrasse au bord de la piscine.

3

Corbara

Curbara

Étagée en amphithéâtre sur un versant bien exposé, Corbara est l'ancienne capitale de la Balagne. Ses figuiers de Barbarie, ses ruelles pavées et ses passages couverts confèrent une physionomie attrayante à ce village dominé par les ruines de deux châteaux.

Le couvent de Corbara.
P. Giovannini/imageBROKER/age fotostock

▶ Se repérer

932 Corbarais – Haute-Corse (2B)
CARTE C1 (P. 105) ET CARTE DE LA BALAGNE P. 130-131. Ce village est 5 km au sud-ouest de L'Île-Rousse. On y accède par la T 30 en direction de Calvi, puis en prenant, sur la gauche, la D 151.

☺ À ne pas manquer

L'ascension et la vue du monte Sant'Angelo.

ℹ Carnet pratique p. 146

📍 Nos adresses p. 146

Se promener

★ Église de l'Annonciation (A Nunziata)

Casavecchielle - ☎ 04 95 46 15 53 - www.corbara.fr - visite guidée de mai à sept. : horaires, se rens. - 3 €.
Dominant la mer, la grande église baroque a été élevée à partir de 1685 à la place d'un édifice plus ancien, dont elle a conservé le baptistère du 15e s. (dans la sacristie). Le spectaculaire **autel**★ du chœur, surmonté d'une étoffe incrustée de soie, est

Une sultane corse

Survenu à la fin du 18ᵉ s., l'enlèvement de **Marthe Franceschini** lia brièvement la Corse et le Maroc. Ses parents, saisis en mer par les Barbaresques et la fillette, née esclave à Tunis, sont capturés lors de leur libération par des Marocains. Huit ans plus tard, le sultan autorise le retour de la famille à Corbara, mais garde Marthe dans son sérail... et l'épouse. Sultane du Maroc sous le nom de **Davia**, elle est emportée par la peste à Larache en 1799.

délimité par une clôture à balustres, en marbre de Carrare, réalisé par un Toscan au milieu du 18ᵉ s. Les stalles datent de 1753.

L'ancienne sacristie recèle un **musée du Trésor★** *(entrée depuis l'extérieur, au pied du clocher ; visites guidées mai-sept. - horaires, se rens. à la mairie - 3 €)*. Entre autres pièces, remarquez la collection de vêtements sacerdotaux (16ᵉ-19ᵉ s.), dont certains sont tissés de fils d'or et de soie noire, deux chasubliers (17ᵉ s.) élaborés à partir de cinq essences de bois – pilastres en olivier, l'un est orné d'un triptyque Renaissance –, un ensemble de pièces d'orfèvrerie des 17ᵉ et 18ᵉ s. et une Vierge écrasant le dragon (1747), en marbre blanc de Carrare.

Musée d'Histoire et d'Art ancien

Suivre fléchage (bien visible sur la droite, depuis le parvis de l'église) - pl. de l'Église - ☎ 04 95 60 06 65 - www.corbara.fr - avr.-juin : 15h-18h, fermé dim. ; juil.-sept. : 16h-19h, fermé dim. - gratuit.

Guy Savelli, ancien boulanger de Corbara, rassemble passionnément depuis une trentaine d'années des objets anciens, pour la plupart corses : cartes postales, boîtes à musique, piano, pièces de monnaie romaines, phonographes, stylets, etc. Le petit musée est installé dans sa maison. À visiter absolument en sa compagnie pour profiter de son engouement et bénéficier de ses riches commentaires.

Castel de Corbara

Des deux châteaux de la ville, l'un, du 14ᵉ s., fut démantelé par les Génois au 16ᵉ s., l'autre fut bâti par les Savelli de Guido, descendants des seigneurs de Balagne. Dans ce dernier édifice, aujourd'hui en ruines, Pascal Paoli aurait annoncé aux représentants de Gênes, qui lui refusaient l'accès au port d'Algajola, la création de L'Île-Rousse. Au sommet du site du château de Guido, une humble chapelle, restaurée au 18ᵉ s., est dédiée à N.-D.-des-Sept-Douleurs. Elle est ornée d'une huile sur toile représentant une pietà, enchâssée dans un fronton semi-circulaire dominant l'autel. Des hauteurs s'offre un **panorama★★** complet sur la Balagne.

À proximité

CARTE DE LA BALAGNE P. 130-131

Couvent de Corbara

 *2,5 km au sud, par la D 151 dir. Pigna. À 2 km prendre la petite route à gauche. Entrée au centre de la façade principale. ☎ 04 95 60 06 73 - www.stjean-corbara.com - se rens.*

Ancien orphelinat fondé en 1430 au pied du monte Sant'Angelo par Mᵍʳ Nicolas Savelli, transformé en couvent en 1456, l'établissement, ruiné sous la Révolution, a été reconstruit et agrandi par les dominicains à partir de 1857.

Le **père Didon** (1840-1900), prédicateur dominicain, fut envoyé en retraite dans ce monastère en 1880-1881, en raison de ses idées libérales. Le couvent de Corbara est un « ritiro ». Depuis 1993, le lieu de retraite est dirigé par les frères de St-Jean, communauté dont le fondateur et plusieurs de ses membres se sont livrés à des agressions sexuelles et à des viols.

3

L'**église conventuelle**, construite en 1735, domine le bassin d'Algajola, la basse Balagne et le village de Pigna. À l'intérieur, on remarque une chaire du 18ᵉ s., une pietà et un crucifix rustiques en bois d'olivier (œuvre d'un dominicain), un autel et une clôture de chœur en marbre polychrome et des dalles funéraires.

Randonnée

CARTE DE LA BALAGNE

Monte Sant'Angelo

▷ *Circuit tracé en pointillés verts sur la carte p. 130-131; fiche et descriptif à l'OT.*

1h30 AR au départ du couvent par un chemin muletier, pas de difficulté particulière. Alt. 562 m. Au départ du couvent, un sentier pentu et bien indiqué grimpe au sommet, d'où s'offre une **vue★★** très étendue sur une partie de la Balagne, le désert des Agriate et la côte occidentale du cap Corse.

ℹ Carnet pratique

S'informer

Office du tourisme de L'Île-Rousse – *Voir p. 123.* Petit point d'informations au **musée de Corbara**. Consultez également www.corbara.fr.

Agenda

Fête de saint Antoine – *Dim. suivant le 17 janv.* Après la messe, présentation de la statue de saint Antoine, puis distribution d'oranges.

📍 Nos adresses

☾ *Voir aussi « Nos adresses » en Balagne, p. 139.*

Restauration

Premier prix

A Cantina – *Pl. de l'Ormeau - ☏ 04 95 60 19 69 - 🚫 - tlj, service continu - oct.-mars - plats 15/22 €.* Une adresse très conviviale où déguster une cuisine locale goûteuse et sans chichi.

Le Passage – *Pl. de l'Ormeau - ☏ 04 95 60 28 00 - fermé le midi et oct.-avr. - réserv. conseillée - plats 18/26 €.* La soupe, les pâtes à l'araignée de mer, le veau en sauce et l'agneau, ainsi que les beignets au bruccio sont quelques-unes des spécialités. À déguster un cadre moderne ou sous la tonnelle en terrasse.

Hébergement

Premier prix

Chambre d'hôte A Chiosella – *Hameau de Borgu - ☏ 06 76 38 77 07 - www.gitelocationcorse. com - fermé nov.-mars - 4 ch. 79/102 € ☕ - 2 nuits mini. - 3 gîtes (3/6 pers.) - table d'hôte env. 25 €.* Les chambres colorées (pour 2 ou 3 pers.) portent des noms qui vous emmènent en voyage. Les petites terrasses et l'accueil charmant en font une adresse attachante.

Budget moyen

Chambre d'hôte A Scapatta – *Hameau du Borgu - ☏ 09 55 90 35 63 ou 06 73 20 45 95 - 4 ch. (dont une pour 4 pers.) et 1 studio - 110/130 € ☕.* Dans une demeure de charme en pierre et toujours fleurie, des chambres de caractère avec petites terrasses ouvrant sur un panorama somptueux.

Pigna ★

Pìgna

Perché sur une butte cernée d'oliveraies, dominant la baie d'Algajola, Pigna est l'un des plus beaux villages de Balagne, avec ses ruelles escarpées grossièrement pavés, ses vieilles maisons, ses escaliers et sa plate-forme supérieure dominant la campagne. C'est à pied que l'on parcourt ce dédale plein de charme et de surprises où, sous le regard des chats alanguis, il serait difficile de se perdre. Vous y ferez certainement de belles rencontres car, peuplée d'artistes et d'artisans, l'harmonieuse petite cité médiévale est devenue, après une période de déclin, un symbole du renouveau des traditions artisanales et musicales corses.

Le village perché de Pigna.
tane-mahuta/Getty Images Plus

▶ Se repérer

99 Pignais – Haute-Corse (2B)

CARTE C1 (P. 105) ET CARTE DE LA BALAGNE P. 130-131. 8,5 km au sud-ouest de L'Île-Rousse Pigna est desservi par la D 151. L'arrivée ménage une belle vue sur les maisons blondes, toutes avec des volets bleus.

☺ À ne pas manquer

Il faut flâner dans Pigna et ne pas hésiter à aller à la rencontre de ses artisans, d'autant que la plupart sont présents toute l'année et qu'ils partagent volontiers leur passion.

⏱ **Organiser son temps**

Hors saison, le temps semble s'être arrêté. En pleine saison, préférez les fins de journée, plus agréables, avant de profiter, mi-juillet, des concerts du Festivoce.

👥 **En famille**

Belle occasion de découvrir les métiers de l'artisanat corse.

ℹ **Carnet pratique p. 149**

📍 **Nos adresses p. 149**

Se promener

Les ruelles tortueuses, pavées ou en escaliers, bordées de maisons pimpantes et fleuries, et la place joliment dallée présentent un caractère authentique. Le village est habité par de nombreux **artisans** *(voir « Nos adresses »)* et musiciens qui ont entrepris de le rénover, de redonner vie aux métiers d'antan et de sauver le patrimoine musical corse. De la **Piazzarella**, une petite place située au bout de la ruelle di U Grillu, s'ouvre une **vue★** magnifique sur la baie d'Algajola.

Église de l'Immaculée-Conception
📞 04 95 61 77 30 - juil.-août : tlj ; reste de l'année : fermé w.-end - gratuit.
Dominant une jolie place pavée qui accueille les visiteurs à l'entrée du village, elle se distingue par ses deux clochetons à dôme. Son chevet arrondi et la découpe en accolade de son fronton sont charmants. À l'intérieur, bel orgue du 18e s.

Auditorium di Pigna
📞 04 95 61 73 13 - www.voce.corsica.
Reconnaissable à sa coupole visible depuis le parking, l'auditorium du village, construit en terre crue compressée, abrite derrière ses murs ocre une magnifique scène de 120 places. Équipée de vases acoustiques (réalisés par le potier du village), elle est adaptée aux chants polyphoniques et aux petits ensembles instrumentaux qui se produisent ici.
À côté, voyez **A Vaccaghja**, un ancien enclos à bétail construit en terrasses, et fermé par des murs de grosses pierres. Il se transforme occasionnellement en auditorium en plein air, avec vue sur le Monte Sant'Angelo et le couvent de Corbara.

Museu Musica - Centre culturel Voce
Dans la médiathèque - Pl. du Village - 📞 04 95 58 02 24 - www.pigna.corsica et www.voce.corsica - 15 avr.-oct. : lun.-vend. 10h-13h, 14h-18h - fermé w.-end. - 3 € (-10 ans gratuit).

Un foyer du renouveau culturel

Comme beaucoup d'autres villages de Balagne, Pigna a connu une lente, mais redoutable désertification. Il a fallu la foi de passionnés, regroupés à l'origine dans l'association Corsicada, pour faire revivre les lieux. Pigna est aujourd'hui un des principaux centres de la renaissance de l'artisanat corse et plus particulièrement dans le domaine musical. En effet, le **Centru Voce Cultural**, issu de la réunion de deux associations, E voce di u Cumune et Festivoce, s'est donné comme mission la formation, la recherche, la création et la diffusion de musiques traditionnelles que l'on croyait perdues, et qui trouve son application jusque dans les représentations en France métropolitaine et à l'étranger. La **Casa musicale** accueille les artistes en résidence, et l'auditorium les enregistrements et les concerts.

La petite, mais précieuse exposition, affirme un peu plus encore le statut de Pigna comme cœur musical de la région. Vous y découvrirez des instruments corses (mais pas seulement) parfois étonnants. Un voyage à travers la musique corse d'hier et d'aujourd'hui avec les *pivana* en corne de chèvre ou encore les rares *cetera* (cordes) du 17e s. qui comme bien d'autres instruments, ont failli disparaître avec l'avènement de la toute puissante guitare au début du 20e s. La banque de donnée musicale que l'on peut consulter complète la découverte.

Randonnée

Pigna - Sant'Antonino - Pigna

4,8 km - 1h - 320 m de dénivelé. Une marche sans difficulté majeure vous permettra de relier Pigna à Sant'Antonino *(voir p. 132)*, deux des plus beaux villages de Balagne, en passant par le couvent de Corbara *(voir p. 145)*. Au programme : chemin ancestral longeant une rivière, murets de pierres sèches, senteurs de maquis et panoramas sur les oliviers, les villages et la mer.

Le sentier balisé en jaune et bleu démarre de la route D 151. La première partie est pentue, un peu difficile quand on manque d'entraînement, mais ombragée *(à effectuer malgré tout en fin d'après-midi)*. Du parking de l'église de Sant'Antonino, suivre le chemin balisé en rouge qui indique la direction de Pigna et qui mène au couvent de Corbara. De là, en contrebas du couvent, vous retrouverez le balisage jaune et bleu et un sentier menant à Pigna.

ℹ️ Carnet pratique

S'informer

Office du tourisme de L'Île-Rousse – *Voir p. 123.* Consultez aussi *www.pigna.corsica*.

Arriver/partir

Se garer – Parking *(payant)* à l'entrée du village.

Agenda

Festivoce – ℘ 04 95 61 73 13 - *www.voce.corsica - 1re quinz. de juil.*

L'un des événements incontournables de la scène musicale insulaire se déroule à Pigna et dans les villages alentours. Le dernier jour, Pigna se transforme en vaste théâtre de plein air, avec des concerts promenades d'ensembles vocaux de qualité.

Concerts – ℘ 04 95 61 73 13 - *www.voce.corsica - tte l'année.* Le Centre culturel Voce, référence en matière de polyphonies corses, concocte une programmation de qualité. L'été, concerts chaque semaine, le mardi et le vendredi.

📍 Nos adresses

◉ *Voir aussi « Nos adresses » en Balagne, p. 138.*

Restauration

Premier prix
A Casarella – ℘ 04 95 61 78 08 - *tlj, service continu - fermé de mi-oct. à mars - tapas 4,50/6,50 €, menu*

tapas 44 €. La terrasse ombragée par des vignes en tonnelle y offre une vue exceptionnelle sur les environs. Idéale pour grignoter des tapas ! Pour en profiter un peu plus encore, de belles salades et suggestions du jour (cuisine familiale corse) d'un très bon rapport qualité-prix.

Budget moyen

A Mandria di Pigna – *À l'entrée du village* - ☏ *04 95 32 71 24 - www.restaurantpigna.com - fermé lun. sf juil.-août et nov.-mars - plats 23/35 €, menu 35 €.* Belle bergerie rénovée où l'on dégustera d'excellentes préparations faisant honneur au terroir corse. Au dîner, agneau cuit et cochon de lait, en grillades ou à la broche. Au déjeuner, de belles salades, pâtes fraîches maison et plats locaux plus légers.

Shopping

Casa Éditions – *Pl. de l'Église -* ☏ *04 95 61 76 57 - www.casa-editions.com - fermé w.-end.* Une des maisons d'édition musicale les plus réputées de Corse. Répertoire varié : polyphonies, jazz, etc.

Artisanat

En parcourant le village, vous pourrez pousser la porte d'un sculpteur, graveur, peintre en décor, mosaïste ou encore luthier (accès aux boutiques-ateliers fléchées). Quelques exemples :

Casa -Liutaiu – *Au bourg -* ☏ *06 22 96 24 03 - www.casa-liutaiu.com - tlj l'apr.-midi, sf dim.* Pour acheter un instrument traditionnel à cordes frottées ou pincées.

Ceramica di Pigna (Cyril Quilichini) – *Au bourg -* ☏ *04 95 61 77 25 - www.ceramicadipigna.com - oct.-mars : fermé dim. ; reste de l'année : fermé w.-end.* Le royaume de la poterie, de la céramique, du grès et de la faïence, décorés selon les techniques traditionnelles. Visites de l'atelier aménagé dans un ancien pressoir *(uniquement hors sais.).*

Scat'à Musica – *Au bourg -* ☏ *04 95 61 77 34 - www.scattamusica.fr - fermé dim., se rens.* Cet atelier de femmes artisans réalise de jolies boîtes à musique colorées avec chants traditionnels corses.

Casa di l'artigiani – *Pl. de l'Église -* ☏ *04 95 61 76 57 - fermé w.-end et de mi-oct. à mi-mai.* Cette petite structure a été créée pour promouvoir les activités artisanales corses.

☉ www.routedesartisans.fr.

Hébergement

Une folie

Palazzu Pigna – ☏ *06 03 80 23 10 - www.hotel-corse-palazzu.com - fermé de mi-oct. à mi-avr. - 5 ch. et suites 149/284 € -* ☕ *20 € -* ✖ *- 2 nuits mini.* Impossible de manquer cette imposante demeure du 18e s. qui domine le village. Derrière ses murs marqués par le temps, des chambres confortables aux décors élégants et raffinés. Elles offrent de leur terrasse une vue superbe sur la mer et les montagnes. Le Palazzu compte aussi un restaurant réputé où, dans une salle fraîche et rustique, ou en jardin-terrasse, on déguste une cuisine traditionnelle de grande qualité. En journée, vous pourrez profiter des lieux en savourant une citronnade mousseuse maison.

Calenzana

Calinzana

Adossé au monte Grosso, parmi oliviers et amandiers, ce gros bourg de Balagne surplombe le golfe de Calvi. À l'opposé de sa grande voisine restée autrefois fidèle à Gênes, Calenzana fut un des bastions de l'indépendance corse. Son terroir fournit des vins savoureux et du miel exaltant les parfums du maquis. Le village, point de départ nord depuis 1972 du fameux sentier GR 20, mais aussi de celui du Mare è Monti Nord, attire les randonneurs du monde entier, à l'origine d'une atmosphère de camp de base polyglotte.

Église Ste-Restitude.
W. Skrypczak/Alamy/hemis.fr

▶ Se repérer

2 323 Calenzanais – Haute-Corse (2B)
CARTE B2 (P. 104) ET CARTE DE LA BALAGNE P. 130-131. Le bourg est 11,5 km au sud-est de Calvi.

☺ À ne pas manquer

À 1 km de Calenzana, l'église Ste-Restitude recèle des fresques du 13e s.

ⓘ Carnet pratique p. 153

⦿ Nos adresses p. 154

Les abeilles, alliées de l'indépendance

Les premiers troubles menant à la guerre d'indépendance interviennent dès 1729. Ils aboutiront au rattachement de la Corse à la France en 1769. Pour venir à bout des rebelles, Gênes fait appel à l'empereur Charles VI d'Autriche à qui elle loue 9 000 mercenaires allemands. En 1732, débarquent ainsi à Calvi 800 soldats de l'armée de **Wachtendonck**. Afin de dégager l'arrière-pays, ils se présentent le 14 janvier devant Calenzana. Les habitants disposent seulement d'une vingtaine d'arquebuses, de quelques pistolets, de haches et de couteaux... mais aussi de nombreux ruchers. Les ruches sont rassemblées sur les rebords des fenêtres, les terrasses et les toits et jetées aux pieds des Allemands qui parcourent les ruelles. Des essaims d'abeilles s'en échappent et assaillent les mercenaires. Ils se défont de leurs fusils et courent vers les fontaines. Aussitôt, les Corses se précipitent dans les rues et s'emparent des armes abandonnées : 500 soldats gisent sur le terrain, aujourd'hui appelé « Campo Santo dei Tedeschi » (Cimetière des Allemands), situé face à l'église St-Blaise.

Se promener

Au premier abord moins « spectaculaire » que d'autres localités de Balagne, Calenzana vaut pourtant que l'on y flâne une heure ou deux pour capter son atmosphère et découvrir quelques belles façades et boutiques d'artisans.

Église St-Blaise

Un **campanile** (1870-1875) de style baroque *(voir l'ABC d'architecture p. 471)*, coiffe l'ancienne collégiale, édifiée de 1691 à 1701, sur les plans de l'architecte milanais, **Domenico Baïna**, également auteur des plans de l'église de la Porta, en Castagniccia. L'édifice s'appuie sur des contreforts massifs et présente une façade à pilastres et corniches sculptées. Au plafond de la nef principale, une fresque en médaillon, du 18e s., représente saint Blaise guérissant un enfant. Les deux chapelles situées de part et d'autre du chœur sont coiffées de coupoles, dont les peintures en trompe l'œil (1880) accusent l'élévation. Le chœur très profond, doté d'un bel autel (1767), est fermé d'une balustrade en marbre marqueté, flanquée de deux angelots porte-cierge.
Ouvrant aussi sur la place, la **chapelle Ste-Croix** est le siège de la confrérie St-Antoine et Ste-Restitude. Elle a gardé ses 80 stalles d'origine.

Place de l'Hôtel-de-Ville

Dominée par le monte Grosso, la grande place rectangulaire, ornée de platanes et de palmiers, s'ouvre face au golfe de Calvi.

Randonnées

Départ du GR 20 en direction de Conca : 180 km de sentiers balisés. C'est aussi d'ici que part le sentier « Mare è Monti ». Pour les rejoindre, empruntez la ruelle située juste au-dessus du bar... GR 20. *Randonnées pédestres, p. 492.*

À proximité

CARTE DE RÉGION P. 104

★ Église Ste-Restitude (Santa Ristituta) B2

1 km par la D 151 en direction de Montemaggiore (route partant sur la gauche de l'église St-Blaise). Rte de Zilia - ☎ 04 95 62 83 16 - gratuit - demander la clé (contre une pièce d'identité) auprès de la mairie.

La route est bordée d'impressionnantes **chapelles funéraires**. D'une grande simplicité, l'église blanchie à la chaux s'élève dans un enclos planté d'oliviers centenaires, au lieu-dit *U Loru*. Elle a été consacrée à sainte Restitude, martyrisée et décapitée à Calvi au 3e s. et depuis lors vénérée dans la région *(voir « Agenda » dans « Nos adresses »)*. La sainte a été proclamée patronne de Calenzana et de la Balagne par le pape Jean-Paul II en 1984.

Remarquez à gauche en entrant le bénitier en albâtre du 16e s.

Chœur – La coupole octogonale, éclairée par trois fenêtres et un lanternon, s'orne d'entrelacs et de motifs géométriques. Des médaillons décorent les écoinçons. La **statue de sainte Restitude**, en bois polychrome du 18e s., est placée dans la chapelle de gauche.

L'**autel** du 4e s. est constitué de deux morceaux de sarcophage en marbre placés verticalement ; ils supportent une table de granit. Le cénotaphe présente deux petites **fresques★** du 13e s. relatant le martyre de la sainte : sur le côté gauche, sainte Restitude devant ses juges ; sur le côté droit, la décapitation de la sainte et de ses cinq compagnons. En arrière se tiennent les hommes d'armes et les notables. Derrière le cénotaphe, un reliquaire contient les ossements des saints martyrs.

Crypte – *Escaliers de part et d'autre du chœur.* Elle abrite le **sarcophage** (en marbre de Carrare) de sainte Restitude (1re moitié du 4e s.). Sa découverte en 1951 a donné un fondement historique inattendu à toutes les traditions orales touchant à sainte Restitude.

ⓘ Carnet pratique

◉ *Voir aussi « Nos adresses » en Balagne, p. 139.*

S'informer

Office du tourisme de Calvi – *Voir p. 114.*

Visites

Association des Guides de Balagne – ✆ *06 86 96 36 57 - guidesbalagne.wixsite.com/ monsite - visites guidées sur demande - se rens.* Réservation et billetterie auprès des offices du tourisme de Calvi et de L'Île-Rousse.

Arriver/partir

Autocars – Compagnie Corsicar- Les Beaux Voyages - ✆ *04 95 65 11 35 - www.corsicar.com.* Liaison entre Calvi et Calenzana *(1 bus/j. tte l'année sf w.-end, 2/j. tlj en saison).*

Agenda

Ste Restitude – Deux processions : lundi de Pâques, transfert de la statue et de la châsse à l'église St-Blaise ; 1er dimanche suivant le 21 mai, retour à l'église Ste-Restitude.

Les Rencontres de Calenzana – *rencontresdecalenzana.fr - mi-août.* Deux concerts de musique classique ou contemporaine chaque soir dans les églises de Calenzana et des villages de Balagne et des concerts gratuits organisés en plein air en divers endroits du bourg.

3

📍 Nos adresses

Restauration

Premier prix

A Stazzona – *17 r. du Fond - 📞 04 95 36 47 12 - tlj - plats 18/28 €.* Dans une ancienne forge prolongée d'une jolie terrasse, on déguste d'excellents plats locaux.

L'Alivu – *Pl. du Prince-Pierre - 📞 04 95 46 37 41 - fermé lun. midi et nov.-mars - plats 19/24 €.* Sur la place principale, l'une sinon la meilleure table de Calenzana, proposant d'excellents plats, tous présentés de façon à mettre en appétit, à base de veau corse (carpaccio) ou d'agneau de lait. Patron sympathique et bon conseil pour les vins. Terrasse.

Shopping

😊 Les **cusgielle** de Calenzana, gâteaux secs au vin blanc, passent pour être les meilleurs de l'île. Vous pourrez en acheter dans la **Biscuiterie Guerini** (*3 pl. Prince Pierre ; croisement principal en centre-ville - 📞 04 95 62 72 31 - tlj).*

B. & J. Guidoni – *A Ficca Cioccia - 📞 06 77 07 17 76 - nov.-juin : tlj.* Des fromages fermiers de brebis réputés : *brocciu* AOP, tomme, etc.

Maison Casanova – Chez Dumè - *14 r. Napoléon - 📞 06 86 08 03 26 - mars-oct. : tlj.* Une épicerie fine où vous achèterez d'excellents produits : charcuterie, fromage de Calenzana, pour préparer un authentique pique-nique corse. Dégustation gratuite.

Domaine Orsini – *Rochebelle-Pietralba - 📞 04 95 62 81 01 - www.vins-corse-orsini.com - en sais. : tlj ; reste de l'année fermé dim.* Dans cette boutique joliment décorée, vous trouverez des produits à base de fruits, des vins, des liqueurs, des confitures et des bonbons Orsini, fabriqués artisanalement.

Hébergement

Budget moyen

Chambre d'hôte À l'ombre du clocher – *5 chemin U Terraghiu - 📞 06 20 80 18 08 - www.ombre-du-clocher.com - 🅿 🛏 🍽 - fermé déb. nov.-fév. - 3 ch. 98/117 € ⧉ - gîte.* À l'orée du village, la maison dispose de chambres coquettes et bien tenues, et d'un vaste salon s'ouvrant sur la baie de Calvi. Bon petit-déjeuner et petite piscine, bienvenue en été.

Une folie

La Maison d'Hôtes – *Rte de Calvi - 3 km au sud de Calenzana - 📞 06 71 60 20 33 - 🍽 🅿 - fermé nov.-mars - 4 ch. 180 € ⧉.* À mi-chemin entre mer et montagne, l'avenante maison abrite des chambres récemment refaites avec accès indépendant. Belle vue sur Calvi depuis la véranda où est servi le petit-déjeuner, à l'ombre des citronniers, avec vue sur le golfe de Calvi. Accueil très sympathique.

Le Giussani

Ghjunsani

Située au-delà du col de Battaglia, la région montagneuse et enclavée du Giussani, nichée entre la haute Balagne et le massif du monte Padro, est un havre de fraîcheur de toute beauté. Elle comprend quatre villages et une multitude de hameaux, autant d'escales très agréables pour se ressourcer.

Randonnée dans la forêt de Tartagine, vallée du Giussani.
B. Rieger/hemis.fr

▶ Se repérer

Haute-Corse (2B)

CARTE C2 (P. 105) ET CARTE DE LA BALAGNE P. 130-131. Le Giussani, au sud de L'Île-Rousse, entre la vallée de l'Asco et celle de l'Ostriconi, est traversé par la Tartagine et la Melaja. La Tartagine se jette dans l'Asco, affluent du Golo, au nord de Ponte-Leccia.

☺ À ne pas manquer

Si vous aimez la randonnée, vous avez un large choix de sentiers dans la forêt de pins laricio de Tartagine-Melaja.

🕐 Organiser son temps

Venir dans le Giussani en été est une escapade rafraîchissante. De mi-juillet à mi-août ont lieu les Rencontres internationales de théâtre.

ℹ Carnet pratique p. 158

📍 Nos adresses p. 158

Découvrir CARTE DE RÉGION P. 105

Pour accéder au Giussani depuis la Balagne, il faut franchir le **col de Battaglia** (1 099 m – 🥾 *randonnée possible, voir p. 137*) en suivant la D 63 à partir de Speloncato. Du col, superbe **vue**★★ sur la Balagne, puis sur les forêts et hameaux du Giussani dans la descente vers Pioggiola.

Pioggiola C1/2

Situés en contrebas du col de Battaglia (1099 m), Pioggiola et ses cinq hameaux surplombent joliment le Giussani. Isolée sur une crête en contrebas, **l'église Santa Maria Assunta** dresse son impressionnante façade baroque au milieu d'un somptueux **panorama**★. Elle dissimule à l'intérieur un buffet d'orgue (1844) de l'ébéniste Anton Pietro Saladini.

Poursuivre en dir. de Olmi Cappella.

Au croisement des D 63 et D 963, se dresse l'étonnante silhouette cubique recouverte de bois de l'espace culturel **A Stazzona** – « La Forge » en corse. Inauguré en 2010, l'édifice en pin laricio sert d'écrin à l'association de création théâtrale Aria, initiée par l'acteur et réalisateur **Robin Renucci**. À l'intérieur, vaste espace scénique de 420 m² et gradins pouvant accueillir jusqu'à 300 personnes. Au cœur de l'été, le Giussani vit à l'heure du **théâtre**, lors des Rencontres internationales (*voir l'agenda dans « Nos adresses »*).

Du carrefour au niveau d'A Stazzona, possibilité de rejoindre Olmi-Capella (à gauche) ou la forêt de Tartagine (à droite).

Olmi-Cappella C2

Dans les chênes verts et les châtaigniers, le village principal du Giussani, bâti sur une colline au-dessus de la haute vallée, vit de l'élevage des ovins, des bovins et des chevaux, de sa production de miel et de l'exploitation forestière.

À **Olmi**, la partie haute traversée par la D 963, on ne peut manquer l'imposant **bâtiment Bataglini**, construit en 1902 par un enfant du Giussani ayant fait fortune, pour y établir les administrations et le premier collège de Balagne. Aujourd'hui, seules les premières demeurent (mairie, poste, office du tourisme). Le lieu héberge également des participants au Rencontres Internationales de théâtre.

À **Capella**, la partie basse, l'**église** paroissiale baroque San Nicolau (fin 16ᵉ s.) abrite un tableau d'autel du peintre Nicolao Castiglioni (17ᵉ s.). Aux abords du bel édifice, le Bar des Amis, un restaurant et l'épicerie assurent une certaine animation.

🥾 De Capella vous pouvez rejoindre à pied **Mausoleo** (*départ de l'église - 2 à 3h - dénivelé 320 m*) et même la forêt de Tartagine (*11 km - 3h45*).

Mausoleo C2

D'Olmi-Cappella, suivre la D 963 pendant 5 km.

Posté au-dessus de la vallée sauvage du Franconi, le minuscule Mausoleo (Musuleu) est l'un des plus vieux villages de Corse. Difficile de croire qu'il s'agissait jusqu'au 18ᵉ s. du chef-lieu du Giussani. Remarquez, en face de l'église, la curieuse pierre en équilibre sur un gros rocher : elle semble prête à basculer pour faire face à une attaque.

Suivre la D 963.

★ Gorges et forêt de la Tartagine C2

Tracée dans les pins à mi-pente, la route grimpe au-dessus de gorges de la Tartagine et son affluent la Melaja. Aux grands escarpements s'accrochent des genévriers et de petits pins rabougris. Au fond des gorges surgit la tache verte de la forêt de chênes verts, de châtaigniers et de pins. Avec l'altitude, les chênes verts cèdent la place aux pins laricio.

La route franchit la Melaja dans un grand lacet avant de s'enfoncer dans la forêt domaniale. Elle suit le cours de la Tartagine jusqu'à la maison forestière (alt. 717 m - *à 17 km de Olmi-Capella*). À pied, en longeant de la rivière, vous trouverez de belles vasques où vous rafraîchir l'été.

Isolée et très sauvage, la **forêt domaniale de Tartagine-Melaja** occupe un vaste cirque jalonné de crêtes élevées : monte Padro (alt. 2 393 m), monte Corona (alt. 2 143 m), au-dessus des sources de la Tartagine, et Capo a Dente (alt. 2 032 m). Humide, peuplée de pins laricio, de pins maritimes et de quelques chênes verts, elle s'étend sur 2 643 ha et offre de vastes possibilités de randonnées, notamment sur les sentiers balisés en orange par le parc naturel régional, qui partent à la découverte de villages parfois désertés, mais pleins de charme. Le territoire est habité par des **aigles royaux** et des **gypaètes barbus**, superbes rapaces que vous aurez peut-être la chance d'apercevoir. Moins discrète, la **sittelle corse** « galope » sur les troncs des pins laricio.

😊 La route menant aux gorges de la Tartagine, longue et sinueuse, requiert une conduite attentive. Méfiance quand la météo est à la neige : les routes deviennent vite impraticables. Mieux vaut remettre votre excursion. Ces précautions prises, comptez une journée si vous voulez marcher tranquillement et vous baigner.

Randonnées

CARTE DE RÉGION P. 105

😊 Informez-vous de la météo, emportez eau et nourriture, soyez bien chaussé et ne partez jamais seul en montagne.

Col de l'Ondella C2

6h AR au départ de la maison forestière. Alt. 1 845 m. Le sentier *(balisage jaune)* remonte le torrent de la Tartagine sur la rive droite et rencontre une jolie cascade. Au fond du cirque, prendre à gauche dans un vallon *(balisage vert)*. Du col, la **vue★** embrasse les massifs alentours, la forêt de Tartagine et la grande dorsale de punta Minute jusqu'au Bianco.

Col de Tartagine C2

6h AR au départ de la maison forestière. Alt. 1 852 m. Le chemin *(balisage jaune)* remonte le cours du torrent de Tartagine sur la rive droite *(pêche interdite)*. La pente est rude !

Monte Tolu C1

2-3h AR selon votre rythme, dénivelé 209 m, au départ du parking du col de Battaglia. Du parking, monter par le chemin partant vers l'ouest (pylônes visibles). Le sentier *(balisage orange)* suit capricieusement une clôture et la gauche de la ligne de crête, avant de rejoindre le sommet du monte Tolu (1 332 m) ; le **panorama★** incomparable sur la Balagne (jusqu'à Calvi) et le Giussani passe pour l'un des plus beaux de l'île. Des passages rocheux par endroits, mais pas de grandes difficultés.

3

ℹ Carnet pratique

S'informer

Bureau d'informations du Giussani – *Bâtiment Bataglini - 20259 Olmi-Cappella -* ☎ *04 95 60 04 35 - balagne-corsica.com.* Informations et fiches sur les chemins de randonnées, nombreux dans la région.

Agenda

Rencontres Internationales de théâtre en Corse – ☎ *04 95 61 93 18 - www.ariacorse. net - juil.-août.* Depuis 1998, les stagiaires de l'association Aria jouent une vingtaine de spectacles originaux dans les villages du Giussani et dans le remarquable espace culturel A Stazzona à Pioggiola.

📍 Nos adresses

Restauration

Pioggiola

Premier prix
La Tornadia – *2 km à l'ouest d'Olmi-Cappella en dir. de la forêt de Tartagine (à côté de A Stazzona) -* ☎ *04 95 61 90 93 - www.auberge-atornadia.fr -* 🅿 *- fermé merc. hors sais. et nov.-mars - pizzas 10 € - plats 14/25 €.* La cuisine régionale est ici roborative et authentique. Le décor rustique s'agrémente de photographies de l'île. Agréable terrasse sous les châtaigniers. Accueil charmant.

Olmi-Capella

Premier prix
U Furnellu – *Au village -* ☎ *06 83 60 14 62 -* 🅿 *- avr.-oct. : tlj - plats env. 20/25 €.* De la vaste terrasse panoramique qui domine les environs, on déguste une cuisine corse très correcte à base de produits locaux issus du circuit court, à commencer par le fameux veau et les légumes. Belle salle en pierre décorée avec goût.

Hébergement

Pioggiola

Premier prix
Chambre d'hôte Casa Francheschi – *Carchisalti -* ☎ *04 95 57 84 68 -* 🅿 🍽 *- réserv. obligatoire - 2 ch. partageant la sdb 84 €* ☕. Une habile restauration a doté cette superbe maison ancienne de tout le confort. Belles chambres avec vue sur la montagne, terrasse ensoleillée, excellent accueil et petit-déjeuner mémorable ! Un havre de paix.

Mausoleo

Premier prix
Gîte d'étape Maison forestière de Tartagine – *Au bout de la route D 963 -* ☎ *07 86 04 82 58 -* 🅿 🍽 *- avr.-nov. - 13 ch. 40 €* ☕ *-* 🍴. Isolée à 700 m d'altitude, au bout d'une somptueuse et étroite route panoramique, cette ancienne maison forestière du 19e s. abrite des chambres simples mais très bien tenues. Bonne cuisine corse, à déguster sur la terrasse en saison. Piscines naturelles à proximité.

Le cirque de Bonifato ★

Bonifatu

L'endroit est très fréquenté par les randonneurs. On les comprend ! Avec ses murailles de porphyre rouge et ses aiguilles élancées, qui se dressent au-dessus des pins laricio, le cirque de Bonifato présente une beauté aussi majestueuse que photogénique. Le site est traversé par les eaux pures de la Figarella, où il fait bon se baigner. Il forme un ensemble de hautes vallées séparées des voisines (Tartagine, Asco et Fango) par une chaîne de montagnes tutoyant les 2 000 m d'altitude.

○ Se repérer

Haute-Corse (2B)

CARTE BC2 (P. 104-105) ET CARTE DU CIRQUE P. 160. Le cirque de Bonifato surplombe le golfe de Calvi situé une vingtaine de kilomètres au nord-ouest. On y accède par la D 251, au-delà de l'aéroport de Calvi-Ste-Catherine.

○ Organiser son temps

De l'Auberge de la Forêt : vous pouvez rejoindre le GR 20 ou partir sur le « Mare è Monti ». Pique-nique possible près de l'auberge ou du torrent. En été, informez-vous de l'accessibilité de la zone (parfois fermée pour risque d'incendies).

❶ Carnet pratique p. 161

◉ Nos adresses p. 161

Randonnées

CARTE DU CIRQUE DE BONIFATO

3

Quelques kilomètres après l'aéroport de Calvi-Ste-Catherine, la route s'élève au-dessus de la rivière et, toute en virages et ponts minuscule, pénètre dans la **forêt de Bonifato** (forêt domaniale de Calenzana), constituée de pins laricio, de pins maritimes, de chênes verts et de maquis. Avant d'arriver, sur la gauche dans un tournant, le site de **Bocca Rezza** (510 m) offre une vue sur les alentours. Juste après le pont sur la Nocaghia se présente sur la droite un site où s'écoule une fontaine sous de grands chênes verts. Poursuivez jusqu'à l'**Auberge de la Forêt** *(voir « Nos Adresses »).*

☺ Cette auberge est une étape du sentier de randonnée Mare è Monti. Au moment de payer le parking, le personnel sur place vous remettra un plan des nombreux sentiers qui rayonnent depuis l'auberge.

Promenade à la maison Pierre-Bonaparte

○ *Circuit tracé en pointillés verts sur la carte p. 160. De l'auberge, en suivant un court tronçon du sentier dit de la « boucle d'Erbaghiolu » (départ à droite du pont sur la Nocaghia - cette boucle dans sa totalité s'effectue en 6h), le chemin s'élève en empruntant un tronçon du sentier « Mare è Monti ».*

45mn AR. Le sentier (balisage orange et rouge) traverse deux bras du torrent, et passe devant les ruines de la maison de **Pierre Bonaparte** (1815-1881), turbulent cousin d'un naturel violent de Napoléon III.

Un peu au-dessus, à la première bifurcation, une **vue★** se dévoile sur la forêt et la vallée.

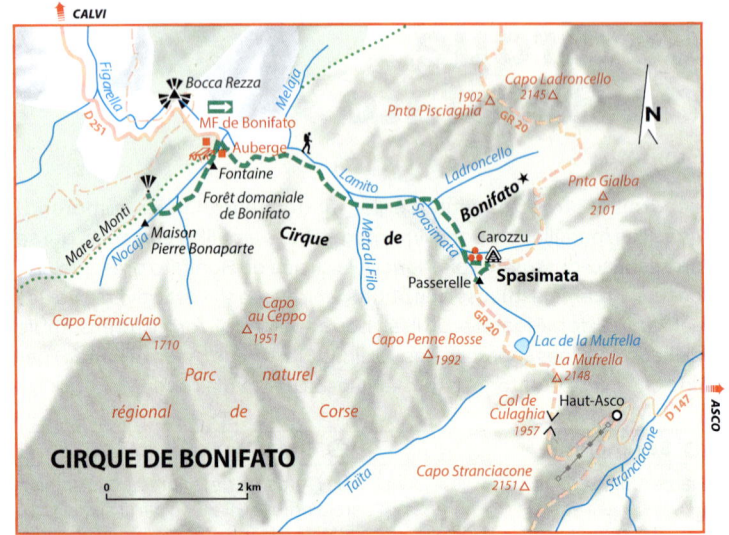

★ Sentier de Spasimata (AR au refufe de Carozzu)

▶ *Circuit tracé en pointillés verts sur la carte ci-dessus. Au départ de l'Auberge de la Forêt par le chemin forestier, suivre la dir. du refuge de Carozzu sur le GR 20.*

Attention, il s'agit d'une randonnée en montagne pour bons marcheurs bien équipés. Ne pas poursuivre au-delà du refuge de Carozzu sans de solides connaissances de la haute montagne et un topoguide spécialisé.

• **Env. 4h30 AR.** Une randonnée idéale pour découvrir le cirque ! Empruntez la large piste forestière qui longe la rive gauche du torrent et pénètre dans la **forêt domaniale de Bonifato**, composée de pins laricio et de feuillus. Dans un paysage de montagne dominé par la ligne de crête des « 2 000 », la Figarella coule dans un lit encombré de belles tables de granit rose, formant de larges vasques. Après 30mn, vous atteignez le confluent de la Melaja et de la Figarella (alt. 620 m). Ne traversez pas le torrent, mais suivez sur la droite une variante du GR 20 jalonné de marques jaunes, qui emprunte un sentier muletier (traces de l'ancien pavement) s'élevant vers la Mufrella. En face se dressent les sommets délimitant le **cirque**. Après avoir franchi plusieurs torrents (1 passerelle), on gagne en 2h30 le lieu-dit Spasimata.

Spasimata

Alt. 1190 m. Source à proximité. Les **cabanes de pierres sèches** en ruine abritaient autrefois pendant l'été des curistes venus soigner leur asthme à dos de mulet depuis Calenzana.

Plus au sud, dans une large combe, se dresse le **refuge de Carozzu** (alt. 1392 m). Le site, majestueux, constitue en lui-même un but d'excursion. Très fréquenté par les randonneurs et les alpinistes, c'est une base de départ pour les courses dans le massif de Bonifato. Depuis le refuge, compter env. 30mn pour atteindre la **passerelle de la Spasimata**, sécurisée par des chaînes, mais néanmoins déconseillée aux personnes sujettes au vertige. Surnommée le « pont des Singes », elle a été rendue célèbre par le film *Les Randonneurs*, de Philippe Harel.

★ Boucle de Ficaghjola

▶ *Depuis l'auberge, descendre vers la passerelle qui traverse la rivière (baignade possible). Sur l'autre rive, suivre le balisage bleu (il est conseillé d'effectuer la boucle dans ce sens pour terminer par une belle descente panoramique).*

👣 *1h30 à 2h - distance 4 km - dénivelé positif de 320 m, pas de difficultés.* Le sentier s'élève franchement et en virages à travers le massif forestier. Le relief positif à « avaler » s'effectue entièrement dans cette première partie. La végétation change peu à peu : de mixte et serrée, on passe à une forêt plus aérée où les pins majestueux dominent. La vue se dégage et on longe la rivière Melaghja que l'on traverse bientôt dans un bel éboulis. La descente, offrant des vues superbes sur le cirque s'effectue ensuite par un large sentier. On rejoint et traverse en contrebas la rivière Lamitu.

Retour aisé vers l'auberge en longeant la Figarella où les possibilités de baignades sont multiples.

ℹ Carnet pratique

S'informer

Office du tourisme de Calvi – *Voir p. 114.*

Arriver/partir

Se garer – Laissez la voiture devant l'Auberge de la Forêt *(payant en saison).*

3

📍 Nos adresses

Restauration

Forêt de Bonifato

Premier prix
Auberge de la Forêt – *Rte de Bonifatu -* 📞 *04 95 65 09 98 - www.auberge-foret-bonifatu.com -* 🍴 *- fermé oct.-mars - menu 22 € - 6 ch. 80/95 € -* 🍺 *11,50 € - 5 gîtes - possibilité de bivouaquer 9,50 €/pers.* Randonneurs ! C'est dans cette auberge, au milieu des pins et des chênes, qu'il vous faudra puiser toutes vos forces avant d'entamer le superbe sentier de Spasimata. Vous y trouverez une cuisine familiale simple, un accueil très sympathique et le calme absolu. Sandwichs à emporter, plat du jour et copieuses salades pas chères.

Petite pause

Prévoyez votre pique-nique en achetant le nécessaire dans une supérette de Calvi.

Activités

Altre Cime – 📞 *06 18 49 07 75 - www.altre-cime.com.* Différentes randonnées et autres activités sont organisées par cette agence au départ de l'Auberge de la Forêt.

Le golfe de Galéria ★

Epargnés de l'agitation estivale régnant à Calvi et à L'Île-Rousse, dotés d'infrastructures touristiques assez discrètes, Galéria et son golfe attirent les estivants en quête de calme et de simplicité. Au sud de sa large baie sauvage où se jette le Fango, la paisible localité s'étire en bord de mer avec son petit port et ses deux belles plages, où s'égarent parfois des vaches. Ses fonds sous-marins et ses nombreux sentiers alentour attirent amateurs de plongée et marcheurs.

▶ Se repérer

Haute-Corse (2B)

CARTE A2/3 (P. 104). 38 km au sud de Calvi par les D 81ᴮ (littoral) et la D 81 (intérieur des terres). Le golfe de Galéria est délimité par la Punta Stollo au sud et la Punta Ciuttone au nord. Au centre, Galeria est niché au pied du Capo Tondo. La vallée du Fango occupe l'arrière-pays.

☺ À ne pas manquer

Une balade sur le sentier qui longe le golfe vers la Punta Stollo pour une vue magnifique sur l'ensemble de la baie ; une baignade dans les eaux claires du Fango, en suivant les consignes de prudence : s'il pleut en montagne, sortez aussitôt de l'eau (même s'il fait beau dans la vallée). Une grosse vague peut déferler dans la rivière.

⏱ Organiser son temps

Prévoyez un après-midi pour l'itinéraire de découverte dans la vallée du Fango. En été, par grand vent, il convient de s'informer de l'accessibilité de la zone.

👪 En famille

Naviguez en canoë dans les bras du Fango ou embarquez pour une excursion en mer *(voir « Nos adresses »)*.

ℹ Carnet pratique p. 166

📍 Nos adresses p. 166

Se promener

Galéria A3

Isolé dans un maquis clairsemé au pied du **Capo Tondo** (alt. 839 m), Galéria se love autour de sa **plage** et d'un mouillage pour les plaisanciers. La partie ancienne du village s'articule autour de l'église paroissiale Ste-Marie et de la mairie aux murs de pierre. 👣 Galéria est sur le passage du sentier « Mare è Monti nord ». On peut rejoindre la jolie petite baie de Girolata en 6h de marche environ.

Avant l'arrivée au village, arrêtez-vous au site protégé de **Riciniccia**, sur la droite de la route *(parking en terrasses gratuit)*. Un sentier mène en 5mn. aux vestiges d'une **tour génoise** du 16ᵉ s., en partie détruite par une explosion à la fin du 18ᵉ s. De là, la couleur de la roche et la **vue**★ sur le golfe sont inoubliables.

S'étirant le long de la partie nord du golfe, la **plage de Riciniccia**★★, immense, grise et noire de ses galets polis, attire immanquablement. Les vagues bleues viennent s'y briser en écume blanche. Superbe ! Le sentier permet d'y descendre pour s'y promener, se baigner (plage non surveillée) et y bronzer en toute tranquillité. On approche également le delta du Fango et sa végétation si particulière, à découvrir en kayak *(voir « Nos adresses »)*.

Du sud de Galéria, pour avoir une large **vue** sur le golfe, suivez à pied le sentier qui s'ouvre à gauche au bout de la D 351. Il longe le golfe vers la **Punta Stollo**.

Le Ponte-Vecchiu.
joningall/Getty Images Plus

★ Boucle Calvi-Galéria-Calvi AB1/3

▶ *Circuit de 70 km en violet sur la carte p. 104.*

🙂 Si la distance entre Galéria et Calvi est la même par la côte et par les terres, le trajet s'effectue beaucoup plus rapidement (25mn) par les terres que par le littoral (1h20), mais cette dernière est bien plus spectaculaire.

★★ De Calvi à Galéria par la côte

Quitter Calvi vers l'est par la D 81ᴮ (dir. Galéria et Punta de la Revellata). Attention, certains tronçons de la route côtière, par ailleurs très sinueuse, sont en mauvais état. Conduire avec prudence.

La route surplombe bientôt la **punta de la Revellata** *(voir p. 113)* et ses formations rocheuses baignées par des eaux claires. Puis, accrochée à flanc de reliefs, elle enchaîne les virages et les panoramas sur de spectaculaires baies : **anse de Recisa** (plage de sable), **baie de Nichiareto** (reliefs nus, plage de galets, paillotte, eaux cristallines). Une côte superbe, découpée, que l'on contemple jusqu'à la pointe du **Capo a u Cavallo**.

Après 6 km sans voir la mer, la route descend vers la large **baie de Crovani**. Le ruban de petits galets gris de la **plage d'Argentella** ferme un paysage mêlant étang, zone humide, bois de pins et d'eucalyptus, cultures, quelques habitations et vestiges industriels. Ces ruines imposantes témoignent de l'exploitation de mines de plomb argentifère jusqu'au milieu du 20ᵉ s.

La route longe à nouveau la côte, franchissant le col **Bocca Bassa**, qui offre de superbes vues sur les paysages traversés. Rapidement, on découvre le golfe de Galéria, annoncé par l'immense et superbe **plage de Riciniccia**. Avant de rejoindre la localité, la route traverse le pont sur le Fango – d'où vous pouvez éventuellement débuter l'itinéraire « Vallée du Fango ».

De Galéria à Calvi par les terres

Passé le pont sur le Fango, prendre à droite la D 81 en direction de Calvi.

La route grimpe progressivement à travers la **vallée du Marsolino** (*Marsulinu,* un affluent du Fango) montrant des paysages de transition entre littoral et

3

montagnes. Le peuplement y est aussi discret qu'éparse. Dans les parties basses, les prairies, les oliveraies et les vignes témoignent de sa mise en valeur initiée il y a fort longtemps par les bergers venus du Niolo.

La route atteint le col de **Bocca di Marsulinu** (443 m). De là, on embrasse un panorama sur la région de Calvi et la vallée traversée. On descend vers Calvi en traversant la **vallée de la Figarella** (et ses nombreux affluents), réputée pour ses **domaines viticoles**, qui bénéficient ici d'une chaleur modérée et des sols granitiques, entre mer et montagnes. Domaines A Ronca, La Figarella, Enclos des Anges *(voir « Nos adresses »),* Clos Landry… s'y succèdent.

La route longe bientôt l'aéroport de Calvi-Sainte-Catherine, annonçant le retour dans la ville-citadelle.

★★ Vallée du Fango (Fangu)   B3

▶ *Circuit de 26 km au départ de Galéria tracé en rouge sur la carte p. 104 – Compter environ 2h30. La route qui dessert la vallée est très étroite ; il est donc important de respecter les zones de stationnement afin de laisser un passage suffisant aux véhicules de secours et de prévention incendie.*

Avec ses vallées adjacentes, la vallée du Fango forme le **Filosorma** (ou Falasorma), petite contrée peu habitée de la Balagne déserte.

Elle a longtemps constitué une importante voie de transit : les troupeaux du Niolo quittaient avant l'hiver leurs hauts pâturages de montagne pour gagner la plaine, par les cols de Guagnerola et de Capronale, puis remontaient en sens inverse à la fin du printemps. Leur passage a fini par partiellement déboiser la région : pâturages et maquis se substituent aux forêts.

Les troupeaux sont maintenant sédentarisés dans la vallée (un millier de chèvres, 1500 bovins et ovins).

Quitter Galéria par la D 351, qui remonte le cours du Fango, entouré de maquis. Laissez sur la droite la route de Porto et poursuivez le long de la vallée.

Le Ponte-Vecchiu et Tuarelli

Passé le lieu-dit Fango, vous apercevez très vite l'arche parfaite du pont génois dit **Ponte-Vecchiu**, joliment restauré. Profitez du parking pour laisser votre voiture. Et, du pont, contemplez le torrent aux eaux claires courant dans le granit rose, et les sommets fermant la vallée : Punta Minuta et Paglia Orba. À partir du Ponte-Vecchiu et jusqu'à Tuarelli, les promesses de baignades se multiplient. Choisissez votre vasque en profitant du sentier Mare è Monti qui longe le torrent et ne présente ici aucune difficulté *(tracé orange - voir « Randonnée »).*

Poursuivre sur la D 351 et dépasser Tuarelli.

La réserve de biosphère de la vallée du Fango

Depuis 1977, la vallée du Fango, sur 23 400 ha, est classée Réserve de biosphère par l'Unesco. Le Fango y coule de façon presque rectiligne sur 25 km.

L'élément le plus remarquable et le plus fragile est son embouchure, zone humide, arrosée par quatre bras dont trois abandonnés de la rivière qui abrite oiseaux, amphibiens et des tortues cistudes. L'autre intérêt majeur de la réserve est la « yeuseraie » du Fango, une très grande forêt de **chênes verts**, représentant sans doute l'une des plus importantes de Corse. Certains arbres ont plus de 200 ans et atteignent 30 m de haut !

Au-delà du pont, arrêtez-vous sur l'**aire de Treccia** *(500 m à gauche, bien indi-quée)*, pour trouver plusieurs vasques et quelques **plages de galets**, idéale avec les enfants. Important en été : l'aire est ombragée.

Forêt de Pirio (Piriu)

1,5 km au départ de la D 351 par le chemin qui s'ouvre sur la droite à la sortie du pont enjambant un petit affluent du Fango entre Tuarelli et l'aire de Treccia.
La route forestière *(interdite aux voitures)* pénètre dans la forêt domaniale du Fango ou **forêt de Pirio** *(plan de la forêt de Pirio/Perticato à la bifurcation),* consti-tuée de pins maritimes et laricio, d'eucalyptus, d'arbousiers et de chênes verts considérés comme les plus vieux du monde.
La D 351 longe la forêt du Fango. Prendre la route à gauche qui descend à Manso.

Manso (Mansu)

Situé sur la rive droite du Fango, le village étagé à flanc de montagne est formé de quatre hameaux dispersés. De la plate-forme située en bordure de la route, à l'entrée du village, **vue★** sur la vallée plantée d'oliviers et la barrière montagneuse où l'on reconnaît la Paglia Orba et la trouée du Tafonato *(voir p. 201).*
Regagner la D 351.
La route serpente à travers les châtaigniers. Les coteaux exposés au soleil sont plantés de vignes et d'arbres fruitiers.

Bardiana

Le hameau est situé non loin du confluent du Fango et de la Taïta, qui descend de la Mufrella à travers la forêt du Filosorma, longtemps ravagée par les incendies. Du village se profile la grande chaîne de montagnes séparant le Filosorma du Niolo. De gauche à droite, on distingue : la Punta Minuta (alt. 2 556 m), la Paglia Orba (alt. 2 525 m), et la trouée du Tafonato (alt. 2 343 m).
Depuis Bardiana, poursuivre jusqu'à Monte-Estremo.

Monte-Estremo (Montestremu)

Le dernier hameau de la vallée marque aussi la fin de la route. Étagé à flanc de montagne, il offre une vue sur le Fango, avec la mer au loin.

Randonnée   CARTE DE RÉGION P. 104

★ Ponte Vecchiu-Tuarelli B3

▶ *Départ du Ponte Vecchiu (8 km de Galeria), sur la D 351 en direction de Tuarelli. Se garer sur le parking (payant en été) près du vieux pont en pierre (Ponte Vecchiu).*

👣 *Environ 2h30 AR. Balisage orange, sans difficulté majeure (léger dénivelé) mais bien se chausser (certains passages rocheux sont glissants).* Traversez le pont pour rejoindre le sentier partant sur la droite, en partie ombragé, piqué d'asphodèles au printemps. Bien balisé, il longe la rive droite du torrent jusqu'au pont de Tuarelli, dans un paysage de roches volcaniques rose orangé. En chemin, nombreuses **vasques** pour la baignade. Une fois au pont de Tuarelli, revenez par le même sentier.

🙂 Vous pouvez continuer sur le sentier Mare è Monti, qui suit le Fango jusqu'à Manso, 2,5 km plus loin. De Manso, un autre sentier dit « Boucle de Prunicciale » rejoint Tuarelli en sillonnant sur 5,5 km les reliefs de la rive droite. Attention, le balisage (jaune) est assez épars et parfois peu clair.

ℹ Carnet pratique

S'informer

Office de tourisme de Galéria-Falasorma – *Pont des Cinque-Arcate* - 📞 *04 95 62 02 27* -

balagne-corsica.com. Brochure décrivant quatre itinéraires à pied dans la vallée du Fango.

📍 Nos adresses

Restauration

Galéria

Premier prix

L'Artigiana – *Rte de Galéria (parking de la Tour)* - 📞 *04 95 60 64 11 ou 06 13 57 78 18 - tlj - fermé oct.-avr. - plats 12,50/24 €.* À la fois boutique de produits corses et restaurant, cette attachante adresse permet de se restaurer sainement en extérieur dans un cadre agréable de tartes, omelettes, beignets au fromage, sandwichs copieux, salades colorées et parfumées ainsi que de délicieux desserts faits maison. Le tout à base essentiellement de produits locaux (et même du jardin de la patronne).

Budget moyen

La Cabane du Pêcheur – *Rte du Bord de mer* - 📞 *04 95 61 00 32 - tlj - fermé fin sept.-mai - plats 19/22 €, menu 45 €.* De la langouste grillée délicatement insérée dans un rouleau de printemps, du saint-pierre en tartare ou en tacos, des vins généreux, le tout à déguster les pieds dans l'eau : voici ce que propose cette paillote située tout au bout de la plage, dont le succès (mérité) ne se dément pas.

À proximité

Budget moyen

U Nuchjaretu - *Rte littorale de Calvi (env. 27 km au nord de Galéria)* - 📞 *04 95 47 84 36 ou 06 71 76 65 31* -

🍴 *- mai-sept. : tlj - plats 22/38 €.* Restaurant en pierre avec grande terrasse dans un cadre superbe, cerné par les montagnes et face à la baie de Nichiareto. Poisson du jour, beau choix de viandes, salades et délicieux desserts. Service aussi efficace que sympathique. Coucher de soleil inoubliable.

Petite pause

Si vous souhaitez pique-niquer, faites vos courses dans les commerces de Galéria (les seuls ouverts hors saison).

Activités

Plongée

L'Incantu – *Rte de Calca* - 📞 *04 95 62 03 65 - www.incantu. com et www.residence-incantu. com - d'avr. à mi-oct. - baptême 65 €.* Cette résidence hôtelière-centre de plongée, sur les hauteurs du bourg, réserve une l'atmosphère familiale et un accueil de qualité. La douzaine de sites de plongée proposés s'éparpillent entre Capo di a Morsetta au nord et la limite sud de la réserve de Scandola. Les plongeurs de tous niveaux y trouveront leur bonheur. Le centre organise stages et plongées à thème (biologie, plongée zen, formation Nitrox). Également location de kayaks et de paddles à l'heure ou à la journée.

🌀 Des plongées dans le golfe de Galéria sont aussi proposées au départ de Calvi par le Centre de plongée Castille *(voir p. 118).*

👥 Excursions en mer

Galéria Marina – *Le port - Galéria - ☎ 06 12 52 63 53 - www.visite-scandola.com - de mi-avr. à mi-oct. - Girolata et Scandola (4h - 65 € - visite guidée, arrêt à Girolata, baignade) et Scandola-baignade (2h30 - 50 €).* Organisation de sorties en mer pour découvrir la réserve naturelle de Scandola et Girolata.

Kayak

👥 **Delta du Fangu - Découverte écologique en canoë-kayak** – *Parking de la Tour génoise à l'entrée du village - ☎ 06 22 01 71 89 - delta-du-fangu.com - juin-sept. - 🚫 - dép. 10h-18h30 (17h30 en sept.) - pas de réserv. possible - 1h : 8 €/pers. (monoplace ou triplace)* Un petit briefing donne toutes les indications pour respecter au mieux cet écosystème fragile au long des quatre bras du Fangu tout en profitant des nénuphars et des petites tortues cistudes qui vous attendent sur ce parcours silencieux.

Randonnées

Plusieurs suggestions sur *www.alltrails.com* et deux marches faciles sur *www.bouger-voyager.com*.

Hébergement

Galéria

Premier prix

Chambre d'hôte Casaloha – *Au Fango - ☎ 04 95 34 46 95 ou 06 12 88 14 10 - 🏊 - 4 ch.* 80/90 € 🍽. Option intéressante pour sa situation près du carrefour du Fango. Une grande maison entourée d'un jardin. Les chambres, sur le thème des voyages, sont confortables et agréables. Bon petit-déjeuner et excellent accueil.

Chambre d'hôte A Martinella – *Mme Corteggiani - Rte du Port - à 100 m de la plage - ☎ 06 32 60 73 78 - 🅿 - fermé nov.-mars - 5 ch. 60/107 €.* Cette adresse vaut par sa situation à proximité d'une grande plage de galets et tout près de la réserve naturelle de Scandola. Les chambres, rénovées, possèdent toutes une terrasse privée. La tranquillité du jardin fleuri est toujours appréciée. Agréables petits salons pour lire. Petit-déjeuner à prendre à la proche boulangerie.

À proximité

Pour se faire plaisir

Auberge de Ferayola – *Argentella (rte côtière Galéria-Calvi) - ☎ 04 95 65 25 25 - www.ferayola.com - 🏊 ✕ - fermé de nov. à mi-avr. - 10 ch. 75/238 € - 🍽 12 €.* Isolé au bord de la route littorale, à 12 km au nord de Galéria et à 2 km de la plage d'Argentella, cet hôtel-restaurant (cuisine corse traditionnelle) moderne dispose de chambres simples mais confortables. Propose aussi des chalets (à la semaine seulement en été). Petite piscine et court de tennis.

3

La vallée de la Restonica.
hardkuno/Getty Images Plus

4

Corte et sa région

CARTE MICHELIN DÉPARTEMENTS 345 – HAUTE-CORSE (2B)

Autour de Corte :
Corte★ 172

Les gorges de la Restonica★★ 185

Au nord-ouest de Corte :
La vallée de l'Asco★★ 191

À l'ouest de Corte :
Calacuccia et le Niolo★★ 197

À l'est de Corte :
Le Bozio★ 208

La basse vallée du Tavignano★ 212

Au sud de Corte :
De Corte à Vizzavona 214

La forêt de Vizzavona★★ 219

CORTE ET SA RÉGION

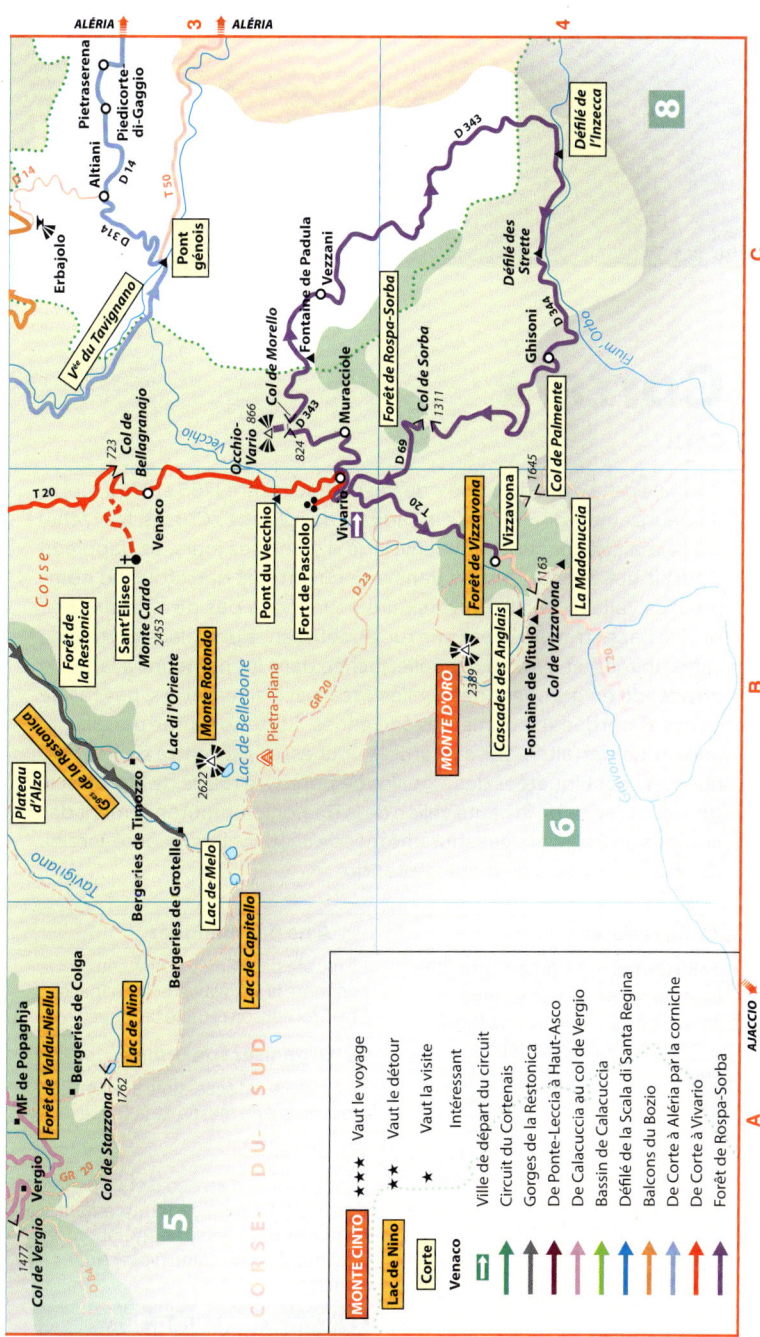

ALÉRIA   3   ALÉRIA

Pietraserena
Piedicorte di-Gaggio
Altiani
Erbajolo
Pont génois
Vr^{au} du Tavignano
D 14
D 314
T 50
D 343
Défilé de l'Inzecca
Vezzani
Fontaine de Padula
Col de Morello
Muracciole
Occhio-Vario 866
Défilé des Strette
Forêt de Rospa-Sorba
Col de Sorba
1311
Ghisoni
D 343
D 69
824
Col de Bellagranajo
723
Venaco
Sant'Eliseo
Monte Cardo 2453
T 20
Corse
Fontaine de Vitulo
Cascades des Anglais
Col de Vizzavona
2389
Pont du Vecchio
Fort de Pasciolo
Vivario
T 20
1645
Col de Palmente
Fiume Orbo
D 344
Vizzavona
Forêt de Vizzavona
La Madonuccia
1163
MONTE D'ORO
Forêt de la Restonica
Plateau d'Alzo
Grze de la Restonica
Tavignano
Bergeries de Timozzo
2622
Lac di l'Oriente
Lac de Bellebone
Monte Rotondo
Pietra-Piana
GR 20
D 23
Bergeries de Grotelle
Lac de Melo
Lac de Capitello
Lac de Nino
Bergeries de Colga
MF de Popaghja
Forêt de Valdu-Niellu
Col de Stazzona
1762
Vergio
Col de Vergio
1477
D 84
GR 20
Gravona
T 20

CORSE- DU- SUD

AJACCIO

5   6   8

MONTE CINTO
Lac de Nino
Corte
Venaco

★★★   Vaut le voyage
★★   Vaut le détour
★   Vaut la visite
  Intéressant

  Ville de départ du circuit
  Circuit du Cortenais
  Gorges de la Restonica
  De Ponte-Leccia à Haut-Asco
  De Calacuccia au col de Vergio
  Bassin de Calacuccia
  Défilé de la Scala di Santa Regina
  Balcons du Bozio
  De Corte à Aléria par la corniche
  De Corte à Vivario
  Forêt de Rospa-Sorba

Corte ★

Corti

Capitale de la « nation corse » de Pascal Paoli entre 1755 et 1769, Corte demeure aujourd'hui encore la capitale de cœur des Corses. Nietzche, qui l'aimait beaucoup, aurait envisagé d'y finir ses jours, et Napoléon y aurait été conçu... Située dans une cuvette au carrefour de nombreuses vallées, la cité universitaire ne manque pas de charme avec sa ville basse traversée par une rue aboutissant à une place bordée de cafés animés, et avec sa citadelle, juchée dans les hauteurs, à laquelle on accède en grimpant des ruelles escarpées en escaliers, pavées de galets et bordées de demeures anciennes. Corte constitue par ailleurs une étape parfaite pour explorer les richesses du centre de l'île : silhouettes déchiquetées des aiguilles de porphyre rouge de Popolasca, gorges et ravins de la haute vallée de la Restonica, moutonnement des croupes du Bozio noyées sous une mer de châtaigniers, beauté sereine des nombreux lacs du monte Rotondo...

▶ Se repérer

7 389 Cortenais – Haute-Corse (2B) **CARTE B2 (P. 170).** La ville se situe presque à mi-chemin entre Bastia et Ajaccio. Le sillon cortenais, au-paysage de hauts plateaux (altitude moyenne de 600 m), constitue le couloir central de l'île qui-court de Ponte-Leccia à Venaco-et sépare le massif ancien granitique à l'ouest, de la Corse alpine-schisteuse à l'est. Corte occupe-une position stratégique au carrefour des vallées ; elle est-accessible par la-T 20.

☺ À ne pas manquer

Le musée de la Corse pour mieux connaître la vie insulaire ; la chapelle Ste-Croix et son retable baroque.

⏱ Organiser son temps

La citadelle est accessible aux heures d'ouverture du musée de la Corse.

⚌ En famille

Les boutiques d'artisanat et de petites douceurs ; l'espace dédié aux enfants du musée de la Corse ; les nombreuses activités dans la région *(voir « Nos adresses »)*.

ℹ **Carnet pratique p. 181**

📍 **Nos adresses p. 181**

Corte, cité dominée par la citadelle.
L. Montico/hemis.fr

Se promener

PLAN DE LA VILLE

Ville basse

Circuit tracé en vert sur le plan page suivante - Compter 1h. Suivre le cours Paoli.
Très animée et volontiers encombrée, notamment en saison, la ville basse est parcourue par le cours Paoli de part en part jusqu'à aboutir à la place dédiée au grand héros corse. Ici se concentrent l'essentiel des boutiques et les cafés les plus fréquentés de Corte, particulièrement festifs en soirée.

Hôtel de ville A1

L'ancienne demeure aristocrate est entourée d'un agréable parc, qui abrite une baignoire romaine aménagée en fontaine *(adossée à un mur)*.

Statue du général Arrighi de Casanova, duc de Padoue B1

La statue en bronze ornant l'allée envahie de voitures où se tient le marché est l'œuvre du sculpteur **Bartholdi**, l'auteur de la statue de *La Liberté éclairant le monde* à New York.

Place Paoli B2

Aboutissement du cours Paoli et reliant la ville basse au quartier plus ancien de la ville haute, elle constitue l'épicentre de l'animation de la vie cortenaise. La statue en bronze de Pascal Paoli, œuvre de Victor Huguenin, fut érigée en 1864. Elle domine les nombreuses terrasses de restaurants et de cafés qui entourent la place.

★ Ville haute

▶ *Circuit tracé en vert sur le plan page suivante – Compter 2h30. De la place Paoli, suivre le cours Paoli sur 100 m et grimper la rampe à gauche, dont l'entrée se signale par une fontaine et un large escalier en marbre de la Restonica.*
Dominée par l'austère silhouette de la citadelle à bastions, l'atmosphère silencieuse de la ville ancienne, avec ses casernes et ses hautes maisons un peu délabrées, est très différente de celle de la ville basse, bien qu'adoucie par la présence d'une abondante végétation. La vie reprend ses droits place Gaffori, dominée par la pimpante silhouette de l'église de l'Annonciation.

★ Chapelle Ste-Croix A1

Le rapport que le délégué apostolique du pape Sixte V rédigea à la suite de sa visite du diocèse d'Aléria en 1589 la mentionne déjà. À la chapelle Ste-Croix avait lieu, chaque 5 décembre, l'élection du podestat et des « padri del commune »,

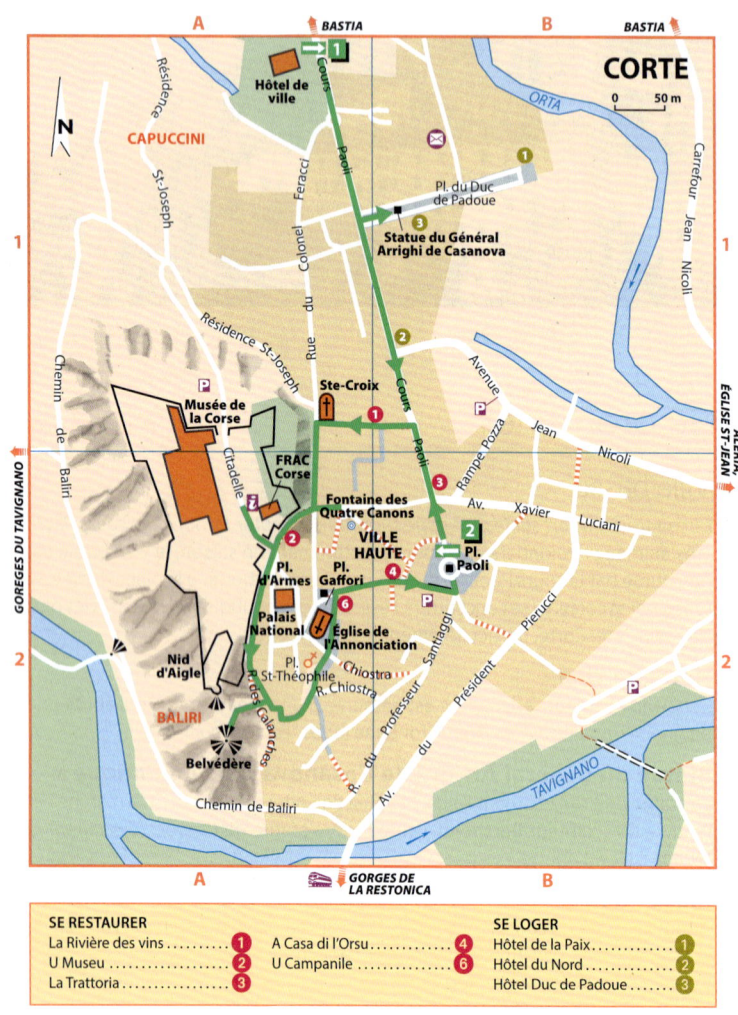

SE RESTAURER		A Casa di l'Orsu .... ❹	SE LOGER	Hôtel de la Paix .... ❶
La Rivière des vins .... ❶		U Campanile .... ❻		Hôtel du Nord .... ❷
U Museu .... ❷				Hôtel Duc de Padoue ...... ❸
La Trattoria .... ❸				

chargés de l'administration communale. Le soir du Jeudi saint, de la chapelle Ste-Croix part la **Granitula**, une procession des pénitents.

Derrière la sobre façade de la chapelle de confrérie se cache un intérieur raffiné, traité dans l'esprit des riches oratoires St-Roch et de l'Immaculée-Conception de Bastia. Le sol est dallé de marbre gris de la Restonica. Sa nef unique est voûtée d'un berceau à lunettes peint de nombreux trompe-l'œil. La forte expressivité du Christ en croix en haut-relief et la polychromie naïve du **retable** baroque font grande impression. L'**orgue** à l'italienne et sa tribune en arbalète portent de beaux panneaux peints sur son garde-corps. Un grand **médaillon** en relief domine l'autel : la Vierge de l'Apocalypse, couronnée d'étoiles, abrite dans les pans de son manteau deux papes et deux pénitents blancs en cagoule.

Remonter la rue du Colonel-Feracci.

Le cœur de la Corse

Des rapports tendus avec Gênes

Corte devrait son nom à une cour de justice fondée en 1419 par **Vincentello d'Istria**, vice-roi de Corse pour le compte du roi d'Aragon *(voir p. 359)*. Cependant, des écrits mentionnent déjà le nom de Corte bien avant cette date !

D'Aragon à Gênes

Corte, juchée sur son piton, à l'abri de ses gorges et de ses montagnes, était déjà un verrou fortifié au 11e s. **Vincentello d'Istria**, aventurier corse au service du roi d'Aragon et des visées de ce dernier sur l'île, fortifia le « nid d'aigle » de Corte (partie haute de la citadelle actuelle) en 1419. Il mourut décapité à Gênes en 1439. Dès 1459, Gênes régna à nouveau sur Corte, alors simple grosse bourgade. Quelque cent ans plus tard, en 1553, les Cortenais, ralliés à la cause française, remirent d'eux-mêmes les clés de leur cité à **Sampiero Corso**. Mais, en 1559, le traité de Cateau-Cambrésis restituait l'île à Gênes. Celle-ci en resta maîtresse près de deux cents ans, jusqu'à ce qu'en 1746, un des enfants de Corte, Gaffori, parvînt à soustraire sa ville natale à la mainmise génoise.

Le général Gaffori

Né en 1704, le médecin Ghjuvan Pietru (Jean-Pierre) Gaffori fit partie, en 1745, du triumvirat des « protecteurs de la nation » élus par les Corses qui reprirent les armes contre Gênes. Nommé « général de la nation » en juin 1751 à la Consulte d'Orezza, il se vit alors confier le pouvoir exécutif. Un véritable gouvernement révolutionnaire contrôla bientôt la plus grande partie de l'île. Mais le 3 octobre 1753, Gaffori, trahi par son propre frère, mourut dans une embuscade sur le chemin de Corte.

Une capitale éphémère

Pasquale Paoli

Corte connut avec le successeur de Gaffori, **Pasquale Paoli**, un destin unique. Celui dont la personnalité a séduit tant de contemporains, étonné les philosophes des Lumières et suscité l'admiration de Napoléon, choisit Corte pour capitale de son « gouvernement de la nation corse ». De 1755, année où il fut élu « général de la nation corse », à son exil en 1769, Corte devint le cœur politique de l'île *(voir aussi p. 453)*. Le gouvernement siégeait à Corte et la Consulte s'y tenait une fois l'an.

L'Université

L'**Université**, qui ouvrit en janvier 1765, demeure l'œuvre la plus étonnante de ce gouvernement : son but, très pratique, était de former parmi les 300 étudiants inscrits les futurs cadres dont l'île avait besoin, dans le domaine juridique, en médecine ou en théologie. Les études étaient gratuites et le corps enseignant formé de religieux, franciscains principalement. L'Université fermera ses portes de 1769 à… 1981. Aujourd'hui, Corte est encore la seule **ville universitaire** de l'île. Environ 4 500 étudiants fréquentent ses facultés. Et le site s'est agrandi d'une vaste bibliothèque ultramoderne.

Longeant la citadelle, la rue monte en pente douce, bordée de vieilles maisons sur la gauche. On aperçoit au bout le clocher de l'église de l'Annonciation.

Au n° 11, remarquez la **casa Palazzi**, étroite maison du 18e s. aux jolies corniches, malheureusement en mauvais état ; on y battit la monnaie sous Paoli. Sa façade patinée est élevée dans le goût des palais italiens du 16e s. Un peu plus loin, à gauche, sur une place en contrebas, la haute **fontaine des Quatre-Canons,** de forme pyramidale et dominée par un grand platane, fut construite sous Louis XVI pour approvisionner en eau potable la garnison et l'hôpital militaire. La population était autorisée à l'utiliser.

Prendre la rampe qui monte en escalier à la citadelle. On arrive sur la place d'Armes (ou du Poilu).

Place d'Armes (place du Poilu) A2

La place d'Armes fait face à l'entrée de la **citadelle**. Au n° 1 – au coin des escaliers descendant vers la place Gaffori – s'élève la maison où naquit, en 1768, **Joseph Bonaparte**, frère aîné de Napoléon et futur roi d'Espagne. Charles Marie et Letizia Bonaparte y vécurent environ un an. Dans cette même maison naquit, dix ans plus tard, Jean-Thomas **Arrighi de Casanova** (1778-1853), compagnon d'armes de Napoléon et duc de Padoue.

★★ La citadelle et le musée de la Corse

R. de la Citadelle.

Englobant le musée de la Corse aménagé dans l'ancienne caserne Serrurier, construite de 1883 à 1887 et rénovée par l'architecte italien **Andrea Bruno**, elle est la seule citadelle de l'île construite à l'intérieur des terres.

★★ Musée de la Corse (musée régional d'Anthropologie) A2

La Citadelle - ☎ 04 95 45 25 45 - www.museudiacorsica.corsica - ♿ - mai-oct. : 10h-19h ; reste de l'année : mar.-sam. 10h-17h - fermé 1ère quinz. de janv. - 5,50 € (10-25 ans 3 €) - audioguide 2 €.

👪 Le musée s'articule autour de deux espaces complémentaires : la galerie Doazan et la galerie du « Musée en train de se faire ». En été, une partie annexe abrite l'exposition temporaire annuelle, centrée sur une thématique régionale et comprenant un espace dédié aux enfants. Le musée dispose aussi d'une **phonothèque** (archives sonores sur la musique corse), ouverte sur rendez-vous *(une semaine à l'avance).*

Le 1er niveau présente une exceptionnelle **collection★★** d'objets, rassemblés par l'abbé Doazan entre 1951 et 1978. Ceux, provenant de la bergerie Milisaria d'Amago, utilisés jusqu'en 1978, restituent l'espace du berger : voir notamment la superbe **pastorale** (canne de berger), une **zucca** (gourde), et les cartes montrant la diversité de la langue corse.

Débutant par la présentation d'une maquette de la citadelle, le 2e niveau ou « musée en train de se faire » décrit les mutations que la Corse a connues depuis le 19e s. en mettant l'accent sur certaines avancées techniques spécifiques, comme cette *pistaghjola mecanica*, machine à décortiquer les châtaignes, alors que le battage se faisait ailleurs manuellement. Un espace met en parallèle la coexistence de traditions avec les débuts de l'industrialisation (mine d'amiante de Canari et usine de tanin de Barchettta), un autre évoque les établissements Mattei, célèbres pour leurs vins et spiritueux. L'exposition aborde enfin le renouveau des confréries religieuses et l'essor du tourisme, appelé à transformer profondément la Corse, à travers une collection d'affiches Ollandini.

★ Citadelle

On y accède depuis le musée en passant l'espace vitré à gauche et en longeant l'enceinte bastionnée du 19ᵉ s. Le premier plateau, le plus étendu, a été aménagé sous Louis XVI, puis sous Louis-Philippe, qui fit démolir les habitations et la chapelle comprises dans ces limites. Le niveau supérieur occupe toute la pointe sud. De la caserne Servioni, un escalier assez raide mène au **« nid d'aigle »** *(réouverture prévue normalement au printemps 2025)*, à la pointe de l'éperon rocheux, d'où s'offre une **vue★★** remarquable sur la ville, avec l'Université au loin et l'église de l'Annonciation en contrebas.

FRAC Corse (Fonds régional d'art contemporain) A2

À l'entrée de la citadelle, à droite - ☎ 04 20 03 95 33 - www.frac.corsica - ♿ - juin-sept. : mar.-sam. 10h-18h ; reste de l'année : mar.-sam. 10h-17h - gratuit.
Au centre de la citadelle, donnant sur une vaste esplanade, la caserne Padoue abrite l'office de tourisme ; les anciennes citernes à eau hébergent, quant à elles, le Fonds régional d'art contemporain. Les salles ont conservé leurs plafonds voûtés et servent d'écrin à plusieurs expositions temporaires chaque année, centrées sur un artiste ou un groupe d'artistes, des années 1960 à nos jours.
À l'extérieur de la caserne, une jolie **vue** se révèle depuis les meurtrières, sur les toits de la ville et les environs.

Palais national (Palazzu naziunale) A2

Massif et unique vestige de l'architecture civile génoise à Corte, cette ancienne résidence du représentant de Gênes devint le siège du gouvernement de Corse institué par Paoli. Elle accueilit en 1765 les 300 étudiants de la première université de Corse, laquelle ne survécut pas au départ en exil de Paoli. Le Palais national abrite aujourd'hui les bureaux de la présidence de l'université.
Passer derrière le Palais national, remonter vers la gauche la rue de la Citadelle et suivre la signalisation « Belvédère ».

★ Belvédère A2

Après une grimpette à travers les ruelles, on débouche sur une plate-forme perchée à plus de 100 m au-dessus du Tavignano. C'est l'endroit idéal pour contempler l'éperon rocheux qui supporte la partie haute de la citadelle, avec sa tour du **nid d'aigle★**, ou **castellu**. Le vaste **panorama★★** embrasse la confluence du Tavignano et de la Restonica, enfoui sous la végétation, l'extension moderne de la ville avec l'Université, et les crêtes de la chaîne centrale au loin.
Redescendre en direction de la place Gaffori.

★ Place Gaffori A2

Voici, avec ses cafés et son restaurant, l'un des coins les plus agréables de Corte, et qui, de plus, est bien ombragé ! Remarquez, sur le socle de la statue de Gaffori, deux bas-reliefs évoquant le courage de son épouse Faustina. L'un retrace la prise en otage de leur fils lors du siège de 1746 par les troupes de Gaffori. Les Génois, réfugiés dans la citadelle, exposèrent l'enfant aux balles des patriotes ; **Faustina Gaffori**, se précipitant au milieu des assiégeants, cria : « Tirez ! Ne pensez pas à mon fils, pensez à la patrie ! » La fusillade reprit, la citadelle capitula ; l'enfant fut retrouvé sain et sauf. Derrière la statue s'élève la maison de Gaffori, dont la façade porte encore les impacts des mitrailles génoises, tirées lors du siège de Corte en 1750.

Église de l'Annonciation – Elle remonte à 1450 et fut agrandie par saint **Alexandre Sauli** *(voir encadré p. 422)*, qui fit construire la nef de droite à la place d'anciennes écuries. Le fin et haut campanile de l'église domine la vieille ville. La façade est repeinte en crème avec des pilastres gris.

À l'intérieur, restauré, on peut admirer une **chaire** en bois sculpté de l'ancien couvent franciscain ainsi qu'un **crucifix** en bois d'école espagnole, du 17ᵉ s. Dans la chapelle placée sous son vocable, saint Théophile apparaît sur son lit de mort (effigie en cire du musée Grévin – 1979). La partie instrumentale de l'**orgue**, par Johann Conrad Werle, date de la fin du 18ᵉ s.

Redescendre vers la place Paoli par la rampe Mgr Sauveur-Casanova, entrecoupée de marches et bordée de plusieurs restaurants.

À proximité CARTE DE RÉGION P. 170

Église et baptistère St-Jean B2

▶ *3 km au sud-est de Corte. Quitter Corte par la T 50 en direction d'Aléria. Au rond-point, prendre la première sortie pour suivre une petite route en montée.*

C'était l'**église★** de la *pìeve* de Venaco qui, dans cette partie du diocèse d'Aléria, servait de cathédrale annexe. De l'édifice du 9ᵉ s. subsistent l'abside et les fondations des trois nefs. Les bases de mur visibles au milieu de la nef correspondent au chancel, à l'ambon et au banc de la *schola cantorum*. Un escalier et un terre-plein faisaient communiquer la nef du sud avec le baptistère. L'élégant chevet semi-circulaire, en schiste, est décoré de bandes lombardes et d'arcades aveugles soulignées par un lit de briques romaines réutilisées.

Quelques mètres au sud-est du chevet de l'église, le **baptistère St-Jean** est construit sur un plan tréflé comportant trois absidioles semi-circulaires voûtées en cul-de-four s'ouvrant sur un carré central, où se trouve la cuve baptismale.

★ Circuit du Cortenais CARTE DE RÉGION

▶ *Circuit de 66 km au départ de Corte tracé en vert sur la carte p. 170. Quitter Corte par la D 18 puis, à 4,5 km, au col d'Ominanda, prendre le 1ᵉʳ chemin à droite.*

Monte Cecu B2

Du sommet (alt. 754 m) où est installé un relais de télévision, on découvre un **panorama★★** sur Corte et la vallée de Tavignano, le monte Rotondo au sud et les aiguilles rouges de Popolasca au nord.

Regagner le col d'Ominanda et poursuivre la D 18.

La route, tracée en corniche, traverse les montagnes du Cortenais.

Saint Théophile de Corte

Né à Corte, **Blaise de Signori** (1676-1740), en religion frère Théophile, se consacra, avec le bienheureux Thomas de Cori, à la restauration de la stricte observance franciscaine, au sein des couvents dits de « ritiro ». Il étendit son œuvre en Corse, où il fonda notamment, entre 1730 et 1735, un « ritiro » à Zuani et un à Campoloro. Il réforma aussi le couvent de Cervione. Pendant cette période, il intercéda auprès du prince de Wurtemberg chargé par Gênes d'une mission punitive. Le prince, accédant à sa requête, se retira. Un tableau, offert par le Vatican et conservé dans l'église de l'Annonciation, commémore cet événement. Frère Théophile fut canonisé par Pie XI, le 29 juin 1930. La grille de son oratoire, place St-Théophile, illustre certains épisodes de sa vie.

Castirla B2

Le petit village perché en belvédère sur la vallée du Golo possède un certain charme. À 1 km de celui-ci, depuis la route, une allée conduit au cimetière au sein duquel s'élève la petite **chapelle St-Michel** *(malheureusement générale-ment fermée)*. Préromane, elle possède une abside ornée de **fresques**★ du 15ᵉ s. : le Christ en majesté, entouré des attributs des évangélistes, domine les apôtres ; de chaque côté de l'arc apparaissent l'ange de l'Annonciation et la Vierge, une Vierge à l'Enfant et saint Michel.

À Ponte-Castirla, prendre à gauche la D 84, puis aussitôt après avoir franchi le Golo, à droite la D 18 que l'on suit sur 6 km. Prendre alors la D 118 à gauche.

★ Castiglione B1

Laisser la voiture à l'entrée du village.

Perché au-dessus de la **vallée du Golo** et groupé autour de son église, le village montagnard aux vieilles maisons et aux ruelles étroites est dominé par les aiguilles rouges de Popolasca.

Regagner la D 18 pour prendre un peu plus loin la D 918 (à gauche).

Popolasca B1

Également dominé par les curieuses aiguilles du même nom, le village se groupe sur un éperon rocheux, parmi les châtaigniers.

Regagner la D 18 jusqu'à la T 20 que l'on suit à droite. 8,5 km plus loin, prendre à gauche une route étroite qui monte à Omessa.

★ Omessa BC2

Omessa signifie « le caché ». La localité gardait les défilés calcaires de la Petraccia (mauvaise pierre), ainsi nommés parce qu'ils étaient des lieux d'embuscades.

Au bout de la route en cul-de-sac, laissez votre voiture sur la place ombragée de ce village perché au-dessus de la vallée du Golo. Là se dresse la discrète **chapelle de l'Annonciade** *(clé en principe au café sur la place)*, abritant une statue en marbre de la **Vierge à l'Enfant**, traitée dans la Renaissance florentine.

Dans le « quartier » du **Rione**, les hautes maisons, serrées autour de l'église, composent un ensemble de ruelles communiquant par des passages voûtés. Flanquée d'un haut **campanile**★ baroque, l'**église St-André** renferme quelques toiles italiennes intéressantes : une Vierge à l'Enfant, une Descente de Croix et une Cène, ainsi qu'une charmante peinture naïve sur la tribune. Sur le flanc gauche, une inscription honore la mémoire de trois évêques Colonna, originaires d'Omessa, inhumés dans l'église.

Le village est chaque année le point de départ et d'arrivée du **trail Marcel Rossi**, une course éprouvante entre Omessa et Tralanca *(8 km, 1300 m de dénivelé)*. Un circuit à emprunter également pour marcher.

Revenir sur la T 20 qui ramène à Corte.

Randonnées

CARTE DE RÉGION P. 170

Corte est un des principaux points de départ de randonnées pédestres. Nous vous conseillons en priorité les **gorges de la Restonica** *(voir p. 185)*, avec les lacs de Melo et Capitello, le **lac de Nino** *(voir p. 205)*, l'arche de Corte *(voir ci-dessous)*. La plupart de ces balades s'effectuent en moyenne montagne. Les dénivelés importants nécessitent un bon entraînement et un équipement adapté, de bonnes chaussures notamment. Consultez toujours la météo avant de partir.

4

Touristes sur le sentier le long des gorges du Tavignano.
F. Charel/hemis.fr

★★ Gorges du Tavignano B2

★ Pont sur le Tavignano

▶ *Départ du sentier balisé au niveau du parking au bout du chemin de Baliri, à Corte ; suivre l'écriteau « Passerelle Russulinu ».*

👣 *Environ 5h AR – dénivelé 1050 m – sans difficulté majeure, mais destiné à des marcheurs confirmés. Éviter les heures chaudes car le sentier est peu ombragé. Possibilité de prolonger jusqu'aux bergeries de Padule (se munir de ravitaillement suffisant et d'un topoguide).* Le sentier *(balisé en orange)* s'élève sur la rive gauche du torrent, puis s'enfonce dans la vallée au milieu des lavandes et des cistes. Environ 1h30 après le départ, près d'une ancienne bergerie, une fontaine et la traversée de l'Antia offrent un peu de fraîcheur. La deuxième partie, plus ardue, reste toujours à distance de la rivière, jusqu'à parvenir à un plateau rocheux, dominant le Tavignano et ses vasques entourées de rochers. Peu à peu, avant d'arriver au pont, le sentier se rapproche de la rivière bordée de *taffoni (p. 234)*. Là, il est possible de se baigner.

📍 Pour combiner les gorges du Tavignano et la vallée de la Restonica, il faut passer une nuit au **refuge de Sega** *(voir ci-dessous)*.

★ Arche de Corte, ou de Padule (Arcu di u Scandulaghju)

👣 *Env. 6h AR. Alt. 1500 m. Randonnée fatigante, avec pentes raides et peu ombragées ; dénivelé total de 1000 m.* Ne pas s'engager sur le sentier du Tavignano, mais monter au-dessus en passant près d'une résidence jusqu'à atteindre un petit abri en pierre *(balisage orange)*. Poursuivre vers le nord et franchir une seconde une crête. Vous pénétrez dans une châtaigneraie, puis dans une pinède. Monter en direction du sud-ouest jusqu'à un col. Poursuivere en direction du nord entre 1100 et 1200 m d'altitude. Dépasser une pointe rocheuse, monter à droite jusqu'à un petit col. De là, prendre à droite vers le nord-ouest, puis vers l'ouest. Il faut encore 40mn pour rallier l'**Arcu di u Scandulaghju** : aire de repos et point de vue superbe. *Retour par le même itinéraire.*

❶ Carnet pratique

S'informer

Office du tourisme de Corte – PLAN A2 (P. 174). *La Citadelle - ☎ 04 95 46 26 70 - tourisme-centrecorse. corsica - juil.* Il propose une visite guidée de la ville qui peut être combinée avec celle du musée de la Corse. Demandez le guide touristique (bonnes adresses et curiosités) et le plan de la région édités par l'office de tourisme de Centre Corse. Renseignements sur les randonnées. Informations également sur le site de la mairie : www.mairie-corte.fr.

Arriver/partir

Train – HORS PLAN - *cf-corse.corsica.* Liaisons avec Ajaccio *via* Vizzavona, Bastia *via* Ponte Leccia et L'Île-Rousse et Calvi (avec changement à Ponte Leccia).

Autocar – Autocars Cortenais - ☎ 06 20 17 17 55 - *autocars-cortenais.fr - sur réserv.* En saison au départ de Corte, la compagnie dessert Calacuccia *(15 €)*, Albertacce *(15 €)*, le col et de Vergio GR20 et castel di Vergio *(20 €)*, ainsi que les gorges de la Restonica *(4 €)*. Organisation de transports pour des excursions d'une demi-journée ou d'une journée.

Se garer – Le stationnement est cher *(horodateurs)*. De très recherchées places gratuites se cachent derrière la statue du duc de Padoue. La solution la plus simple et la moins onéreuse est de suivre le fléchage conduisant au parking souterrain municipal B1 *(payant)*, en contrebas du cours Paoli. Il y a également un parking *(horodateurs)* sur les hauteurs, devant l'entrée de la citadelle, seulement pratique pour visiter le musée.

Agenda

Procession du Christ mort – *Jeu. et Vend. saints.* Des processions de pénitents en cagoule dans les rues illuminées.

Cavall'in Festa – *1er w.-end de juin.* Foire du cheval : spectacles équestres, artisans et producteurs agricoles.

❾ Nos adresses

Restauration

☺ **Bon à savoir** – Goûtez aux spécialités de Corte : la *falculelle* (*brocciu* servi sur une feuille de châtaignier) et le *picciole* (brioche).

Premier prix

❸ **La Trattoria** – B2 - *6 cours Paoli - ☎ 04 95 54 02 48 - tlj sf dim., midi et soir - plats 15/25 €.* Cette agréable brasserie du cours, fréquentée par les locaux comme par les voyageurs, est appréciée pour ses prix sages. Belles salades, viandes, desserts soignés...

Budget moyen

❶ **La Rivière des vins** – B1 - *5 rampe Ste-Croix - ☎ 04 95 46 37 04 - fermé dim. - plats 18/33 €.* Vous tomberez sous le charme de ce restaurant, avec sa terrasse étagée sur la célèbre rampe et sa salle en pierres apparentes. Charcuteries et viande cuite au feu de bois, dans la cheminée : *figatellu* à la braise, côte de veau corse... accompagnés de délicieuses « patatines » maison. Également des plateaux gourmands de produits corses. Excellent rapport qualité-prix.

À déguster en terrasse ou dans la jolie salle, couverte de boiseries.

4

4 **A Casa di l'Orsu** – B2 - *4 rampe Mgr-Casanova* - 📞 *06 21 55 07 65 - tlj - menus 21/23 €.* Une agréable terrasse au bord de la ruelle montant à l'église de l'Annonciation pour déguster une excellente cuisine corse, notamment une copieuse salade maison, un carpaccio de veau à tomber, ou des viandes tendres à souhait. Tout est fait maison ! Service parfait et chaleureux.

2 **U Museu** – A2 - *Rampe Ribanelle* - 📞 *04 95 61 08 36 - www.restaurant-umuseu.com - fermé dim. et mi-oct.-mars - menu 22 € - plats 21/33 €.* Aux beaux jours, installez-vous au pied de la citadelle, sur l'une des terrasses à l'ombre des frênes. La véranda avec vue sur Corte et la salle voûtée plaisent tout autant. Aux spécialités cortenaises s'ajoutent salades, pâtes, ainsi que des plats créatifs. Un succès mérité.

6 **U Campanile** – A2 - *Pl. Gaffory* - 📞 *06 25 78 12 49 - www.restaurant-umuseu.com - fermé merc. (sf juin-août) et oct.-avr. - plats 16/34 €.* Sur l'une des places les plus agréables de Corte, pour déguster, sur une grande terrasse, des plats finement mitonnés par un cuisinier talentueux et pleins de saveurs. De la saucisse au jus de viande au porc cuit à basse température, le choix sera cruel. À ne pas manquer !

À proximité

Budget moyen

A Chjusellina – *Ferme Leonelli - lieu-dit Avantu - 6 km au sud-est de Corte par la RN 200 -* 📞 *04 95 47 13 83- www.achjusellina.com - mai-sept. : tlj sf dim. sur réserv. 72h à l'avance - menu 32 € (enf. 15 €).* À la fois chambre d'hôte et ferme-auberge, cette adresse se distingue par la fraîcheur de ses produits. L'élevage des cochons à proximité promet une charcuterie savoureuse. À la carte : soupe corse, beignets au brocciu, desserts à base de farine de châtaigne... Bon et copieux.

Chez Jacqueline – *Pont-de-Castirla (15 km au nord par la D 18 -* 📞 *04 95 47 42 04 - 🍴 - tlj - fermé déc.-fév. - menu 35 €.* Un restaurant rustique très connu dans la région. Carte réduite constituée de plats généreux, typiques de la cuisine familiale corse. Accueil inégal.

Petite pause

Bar de la Haute-Ville – A2 - *2 pl. Gaffori* - 📞 *07 87 72 23 04 - 8h-2h.* Le « BHV », l'un des cafés animés de cette petite place, où l'on pourra manger sur le pouce des plats simples et goûteux (crêpes ou panini, bruschetta, planche de charcuterie ou salade vegan *12/18 €*), le tout accompagné de vins de pays pas chers. Service sympathique et empressé. Concerts de temps en temps.

Pâtisserie Casanova 1887 – B2 - *6 cours Paoli* - 📞 *04 95 46 00 79 - lun.-sam. 7h-20h.* Depuis 1887, la famille Casanova réjouit les papilles des Cortenais. Parmi leurs créations, plusieurs fois primées, le Paoli, une mousse de *brocciu* à la farine de châtaigne et marrons confits. Propose aussi des préparations salés, idéales pour le pique-nique.

La Gelateria – B2 - *Pl. Paoli, à côté de la supérette Utile - mai.-oct. : 12h-14h30, 19h-22h30, sf lun. midi.* Sur la place Paoli, cette terrasse étroite se remarque à peine, et son gérant ne communique pas son téléphone... Toujours est-il que l'on déguste ici les meilleures glaces aux saveurs corses de la ville. Pourtant, la concurrence est rude : outre le snack **Le Glacier** *(9 cours Paoli)* B2, il faut aussi compter avec **My Karma** B1, traiteur situé au bas de la rampe Ste-Croix proposant un petit choix de parfums du glacier

Raugi de Bastia *(p. 51)*. Service adorable et verre d'eau apporté sans même l'avoir demandé !

En soirée

De nombreux cafés aux terrasses très animées en soirée jalonnent le cours Paoli, à choisir selon la fréquentation du moment. Terrasses plus mélangées place Paoli (**Café de la Place** B2 - *8h-2h*) et place Gaffori A2.

Shopping

Marché – *Vend. mat*. Le marché régional hebdomadaire se tient face à la gare routière.

A Casa Curtinese – A2 - *R. du Vieux-Marché (pl. Gaffori) - mai-oct. : tlj*. « La plus ancienne épicerie de Corte », peut-on lire près de l'entrée. En tout cas, l'intérieur et son invraisemblable amoncellement de victuailles, des yaourts de chèvre aux vins, en passant par la gamme de miels, de confitures, ou la tomme de brebis, mérite mieux qu'un coup d'œil. Et tout cela vient des meilleurs producteurs de la région. Touristique certes, mais incontournable pour un pique-nique de qualité et 100 % corse !

A Robba Paisana – HORS PLAN, A1 EN DIR. - *7 av. de la République - ℘ 06 79 55 53 06 - mar.-sam.* Une dizaine de producteurs se succèdent à tour de rôle pour tenir la boutique de cette petite coopérative. Ils ne vendent que leur production : fromages, charcuterie, vins, jus de fruits, huile d'olive, noisette, miel...

À proximité

Confiserie St-Sylvestre – *Soveria (8 km au nord par la T 20) - ℘ 04 95 47 42 27 - www.confiserie-saintsylvestre.fr - lun.-vend. (horaires variables, se rens.).* Ce n'est pas un hasard si Lenôtre fait appel à Alexia Santini pour fourrer certains chocolats. La rigueur et l'exigence de cette confiseuse

artisanale émanent en effet de tous ses produits, du cédrat confit au nougat à la châtaigne.

Activités

U Trenu (Petit train) – HORS PLAN, A2 EN DIR. -*Pl. de la Gare (supermarché Géant Casino) - ℘ 06 09 95 70 36 - www.petit-train-corte.com - avr.-oct. : tlj - durée 40mn - 7,50 € (enf. 3,50 €).* Promenade jusqu'à la citadelle au départ de la place Paoli ou de la gare selon la saison. Le billet donne un accès à demi-tarif au musée de la Corse.

L'Albadu – *Voir « Hébergement »*. De la journée à la semaine, les balades organisées par cette ferme équestre se déroulent dans une ambiance décontractée et familiale.

Équiloisirs – *Pont de Papineschi (à 5 km au sud-est par la T 50 puis la D 214 et la D 39) - ℘ 04 95 61 09 88 - www.fae-equiloisirs.com - sur réserv.* Balades à cheval de 1h *(28 €)* à 4/6 jours *(1 280/1 389 €/pers.)*. Poneys *(15 €/45mn).*

Altipiani e-bike rental – B2 - *2 pl. Paoli - ℘ 09 60 37 08 42 ou 06 86 16 67 91 - www.altipiani-corse.com - juin-sept. : 8h30-19h30 ; reste de l'année : mar.-sam. 9h-12h, 14h-19h.* Canyoning *(45/65 €)*, escalade *(à partir de 40 €)*, location de vélo à assistance électrique *(40/67 €/j.)* et de vélo de course, randonnées acompagnées *(220 €/j.)* et chasses au trésor *(10 €/équipe).*

Hébergement

Premier prix

① **Hôtel de la Paix** – B1 - *15 av. du Gén.-de-Gaulle - ℘ 04 95 46 06 72 - www.hoteldelapaix-corte.fr - 63 ch. 62/77 € - ⏛ 8 €.* Dans une solide et haute maison aux volets bleus, au fond d'une place tranquille, les chambres sont sans

4

chichi et fonctionnelles. Accueil professionnel et sympathique.

Budget moyen

Hôtel Si Mea – HORS PLAN A1, EN DIR. - *3 av. du Pont-de-l'Orta -* 📞 *04 95 65 08 23 - www. hotelsimea-corte.fr* - 🅿 ♿ ⛴ - *10 ch. 99/102 € -* ☕ *11 €.* Un peu à l'écart de la ville (idéal si vous êtes motorisé), à 10mn à pied du centre, cette vaste villa 1930, rénovée en 2013, abrite de grandes chambres modernes dans un cadre ancien.

Chambre d'hôte L'Albadu – HORS PLAN A2, EN DIR. - *Route du Calvaire - ancienne route d'Ajaccio -* 📞 *04 95 46 24 55 - www. hebergement-albadu.fr* - 🅿 *- 5 ch. 100/167 €* ☕ *-* 🍴. Sur les hauteurs de Corte, dans un cadre champêtre, cette ferme familiale d'élevage bovin et équin propose 5 petites chambres avantageusement rénovées à l'étage. La table d'hôte est savoureuse et conviviale. Propose des randonnées équestres.

③ Hôtel Duc de Padoue – B1 - *2 pl. Padoue -* 📞 *04 95 46 01 37 - www. ducdepadoue.com -* ♿ *- avr.-oct. - 11 ch. 115/137 €* ☕. Cet immeuble du début du 20e s. a conservé son charme d'origine : grand hall, escalier en granit et fenêtres à persiennes. Les chambres, très confortables, ne varient que par la taille et la luminosité. Deux chambres sont dotées d'un petit balcon. Accueil convivial des gérants, qui dirigent aussi l'Hôtel du Nord.

② Hôtel du Nord – B1 - *22 cours Paoli -* 📞 *09 74 56 48 39 - www. hoteldunord-corte.com -* 🅿 *- 15 ch. 117/168 €* ☕. Le plus vieil hôtel de la ville (19e s.), situé dans la rue principale, propose des chambres sobrement contemporaines. Ne vous fiez pas à l'état des persiennes que l'on peut apercevoir de la rue : elles cachent des doubles vitrages efficaces et le confort nécessaire.

Chambre d'hôte Osteria di l'Orta – HORS PLAN B1, EN DIR. - *Pont de l'Orta -* 📞 *04 95 61 06 41 - www.osteria-di-l-orta.com -* ✉ 🅿 ♿ ⛴ *- 3 ch. et 2 suites 123 €* ☕ *-* 🍴. Cette grande bâtisse abrite de belles chambres au goût du jour dont les noms ont été choisis dans l'arbre généalogique de la famille des propriétaires. Bel escalier en marbre de Corte et, au grenier, vaste salon avec canapés, télévision et bibliothèque. Les spécialités locales se dégustent sous la véranda.

Les gorges de la Restonica ★★

La Restonica prend sa source à 1711 m d'altitude dans le Rotondo, l'un des massifs les plus élevés de l'île. Après 15 km d'une course mouvementée à travers de profondes gorges formant des piscines naturelles, elle rejoint à 400 m d'altitude le Tavignano dans le « sillon de Corte ». Mais ne vous attendez pas à jouir seul de tant de beautés naturelles : les gorges de la Restonica, l'une des grandes curiosités de l'île, souffrent de surfréquentation estivale.

Vallée de la Restonica, le lac de Capitello.
joningall/Getty Images Plus

▶ Se repérer

Haute-Corse (2B)

CARTE B3 (P. 171). Les gorges sont accessibles de Corte par la D 623 : 16 km de route étroite et sinueuse, où les croisements sont difficiles mènent aux bergeries de Grotelle.

😊 À ne pas manquer

La randonnée jusqu'aux lacs de Melo et Capitello.

🕐 Organiser son temps

En été, partez tôt, car la chaleur et la fréquentation peuvent être assez pénibles. Prévoyez toujours un vêtement chaud, car les différences de températures sont importantes en montagne.

ℹ Carnet pratique p. 189

📍 Nos adresses p. 190

Bergeries de Grotelle par la route   B3

▶ *Circuit de 15 km au départ de Corte tracé en gris sur la carte p. 171 – Compter environ 45mn. Quitter Corte par la route d'Ajaccio qui franchit le pont sur le Tavignano et prendre tout de suite après, sur la droite, la D 623. Attention, accès par navette en saison au bout de 6 km et circulation difficile.*
La route pénètre dans le parc naturel régional en remontant la vallée encaissée de la Restonica ouverte entre la Punta di Zurmulu et la Punta di u Corbo.

★ Forêt de la Restonica
Aux châtaigniers succèdent les **pins laricio** notamment sur les versants exposés au midi à partir de 700 m d'altitude. Encadrée par de grandes aiguilles de roche ocre couronnées de pins, la vallée se rétrécit peu à peu pour former des gorges. Au fond, le torrent se brise au milieu de gros blocs de rochers.
Après le **pont de Tragone**, la D 623 longe la rive droite de la Restonica. Dominée par des sommets dépassant 2 000 m, la route grimpe dans un paysage âpre, de plus en plus minéral, où peu à peu les arbres disparaissent. Des roches verdâtres dévalent des cascades impétueuses. Le cadre, grandiose, fait forte impression, d'autant que la route longe le torrent de très près avant d'atteindre les bergeries de Grotelle.

Bergeries de Grotelle (Grutelle)
Parking payant (5 € ; voir « Nos adresses »), au-dessus des bergeries ; capacité limité ; buvette et restaurant.
Alt. 1375 m. La route carrossable s'arrête un peu au-dessus des bergeries. Ces vieilles constructions en pierres sèches furent la halte traditionnelle des troupeaux sur le sentier du lac de Melo.
Un **paysage**★★ alpestre se dessine : à droite se profile la longue crête du Capu a Chiostru (alt. 2 295 m), à gauche le massif du monte Rotondo (alt. 2 622 m), devant soi, barrant la vallée, se dresse la silhouette dentelée du Lombarduccio (alt. 2 261 m). Un peu en amont des bergerie, remarquez de beaux spécimens de pin de Corte. Ce pin maritime particulier à la Corse est un grand arbre au fût droit, à la cime étroite et conique, dont la silhouette rappelle celle du laricio.

Randonnées   CARTE DE RÉGION P. 171

★★★ La haute vallée   B3
😊 L'importante fréquentation des lieux pourrait faire oublier qu'il s'agit d'une randonnée en montagne, qui requiert une certaine endurance et de bonnes chaussures de marche. Dans la seconde partie, quelques passages plus difficiles ; aide d'une chaîne et de deux échelles. Possibilité de contourner la barrière rocheuse quand il n'y a pas de névé. Déconseillé aux personnes accompagnées de chiens ou d'enfants en bas âge.
Un point d'eau se trouve à droite du sentier principal juste avant la rive du lac de Melo. Suite à l'affluence estivale (la plus forte de la montagne corse), le parc naturel régional a été amené à préserver du piétinement une partie de la pelouse placée derrière une clôture.
▶ *Départ des bergeries de Grotelle, sur la droite du petit chalet-snack.*

Intarissable
Une légende raconte qu'une année de forte sécheresse, seule la Restonica continuait de couler. Le nom de *Restonica* serait apparu à cette période où l'on disait de la rivière : « elle reste unique ».

★ Lac de Melo (Lavu di Melu)

1h15 jusqu'au lac de Melo par la barre rocheuse (dalles un peu vertigineuses aménagées d'échelles et de chaînes ; 3h30 AR par le chemin d'accès contournant la barre rocheuse ; départ de la bergerie de Grotelle.

Site parmi les plus visités de Corse, le **lac de Melo** (alt. 1711 m.), d'où jaillit la Restonica, est l'un des sept lacs du monte Rotondo. Formant un cercle presque parfait, il est dominé par des escarpements de plus de 2 000 m, notamment par la Punta Capitello et l'arête du Lombarduccio où, en été, subsistent quelques névés. Aleviné en truites et saumons de fontaine, le lac est apprécié des pêcheurs. Il invite au pique-nique.

Suivez le sentier bien balisé en jaune. Il prolonge vers le sud la route des gorges et remonte la vallée de la Restonica. Comme toutes les vallées glaciaires, la haute vallée de la Restonica présente des flancs abrupts et un fond plat encombré de moraines. Son parcours offre une succession de rétrécissements et d'épanouissements, et des cuvettes souvent occupées par des lacs et bosses rocheuses (« verrous ») barrant la vallée. Après avoir longé la moraine, on atteint, vers 1500 m, une vaste cuvette herbeuse.

À partir de la cuvette, il est possible d'emprunter un autre itinéraire, quand il n'y a plus de neige, plus long que celui indiqué ci-dessous. Il s'élève sur la rive droite du torrent et contourne la barre rocheuse par son rebord gauche.

Empruntez le sentier s'élevant vers le sud, bien tracé sur la rive gauche du torrent, pour atteindre bientôt un plateau couvert d'aulnes. Le sentier, balisé par des traces jaunes, mène au pied de la grande barre rocheuse retenant le lac de Melo. La végétation florale se remarque essentiellement en saison par les saxifrages aux fleurs blanches et la pinguicule corse ou grassette, qui est une plante insectivore. Tous ces végétaux sont protégés et donc interdits à la cueillette.

Deux passages, équipés de chaînes et d'échelles, permettent de franchir ce dénivelé et d'accéder au lac. Par temps de pluie ou lorsque la fonte des neiges imprègne fortement le sol, ce passage est glissant. Soyez très prudent.

Un sentier fait le tour du lac par l'ouest.

★★ Lac de Capitello (Lavu di Capitellu)

45mn depuis le lac de Melo. Chemin balisé en jaune avec quelques passages abrupts.

Alt. 1930 m. À 600 m à vol d'oiseau du lac de Melo, mais à une altitude supérieure de 219 m, le lac est gelé huit mois sur douze. On y accède en franchissant un ruisseau que les pluies peuvent grossir. Enchâssé dans un cirque de sommets supérieurs à 2 000 m, il est un des joyaux de la montagne insulaire.

Le retour vers Grotelle s'effectue par le même chemin.

★★ Monte Rotondo B3

L'imposant chaînon de la crête médiane de l'île est le deuxième sommet de Corse (alt. 2 622 m). Pendant plusieurs siècles, on a cru que le monte Rotondo était le point culminant de l'île. Son ascension ne présentant pas de difficulté particulière (sauf la neige tardive et l'important dénivelé), il demeure l'un des sommets corses les plus fréquentés. Le monte Rotondo peut s'aborder par le nord (randonnée dans la journée depuis la vallée de la Restonica) ou par le sud (excursion sur deux jours avec une étape au **refuge de Pietra-Piana**).

Ascension par la vallée de la Restonica

😊 Cette randonnée, sans grande difficulté, indiquée par des cairns, nécessite tout de même une excellente forme physique en raison de sa durée et de son dénivelé (1600 m jusqu'au sommet). Soyez bien chaussé, emportez eau et ravitaillement. Partez de très bonne heure pour atteindre le sommet en fin de matinée au plus tard.

▶ *Départ à l'embranchement de la D 623 et du sentier balisé du Timozzo (alt. 1030 m), à une centaine de mètres après le pont de Tragone. Laisser la voiture à cet emplacement.*

👣 *Environ 8h AR*. L'ancien chemin forestier monte en direction du sud-est le long de la rive gauche du Timozzo, à travers la forêt communale de la Restonica. Après environ 35mn de marche, le sentier se rétrécit et monte en lacet pour déboucher dans une combe qu'une moraine sépare du torrent Timozzo. On atteint le sommet de cette combe (alt. 1460 m) après 1h30 de marche ; on aperçoit à gauche les **bergeries de Timozzo** *(vente de fromages en été)*. Dirigez-vous vers ces bâtiments, mais laissez-les sur votre gauche pour gagner la vaste ligne de crête rectiligne montant plein sud. On atteint au bout de 30mn la source de Trighione (alt. 1921 m) ; tournez à gauche pour atteindre le **lac di l'Oriente** (alt. 2061 m). Suivez ensuite pendant 1h environ les alignements de cairns en maintenant la direction sud vers un couloir raide. À l'amorce de ce couloir, gravissez prudemment le pénible amas d'éboulis jusqu'au sommet de cet accès. Après avoir atteint la surface dégagée, dirigez-vous vers l'est à vue pour atteindre le sommet du Rotondo (abri en tôle ondulée).

Hommage

Randonneur et alpiniste, **Michel Fabrikant** (1912-1989), inlassable explorateur des montagnes corses, décrivit en 1972 un parcours de crêtes à travers la Corse qui allait devenir le fameux **GR 20**. Il n'était que justice que son nom soit donné à des guides de randonnées et à un refuge situé sur le sentier, celui de Pietra-Piana (monte Rotondo).

★ Entre Restonica et Tavignano, le plateau d'Alzo B3

▶ *Départ après le pont de la Frasseta, à l'embranchement de la D 623 et du sentier balisé. Emplacements pour se garer des deux côtés de la route.*

👣 *4 à 5 heures AR*. Le sentier, balisé en orange, monte en lacets au milieu des pins laricio en direction du nord. Après 1h de marche, le chemin se fait plus abrupt aux abords de la rivière Frasseta pour accéder par la crête jusqu'au **plateau d'Alzo** (1650 m), surprenante étendue de rochers et de prairies. Les bergeries d'Alzo, Capellaccia et Colletta rappellent la vocation pastorale du plateau. Beau **panorama★** sur le monte Cinto, la Paglia Orba et le Capo Tafonato. *Retour par le même chemin.*

On peut atteindre en 1h le **refuge de Sega**, et retrouver les sentiers des gorges du Tavignano (voir p. 180).

🛈 Carnet pratique

S'informer

Point info de la Restonica – *À l'entrée de la réserve - 20250 Corte - ☎ 04 95 46 33 92 - tourisme-centrecorse.corsica - juin-sept. : 8h-17h.* Informations et brochure gratuite sur les randonnées et les consignes de sécurité.

Office du tourisme de Corte – *Voir p. 181.* Brochure gratuite sur les randonnées à disposition.

Quand y aller ?

De fin avril à fin juin, lorsque les sommets encore enneigés contrastent avec une végétation en plein essor, les paysages sont superbes. Durant les mois d'hiver, la route est quasiment impraticable. Mais les randonneurs bien équipés ne regrettent pas de découvrir les lacs gelés après une longue avancée silencieuse. Si l'été est particulièrement apprécié par les amateurs de baignade, ce n'est peut-être pas la meilleure période pour découvrir la vallée.

Équipement – La différence de température entre Corte et Grotelle peut être spectaculaire : la petite laine ne sera pas de trop ! Prévoyez aussi un coupe-vent, des chaussures de montagne, une alimentation énergétique et tout le nécessaire pour partir dans de bonnes conditions ; n'oubliez pas que vous êtes en haute montagne.

Se déplacer

En autocar – Autocars Cortenais - ☎ *06 20 17 17 55 - autocars-cortenais.fr.* Trajet AR (4 €) dans les gorges de la Restonica, réserver la veille, différents points de prise en charge. Contacter l'office de tourisme. Horaires téléchargeables sur : *www.mairie-corte.fr.*

Accès réglementé – Pendant la période estivale, la forte fréquentation des sites, combinée aux risques d'incendie et de crues subites, a conduit à des mesures d'accès en voiture restrictives. En saison, il faut laisser son véhicule au parking situé à l'entrée de la réserve *(point info de la Restonica)*, et prendre la navette publique conduisant aux bergeries de Grotelle.

En cas de saturation des parkings de Grotelle et de Lamaghjosu *(1 km avant les bergeries de Grotelle ; payant de mai à sept.- 6 €),* la montée est interdite à partir du camping Tuani, à 5 km de Corte et 4 km environ avant le pont de Tragone. Il faut alors attendre que des places se libèrent. Du fait de l'étroitesse de la route, la montée des véhicules est aussi interdite de 15h30 à 17h au départ de Tuani.

Enfin, l'accès des camping-cars et des caravanes, ainsi que de tout véhicule de plus de 4,5 t et de plus de 1,90 m de large est interdit au-delà du camping de Tuani. Une équipe motorisée de saisonniers contrôle les flux et donne sur place les directives en cas de saturation des aires de stationnement.

Précautions – Si la route est très belle, certains passages, particulièrement étroits, rendent les croisements difficiles. Redoublez donc de prudence, en particulier dans les virages sans visibilité.

Météo – La vallée reçoit parfois des pluies torrentielles, qui rendent la circulation particulièrement périlleuse, et déconseillée. Il est impératif de consulter la météo (très changeante) avant de s'engager dans les gorges.

Feu – Il faut également être particulièrement prudent en matière de **risques d'incendie**. Feux, bivouacs, camping sauvage sont interdits.

4

📍 Nos adresses

Restauration

Budget moyen

Auberge de la Restonica – *2 km au sud-ouest de Corte par la D 623 - 📞 04 95 46 09 58 - www.restaurant-corte.fr - fermé merc. et nov.-mars - plats 18/33 €.* La vaste salle de restaurant s'ouvre sur une terrasse couverte et une belle piscine. La table, qui jouit d'une bonne réputation locale, propose une cuisine inventive qui met en valeur les produits corses. Vous goûterez l'assiette de charcuterie locale AOP ou la spécialité : le bœuf Restonica au fromage de brebis déglacé à l'eau-de-vie.

Activités

Baignade – Les rives de la Restonica cachent des vasques d'eau translucide pour un après-midi baignade et sieste.
Escalade – Trois sites d'escalade sécurisés ont été aménagés : deux entre Corte et le camping de Tuani (au km 2 avec 42 voies, au km 4 avec 59 voies), le troisième au km 10, avant le pont de Tragone.

Hébergement

Budget moyen

Hôtel L'Arena - Le Refuge – *2 km au sud-ouest de Corte par la D 623 - 📞 04 95 46 09 13 - www.hotel-arena-lerefuge.com - avr.-oct. - 18 ch. 117/157 € - 🍽 14 € - ✕.* Proche du torrent, dans un très bel environnement, un hôtel aux chambres lumineuses et fonctionnelles. Réduction d'env. 15 % en réservant *via* le site.

Une folie

Dominique Colonna – *1,5 km au sud-ouest de Corte par la D 623 - 📞 04 95 45 25 65 - www.dominique-colonna.com - fermé de déb. nov. à mi-avr. - ⏳ 🏊 - 28 ch. et 2 suites 246/529 € - 🍽 en sus.* À l'entrée des gorges et parmi les « pins de Corte », des bâtiments modernes abritent des chambres confortables et élégantes. Le salon-bibliothèque crée une atmosphère conviviale. Vaste piscine chauffée et jardin paysager.

La vallée de l'Asco ★★

Ascu

Creusée par d'impétueux torrents dans les hautes montagnes corses, la vallée de l'Asco abrite dans ses forêts et ses gorges sauvages une faune originale aux espèces parfois endémiques : gypaètes (vautours), sittelles (oiseaux) et, surtout, mouflons. Genévriers et fleurs sauvages tapissent les gorges encaissées, tandis que les forêts de pins laricio et maritimes verdissent la haute vallée. Constituées de roches volcaniques rouges, les montagnes s'empourprent sous le soleil. La vallée attire de nombreux randonneurs en quête de calme et de nature préservée.

Les gorges de l'Asco.
CreativeNature_nl/Getty Images Plus

▶ Se repérer

Haute-Corse (2B)

CARTE AB1/2 (P. 170). Une route unique et en cul-de-sac, la D 147, dessert la vallée de l'Asco (33 km).

😊 À ne pas manquer

L'ambiance sauvage des gorges de l'Asco (prenez une paire de jumelles).

🕐 Organiser son temps

La route de Ponte-Leccia à Haut-Asco se parcourt en deux heures, partez tôt si vous souhaitez apercevoir la faune protégée.

👥 En famille

Réserve de faune d'Asco, village des tortues, via ferrata de la Manicella et parc Asco Vallée Aventure.

ℹ Carnet pratique p. 196

📍 Nos adresses p. 196

De Ponte-Leccia à Haut-Asco

▶ *Circuit de 33 km au départ de Ponte-Leccia tracé en bordeaux sur la carte p. 170 – Comptez environ 2h. À éviter l'hiver pour cause d'enneigement.*

Ponte-Leccia BC1

Le village est un nœud de communication routier et ferroviaire important, point de jonction de deux nationales et des lignes de Bastia, Calvi et Ajaccio. Sur place supermarché, commerces, services, restaurants et cinq stations-service !
De Ponte Leccia suivre la T 30 et, après 2 km, tourner à gauche dans la D 147. La route remonte le cours de l'Asco en empruntant le fond de la vallée. Continuer sur la D 47 à droite et poursuivre sur 3 km.

Moltifao (Moltifau) B1

Dominé par les aiguilles rouges de Popolasca, le village s'étage sur le versant bien exposé des hauteurs verdoyantes séparant la vallée de l'Asco de celle de la Tartagine, au milieu de terrasses plantées de vergers et d'oliviers. L'église, couleur pain d'épice, s'élève au centre du village.
Poursuivre la D 47 sur 3 km.

Castifao (Castifau) B1

Accroché au-dessus de la vallée de la Tartagine, Castifao se groupe autour d'une charmante place, bordée par l'église et la poste, à laquelle on accède par un petit pont. *Revenir sur vos pas, puis poursuivre à droite sur le D 147 vers Asco.*

Village des tortues (Paese di e Cuppulate) B1

Rte d'Asco - ✆ 04 95 47 85 03 - villagedestortues.wordpress.com - lun.-vend. 9h-17h (horaires variables, se rens.) - fermeture de la billetterie 1h av. - 5 € (5-16 ans 2,50 €).
👥 Sur environ 10 ha, le parc régional a aménagé un centre d'étude, d'accueil, de soins et de présentation pédagogique de la **tortue d'Hermann**.
Reprendre la D 147, et 2 km après un pont, s'arrêter à la hauteur d'une cabane sur la rive opposée reliée par une passerelle.

★ Via ferrata de la Manicella B1

Accès et site géré par le parc Asco Vallée Aventure, voir « Nos adresses ». Parcours câblé : 350 m ; durée : 2h à 2h30 ; dénivelé : 250 m.
👥 C'est la moins facile des trois via ferrata du parc. Une signalétique identifie les principaux points jalonnant l'itinéraire. Nombreux échappatoires aménagés. Retour par un sentier balisé de points rouges ou par tyrolienne. En contre-bas du point d'accueil, les nombreuses **criques** du torrent invitent à une pause rafraîchissante.

★★ Gorges de l'Asco (Strette di l'Ascu) B1

Creusées dans le granit, ces gorges arides rappellent celles de la Scala di Santa Regina. Elles sont cependant plus courtes et plus larges. La végétation y est plus abondante. Dominées par les crêtes rocheuses des montagnes déchiquetées de la Cima a i Mori (alt. 2180 m) et du mont Terello (alt. 1310 m), elles présentent un visage plus sauvage.
De nombreuses **ruches** s'alignent sur les pentes. Aux abords d'Asco, la rive droite devient très aride, tandis que la rive gauche est tachetée de **genévriers oxycèdres**. Attention aux vaches et aux cochons, d'une agilité surprenante, qui circulent en liberté sur la chaussée et sur ses abords !

Le genévrier, acrobate du vide

Le genévrier oxycèdre s'accroche aux roches nues autour d'Asco. Muni de feuilles très piquantes et de fruits brun-rouge, l'arbrisseau fournit un bois fibreux servant à la confection d'ustensiles. Le genévrier thurifère, reconnaissable à ses feuilles en écailles, vit uniquement dans la vallée de l'Asco, indiquant un climat sec, froid l'hiver et très ensoleillé.

Asco (Ascu) B1

Établi au débouché des gorges et bien exposé au midi, Asco est le seul village de la vallée. En dépit de quelques bâtiments récents, il est bien intégré aux versants rocheux du Capo Selolla. Asco est peut-être d'origine ligure ; mais ses annales ne remontent qu'au 16e s., à l'époque de la guerre contre Gênes, au cours de laquelle le village servit de refuge. Au 18e s., y fut institué une sorte de tribunal paternel : élus par la communauté, les *paceri* (« ceux qui apaisent », les « sages »), chargés de trancher à l'amiable les conflits entre familles. Ce mode de juridiction a profondément marqué les hommes de cette vallée et l'expression « **saviu d'Ascu** » (« sage d'Asco ») est encore utilisée aujourd'hui.

★ Pont génois B1

Continuer en direction de Haut-Asco sur la D 147 qui contourne le village. À la sortie de celui-ci, prendre sur la gauche une route étroite qui descend dans les gorges.

Les eaux vertes et claires de l'Asco sont enjambées par ce pont en dos d'âne bâti pour permettre l'accès à la bergerie de Pinnera. Les eaux émeraude sont vraiment tentantes mais la baignade est interdite. *Revenir à la D 147.*

À la sortie du village, la route remonte le Stranciacone et les pins laricio font leur apparition, escaladant les versants. On aperçoit encore des ruches. Après avoir franchi un pont, la route longe la rive droite du torrent.

Forêt de Carrozzica A1

La forêt de 3 220 ha, essentiellemnt des de pins laricio, s'étend sur toute la vallée supérieure de l'Asco. D'abord clairsemée, elle devient plus dense et prend fin à 1 900 m d'altitude au pied de la grande barrière rocheuse. Le torrent coule au milieu de blocs de porphyre rose formant des **vasques d'eau claire**. Mais cette forêt, autrefois dévastée par les coupes d'arbres, puis par les incendies, a subi jusqu'à récemment les dommages des avalanches.

Poursuivre la route de plus en plus étroite qui longe le torrent avant d'aboutir à la station de ski (parking).

Écomusée - Maison du Mouflon A1

À Haut-Asco (Maison de la Montagne) - ☎ 04 95 47 82 07 - www.asco.corsica - horaires soumis à variations saisonnières et ouv. irrégulière, tél. ou se rens. au préalable sur le site Internet - 2,50 € (-7 ans gratuit).

L'espace d'information et d'exposition a pour but de faire découvrir la vallée et la forêt, les activités humaines qui s'y développent, et la flore et la faune locale, à commencer par la vedette de l'endroit : le mouflon, bien entendu ! Sur demande préalable et lors de journées découvertes, des visites de la **réserve de faune d'Asco** (3 510 ha) sont organisées. Elles permettent de voir évoluer le mouflon de Corse dans son milieu naturel et de découvrir certains oiseaux typiques, à commencer par la **sitelle corse** *(p. 442).*

4

Quand Asco rime avec nature...

Une vallée à trois visages

L'Asco prend naissance au pied de la Punta Minuta, près du col de Stranciacone, dont il porte le nom, jusqu'à son confluent avec le ruisseau de la Pinara, en amont du village d'Asco. Son cours se divise en trois parties. : la haute vallée, les gorges et la basse vallée.

La **haute vallée** a été creusée dans une gigantesque masse de roches cristallines s'étendant du golfe de Girolata au village d'Asco. Le climat est alpin : la neige se maintient jusqu'en mai-juin et subsiste en été sur les versants nord. La haute vallée est le domaine des pins : pin maritime appelé « pin de Corte » et pin laricio, visible entre 700 m et 1 800 m d'altitude, puis de l'aulne odorant (de 1 500 m à 1 900 m). En aval, les **gorges de l'Asco** sont arides et profondes.

La **basse vallée** est une plaine alluviale de cailloutis ; chaude et sèche, elle est couverte de maquis odorant (lavande et cistes de Montpellier), de chênes verts et d'aulnes.

La transhumance, une tradition en déclin

Autrefois, les bergers ascolais pratiquaient en hiver la transhumance vers les pâturages de Balagne pour les moutons, et vers ceux des Agriate pour les chèvres. Les bergers logeaient dans de basses maisons en pierres sèches, au toit de schiste et au sol en terre battue. Fin mai, ils reprenaient le chemin d'Asco. Après avoir tondu les bêtes, ils gagnaient les alpages où ils passaient l'été, occupés par la traite des brebis et la fabrication du fromage. Ils redescendaient à Asco à la mi-octobre. Au début et à la fin de l'été, des caravanes de mulets quittaient Asco pour sillonner la Corse. Le fromage était alors vendu ou échangé dans les régions voisines contre d'autres denrées : l'huile d'olive de Balagne et les porcs de Castagniccia en particulier.

Activités artisanales

Les femmes, restées au village, cultivaient les jardins potagers, filaient et tissaient la laine de brebis et le poil de chèvre pour confectionner les *panni*, sorte de manteaux, et les *pelone*, pèlerines protégeant des intempéries.

Le **fromage** demeure la principale production de la région, avec l'exploitation du bois, de la résine des pins, et l'apiculture. Le **miel de l'Asco**, dont le fameux miel blanc, est aujourd'hui très recherché.

Un refuge pour rapaces

La faune endémique de l'Asco bénéficie d'une bonne protection dans la vallée. Le **gypaète barbu**, qui fait partie des espèces menacées d'Europe *(voir p. 442)*, peuplait avec **l'aigle royal** les massifs montagneux peu fréquentés. Décimés par la chasse, ces rapaces charognards sont aujourd'hui moins d'une vingtaine à survivre en Corse.

Les mouflons.
Karel Bock/Getty Images Plus

Haut-Asco A2

Alt. 1450 m. La route s'interrompt dans ce **site**★ de montagne, au milieu des pâturages cernées de cîmes. De ce replat s'offrent de splendides **vues** : au sud, le monte Cinto et le cirque glaciaire de Pampanosa au pied du Capo Larghia et de la Punta Minuta et à l'ouest, le col et le Capo Stranciacone. Dans cette étape du célèbre GR 20, point de départ pour de spectaculaires randonnées vers Bonifato ou le monte Cinto *(réservées aux bons marcheurs peu sujets au vertige et bien équipés)* se trouvent les aménagements de la **station de ski du Haut-Asco** *(9h-16h30 en saison)* : téléski, télécorde, tapis roulant, deux pistes de ski de 600 m et deux pistes débutants de 100 m *(location de matériel près de l'hôtel Le Chalet)*.

Le mouflon, seigneur des cimes

En juillet et août, on peut apercevoir, sur les replats des hauts vallons, les nouveau-nés et leurs mères. De mi-novembre à mi-décembre, période de rut, ont lieu de spectaculaires combats de mâles. De janvier à avril, les animaux descendent sur les bas versants. De mai à fin juin, période de mise bas, évitez d'approcher les animaux de trop près. Pour déterminer l'âge d'un mouflon adulte, il suffit d'en rencontrer un bien disposé à votre égard (ou de posséder une bonne paire de jumelles), afin d'examiner ses cornes. Leur croissance marque chaque hiver un arrêt matérialisé par un anneau ; au printemps, la reprise du développement repousse les anciens anneaux. On obtient le nombre d'années vécues par l'animal en comptant les sections entre les anneaux. Chez les mâles âgés, l'usure peut effacer les anneaux de la pointe. Le calcul est plus complexe pour les femelles, dont l'âge est proportionnel à l'étendue du masque facial blanc.

ℹ️ Carnet pratique

S'informer

Office du tourisme Pasquale Paoli – *Pl. de la Gare - 20218 Ponte-Leccia -* 📞 *04 95 30 66 32 - www.tourisme-pasqualepaoli.corsica.*

Se déplacer

Bus – Service entre la gare de Ponte-Leccia, Asco et Haut-Asco de mi-mai à mi-octobre *(2/j. - 15 €).*
Info – 📞 *07 60 65 03 02 - www.corsicabus.org.*

📍 Nos adresses

Hébergement/restauration

😊 Pour se restaurer à Ponte-Leccia, les adresses ne manquent pas, mais ne présentent pas d'intérêt particulier. Au **Café des Sports**, proche du rond-point, on vous sert un repas simple, mais pas inoubliable.

Asco

Budget moyen
Le Chalet – *Plateau du Stanu -* 📞 *04 95 47 81 08 - www.hotel-lechalet-asco.com - fermé de mi-oct. à mi-janv. - 22 ch. 110 € et gîte 18 €/pers. -* ☕ *17 € -* 🍴 *(uniquement le soir) 22 €.* Jouissant d'un beau panorama sur les cimes, cette bâtisse à l'austérité montagnarde, sur le trajet du GR 20, abrite des chambres rénovées et assez confortables. Cuisine roborative. Gîte avec lits en box de 4 à 8 pers. ou en dortoir. Bivouac possible (5 €/pers.). Épicerie, café et snack.

Shopping

Ponte-Leccia

Domaine Vico – *Rte de Calvi -* 📞 *04 95 47 61 35 - domainevico.com - visite sur réserv. préalable - tlj sf dim.; hors sais. : fermé dim.-lun.* Seul domaine à l'intérieur de l'île (80 ha), il produit un grand vin décliné en rouge, blanc et rosé.

Clos Venturi - Anne Marchetti – *Rte de Corte - Piedigriggio (6 km à l'ouest de Ponte-Leccia) -* 📞 *04 95 59 73 21 - www.anne-marchetti.com - tlj.* Macarons déclinés en 24 parfums (la spécialité de la maison), canistrelli à l'huile d'olive, sablés à la farine de châtaigne... cette « biscuiterie d'exception », comme elle se proclame, a bien mérité son titre.

Activités

👥 **Parc Asco Vallée Aventure** – *Rte de Calvi - Ponte-Leccia -* 📞 *04 95 47 69 48 - interrocorsa.com - avr.-oct. : tlj, sinon sur RV - réserv. sur le site Internet - parcours 39/49 €.* Parcours acrobatiques dans les arbres pour les plus petits (enf. 110 cm), tyroliennes et via ferrata, dont celle de la Manicella *(voir p. 192).*

👥 **Éco Parc de la vallée de l'Asco** – *D47 (peu après l'intersection avec la D147) -* 📞 *06 84 62 43 40 - ecoparc-vallee-asco.fr - visites guidées (45mn) juil.-août à 15h30, 16h30, 17h30 et 18h30 ou sur RV - 7 € (5-12 ans 4 €).* Pour faire connaissance avec la faune et la flore de l'île. L'originalité du parc est de présenter des répliques d'animaux sauvages en taille réelle, très difficiles à observer dans la nature. Espace ludique pour enfants et, en projet, sentier découverte accessible aux personnes à mobilité réduite.

Calacuccia et le Niolo ★★

U Niólu

Patrie des bergers, le « Niolu » s'étend dans la haute vallée du Golo, le plus long des fleuves corses, sous l'altière domination du monte Cinto, point culminant de l'île. Sauvage et longtemps enclavée, isolée entre le col de Vergio et la Scala di Santa Regina, cette région peu fréquentée a conservé ses traditions pastorales. Paradis des randonneurs, elle offre mille et une possibilités de balades : le lac de Nino, tapissé de pelouses vert tendre (les pozzines), la forêt de Valdu-Niellu, plantée de pins lariccio, ainsi que la découverte d'un petit patrimoine rural de bergeries de pierres sèches établies dans des sites grandioses.

▶ Se repérer

Haute-Corse (2B)

CARTE A2 (P. 170), CARTE DU NIOLO P. 200, CARTE DE VALDU-NIELLU P. 204. Située entre le **col de Vergio** et la **Scala di Santa Regina**, la cuvette du Niolo est occupée par la retenue de **Calacuccia** (alt. 790 m). Elle est cernée par des montagnes hautes de 1500 m : arêtes du Cinto au nord, de la Paglia Orba à l'ouest, de la Punta Artica au sud. Au nord-est, elle est fermée par la zone presque impénétrable des granits de la Santa Regina.

☺ À ne pas manquer

Les rives apaisantes du lac de Calacuccia ; la fête de la Santa di u Niolu, début septembre. Les marcheurs pourront gagner le lac étrange et magnifique de Nino.

⏱ Organiser son temps

Les circuits proposés se réalisent pour certaines parties en voiture, une promenade à pied s'impose dans d'autres cas. Les randonneurs devront prévoir au minimum une journée pour l'ascension du monte Cinto. Si vous souhaitez faire étape dans la région et profiter des randonnées, choisissez le village **Calacuccia** ou d'**Évisa** où vous ferez vos courses et le plein.

👪 En famille

Une randonnée-pique-nique au pont de Muricciolu ou dans les prés environnant les bergeries de Cesta.

ⓘ Carnet pratique p. 206

📍 Nos adresses p. 206

4

Calacuccia

Bâtie aux portes de la Scala di Santa Regina, Calacuccia, au pied de l'impressionnante barrière pourpre du massif du Cinto, reflète ses maisons robustes sur les eaux de la retenue. La capitale du Niolo occupe un versant bien ensoleillé de la vallée, au carrefour de plusieurs sentiers de randonnée et non loin du col de Vergio.

☺ Le village, tout en longueur, concentre les services nécessaires à la région. Petit supermarché, station-service, pharmacie, hébergement, poste, cafés-terrasses.

Le Niolo : une montagne préservée

Monte Cinto (Monte Cintu)

Le monte Cinto (alt. 2 706 m), « toit de la Corse », point culminant de la longue crête qui sépare la vallée de l'Asco de celle du Golo, domine l'ensemble du Niolo. Le versant sud descend vers le vallon de l'Erco par des pentes modérées, tandis que le versant nord est beaucoup plus raide. Le sommet lui-même est formé d'un entassement de gros blocs de rhyolite. L'aigle royal, le gypaète barbu et d'autres rapaces en voie de disparition hantent encore les cimes.

La haute vallée du Golo

Le **Golo**, grand fleuve de la Corse, prend sa source à 2 000 m d'altitude au pied des éboulis près du col de Vergio. Après un cours de 84 km vers le nord-est, il se jette dans la Méditerranée à la Canonica. Son cours supérieur draine un haut plateau cristallin de 1 000 m d'altitude. Les villages accrochés, entre 800 et 1 100 m d'altitude, sur les contreforts du monte Cinto, sont les plus hauts de l'île. En aval de Calacuccia, le Golo quitte le Niolo par des gorges creusées dans le granit : la Scala di Santa Regina. Le Niolo jouit d'un climat méditerranéen d'altitude. La pluie déjà abondante dans la cuvette croît avec la hauteur. De même, l'enneigement est particulièrement fort à partir de 1 200 m et se prolonge vers les cols jusqu'à mi-avril ; quelques névés subsistent jusqu'en août sur les flancs du monte Cinto.

Pozzines, élément original de la montagne corse

Les **pozzines** (du corse *pozzi*, « trous ») sont des pelouses tourbeuses qui entourent les lacs de montagne et constituent le dernier stade du comblement de ces lacs. Importants îlots de fraîcheur dans la montagne, ces pelouses sont le résultat de l'accumulation de végétaux non entièrement dégradés qui se recouvrent d'un tapis de gazon rendu ras par la tonte du bétail en transhumance. La couleur est fonction du degré d'humidité : les pelouses les plus humides sont les plus sombres, colonisées par les carex. Les milieux les plus secs sont constitués de pelouses à nard.

La faible teneur en azote des pozzines a obligé les plantes qui y vivent à s'adapter. Ainsi, on y rencontre de rares espèces carnivores, telle la **drosera**, qui tirent l'azote nécessaire à leur croissance des insectes venus se désaltérer.

Une végétation bien étagée

La végétation varie selon l'altitude et l'ensoleillement. Dans la partie inférieure du Niolo, le châtaignier, largement planté par l'homme, ombrage les villages ; plus haut s'y associent le chêne pubescent et le chêne vert. Entre 900 et 1 600 m d'altitude croît la forêt : le sapin et le hêtre d'abord, puis le pin laricio. Près du col de Vergio, le bouleau est prédominant. À 1 200 m, on voit apparaître l'alpage, prairies envahies par les herbes courtes, les chardons, les fougères et les buissons épineux. Les trois espèces d'aulnes y sont présentes : l'aulne vert formant des fourrés impénétrables sur des sols siliceux et humides, l'aulne glutineux, de 1 200 à 1 500 m d'altitude au voisinage des cours d'eau, l'aulne blanc jusqu'à 1 800 m au bord des torrents et sur les moraines glaciaires.

Église paroissiale

Habituellement fermée. RV en mairie ; s'il y a du personnel pour vous accompagner, on vous ouvrira les portes.

Située à l'entrée du village, sur la gauche de la route lorsqu'on arrive du col de Vergio, elle abrite au-dessus du maître-autel un **Christ** en bois (art populaire), très expressif par la stylisation du visage et de la musculature.

Devant le **couvent St-François** *(par la D 84 en direction de Sisossi et d'Albertacce)*, une stèle rappelle que onze patriotes acquis aux idées de Paoli ont été condamnés et pendus par les troupes françaises le 23 juin 1774 pour avoir mené une insurrection armée.

Sidossi A2

Le calme hameau fleuri, appartenant à la commune de Calacuccia *(à 2 km en contrebas)*, est construit sur un site habité à l'âge de fer, qui fut sans doute le plus important de la région. Son principal intérêt est d'offrir un accès direct aux rives reposantes du lac. En été, il est possible, depuis le parking faisant office de base nautique, de pratiquer le kayak et la planche à voile.

★★ Bassin de Calacuccia CARTE DU NIOLO

Circuit de 35 km au départ de Calacuccia tracé en vert sur la carte p. 200. Prendre la D 84 vers le sud-ouest, puis la D 218. Peu avant Lozzi, prendre à gauche la D 518, puis la D 318 vers Calasima.

Calasima

Réputé pour être « le plus haut village corse » (alt. 1095 m), Calasima est en réalité un hameau d'Albertacce, habité à l'année. Dominé par l'arête impressionnante de la Paglia Orba, il occupe un **site★★** grandiose sur les pentes du monte Albano. *Revenir sur la D 518 que l'on prend à droite et rejoindre Albertacce.*

Randonnée au pont de Muricciolu

1h30 AR. Sentier au dép. d'Albertacce tracé en pointillés verts sur la carte page p. 200. Départ après l'une des dernières maisons du village, 300 m avant le panneau de sortie, au sud du village. Le sentier démarre entre deux hauts murets (balisage orange, fléché). Peu ombragé, prévoir un chapeau et de l'eau. Pour ceux qui ne veulent pas s'engager dans une étape complète « Mare a Mare nord », jusqu'au Castel de Vergio par exemple (au sud du col), le pont de Muricciolu est un agréable but de promenade.

Le sentier, bordé de genêts nains, de pins, de châtaigniers et d'anciens jardins, s'abaisse avant de franchir la rivière Viru *(baignade possible)*, non loin d'un ancien moulin restauré par le parc régional et d'un **pont génois**, objectif de la promenade et bel endroit pour un pique-nique. Depuis le pont, il est possible d'effectuer une boucle autour de Capu di u Castellu (1044 m), en pénétrant dans la forêt *(via* le pont de Muricciolu), en profitant le long du parcours de vues sur le lac de Calacuccia. *D'Albertacce, suivre la D 84 vers le sud puis trourner à gauche sur la D 218.*

Casamaccioli

Le village ombragé de châtaigniers domine de près de 200 m le barrage de Calacuccia. Il est situé au pied de la crête boisée, qui ferme le Niolo au sud et sépare la vallée du Golo de celle du Tavignano. Il offre une **vue★** sur la chaîne du monte Cinto.

L'**église** paroissiale abrite dans le bas-côté droit un saint Roch, en bois sculpté, au visage naïf, auquel l'artisan a donné l'allure d'un berger. Dans le bas-côté gauche, statue en bois de la Santa di u Niolu.

4

FORÊT DE VALDU-NIELLU

Une tradition rapporte l'origine de la vénération pour la « Sainte du Niolo » : cette Vierge à l'Enfant, réputée miraculeuse, fut convoitée par plusieurs couvents après la destruction de celui qui l'abritait. Comme le désaccord persistait, on installa la statue sur une mule, décidant qu'on l'honorerait sur les lieux où s'arrêterait l'animal. Le village de Casamaccioli reçut ce privilège.

Prendre en contrebas de l'église, à gauche, la route longeant le lac sur la rive sud. La route offres **vues★★** sur Albertacce, Poggio, Lozzi, Calacuccia, Corscia, des villages bien exposés, adossés à la longue chaîne du monte Cinto et entourés de vergers et de châtaigniers. Elle franchit, 2 km plus loin, un torrent formé par des eaux captées sur le Tavignano, amenées par un canal de dérivation pour alimenter le lac artificiel de Calacuccia.

Barrage de Calacuccia

Mis en eau en 1968, l'ouvrage retient 25 millions de mètres cube d'eau descendue des cirques torrentiels du Golo. Le lac n'est pas aménagé pour la baignade. Après avoir produit à l'usine de Pont-de-Castirla de l'énergie électrique, les eaux irriguent les plaines littorales au sud de Bastia.

Rejoindre la D 84 que l'on prend à droite pour rentrer à Calacuccia.

De Calacuccia au col de Vergio

▶ *Circuit de 24 km au départ de Calacuccia tracé en rose sur la carte de la forêt de Valdu-Niellu p. 204 – Compter environ 2h. Quitter Calacuccia au sud par la D 218*[B].

Casamaccioli *(voir p. 199)*

2,5 km après Casamaccioli prendre à gauche sur la D 84.

Réoganisation de l'économie rurale

L'enclavement de la région a contraint les Niolins à vivre repliés sur eux-mêmes. Aussi conservèrent-ils longtemps un mode de vie traditionnel fondé presque exclusivement sur l'élevage transhumant et l'agriculture. De juin à septembre (estivage), les troupeaux paissaient dans les alpages. Après les fêtes du 8 septembre à Casamaccioli, bergers et troupeaux descendaient à la « plage » entre Porto et Galéria par les cols et le vieux sentier de transhumance de la vallée du Fango, vers la Balagne ou vers la plaine orientale par la Scala di Santa Regina. Après l'hivernage, ils reprenaient le chemin de la montagne.

Depuis l'ouverture des routes de la Scala di Santa Regina et du col de Vergio, à la fin du 19ᵉ s., l'étendue des terres cultivées est devenue insignifiante. Les châtaigneraies ne sont plus entretenues et s'amenuisent. L'exploitation forestière s'est donc organisée et la surface boisée (9 600 ha, dont la forêt de Valdu-Niellu) est à nouveau en expansion. L'activité rurale essentielle du Niolo demeure l'élevage. La vocation pastorale a repris une nouvelle vigueur, tout comme les activités artisanales traditionnelles (tissage de *pelone*, pèlerine en poil de chèvre, fabrication d'ustensiles en racine de bruyère, en buis ou en châtaignier).

★★ Forêt de Valdu-Niellu

Tracée sur le flanc nord du bassin du Golo, la route s'élève de 647 m et traverse la forêt de Valdu-Niellu, la plus vaste (4 638 ha) et l'une des plus belles de l'île, appartenant au **parc naturel régional de Corse**. Elle couvre les pentes des cirques torrentiels, qui forment le bassin de réception supérieur du Golo, dominé par une ligne de crête échancrée par certains cols élevés dont celui de Vergio. La forêt s'étage de 900 à 1600 m d'altitude. Les **pins laricio** composent 70 % de son peuplement ; dans la partie haute, ils se mêlent aux autres essences. Les **hêtres** au feuillage clair et les bouleaux blancs couvrent 10 % de sa surface. Les rochers, les landes et les broussailles se partagent le reste du sol. Les chutes de neige sont abondantes en hiver au-dessus de 1200 m.

Maison forestière de Popaghja

Alt. 1076 m. À proximité s'élèvent les plus beaux pins laricio de la forêt. Certains sujets sont hauts de 38 m, présentent des troncs lisses jusqu'à 25 m et atteignent 5 m de circonférence ; ils sont âgés de 500 ans.

Col de Vergio (Bocca di Verghju)

Carrefour de sentiers pour les randonneurs, point de jonction entre les futaies d'Aïtone et de Valdu-Niellu, le col de Vergio, perché à 1477 m d'altitude, est le plus haut col routier de l'île. Il s'ouvre dans la grande ligne de crêtes, où se partagent les eaux courants vers le littoral est et ouest de la Corse et réserve, à la belle saison, de rafraîchissantes excursions à l'ombre des immenses pins laricio et le long de la cascade de Radule.

Belvédère A3 – Du col de Vergio, la vue porte au nord sur la Punta Licciola et à l'est sur la haute vallée du Golo. Le **panorama★★** est plus large 200 m environ en aval du col, sur la route de Calacuccia, à hauteur des premiers bouleaux : On distingue alors nettement devant soi la percée naturelle du Capu Tafonatu (alt. 2 343 m), ainsi que l'arête rocheuse de la Paglia Orba (alt. 2 525 m) en arrière de la Punta Licciola, la vallée du Golo en enfilade avec le lac de Calacuccia et, derrière soi, le

La charrue du diable

Pour faire pièce, comme laboureur, à saint Martin, berger dans le Niolo, Satan s'était forgé une charrue avec laquelle il creusait dans la montagne des tranchées larges comme des vallées. Mais saint Martin ironisa sur la rectitude de ses sillons. Piqué, le malin aiguillonna son attelage de bœufs géants... et brisa sa charrue sur un rocher. Furieux et humilié, il projeta vers la mer le soc détérioré, qui heurta l'échine du **Tafonato**, tandis que ses bœufs furent pétrifiés sur place par saint Martin. Les géologues, ayant étudié les propriétés de la rhyolite (roche volcanique) et les formes d'érosion qui la caractérisent, émettent cependant quelques doutes sur cette origine...

L'accès à cette brèche, réservé aux randonneurs aguerris et non sujets au vertige, s'effectue depuis le refuge de Ciottoli a i Mori, établi au pied du Capu Tafunatu sur le GR 20. De ces rochers jaillit la source du Golo (Golu), le plus puissant fleuve corse.

monte Tozzo et la Punta Artica. La légende rapporte que la **trouée du Tafanato★ (Capu Tafunatu)** A2, – large de 53 m et haute de 12 m –, à travers laquelle filtre la lumière, est la trace laissée par le soc de la charrue du diable *(voir encadré ci-dessous)*.

Du col, Porto est rapidement accessible, mais les beautés du Niolo vous retiendront sans nul doute dans la montagne.

★★ Défilé de la Scala di Santa Regina B2

Circuit de 21 km au départ de Calacuccia tracé en bleu sur la carte p. 170. Quitter Calacuccia par le sud-est sur la D 84. Au pont de l'Erco, prendre à gauche la D 618. Le circuit emprunte des routes étroites, soyez prudent car les croisements sont parfois hasardeux, d'autant que la route est empruntée par des autocars.

Traçant un étroit sillon dans le désert de pierres qui verrouille le Niolo, le défilé de la Scala di Santa Regina est l'un des plus célèbres et des plus sauvages de l'île *(voir encadré « Saint Martin » p. 449)*. Taillée par endroits dans la paroi rocheuse, la route traverse un paysage grandiose, aride et tourmenté : la roche à nu, érodée par les vents et les eaux, se découpe en aiguilles ; seules quelques touffes de végétation réussissent à s'agripper aux anfractuosités. Si sous le soleil le défilé s'embrase, il prend, dans l'obscurité, une allure inquiétante.

Corscia

Le village dissémine ses **huit hameaux** au flanc de la montagne, au milieu des terrasses de cultures. De là part un sentier des muletiers *(voir « Randonnées »)*. **Chapelle St-Pancrace** – *Laisser la voiture dans le premier hameau et prendre à droite vers la chapelle du village.* *30mn AR.* De la butte rocheuse sur laquelle est posée la chapelle, une **vue★** superbe s'offre sur les hameaux de Corscia et le massif dominant la Scala di Santa Regina.

Sentier des muletiers

Circuit au départ de Corscia tracé en pointillés bleus sur la carte p. 200. *2h (AR 3h-3h30). Balisage orange, fléché « Mare a Mare Nord vers Évisa ». Partir de bonne heure car le défilé est un véritable four lors des grandes chaleurs. Prévoir le retour car ce n'est pas un circuit en boucle.* Taillé en plein roc, contournant les aplombs, bravant les à-pics, ce véritable escalier très éprouvant s'élevait en gradins vers le haut pays. D'où le nom de *scala* (escalier) attribué à la fin du 19e s. à la nouvelle route.

La D 84 domine le torrent de près de 80 m, puis longe le petit barrage de Corscia. Vertigineux et étroit, le ruban de bitume offre au passage de belles vues sur d'anciennes cultures en terrasses sculptées à flanc de roche.

Pont de l'Accia

Il enjambe un affluent de la rive gauche du Golo. Là, aboutit le **sentier des muletiers** qui part de Corscia *(voir p. 200)*, bien antérieur à la route ouverte en 1889, qui reliait Calacuccia et les villages du Niolo à Corte et à la plaine orientale.

Centrale électrique de Castirla

Alt. 350 m. Elle « turbine » les eaux retenues par les barrages de Calacuccia et de Corscia et produit l'énergie électrique distribuée dans toute l'île : quelque 100 MWh en moyenne chaque année.
Franchir le pont de Castirla, puis aussitôt, prendre à gauche.
Le paysage change lorsque le Golo traverse les formations calcaires des alentours de Francardo, au nord du sillon de Corte.

Randonnées

Les sentiers intervillages sont démaquisés et balisés. Vous pourrez ainsi vous promener entre Corscia et Lozzi (env. 2h) ou entre Albertacce et Lozzi (1h). Renseignez-vous à l'office du tourisme du Niolo *(voir « S'informer »)*. Ce dernier diffuse une brochure gratuite **« Randonner dans le Niolo »**, avec la description de cinq randonnées, dont l'ascension du monte Cinto.

★★★ Ascension du monte Cinto CARTE DU NIOLO

⊙ *Circuit au départ de Calacuccia tracé en pointillés jaunes sur la carte p. 200.*
Quitter Calacuccia au petit jour pour éviter les brumes qui, dès le milieu de la matinée en été, empanachent les hautes cimes de l'île.
☺ La piste PC 1040, qui permettait de rejoindre en voiture les bergeries de Cesta, n'est plus carrossable (sauf en tout-terrain).

Bergeries de Cesta

3h AR au départ du lieu-dit « Petra Pinzuta », sur les hauteurs du village de Lozzi. Dénivelé : 100 m. Très facile. Balisage orange. Des campings du village de Lozzi, suivez la piste d'approche du monte Cinto jusqu'à son terminus, en amont des bergeries de Cesta (alt. 1575 m). Les cabanes en pierres sèches sont édifiées dans un site grandiose dominant le ravin de l'Erco, face au cirque glaciaire du monte Falo (alt. 2549 m) et aux escarpements sud du Cinto. Derrière vous se profile le massif de la Scala di Santa Regina.
On rejoint en 20mn de marche le refuge de l'Erco.
☺ Un **sentier botanique** permet une balade pédagogique sur le milieu montagnard. Ici, entre 1500 et 1900 m d'altitude, règne le « maquis des montagnes », où croissent des végétaux comme le genévrier nain, très résistant aux intempéries, l'épine-vinette à baies rouge orangé et aux rameaux dont les triples épines la protègent contre la dent des troupeaux, et différentes espèces d'aulnes. Sur ces maigres alpages paissent des troupeaux de chèvres et de moutons. Remarquez les petits murets en pierres sèches quadrillant la montagne et utilisés comme enclos pour les animaux pendant l'été.

Ascension du monte Cinto

Départ du parking du camping de Lozzi. Attention, le refuge de l'Erco (ancien point de départ) n'étant plus accessible sans 4x4, il faut s'y rendre à pied depuis le camping, ce qui ajoute 2-3h de marche à l'ascension : compter 10h de marche

4

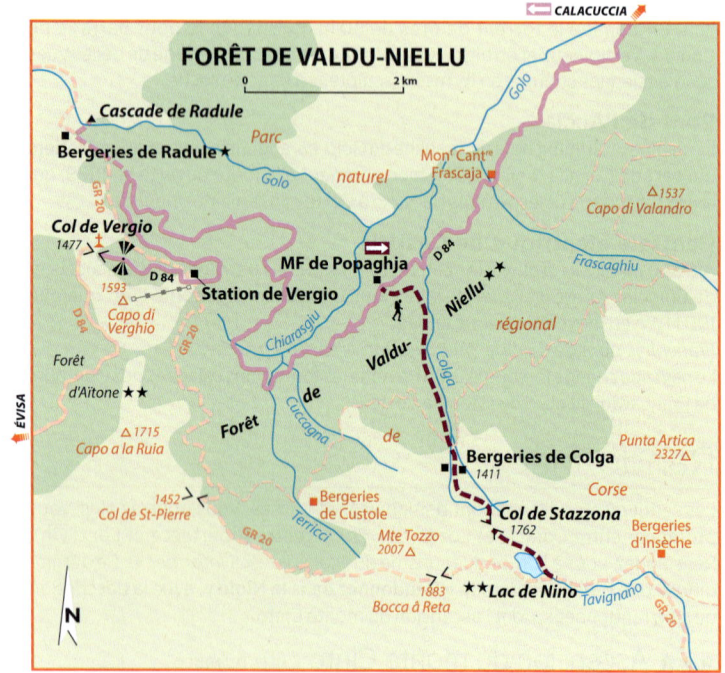

FORÊT DE VALDU-NIELLU

pour la boucle totale. Réservé aux personnes très entraînées. Il est recommandé d'être accompagné d'un guide. Le sentier s'engage dans le **cirque glaciaire★★★** formé par le monte Falo et le Cinto. Il se fraye un passage parmi les énormes blocs morainiques jusqu'au bas de la paroi rocheuse du Cinto (cascade à gauche au pied du monte Falo). Le regard suit la vallée glaciaire jusqu'aux montagnes de la Scala di Santa Regina dans le lointain.

À partir de l'Erco (face sud), les habitués du rocher atteignent le sommet en 3h. L'ascension se fait par l'arête sud-est et emprunte le passage entre le couloir de Biccarellu à droite et une tête rocheuse isolée appelée **Petra Fisculina**, à gauche. Du sommet, le **panorama★★★** embrasse toute la Corse et se développe jusqu'aux Alpes-Maritimes et aux îles de la mer Tyrrhénienne.

★ Lac de Nino CARTE DE LA FORÊT DE VALDU-NIELLU

▶ *Circuit au départ de la maison forestière de Popaghja, en bordure de la route du col de Vergio, tracé en pointillés bordeaux sur la carte p. 204.*

 4h30 AR. Dénivelé : 700 m. Bonnes chaussures de marche nécessaires.

Bergeries de Colga

45mn à partir de la maison forestière ; sentier jalonné de marques jaunes. Le sentier s'enfonce dans la haute futaie de Valdu-Niellu ; il longe la moraine. En 30mn, on atteint le ruisseau de Colga encombré de blocs de rochers, que l'on franchit à gué. Le sentier s'élève alors en lacet et gagne les bergeries à 1411 m d'altitude. *Laisser sur la droite les bergeries (ne pas franchir le torrent).*

Des bergeries commence une rude montée *(1h)* vers le col de Stazzona, à travers les éboulis du cirque glaciaire. Le sentier a disparu, mais l'itinéraire est jalonné de marques jaunes et de cairns. Après avoir franchi une première crête, le chemin descend dans un vallon, puis gagne, par des dalles assez raides, le seuil rocheux

Le lac Nino.
M. Cavalier/hemis.fr

du **col de Stazzona** (Bocca â Stazzona, alt. 1762 m), ouvert entre le monte Tozzo (alt. 2007 m) et la Punta Artica (alt. 2327 m). Ce col, formant passage entre le Niolo et le Campotile, est marqué par de hautes pyramides de cailloux et d'énormes rochers noirs qui, d'après la légende, seraient les bœufs du diable pétrifiés par saint Martin *(voir encadré p. 449)*. La piste descend alors *(15mn)* au bord du lac.

★★ Lac de Nino

Alt. 1743 m. Source du Tavignano, il occupe une vaste combe gazonnée au charme bucolique, où les pelouses aquatiques dessinent de fascinants entrelacs. La nappe d'eau de 6,3 ha, aux rives plates, couvre le fond du Campotile, grande cuvette rabotée par l'érosion glaciaire, couverte de forêts et de pâturages et dominée par des montagnes aux formes peu accusées. Le lac est réputé pour ses vastes pozzines sur lesquelles il ne faut pas s'aventurer ; les écosystèmes sont fragiles. Par ailleurs, ces pelouses spongieuses peuvent être dangereuses. L'activité pastorale a ici presque disparu, comme en témoignent les bergeries abandonnées dans les environs. Vous y rencontrerez cependant quelques cochons et parfois des chevaux.

★ Bergeries et cascade de Radule CARTE DE LA FORÊT DE VALDU-NIELLU

▶ *Départ dans un virage en « S » en dessous du col de Vergio, avec stationnement, aire de pique-nique et panneau, ou bien du parking du col (voir carte p. 204).*

👥 *En juillet-août, vous pourrez acheter du fromage auprès du berger et vous baigner dans des vasques naturelles creusées par le Golo.*

👣 *2h AR. Niveau assez facile ; être bien chaussé et emporter de l'eau. L'itinéraire emprunte le GR 20. Balisage de deux traits bleus et jaunes + GR (environ 1h pour rejoindre les bergeries).* Le sentier s'engage à travers les pins laricio, dont la hauteur est particulièrement impressionnante ici : l'un des plus vieux de cette forêt, âgé de plus de 400 ans, atteint 40 m. Il descend ensuite en traversant quelques ruisselets, puis remonte, toujours en sous-bois, pour franchir une petite crête.

4

De là, on aperçoit, en face, parmi les arbres, la cascade de Radule. Le **GR 20** contourne sur la gauche ce cirque encombré de dépôts morainiques pour atteindre *(15mn)* les **bergeries de Radule** (alt. 1370 m) dans un **site★** remarquable.

Des bergeries, on descend à la **cascade de Radule** (alt. 1350 m), située au débouché du défilé. Cet itinéraire emprunte la piste de transhumance reliant le Niolo au Filosorma par les cols de Guagnerola et de Capronale. Il est encore utilisé par les muletiers ravitaillant les refuges du GR 20.

Au-delà de la rive opposée, le GR 20 amorce une montée sévère à travers des pierriers, ce qui la réserve aux randonneurs chevronnés.

Retour par le même chemin.

ℹ️ Carnet pratique

S'informer

Office du tourisme Pasquale Paoli – *Av. Valduniellu - 20224 Calacuccia -* ☏ *04 95 47 12 62 - www.tourisme-pasqualepaoli. corsica.*

📍 Nos adresses

Restauration

Calacuccia

Budget moyen

Auberge U Fucaghjolu – *Lieu-dit Pianotoli (près du stade) -* ☏ *04 95 57 11 82 - tlj - fermé de mi-oct. à mi-avr. - plats 19/35 €.* Des viandes entre autres produits de qualité (provennant de la ferme), ainsi que d'excellents fromages à déguster dans une agréable véranda. Très copieux et chaleureux. Soirées chants corses.

Albertacce

Budget moyen

Paglia Orba – *Albertacce -* ☏ *04 95 48 01 13 - 🍴 - fermé de nov. à mi-avr. - menu 28 €.* L'inénarrable Josette et sa fille Marie-Ange régalent le voyageur avec leur formule du jour fleurant

Agenda

A Fiera di a Santa di u Niolu – *À Casamaccioli -* ☏ *04 95 48 11 72 - 7 au 9 sept.* Célébration religieuse, foire (l'une des plus anciennes et importantes de Corse) et spectacle où les bergers rivalisent de talent dans des improvisations dialoguées ou chantées (*Chjama è rispondi,* concours de *mora*).

bon la montagne. Ingrédients issus du circuit court.

Autres restaurants le long de la D 84 à Albertacce. On pourra aussi déjeuner au bord du lac de Calacuccia, à Sidossi.

Activités

La Promenâne de la Crucichja – *36 r. Canali - Albertacce -* ☏ *06 15 29 45 64 - www. randonnee-ane-corse.com - de mi-mai à mi-oct. - promenade 40 €/1/2 j. ; 60/85 €/j.* Balades à la demi-journée, journée et randonnées de 2 à 6 jours.

Ranch U Niolu a Cavallu – *Rte de Vergio (à 6 km d'Albertacce) -* ☏ *06 23 67 92 90 - 8h-18h.* Différentes randonnées à cheval pour découvrir les paysages les plus secrets du Niolo, de la simple balade de 2h, à la randonnée au lac de Nino, en passant par une randonnée archéologique.

Hébergement

Calacuccia

Budget moyen

Hôtel Acqua Viva – *À la sortie du village, dir. col de Vergio - ☏ 04 95 48 06 90 - www. acquaviva-corse.fr - ♿ 🅿 - 14 ch. 91/116 € - ☕ 12 €.* Au débouché de la Scala di Santa Regina taillée, dit-on, par la Vierge en personne, petit hôtel familial disposant de chambres actuelles d'une tenue irréprochable. Propose aussi un camping à la ferme, entre la localité et le lac de Calacuccia (*☏ 04 95 48 00 08 - empl. 25 €*).

Prour se faire plaisir

Grand Hôtel de la Scala – *39 av. de Valdoniello - ☏ 04 95 48 00 04 - www.grandhoteldelascala. com - 🏊 🅿 - 30 ch. 130/145 € - ☕ 10 €.* Le bel édifice de style Art déco construit dans les années 1930 au centre du village a subi une cure complète de rajeunissement bien méritée. Chambres modernes, fonctionnelles et confortables, dont certaines avec vue sur les massifs environnants. Une adresse à ne pas manquer pour se relaxer après une randonnée.

Autour de Calacuccia

Budget moyen

Casa Balduina – *Lieu-dit Le Couvent (entre Calacuccia et Albertacce) - ☏ 04 95 48 08 57 ou 06 20 53 65 18 - www.casabalduina. com - 🅿 - fermé de mi-oct. à mai - 3 ch. 100/120 € - ☕ 11 € - 2 suites et un gîte.* Signalée par un portillon en fer, cette avenante « Maison Baudoin » est nichée dans un jardin enchanteur, planté de cerisiers et fleuri de roses. Les petites chambres à l'étage, coquettes et bien rénovées, donnent sur le lac ou sur le couvent. Petit-déjeuner servi sous la jolie pergola. Service gentil et attentionné. Une bonne adresse.

Casamaccioli

Budget moyen

Casa Vanella – *☏ 06 15 75 16 37 - www.chambres-hotes-corse-niolu. com - 📇 🅿 - 5 ch. 121/146 € ☕.* Un accompagnateur en montagne a aménagé dans la maison familiale des chambres s'ouvrant sur la vallée dont trois de plain-pied. Table d'hôte raffinée à base de produits bio locaux.

4

Le Bozio ★

U Boziu

Plus sauvages et impénétrables encore que les reliefs de la Castagniccia voisine, les monts du Bozio furent l'un des foyers des révoltes corses du 18e s. La région, aujourd'hui dédiée à l'élevage bovin, porcin et ovin, se caractérise par la survivance de ses traditions orales il est encore possible d'y entendre des musiques anciennes et des chants polyphoniques. Autre de ses attraits : presque chaque village possède sa chapelle de style roman enluminée de fresques.

▶ Se repérer

Haute-Corse (2B)

CARTE BC2/3 (P. 170-171), CARTE DU BOZIO P. 210. Au départ de Corte, deux possibilités pour atteindre le Bozio : soit sortir de la ville par la route de Bastia jusqu'au col de San Quilico, puis prendre à droite la D 41 vers Tralonca ; soit prendre la T 50 en direction d'Aléria, qui descend la vallée du Tavignano, et s'engager à gauche après 5 km dans la D 39 vers Sermano et Bustanico.

☺ À ne pas manquer

Les fresques peintes de la chapelle San Nicolao ; les randonnées aux départs de Sermano et d'Erbajolo.

⏱ Organiser son temps

La randonnée est le moyen idéal pour découvrir l'âme des villages du Bozio. Pas de banque, peu de commerces (surtout hors saison), pas de station-service. Faites le plein de provisions et de carburant à Corte.

● Nos adresses p. 211

Les balcons du Bozio

CARTE DU BOZIO

▶ *Circuit de 94 km au départ de Corte tracé en orange sur la carte p. 210. Quitter Corte au nord par la T 20. À 6 km, tourner à droite, direction Tralonca par la D 41.*
☺ Les villages du Bozio sont reliés par des routes très sinueuses, fréquentées par des cochons, des chèvres et des vaches, que l'on découvre subitement en sortie de virage. Roulez lentement et anticipez le croisement de véhicules.
Le col de San Quilico fait communiquer les bassins du Golo et du Tavignano. La D 41 grimpe vite, suivant une ligne de crête jusqu'à **Tralonca**, ouvrant des vues panoramiques jusqu'à Corte.

★ Tralonca

Le village perché domine la plaine et les cultures en terrasse. Il est de loin plus séduisant quand on le voit de l'est *(en allant vers Sermano)*. Une sorte de « chemin de ronde » encercle ses façades, telles de hautes murailles. Prenez le temps de flâner dans les ruelles en escaliers.
Puis poursuivez sur la D 41 vers **Santa-Lucia-di-Mercurio**, véritable porte du Bozio, puis vers Sermano en contrebas, sur la droite de la route.

Sermano (Sermanu)

Perché sur un mamelon dominant de curieuses cimes, le village est un des rares de l'île où, lors des fêtes religieuses, la messe est encore chantée en *paghjella*. Originaires du Bozio et de la Castagniccia, ces courts chants profanes, interprétés à trois voix le plus souvent, racontent le quotidien.

Le village de Tralonca.
K. Nowak/Alamy/hemis.fr

Chapelle San Nicolao – *15mn en traversant la route, en contrebas de l'église, suivre le balisage orange et dépasser un ensemble de bergeries à l'architecture traditionnelle. S'adresser à la Poste en passant pour emprunter la clé (9h-11h30 - fermé vend. et dim.); en cas d'absence se rens. à la mairie (04 95 48 67 27).* L'humble édifice roman, dont l'origine doit remonter au 7e s., est renommé pour sa riche décoration intérieure. Les **fresques★★**, peintes vers 1455 dans des coloris pastel harmonieux, témoignent d'une émouvante sensibilité. Notez l'importance attachée aux regards, trahissant une certaine influence du Quattrocento italien. Dans l'abside, remarquez le **Christ en majesté★** dans une mandorle, entre la Vierge au visage particulièrement gracieux et un saint Jean-Baptiste revêtu d'une peau de chameau.
Tracée en corniche, la route de Bustanico traverse une zone schisteuse, où prédomine une odorante végétation de maquis.

Bustanico (Bustanicu)

Blotti en contrebas de la route, le village présente des façades de pierres sombres et des toits de lauzes, caractéristiques de l'habitat traditionnel du Bozio. D'ici serait partie en octobre 1729 la guerre d'indépendance. Un vieillard surnommé Cardone, menacé de la saisie de ses biens par le collecteur d'impôts génois, aurait ameuté les autres bourgades du Bozio. La jacquerie se répandit en Castagniccia et en Casinca, et aboutit au sac de Bastia en 1730.
Flanquée d'un élégant clocher, l'**église** abrite un **Christ** en bois polychrome du 18e s. L'œuvre de facture très personnelle est empreinte d'un réalisme émouvant, qui rappelle les sculptures romanes.
Prendre la D 39 au sud vers Alando.

Alando (Alandu)

Le minuscule hameau est dominé par un **rocher** de 50 m de haut, qui supportait le château de Sambucuccio. Avec trois habitants à l'année (et 80 en été!), il illustre l'histoire récente des villages corses, frappés par la désertification.

Pour une **vue★** à 360° sur le Bozio, grimpez à la table d'orientation *(accès fléché au bas du rocher)*. Au sommet, une plaque en émail décrypte le paysage.
D'Alando, poursuivre sur la D 39, refaite et élargie, vers Favalello.
La route, en corniche, descend le cours du Zingaio.

Chapelle Santa Maria Assunta

S'arrêter à l'entrée de Favalello. L'édifice roman est situé en bord de route, dans le haut du village de **Favalello**. Les **fresques★** de la fin du 15e s. recouvrant une grande partie des murs intérieurs, élégantes et raffinées, figurent parmi les plus variées de Corse. Remarquez, dans l'abside, le **Christ en majesté**, et au registre inférieur, l'expression émouvante des apôtres, séparés par des arcades peintes.
Continuer sur la D 39, 1,5 km après Favalello, tourner à gauche dans la D 14 qui s'élève en lacet jusqu'à Erbajolo, traversant de superbes paysages.

Erbajolo (Erbasgiolu)

Le village possède deux églises un peu décaties. Du belvédère situé à la sortie du village, près du cimetière, s'offre un vaste **panorama★★** sur la profonde vallée du Tavignano, fermée à l'arrière par le monte d'Oro, et sur les montagnes environnantes. Table d'orientation en lave de Riom. De là, il est possible de rejoindre la basse vallée du Tavignano *(p. 212)* par la pittoresque D 314.

Sambucuccio

Alando est la patrie de Sambucuccio, auquel les chroniqueurs attribuent la direction des insurrections de 1358. Ces mouvements populaires, dirigés contre les seigneurs, aboutirent à la création de la « Terre du Commun » dotée (sous le regard bienveillant de Gênes) de « statuts » communautaires. De cette époque date l'organisation de la vie des villages, régie par une assemblée générale des habitants et par un magistrat élu à sa tête (le gonfalonier).

★ Zuani

Comme posté au bout du monde, le village se cache au détour d'une belle route en lacets. Presque dépeuplé l'hiver, Zuani renaît l'été, lorsque les estivants reprennent possession de leurs résidences secondaires. Les façades de schiste et les toits de lauze présentent une belle unité. Notez l'intéressante porte en bois sculpté de l'église.

Sur le chemin du retour, trois options sont possibles : rentrer à Corte via Erbajolo et la vallée du Zingaio ; rejoindre Bustanico par une route escarpée passant par Sant'Andrea-di-Bozzio juste après le col de Casardo ; poursuivre sur la D 116 au-delà de Zuani, et atteindre la côte à Cateraggio, au nord d'Aléria.

Randonnées

😊 Attention, le parc naturel régional de Corse n'assure plus le balisage des itinéraires. Leur état dépend désormais de chaque commune. Renseignez-vous en mairie sur l'état des sentiers avant le départ.

💚 **Au départ de Sermano** – Des sentiers de pays, balisés en orange, permettent des boucles à la journée. Circuit vers le couvent d'Alando *(5h)*. Même circuit que le précédent, incorporant un détour par Bustanico *(7h)*.

💚 **Au départ d'Erbajolo** – Plusieurs sentiers relient les chapelles d'Erbajolo à Pianello et Zuani.

📍 Nos adresses

☞ Voir aussi « Nos adresses » à Corte, p. 181.

Hébergement/restauration

Tralonca

Pour se faire plaisir

A Chjusella di e Sertine – *Lieu-dit E Sertine* - 📞 *06 80 71 51 24* - *www.achjuselladiesertine.com* - *avr.-oct.* - *5 lodges* - *140 €* 🛏 - 🍴 *dîner traditionnel (50 € pour 2 pers.).* Des *tinnazzi* ou tonneaux aménagés de façon très cosy, et de tout confort (pas d'électricité, mais lampes et chargeur solaires pour portable ; prêt de batteries), disséminés en pleine nature (domaine de 1 ha). Un hébergement écolo-insolite de qualité qu'apprécieront ceux qui cherchent la sérénité, et à se ressourcer loin de la civilisation. Très bon petit-déjeuner à base de produits du terroir. Sauna au feu de bois gratuit. Accueil adorable.

Sermano

Pour se faire plaisir

Parfumu di Celu – *E Scalelle - San Luca-di-Mercurio (4,5 km à l'ouest de Sermano)* - 📞 *06 88 98 02 92* - *www.chambres-hotes.fr* - 🅿 - *3 ch. 154 €* 🛏 - 🍴 *dîner corse sur demande.* Dans une maison de style traditionnel du 19e s., avec jardin et Spa, des chambres impeccables, lumineuses et décorées avec goût. L'une est dédiée à Gary Craft, guitariste du regretté Calvin Russell, qui habita l'endroit. Petit-déjeuner sur la terrasse avec vue d'anthologie. Excellent accueil et bons conseils.

4

La basse vallée du Tavignano ★

Tavignanu

Serpentant au milieu du maquis, des châtaigniers et des chênes-lièges, le Tavignano, de Corte à Aléria, a creusé des gorges dans les schistes lustrés jusqu'aux portes de la plaine orientale, tandis que ses nombreux affluents, descendus de la Castagniccia, ont morcelé le relief de cette région de moyenne altitude. De vieux villages, reliés par d'étroites routes sinueuses en corniche, s'accrochent à flanc de montagne sur les versants nord de la vallée. Certains paysages rencontrés sont à couper le souffle.

▶ Se repérer

Haute-Corse (2B)

CARTE BC2/3 (P. 170-171). Le Tavignano prend naissance au lac de Nino à 1743 m d'altitude dans les massifs cristallins du centre de l'île ; jusqu'à Corte, c'est un torrent de montagne. La T 50 suit la vallée du Tavignano, de Corte jusqu'à l'embouchure du fleuve à Aléria.

☺ À ne pas manquer

Le pont génois.

◷ Organiser son temps

Attention, peu de commerces ou alors de petites épiceries de village. Au besoin, faites d'importantes courses et votre plein d'essence à Corte ou Aléria. Possibilité de suivre le chemin buissonnier constitué par les D 314 et D 14 pour gagner Altiani.

📍 Nos adresses page ci-contre

★ De Corte à Aléria par la corniche

▶ *Circuit de 60 km au départ de Corte tracé en bleu-gris sur la carte p. 170-171 – Compter environ 1h30. Quitter Corte par la route d'Ajaccio (T 20) et, au rond-point, suivre la direction Aléria (T 50).*

La route longe la rive droite du fleuve ; à 17 km de Corte, elle l'enjambe sur un **pont génois★** à arche triple, construit à la fin du 17e s. et élargi par les ingénieurs français au 19e s. Le surhaussement de la chaussée atténue le classique dos-d'âne des ponts génois.

Modeste édifice du 10e s., dédiée à saint Jean-Baptiste, la chapelle située à la tête du pont est appareillée avec des rangées de pierres monumentales alternant avec des lits de pierres plates, suivant la technique de l'art roman pisan.

Juste après la chapelle St-Jean-Baptiste, prendre à gauche la D 314 qui monte en lacet vers Altiani.

Altiani C3

Ses maisons, disposées en amphithéâtre, s'accrochent sur un éperon au milieu de gros blocs de rochers, dans un sauvage paysage de montagne. On y exploitait autrefois le liège. D'Altiani, on jouit d'une bonne perspective jusqu'à la mer, mais

aussi sur la plaine d'Aléria, la chaîne centrale de l'île et le monte d'Oro. Le panorama est encore plus magnifique quand les sommets sont enneigés
Au-delà d'Altiani vers l'est, la route tracée en corniche (D 14) domine le Tavignano
d'environ 600 m.

Piedicorte-di-Gaggio C3

Se garer sur le parking aménagé face à l'église, à côté du monument aux morts.
Le village s'élève sur un promontoire dominant la vallée du Tavignano, d'où l'on
découvre un **panorama**★ sur la plaine d'Aléria et la mer Tyrrhénienne ; à l'ouest,
se détachent le monte d'Oro et le monte Rotondo. L'église paroissiale, coiffée
de lauzes, présente une façade du 18e s. et un clocher massif à la base duquel est
encastrée une archivolte romane du 12e s., décorée de quatre monstres ailés et
surmontant un linteau orné d'entrelacs.
Poursuivre sur la D 14.

Pietraserena C3

L'église St-Roch est posée sur une terrasse surplombant la vallée.
Continuer sur la D 14.
À l'entrée du village de **Pancheraccia**, vue sur la plaine orientale, dont vous pourrez
apprécier l'étendue des terres mises en valeur. Au cœur du village, après la fon-
taine, une route sur la droite grimpe vers Notre-Dame de Pancheraccia.
La route sinueuse s'abaisse ensuite vers la plaine où l'on retrouve la T 50.

4

📍 Nos adresses

🜂 *Voir aussi « Nos adresses » à
Corte, p. 181.*

Restauration

Piedicorte-di-Gaggio

Budget moyen
La Table d'Élise – *Au bord de la
T 50, km 22 -* 📞 *07 64 01 15 41
ou 06 37 56 44 08 - page
Facebook - fermé oct.-mars - plats
14,90/26 €.* Bon petit restaurant
proposant des plats gourmands
réalisés avec des ingrédients de
première fraîcheur, ainsi que des
pizzas (délicieuse pizza burrata)
Accueil très sympathique et
terrasse agréable. Cocktails
originaux également. Soirées
à thèmes.

Pietrasena

Premier prix
Chez Paul – *Dans le village -*
📞 *06 17 42 02 11 -* 🖬 *- 10/15 €.*
Pour déguster d'excellentes
et copieuses pizzas tout en
profitant d'un magnifique
panorama. Propose aussi
des burgers.

De Corte à Vizzavona

Sillonnant à travers les forêts de pins, la route reliant Corte à Vizzavona réserve de beaux panoramas sur les massifs de Rospa-Sorba et de Vizzavona, dominés par les cimes des monte d'Oro et Cardo. Équipés de bonnes chaussures de randonnée, vous profiterez plus encore des beautés sauvages de la région, avec ses cascades secrètes et ses points de vue splendides. À mi-chemin, le bourg de Vivario, entouré de châtaigniers et de prairies, est un havre de fraîcheur en été. Il surplombe joliment les gorges du Vecchio.

▶ Se repérer

Haute-Corse (2B)

CARTE B2/4 (P. 170-171). Vivario se trouve sur le tracé de la T 20, 9 km au nord de Vizzavona, et 21 km au sud de Corte.

😊 À ne pas manquer

Franchir le pont du Vecchio en train ; se promener au fort de Pasciolo et à l'Occhio-Vario.

⏱ Organiser son temps

Arrêtez-vous en chemin pour profiter des panoramas et des nombreuses randonnées. Munissez-vous de bonnes chaussures.

ℹ **Carnet pratique p. 217**

📍 **Nos adresses p. 218**

De Corte à Vivario

CARTE DE RÉGION

▶ *Circuit de 25 km au départ de Corte tracé en rouge sur la carte p. 170-171 – Compter une ou deux journées pour profiter des randonnées. Quitter Corte par la route d'Ajaccio (T 20), et suivre la route en direction de Venaco, au sud. Après 9 km, prendre le chemin carrossable derrière le calvaire à gauche de la route.*

Col de Bellagranajo B3

À partir du promontoire, à 500 m de la route, parmi les cistes et les framboisiers s'ouvre un vaste **panorama★★** sur Venaco accroché aux premières pentes du monte Cardo, à gauche sur le hameau de Poggio, en face sur la vallée du Vecchio et, au loin, sur les montagnes et les villages perchés de la rive gauche du Tavignano.

★ Chapelle Sant'Eliseo B3

Départ de Santo-Pietro-di-Venaco, 4 km au nord de Venaco. Empruntez à droite la rue montant dans le village, jusqu'à la petite église *(panneau et carte)*. Rejoignez le gîte d'étape du village et longez la clôture qui le borde, en évitant le chemin menant à la rivière, jusqu'au croisement avec un sentier à partir duquel vous pourrez suivre le balisage orange. Prévoyez eau et pique-nique.

👣 *5h AR.* Dénivelé 750 m, arrivée à 1555 m d'alt. Les chemins de la chapelle sont fréquentés lors du pèlerinage religieux du 29 août. Le reste de l'année, vous ne serez pas bousculé et profiterez pleinement des **vues★** sur le col de Morello, les contreforts du Nebbio et la vallée du Tavignano. Pensez à lever la tête de temps à autre : la matinée est propice à l'observation des aigles royaux.
Reprendre la T 20 vers le sud.

Pont du Vecchio conçu par Gustave Eiffel et inauguré en 1893.
Allard1/Getty Images Plus

Venaco (Venacu) B3

Adossé au monte Cardo dans un paysage où prédomine le châtaignier, ce bourg au cœur de la Corse est une agréable station climatique d'été (alt. 600 m) possédant des possibilités d'hébergement et de restauration *(bars et épicerie),* ainsi qu'une gare. De la terrase de son église baroque la vue s'étend sur la vallée du Tavignano et sur les monts du Bozio. Ne pas manquer le **château Bona** (1888), imposante construction abritant la Casa Comuna, l'école, la poste, qui surplombe la T 20 et la vallée.

Reprendre la T 20 pour 2,5 km.

★ Double pont du Vecchio B3

😊 *En contrebas du pont routier moderne, un embranchement permet de passer sur l'ancien pont, étage inférieur de l'ouvrage d'art.*

Le double pont du Vecchio fut construit entre juin 1825 et octobre 1827 sur la grand-route Ajaccio-Bastia. L'ouvrage d'art, lancé sur le Vecchio en une seule arche de pierre, enjambe la rivière à 96 m de hauteur. Il est dominé par les hautes piles du viaduc métallique du chemin de fer construit par Gustave Eiffel vers 1888. L'ingénieur français (1832-1923) appliqua ici les perfectionnements techniques apportés au lancement des tabliers de ponts en porte-à-faux. La ligne de chemin de fer Ajaccio-Bastia fut terminée et ouverte au trafic en 1894.

La **vue★** sur les deux ponts, les gorges profondes du torrent, le cadre montagneux dépassant 2 000 m, et souvent enneigé, méritent un arrêt.

Continuer vers le sud.

Vivario B3

Son nom viendrait du mot latin *vivarium* signifiant « vivier », pièce d'eau où l'on nourrit le poisson. Étagé de part et d'autre de la T 20, le village fait face, au sud-ouest, au monte d'Oro. Sur la place centrale, une fontaine surmontée d'une Diane se dresse au-dessus de la vallée du Vecchio, face au cirque montagneux dominé

> ### Cônes de pin
>
> Cueillis en automne, les cônes étaient envoyés à Vivario, où ils séchaient pendant douze jours jusqu'à l'éclatement et la dessiccation des graines alors débarrassées de leurs impuretés. Jusqu'à ces dernières années, plusieurs tonnes de graines étaient ainsi expédiées sur le continent et dans divers pays d'Europe. Ces semences sélectionnées pour le reboisement étaient très recherchées pour leur qualité germinative.

par le monte Cardo. Les ruelles piétonnières et pentues, souvent en escaliers, sont bordées de vieilles façades aux patines fatiguées.

Poursuivre sur la T 20 vers le col de la Serra. Le fort de Pasciolo est à 1,5 km.

★ Fort de Pasciolo B3

Laisser son véhicule sur l'aire de repos aménagée dans le grand virage (table d'orientation) et prendre le chemin de terre conduisant au fort, bien visible de la route. Bonnes chaussures recommandées (chemin pierreux, parfois glissant) et un chapeau en été (peu d'ombre).

🐾 *30mn AR.* Les ruines du fort sont surtout intéressantes pour l'histoire qui leur est attachée et pour la beauté sauvage du site. Dominant les gorges très encaissées du Vecchio (u Vechju), les ruines se dressent comme une vigie, face à un immense cirque montagneux. Bâti vers 1770 par les Français, le fort renforçait la position de celui de Vizzavona. Sous le Consulat, il acquit une sinistre réputation du fait de sa transformation en prison par le général Morand, à qui avait été confiée l'administration de la région. Les rebelles du Fiumorbo y furent un temps enfermés. Aux deux tiers du chemin menant au fort s'élève, sur la gauche, un promontoire rocheux formant un belvédère naturel (à-pic dangereux à l'ouest). De cet endroit, s'offre une **vue★** sur les gorges du Vecchio. On aperçoit une sorte de goulet, appelé « **pont du sauvage** », seul endroit des gorges où la rivière peut être franchie par un saut de 3 m. Le site doit son nom à un jeune garçon qui, au début du 19e s., retourna à l'état sauvage après s'être enfui de chez lui à cause d'une réprimande.

Au terme du sentier, les ruines du fort offrent un site spectaculaire, avec une vue à 360° sur la région.

★ Forêt de Rospa-Sorba

▶ *Boucle de 59 km au départ de Vivario tracée en violet sur la carte p. 171. Quitter Vivario par la route de Vezzani (D 343).*

Muracciole C3

Le village occupe un site d'éperon, dans le vallon d'un petit affluent du Vecchio, sur un replat cultivé en terrasses.

Après le village, le regard s'étend, en arrière, sur la vallée du Vecchio et la grande ligne de crête centrale de l'île.

Col de Morello C3

Alt. 824 m. La **vue★★** s'ouvre sur la vallée du Vecchio, le monte Cardo à l'ouest et les montagnes du Cortenais.

L'Occhio-Vario C3

Stationner au col.

🐾 *25mn AR depuis le col de Morello, par un sentier de chèvres qui suit la crête au nord du col.* Le promeneur attentif découvrira quelques orchidées sauvages (protégées) en avril-mai et apercevra différentes espèces d'oiseaux nichant parmi les arbousiers, la bruyère et les chardons.

Le sommet de la crête est matérialisé par une petite borne géodésique de granit blanc (alt. 866 m) : elle porte le nom d'Occhio-Vario (« œil varié »). À partir de ce **point de vue★★**, on distingue en effet par temps clair une bonne quinzaine de villages, dont Castiglione, niché dans les rochers. À l'ouest, on aperçoit dans le lointain le pont Eiffel enjambant le Vecchio. À l'est, les monts sauvages s'étendent à perte de vue.

La route s'engage ensuite dans le massif forestier de Rospa-Sorba, comprenant les forêts de Rospa-Sorba, Noceta, Rospigliani et Vezzani. À ses superbes pins laricio se mêlent quelques châtaigniers.

Après le pont de Catarello, la **fontaine de Padula** sourd au milieu des pins. La descente du col d'Erbajo s'effectue à travers les pins laricio.

Reprendre la D 343 et tourner à droite en direction de Vezzani.

Vezzani C3

Le gros bourg, situé à 800 m d'altitude à la lisière de la forêt, était autrefois spécialisé dans l'exploitation des **cônes** (pommes de pin) de pin laricio. Une mine de cuivre y fut exploitée de 1897 à 1910. Le minerai aurait peut-être alimenté l'activité de fonderie attestée dans l'Antiquité à Aléria, située à 30 km à l'est.

Remarquez l'**église** paroissiale avec sa façade baroque en moellons de schiste.

Après Vezzani, la route, en lisière de forêt, domine au nord la vallée de la Tagnone.

À Pinzalone, prendre à droite vers Ghisoni.

★ Défilé de l'Inzecca C4 *(voir p. 396)*

Défilé des Strette C4 *(voir p. 396)*

Ghisoni C4 *(voir p. 395)*

Au nord-ouest de Ghisoni, la route remonte la vallée du Regolo, qui sépare les grands massifs forestiers de Vizzavona et de Rospa-Sorba.

De Ghisoni, on peut rejoindre le haut Taravo *via* le col de Verde *(voir p. 397).*

Col de Sorba C4

Alt. 1 311 m. De l'un des plus hauts cols routiers de l'île s'offre, par temps clair, une **vue★** sur la vallée du Vecchio et le monte d'Oro à l'ouest, sur les défilés des Strette et de l'Inzecca à l'est.

La route descend ensuite à travers des peuplements de pins laricio jusqu'à Vivario et la région de Vizzavona.

4

ℹ Carnet pratique

S'informer

Office du tourisme de Corte – *Voir p. 181.*

Agenda

A Fiera di u Casgiu – *À Venaco - www.fromages-corse.org - 1er w.-end de mai.* Cette foire au fromage fermier attire chaque année plusieurs milliers de visiteurs venus goûter les meilleures productions fromagères de l'île. Concours régional, démonstrations de fabrication de fromages, rencontres avec des bergers-producteurs, etc.

Festa di u Legnu di Furesta – *À Vezzani - en juil.* Fête du bois et de la forêt. Animations et artisanat local.

📍 Nos adresses

ℂ *Voir aussi « Nos adresses »*
à Ghisoni, p. 398.

Restauration

Venaco

Premier prix

Bar-Restaurant La Place –
Pl. du Pont - 𝒫 *04 95 47 01 30 -*
tlj sf lun. midi, service continu -
plats env. 15/25 €. La terrasse
de ce restaurant, bar et glacier
est comme une vigie sur l'animation
du village. La cuisine est de qualité
et les plats bien présentés.
Propose également un choix
de pizzas.

Petite pause

Vivario

L'Affaccata – *Pl. Diane -*
𝒫 *04 95 30 69 02 - en sais. :*
7h-21h. Une épicerie où vous
trouverez tout le nécessaire pour
préparer un pique-nique 100 %
local dans la forêt de Vizzanova,
notamment un délicieux panier
nustrale. Fait aussi dépôt de pain.

Hébergement

Venaco

Premier prix

Auberge Casa Mathea –
Poggio-di-Venacco (3,5 km
au nord-est de Venaco) -
𝒫 *04 95 47 05 27 - www.auberge-*
casamathea-corse.com - ♿ 🛴 *-*
5 appart. 62/81 € - 🖵 *8 € -* 🍴
*Située dans la rue principale
du charmant village de Poggio,
l'auberge dispose de spacieux
appartements aux 1er et 2e étages,
simples et bien équipés, avec vue
panoramique sur les alentours et
le couchant. Au rez-de-chaussée,
le patron prépare de bonnes
pizzas au feu de bois; formule
demi-pension possible, avec
menu varié chaque jour.

Budget moyen

U Frascone – *Lieu-dit La*
Croix - 𝒫 *04 95 47 00 85 -*
www.ufrascone.com - fermé
nov.- mi-avr. - 11 ch. 89/115 € -
🖵 *10 €.* Dans ce charmant hôtel
à la sortie sud de Venaco, certaines
chambres, tout confort et rénovées
avec soin, offrent de belles
vues sur la vallée. La décoration
générale est moderne, chaleureuse
et cosy.

Vivario

Premier prix

U Campanile – 𝒫 *04 95 47 22 00 -*
www.hotel-restaurant-ucampanile.
com - 🅿 *- de mars à fin oct. - 5 ch.*
86 € - 🖵 *10 € -* 🍴*.* Joli petit hôtel
à l'intérieur cosy avec ses murs
crépis de blanc, sa cheminée
et ses poutres apparentes.
Les chambres sont confortables
et sobres. La table de Karine
sert une cuisine corse maison
(beignets de poireaux, *tianu* de
veau...), à apprécier en terrasse
dans l'agréable jardin ou dans
une élégante salle à manger.

Budget moyen

Hôtel U Palazzu – 𝒫 *04 95 60*
01 01 - www.hotel-upalazzu.fr -
🅿 *- fermé mi-oct.-mars - 12 ch.*
66/104 € - 🖵 *12 €.* Cette belle
et solide maison du 19e s. aux
volets blancs est située le long
de l'axe principal du village. Le
décor, un peu rétro, est relevé
de tons rouges, dans les parties
communes comme dans les
confortables chambres. Spa.
Accueil chaleureux.

La forêt de Vizzavona

Traditionnelle étape de mi-parcours du GR 20, la forêt de Vizzavona, l'une des plus belles de Corse, s'étend entre le monte d'Oro et le col de Palmente. Ses dizaines de kilomètres de sentiers et de routes forestières, serpentant à travers les pins laricio et les hêtres, font la joie des randonneurs ou des simples promeneurs en quête de fraîcheur. Une aussi désuète qu'improbable gare permet d'accéder en train à la forêt environnante.

▶ Se repérer

Haute-Corse (2B)

CARTE B4 (P. 171), CARTE DE LA FORÊT P. 222. Dans le sens Ajaccio-Bastia, la T 20 franchit le col de Vizzavona avant de pénétrer dans la forêt, qu'elle traverse sur 8 km jusqu'à Tattone. La forêt est aussi accessible par le chemin de fer, qui passe par le hameau de Vizzavona (en contrebas de la nationale, à env. 4 km du col sur la gauche).

😊 À ne pas manquer

Les cascades des Anglais, bien agréables durant les grandes chaleurs ; le col sous la neige, quand les Corses y viennent nombreux, faire des bonshommes de neige et de la luge.

🕐 Organiser son temps

Si vous effectuez la randonnée du monte d'Oro, partez de bonne heure.

👥 En famille

Les cascades des Anglais ; Parc Aventure *(voir « Nos adresses »).*

ℹ Carnet pratique p. 223

📍 Nos adresses p. 223

Découvrir

CARTE DE LA FORÊT DE VIZZAVONA P. 222

4

★ Vizzavona

Située au cœur de la forêt et dominée par la silhouette massive du monte d'Oro, l'agréable petite station climatique offre aux estivants, en plus du calme, un grand choix de promenades en forêt et de courses en montagne. Au 19e s., la forêt de Vizzavona était réputée dangereuse, étant un repaire de bandits : certains prétendent même qu'on écrivait son testament qu'avant de la traverser !

Composée de quelques chalets, 3 ou 4 hôtels et refuges groupés autour de la chapelle et de la **gare**, la station comprend en outre le hameau de **La Foce**, situé à 3,5 km sur la T 20 près du col de Vizzavona. Côté sud, la voie ferrée passe sous un tunnel rectiligne de 4 km, l'un des ouvrages les plus extraordinaires du réseau. Inaugurée en 1889, la **gare** est la plus haute de Corse (906 m). Un peu plus haut, les ruines du **Grand Hôtel** rappellent la Belle Époque, quand les Anglais venaient respirer l'air pur.

Fontaine de Vitulo

15mn AR au départ du col de Vizzavona. Elle donne naissance au ruisseau de Foce, affluent de la Gravona.

Col de Vizzavona

À 1163 m d'altitude, le col permet à la grande route Ajaccio-Bastia de passer du bassin de la Gravona, tributaire du golfe d'Ajaccio, à celui du Tavignano, qui irrigue la plaine orientale d'Aléria. Il offre des aires de stationnement ombragées par des tilleuls, avec tables et bancs, dans une vaste clairière semée de blocs granitiques.

15mn AR. Pour admirer la **vue★** sur la vallée de la Gravona et le château démantelé se détachant sur la masse imposante du monte d'Oro, une petite route s'élève au sud, au milieu des hêtres, vers un relais hertzien.

Randonnées   CARTE DE LA FORÊT DE VIZZAVONA

Circuits tracés en bleu foncé sur la carte p. 222.

★ Cascades des Anglais (A Spiscia di l'inglesi)

Départ du grand parking au-delà de l'hôtel Monte d'Oro (aussi possible depuis la gare en traversant 2 passerelles, puis la piste forestière du GR20 ; compter 2h AR dans ce cas).

1h AR (env. 3 km). Une belle piste descend vers la rivière, surplombée par un parcours aventure dans les arbres *(voir « Nos adresses »)*. Lorsque la piste tourne sur la droite, continuez tout droit sur un sentier moins large. L'arrivée sur le site est marquée par une passerelle du GR 20 et par une... buvette. L'endroit est très fréquenté en saison.

Il faut alors remonter la rivière pour trouver les petites cascatelles et les vasques pour se rafraîchir. Ne cherchez pas une cascade géante ; en vous éloignant un peu, vous en trouverez une un peu plus grande que les autres, connue sous le nom de cascade des Anglais.

Un pin aux multiples qualités

Différent du pin de Corte, le **pin laricio** peuple les magnifiques futaies d'Aïtone, de Valdu-Niellu, de Vizzavona et du centre de l'île. C'est l'un des plus grands arbres d'Europe. Son fût parfaitement rectiligne dépasse souvent 40 m de hauteur et atteint parfois 2 m de diamètre. Très robuste, il peut vivre 600 ans. Le résineux réclame une certaine humidité. Il croît sur les sols granitiques entre 700 m et 1 800 m d'altitude sur les versants ensoleillés, mais aussi sur certains versants exposés au nord. Il est fréquemment associé au hêtre à partir de 900 m, au pin maritime entre 700 et 1 000 m, au sapin et au bouleau aux altitudes supérieures. Ses branches, peu nombreuses et assez courtes, sont régulièrement étagées et groupées surtout au faîte de l'arbre. Les cônes ou « pommes de pin », longs de 6 à 8 cm, sont disposés presque horizontalement sur les branches. Il contribue à maintenir en altitude un certain équilibre biologique. Ses racines puissantes lui permettent de croître sur des crêtes ou de fortes pentes, voire dans les cailloux et les rochers, préservant ainsi le sol d'une érosion trop rapide. Moins vulnérable au feu que le pin maritime, il peut se régénérer après un incendie, ou être replanté avec succès. Le laricio, imputrescible, constitue un excellent bois de charpente et de menuiserie. Ses fûts ont jadis été utilisés pour la fabrication des mâts de bateau. Plus tard, l'Angleterre l'importa pour fabriquer ses traverses de chemin de fer.

Forêt de Vizzavona, les cascades des Anglais.
L. Montico/hemis.fr

Torrent de l'Agnone

▶ *Départ de La Foce, à gauche de la T 20, après le col de Vizzavona, pour gagner, à travers la forêt, le village de Vizzavona.*

👣 *1h.* Après avoir atteint le torrent *(env. 20mn)*, tournez à droite dans le GR 20, qui traverse l'Agnone sur un pont de bois. Descendez ensuite sur la rive gauche du torrent jusqu'au niveau de Vizzavona, où l'on traverse à nouveau l'Agnone, puis le Fulminato, avant d'arriver en vue des premières maisons.

★ Col de Palmente

▶ *Départ de la T 20, à 200 m au-dessous de la maison forestière de Vizzavona, en direction de Bastia et à proximité d'une maison isolée.*

👣 *4h AR.* Le **GR 20** *(marques rouge et blanc)* monte en lacet dans la forêt, offrant une belle vue sur le monte d'Oro. Ce tronçon constitue, avec celui du col de Vergio, les deux sections du GR 20 praticables aisément par tout promeneur.
Le large sentier grimpe en pente douce à l'ombre des pins et des hêtres. Au bout d'environ 25mn de marche, prenez le chemin de gauche *(toujours suivre les marques rouge et blanc du GR).* 20mn plus tard, vous traversez une forêt de hêtres. Au bout de 30mn, le GR 20 sort de la forêt et s'élève vers la crête. Vous atteindrez, en 30mn de montée plus raide dans un paysage dénudé, le col de Palmente (alt. 1645 m). Du col hérissé de rochers la **vue★** s'étend sur le monte d'Oro et le monte Renoso, ainsi que sur la plaine et l'étang d'Urbino. Ce col, entre la forêt de Vizzavona et le versant oriental du massif du Renoso, était autrefois la voie empruntée par les bergers pour se rendre à Ghisoni.

★ La Madonuccia

▶ *Départ au col de Vizzavona. Balisé de points ronds jaunes.*
La balade rejoint le rocher de la Madonuccia surplombant le col de Vizzanova, à 1540 m d'altitude.

👣 *1h30 AR.* Suivez la route vers le relais hertzien, puis le chemin vers les bergeries des Pozzi *(abri bivouac).* De là, vous pouvez grimper sur la crête, constituée d'un amas de rochers, visible de la route, qui évoque une statue de la Vierge : vue sur la vallée de la Gravona et le monte d'Oro.

4

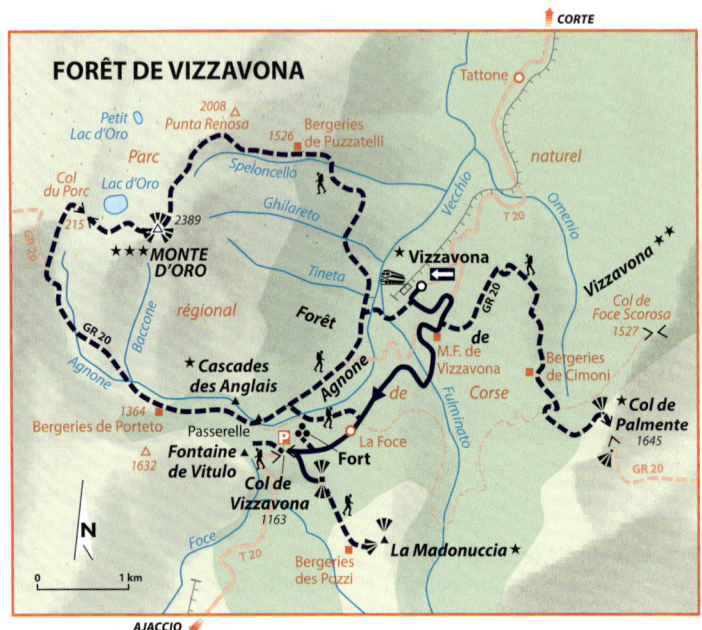

Fort de Vizzavona

▶ *Départ du col de Vizzavona par un chemin à droite gravissant le plateau et un sentier à travers bois.*

🥾 *45mn.* D'origine génoise, il protégeait le col. Le **site** qu'il occupe atteste de l'ancienneté de cette voie de passage et de son importance stratégique. Les **ruines** de la forteresse sont impressionnantes : le donjon éventré révèle les fragments de son escalier en colimaçon. Le paysage sur la moraine glaciaire envahie par le maquis et cernée par la forêt est saisissant.

★★★ Monte d'Oro (Oru)

▶ *Départ de la gare de Vizzavona. Accès par les cascades des Anglais.*

🥾 *10h AR, 1460 m de dénivelé - difficile (bon entraînement physique impératif). La fin est souvent enneigée jusqu'à début juillet.* Cette randonnée exigeante permet d'admirer toute la variété de paysages de la montagne corse : forêts de pins laricio, de hêtres, torrents… Le monte d'Oro (2 389 m d'altitude), l'un des grands sommets de la Corse cristalline, appartient à la ligne de crête partageant les eaux entre les rives est et ouest de l'île. Son nom proviendrait des multiples sources qui dévalent de ses flancs. Des cascades des Anglais *(voir p. 220)* part le GR 20, jalonné de marques rouge et blanc, mène près des bergeries de Porteto (alt. 1364 m), invisibles du sentier et situées à quelques mètres au sud, au milieu de superbes hêtres *(2h)*. Le sentier franchit à gué l'Agnone *(2h15)*, puis gravit les pentes caillouteuses du monte d'Oro *(montée pénible)* vers le col du Porc *(5h15 ; Bocca di Porco ; 2159 m)*, d'où l'on gagne le sommet *(6h15 – la montée au sommet exige de bonnes connaissances en alpinisme)*. Le **panorama★★★**, à découvrir assez tôt dans la matinée et par temps clair, embrasse tous les hauts sommets de l'île, la mer et les îles de Toscane.

Revenez à Vizzavona *(3h30)* par le sentier balisé de marques jaunes, qui contourne l'autre versant du monte d'Oro par les bergeries de Puzzatelli, puis franchit le ravin de Ghilareto, le ruisseau de Tineta à gué et l'Agnone. Entre 2150 m et 2 000 m, le couloir appelé « la Scala », raide et souvent glissant, demande prudence et attention.

ℹ️ Carnet pratique

S'informer

Office du tourisme de Corte – *Voir p. 181.*

📍 Nos adresses

Hébergement/restauration

😊 Dans la forêt, deux gîtes d'étape accueillent les randonneurs en quête d'une bonne nuit de repos. 🍂 *Voir aussi « Nos adresses » De Corte à Vizzanova p. 218.*

Forêt de Vizzavona

Premier prix

Le Refuge du GR 20 – *Pl. de la Gare -* 📞 *04 95 47 22 20 - fermé de déb. nov. à avr. (date variable selon météo) - menu 20/28 € - 4 dortoirs, 15/25 €/pers. selon taille du dortoir.* Ce bar-restaurant situé juste en face de la gare propose bivouacs, dortoirs, petite restauration (tout est fait maison), ainsi qu'un ravitaillement pour les randonneurs.

Budget moyen

Chambre d'hôte Casa Alta – *Accès par la T 20 -* 📞 *04 95 47 21 09 - www.casa-alta.fr -* 🅿️ *- fermé 15 déc.-15 janv. - 5 ch. 79/146 €* 🍵 *- panier-repas 15 €, dîner (sur réserv.) 34 €.* Perdue au milieu des pins, à 1000 m d'altitude (gare de Vizzavona à 500 m), cette maison de villégiature du 19e s. avec jardin propose des chambres bien isolées et décorées de meubles anciens. Vincent et Henri ne manquent pas de conseils et sont aux petits soins. Petit-déjeuner avec gâteaux et pains maison. Vaste choix de randonnées (raquettes en hiver).

Une folie

U Castellu – *Forêt de Vizzanova -* 📞 *04 95 30 53 00 - www.hotel-ucastellu.fr -* 🅿️ *- 10 ch. 120/190 €*

Arriver/partir

Gare ferroviaire – 📞 *04 95 47 21 02 - cf-corse.corsica.* Liaisons avec Ajaccio, Corte et Bastia.

et un chalet - 🍵 *17 € -* 🍴 *plats env. 25/30 €.* Dans un adorable chalet au cœur de la forêt de Vizzanova, un boutique-hotel au charme fou avec son mobilier ancien, ses petits salons, sa terrasse paisible, son ambiance intime et raffinée. Soirées musicales et possibilité de balades en raquettes ou en ski de fond l'hiver au spot de la Punta d'Oriente. Propriétaires très sympathiques.

Col de Vizzavona

Budget moyen

Hôtel Monte d'Oro – 📞 *06 52 48 12 69/04 95 47 21 06 - www.monte-oro.com -* 🅿️ *- fermé de mi-oct. à fin avr. - 15 ch. 90/125 € -* 🍵 *20 € (brunch, pdts locaux) - gîte 14 ch. 29/33 €/pers. -* 🍴 *plats 19/42 €, menu 35 €.* Bien situé en retrait de la route et aménagé dans une bâtisse du 19e s. au décor très rétro, cet établissement propose des chambres avec salles de bains rénovées *(tarifs variables selon la fréquentation).* Toutes sont calmes et spacieuses, un peu sombres mais fraîches. Belle salle de restaurant et bonne cuisine corse. Accueil charmant, tout comme l'ambiance générale.

Activités

👥 **Parc Aventure** – *Col de Vizzanova -* 📞 *04 95 37 28 41 - www.corsicanatura-activites.fr - juil.-août : 10h-19h ; juin et 1er-15 sept. : merc. et w.-end 12h-18h.* Quatorze parcours *(à partir de 25 €/pers. ; dès 3 ans)* et de nombreux ateliers (escalade, accrobranche), à proximité des cascades des Anglais.

4

Les Calanche de Piana.
x-posure/Getty Images Plus

5

Porto, les Calanche et Cargèse

CARTE MICHELIN DÉPARTEMENTS 345 – CORSE-DU-SUD (2A)

Le golfe de Porto★★★   228

À l'est de Porto :
Les gorges de Spelunca★★   241

Évisa et la forêt d'Aïtone★★   243

Autour du golfe de Sagone :
Cargèse★ et le golfe de Sagone★   247

Vico et le Liamone   254

La Cinarca★   259

PORTO, LES CALANCHE ET CARGÈSE

5 km

N

C CALVI

B HAUTE-CORSE

A GALÉRIA

4

3

Col de Vergio
1477
Sentier
de la Sittelle
Forêt d'Aïtone

Col de Salto
Col de Cocavera
1475

Col de Salto
1391
Cascades
d'Aïtone

Capo di Melo

Forêt de
Lindinosa

Gges de
Spelunca

Sentier de la
Châtaigneraie

Évisa

D70

Col de Sevi

Cristinacce

△ 1564 Capo di Melo

Liamone

Lac de Creno
Chlle St'Eliseu
Mte St'Eliseu
△ 1510

Orto
D 223

Soccia
D 23
D 322

Guagno-les-Bains

Thermes
Cascade de
Piscia a l'Onda
Vallée du
Haut-Sorru

Vico

Renno

1101
Col de Sevi

D170

Pt de Zaglia
D84

Tombalo

Pt de Pianella
Ota

D124

Porto

Sentier
de Castagna
△ 1294

Capo d'Orto
Foce d'Orto
998

Bussaglia

Tour génoise

Col de la Croix
269
D 81

Gradelle Caspio
D 424

Sentier muletier

Girolata

Osani

Tuara

Piana
D81

Col de Lava
1491

**LES CALANCHE
DE PIANA**

GOLFE DE PORTO

Route de Ficajola

D824

Tour de
Turghiu

Capo Rosso

Arone

Parc naturel

régional de Corse

**RÉSERVE NATURELLE
DE SCANDOLA**

Golfe de Girolata

Punta Palazzu
Pta Muchillina
Île de
Gargalo

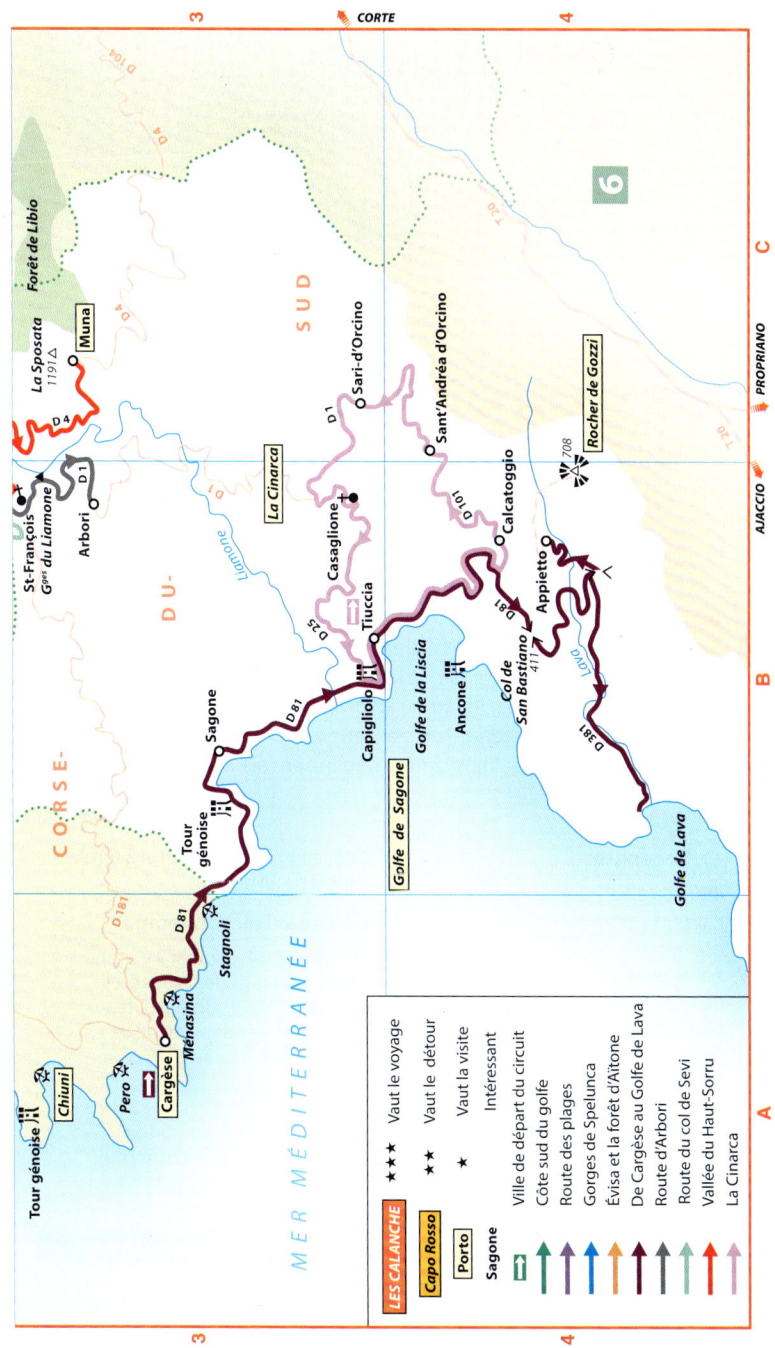

CORTE

3

4

6

C

PROPRIANO

Forêt de Libio

La Sposata
1191 △

Muna

AJACCIO

D 4

Sari-d'Orcino

S U D

St-François
G^{ges} du Liamone

D 1

Arbori

Sant'Andréa d'Orcino

Rocher de Gozzi

▼ 708

La Cinarca

Casaglione

Calcatoggio

D 25

Tiuccia

Appietto

Col de
San Bastiano
411

C O R S E -

D U -

Sagone

Capigliolo

Golfe de la Liscia

D 81

Ancone

Golfe de Lava

Tour
génoise

Golfe de Sagone

D 81

Golfe de Sava

D 181

Stagnoli

Tour génoise

Chiuni

Ménasina

Pero

Cargèse

M E R   M É D I T E R R A N É E

B

A

LES CALANCHE

Capo Rosso

Porto

Sagone

★★★   Vaut le voyage

★★   Vaut le détour

★   Vaut la visite

Intéressant

Ville de départ du circuit

Côte sud du golfe

Route des plages

Gorges de Spelunca

Évisa et la forêt d'Aïtone

De Cargèse au Golfe de Lava

Route d'Arbori

Route du col de Sevi

Vallée du Haut-Sorru

La Cinarca

Le golfe de Porto ★★★

Golfu di Portu

Nichée au fond d'un golfe bordé de falaises de granit rouge, à l'embouchure de la rivière dont elle porte le nom, la petite station balnéaire à taille humaine de Porto est une base idéale pour partir à la découverte des curiosités naturelles de ses environs. Il faudra plusieurs jours pour se rassasier de la beauté des trois sites alentours classés à l'Unesco : les rougeoyantes et chaotiques Calanche de Piana, la baie de Girolata se détachant sur le bleu intense de la mer, et les paysages grandioses de la réserve de Scandola, joyau du littoral corse, à découvrir à la faveur d'une excursion en bateau. Porto est aussi un bon point de départ pour explorer l'arrière-pays, injustement négligé en raison de l'incomparable beauté du littoral.

▶ Se repérer

450 Portelais – Corse-du-Sud (2A)
CARTE A1-2, B2 (P. 226), CARTE DU GOLFE P. 231 ET DES CALANCHE P. 235.
À mi-chemin entre Ajaccio et Calvi, le golfe de Porto, ouvert sur le large et profond d'environ 11 km, est séparé de celui de Girolata, plus étroit et plus fermé, par l'imposant Capo Senino. En arrivant en voiture à Porto, on peut, soit gagner le nord de la ville, où se concentrent hôtels et restaurants, soit rejoindre le sud (port et plage) en prenant la D 81 direction Piana, puis la route communale fléchée « Porto rive gauche ».

☺ À ne pas manquer

Une excursion dans les Calanche de Piana, dans la réserve naturelle de Scandola (en bateau) et à Girolata (à pied ou en bateau).

🕐 Organiser son temps

Prévoyez 3 à 4 jours car il y a tant à faire dans le golfe si vous êtes amateur d'excursions en bateau, de marche, de baignade ou de plongée sous-marine.

👥 En famille

La plage de galets de Porto, surveillée. Une excursion en mer. Les formes insolites des *taffoni* dans les Calanche.

ℹ Carnet pratique p. 237

📍 Nos adresses p. 238

Calanche de Piana, dans le golfe de Porto.
VFKA/Getty Images Plus

★ Porto et ses environs CARTE B2 P. 226

La marine B2

Disponible à l'office du tourisme, le « guide rando » *(3 €)*, avec descriptif et extraits de cartes IGN, recense une quarantaine de randonnées de difficulté et de durées variables dans l'arrière-pays du golfe de Porto.

Le marine de Porto et la rivière éponyme qui y débouche tirent leur nom du port antique situé à cet emplacement. Extension maritime du village d'Ota, la petite rade de Porto s'étire au fond d'un golfe remarquable à l'embouchure de la rivière bordée, rive gauche, d'une forêt d'eucalyptus centenaires et, rive droite, d'un rocher ocre surmonté d'une tour génoise.

La **plage** de galets, jouxtant le bois d'eucalyptus, est accessible par un pont de bois au pied du hameau, où se groupent de nombreux hôtels et restaurants.

La station balnéaire, paisible hors saison, se gonfle d'un flot très important de visiteurs en été.

★ Tour génoise B2

15mn AR à partir de la marine, rive droite (nord) - ☏ 04 95 26 10 55 - 9h-19h - fermé 15 oct.-mars - 2,50 €.

Posée sur un promontoire au-dessus de la mer, la grosse tour carrée verrouillait la vallée de la petite rivière de Porto. Dans un paysage de granit rose, ce monument n'a rien perdu de son charme malgré les outrages du temps. Restauré à la fin des années 1990, il accueille une exposition permanente sur les fortifications des rivages corses. Les abords du côté de la mer sont escarpés. Au pied du rocher supportant la tour génoise, la **poudrière** abrite une exposition sur la bruyère.

★ Sentier de Castagna B2

1h AR à partir de la marine, rive gauche (sud) parcours en grande partie ombragé. Itinéraire facile, mais portez tout de même de bonnes chaussures, car on passe au début par un petit raidillon. Emportez de l'eau car on ne trouve rien au port de Castagna. Traversez la plage de Porto jusqu'à son extrémité sud où débute le sentier. Le parcours est d'abord aménagé à travers les gros blocs rocheux, puis grimpe rapidement à flanc de colline. On surplombe la mer. De temps en temps, la végétation se découvre, laissant apparaître une superbe vue sur les eaux claires et les roches rouges du golfe. Après 25mn de marche, on rejoint une petite route goudronnée qui descend en 5mn au petit port de Castagna. À l'arrivée, possibilité de se baigner si l'on ne craint pas de plonger depuis les rochers *(pas de plage)*.

5

★★ Nord du golfe, route des plages

◯ *Circuit de 30 km au départ de Porto tracé en violet sur la carte ci-contre. Compter environ 1h30.*

Sur la côte nord, la D 81 s'accroche en corniche au-dessus du golfe, traversant les modestes calanche de Figa Baleri (Partinelo), puis s'enfonce vers quelques villages haut perchés. Sur la gauche, les D 724, 324 et 424 permettent de gagner la **plage de Bussaglia**, celle de **Caspio**, puis celle de **Gradelle**. Chacune d'elles constitue un petit paradis.

Plage de Bussaglia

La grande plage de galets, prolongée vers le sud par des criques faciles à atteindre, est la plus proche de Porto. Taverne et location de canoës *(en saison seult)* pour l'exploration des écueils. Bel itinéraire entre la plage et celle de Caspio.

Plage de Caspio (Caspiu)

Plage de sable et de gravier encadrée de rochers sombres. Paillotes de restauration *(fermées hors saison)*, location de bateaux, et fonds marins intéressants à observer du côté sud de la cale.

Plage de Gradelle

Petite plage de galets inscrite dans un site splendide face aux Calanche et au Capo d'Orto. Sympathique paillote.

Peu avant le col de la Croix, emprunter la D 424. La route contourne la pyramide rouge du monte Senino (alt. 619 m). Elle passe non loin d'un ancien puits de mine, témoin d'une richesse inattendue du sous-sol : à **Osani**, en effet, affleurent quelques veines de charbon. Le gisement était exploité avant 1914, et le charbon transporté par cabotage. Restaurant en retrait de la plage.

Col de la Croix

La **vue★★** s'étend au sud sur le golfe de Porto et au nord sur celui de Girolata. Buvette en saison. Un sentier conduit à la plage de **Tuara** puis à **Girolata**.

Randonnée

★ Sentier muletier au col de la Croix vers Tuara et Girolata

◯ *Circuit au départ du col de la Croix tracé en pointillés violets sur la carte ci-contre.*

🐾 Le petit village de Girolata, une des étapes du sentier « Mare è Monti », n'est accessible, par voie de terre, que par un chemin muletier aussi baptisé « sentier de Guy le facteur ». Il doit son nom à un habitant qui ramenait à pied le courrier au village : au départ du col de la Croix au sud-est, en passant par la plage de Tuara ou à partir du col de Palmarella (11,5 km au nord du col de la Croix), les deux accès étant situés sur la route allant de Calvi à Porto (D 81).

Plage de Tuara

🐾 *1h30 AR. Prendre le sentier débutant sur la gauche au col de la Croix, devant la buvette du parking.* L'aller est tout en descente, le retour donc tout en montée. À mi-chemin, la **fontaine de Spana** distille un mince filet d'eau (pas de taverne sur la plage !). L'effort est largement récompensé : imprégné des senteurs du maquis, vous débouchez sur une plage de sable épais à partager avec quelques nonchalantes et inoffensives bêtes à cornes. Vous pouvez poursuivre le sentier muletier, en montée et exposé au soleil, jusqu'à la petite **baie de Girolata★★**.

★ Girolata (Ghjirulata)

2 km à partir de la plage de Tuara. Girolata se mérite : on ne peut y accéder qu'à pied ou en bateau. Isolé sur un promontoire dominé par un fortin génois à tour carrée *(chemin privé)*, le petit village vit de la pêche à la langouste et du tourisme. Sa magnifique et paisible (hors saison) petite baie aux eaux translucides abrite quelques maisons de pierre rouge, deux gîtes, des bars et des restaurants. Trois pontons de bois permettent aux bateaux d'amarrer le long de la plage de galets.

★★★ Réserve naturelle de Scandola

À la fois marine et terrestre, née de l'action conjuguée du vent et de la mer, la réserve naturelle de Scandola délivre sans compter ses paysages grandioses, formés de grottes, de fissures, ponctuées de murailles dressées vers le ciel, de pitons acérés et de falaises où s'accroche une végétation de myrtes, d'euphorbes et de cistes. La plus grande colonie de **balbuzards pêcheurs** (aigles de mer) en Europe y a élu domicile, avec leurs nids suspendus au-dessus du rivage.

Découverte en bateau

La presqu'île de Scandola se dresse jusqu'à 560 m d'altitude entre la Punta Rossa au sud et la Punta Nera au nord. Elle se visite uniquement en bateau au départ de Porto, mais aussi de Galéria, Calvi, Propriano ou Ajaccio. Voir « Nos adresses/Activités ».

Des algues en encorbellement

La masse rocheuse de **Scandola** se caractérise par une grande diversité géologique : rhyolites rouges, coulées ignimbritiques, basaltes, formations en prismes, en filons, en épanchements... sur lesquels se développe à fleur d'eau une algue calcaire : la **lythophyllum**. Elle s'agglomère en coussinets très durs le long des rochers jusqu'à former des « encorbellements » semblables à des trottoirs. Celui de la **punta Palazzu** (le plus long connu de la Méditerranée) s'étale sur plus de 100 m de long et 2 m de large. Les scientifiques ont estimé son âge à près de 1 000 ans. En tout, plus de 450 espèces d'algues ont été recensées, dont certaines n'existent nulle part ailleurs en Méditerranée. La transparence et la pureté de l'eau permettent le foisonnement de la vie sous-marine. L'**herbier de posidonie**, poumon de la Méditerranée, y prospère jusqu'à 45 m de profondeur.
La réserve abrite également des **oiseaux rares** : cormorans huppés, faucons pèlerins, puffins cendrés... Le **balbuzard pêcheur** (*alpana* en corse) en est le gardien symbolique. Cet aigle nichant sur des pitons rocheux est aussi devenu un emblème de la protection de la faune du parc régional : après avoir failli disparaître, on y dénombre aujourd'hui une trentaine de couples.

Au nord du golfe de Girolata, le bateau s'approche de la **Punta Muchillina**, longeant le relief très découpé de la côte ; des coulées claires en diagonale tranchent sur la roche éruptive aux sommets aigus. Des aiguilles jaillissent vers le ciel, des îlots forment d'énormes blocs, des pointes s'avancent dans la mer, certaines couronnées d'une tour. Quelques plaques verdoyantes, au loin, étonnent le regard. L'îlot de Garganello accompagne l'**île de Gargalo**, dont le phare marque le point le plus occidental de la Corse.
La **Punta Palazzu**, palais minéral hérissé de rochers, et la Punta Nera encadrent le ravin d'Elbo dans le nord de la réserve. Le bateau pénètre dans une calanque étroite, burinée par les embruns, puis dans une grotte aux eaux exceptionnellement transparentes avant de virer de bord. Remarquez comment la vie parvient à s'accrocher aux parois abruptes : des arbustes et même des arbres s'y sont adaptés. Sur les pitons, embusqués dans leurs nids de branchages, les balbuzards pêcheurs semblent être les sentinelles de cet univers sauvage.
Sur le chemin du retour, le bateau dépasse la Punta Scandola et pénètre dans le **golfe de Girolata★★**. Ce lieu de rêve, veillé par un fortin génois, s'anime au rythme des arrivées de bateaux qui y font escale *(voir Girolata p. 231)*.

★★★ Côte sud du golfe

◉ *Circuit de 31 km au départ de Porto tracé en vert sur la carte p. 231 – Compter environ 4h. De Porto, suivre au sud la D 81 vers Piana.*
😊 Le meilleur moment pour parcourir les Calanche est la fin de l'après-midi. Les lieux se découvrent aussi à pied et en bateau *(voir encadré page suivante)*.
À 3 km, un belvédère aménagé sur la droite de la route offre une excellente **vue★★** sur Porto et le fond du golfe.

★★★ Calanche de Piana (E calanche)

Dominant le golfe de Porto se profilent d'étonnantes sculptures granitiques formées par l'érosion. Ce paysage chaotique dégage une beauté étrange et fascinante : le bleu intense de la mer, la lumière souvent irréelle éclairant la côte au relief

Réserve naturelle de Scandola, baie de Solana.
M. Colin/hemis.fr

vigoureux, la palette des oranges et des roses de la roche, font des Calanche de Piana un site exceptionnel, et l'une des grandes curiosités de Corse.

La D 81 traverse les Calanche sur 2 km, offrant d'excellents points de vue sur les amas rocheux et la mer. Venant de Porto, on distingue, sur la droite, la **Tête de Chien**, en surplomb sur une falaise *(parking aménagé de chaque côté de la route)*, d'où part un court sentier vers le **Château fort** *(voir ci-après)*. Plus loin, d'autres rochers ont reçu des surnoms d'une pertinence discutable : la **Confession** et l'**Aigle** *(sur la gauche)*, la **Tortue** *(sur la droite après avoir dépassé le chalet des Roches-Bleues)*, ou encore l'**Évêque**, sur un promontoire dominant la mer *(voir la carte p. 235)*

Les Calanche en bateau

Le bateau est le meilleur moyen de découvrir les Calanche ; de nombreuses compagnies proposent des excursions. Privilégiez celles partant en fin de journée : les roches semblent littéralement s'embraser à la lumière du couchant. *Voir « Nos adresses/Activités » en fin de chapitre.* Parmi les nombreuses cavités marines du littoral des Calanche, vous apprécierez en particulier la **Grotte des amoureux** (accès en petite embarcation uniquement), alimentée en amont par une source d'eau douce. Selon la légende, les couples qui s'embrassent sous ses voûtes resteront liés pour toujours. Vous remarquez sur les parois quelques stalactites et, sous les eaux, une série de points rouges : ce sont les « tomates de mer » ou Actinia equina, espèce d'anémones courantes en Méditerranée. Les Calanche comptent également nombre d'arches naturelles dont les **fenêtres des Calanche**★★ ou le très photogénique « Cœur ». Le site le plus impressionnant reste la **piscine de Capo Rosso**, bras de mer peu profond et abrité du vent par les rochers. En chemin, vous aurez peut-être aussi l'occasion de croiser un nid de balbuzards.

Les Calanche à pied CARTE DES CALANCHE DE PIANA CI-CONTRE

😊 Veillez à être bien chaussé et protégé du soleil. La longueur variable des circuits s'adapte à toutes les envies, d'une heure à une demi-journée de marche. Brochure détaillant les sentiers de randonnée disponible à l'office de tourisme de Porto.

Le Château fort

▶ *Circuit n° 1 tracé en pointillés verts sur la carte p. 235. Chemin d'accès à droite de la Tête de Chien (écriteau jaune), 700 m au nord du chalet. Sentier ombragé, fait de grosses pierres, avec alternance de montées et de descentes.*

👣 *1h AR.* Le seul sentier pénétrant dans l'intimité des Calanche ! À travers une galerie de rochers patinés par le soleil, envahis par le maquis et les arbousiers, on atteint une plate-forme d'où l'on distingue Porto et le promontoire portant la tour génoise. Puis le chemin remonte légèrement jusqu'à un autre plateau rocheux faisant face au « château fort », imposant bloc de granit évoquant un donjon. De là, une **vue★★★** splendide embrasse l'ensemble du golfe de Porto de la tour du Capo Rosso au golfe de Girolata.

Chemin des muletiers

▶ *Circuit n° 2 tracé en pointillés verts sur la carte ci-dessus. Le sentier d'accès s'amorce sur la route de Porto à Piana, à 5mn au-dessus du chalet des Roches-Bleues et à gauche près du petit oratoire de la Vierge. Sentier balisé en jaune (écriteau « Capu d'Ortu »).*

👣 *1h15.* Le sentier grimpe tout d'abord fortement, avant de rencontrer un étrange environnement rocailleux, où l'on croit deviner des silhouettes. De là, en corniche, suivre l'ancien chemin muletier Piana-Ota, offrant derrière soi une **vue★★★** d'ensemble sur les Calanche et le golfe de Porto. À la bifurcation après la forêt, descendre tout droit jusqu'au stade de foot. Après avoir franchi un pont, une piste reconduit à la route principale *(prendre à droite),* qui ramène en 20mn au chalet.

La châtaigneraie

▶ *Circuit n° 3 tracé en pointillés verts sur la carte ci-dessus. Prendre le sentier qui s'amorce sur la gauche tout près du chalet des Roches-Bleues, en venant de Porto. Il est jalonné de cairns et marqué en jaune (« Capu di u Vitellu »).*

👣 *2h15.* Une montée assez raide traverse une campagne plantée de pins, puis se transforme en chemin forestier. Après environ 15mn de marche, obliquer sur la

Jeux de pierre

Calanche (prononcez *calanque*) est le pluriel du mot corse *calanca* signifiant... « calanque » et désignant des criques surplombées de rochers abrupts. Ces criques sont sculptées par l'érosion, dont les **taffoni** (« gros trous », en corse) sont l'une des manifestations les plus impressionnantes. Ces cavités se forment sur le littoral comme à l'intérieur des terres, pourvu qu'il y ait de longues saisons sèches, et de fortes pentes avec de la roche à nu et à l'ombre. Les roches grenues sont leur terre d'élection. La désolidarisation d'un seul cristal suffit à livrer la pierre à un processus de gigantesque carie, sous l'action combinée des variations de température et d'humidité, renforcée au bord de la mer par le rôle corrosif du sel. Certains granits à gros cristaux, tel le granit rouge de Porto au sein duquel s'inscrivent les Calanche de Piana, se prêtent particulièrement à cette action. Certains, n'évoluent plus ; d'autres, toujours en cours de désagrégation, sont dits « vivants ». À la préhistoire, elles furent utilisées comme sépultures.

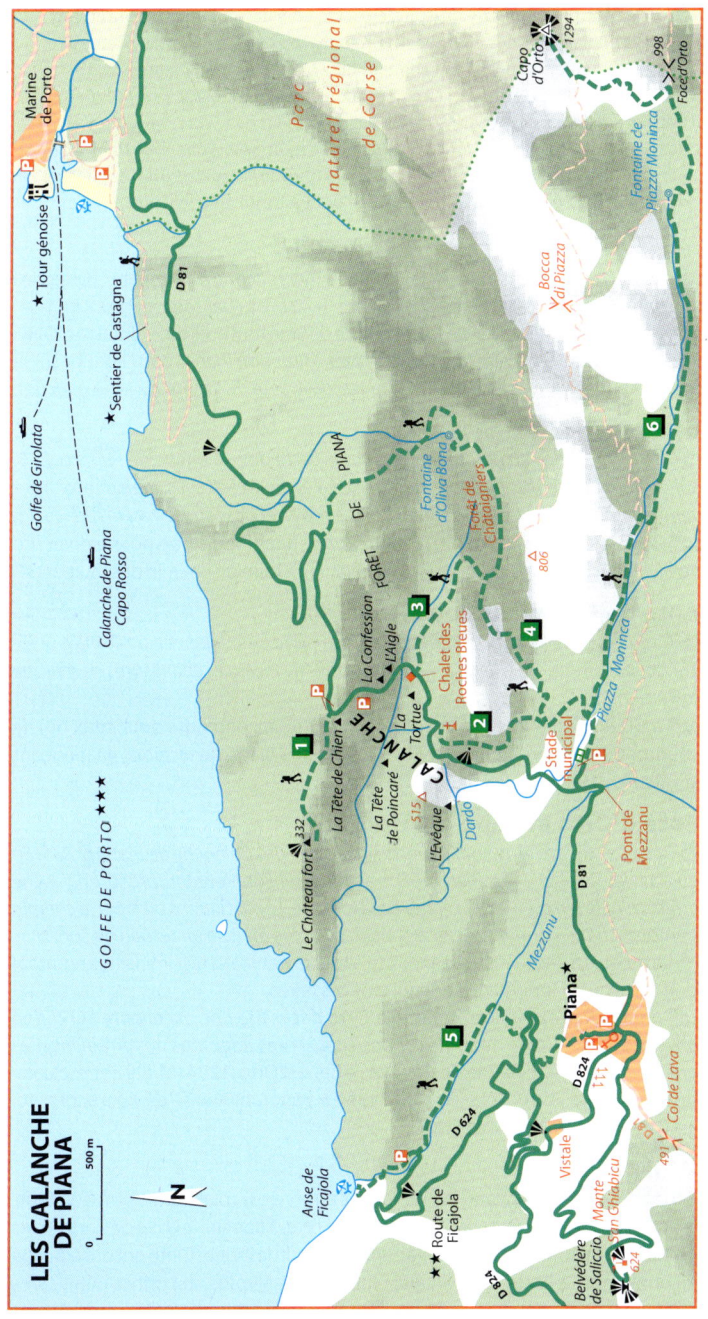

LES CALANCHE
DE PIANA

N

0   500 m

Marine
de Porto

Tour génoise

Sentier de Castagna

Golfe de Girolata

Calanche de Piana
Capo Rosso

GOLFE DE PORTO ★★★

Anse de
Ficajola

Route de
Ficajola

D 84

Belvédère
de Saliccio

D 624

Monte
San Chjiabicu

624

Vistale

D 824

Col de Lava

491

Piana

D 81

D 81

Mezzanu

Pont de
Mezzanu

Piazza Moninca

Le Château fort   332

La Tête de Chien

La Tête
de Poincaré

515

L'Évêque

Dardo

La
Tortue

La Confession   L'Aigle

CALANCHE

DE

PIANA

FORÊT

Chalet des
Roches Bleues

Stade
municipal

Fontaine
d'Oliva Bona

Font de
Châtaigniers

806

Bocca
di Piazza

Capo
d'Orto   1294

998
Foce d'Orto

Fontaine de
Piazza Moninca

Parc naturel régional de Corse

1   2   3   4   5   6

Un monde de formes envoûtantes

Guy de Maupassant, envoûté par les lieux, les a décrit dans *Une vie* (1884) :
« C'étaient des pics, des colonnes, des clochetons, des figures surprenantes, modelées par le temps, le vent rongeur et la brume de mer. Hauts jusqu'à trois cents mètres, minces, ronds, tordus, crochus, difformes, imprévus, fantastiques, ces surprenants rochers semblaient des arbres, des plantes, des bêtes, des monuments, des hommes, des moines en robe, des diables cornus, des oiseaux démesurés, tout un peuple monstrueux, une ménagerie de cauchemar pétrifiée par le vouloir de quelque dieu extravagant. »

gauche sur le chemin marqué en jaune. Le sentier rencontre une petite châtaigne-raie *(aire de repos)*, puis le chemin se divise. Tout droit *(balisage rouge)*, il grimpe, puis dégringole en lacets en passant au bout de 5mn tout près de la fontaine d'Oliva Bona. Il descend à travers une forêt de pins *(direction Piana)* pour aboutir sur la D 81 ; revenir au chalet des Roches-Bleues *via* la Tête de Chien *(à 2 km à gauche)*.

Le Mezzanu

▶ *Circuit n° 4 tracé en pointillés verts sur la carte des Calanche de Piana p. 235. Suivre dans un premier temps le même sentier évoqué ci-dessus, mais une fois parvenu à la châtaigneraie, bifurquer à droite au cairn et descendre vers le sud-ouest.*

👣 *2h30.* Cette boucle, moins longue, offre néanmoins une bonne diversité de paysages. En fin de parcours, on rejoint l'itinéraire du chemin des muletiers.

Anse de Ficajola (Capu Ficaghiola)

▶ *Circuit n° 5 tracé en pointillés verts sur la carte des Calanche de Piana p. 235. Sentier balisé entre le village de Piana et l'anse de Ficajola ; chaussures de marche fortement recommandées.*

👣 *1h30 en descente, 2h en montée.* Un autre joli parcours pour ceux qui ne voudront pas emprunter à la route rejoignant la plage de Ficajola, en longeant le vallon du Mezzanu.

Foce d'Orto et Capo d'Orto

▶ *Circuit n° 6 tracé en pointillés verts sur la carte des Calanche de Piana p. 235. En quittant les Calanche vers Piana, 100 m avant le pont de Mezzanu, prendre à gauche un chemin de terre. Laisser la voiture à la fourche, et continuer à pied par le chemin s'embranchant à droite (laisser à gauche celui qui mène à un terrain de sport).*

😟 Le maquis a une fâcheuse tendance à tout envahir et à dissimuler les repères ! Une carte ou un topoguide sont donc nécessaires.

👣 *5h30 AR. L'excursion au Capo d'Orto nécessite une excellente condition physique (1 000 m de dénivelé) et des chaussures adaptées au terrain monta-gneux et cailouteux.* Gagnez le sommet, le Capo d'Orto (1294 m), par une escalade facile à travers les rochers (3h). Une **vue**★★ panoramique se déploie sur Porto, les Calanche et la forêt de Piana.

★ Piana

Situé à proximité des Calanche, cramponné au bord d'un plateau à 438 m d'altitude, le bourg coquet est très touristique et animé l'été. Il domine le golfe de Porto, dans un cadre magnifique, où se profile dans le lointain le monte Cinto encore enneigé au printemps. À l'entrée du village, plusieurs eucalyptus aux troncs démesurés témoignent de la douceur du climat marin. Les placettes aux maisons pimpantes et l'église du 18e s. au gracieux campanile forment un ensemble homogène.

Belvédère du Saliccio CARTE P. 235

À la sortie du village, prendre à droite la route qui indique le belvédère. Depuis le sommet, **vue★★** sur les golfes de Porto et de Girolata, le massif du Cinto, en arrière-plan à droite, et, devant soi, une partie des Calanche.
Revenir sur Piana et prendre, avant le hameau de Vistale à gauche, la route conduisant à la marine de Ficajola.

★★ Route de Ficajola CARTE P. 235

Pénétrant au cœur des Calanche, la route descend en lacets serrés jusqu'à la **marine de Ficajola**, nichée dans l'anse du même nom. Le contraste entre le bleu de la mer et le rouge des porphyres atteint ici une rare intensité. À la marine *(vaste emplacement pour garer la voiture)*, un sentier permet d'accéder (👣 *30mn AR*) à une ravissante **crique**, mais elle est très fréquentée l'été.
Rejoindre la D 824 que l'on prend à droite vers la plage d'Arone.

★ Plage d'Arone

Une superbe route en corniche offre des **vues★** sur le golfe de Porto et le Capo Rosso. Dans la descente vers la mer, la plage de sable fin apparaît, assez organisée, cernée de rochers roses et de maquis sur un fond montagneux. De nombreuses possibilités de randonnées s'offrent aux alentours.

À proximité de la plage d'Arone, un **monument** rappelle que le sous-marin *Casabianca* livra ici, le 6 février 1943, les premières armes à la Résistance, permettant la naissance des maquis corses.

★★ Capo Rosso (Capu Rossu) à pied CARTE GOLFE DE PORTO P. 231

▶ *Circuit tracé en pointillés verts sur la carte p. 231. À la sortie de Piana, prendre la direction d'Arone (D 824). Après 6 km, une pancarte « Capu Rossu » sur la droite indique le point de départ. Le chemin débute 50 m au-dessus du parking en bord de route.* 😊 Partez le matin, afin d'éviter les heures les plus chaudes de la journée, car le sentier n'est pas ombragé. Emportez de l'eau. Au point de départ, une bergerie a été aménagée en buvette *(à partir de 9h en juil.-aout, 11h en mai-juin et sept.)*, halte bien méritée au retour de l'excursion.

👣 *3h AR.* Le sentier est bien balisé ; à partir d'une bergerie, le chemin se divise (prendre à droite ; vous emprunterez le chemin côtier à gauche au retour). Une éminence de porphyre rose porte la **tour de Turghiu**. Sa plate-forme, libre d'accès, domine la mer de plus de 300 m ; une vue magnifique s'étend à gauche, sur la côte jusqu'à Cargèse et, à droite, sur le golfe de Girolata. Au retour, passez par le chemin côtier, indiqué « sentier du littoral ». Il descend jusqu'à la côte, puis atteint une crique, avant de retrouver l'itinéraire principal *(compter 20mn de plus)*.

5

🛈 Carnet pratique

S'informer

Office du tourisme intercommunal Ouest Corsica – *Pl. de la Marine (ancien aquarium de la Poudrière) - Ota-Porto -* ☏ 04 95 26 10 55 -

www.ouestcorsica.com Brochures, cartes et plans en téléchargement ; belle salle voûtée utilisée comme espace d'expositions temporaires. **Office du tourisme de Piana** – *Pl. de la Mairie -* ☏ 09 66 92 84 42 - *www.ouestcorsica.com ou piana.fr.*

Arriver/partir

Autocars – *www.corsicabus.org*. De Porto, liaisons avec Ajaccio (sept.-juin : tlj sf dim. 1/j. ; juil.-août : tlj 2/j.), Calvi (de mi-mai à fin sept. : 1/j., dim. compris en juil.-août).

Se garer à Porto – Privilégiez le parking de la plage, gratuit, situé à deux pas de la marine et du cœur de la station balnéaire.

Nos adresses

Restauration

Porto

Premier prix

Le Robinson – *La Marine, en bord de plage* - ☎ 04 95 26 17 60 - *www.le-robinson-porto.business.site* - *tlj* - *fermé d'oct. à mai* - *plats 15,50/30 €.* Le restaurant ne paie pas de mine de l'extérieur, mais sa grande terrasse ouvrant sur la mer est très agréable. Idéal pour déguster un bon poisson en toute décontraction, ou de simples moules frites. Bon accueil.

Budget moyen

Le Panorama – *Rte de la Marine* - ☎ 06 50 02 55 69 - *tlj, midi et soir d'avr. à oct.* - *25/30 €* - *réserv. recommandée.* Dans la rue principale proche de l'accès piétonnier au port, restaurants et hôtels jouent à touche-touche, mais celui-ci est de loin le plus recommandable, par la qualité de sa cuisine méditerranéenne, la cordialité de son accueil, enfin en raison de sa superbe terrasse avec vue sur la plage et la tour génoise.

Plage de Bussaglia

Premier prix

Les Galets – *Sur la plage* - ☎ 06 88 96 04 62 - *tlj* - *fermé oct.-avr.* - *plats 16/26 €.* Vous serez charmé par ce restaurant posé sur l'une des plus belles plages du golfe de Porto. Rafraîchi par la brise marine, vous vous attablerez sous la tonnelle ou sur la terrasse en caillebotis pour savourer une cuisine maison à base de produits frais : tomates de Crimée à la *burrata*, ceviche de daurade, linguine aux fruits de mer, sauté de thon... Propose aussi location de canoës et de paddles.

Plage de Caspio (Caspiu)

Budget moyen

U Caspiu – *Plage de Caspiu - Partinello* - ☎ 06 26 31 58 84 - *fermé lun. et oct.-avr.* - *plats 18/29 €.* Dans une crique tranquille, face à des eaux turquoise, cette paillotte a bien du charme. Vous y dégusterez, en toute simplicité, des poissons du jour, des produits corses (fromages et charcuterie), mais aussi des salades, le tout arrosé d'un bon vin du terroir. Glaces artisanales. Un vrai bonheur.

Piana

Budget moyen

La Voûte – *Pl. de la Fontaine* - ☎ 04 95 27 80 46 - *tlj, midi et soir - fermé de nov. à mi-déc.* - *plats 20/46 €.* Une adresse familiale et conviviale, garantissant fraîcheur et petits plats savamment mitonnés, au cœur de la pittoresque Piana. Outre les plats traditionnels, on y propose une intéressante sélection de produits de la mer, issus de la pêche locale. Cabri rôti et pâtes à la langouste sur demande. Vente et dégustation de produits locaux dans l'annexe **La Cave des corsaires** (voir « Petite pause »).

A Casa Corsa – *Rte de Porto (face à la mairie)* - ☎ 04 95 24 57 93 - *www.acasacorsa-piana.com* - *avr.-oct. : tlj - plats 26/49 €.* Excellentes viandes cuites au feu de bois à déguster dans une salle panoramique moderne ou en terrasse. À moins que vous ne préfériez allier produits de la mer et de la terre. Des viandes aux glaces artisanales, en passant par l'huile d'olive, les fromages et les vins, tous les producteurs sont indiqués à l'entrée !

Petite pause

Porto

Vous trouverez un snack avec des plats à emporter au bord du port de la marine, ainsi que plusieurs commerces de bouche dans la station. Supermarché Spar *(8h-19h)* à la sortie de Porto (route d'Évisa).

Piana

La Cave des corsaires – 📞 *06 12 75 21 73 - 8h-22h*. Dans cette annexe voisine du restaurant La Voûte *(voir ci-contre)*, on peut déguster et acheter toutes sortes de produits locaux, dont des fromages et des charcuteries.

Shopping

Porto

Travail de la Nacre – *Port de la marine, près du parking, au-delà de l'hôtel Les Flots Bleus -* 📞 *06 71 62 82 87 - atelier-melisse.com - tlj.* Grand choix de bijoux en nacre ou en corail, ainsi que des coquillages. Atelier attenant. Pour un souvenir accessible typiquement corse.

Aux environs de Piana

Kevin Muzikar – *U Salognu (6 km au sud de Piana et 15 km au nord de Cargèse) -* 📞 *06 12 71 12 83 - tlj, sur RV.* Ce jeune artisan coutelier-forgeron présente dans une maisonnette de pierre une impressionnante gamme de *curnicciulu* (couteaux de berger), couteaux de chasse ou de table, façonnés selon des techniques traditionnelles. Sur place, son épouse expose la poterie qu'elle façonne.

Activités

👥 Excursions en mer

À Porto, les guérites proposant des excursions s'éparpillent sur la butte et près de la passerelle. Côté plage s'alignent les loueurs de différents types de bateaux *(compter autour de 160/750 € la 1/2 j.)*. Faites jouer la concurrence !

L'Alpana – *Rue Piétonne – accès tour génoise -* 📞 *06 69 69 04 05 - www.scandola-girolata-piana.com - fermé nov.-mars - balades 40/70 € - visite des grottes - capacité de 12 pers. - réserv. conseillée.* François-René, petit-fils de pêcheur, vous contera, à bord de son *offshore*, les mille et un secrets du golfe, des richesses de la faune et de la flore aux légendes de la région.

Nave Va – *Pl. de Porto -* 📞 *04 95 21 83 97 - www.naveva.com - fermé nov.-mars - billetterie terrasse rest. Le Cyrne - 30/70 €.* Découverte des réserves de Scandola et de Girolata, des Calanche et du Capo Rosso à bord d'un bateau hybride.

« Le Pass'Partout » – *Pl. de la Marine -* 📞 *06 75 99 13 15 - lepasspartout.com - billetterie à la boutique Chez Anthony - excursions : 50/60 € (Scandola et Girolata), 35/40 € (Calanche de Piana), 60/75 € (combiné).* Petits bateaux (12 pl.) et bateau hybride (38 pl.) qui se faufilent au plus près des côtes. Commentaire pointu et ambiance conviviale.

Porto Linea Excursions maritimes – *Ruelle piétonne de la Marine - rive droite du port -* 📞 *06 08 16 89 71 - scandolagirolata. com - excursions 35/70 €.* Quatre circuits vers la réserve de Scandola, Girolata, les Calanche de Piana et le Capo Rosso.

Via Mare – *Marine de Porto -* 📞 *06 07 28 72 72 - www.viamare-promenades.com - fermé nov.-mars - billetterie dvt l'hôtel Le Golfe - 30/60 € (5-12 ans 20/30 €).* Excursions à bord de bateaux hybrides : les Calanche de

5

Piana (1h30) ou excursion complète avec halte à Girolata (4h30).

Plongée

Bordé de réserves naturelles classées au Patrimoine mondial par l'Unesco, Porto est un lieu idyllique : une vingtaine de sites attendent les plongeurs amateurs et confirmés de la pointe de Scandola au Capo Rosso.

Plongée Porto Ciuttata – *Marine de Porto (rive gauche) -* 🞄 *06 87 23 60 29 - www.plongeeporto.com - fermé nov.-mi-avr. - baptême 85 €.* Plusieurs spots selon le niveau (Sec de Senino, Scopa, Capo Rosso, Vardiola, Ficajola, etc.).

Hebergement

Porto

Premier prix

Camping Sole e Vista – *Au-dessus du pont de Porto (D 81) -* 🞄 *04 95 26 15 71 - www.camping-sole-e-vista.fr -* ✕ ⛴ *- fermé de mi-nov. à mi-mars - empl. 19/31 €.* Ce terrain tout en terrasses bien ombragées loue aussi des bungalows de bon confort. Sur le haut du camping, restaurant et piscine : vue sur la tour et la mer !

Budget moyen

Hôtel Monte Rosso – *Marine de Porto -* 🞄 *04 95 26 11 50/06 72 59 81 15 - www.porto-corse.com - fermé nov.-avr. - 8 ch. 70/113 € -* 🞄 *9 €.* Situé à deux pas du rivage, cet établissement central, à prix tenus, dispose de chambres simples et modernes, dont la moitié avec vue mer. Petit-déjeuner continental.

Hôtel Les Flots Bleus – *Port de la Marine -* 🞄 *04 95 26 11 26 - www.hotel-lesflotsbleus.com - fermé nov.-avr. - 26 ch. 109/129 € -* 🞄 *12,50 €.* Contemplez le coucher de soleil sur la Méditerranée et la tour génoise du balcon de votre chambre, le spectacle est mémorable. Décor au goût du jour. Petit-déjeuner en terrasse.

Peut-être la meilleure adresse de Porto, avec un accueil charmant.

Pour se faire plaisir

Hôtel Bella Vista – *Rte de Calvi -* 🞄 *04 95 26 11 08 - www.hotel-corse.com -* 🅿 *- fermé nov.-mars - 16 ch. 76/205 € -* 🞄 *15 €.* Il règne une ambiance familiale dans cette maison proposant des chambres à la décoration soignée. Inoubliable coucher de soleil sur le Capo d'Orto et bon petit-déjeuner.

Plage de Bussaglia

Budget moyen

Hôtel Stella Marina – *Près de la plage -* 🞄 *04 95 26 11 18 - www.hotel-stella-marina.com -* 🅿 ⛴ 🞄 *- fermé mi-oct.-mars - 20 ch. et 12 studios 88/141 € - en sus -* ✕*.* Ce sympathique établissement surplombe la route qui mène à la grande plage de galets de Bussaglia. Ses vastes chambres climatisées sont toutes équipées d'une loggia grande ouverte sur la mer. Plaisant restaurant, terrasse, agréable jardin et piscine. Quelques chambres, moins chères, sans la climatisation.

Piana

Premier prix

Camping Plage d'Arone – *11,5 km au sud-ouest par D 824, à 500 m de la plage -* 🞄 *04 95 20 64 54 -* 🞄 🞄 *- fermé oct.-mai - 55 empl. 26 €.* Belle situation en pleine nature pour ce camping où vous installerez votre tente en bordure du maquis. De nombreuses plantations agrémentent le terrain. Entretien sans reproche.

Une folie

Hôtel Le Scandola – *Rte de Cargèse -* 🞄 *04 95 27 80 07 - www.hotelscandola.com - fermé nov.-mars -* 🅿 🞄 *- 19 ch. 104/233 € -* 🞄 *21 €.* Au cœur d'un site exceptionnel, cet hôtel fait face à la presqu'île de Scandola et au golfe de Porto. Chambres chaleureuses et balcons orientés vers la mer. Un lieu de séjour agréable pour explorer les environs.

Les gorges de Spelunca ★★

Il a fallu l'action conjointe de trois rivières, l'Aïtone, la Tavulella et l'Onca, pour creuser, tailler et sculpter les gorges de Spelunca. Avec des perspectives vertigineuses, des parois aux nuances intenses de rose et des vénérables ponts génois, ce défilé d'une profondeur parfois étourdissante offre un fascinant spectacle sauvage, impression que renforce encore la proximité d'intimidants sommets.

▶ Se repérer

Corse-du-Sud (2A)

CARTE B2 (P. 226), CARTE DES GORGES.
Les gorges se déploient entre Ota et Évisa. *Spelunca* (« antre » en corse) fait référence à la profondeur des gorges, que des ponts génois franchissent.

☺ À ne pas manquer

Les ponts génois.

● Nos adresses p. 242

Les ponts génois

CARTE DES GORGES DE SPELUNCA

▶ *Circuit de 27 km au départ de Porto tracé en bleu sur la carte ci-contre – Compter 3h. Quitter Porto par la D 124, direction Ota.*
ℹ️ **Office du tourisme intercommunal Ouest Corsica** Ota-Porto – *Voir p. 237.*

Ota

Le paisible village, adossé aux murailles rouges du Capo d'Ota, domine la rivière de Porto. Loin de l'agitation estivale du golfe, Ota a conservé son authenticité. La localité constitue un lieu de séjour et une bonne base pour randonner aux alentours.

★ Pont génois de Planella

Environ 3 km après Ota, en contrebas de la route.
L'ouvrage d'art constitué d'une arche superbe, est accessible par un chemin, bref mais assez escarpé. Traversez le pont et marchez quelques instants sur la rive opposée, vers l'amont, pour apprécier le pont dans son cadre magnifique.
Reprendre la route jusqu'aux deux ponts d'Ota, qui franchissent les ruisseaux d'Aïtone et de l'Onca. Laisser la voiture à un emplacement aménagé sur la gauche de la route, peu avant le premier pont.

Pont génois de Zaglia

Emprunter, après le deuxième pont, le sentier qui remonte le cours du torrent d'Aïtone sur la rive gauche tracé en pointillés bleus sur la carte ci-contre.
👣 *1h30 AR.* Emprunter cet ancien sentier muletier permet de revivre le mode de déplacement au temps de la Corse génoise. Le chemin, bien balisé (« Mare è Monti »), pénètre profondément dans les gorges, offrant des vues sur les hauteurs roses qui dominent Porto. L'aspect très sauvage des gorges, les odeurs de maquis et la transparence des eaux couleur émeraude donnent beaucoup de charme à ce parcours.
Le chemin continue en lacet au-delà du pont de Zaglia, vers le cimetière d'Évisa.

5

En s'élevant, des vues magnifiques embrassent le golfe de Porto et le village d'Ota. L'ascension est pénible.
Poursuivre la D 124 qui rejoint la D 84 et prendre celle-ci à gauche.

Tombalo

La **vue**★★ s'étend sur le site montagneux où le Capo Casconi culmine à 1091 m et plonge vers les gorges de Spelunca. La route évolue à travers les châtaigniers, avec de vertigineux à-pics dominés par des surplombs rocheux rose orangé. On aperçoit les gorges de la rivière Tavulella avec des villages perchés et des cultures en terrasses.

Évisa *(voir p. 243)*

◉ Nos adresses

Restauration

Ota

Budget moyen

U Fragnu – *quartier Casanova* - ✆ 04 95 26 15 60 - *de mi-mars à mi-oct. : tlj - plats 20/35 €.* Accueil convivial dans cet ancien moulin à huile restauré. Pâtes, salades et excellentes pizzas à apprécier depuis la terrasse offrant une vue splendide. Fromages corses et desserts maison.

Hébergement/restauration

Ota

Premier prix

Chez Félix – ✆ 04 95 26 12 92/06 22 47 98 87 - gitechezfelixota.com - fermé nov.-avr. - 5 ch. 65 € - ☕ 8 €, et dortoirs 6/8 pers. - 23 €/pers., 1/2 P 45 € - ✕. Authentique cuisine familiale corse, à déguster sur une terrasse panoramique ; fondé en 1974, l'établissement est une institution. Également un gîte (dortoirs et chambres) situé sur la rue principale.

Évisa et la forêt d'Aïtone ★★

Cathédrale de verdure portée par les élégantes colonnes des pins laricio, la forêt d'Aïtone, baignée de petites piscines naturelles, forme un îlot de fraîcheur. Émergeant au-dessus d'une mer de châtaigniers, Évisa, à la lisière de la forêt, dresse ses toits aux tuiles orangées contrastant avec le vert des feuillages.

▶ Se repérer

196 Évisiens – Corse-du-Sud (2A)
CARTE B2-C1/2 (P. 226) ET CARTE DE LA FORÊT. 22 km à l'est de Porto, entre Évisa et le col de Vergio. La forêt qui s'étend sur 2 400 ha, de 800 à plus de 2 000 m d'altitude, occupe le bassin supérieur de l'Aïtone, affluent du Porto. Du golfe de Porto, empruntez la D 84 dans des paysages grandioses, jusqu'à Évisa qui marque la lisière inférieure de la forêt.

☺ À ne pas manquer

Les cascades d'Aïtone, mais attention, l'accès est réglementé.

⏱ Organiser son temps

Évisa est un lieu de séjour idéal pour la randonnée ; arrêtez-vous au moins une journée. La forêt offre un large choix d'itinéraires, d'une heure à une journée.

👥 En famille

Le sentier d'interprétation de la Châtaigneraie ; le sentier de la Sittelle.

ℹ Carnet pratique p. 246

📍 Nos adresses p. 246

D'Évisa au col de Vergio   CARTE DE LA FORÊT D'AÏTONE

▶ *Circuit de 12 km au départ d'Évisa tracé en orange sur la carte suivante.*

Évisa

Station climatique appréciée, paradis des randonneurs, Évisa est établie à 830 m d'altitude à l'entrée des gorges de Spelunca et à la lisière de la forêt d'Aïtone. Le village-rue est cerné de **châtaigneraies**, ressources traditionnelles de la région. Il offre de nombreuses possibilités pour se restaurer. **Vue★** à la sortie ouest *(table d'orientation)*.

★★ La forêt d'Aïtone

D'Évisa au col de Vergio, la route accuse un dénivelé impressionnant de 647 m. Tracée sur la face nord du Capo di Melo et dominant la vallée d'Aïtone, elle parcourt de remarquables futaies. La réputation de la forêt tient à la prodigieuse verticalité de ses arbres, qui s'élancent jusqu'à 52 m de haut (tronc de 95 cm de diamètre), accompagnés de quelques hêtres, sapins pectinés et pins maritimes. Les plus beaux sujets, parfois vieux de plusieurs siècles, se dressent autour de la maison forestière d'Aïtone.

5

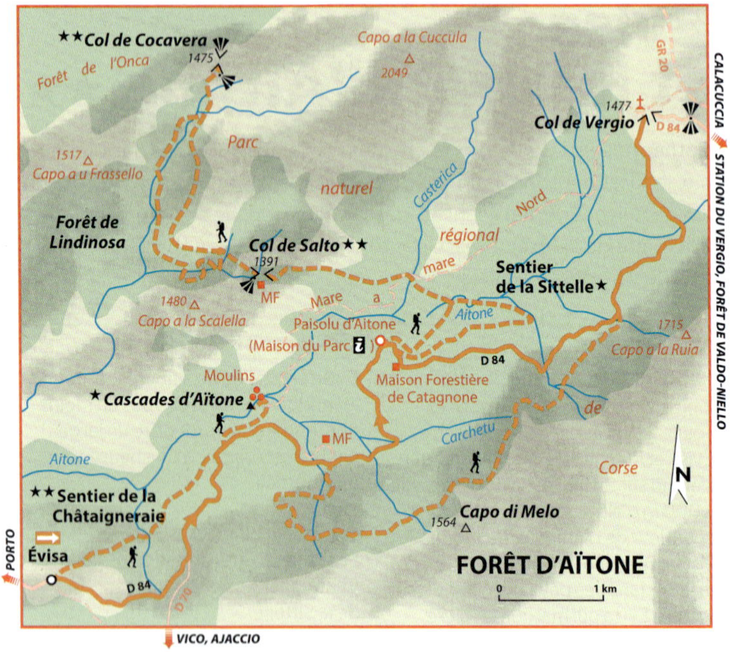

CALACUCCIA / STATION DU VERGIO, FORÊT DE VALDO-NIELLO

Randonnées

CARTE DE LA FORÊT D'AÏTONE

★★ Sentier d'interprétation de la Châtaigneraie

○ *Circuit au départ d'Évisa tracé en pointillés orange sur la carte ci-dessus. Emprunter le sentier débutant près du bar de la Poste, puis suivre le fléchage. Le sentier, bien balisé, est jalonné de panneaux explicatifs. 3,5 km jusqu'aux cascades.*

2h AR. Dénivelé 120 m. « Castagna e castagnetu Un t'inchieta di u freddu » : « Avec châtaigne et châtaigneraie, n'aie pas souci du froid. » Ce dicton dit assez l'importance de l'arbre à pain dans l'économie traditionnelle de la montagne corse. Le « chemin des Châtaignes » raconte par l'intermédiaire de panneaux explicatifs l'histoire d'une culture ancestrale. Il suit un ancien chemin de transhumance emprunté par le GR « Mare a Mare nord ». La montée est assez accidentée par endroits et traverse quelques ruisseaux. Le sentier rejoint la route que l'on remonte sur une centaine de mètres avant de prendre le premier chemin à gauche vers les cascades d'Aïtone.

★ **Cascades d'Aïtone** – *4 km au nord-est d'Évisa, sur la D 84. Sur le côté gauche, un poteau de bois vert marque le point de départ.*

30mn AR. Accès pentu et étroit. Les eaux du torrent d'Aïtone dévalent sur les blocs rocheux et plongent un peu plus bas en cascades désordonnées. De petites piscines naturelles creusées par la force du courant se remplissent d'une eau pure et fraîche. Les moulins, dont on aperçoit les vestiges, étaient utilisés pour préparer de la farine de châtaigne jusqu'au début du 20e s. Attention, les nombreux cochons sont peu farouches… et parfois affamés.

★ Sentier de la Sittelle

○ *Circuit tracé en pointillés orange sur la carte p. 244. Départ du replat situé dans le virage (panneau indicatif à droite), quelques centaines de mètres au-dessus du village de vacances au Paisolu d'Aïtone. Balisage à l'effigie d'une sittelle.*

Piscines naturelles dans la forêt d'Aïtone.
A. Brusini/hemis.fr

👣 *1h30 environ. Niveau facile.* 👥 Parfois aussi appelé « chemin des Condamnés », car aménagé par les prisonniers du pénitencier de Coti-Chiavari, près d'Ajaccio, le sentier en boucle serpente au pied de pins laricio d'une taille impressionnante. En fin de parcours, redescendez la route environ 150 m pour rejoindre le parking. Sachez qu'il faut beaucoup de patience, de silence, et une bonne paire de jumelles pour observer ce sympathique petit passereau. La **sittelle corse** *(p. 442)* a la particularité de pouvoir descendre le long des troncs la tête en bas.

★★ Itinéraire en forêt

▶ *Circuit tracé en pointillés orange sur la carte p. 244. Départ 9 km au nord-est d'Évisa, à droite sur la route du col de Vergio.*

👣 *3h environ par un chemin forestier.* Suivi de l'embranchement avec la D 81 à la maison forestière d'Aïtone, le chemin d'exploitation est dominé par le **Capo di Melo.** En arrière-plan de superbes pins laricio, on aperçoit au loin le golfe de Porto.

★★ Excursion aux cols de Salto (Saltu) et de Cocavera (Cuccavera)

▶ *Circuit tracé en pointillés orange sur la carte p. 244. Départ au même endroit que pour le sentier de la Sittelle. Le chemin se trouve sur la gauche du replat. Emporter de l'eau et être bien chaussé.*

👣 *5h environ AR. Niveau moyen.* On atteint en 1h le **col de Salto** (alt. 1391 m). Sur le versant ouest du col, dominé par le Capo a la Scalella (alt. 1480 m), la **vue★★**

5

Aïtone, un trésor pour les Génois

Aïtone viendrait du mot latin *abies,* « sapin ». Il s'agit en l'occurence du **pin laricio**, arbre au fût rectiligne réputé pour la hauteur et la qualité de son bois, véritable trésor pour les constructeurs navals génois qui exploitèrent et aménagèrent la forêt. Au 18ᵉ s., une route fut dégagée pour transporter le bois jusqu'à la plage de Sagone, où il était ensuite acheminé vers Gênes. Au 19ᵉ s., d'importants travaux forestiers ont été mis en œuvre par les condamnés, ce qui donna son nom à la piste des Condamnés. Aïtone servait aussi de refuge, comme bien d'autres forêts corses, aux bandits.

se dégage sur le golfe de Porto. Poursuivez à travers les pins laricio de la **forêt de Lindinosa** jusqu'au **col de Cocavera** (alt. 1 475 m), par le sentier qui s'embranche à droite dans le premier lacet après le col de Salto. Il offre un **panorama★★** sur la vallée, le golfe de Porto et la forêt d'Aïtone.
Retour possible par le chemin d'exploitation reliant les deux cols.

ⓘ Carnet pratique

S'informer

Point accueil touristique Évisa – *R. Principale - ☏ 04 95 50 06 87 - www.evisa-corsica.com ou www.ouestcorsica.com*

Agenda

Fête du marron et du champignon – *Mi-nov.* Évisa fête l'*insitina*, variété locale de marron (aire d'appellation « Marron d'Évisa »).

📍 Nos adresses

Restauration

Évisa

Premier prix

A Tramula Caffé di la Posta – *Capo Soprano - ☏ 04 95 23 08 94 - tlj - fermé de nov. à déb. avr. - plats env. 15/20 €.* Cuisine corse de qualité à déguster sur une terrasse en belvédère sur la forêt et le clocher de l'église. Le jambon, excellent, est produit par le fils du sympathique patron, mais la châtaigne est aussi de la fête (excellente crêpes). Vente de produits corses à côté (**A Tràmula**).

Marignana

Premier prix

Osteria di A Rota – *À 7 km au sud d'Évisa - tlj - plats 14/24 €.* En surplomb de la petite route menant à ce village perdu, un restaurant avec salle décorée d'outils anciens et grande terrasse pour déguster, loin des foules, une authentique cuisine corse, cuite au feu de bois. Le restaurant est le QG de la **salle Maistrale**, juste à côté, qui donne vie à toute la région en organisant concerts, ateliers de théâtre, animations et projections de films.

Shopping

Évisa

Marina Ceccaldi – *Dans le village - ☏ 06 79 51 57 91- vente de sept. à mai - visite tte l'année (sur RV oct.-déc.).* Marina perpétue le savoir-fare de sa mère Françoise. Sa petite entreprise, Insitina, produit de la farine de châtaigne et des marrons glacés sous le label Dolci Corsi. Chaque châtaigne est traitée à la main, plongée pendant 5 jours dans un sirop qui lui donnera son moelleux, puis enrobée de sucre glace et passée au four. Propose aussi toutes sortes de délicieuses confitures de fruits sans additif.

Marignana

Pour faire ses emplettes de farine de châtaigne : **Jean-Luc Versini** (*☏ 06 07 19 82 07 - oct.-déc. : l'apr.-midi du lun. au vend. et le w.-end*) ou **Cyril Pompeani** (*☏ 06 61 58 20 14 - sur RV*).

Activités

L'**Associu Scopre** - *☏ 04 95 21 19 70 - www.associu-scopre.com -*, basée à Marignana organise toutes sortes d'événements culturels dans les villages de la région.

Cargèse ★ et le golfe de Sagone ★

Carghjese e golfu di Sagone

Avec ses longues plages encore sauvages situées de part et d'autre des embouchures de la Sagone, du Liamone et de la Liscia, avec ses villages de charme et sa campagne verdoyante et fertile, le golfe de Sagone appelle à savourer le temps qui passe, loin des foules et de la promiscuité. Mais il faut se dépêcher : les résidences de vacances se multiplient ! Au nord du golfe, Cargèse trône sur un promontoire verdoyant, dominé par deux églises entretenant un étrange face à face, l'une de rite romain, l'autre de rite oriental, rappelant l'asile que trouvèrent ici des Grecs originaires du Magne, à la pointe méridionale du Péloponnèse. Animée et authentique, Cargèse se transforme en petite cité portuaire et balnéaire en dévalant ses rues vers la mer : une étape de charme à ne pas manquer entre Porto et Ajaccio !

▶ Se repérer

1319 Cargésiens – Corse-du-Sud (2A)
CARTE A3-B3/4 (P. 227), CARTE DU GOLFE P. 250. Cargèse occupe l'extrémité nord du golfe de Sagone, entre Ajaccio au sud (51 km) et Porto au nord (31 km). Le golfe de Sagone est délimité, au sud, par le Capo di Feno.

☺ À ne pas manquer

L'église grecque et son iconostase.

◷ Organiser son temps

Comptez au moins une journée : visite, baignade et montée au rocher de Gozzi.

👫 En famille

Une excursion en mer *(voir « Nos adresses »)*.

ⓘ Carnet pratique p. 251

📍 Nos adresses p. 252

★ Cargèse et ses plages

Cargèse est une petite cité très attachante, et vivante où il fait bon prendre son temps. Ses habitants sont toujours ravis d'attirer des visiteurs, qu'ils tutoient facilement.

★ Église grecque

De rite oriental, l'église dédiée à saint Spyridon, évêque de Chypre et patron des marins, a été élevée de 1852 à 1870 à l'emplacement de l'église primitive devenue trop petite. Sa restauration extérieure, sélectionnée par la fondation Stéphane Bern, fait appel à un financement participatif sur Internet. L'intérieur est étonnamment chatoyant. Comme dans un sanctuaire orthodoxe, on y trouve une **iconostase** (1886), cloison de bois décorée d'images saintes sur fond d'or séparant la nef de l'abside Parmi les **icônes** apportées par les premiers colons, notez, à gauche de l'iconostase, un saint Jean-Baptiste ailé du 16ᵉ s. ; à droite, les trois « Hiérarques » pères de l'Église grecque, Basile, Grégoire et Jean Chrysostome ; sous la tribune de l'entrée, l'*Epitaphios*, peinture sur bois découpé du 13ᵉ s. représentant l'ensevelissement du Christ.

5

Derrière l'iconostase, sur le côté droit du maître-autel, se trouve une icône du 16e s. représentant la Sainte Vierge au ciel avec l'Enfant Jésus, entourée d'anges et de deux saints qui la contemplent : saint Nicolas de Myre et saint Spiridon, le saint patron de l'église. Les **fresque**s★, gaies et chatoyantes, ont été réalisées entre 1987 et 2001. De la terrasse, bordée de micocouliers, la **vue**★ s'étend sur le golfe de Sagone et, bien sûr, sur l'église latine en face.

Église Ste-Marie

En vis-à-vis de la précédente sur une terrasse, l'édifice flanqué d'un clocher quadrangulaire date du 19e s. L'église est aussi placée sous le vocable de l'Assomption. L'intérieur baroque, très chargé, fait largement appel aux trompe-l'œil (fausse chapelle du monument aux morts). En lisant les noms inscrits sur le monument aux morts, on remarque que certaines familles ont conservé un patronyme évoquant leurs racines grecques *(voir encadré ci-dessous)*.

Le port

À droite de la route, dans le dernier lacet, le chemin du Pittiglione permet d'accéder aux ruines de la tour génoise. Le port est photogénique, avec ses commerces proposant des activités de loisirs et sa poignée de restaurants : un bon spot pour le déjeuner.

Plage de Pero

▶ *1 km au nord.*

Elle s'étend au fond du golfe de Pero fermé par la pointe de Cargèse et celle d'Omigna, couronnées d'une tour génoise. Location de planches à voile.

✦ *2h AR. L'accès à la tour d'Omigna se fait par la plage du Pero, sur la gauche après la résidence Ta Kladia.* Un sentier conduit jusqu'à la seule des deux tours

---

Des racines grecques

Pour fuir l'occupation turque de 1670 dans le Magne (dans le sud du Péloponnèse), des **Grecs originaires d'Ìtilo (Oitylo)** demandent asile à la république de Gênes. Ils obtiennent en 1675 la concession en Corse de territoires inhabités, dont celui de Paomia dans l'arrière-pays de Sagone. En janvier 1676, environ 800 Grecs arrivent à Gênes et, en mars, s'établissent sur leurs terres, construisent le village de **Paomia** et bonifient les terres. Mais les montagnards de Vico, les considérant comme des envahisseurs à la solde des Génois, jalousent leur prospérité. En 1715, ils attaquent la colonie, et de nouveau en 1729 (début de la guerre d'indépendance), avec l'aide des habitants du Niolo. Les Grecs se réfugient à Ajaccio en 1732, où Gênes leur offre des terrains. Ils y demeurent pendant quarante-trois ans et y aménagent leur église.

La Corse devenue française, les Grecs reçoivent en 1769 le **territoire de Cargèse** en compensation de la perte de Paomia ; Marbeuf leur fait édifier les 120 maisons du village actuel et l'église de rite oriental. Une cinquantaine de familles grecques seulement s'y établit en 1774. L'administration de la colonie est confiée à Marbeuf, qui reçoit le titre de marquis de Cargèse en 1778. Pendant la Révolution, des attaques corses obligent à nouveau les Grecs à se replier sur Ajaccio (1793). Quatre ans plus tard, sous le Directoire, seuls les deux tiers d'entre eux consentent à revenir. Deux siècles durant, les Cargésiens forment une communauté jalouse de sa langue, de sa religion et de ses usages. Aujourd'hui, cette rivalité relève du passé.

Cargèse, église grecque.
B. Rieger/hemis.fr

pouvant se visiter. Passez le portail et suivez le chemin au milieu du maquis conduisant à la tour restaurée. En route, remarquez les restes d'un pailler et d'un four.

★ Plage de Chiuni

▶ *6 km au nord.*

Le golfe de Chiuni, très profond, gardé par une **tour génoise**, offre une grande plage de sable bordée de buissons de lentisques, où s'est établi un village de vacances. Le lieu est magnifique, et la plage est bien moins organisée que celle d'Arone *(voir p. 237)*, plus au nord.

★ Le golfe de Sagone

CARTE DU GOLFE

▶ *Circuit de 37 km au départ de Cargèse tracé en bordeaux sur la carte page suivante – Compter environ 2h.*

De Cargèse au golfe de Lava, les routes D 81 et D 381 longent le plus souvent un littoral accidenté et franchissent quelques fleuves côtiers à proximité des **plages de sable**.

Plage de Ménasina

2,5 km au sud.

Elle occupe une baie protégée par les pointes de Cargèse et de Molendino.

Plage de Stagnoli

À 5 km au sud de Ménasina.

Belle plage de sable fin, équipée pour la voile et la planche à voile.

Sagone

Primitivement cité romaine, Sagone fut le siège, dès le 6e s., de l'un des cinq premiers évêchés de Corse. Son importance s'accrut au Moyen Âge au point de pousser sa juridiction territoriale jusqu'à Calvi ; au 12e s., son titulaire, qui relevait

de l'archevêque de Pise, fit bâtir la cathédrale Sant'Appiano, dont les fondations ont été mises au jour lors d'une campagne de fouilles. Mais au 16e s., la destruction de la cité par les Sarrasins et l'insalubrité à l'embouchure du fleuve justifièrent l'installation de l'évêché à Vico. L'abandon définitif du site décida, en 1625, du transfert de l'évêché à Calvi.

Sagone a conservé peu de vestiges de son histoire. Elle est devenue une petite **station balnéaire** à l'urbanisme résidentiel effiloché, sans grand cachet. Elle offre une vaste plage, qui s'étire le long de la D 81, un port de plaisance et des activités nautiques (école de voile, de plongée). Le bourg dépend de la commune de Vico (*voir p. 254*), à l'intérieur des terres.

La **tour génoise**, à l'ouest de l'agglomération, surveille l'anse de Sagone et le port.

Tiuccia

On l'atteint après avoir emprunté le pont moderne enjambant le Liamone, à l'embouchure duquel s'étend une grande plage. La petite station balnéaire, touristique et résidentielle comme Sagone, s'allonge au fond du golfe de la Liscia. Elle est dominée par les ruines du château de Capraja, qui appartint aux comtes de la Cinarca. Promenades en mer vers le Capo Rosso, les Calanche de Piana et Girolata.
◖ *Voir le circuit La Cinarca (p. 259) qui débute à Tiuccia.*

Golfe de la Liscia

Entre les **tours génoises** d'**Ancone** et de **Capigliolo**, ce petit golfe est l'une des principales victimes de l'envahissement de résidences de vacances. Sa côte rocheuse est propice à la plongée sous-marine. Plusieurs **criques de galets** sont accessibles à pied à partir du chemin côtier de la tour d'Ancone (*tracé en pointillés bordeaux sur la carte ci-dessous*). Au nord, une belle **plage de sable** s'étend à l'embouchure du fleuve.

Col de San Bastiano

Une stèle en granit rose commémore la première traversée aérienne de la Méditerranée effectuée par **Louis Capezza** et **Alphonse Fondère**. Partis de Marseille le 14 novembre 1886 à 16h30 à bord d'un vieux ballon, le *Gabizoz*, ils atterrirent en pleine nuit et sous la tempête, près d'Appietto. Du col même (alt. 411 m), la vue est restreinte sur le golfe de Lava ; en gagnant la butte derrière la chapelle, **coup d'œil**★ sur le golfe de Sagone et la Cinarca.

Au col de Listincone (alt. 232 m), prendre à gauche la petite route vers Appietto.

Appietto

Le village, d'où sont originaires les comtes de la Cinarca, compte trois hameaux étagés sur les pentes d'une montagne couverte de maquis. Elle possède une élégante église.

De retour au col de Listincone, reprendre la D 81 vers le nord. Si vous disposez de temps, entre le col de San Bastiano et le golfe de la Liscia, vous pouvez bifurquer à droite par la D 101 pour découvrir la Cinarca (p. 259), dans l'arrière-pays.

Randonnée

CARTE DU GOLFE DE SAGONE

★ Rocher de Gozzi

◗ *Circuit tracé en pointillés bordeaux sur la carte p. 250. Départ d'Appietto par le chemin muletier qui s'amorce à droite, juste avant le dernier hameau du village.*

▪▫➤ *3h AR.* À hauteur d'un calvaire, obliquez à droite pour descendre à la fontaine d'Appietto ; sur l'autre versant, le chemin monte vers les ruines d'un château médiéval ayant appartenu aux comtes de la Cinarca. Du haut du rocher (alt. 708 m), **panorama**★ sur le golfe de Sagone, la vallée de la Gravona et Ajaccio.

❶ Carnet pratique

S'informer

Office du tourisme de Cargèse – *À côté de la poste -* ☎ *04 95 26 41 31 - www.ouestcorsica.com*
Office du tourisme de Sagone – *Sur le front de mer -* ☎ *04 95 28 03 46 - www.ouestcorsica.com ou www.ot-sagone.visite.org*

Arriver/partir

Autocars *– www.corsicabus.org.* Liaisons avec Ajaccio et Ota *via*

Porto (sept.-juin : tlj sf dim. 1/j. ; juil.-août : tlj 2/j.).
Se garer – Laissez la voiture derrière l'église grecque (rue du Père-Chappet). Stationnement facile au port... du moins hors saison.

Agenda

Semaine sainte – Procession orthodoxe grecque (lun. de Pâques).

5

Nos adresses

Restauration

Cargèse

Premier prix

Le Cabanon de Charlotte – *Port de plaisance* - ☎ 06 81 23 66 93 - *lecabanondecharlotte.com* - *tlj - fermé nov.-avr.* - *plats 24/29 €*. Un engageant couvert vous attend sous les canisses et les parasols de ce restaurant. L'établissement sert essentiellement des spécialités de la mer et propose tous les jeudis soir des concerts de chants traditionnels et polyphoniques.

Petite pause

Cargèse

Épicerie Leca – *R. Colonel Fieschi* - ☎ 04 95 78 51 95 - *9h-23h*. Une épicerie fine, qui fait aussi restaurant (plats à emporter ou à déguster sur place, comme des salades ou des planches de charcuterie ou de fromages ; grillades au feu de bois en hiver) et bar. Belle cave à vins. Vous trouverez par ailleurs ici les meilleurs produits de l'île et une garantie de respect de fabrication traditionnelle. Réserv. indispensable pour le restaurant. Accueil très sympathique.

Le Yuca – *Rte du Lavoir (entre les deux églises)* - ☎ 06 23 97 15 91 - *10h-23h - fermé nov.-mars*. Un petit bar pour déguster une cuisine simple mais délicieuse, une bonne salade bien fraîche, ou simplement siroter un verre au milieu d'une végétation exubérante ou en terrasse avec vue sur la mer. Un lieu au charme fou.

Sagone

Pierre Geronimi – *Résidence de la plage* - ☎ 04 95 28 04 13 - *www.glacespierregeronimi.com.* - *en sais. : 12h-19h30, fermé lun.* L'un des grands glaciers corses

a son QG ici ! Un savoir-faire exceptionnel et des parfums (sorbets, crèmes glacées et coupes) variant au gré des saisons (il y a même des sorbets à l'olive, à la moutarde ou au basilic, pour le « trou normand »). Quelques cocktails et beau choix de thés également. À ne manquer sous aucun prétexte, en dépit de la situation en bord de route !

Shopping

A Cavagnola - Noire Gourmet – *R. du Dr-Dragacci (rte du port)* - ☎ 04 95 21 14 70 - *www. noiregourmet.com - tlj en saison*. Pour acheter une originale huile d'olive noire, déclinée en 4 saveurs, obtenue en incorporant des copeaux d'olives très mûres, de la confiture d'olive et autres produits corses de qualité.

Activités

👥 Excursions en mer

Croisières Grand Bleu – *R. Marbeuf - Cargèse* - ☎ 04 95 26 40 24 - *www.croisieresgrandbleu. com - de mi-avr. à mi-oct. - 38/85 €*. Promenades en mer vers la réserve de Scandola, Girolata, Capo Rosso, Calanche de Piana, etc. Nombreuses autres sorties en mer.

U Filanciu – *Port de Cargèse* - ☎ 07 60 14 03 04 - *www.ufilanciu.fr - fermé déc.-mars - circuits : 40/130 € (de 1h30 à 7h)*. Au départ de Cargèse ou de la plage d'Arone, sont proposées des excursions vers Scandola, Girolata, les Calanche de Piana, en bateau semi-rigide de 12 places.

Équitation

Le Ranch – *Plage de Chiuni - 7 km au nord de Cargèse* - ☎ 04 95 28 01 57 - *www.ranchcorse. com - 35/75 €*. Vaste offre de promenades *(de 1h à une journée)* au Liamone, dans le golfe de Sagone, entre rivière, maquis et sentiers muletiers.

Ferme équestre Le Ranch Sagone – *Route de Vico* - ℘ *06 32 83 61 19* - *www.ranchcorse.com.* Plusieurs balades, de 1h à une journée *(35/120 €)*. Autre centre à la plage de Chiuni (℘ *06 79 35 41 35*), près de Cargèse.

VTT

A Spassu – *R. Marbeuf - Cargèse -* ℘ *06 49 22 25 83 - en saison : tlj.* Choix de randonnées (plage de Chiuni, forêt d'Esigna, village de Paomia, etc.) et location de VTT à assistance électrique.

Excursions en mer

U Saone – *Plage de Sagone -* ℘ *06 42 63 16 04 - www. promenades-en-mer-u-saone.com.* Balades en canot pneumatique jusqu'au golfe d'Ajaccio. Formules de 48 à 80 €.

Plongée

À l'eau rando – *Port de Plaisance - Cargèse -* ℘ *06 59 22 70 44 - aleaurando.com - juin-sept. : 9h-21h.* Sorties de snorkeling de 40 à 75 € (1h30 à 3h).

Explora Sub – *Port de plaisance - Cargèse -* ℘ *06 11 01 19 54 - www. explorasub.fr - déb. avr.-déb. nov.* Plongées à thèmes *(à partir de 55 €)*, explorations, formations et baptêmes *(100 €)*.

Hébergement

Autour de Cargèse

Premier prix

Camping Torraccia – *4 km au nord de Cargèse -* ℘ *04 95 26 42 39 - www.camping-torraccia.com - fermé 1er oct.-20 avr. -* ⌇ *- 85 empl. 14/30 € - 35 chalets (2-6 pers.) 299/1302 €/sem.* À 20mn à pied de la plage de Chiuni, ce camping, bien ombragé et tout en terrasses, offre des emplacements dont la plupart bénéficient d'une jolie vue sur la vallée, la montagne et la côte. Chalets confortables. Restauration, épicerie, tennis, piscine et Jacuzzi.

Budget moyen

Hôtel Thalassa – *Plage de Pero (1 km au nord de Cargèse) -* ℘ *04 95 26 40 08 - www.hotel-le-thalassa.com - fermé d'oct. à fin avr. -* 🅿 ♿ *- 25 ch. 100/135 €* ☐ *- 2 nuits mini.* Pour un bain matinal, la plage de Pero est à vos pieds. Les chambres sont calmes, qu'elles donnent sur la mer ou sur le jardin. Petite restauration le soir : assiettes de charcuterie, salades servies dans la salle à manger ou en terrasse face à la mer.

Pour se faire plaisir

Hôtel Les Lentisques – *Plage de Pero (1 km au nord de Cargèse) -* ℘ *04 95 26 42 34 - www.leslentisques.com - fermé oct.-avr. -* 🅿 ♿ ⌇ *- 17 ch. 111/181 € -* ☐ *16 € -* ✕. Si vous recherchez le calme, cet hôtel est pour vous. Les chambres sont sobres et dotées d'une loggia ; avec vue sur la mer pour celles du 1er étage. Le restaurant ouvert en été. Plage accessible par un chemin privé.

Tiuccia

Premier prix

Camping Les Couchants – *Plaine du Liamone - Casaglione - 5 km au nord de Tiuccia (D 81 et D 25 à droite, rte de Casaglione) -* ℘ *04 95 52 26 60 - campinglescouchants.fr - de fin juin à mi-sept. -*🍴*- 32 empl. 16/24 € - 8 chalets 80/120 €.* Cadre fleuri et soigné face au golfe de Sagone. Les emplacements, aménagés en terrasses et plantés de lauriers sont très agréables.

Vico et le Liamone

Vicu

Ancienne résidence des évêques de Sagone, Vico s'élève au cœur du Liamone, vallée de moyenne montagne dont elle est la modeste capitale. Voilà un point de depart idéal pour sillonner les routes en balcon des alentours, et profiter d'une campagne préservée, agrémentée de jolies gorges, de sources chaudes, ainsi que d'un lac glaciaire entouré de pinèdes et parsemé d'îlots herbeux.

▶ Se repérer

898 Vicolais – Corse-du-Sud (2A)
CARTE BC2/3 (P. 226-227). Vico est établi 17 km au nord-est du golfe de Sagone par la D 70.

😀 À ne pas manquer

Le plus vieux Christ de Corse, conservé dans l'église du couvent St-François ; le circuit de la vallée du Haut-Sorru, un concentré de culture corse traditionnelle ; le village d'Orto.

🕐 Organiser son temps

Suivez les chemins génois qui reliaient l'arrière-pays au golfe de Sagone. Faites vos courses et le plein d'essence à Vico si vous envisagez d'explorer l'arrière-pays.

👪 En famille

La Maison du miel à Murzo ; une randonnée au lac de Creno.

ℹ Carnet pratique p. 258

📍 Nos adresses p. 258

Route d'Arbori

▶ *Circuit de 8 km au départ de Vico tracé en gris foncé sur la carte p. 227. Quitter Vico par la D 1, au sud.*

Couvent St-François B3

📞 *04 95 26 60 58 -* ♿ *- horaires, se rens. à la mairie de Vico.*
Bâti dans les châtaigniers sur un ressaut de la montagne au-dessus de la vallée du Liamone, le couvent fut fondé en 1481 par les frères mendiants de l'ordre de St-François, sous la protection du comte Gian Paolo de Leca. Le couvent actuel fut édifié à partir de 1628. Après le départ des franciscains en 1793, les oblats de Marie-Immaculée s'y installèrent de 1836 à 1903, et revinrent en 1936.
L'église conventuelle date du 17e s. L'oratoire à l'extérieur abrite un grand **Christ en bois★** (« U Santu franciscone ») sculpté à la manière du 15e s. D'esthétique presque « expressionniste », il serait le plus ancien de Corse. Dans l'église, remarquez le tabernacle en marbre polychrome (1698) du maître-autel et le chasublier de la sacristie en noyer et en merisier (1664). Sous le pavé de l'édifice, dans des caveaux au sol en terre battue pourvus d'une ouverture que fermait une dalle de pierre, les corps des défunts étaient jetés simplement roulés dans un drap. Des milliers de Vicolais ont ainsi été « sépulturés en arca » dans ce couvent.
Reprenez la D1 en direction d'Arbori.

Le village de Vico.
A. Brusini/hemis.fr

Gorges du Liamone

La D 1 longe en corniche, dans les châtaigniers et les arbousiers, la haute vallée encaissée du Liamone. Sur les grands escarpements de la rive opposée se découpe la silhouette de la montagne de **la Sposata** (« la mariée »). Son nom perpétue le souvenir d'une jolie bergère épouse d'un seigneur de la Cinarca. Aveuglée par cette promotion sociale, la jeune orgueilleuse quitta la maison en dépouillant sa mère. Devant tant d'ingratitude, celle-ci jeta une malédiction sur sa fille : elle fut aussitôt pétrifiée avec sa monture, sur l'arête de la montagne.

Arbori

Entouré d'oliviers et de vignobles, le village domine la vallée du Liamone, face à la Sposata.

Route du col de Sevi

▶ *Circuit de 22 km au départ de Vico tracé en vert pâle sur la carte p. 226. Quitter Vico par la D 23, puis la D 70 à droite.*
À la sortie du bourg, la D 70 offre une vue d'ensemble sur le bassin de Vico, le couvent St-François et la vallée du Liamone dominée par la montagne de la Sposata. Puis la route s'élève en lacet au-dessus de la Catena, affluent du Liamone. *À 2 km de la chapelle St-Roch, prendre à droite la route de Renno.*

Renno C2

Le village disperse ses hameaux à 950 m d'altitude dans une châtaigneraie centenaire. Noyers, chênes verts et vergers ombragent sa campagne riante. Ses pommes reinettes sont réputées.
Regagner la D 70.

Col de Sevi C2

Alt. 1101 m. Il relie le bassin du Liamone avec celui du Porto.
Le tracé de la route de Sevi remonte à l'époque génoise, pendant laquelle on transportait les grumes de la forêt d'Aïtone vers le petit port de Sagone.
Au-delà du col, la **vue**★ se dégage sur Cristinacce.

5

Cristinacce C2

Du village bâti en terrasse dans une châtaigneraie, au-dessus de la vallée du Porto, on découvre au loin les grandes murailles rouges hérissées d'aiguilles qui dominent le golfe : Capo d'Orto et Capo d'Ota.

Après Cristinacce, la route procure des **vues★★** sur le golfe de Porto et sur Évisa, au pied des immenses parois rocheuses du Capo Ferolata.

Évisa B2 *(voir p. 243)*

★ Vallée du Haut-Sorru

▶ *Circuit de 38 km au départ de Vico tracé en rouge sur la carte p. 226-227 – Compter environ 3h. Quitter Vico par la D 23 à l'est.*

À la sortie de Vico, la D 23 s'élance vers **Murzo**, village marquant la « frontière » entre le Bas-Sorru (autour de Vico) et le Haut-Sorru (vers Guagno). Ces deux microrégions sont aujourd'hui réunies dans le **canton des Deux-Sorru**, qui compte onze communes, dont Vico, Soccia et Orto.

👥 À Murzo, la **Maison du miel** (*℘ 04 95 76 01 22 - www.maisondumielcorse. com - avr.-mi-sept. : lun.-vend. 9h-12h, 14h-17h ; reste de l'année : sur RV - gratuit*) présente le métier d'apiculteur, l'abeille corse et les plantes mellifères de l'île.

À Murzo, prendre à droite la D 4 en direction de Muna.

★ **Muna** C3

Une **route en balcon★★**, taillée à flanc de roche aux teintes rosées, surplombe les gorges du Liamone. et conduit au hameau. Quasi abandonné hors saison, Muna reprend vie aux beaux jours. Un **point de vue★★** s'offre depuis le belvédère **U Casteldu d'Àrburi**, chaos rocheux dominant une boucle du Liamone.

Revenir à Murzo, puis prendre à droite la D 23 en direction de Guagno-les-Bains.

Guagno-les-Bains (I Bagni) C2

Dominant les vallées de l'Albelli et de Fiume Grosso, ce village tranquille s'étage, à 720 m d'altitude, dans une clairière ouverte dans la forêt de châtaigniers.

L'établissement thermal, construit sur la rive gauche du torrent, a conservé le style et le charme de l'époque de Napoléon III, sa période faste. Faute d'une clientèle suffisante, le site a fermé.

Poursuivre vers Poggiolo puis Soccia, par la D 323 puis la D 123.

★ **Soccia** C2

Bâti en amphithéâtre sur un éperon, le village offre une vue étendue sur la vallée du Fiume Grosso et le bassin de Guagno. C'est le point de départ de l'excursion au lac de Creno *(voir « Randonnées »)*. De la route de terre, on jouit en soirée d'une

---

Un passé thermal réputé

Les eaux de Guagno étaient déjà utilisées au 16e s., mais leurs propriétés ne furent réellement reconnues qu'au 18e s. Les sources de l'**Occhiu** (37 °C), situées sur la D 323, à l'ouest du village, traitaient des maladies des yeux, de la gorge et du larynx. La **source Venturini** (52 °C) soignait les rhumatismes, maladies de peau, arthroses, sciatiques, l'obésité... Arborant fièrement leur date de construction (1808), les **thermes** s'enorgueillissaient d'avoir eu comme patients Napoléon III et Eugénie de Montijo.

vue★ sur la mosaïque des toits du village, camaïeu de rouges se découpant dans un paysage de montagnes boisées aux silhouettes majestueuses.
Redescendre vers Poggiolo, puis prendre la D 223 vers Orto.

★ Orto (Ortu) C2

Dominé par les aiguilles déchiquetées du **monte Sant'Eliseu**, ce village « du bout du monde » occupe un **site★** impressionnant au-dessus de la vallée du Fiume Grosso. L'accès au sommet du village étant délicat en voiture *(rues escarpées et étroites)*, stationnez à l'entrée de la localité et grimpez à pied pour profiter de la vue sur la vallée du Haut-Sorru.
Revenir vers Poggiolo puis Vico.

Randonnées

CARTE DE RÉGION P. 226-227

★ Lac de Creno C2

▶ *Au départ de Soccia. Une route carrossable débute par une rampe bétonnée, à l'est de Soccia, juste après un lavoir. Elle rejoint en 2,8 km le circuit pédestre (balisé en jaune), à la grande croix métallique (stationnement).*

2h AR. À 1310 m d'altitude, le lac de Creno est le moins élevé des lacs glaciaires de Corse. Peu profond et d'étendue modeste (1,8 ha), le lac au charme mystérieux est entouré de pins laricio dont les fûts rectilignes se reflètent dans ses eaux calmes. Selon la légende, le diable aurait créé le lac de Creno afin de s'y cacher. Un jour, les ferventes prières d'un berger et d'un vieillard vidèrent complètement le site lacustre : le démon fut obligé de s'enfuir. Marécageux, le lac ne se prête pas à la baignade.

Prendre le sentier pour Creno courant à travers le maquis, environ 30 m à droite. Le chemin court à flanc de coteau dans un maquis exhalant une forte odeur de thym. En face, se dressent les rochers de l'Arbariccia. Le sentier devient bientôt plus raide et plus étroit. À la bifurcation à droite vers Orto (Ortu), continuez à gauche : vous pénétrez bientôt dans le bois de pins laricio où se situe le lac de Creno, que vous atteindrez en 15mn. Une fois au lac, suivez le chemin de crête qui laisse à gauche le monte Sant'Eliseu *(alt. 1511 m ; derrière la maison du parc naturel)*, puis mène à une croix au pied de laquelle s'offre une vue étendue sur Orto et Guagno. En continuant le sentier, vous trouverez un chemin descendant à Orto *(à gauche)* ; prenez à droite, puis quelques mn après à gauche, pour revenir au point de départ.

☛ Du lac, vous pouvez rejoindre en 2h environ Bocca d'Acqua Ciarnente, où passe le GR 20 et où est établi le refuge de Manganu.

Forêt de Libio (Furesta di Libiu) C3

▶ *Au sud-est de Guagno-les-Bains.*

Composée de pins maritimes et laricio, elle s'étend en amphithéâtre en dessous des principales cimes : le monte Tretorre et ses trois dômes (alt. 1502 m, très belle randonnée de 5h30 AR) et le monte Cervello (alt. 1624 m).

5

ⓘ Carnet pratique

S'informer

Office du tourisme – *La Liscia - Carrefour d'Orcino - 20111 Calcatoggio - ℘ 04 95 52 82 60 - www.ouestcorsica.com.*

📍 Nos adresses

Restauration

Premier prix

Café national – *Cours Joseph-Colonna - ℘ 04 95 26 60 25 - tlj sf dim. soir ; hors sais. : jeu. midi, vend.-sam. et dim. midi - plats 18/25 €.* Cuisine de bonne tenue ou pizzas au feu de bois à déguster dans un cadre sympathique et décontracté, à l'ombre des grands arbres. Bons desserts locaux (tarte aux figues, panacotta hibiscus au coulis de fraise, chocolat cœur clémentine...).

Petite pause

Pour préparer un pique-nique, vous trouverez l'épicerie **A Muvra** *(cours Joseph-Colonna - 8h30-19h30)* ainsi qu'une supérette **Utile** *(8h-12h30, 15h30-19h15)* au lieu-dit Casanelli. Bon producteur de fromages fermiers de chèvre dans le proche village de **Murzo** (**Ange-Xaver Poli** - *℘ 06 72 65 71 66 - juin-août).*

Activités

Les Escapades – *Pl. Casanelli d'Istria - ℘ 06 12 89 74 60 - lesescapades.com.* Pour s'essayer au canyoning ou à l'escalade.

Agenda

Fiera di San Roccu – *À Renno - 16-17 août.* La « tuaison du cochon », au col St-Roch, autour du porc et de sa préparation dans la cuisine corse. Brocante, vente de produits artisanaux, concerts, etc. **U mele in festa** (le miel en fête) – *À Murzo - dernier w.-end de sept.*

Shopping

Kyrnella - Crena Care Cosmetics – *Brigitte Artily - Murzo - ℘ 06 79 83 28 90 - tte l'année (tél. au préalable).* Huile essentielle bio d'immortelle et une multitude de crème de soins à base de produits locaux (noisette, pin lariccio, clémentine, miel, lait d'ânesse, etc.). **Casa di u Mele** – *Murzo - ℘ 04 95 76 01 22 - maisondumielcorse.com/site - avr.-mi-sept. : tlj sf w.-end ; reste de l'année : sur RV.* La boutique de la Maison du Miel Corse *(p. 256)* vend du miel AOP d'excellente qualité.

Hébergement

Budget moyen

Hôtel U Paradisu – *Rte du Couvent - Vico - ℘ 04 95 26 61 62 - www.hoteluparadisu.com - 🏊 - 20 ch. 81/109 € - 🍽 13 € - 🍴.* En retrait du village, cet hôtel promet un séjour tranquille avec sa piscine bordée de transats. Chambres de bonne tenue. Salle à manger accueillante et terrasse couverte. Un petit paradis ?

La Cinarca ★

Ouverte sur le golfe de Sagone, la Cinarca étage ses hameaux dans l'amphithéâtre de la vallée de la Liscia, dominée à l'est par des reliefs abrupts. Prenez votre temps pour découvrir cette petite région fertile : elle réserve d'agréables surprises, des petits villages oubliés vivant de la vigne, de l'élevage et des vergers, à la fois tout près et tellement loin de l'agitation du littoral.

▶ Se repérer

Corse-du-Sud (2A)

CARTE BC3/4 (P. 227), CARTE GOLFE DE SAGONE ET CINARCA P. 250. Située au nord-est d'Ajaccio et à l'est du golfe de Sagone, la Cinarca est limitée par les versants élevés du sud du Liamone et du nord de la Gravona.

🕐 Organiser son temps

Ni distributeur automatique, ni station-service, peu de commerces (surtout hors saison)... prenez vos précautions à Sagone ou Tiuccia.

📍 **Nos adresses p. 260**

Circuit conseillé
CARTE DU GOLFE DE SAGONE

▶ *Circuit de 51 km au départ de Tiuccia tracé en rose sur la carte p. 250 – Compter environ 2h.*

Tiuccia *(voir p. 250)*
Prendre la D 81 vers Sagone. Après la tour de Capigliolo, prendre à droite la D 25.
Piquée d'asphodèles au printemps, la route s'élève doucement dans un paysage de pâturages, délivrant des vues sur les plages du golfe de Sagone en contrebas.

Casaglione (Casaglió)
Le village s'inscrit dans un paysage de châtaigniers, d'oliviers, de chênes verts et de pâturages. Son **église** abrite un tableau de 1505 représentant la Crucifixion. Au pied de la Croix, le donateur reçoit de saint François la cordelière de l'ordre.
℘ 04 95 52 22 80 - clé à la mairie : 9h-12h, fermé vend.-dim.
Prendre la D 25 puis la D 1, en partie rénovée et élargie, dir. Sari-d'Orcino.

Sari-d'Orcino
Les deux hameaux de ce petit chef-lieu de canton s'étagent au-dessus du golfe de Sagone et du bassin de la Liscia. On y cultive en terrasses les oliviers, les orangers, la vigne et les citronniers. Les cédratiers contribuèrent à la richesse du pays dans l'entre-deux-guerres. De l'extrémité de la terrasse où s'élève l'église, **vue**★ sur le golfe de Sagone.
Passer devant l'église et sortir du village par la D 1, en direction d'Ajaccio. Après 2 km, prendre à droite la D 101 en direction de Calcatoggio.
La route délivre des vues sur le village de Sari-d'Orcino recroquevillé autour de son église, et, plus loin, sur le golfe de Sagone.
Elle passe par **Sant'Andréa d'Orcino**, autre village en balcon, avec un panorama sur les collines de la Cinarca, étonnamment verdoyantes au printemps.

5

Plage Liamone entre Tiuccia et Sagone.
Eisenlohr/Getty Images Plus

Calcatoggio (Calcatoghju)

Agrémenté de jardins fruitiers, ce gros hameau sans grand cachet bénéficie d'un site époustouflant, en balcon sur le golfe de Sagone et son arrière-pays. Belle **vue★**. *Arrivé sur la D 81, descendre à droite vers le golfe de la Liscia.*

Golfe de la Liscia *(voir p. 250)*

📍 Nos adresses

Restauration

Sari-d'Orcino

Premier prix

U Conventu – *Acquà in ghju (au bas de l'église)* - 📞 04 95 50 56 95 ou 06 14 36 87 41 - *tlj sf lun.; hors saison : vend. soir et w.-end -* plats 15/24 €. Très agréable terrasse située en contrebas de l'église conventuelle pour déguster d'excellentes viandes ou d'autres plats succulents au gré des arrivages, le tout arrosé de sympathiques vins de pays. Accueil formidable.

Shopping

Clos d'Alzeto – *20151 Sari-d'Orcino* - 📞 04 95 52 24 67 - *www.closdalzeto.com - fermé dim.*

et j. fériés. La famille Albertini produit depuis 1820 des vins de qualité. Dégustation, vente et visite du domaine sur RV.

Hébergement

Ucciani

Budget moyen

Chambre d'hôte L'Ogliastru – *Ucciani - à 4 km par T 20, rte d'Ajaccio -et chemin à gauche -* 📞 04 95 52 97 47 - *www.ogliastru.com - fermé nov.-mars -* 🛏 - 5 ch. 79/135 € ☕ - *dîner env. 30 €.* Maison récente posée près d'une rivière, dans la vallée de la Gravona. Les propriétaires avisés sauront vous conseiller de belles balades.

Un bastion de résistance

La dynastie des Cinarca

Occupée dès l'Antiquité par les **Tarrabenioi**, l'un des douze peuples « habitant en villages » localisés en Corse par le géographe Ptolémée au 2e s., la Cinarca se fit remarquer au Moyen Âge par son opposition à Gênes. Parmi les instigateurs de cette résistance, une famille se distingue : les **comtes de la Cinarca**.
Ils furent, du 13e au 16e s., les plus sévères ennemis des Génois, qui tentaient de s'implanter en Corse après en avoir évincé Pise. Au 13e s., les comtes cinarcais étaient puissants. Ils contrôlaient la majeure partie de l'Au-Delà-des-Monts, jusqu'au bastion génois de Bonifacio. Leur résistance aurait pu être redoutable pour Gênes, mais leurs divisions engendrèrent des luttes fratricides.

De grands noms

La première grande figure de la lignée fut **Sinucello della Rocca**, connu sous le nom de Giudice de la Cinarca, né à Olmeto en 1221. Suite à ses exploits dans l'armée de la république de Pise, il reçut le titre de Giudice (« juge »), terme désignant celui qui représente l'autorité publique), et la mission de soumettre l'île. De retour en Corse, il se heurta à l'opposition des partisans des Génois et à celle des seigneurs cinarcais, menacés dans leurs ambitions. Il se retira alors dans la montagne, à Quenza, et devint l'arbitre des litiges et des vendettas.

En 1250, Sinucello était maître du sud de l'île, mais la défaite de Pise à la Meloria, en 1284, sonna le glas des heures de gloire de Giudice. Trahi par son propre fils et livré aux Génois, il finit ses jours dans les geôles de la république.
Au 14e s., ses descendants s'inféodèrent au roi d'Aragon, à qui le pape avait cédé ses droits sur la Corse : **Arrigo della Rocca**, son arrière-petit-fils, le plus bouillant des seigneurs, s'illustra par son long combat contre Gênes ; **Vincentello d'Istria**, neveu d'Arrigo, fut nommé vice-roi de Corse par le roi d'Aragon, qui lui délégua l'administration de l'île. Une fois son autorité assise *(voir Corte)*, Vincentello se comporta en despote. Il s'aliéna le peuple corse et les seigneurs du Sud, ses propres parents qui, appuyés par Gênes, le renversèrent.

Victoire génoise

Le 15e s. marqua l'écrasement définitif des seigneurs cinarcais par Gênes, dans une répression sanglante. Avec eux disparut le dernier bastion de la féodalité corse. Deux grands fiefs illustrèrent les dernières résistances : les della Rocca et les Leca. En avril 1456, 23 membres de la famille Leca furent mis à mort le même jour. D'après la légende, les « paladins cinarcais » finirent dans le sang : conviés à un festin de réconciliation par le gouverneur génois Spinola, ils auraient été décapités au dessert.

LA RÉGION D'AJACCIO ET LE HAUT TARAVO

Ajaccio
Grand Capo
Porticcio

★★ Vaut le détour
★ Vaut la visite
Intéressant

0 5 km

Ville de départ du circuit
Route des Sanguinaires et pointe de la Parata
Côte sud du golfe
Vallée de la Gravona
Route panoramique du plateau d'Ese
Gorges du Prunelli
Le long du Taravo

La région d'Ajaccio et le haut Taravo

CARTE MICHELIN DÉPARTEMENTS 345 – CORSE-DU-SUD (2A)

Ajaccio★★   264

Le golfe d'Ajaccio★★   280

Au nord-est d'Ajaccio :
La vallée de la Gravona★★   289

Bastelica   293

L'arrière-pays d'Ajaccio :
**Zicavo, le haut Taravo
et l'Incudine**★★★   299

Ajaccio ★★

Aiacciu

La cité natale de Napoléon, auquel est dédiée la principale artère qui la traverse de part en part, a des allures de capitale avec ses hauts immeubles pastel et ses vastes places. N'accueille d'ailleurs t-elle pas le siège de la Collectivité territoriale corse ? Très différente de Bastia, volontiers plus bourgeoise, Ajaccio montre des visages très différents selon que l'on se promène du côté du marché, demeuré populaire, au bord du port de plaisance animé par les foules attablées aux terrasses des cafés, dans la très touristique rue piétonnière Cardinal-Fesch, ou dans la pittoresque vieille ville, au bas du fort, avec ses ruelles envahies de restaurants. Enfin, c'est encore une autre Ajaccio, aérée et cossue, qui se dévoile en longeant la plage St-François ou en arpentant l'aristo-cratique quartier dit « des Étrangers ».

▶ Se repérer

69 075 Ajacciens – Corse-du-Sud (2A) **CARTE B1 (P. 262), PLANS DE VILLE P. 267 ET P. 268.** Lovée entre la montagne et la mer, au creux du plus grand golfe de l'île, Ajaccio s'étend le long du rivage et sur les hauteurs. Au nord de la ville, la jetée du Margonajo abrite le port de plaisance ; quelques centaines de mètres plus bas, la jetée des Capucins accueille les ferries et le port de commerce ; enfin, devant la face nord de la citadelle, on accède au petit port de pêche et de plaisance dédié à un autre célèbre enfant de la ville : Tino-Rossi.

☺ À ne pas manquer

Le palais Fesch - musée des Beaux-Arts et sa collection de tableaux de primitifs italiens ; les vues sur le golfe d'Ajaccio.

⏲ Organiser son temps

Débutez la visite au petit matin par la pointe d'Aspretto, avant de gagner le marché. et de partir à la découverte de la vieille ville. L'après-midi peut être consacré aux plaisirs de la mer avant de conclure sur une terrasse de café face au port Tino-Rossi.

👪 En famille

L'arboretum des Milelli ; le petit train d'Ajaccio ; une des nombreuses activités de loisirs proposées.

❶ Carnet pratique p. 274

⚲ Nos adresses p. 275

Se promener

▶ Circuit tracé en vert sur les plans II puis I, p. 268 et 267.
Au petit matin comme au coucher du soleil, la **pointe d'Aspretto** (à l'entrée de la ville) offre une belle vue d'ensemble sur Ajaccio. Au-dessus des vieux quartiers paisiblement posés à fleur d'eau, dans une harmonie de tons pastel, ocre, roses et jaunes, la ville nouvelle grimpe à flanc de montagne.

★ La vieille ville PLAN II DE LA VILLE

L'ancienne cité génoise se visite aisément à pied. Elle est délimitée par la place du Général-de-Gaulle à l'ouest, la citadelle au sud-est et la place du Maréchal-Foch au nord. Elle se prolonge avec le quartier des Corses, le long de la rue Cardinal-Fesch, encore appelé **le Borgo** (faubourg).

Cathédrale Notre-Dame d'Ajaccio.
A. Brusini/hemis.fr

Jetée de la citadelle D2

Longue de 200 m, elle offre de son extrémité une **vue**★ sur tout le front de mer, ainsi que sur une partie du golfe d'Ajaccio. La jetée abrite le **port** de pêche et de plaisance **Tino Rossi**. La **citadelle** date du milieu du 16e s. dans sa forme actuelle. Sa première pierre fut posée par les Génois en 1492 sur un promontoire surveillant le golfe et facile à défendre. La ville s'est développée à partir de là. Domaine militaire, la citadelle est fermée au public.
En sortant, suivre le boulevard Danielle-Casanova qui longe la forteresse.

Église St-Érasme D2

Dans cette ancienne chapelle du collège des jésuites, bâti en 1617, Ajaccio fut consacré à N.-D. de la Miséricorde en 1656, afin de la préserver d'une épidémie de peste. En 1815, la confrérie des marins et pêcheurs récupéra le sanctuaire fermé à la Révolution et le dédia à leur saint patron, saint Érasme. L'édifice renferme des maquettes de navires, trois Christs sur croix processionnelles, une statue de saint Érasme entouré d'angelots, ainsi qu'un ensemble de chapes et dalmatiques du service pontifical.

★ Cathédrale Santa Maria Assunta D2

R. Forcioli-Conti - ℘ *04 95 21 07 67 -* ♿ *- 7h30-19h30 (sf si office).*
La cathédrale, de style Renaissance, fut construite entre 1582 et 1593. Par crainte de voir les travaux traîner en longueur, l'évêque réduisit les dimensions de l'édifice conçu par l'architecte Giacomo Della Porta. Sa sobre façade ocre s'ouvre sur la mer. Sa coupole et son clocher dominent la ville.
L'intérieur est un festival de **retables** à colonnes torses de style baroque encadrant statues ou tableaux volontiers déclamatoires *(voir ABC d'architecture p. 470)*. Les murs sont recouverts de **trompe-l'œil**, notamment au-dessus de la nef principale. À droite de l'entrée, remarquez les fonts baptismaux du 16e s. À gauche, sur le premier pilastre, sont gravées les dernières paroles de l'Empereur prononcées à Ste-Hélène, le 29 avril 1821 : « Si on proscrit de Paris mon cadavre comme on a

proscrit ma personne, je souhaite qu'on m'inhume auprès de mes ancêtres dans la cathédrale d'Ajaccio, en Corse. » Le caveau de la **famille Bonaparte** se trouvait dans la cathédrale, dans la troisième chapelle sur la gauche (celle du Rosaire), avant la construction de la chapelle impériale en 1857.

En longeant la nef sur la gauche, la première chapelle (16ᵉ s.), dite de la Madonna del Pianto, est ornée du *Triomphe de la Religion* de **Delacroix**. La seconde abrite la statue de N.-D.-de-la-Miséricorde, patronne d'Ajaccio et célébrée le 18 mars lors d'une grande procession.

Prendre la rue Notre-Dame qui longe le flanc droit de la cathédrale.

Au nᵒ 3 s'élève la longue façade très sobre de l'**hôtel Cuneo d'Ornano**. La porte aux piédroits et au linteau de marbre est surmontée d'un ornement aux armes de la famille d'Ornano.

Prendre à gauche la rue du Roi-de-Rome, puis à droite la rue St-Charles.

★ Maison Bonaparte D2

R. St-Charles - ☎ *04 95 21 43 89 - www.musees-nationaux-malmaison.fr -* ♿ *- avr.-sept. : 10h-12h30, 13h15-17h30 ; reste de l'année : 10h30-12h30, 13h15-16h30 - dernière entrée 30mn avt - fermé lun. - réserv. au moins la veille conseillée - 7 € (18-25 ans 5 €) ; 1ᵉʳ dim. du mois gratuit.*

La maison natale de Napoléon s'élève devant la petite **place Letizia**, ombragée de bananiers et d'orangers, et ornée du buste du roi de Rome enfant sculpté par E.-J. Vezien en 1936. Remontant au 17ᵉ s., elle présente une façade très sobre, sans décoration ni signe distinctif, hormis les armes de la famille.

La visite débute par le 2ᵉ étage.

2ᵉ étage – Quatre salles très claires aux plafonds peints à l'italienne sont dallées de tommettes rouges. Une grande carte (1740) de Hyacinte de la Pegna illustre l'organisation des régions et villes corses au 18ᵉ s. De nombreux panneaux didactiques et quelques documents présentent l'histoire mouvementée de la maison.

1ᵉʳ étage – La pièce présentée comme la **« chambre natale »** de **Napoléon** n'a plus d'éléments d'origine. On peut y admirer un secrétaire italien du 18ᵉ s. incrusté de pierres dures (lapis-lazuli, nacre...), et une crèche en ivoire. Le salon de style

Casa Buonaparte

La demeure entra dans le patrimoine familial en 1682. **Charles Bonaparte** (1746-1785) s'y installa en 1743, occupant le rez-de-chaussée et le premier étage, tandis que ses cousins Pozzo di Borgo logeaient au second. Elle ne ressemble plus guère, intérieurement, à la Casa Buonaparte que connut le jeune Napoléon, fils de Charles et de Letizia. En mai 1793, menacés par les partisans de Paoli, les Bonaparte durent s'enfuir d'Ajaccio, ville alors ardemment paoliste. Leur maison fut saccagée. Pendant l'occupation anglaise (1794-1796), elle fut réquisitionnée et, ironie du destin, Hudson Lowe, le futur geôlier de l'empereur à Ste-Hélène, y aurait logé. Le rez-de-chaussée servit de dépôt de munitions. De retour à Ajaccio en 1797, **Letizia** (1750-1836), celle qu'on appellera bientôt **Madame mère**, put remettre la maison en état grâce à une indemnité que lui versa le Directoire. Le mobilier actuel date de cette époque. À son retour d'Égypte, le 29 septembre 1799, le général Bonaparte fit une dernière escale dans la demeure familiale. En 1805, l'empereur fit don de cette maison au cousin de sa mère, André Ramolino. En 1923, le prince Victor-Napoléon, descendant du roi Jérôme, la donna à l'État.

SE RESTAURER
L'épizzeria Frédo............ 7   A Nepita 8

SE LOGER
Hôtel Marengo 1

Louis XVI et la chambre de « Madame Mère » au mobilier Louis XV impressionnent par leur riche décor. Après la salle à manger Directoire, la **grande galerie**, longue de 16 m, présente un parquet de noyer en point de Hongrie et un plafond à l'italienne. En son temps, elle fut la première salle de bal d'Ajaccio. Elle forme un trait d'union entre la maison principale et les pièces de la **petite maison** achetée en 1797. Cette dernière se compose d'un salon de musique et de deux petites chambres. Dans l'une d'elles, une trappe communiquant avec le rez-de-chaussée permit, dit-on, en 1799, au général Bonaparte de s'échapper avec Lannes et Murat pour éviter une rencontre avec les partisans de Pozzo di Borgo, postés devant l'entrée principale. Les salles consacrées à Napoléon III ramènent au corps principal. Remarquez au passage les plus anciens masques mortuaires de l'Empereur.
La visite se termine par les caves voûtées du sous-sol.
Au bout de la rue St-Charles, tourner à droite dans la rue Bonaparte.

Rue Bonaparte D2

C'est l'ancien **carrughju drittu** (« rue droite ») de la cité génoise, où résidaient les marchands. Il divisait la vieille ville en deux quartiers distincts : au nord s'étendait le quartier populaire du Macello (boucherie), au sud logeait la bourgeoisie.

Au n° 17, l'**hôtel** du duc **Pozzo di Borgo** est habillé en palais italien avec des trompe-l'œil en camaïeu d'ocre décorant les fenêtres. La porte monumentale de marbre blanc, avec un fronton armorié, donne un air solennel à l'édifice, devenu un hôtel.

Place du Maréchal-Foch (ou des Palmiers) D2

L'ancienne piazza di l'Olmu, espace rectangulaire ombragé de palmiers, s'ouvre face au port. La place aux allures d'esplanade est un lieu central de la vie ajaccienne : on y vient pour déambuler, discuter ou se reposer sur les bancs. Son côté sud est bordé de restaurants.

En haut de la place (n°s 7-10, avenue Sérafini), une petite **statue de la Madonuccia** ou N.-D.-de-la-Miséricorde est exposée dans la niche d'une maison. Elle protège la ville depuis 1656 et est fêtée en grande pompe le 18 mars (illuminations, messe solennelle à la cathédrale, procession). La **statue de marbre blanc de Bonaparte** Premier consul, œuvre de Maglioli, peintre et sculpteur ajaccien, surmonte la fontaine des Quatre-Lions. II. Sur la gauche, en bas de la place, s'élève l'**hôtel de ville**.

SE RESTAURER		Le 20123 .... ⑤	SE LOGER	
Papacionu .... ①		Le petit restaurant .... ⑥	Hôtel Kalliste .... ②	
Le Roi de Rome .... ②		Le Bilboq - Chez Jean-Jean .. ⑨	Hôtel Napoléon .... ④	
Le Don Quichotte .... ③		Le Trou dans le Mur .... ⑩	Hôtel Fesch .... ⑤	
Da Mamma .... ④		Brasserie Gilda .... ⑪	Hôtel Pozzo di Borgo ...... ⑥	

Ajaccio l'impériale

La ville qui vit naître **Napoléon** (15 août 1769) conserve avec piété le souvenir de « l'enfant prodige de la gloire » que célèbre l'hymne local, « l'Ajaccienne ». Une longue histoire la mène à ce titre de « Cité impériale ».

Une colonie génoise

Ajaccio dériverait du mot latin *adjacium*, signifiant « halte », « lieu de repos ». Il ne reste plus trace aujourd'hui de la cité romaine située au nord de la citadelle, prospère au Bas-Empire. La fondation d'Ajaccio sur son site actuel date de l'implantation en 1453 de l'**Office de St-Georges,** qui administrait la Corse pour le compte de Gênes. La cité achevée en 1492 est investie par une centaine de familles ligures et par quelques familles nobles génoises. Comme Bonifacio, elle devient dès lors interdite aux Corses, cantonnés dans le faubourg du Borgo : si bien qu'Ajaccio demeure purement génoise jusqu'à sa prise en 1553 par **Sampiero Corso.** Des familles corses s'y fixent alors et obtiennent, en 1592, le droit de cité.

La capitale de la Corse-du-Sud

L'essor de la ville

Le 17e s. marque le début de la croissance de la cité, toujours génoise. Entre 1584 et 1600, la population passe de 1 200 à 5 000 habitants. Leur niveau de vie est la plupart du temps plus que modeste. La vieille ville et la citadelle se développent à l'abri des remparts (démolis en 1801), tandis qu'un faubourg, le **Borgo**, s'étend vers le nord dans l'axe de l'actuelle rue du Cardinal-Fesch. Les habitants vivent surtout du commerce et de la pêche du corail.

La Révolution

Le véritable envol de la ville date du 18e s. Il est dû essentiellement à des facteurs politiques. Dès 1715, le commissaire des provinces de l'Au-Delà-des-Monts, qui résidait à Ajaccio, reçoit les mêmes prérogatives que celui de Bastia. Plus tard, en 1793, la Convention divise la Corse en deux départements : celui du Golo et celui du Liamone, dont Ajaccio devient le chef-lieu.

En 1811 un décret impérial réunit les deux départements en un seul, sous l'administration d'Ajaccio. Dès lors, la cité ne cesse de grandir. Aujourd'hui chef-lieu du département de Corse-du-Sud, elle est le siège de l'Assemblée territoriale de Corse, créée en 1991.

L'empereur et Ajaccio

Napoléon vécut les neuf premières années de sa vie à Ajaccio. Parti sur le continent pour ses études, il n'y revient pas avant 1786, date de son premier congé militaire. Il reste un an sur place. Les séjours suivants lui permettent de vivre la Révolution en Corse : il assiste à l'assemblée électorale chargée d'élire la première administration départementale (1789), ainsi qu'au retour de Paoli (1790). En 1792, revenu à Ajaccio à l'occasion d'une permission, il prend la tête d'un bataillon de gardes nationaux, avec lequel il participe aux troubles agitant la ville. À l'automne, il rejoint Corte depuis Toulon, afin de participer à l'expédition des îles de la Madeleine. Après une tentative d'assassinat, il revient à Ajaccio, d'où il doit fuir avec sa famille pour échapper aux partisans de Paoli (1793). Son dernier séjour dans sa ville natale (3 jours) correspond à son retour de l'expédition d'Égypte (1799).

La statue de Bonaparte sur la place Maréchal Foch.
F. Guiziou/hemis.fr

Rue Cardinal-Fesch (U Borgu) D1/2

La longue rue commerçante, piétonnière et animée en journée, traverse l'ancien « Borgo ». Elle est bordée de magasins de vêtements et de plusieurs boutiques destinées aux touristes (épiceries fines, souvenirs, artisanat). Sur la façade du n° 1, une plaque rappelle que Vincentella Perini, plus connue sous le nom de **Danielle Casanova**, résistante morte à Auschwitz, naquit ici le 9 janvier 1909.
Poursuivre la rue Cardinal-Fesch.

★★ Palais Fesch - musée des Beaux-Arts D1

50 r. du Card.-Fesch - 📞 *04 95 26 26 26 - www.musee-fesch.com - ♿ - mai-oct. : 9h15-18h ; reste de l'année : 9h-17h - 10 € (étud. 6 €) - fermé 1ère quinz. de janv.*
Le musée, précédée d'une cour d'honneur, occupe l'ancien collège Fesch (1827), où l'entomologiste Jean-Henri Fabre enseigna les sciences physiques. Il abrite la plus importante collection de **peintures italiennes★★★** conservée en France, après celle du Louvre, ainsi que des œuvres des écoles française, espagnole, flamande et hollandaise. Ces toiles furent léguées à la ville par le cardinal Joseph Fesch (1763-1839), oncle maternel de Napoléon et archevêque de Lyon.
La visite débute au 2e étage et s'effectue en descendant.
Peinture italienne du 14e au 17e s. – *2e étage.* Remarquez le **triptyque de Rimini** (14e s.), ainsi que le triptyque du **Mariage mystique de sainte Catherine**, de Nicoló de Tommaso (14e s.), avec Jean-Baptiste et saint Dominique peints sur les volets. Le thème de la Vierge à l'Enfant est très présent au Quattrocento (15e s.). La **Vierge à la guirlande** de **Sandro Botticelli** (1440-1510), peinte en 1470, enchante par sa grâce et son naturel. La **Vierge à l'Enfant** de Giovanni Boccati, chef de file de l'école des Marches, influencé par Fra Angelico, illustre par ailleurs la haute époque florentine. La **Vierge à l'Enfant** de **Giovanni Bellini** représente avec brio la Renaissance vénitienne. **La Madone entre les deux saints**, de Cosimo Tura, au réalisme accentué, appartient à l'école de Ferrare.
Du 16e s., retenez deux œuvres de l'école vénitienne : **Léda et le cygne** de l'atelier de Véronèse et **L'Homme au gant** de **Titien**, ainsi qu'un **Portrait de Pétrarque** du Toscan Giorgio Vasari.
Les œuvres de Luca Giordano trahissent l'influence du Caravage sur la peinture de l'époque. Du 17e s. également, mais appartenant à l'école bolonaise, ne manquez

pas la très étrange *Tentation de la chouette*, par l'obscur **Maître de la Fertilité de l'Œuf**. Dans la galerie centrale, est exposé un ensemble un peu indigeste de **natures mortes** et de scènes de chasse d'artistes du 17e s. aujourd'hui tombés dans l'oubli. Au fond, s'ouvre une salle abritant des tableaux italiens (17e-18e s.) de grands formats.

Œuvres du 17e et 18e s. – *1er étage.* La première salle consacrée aux peintures romaines du 17e s. renferme un **David** peint par **Le Bernin** (1598-1680), des paysages de **Gaspard Dughet** (1613-1675), peintre français né à Rome, qui a fortement subi l'influence de son beau-frère **Nicolas Poussin**, dont on admirera **Midas à la source du fleuve Pactole**. L'autre salle de l'école romaine abrite des œuvres de peintres du 18e s. : **Mengs**, **Subleyras** et **Pannini**.

Les écoles flamandes du 17e s. sont représentées par des paysages tels ceux de Nicolaes Berchem exposés dans la galerie du Cardinal-Fesch. Dans la salle consacrée à Giaquinto, remarquez **Le Départ de Rebecca** par Solimena.

Le 19e s. est représenté essentiellement par des paysages.

Le rez-de-cour rassemble des souvenirs (bustes, médailles, portraits d'apparat, etc.) des Premier et Second Empires. Le rez-de-marine *(rez-de-chaussée côté mer)* présente une collection de peintures corses.

Chapelle impériale – 📞 04 95 26 26 26 - *mêmes horaires et billet que le musée ; ouv seult en été.* Entièrement rénovée, elle fut édifiée à droite de la cour d'honneur en 1857 sous Napoléon III pour servir de sépulture à la famille impériale. De style néo-Renaissance, elle est construite en pierre de St-Florent. La grande coupole en trompe l'œil peinte par l'artiste ajaccien Jérôme Maglioli, ainsi que les vitraux sont décorés aux armes du cardinal Fesch. Un croix copte, cadeau du général Bonaparte à sa mère lors de son retour d'Égypte, orne le fond de la grande galerie. Dans la crypte circulaire située sous la coupole, et dans l'escalier d'accès reposent plusieurs membres de la famille Bonaparte, dont Charles-Marie, son épouse Letizia Ramolino, et le demi-frère de celle-ci, le cardinal Fesch.

Bibliothèque du palais Fesch – *50 r. du Card.-Fesch -* 📞 *04 95 26 26 13 - bibliothequefesch.ajaccio.fr - fermée pour restauration jusqu'à une date indéterminée.* Elle occupe l'aile gauche du palais Fesch. Créée en 1801 par Lucien Bonaparte alors ministre de l'Intérieur à partir d'un fonds d'ouvrages confisqués sous la Révolution, elle fut installée ici en 1868. Elle rassemble plus de 40 000 volumes du 15e au 19e s., dont des incunables et des manuscrits.

Dépasser le palais Fesch, tourner à gauche dans la rue des Trois-Marie puis encore à gauche cours Napoléon.

Cours Napoléon D1/2

Toujours animé et volontiers embouteillé, le principal axe commerçant de la ville aligne ses hautes façades au pied desquelles logent cafés, boutiques, cinémas et bâtiments administratifs. Tracé au début du 19e s., le cours Napoléon a donné une nouvelle orientation au développement de la cité, et s'est peu à peu doté d'édifices remarquables. Remarquez ainsi l'**église St-Roch** (1885), colorée et du plus pur style néoclassique, œuvre d'un architecte ajaccien. Plus loin le **théâtre Saint-Michel**, en partie incendié en 1927, accueille l'actuelle **poste principale** derrière sa façade colorée légèrement en retrait. Plus loin, on passe devant la préfecture, dont le hall abrite un sarcophage romain du 3e s. apr. J.-C. (visible uniquement lors des Journées du patrimoine).

Poursuivre sur le cours Napoléon jusqu'à la ville moderne.

La ville moderne PLAN I ET PLAN II DE LA VILLE

Elle s'est développée en bordure de la route des Sanguinaires et a grimpé dans les hauteurs.

6

La vieille ville d'Ajaccio.
jewhyte/Getty Images Plus

Place du Général-de-Gaulle (place du Diamant) PLAN II, CD2

La vaste place fait le lien entre les quartiers anciens et la ville moderne. Prolongée par une terrasse, elle offre une **vue★** sur le golfe d'Ajaccio *(hot spot wi-fi)*.

Au centre se dresse le monument équestre en bronze de **Napoléon en empereur romain** et de ses quatre frères, dessiné par Viollet-le-Duc. À l'angle avec le cours Napoléon, remarquez la **couronne impériale** suspendue au-dessus de la chaussée : installée pour le bicentenaire de la naissance de Napoléon, en 1969, elle éclaire chaque nuit le principal carrefour de la cité, grâce à ses ampoules multicolores.

Tournez à gauche dans le cours Grandval.

Cours Grandval et quartier des Étrangers PLAN I, A2

Aéré et agréablement bordé de palmiers et de platanes, le cours Grandval (cours Général-Leclerc dans sa partie haute) monte en pente douce de la place du Général-de-Gaulle vers la place d'Austerlitz, qui clôt son élégante perspective. Le quartier est toujours appelé « quartier des Étrangers » par les Ajacciens, souvenir de la clientèle aristocratique britannique attirée ici l'hiver par la douceur du climat. Encouragés dans un premier temps par Napoléon III, ils développèrent un quartier luxueux constitué de cottages et d'hôtels prestigieux.

Au n° 22 cours Grandval, précédé d'un jardin, se dresse le Grand Hôtel, devenu le siège de la Collectivité territoriale corse. Le Cyrnos Palace, toujours visible au n° 13 cours Leclerc, fut édifié en 1883 par une aristocrate écossaise, Miss Campbell, figure marquante du quartier.

Place d'Austerlitz (U Casone) PLAN I, A2

Dominée par l'imposant **monument de Napoléon Ier**, elle ferme le cours Grandval, ouvert 1500 m plus bas, place Foch, avec la statue de Napoléon, Premier consul. Précédé de deux aigles et d'une immense stèle inclinée rappelant ses victoires, l'Empereur, coiffé du bicorne, regarde la ville (réplique de la statue située dans la cour d'honneur des Invalides).

À proximité   PLAN I ET CARTE DE RÉGION P. 262

Musée Marc-Petit (Lazaret Ollandini) HORS PLAN I B1, EN DIR

Quartier d'Aspretto - près de plage d'Aspretto, accès par la route de l'aéroport T 21) - ℰ ouv. lors des événements artistiques de la ville ou sur RV au ℰ 06 25 79 86 19 - www.lelazaret-ollandini.com - fermé j. fériés - gratuit.

L'ancien lazaret d'Aspretto a été construit en 1847 à la demande des pêcheurs de corail pour remplacer celui des Sanguinaires, trop distant de la ville. Le bâtiment restauré abrite le musée Marc-Petit, sculpteur contemporain, dont une trentaine de bronzes, parfois monumentaux, sont exposés dans les jardins. Le lazaret est aussi un centre culturel dynamique, qui accueille expositions, concerts, festivals, rencontres philosophiques....

Les Milelli B1

▶ *5 km au nord-ouest. Quitter Ajaccio par le cours Napoléon et, un peu après la gare, prendre à gauche la route d'Alata (D 61) ; puis encore à gauche après un rond-point, une route en montée (plaque indicatrice).*

Lorsque les Bonaparte durent quitter leur maison d'Ajaccio, en mai 1793, Letizia, accompagnée de ses filles Élisa et Pauline et de l'abbé Fesch, vint se réfugier ici. Dans la nuit du 1er juin, elle parvint avec les siens à quitter la région d'Ajaccio en contournant la ville par le monte St-Angelo et en gagnant la **tour de Capitello**. À son retour d'Égypte, Bonaparte vint aux Milelli les 2 et 3 octobre 1799 en compagnie de Murat et de Lannes.

👥 Léguée à la ville d'Ajaccio par le cardinal Fesch, la **maison de campagne de la famille Bonaparte** ne se visite pas, mais vous pouvez vous promener dans le jardin et admirer l'oliveraie séculaire (12 ha). En contrebas, un petit et jeune **arboretum** constitue un agréable lieu de promenade pour les enfants.

6

ℹ️ Carnet pratique

S'informer

Office du tourisme d'Ajaccio – PLAN II DE LA VILLE D2 (P. 268). *3 bd du Roi-Jérôme - 20000 Ajaccio -* ☎ *04 95 51 53 03 - www.ajaccio-tourisme.com.* Propose chaque mois un vaste éventail de visites guidées de la ville, du musée Fesch et de la maison Napoléon, autour de la nacre, ainsi que la découverte de villages des environs.

Pass

Le **City Pass** 24h *(24 €)*, ou 48h *(36 €)* donne l'accès gratuit aux lieux culturels, à une excursion Ajaccio Vision ou à bord du petit train, ainsi qu'à une visite guidée. Rens. à l'office de tourisme ou en ligne sur : *eboutique.ajaccio-tourisme.com.*

Arriver/partir

En avion

Aéroport Ajaccio Napoléon Bonaparte – ☎ *04 95 23 56 56 - www.2a.cci.fr.* L'aéroport se situe 8 km à l'est du centre par la T 21.

Liaison en bus – ☎ *0 800 000 400 - mobilite.muvitarra.fr - 6h-23h20 (bus 8 dép. ttes les 30mn à 1h à partir de 5h et jusqu'à 23h05 en été, à partir de 6h30 en hiver) - 6 € (sur l'app. Muvistrada ou par SMS en envoyant « muvi5 » au 93020, valable 1h sur toutes les lignes ; 10 € à bord, valable sur la seule navette) - durée 20mn.* Liaison entre le rond-point de la gare ferroviaire (centre-ville) et l'aéroport (à droite en sortant du hall d'arrivée) avec la ligne 8.

Liaison en taxi – ☎ *04 95 10 19 01 - env. 25 € pour relier le centre, 30 € la nuit.*

En bateau

Gare maritime – PLAN II D1 - *compagnies, voir p. 479.*

Se déplacer

Se garer – Compliqué ! Essayez le parking souterrain du Diamant, place du Général-de-Gaulle, sur la place d'Austerlitz, en haut du cours Grandval, sur le quai L'Herminier ou devant la gare SNCF *(payants).*

Microbus électriques – *www.ca-ajaccien.corsica/aiaccina.* Des « microbus » à énergie solaire sillonnent gratuitement la ville... sans respecter d'horaires *(ttes les 15mn env.).* La **Citadina** *(lun.-vend. 9h-12h, 15h-18h)* relie les jardins de l'Empereur à la gare, tandis que l'**Aiaccina** *(en été, lun.-sam. 6h30/7h à 19h30/20h30, jusqu'à 1h en juil.-août, dim. 6h30-13h30)* emprunte le cours Napoléon avant d'effectuer une boucle dans la vieille ville *(lun.-sam. jusqu'à 1h en juil.-août)* ou traverse le quartier des Étrangers au départ de la place du Maréchal-Foch.

Bus – *mobilite.muvitarra.fr ou app. Muvistrada pour smartphone.* Le ticket coûte 1 € *(valable sur toutes les lignes durant 1h, sauf si pris à bord ; achat sur l'app. ou par SMS en envoyant « muvi1 » au 93020 ; 9 € pour 10 voyages).* Une navette dessert les plages *(2 €, valable 1h, ticket par SMS en envoyant « plage » au 93020).* Il existe aussi un pass *(4 €)* valable 24h sur toutes les lignes (hors navette aéroport et navette maritime).

Navette maritime – ☎ *04 95 23 29 41 - www.ca-ajaccien.corsica/ muvimare - 5 € AS, 8 € AR.* Muvimare assure un service entre Ajaccio et Porticcio. Vente de billets également à l'office de tourisme.

Gare ferroviaire – *cf-corse.corsica.* Liaisons avec Bastia *via* Corte et Calvi *via* L'Île-Rousse (changement à Ponte-Leccia).

Autocars – *Gare routière -* PLAN II D1 - *bd Sampiero -* ☎ *04 95 21 57 59 - www.corsicabus.org.* La liaison Ajacco-Bastia n'est pas assurée par des autocars.

Location de voitures –
Les principales compagnies
sont représentées à l'aéroport,
de l'autre côté du parking.

Visites

👥 **Petit train d'Ajaccio** –
PLAN II, D2 - Pl. du Mar.-Foch -
📞 04 95 51 13 69 ou 06 10 45 31 72 -
*www.petit-train-ajaccio.com - dép.
se rens.* Deux circuits : découverte
d'Ajaccio *(45mn - 8 €, 3-9 ans 4 €)* ;
balade dans la ville et sur la route
des Sanguinaires, avec arrêt à la
pointe de la Parata *(1h40 - 11 €,
3-9 ans 5 €)*.

Ajaccio Vision – PLAN II, D2 -
Pl. du Mar.-Foch - 📞 *06 20 17
50 33 - www.ajacciovision.fr.* Deux
circuits pour découvrir la ville en
bus à impériale : 55mn *(10 €)* et
1h30 *(12 €)*, ce dernier incluant la
route des îles Sanguinaires *(20mn
d'arrêt)*. Demi-tarif pour les enf.

Agenda

La Madunuccia – *Le 18 mars.*
Fête de N.-D.-de-la-Miséricorde,
patronne de la ville : procession,
illuminations, messe solennelle.

Fête de saint-Érasme – *Le 2 juin.*
Une procession haute en couleur
promène jusqu'à la mer la statue
du patron des marins.

Festival Jazz in Aiacciu – *Fin juin -
jazzinaiacciu.com*

**Rencontres philosophiques
du lazaret François-Ollandini** –
*www.lelazaret-ollandini.com -
en juil.* Dans le lazaret d'Aspretto
débattent philosophes,
astrophysiciens et
paléoanthropologues. Autres
rendez-vous toute l'année.

Festival Notte Sacre – *3 j. déb.juil.*
Concerts, en divers lieux, de chants
et musiques sacrés, interprétés
par les meilleurs spécialistes.
La première édition d'un festival
prometteur.

Journées napoléoniennes – *Rens.
à l'office de tourisme - autour du
15 août.* Trois jours sont dédiés
au célèbre enfant d'Ajaccio.

Festival de la BD – *Mi nov. -*
Au Palais des Congrès.

📍 Nos adresses

Restauration

😊 Le casino concentre autour de
lui les bars et restaurants restant
ouverts tard.

Premier prix

🔴7 **L'épizzeria Frédo** – PLAN I, B1 -
12 r. du Dr-del-Pellegrino -
📞 *04 95 71 83 55 - fermé lun. et
à midi - pizza 9,50/17 €.* Dans un
quartier populaire peu touristique,
un choix embarrassant de pizzas –
rouges, blanches, à la crème –
toutes délicieuses, belles et...
immenses. Personnel et patron
très sympathiques.

🔴1 **Papacionu** – PLAN II, D2 -
16 r. St-Charles - 📞 *04 95 21 27 86 -
fermé midi et de déb. oct. à*
mi-mai - pizza 10/15 €. Cette
adresse qui porte à merveille
son nom corse (le « Bon vivant »)
concocte de délicieuses pizzas,
servies dans une ambiance
conviviale et festive.

🔴11 **Brasserie Gilda** – PLAN II, D2 -
1 bd Roi-Jérôme - 📞 *04 95 27 19 06 -
gilda-ajaccio.com - tlj - plats 15/26 €.*
Une brasserie joliment décorée
proposant des plats simples, on
ne peut plus corrects, élaborés
avec des produits locaux. Accueil
sympathique du patron et des
serveurs. Une bonne adresse
pour déjeuner avec des enfants
(menu à 12 €).

🔴5 **Le 20123** – PLAN II, D2 - *2 r. du
Roi-de-Rome -* 📞 *04 95 21 50 05 -
www.20123.fr - fermé lun. et à*

6

midi - 🍽 - plats 18/26 €. Seule besogne qui vous incombera au cœur de cette évocation d'un village corse : puiser votre eau à la fontaine de la « place ». Authentique et excellente cuisine du terroir annoncée oralement. Fait également bar à vin, « La Taverne du 20123 ».

Budget moyen

🔟 **Le Trou dans le Mur** – PLAN II, D2 – *1 bd du Roi-Jérôme- ☎ 06 11 70 01 86 - fermé le soir - plats 17,80/21,80 €.* Brasserie proche du marché dotée d'une grande terrasse qui a su conserver son ambiance populaire et bon enfant. La cuisine est à l'image de l'établissement, simple, pas prétentieuse, copieuse et pleine de saveur. Addition douce et service souriant.

④ **Da Mamma** – PLAN II, D1 - *Passage Guinguetta - ☎ 04 95 21 39 44 - fermé dim. (sauf le soir en été), lun. midi et janv.-fév. - plats 19/34 € - menus 20/33 €.* Dans une ruelle en escalier entre le cours Napoléon et la rue Fesch, profitez de cette sympathique terrasse sous un arbre à caoutchouc. De bons plats tels le magret de canard au miel du maquis ou le filet de saint-pierre à la vanille malgache.

② **Le Roi de Rome** – PLAN II, D2 - *12 r. du Roi-de-Rome - ☎ 04 95 23 84 38 - tlj - plats 19/38 €.* L'une des « stars » actuelles de la rue du Roi-de-Rome, où la concurrence est rude. Il faut dire que les plats sont généreux, le service aussi sympathique que rapide, sans parler des vins, tous délicieux et bien assortis aux mets, grâce aux bons conseils du serveur.

③ **Le Don Quichotte** – PLAN II, D1-2 - *R. des Halles - ☎ 04 95 21 27 30 ou 06 10 81 13 10 - www. ledonquichotte.fr - fermé dim.-lun. - ♿ - formules 22/39 € - plat du jour 16/18 €.* Ce restaurant caché dans une étroite ruelle propose une cuisine du marché à prix sages.

Agréable terrasse et service diligent.

⑧ **A Nepita** – PLAN I, B1 - *4 r. San-Lazaro - ☎ 04 95 26 75 68 - www.anepita.fr - fermé sam. midi, dim., lun. et mar. soir - plats 28/36 €.* Cet établissement dont le nom désigne la marjolaine sauvage, séduit les palais les plus avertis. Tous les jours, le chef Andrews propose 4 entrées, 4 plats et 4 desserts, certains proposés en ration normale et XL. Ne manquez pas le poulpe grillé, la spécialité du chef. Ambiance intimiste, à deux pas du palais de Justice.

Une folie

⑨ **Le Bilboq - Chez Jean-Jean** – PLAN II, D2 - *1 r. des Glacis - ☎ 04 95 51 35 40 - fermé lun. et à midi - 79 €.* Tout le monde se presse pour goûter les langoustes fraîches, grillées ou préparées en sauce, de Jean-Jean, personnage incontournable de la vie ajaccienne, ancien boxeur et grand amateur de Tino Rossi. Passez en journée pour vérifier l'arrivage du jour sur le tableau noir et réservez impérativement. Glaces du maître-glacier Pierre Geronimi, de Sagone (p. 252).

⑥ **Le Petit Restaurant** – PLAN II, D2 - *3 r. Pozzo-di-Borgo - ☎ 04 20 01 88 81 - lepetitrestaurant.fr - fermé w.-end - formules déj. 30/39 € - menus dîner 80/100 €.* Établi au cœur de la vieille ville, le chef Vincent Boucher utilise les ingrédients de saison avec une créativité qui force le respect, n'hésitant pas à ajouter une touche d'exotisme. Cadre à l'avenant, c'est-à-dire du dernier chic. Accueil extrêmement prévenant.

Petite pause

Caffé de Flore – PLAN II, D1 - *33 r. Cardinal-Fesch - ☎ 06 43 58 03 48 - 8h30-21h en été.* Un cadre magnifique et très cosy pour prendre un petit-déjeuner copieux, bruncher, ou simplement déguster une délicieuse pâtisserie après avoir visité le musée Fesch, juste en face.

Galeani – PLAN II, D2 - *3 r. Cardinal-Fesch - ✆ 04 95 21 39 68 - tlj sf dim. 6h30-19h30.* Depuis six générations, les canistrelli (biscuits sablés) de cette boulangerie font le bonheur des Ajacciens : ils sont parfumés à l'anis, au chocolat, à l'amande, aux raisins, à l'orange, au miel... Laissez-vous aussi tenter par les chaussons aux blettes, la *falcullelle* (galette au *brocciu* cuite au four sur une feuille de châtaignier) ou la délicieuse *fritella* au *brocciu*, à grignoter sur la petite terrasse.

Gustino Ajaccio – PLAN II, D2 - *6 r. du Roi-de-Rome - ✆ 04 95 72 94 19 - lun.-sam. 10h-19h, dim. 10h-12h30.* Épicerie fine où vous dégusterez des glaces artisanales de la maison Raugi, de Bastia, l'un des meilleurs glaciers de Corse, généreusement servies.

Shopping

☺ Le vendredi soir pendant les mois d'été, un « shopping de nuit » est organisé associant boutiques, animations de rues et concerts. Le dimanche, de nombreux commerces touristiques restent ouverts... si la météo est bonne.

Alimentation

Marché central – PLAN II, D2 - *Autour de l'hôtel de ville - 7h-13h, fermé lun.* La Corse dans son intégralité est représentée dans ce marché central : charcuterie, fromages, pâtisseries, fruits et légumes de l'île. On y découvre aussi des petits producteurs de confitures, de miel, d'olives ou d'huile. Le samedi et le dimanche, il y a foule. Faites un tour, à deux pas, à la **halle aux poissons** *(tlj sf lun. hors sais. 6h30-13h)* où une quinzaine de professionnels proposent la pêche

du jour, en provenance des côtes corses uniquement.

Casa Napoléon – PLAN II, D1 - *3 r. du Card.-Fesch - ✆ 04 95 21 47 88 - www.charlesantona.com - juil.-août : 9h-20h ; reste de l'année : tlj sf dim. 10h-12h30, 14h30-19h - fermé 1er nov.* Dans une rue animée, cette boutique décline toutes les saveurs du terroir : vins blancs du cap Corse, vins rouges d'Ajaccio, de Patrimonio, du Sartenais, liqueurs, fromages fermiers de chèvre et de brebis, nougats, *canistrelli* (gâteaux à l'anis).

Autres

Empires – PLAN II, D2 - *9 r. du Roi-de-Rome - jeu.-sam. 10h-12h, 14h-19h.* Avec humour et esprit, Valérie Santarelli détourne, dans son atelier situé au-dessus de la boutique, le personnage de Napoléon et la période de l'Empire, à travers une ligne de vêtements et d'objets de mode des plus originale *(Self Made Man, Born to be a Princess, etc).*

La Maison du Corail – PLAN II, D2 - *1 r. du Card.-Fesch - ✆ 04 95 21 47 94 - www.lamaisonducorail. com - 9h30-12h, 14h-18h30 ; hors saison fermé dim.-lun. et de mi-janv. à mi-fév.* Bijoux tous ornés de corail. Les plus beaux sont ceux faits avec du corail rouge directement prélevé sur les côtes corses par des pêcheurs professionnels.

L'Atelier du Couteau – PLAN II, D2 - *2 r. Bonaparte - ✆ 04 95 52 05 92 - 9h30-12h30, 14h30-19h30 fermé dim.-lun.* Christine vous fera partager sa passion pour la coutellerie artisanale Corse – et la coutellerie française et internationale – toujours en quête de nouveaux talents.

En soirée

Pour assister à un spectacle, (théâtre, cinéma, concert, etc.), réservez votre place sur : *eboutique.ajaccio-tourisme.com.*

6

La **rue du Roi-de-Rome** PLAN II, D2 est la « rue de la Soif » d'Ajaccio. Beaucoup d'animation dans les bars à vin qui étendent leur terrasse jusque dans la rue. Les cafés surplombant le **port de plaisance Tino Rossi** PLAN II, D2 sont tout autant bondés en soirée.

Activités

Des excursions dite « inclusives », aussi diverses que variées, sont proposées : randonnée sunset et guitare, tressage de nasses avec les pêcheurs d'Ajaccio, astronomie dans les vignes, dégustation accompagnée au marché, etc., sans négliger les très classiques mais néanmoins immanquables sorties en mer. Rens et réserv. : *eboutique.ajaccio-tourisme.com*.

Plongée

E Ragnole – *12 cours Lucien-Bonaparte - plage Trottel -* ℘ *09 83 96 80 31 ou 06 08 47 25 51 - www.eragnole.com - d'avr. à fin oct. : 9h-19h - plongée à partir de 45 €.* Baptêmes (80 €), explorations pour les plongeurs plus aguerris et sorties à la journée dans la réserve de Scandola. Formations et expéditions pour les enfants.

Excursions en mer

Nave Va – *Port Tino-Rossi -* ℘ *04 95 51 31 31 - www.naveva.com - 8h-19h - fermé nov.-mars - 33/69 € (-11 ans 15/45 €) selon l'excursion.* Excursions commentées au dép. d'Ajaccio ou Porticcio pour les îles Sanguinaires, Scandola, Piana ou Bonifacio.

Découvertes naturelles – *Port Tino-Rossi - -* ℘ *04 95 21 06 16 ou 06 03 13 46 80 - www.promenades-en-mer.org.* Excursions en bateau aux îles Sanguinaires *(33 € ; enf. 15 €)*, Bonifacio *(69 € ; enf. 45 €)*, sans oublier la triade Scandola-Gilotata-Piana *(65 € ; enf. 41 €)*. Réductions sur les achats en ligne.

Hébergement

Budget moyen

2 **Hôtel Kalliste** – PLAN II, D1 - *51 cours Napoléon -* ℘ *04 95 51 34 45 - www.kalliste-ajaccio.com -* ♿ - ▣ - *45 ch. 65/166 €* ☕. Cet hôtel occupe une maison ajaccienne de 1864 au cœur de la ville. Avec sa belle façade colorée, son entrée voûtée et ses briques, elle a gardé tout son caractère. Les chambres sont modernes. Emplacement central et prix raisonnables. Tarifs réduits sur le site Internet de l'hôtel.

Hôtel Spunta di Mare – HORS PLAN I - *6 r. des Menuisiers, quartier St-Joseph -* ℘ *04 95 23 74 40 - www.hotel-spuntadimare.com -* ▣ 🏊 - *59 ch. 76/170 €* ☕ - ✕ *menu 27 €.* Entre le centre-ville et l'aéroport, cet hôtel (entièrement climatisé) bénéficie d'une vue sur le golfe d'Ajaccio depuis sa terrasse-solarium et la majorité de ses chambres. Des meubles de couleur apportent leur touche de gaieté dans les chambres, fonctionnelles.

Budget moyen

1 **Hôtel Marengo** – PLAN I, A2 - *2 r. Marengo -* ℘ *04 95 21 43 66 - www.hotel-marengo.com - fermé de déb. nov. à Pâques - 17 ch. 83/175 € -* ☕ *13,50 €.* Légèrement excentré dans un quartier calme, ce petit établissement familial réserve des chambres rénovées et parquetées. Les petits-déjeuners estivaux se prennent en extérieur sur la cour aménagée en terrasse. Accueil charmant.

4 **Hôtel Napoléon** – PLAN II, C1 - *4 r. Lorenzo-Vero -* ℘ *04 95 51 54 00 - www.hotel-napoleon-ajaccio.fr -* ▣ *payant - 62 ch. 90/138 € -* ☕ *14 €.* Très central, ce 3-étoiles reçoit de nombreux commerciaux qui apprécient son grand confort, son service impeccable, et son vaste parking. Chambres bien insonorisées et ambiance feutrée.

Pour se faire plaisir

5 **Hôtel Fesch** – PLAN II, D2 - *7 r. Cardinal-Fesch - ✆ 04 95 51 62 62 - www.hotel-fesch.com - ♿ - 80 ch. 84/192 € - ☕ 14 €.* Situé le long de la principale rue piétonne, et proche du célèbre musée, ce bel hôtel est abrité dans une imposante bâtisse aux murs abricot. Chambres confortables, bien tenues et insonorisées. Intéressantes réductions en cas de réservation à l'avance.

6 **Hôtel Pozzo di Borgo** – PLAN II, D2 - *17 r. Bonaparte - ✆ 04 23 16 12 12 - www.palazzu-domu.fr - 43 ch. 122/172 € - ☕ 29 €.* En plein centre-ville, à deux pas de la Maison de Napoléon, cet établissement luxueux a pris ses quartiers dans la demeure du duc Pozzo di Borgo édifiée en 1878. Les chambres contemporaines et raffinées offrent un bon niveau de confort, conjugué au charme d'un édifice de caractère.

Une folie

Hôtel Les Mouettes – HORS PLAN I - *9 cours Lucien-Bonaparte - ✆ 04 95 50 40 40 - www.hotellesmouettes.fr - fermé de déb. nov. à fin mars - 🅿 - 21 ch. 473/847 € - ☕ 29 € - ✕ - tlj - plats 48 €.* À un kilomètre au sud du centre-ville, cette grande demeure rose construite au 19e s. offre une vue superbe sur la piscine et la plage privée. Chambres sobres et spacieuses, la plupart avec loggia. L'hôtel abrite aussi l'excellent restaurant **A Terrazza**, devenu une adresse incontournable avec sa vue magique sur le golfe d'Ajaccio et sa cuisine raffinée.

Le golfe d'Ajaccio ★★

Connu pour la douceur de ses rivages, son calme et l'harmonie de ses couleurs, le golfe le plus vaste et plus profond de l'île offre de nombreux sites remarquables, de part et d'autre de la capitale de la Corse-du-Sud. Sa rive nord, entre la pointe de la Parata et Ajaccio, s'ouvre sur les sentinelles rougeoyantes des îles Sanguinaires. Sa rive sud, plus sauvage, dessine une succession d'anses et de baies isolées par des presqu'îles rocheuses. Autant d'invitations à la baignade et à la contemplation.

▶ Se repérer

Corse-du-Sud (2A)

CARTE AB2 (P. 262), CARTE DU GOLFE P. 282.

La route des Sanguinaires sur la rive nord et la D 155 vers le sud jusqu'à Portigliolo longent la côte.

☺ À ne pas manquer

Le coucher du soleil à la pointe de la Parata.

◷ Organiser son temps

Les circuits de découverte décrits ci-après ne tiennent pas compte des pauses baignade. Prévoyez environ 2h30, dont une heure d'escale, pour l'excursion en bateau aux Sanguinaires (l'après-midi seulement).

☷ En famille

Une excursion en bateau ; le Grand site de la pointe de la Parata ; un baptême de plongée sous-marine *(voir « Nos adresses »)*.

❶ Carnet pratique p. 287

◉ Nos adresses p. 287

★★ Les îles Sanguinaires

Pour approcher au plus près des Sanguinaires en voiture, quitter Ajaccio par l'ouest et prendre la route des Sanguinaires (12 km) qui mène à la pointe de la Parata. Le mieux, bien sûr, est d'entreprendre une excursion en bateau.

L'image que les voyageurs se font de la Corse semble tout entière contenue dans ces quatre îlots aux contours abrupts baignés d'une mer limpide. Promontoires de porphyre rouge sombre, ils prolongent la pointe de la Parata et se posent en sentinelles à l'entrée du golfe. Au coucher du soleil, ils se parent d'une chaude couleur ocre rouge.

De nombreuses spéculations circulent sur le nom de l'archipel. Il ferait allusion au sang noir *(i sangui neri)* des malades atteints de la lèpre. Mais l'interdiction d'installer des lazarets en Corse invalide cette hypothèse. Le nom proviendrait plutôt de la déformation du nom ancien de « Sagonares Insulae » inscrit sur d'anciennes cartes conservées au Vatican.

★★ Excursion en bateau

Port Tino-Rossi - www.promenades-en-mer.org - ☎ 04 95 21 06 16/06 03 13 46 80 - horaires, se rens. sur le site Internet- (33 € ; enf. 15 € - réductions sur : resa-naveva.celya.fr).

☷ La promenade en vedette permet d'avoir une très belle vue d'ensemble de la ville d'Ajaccio. Le bateau longe la côte nord du golfe, puis il passe au large de la pointe de la Parata, couronnée d'une tour génoise, pour accoster sur la **Grande Sanguinaire**, le plus éloigné du rivage et le plus important des quatre îlots de

La pointe de la Parata et les îles Sanguinaires.
F. Guiziou/hemis.fr

l'archipel. La Grande Sanguinaire fut concédée par Gênes en 1503 à la famille ligure des Ponte « sous la condition qu'elle y plante 800 ceps de vigne et 600 arbres fruitiers ». L'îlot a conservé sa physionomie, mais on n'y voit plus d'aigle, ni de chèvres sauvages, ni de petits chevaux. Sur la Grande Sanguinaire se dressent un phare à éclipses, un ancien sémaphore et la tour carrée de Castellucciu (16ᵉ s.), en ruine. Gagnez à pied l'extrémité de l'îlot tout en longeant le bord de mer. De ces deux endroits, vous découvrez une **vue★★** sur le golfe d'Ajaccio.

★★ Route des Sanguinaires et pointe de la Parata

CARTE DU GOLFE D'AJACCIO

▶ *Circuit de 29 km au départ d'Ajaccio tracé en vert sur la carte p. 282 – Compter environ 1h30. Quitter Ajaccio par la D 111.*
La route borde la côte nord du golfe ; elle permet de découvrir la « corniche ajaccienne », où s'étendent les quartiers résidentiels, au pied de la ligne de crête. Quelques agréables petites plages font face à l'immensité du golfe. Entre la chapelle des Grecs et Scudo, postées le long de la mer, d'imposantes chapelles funéraires de familles ajacciennes (Tino Rossi y repose) contrastent sensiblement

6

Les couleurs du golfe

Les noms de lieux parlent d'eux-mêmes : les **îles Sanguinaires** sont constituées d'une roche rouge sombre ; le **Campo dell'Oro** (le « champ d'or », en référence au blé jadis présent) évoque le jaune de la plaine cultivée située derrière l'aéroport Napoléon-Bonaparte ; enfin la mer déploie dans tout le golfe ses tons intensément bleus. Les trois couleurs primaires sont bien là et leurs combinaisons créent une palette de vert, d'orange et de violet. Ajoutons à cela une pointe de gris-blanc scintillant avec la « plage d'Argent ».

avec les villas, immeubles, hôtels et restaurants, qui s'élèvent sur les premières hauteurs et en bordure de la route jusqu'à la pointe de la Parata. Plusieurs plages de sable fin caressées d'eaux claires se succèdent, animées par quelques paillottes, d'où l'on peut admirer le coucher du soleil.

Chapelle des Grecs

L'édifice de style baroque très sobre, surmonté d'une croix de fer forgé, s'élève sur la gauche peu après la place Emmanuel-Arène. La chapelle évoque le souvenir de la communauté grecque qui, chassée de Paomia en 1731, s'installa à Ajaccio avant de s'établir à Cargèse *(voir p. 247)*. À droite de la place ombragée de micocouliers bordant l'édifice, un sentier descend vers la mer.

Marinella

La plage chantée par Tino Rossi est tapissée de sable fin blanc. De nombreux Ajacciens y viennent le week-end.

★ Château de la Punta

9 km au nord d'Ajaccio par la D 61 puis la D 461. Le château ne se visite pas, mais il est visible de la route ; des travaux de restauration de ce que d'aucuns considèrent comme le plus beau château de l'île, financés par la Collectivité de Corse, le Loto du Patrimoine, la Fondation du Patrimoine, et l'Association des Amis de la Punta, ont débuté en 2020.

Le château fut construit en 1891 par la famille Pozzo di Borg à Alata, au-dessus d'Ajaccio. Son architecture est aussi insolite que son histoire, basée sur une vieille querelle entre les Pozzo di Borgo et les Bonaparte. À 600 m d'altitude, il domine toute la baie et… le domaine des Milelli *(voir p. 273)*, propriété des rivaux Bonaparte. D'apparence classique, il est pourtant entièrement constitué d'éléments provenant des ruines du palais des Tuileries, rasé en 1882 après avoir été incendié en 1871 par les Communards. Les colonnes et pilastres Renaissance constituent le plus important vestige du magnifique palais construit par Philibert Delorme et Jean Bullant pour Catherine de Médicis. Ironie du sort, bien que très endommagé par un incendie en 1978, La Punta a encore fière allure, entouré de jardins en friche, avec une terrasse bordée de grilles provenant de l'autre grand palais royal et impérial détruit… celui de Saint-Cloud.

Poursuivre sur la D 111, jusqu'à ce que la route parvienne à un parking aménagé, 500 m avant la pointe de la Parata. Il est obligatoire d'y laisser son véhicule. Navettes disponibles pour les personnes à mobilité réduite.

★★ Pointe de la Parata

Accès du centre d'Ajaccio en bus (ligne 5, durée 15-20mn) et en petit train - parking payant 24h/24 : 2,60 € pour 1h ; gratuit pour les résidents d'Ajaccio.

🌿Venez tôt le matin ou tard le soir si vous aimez être au calme !

Le promontoire de granit noir est surmonté de la **tour de la Parata**, édifiée par les Génois pour protéger l'île des incursions barbaresques. Aujourd'hui, l'invasion est plus pacifique : chaque année, plus de 450 000 touristes arpentent le site, l'un des plus fréquentés d'Ajaccio.

Maison du Grand Site – *Rte des Sanguinaires (D 111), avant la zone de stationnement -* 📞 *04 95 10 40 20 - www.grandsitesanguinaires-parata.com - juil.-août : 8h-19h ; avr.-juin : 8h-18h ; reste de l'année : 8h-17h.* Installée dans deux bâtiments reliés par un patio, allusion aux *caselle* corses (bergeries), la maison introduit à la découverte du site *(point d'informations, idées randonnées, présentation de la faune et de la flore)* ; salle d'exposition (œuvres de Michel Luccioni, photographe de *Corse Matin*) ; aire de pique-nique à proximité.

🥾 *45mn AR.* 👫 Du parking, par une grande voie piétonne accessible à tous, on gagne l'extrémité de la pointe, d'où s'offre une **vue★★** rapprochée sur les îles Sanguinaires *(table d'oirientation)*. Vous pouvez grimper à la **tour génoise de la Parata** en suivant le sentier à fort dénivelé *(15mn AR)*.

🥾 *Carte d'orientation - rens. à la maison du Grand site.* Trois parcours d'orientation thématiques de durées et de difficultés variables *(sentier des senteurs, sentier des crêtes et sentier des douaniers : de 45mn à 4h30)* ont été aménagés sur le site, ainsi que le site d'escalade A Reta *(9 voies ; à 10mn de la maison du Grand Site)*. Ils sont jalonnés de balises sur le patrimoine et les richesses naturelles des lieux.

Reprendre la route en sens inverse ; au bout de 2 km environ, emprunter à gauche la D 111B, signalée « Capo di Feno » (juste après l'hôtel Goéland).

Poursuivre pendant 8 km au milieu de pâturages clôturés. La route se termine à l'anse de Minaccia, où un terre-plein sert de parking.

6

★ Plage de Grand Capo

Un sentier mène à la plage, à 100 m.

Également nommée « plage de St-Antoine », la vaste étendue de sable fin, entourée de collines à la végétation rase, profite d'un environnement très sauvage. L'ouverture vers le large et l'orientation des vents attirent les adeptes du surf et des compétitions s'y déroulent. Attention aux courants si vous vous baignez.

Rentrer sur Ajaccio par la D 11^B (route de St-Antoine).

★★ Côte sud du golfe

○ *Circuit de 104 km au départ d'Ajaccio tracé en violet sur la carte p. 282 – Compter environ 4h. Quitter Ajaccio par la T 20, puis suivre la T 40 (vers Sartène).*

Après la pointe d'Aspretto, on laisse à droite la route bordée de pins menant à l'**aéroport d'Ajaccio** et dessert la grande plage du Ricanto, très fréquentée.

Franchir la Gravona, puis le Prunelli, et prendre à droite la D 55 vers Porticcio.

Porticcio

Navettes par bateau avec le port d'Ajaccio en sais. : ☏ 04 95 21 06 16 ou 06 03 13 46 80 - www.promenades-en-mer.org - 5 € aller simple, 8 € AR.

Admirablement située face à Ajaccio, la station balnéaire de Porticcio est un haut lieu du tourisme en Corse. On s'y retrouve pour profiter des plaisirs de la plage et de toutes sortes de loisirs, dont celui de la thalassothérapie. De l'extrémité de la pointe, la vue s'étend sur la rade d'Ajaccio et les îles Sanguinaires.

À la sortie de Porticcio, la route borde la longue **plage d'Agosta**. Elle laisse sur la droite la **presqu'île d'Isolella**, lieu paradisiaque dont la pointe porte une ancienne tour génoise *(propriété privée)*. Plusieurs petites criques, plus tranquilles que la plage d'Agosta, offrent des mouillages bien abrités.

Prendre à gauche la D 255^A qui conduit à Pietrosella.

Pietrosella (Pitrusella)

Éparpillé à flanc de colline, le village compte quelques maisons anciennes, dont certaines possèdent de beaux escaliers.

En reprenant la route du littoral, on contourne ensuite la **plage de Ruppione** dans une anse profonde, puis on passe à la lisière de la forêt de Chiavari.

L'eucalyptus, des avantages à court terme

Originaire d'Australie où il peut atteindre 70 à 80 m de haut, l'**eucalyptus** (espèce *globulus*) fut introduit en Corse au 19e s. afin d'assécher les zones marécageuses. Poussant rapidement, il est parfois surnommé l'« or vert » : ses feuilles ont des vertus antiseptiques, son huile essentielle est très utilisée par l'industrie pharmaceutique, et son bois utilisé pour fabriquer du papier. En Corse, la plupart des eucalyptus ont été plantés pour reboiser des domaines jusqu'alors composés de landes ou de terres insalubres. Ainsi près de 900 ha furent plantés dans les plaines côtières orientales jusqu'en 1960. Certains secteurs de l'île, comme ceux de **Coti-Chiavari**, de Porto-Vecchio, de Porto ou de Sagone constituent, par la taille impressionnante de leurs peuplements, une part du patrimoine naturel de l'île. Cependant, la plantation massive d'eucalyptus, bien plus rentable que celle de pins, a aussi des conséquences délétères : les racines de cet arbre très gourmand en eau assèchent les nappes phréatiques, rendent les sols arides, et donc d'autant plus sujets aux incendies que l'eucalyptus lui-même est très inflammable.

Plage près de Pietrosella.
J. Kruse/Alamy/hemis.fr

Au **port de Chiavari**, prenez à droite la route *(D 155)* de la pointe de la Castagna (Punta di a Castagna), qui suit la côte et offre de beaux coups d'œil sur le golfe. Vous arrivez à la plage de sable fin de **Mare e Sole**, dite « plage d'Argent », ombragée par quelques pins à son extrémité sud. Sur la droite apparaît l'île Piana, couverte d'une végétation dense.

La route suit la petite **anse de Portigliolo**, bordée d'une plage, avant de monter au hameau de Castagna, dominé par une tour génoise *(terrain militaire)*.

Revenir sur ses pas jusqu'à l'embranchement pour prendre à droite la route de Coti-Chiavari (D 55).

★ Forêt de Chiavari

L'étroite route bordée d'eucalyptus pénètre dans la forêt domaniale, puis longe les bâtiments en ruine de l'**ancien pénitencier** fermé en 1906. Arrêtez-vous sur le vaste terre-plein sablonneux, idéal pour une pause pique-nique. Du rebord dominant le littoral, vue sur le golfe d'Ajaccio.

Au-delà, dans la montée vers Coti, la route en lacets serrés offre, au hasard de trouées dans les frondaisons souvent impénétrables du maquis, des échappées sur le golfe.

Coti-Chiavari

Bâti en terrasse, le village tire son origine du peuplement de la région en 1714 par des habitants de la localité ligure de Chiavari, proche de Gênes. Son esplanade ombragée forme un **belvédère★** pour admirer la pointe de la Castagna et les îles Sanguinaires.

Reprendre la route vers Acqua Doria et la presqu'île du Capo di Muro.

Sur la gauche, un chemin descend vers la plage de la **Cala d'Orzo**... où subsiste une « paillote » qui naguère défraya la chronique : son incendie perpétré par des gendarmes en 1999.

La route se termine brutalement. Laisser la voiture et poursuivre à pied sur un chemin non balisé (hors quelques cairns), tracé dans le prolongement. Au 1er embranchement, prendre sur la gauche le sentier en pente, puis continuer tout droit en négligeant le 2e sentier sur la gauche.

6

Punta Guardiola

🔹 *1h AR.* Le promontoire, dominé par une tour génoise, ferme, au sud, le golfe d'Ajaccio. À ses pieds s'ouvre le golfe d'**Arena Rossa**★, aux contours sauvages et boisés.

Revenir à Coti-Chiavari.

De là, le retour à Ajaccio s'effectue par la **route des Cols**★ *(D 55)*, qui embrasse le golfe d'Ajaccio.

Col de Cortone

Alt. 523 m. Après avoir dépassé la forêt de Chiavari, la **vue**★ sur le golfe d'Ajaccio s'étend de la pointe de la Castagna à celle de la Parata ; au sud sur le golfe de Valinco.

Col de Chenova

Alt. 629 m. Vue sur la pointe de Sette Nave avec la tour de l'Isollela, sur les îles Sanguinaires et sur la vallée du Taravo. La route serpente alors dans un maquis très dense.

Au col d'Aja Bastiano, prendre à gauche la D 302.

Col de Bellevalle

Alt. 552 m. Vue sur le golfe et la plaine alluviale de la Gravona.

Randonnées

CARTE DU GOLFE D'AJACCIO

★ Sentier des crêtes

🟢 *Itinéraire à pied au départ d'Ajaccio tracé en pointillés bordeaux sur la carte p. 282. Longer la place d'Austerlitz (ou place du Casone) par la droite, puis prendre la rue qui monte sur 200 m environ. À l'arrêt de bus « Bois des Anglais », tourner à gauche. Parking. Un panneau signale le sentier.*

🔹 *3h aller ; retour par le bus n° 5 reliant la Parata au centre-ville depuis l'arrêt de Vignola (fréquence estivale : ttes les 30mn), ou à pied environ 1h30. Accessible aux marcheurs non entraînés (alt. maxi du tracé : 360 m), il est très bien balisé par de grands panneaux de bois. Emporter eau et crème solaire ; éviter cette promenade les jours de grand vent (risque d'incendie).* Le sentier relie les hauteurs d'Ajaccio à la centrale solaire de Vignola sur la route des Sanguinaires. Il se hisse en pente douce à travers la végétation du maquis : figuiers de Barbarie mêlés aux chênes verts. Il domine rapidement la ville d'Ajaccio, le golfe puis les Sanguinaires. Vous profiterez de superbes points de vue tout au long du chemin. À l'arrivée à **Vignola**, contournez l'enceinte de la centrale solaire par la gauche avant d'atteindre l'agréable plage.

Il est possible d'écourter la balade *(boucle de 1h)* : même point de départ mais, au col de Fortone, bifurquer sur la gauche par le sentier balisé qui rejoint la mer au niveau du parc Berthault. Retour sur Ajaccio par la route.

★ Anse de Minaccia

🟢 *Circuit tracé en pointillés vert clair tracé sur la carte p. 282. Point de départ : environ 1 km avant le parking de la Parata, un large chemin de terre s'amorce à une centaine de mètres avant la chapelle précédée d'un obélisque.*

🔹 *1h jusqu'à Petit Capo, 1h30 jusqu'à Grand Capo (anse de Minaccia). Promenade sans difficulté ; bien se chausser et prévoir de l'eau.* Le chemin, bien tracé, franchit une crête d'où s'offrent de superbes vues sur les îles et la côte sur ses deux versants, avant d'atteindre les plages sauvages de Petit Capo et de Grand Capo.

ℹ️ Carnet pratique

S'informer

Office du tourisme Tavaro-Ornano – *Parking Les Marines - 20166 Porticcio - ☎ 04 95 25 10 09 - www.taravo-ornano-tourisme.corsica*

Office du tourisme de Tavaro-Ornano – *Rond-Point de l'Isolella - 20166 Petrosella - ☎ 04 95 25 10 09 - www.taravo-ornano-tourisme.corsica.*
Voir aussi le site de la communauté de communes de la Pieve, de l'Ornano et du Tavaro - pieveornano.fr.

📍 Nos adresses

☞ *Voir aussi « Nos adresses » à Ajaccio, p. 275.*

Restauration

Porticcio

Budget moyen

Auberge du Prunelli – *20129 Bastelicaccia (8 km au nord-est de Porticcio) - ☎ 04 95 20 02 75 - www.auberge-du-prunelli.fr -* 🅿 *- fermé mar. - plats 19/32 €.* Maison corse du 19ᵉ s. jouxtant le pont ancien qui traverse le Prunelli. Cuisine du terroir, produits du verger et du potager servis dans un agréable cadre rustique.

Chez Alain - *Résidence Armonia - Agosta-Plage - ☎ 04 95 25 97 54 - oct.-avr. : fermé dim. - plats 22/38 €.* On vient de toute la région pour déguster des moules. Accommodées à toutes les sauces (au curry, marinières, corses, etc.), elles sont toujours d'une fraîcheur irréprochable. Également une petite carte traditionnelle. Cadre très simple, service efficace et surtout jolie terrasse face à la mer.

Pour se faire plaisir

L'Arbousier – *Hôtel Le Maquis - ☎ 04 95 25 05 55 - www.lemaquis.com - tlj - plats 40/45 €.* Le restaurant porte le nom d'un arbre omniprésent dans le maquis corse, mais on y savoure des langoustines, du homard et des poissons de petits pêcheurs locaux en regardant la mer... quel délice ! Cette table au bord de l'eau est une institution locale.

Pietrosella

Budget moyen

La Plage d'argent – *D55, plage de Mare e sole - ☎ 04 95 25 57 54 - www.laplagedargent-corse.com - tlj mars.-nov. - plats 18/29,50 €.* Cachée en contrebas de la route, une grande paillotte bien connue dans l'île, surplombant la plage, avec décor en bambou et terrasse face à un décor de rêve. Ambiance familiale et festive. Bonne cuisine à base de poissons locaux, de viandes ou de charcuteries, à déguster juché sur des tonneaux. Très accessible si on se contente d'une pizza. Service et accueil irréguliers. On peut aussi y boire un cocktail à base de café confortablement installé sur un *sunbed*.

Shopping

Clos Capitoro – *Rte de Sartène - 20166 Porticcio - ☎ 04 95 25 19 61 - www.clos-capitoro.com - vis. sur réserv. préalable.* Dans la famille Bianchetti depuis 1856, le clos Capitoro produit des vins AOC Ajaccio. Visite de la cave sur réservation, dégustation et vente.

A Casa – *Centre commercial de la Viva - 20166 Porticcio - ☎ 04 95 25 17 72 - www.acasa-epicerie-corse.fr.* Un choix exhaustif de produits corses de qualité triés sur le volet, provenant des meilleurs

6

producteurs : charcuterie issue de porcs élevés en liberté en montagne, fromages fermiers, spécialités sucrées ou salées, vins et boissons... Vente en ligne.

Domaine Comte Peraldi – *Chemin de Stiletto - 20167 Mezzavia (15 km au nord de Porticcio)- 𝄇 04 95 22 37 30 - www.domaineperaldi.com -* 🅿 ♿ *- mai-oct. : lun.-sam. 9h-12h, 14h-18h; reste de l'année : lun.-vend. 9h-12h, 14h-17h30, sam. 9h-12h - fermé dim.* Dominant le golfe d'Ajaccio, le domaine appartient à la famille Peraldi depuis le 16e s. La façade des caves est ornée d'une magnifique fresque représentant la vie du domaine au fil des saisons. Souvent primés, les vins se veulent les ambassadeurs d'Ajaccio à travers le monde. Dégustation et vente.

A Muresca – **Ghjilormu Pierlovisi** – *Casa a Torra - 20167 Cuttoli-Corticchiato (25 km au nord-est de Porticcio) - 𝄇 06 11 11 23 44 ou 06 26 76 62 80 - mars-sept.sur RV préalable.* Éleveur-transformateur, M. Pierlovisi vend ses excellents produits : des charcuteries (coppa, *salamu, prisuttu, lonzu...*), des châtaignes transformées sur place en farine avec un moulin traditionnel, ou encore des terrines.

Activités

Nombreuses options de promenades en mer depuis Porticcio, en particulier vers le golfe de Porto ou les Sanguinaires. S'adresser à l'une des guérites proches du parking de la plage.

Plongée

👥 **Maeva Plongée** – *Les Marines - 20166 Porticcio - 𝄇 04 95 25 02 40 - www.maeva-plongee.com - de mi-mars à mi-déc. : 8h-12h, 14h-18h, sam. 9h30-12h.* Installé depuis 1986 aux Marines de Porticcio, ce centre organise des baptêmes pour les novices et des explorations pour les plongeurs plus aguerris. Randonnée palmée à partir de 10 ans et plongée pour les enfants à partir de 8 ans.

Hébergement

Agosta/Porticcio

Pour se faire plaisir

Résidence Kallisté – *Rte du Vieux Molini, Agosta Plage - 𝄇 04 95 25 54 19 - www.kalliste-porticcio.com - fermé nov.-avr. -* 🏊 *- appart. 107/319 €.* Un joli jardin clos assure la tranquillité de cette pimpante villa sise dans un quartier résidentiel. Appartements de différentes tailles (*jusqu'à 4 pers.*), sobrement décorés, avec vue sur la mer ou sur la verdure.

Coti-Chiavari

Budget moyen

Hôtel Le Belvédère – *𝄇 04 95 27 10 32 - www.lebelvederedecoti. com - fermé de mi-nov. à fin fév. -* 🚭 🅿 ♿ *- 13 ch. 75/120 € -* ☕ *10 € -* 🍴 *menu 40 €.* Véritable nid d'aigle isolé dans le maquis et offrant une vue époustouflante sur le golfe d'Ajaccio. Les chambres sont spacieuses et fonctionnelles. La salle de restaurant vitrée et la terrasse forment de séduisants belvédères; cuisine du terroir (beaux produits).

La vallée de la Gravona ★★

S'étirant du monte d'Oro aux rives du golfe d'Ajaccio, la vallée de la Gravona dévoile ses paisibles villages au pied de replis montagneux. Sur la route d'Ajaccio à Bastia, l'étape de Bocognano, perché à 640 m d'altitude au milieu des châtaigniers, vient à point pour qui veut explorer la forêt de Vizzavona et les hauts massifs de l'île.

▶ Se repérer

Corse-du-Sud (2A)
CARTE BC1 (P. 262). La vallée de la Gravona est traversée par la T 20 qui longe le fleuve et monte vers Corte. Bocognano se trouve à 43 km d'Ajaccio, à peu près à mi-chemin de la route qui conduit à Corte.

☺ À ne pas manquer

La statue-menhir de Tavera ; la cascade du Voile de la Mariée.

⏲ Organiser son temps

Une seule contrainte à prendre en compte : évitez les heures chaudes de la journée !

⚭ En famille

Après une rencontre avec les tortues du parc A Cupulatta, un parcours dans les arbres *(voir « Nos adresses »)*.

ⓘ Carnet pratique p. 291

◉ Nos adresses p. 291

Se promener
CARTE DE RÉGION P. 262

Bocognano (Bucugnà) C1

Arrêtez-vous devant la majestueuse **fontaine de galets★** (1883), située près de la poste. De la terrasse de la chapelle au campanile rustique, **vue** sur le monte d'Oro. **Écomusée** – ✆ 04 95 27 40 23/22 55 13 - 10h-17h (en sais.), reste de l'année se rens. - fermé nov.-mars - 3 € (enf. gratuit). U Palazzu fut édifié à la demande de Napoléon en vue de villégiatures dans le village de ses aïeux. Pourtant, il ne vint jamais dans cette bâtisse achevée en 1859. Rénovée, elle abrite l'office du tourisme ; à l'étage, collection (meubles, outils, vêtements, photographies) illustrant le mode de vie dans la vallée.

★ Cascade du Voile de la Mariée C1

▶ *3,5 km au sud de Bocognano par la D 27.*
⚐ *25mn AR.* Environ 300 m avant le pont routier franchissant le torrent, un sentier à gauche rejoint la rive et monte pendant 10mn environ jusqu'au point d'observation de la cascade : des chutes se succèdent sur un dénivelé de près de 150 m.

Circuit conseillé
CARTE DE RÉGION

★★ La vallée de la Gravona

▶ *Circuit de 40 km au départ de Bocognano tracé en bleu sur la carte p. 262. Quitter Bocognano au sud-ouest par la T 20 en direction d'Ajaccio. À 7,5 km, laisser sur la gauche la D 127 (direction de Bastelica) et poursuivre sur 1 km environ.*

6

Statue-menhir de Tavera C1

Panneau indicateur. Se garer et passer l'échelle en bois pour rejoindre le sentier à droite cheminant à travers pâturages et forêt de chênes (env. 20mn).
La statue se dresse derrière une bergerie en ruines. Découverte en 1961, elle date du IIe millénaire (fin de l'âge du bronze). Haute de 2,40 m, son visage est profondément creusé par des yeux, tandis qu'à l'arrière de la tête des croisillons dessinent une résille. Faute d'avoir été préservée, ses détails tendent à s'estomper. En poursuivant la montée, vous atteindrez les restes d'une tour, vestiges d'une ancienne place forte.

Pont d'Ucciani C1

Laisser la voiture sur les espaces libres à l'entrée du nouveau pont.
Son arche élégante en forme d'anse de panier enjambe la Gravona sur 24 m. Sa construction à la fin du 18e s. aurait été dirigée par le futur maréchal Bernadotte, alors simple sous-officier d'un régiment du roi. Le pont est le cadre, tous les ans au 1er Mai, d'une foire réunissant bergers et artisans d'art.
4 km après le pont, prendre à droite la petite D 4.

Vero (Veru) B1

Les maisons en granit gris de ce village étagé à flanc de montagne présentent une belle unité architecturale entrecoupée de jardins en terrasses. Dominant le village, le **col de Tartavellu** (alt. 900 m) donne accès au Cruzini, plus sauvage.
Revenir vers la T 20 et la reprendre sur la droite, vers Ajaccio.

Parc A Cupulatta B1

Rte de Bastia (T 20) - ☏ 04 95 52 82 34 - www.acupulatta.com - ♿ - 15 mai-15 sept. : tlj 9h-18h ; avr.-14 mai et 16 sept.-11 nov. : tlj 10h-17h - 14 € (enf. 10 €) - fermé 12 nov.-mars - nourrissage des tortues en fin de matinée - brumisateurs, mini-restauration - wifi gratuit - tables de pique-nique - éviter les heures chaudes.
Le centre de protection et d'élevage de la **tortue** *(cupulatta)* occupe une surface de 2,5 ha. Il héberge plus de 3 000 tortues. Un environnement particulièrement favorable, combinant les milieux terrestre et aquatique, permet de découvrir des tortues, à la morphologie parfois étonnante (tortue-alligator, tortue à carapace molle, etc.) sans oublier les stars des lieux : les énormes tortues seychelloises, dont la plus svelte affiche un honorable 150 kg sur la balance !
1 km plus loin, prendre sur la gauche la D 129 en direction de Carbuccia puis, peu avant le village, à droite la D 29 vers Peri.
Dominée par la crête de Falconaia, la route serpente à flanc de coteaux. Elle procure tout au long du trajet des **échappées★** sur le versant nord-ouest de la vallée. Les villages depuis Sarrola jusqu'à Vero semblent épinglés au relief. Vers le nord, les contreforts du monte d'Oro ferment le haut de la vallée.

Peri B1

Adossé au relief qui s'élève par paliers jusqu'à la ligne faîtière séparant la vallée de la Gravona de celle du Prunelli, l'humble village présente un intéressant ensemble religieux. De l'église paroissiale St-Laurent, bâtie sur un plan en forme de trèfle, on accède par un perron en escalier double, au campanile et à la chapelle de l'Annonciation du 15e s.
Poursuivre sur la D 29.

Cuttoli-Corticchiato B1

Le village de montagne, à 20 km au nord-est d'Ajaccio, est connu pour sa **coutellerie artisanale** *(voir « Nos adresses »).* À ne pas confondre avec le stylet – qui, lui, est une arme –, le couteau corse traditionnel est un outil indispensable de la vie quotidienne : la largeur, le galbe prononcé sur la pointe, la découpe sur le dos de la lame (utilisée comme tarabiscot) en font, dans une civilisation agro-pastorale, un instrument aussi précieux que personnel, utilisé à la fois pour creuser ou trancher et pour manger.

Revenir à Peri et prendre à gauche la D 229.

La route contourne les contreforts montagneux couverts de chênes verts et de châtaigniers. Au cours de la descente, remarquez le **pont génois**.

Reprendre sur la gauche la T 20 puis, 6 km après avoir franchi le col de Carazzi, prendre à droite la D 1 qui monte vers Sarrola-Carcopino.

La route s'élève dans les chênes-lièges et les oliviers ; en face, belle vue sur le monte Sant'Eliseu.

Sarrola-Carcopino B1

Le village se compose de trois hameaux dominant un affluent de la Gravona : en bas **Carcopino**, au centre **Trinité** et, tout en haut, **Sarrola**. À la sortie de Carcopino, **vue★** sur le golfe d'Ajaccio et la vallée de la Gravona. Le féroce corsaire turc Dragut, qui écumait la Méditerranée chrétienne, pilla et fit brûler les hameaux de Sarrola et Carcopino en 1540. Du village est originaire la famille Carcopino-Tusoli, dont les enfants les plus célèbres sont **Francis Carco** (1886-1958), connu pour ses poèmes, biographies et romans (*Jésus la Caille*, *L'Homme traqué*), et **Jérôme Carcopino** (1881-1970), dont les ouvrages sur l'archéologie et l'histoire de la Rome antique font autorité.

Par la T 20 puis la N 194, on atteint Ajaccio.

ℹ️ Carnet pratique

S'informer

Office intercommunal de tourisme du Celavu Prunelli – *U Palazzu - quartier Moraschi - 20136 Bocognano -* ☎ *04 95 22 55 13 -*

www.gravona-tourisme.com ou celavuprunelli-tourisme.com.

Agenda

Fiera di a castagna – *Bocognano - 1ᵉʳ w.-end de déc.* Foire à la châtaigne : foire régionale majeure (produits et artisanat corses).

📍 Nos adresses

Restauration

Bocognano

Budget moyen

Ferme-Auberge A Tanedda – *T 20 - en face de la mairie -* ☎ *04 95 27 42 44 - tlj, fermé de mi-déc. à fin mars - menu 27/31 €, plats 14/22 €.* La plupart des produits qui composent les plats sont faits maison, à l'instar de la charcuterie, du porc, de la farine de châtaigne et des légumes, ou viennent de fermes voisines. Au final, dans l'assiette, recettes simples et traditionnelles. Accueil souriant.

Cuttoli

Pour se faire plaisir

U Licettu – *Plaine de Cuttoli -* ☎ *04 95 25 61 57 - www.u-licettu. com - fermé dim. soir et lun. -* 🅿 *-*

6

menu dégustation 46 € sur réserv. - 4 ch. 80 € - ⊐ 7,50 €. Villa dominant le golfe où l'on sert un menu unique qui fait honneur aux produits corses. La maison propose des chambres spacieuses, donnant sur le jardin.

Peri

Budget moyen

Chez Séraphin – *20167 Peri - ℘ 04 95 25 68 94 - fermé lun. et oct.-mars -* 🅿 *- 15/30 € - menu corse le soir 65 €.* Cette maison typique s'élève dans un charmant village accroché à la montagne. L'accueil est chaleureux, la cuisine authentique et la terrasse offre des vues sur la vallée. Patronne très sympathique.

Sarrola-Carcopino

Premier prix

Chez Cathy – *Rte de Baleone, rte T 20 (32 km à l'ouest de Bocognano) - ℘ 04 95 21 50 88 - www.pizzachezcathy.com -* 🅿 *- fermé dim. midi - plats 14,50/22 €, pizza 10,50/12,50 €.* Une jolie salle climatisée et une terrasse abritée, pour déguster une cuisine simple (pizzas, salades, burgers, plats du jour). Également vente à emporter. Bon rapport qualité-prix.

Shopping

Coutellerie Biancucci – *Corticchiato - 20167 Cuttoli- Corticchiato - ℘ 06 10 26 76 61 - ✄ - tte l'année sur RV.* Voici une équipe qui fonctionne bien ! Ghjiuvanni Biancucci, ébéniste depuis 1976, fabrique des manches en corne ou en bois coupé en hiver et à la lune. Son fils Paulu forge selon les techniques anciennes et réalise des lames en acier au carbone ou feuilletées.
À **Cuttoli**, vous trouverez aussi d'autres AOP : miel (**Carulu Biancucci** - *℘ 06 28 43 17 73*), charcuterie (**GAEC Torre Felix** - *℘ 06 11 50 51 47*), et farine de châtaigne (**A Muresca** - *℘ 06 11 11 23 44/06 26 76 62 80*).

Activités

👥 **Rêves de Cimes** – *20172 Vero - ℘ 04 95 21 89 01 - revesdecimes.fr - mai-juin : w.-end et j. fériés 10h-18h ; juil.-août : 10h-19 reste de l'année se rens.- fermé de déb. nov. à déb. avr. -* ✄ 🅿 *- parcours 26 €.* Dix-sept parcours dans les arbres (parc aventure accrobranche de Vero), mais aussi randonnée aquatique, canyoning et via ferrata.

Hébergement

Bocognano

Premier prix

Hôtel Beau Séjour – *℘ 04 95 27 40 26 - www.hotelbocognano.com - fermé de mi-oct. à mi-avr. -* 🅿 *- 17 ch. 89 € - ⊐ 9 €.* Au milieu des châtaigniers, une bâtisse de la fin du 19e s. appréciée des randonneurs et autres épris de nature, abrite des chambres simples, certaines avec vue sur le monte d'Oro. Au restaurant, copieuses recettes insulaires.

Peri

Budget moyen

Chambre d'hôte Mare e Legnu – *Petra Rossa (tourner au panneau à droite en venant d'Ajaccio, ne pas suivre le village de Peri situé plus en amont) - ℘ 06 27 26 94 27 -* 🅿 *- www.marelegnu.com - 2 ch. 85/110 € ⊐ -* Cachée au bout d'une petite route, une maison familiale offrant deux confortables chambres à l'arrière. Décorées avec goût, elles s'ouvrent sur un panorama de montagnes sauvages à admirer depuis des terrasses privatives. Copieux petit-déjeuner.

Bastelica

Perché à 800 m d'altitude, le plus haut village de la vallée du Prunelli déploie ses hameaux sur les pentes du monte Renoso, dans un paysage d'alpages semés de châtaigniers. La région constitue en été un lieu de villégiature apprécié des Ajacciens, et attire l'hiver les amateurs de ski. En parcourant les routes de la vallée, s'offrent des panoramas splendides sur les gorges, sur le plan d'eau de Tolla, et sur les champs de neige du plateau d'Ese.

Lac de Tolla.
NatureNow/Getty Images Plus

▶ Se repérer

541 Bastelicais – Corse-du-Sud (2A)
CARTE C1 (P. 262), CARTE BASTELICA P. 297.
D'Ajaccio, prenez la T 40 jusqu'à Cauro à l'est (20 km). Tournez à gauche sur la D 27, petite route de montagne qui grimpe jusqu'à Bastelica (20 km env.).

☺ À ne pas manquer

La statue et la maison de Sampiero ; le barrage de Tolla.

⏱ Organiser son temps

Les routes du plateau d'Ese ou des gorges du Prunelli, mal entretenues et sinueuses, imposent une allure modérée. Prévoyez en moyenne 1h pour effectuer une vingtaine de kilomètres.

▲ En famille

Cascade de Sant'Alberto ; promenade en petit train ; centre nautique du lac de Tolla (*voir « Nos adresses »*).

ℹ Carnet pratique p. 297

◉ Nos adresses p. 298

6

Se promener

Statue de Sampiero

La statue monumentale en bronze s'élève devant l'église de Santo, principal hameau de Bastelica. Brandissant son épée, Sampiero symbolise le courage et la force des insulaires. Trois faces du piédestal sont ornées d'un bas-relief en bronze évoquant le combat des Corses contre Gênes au 16e s. Notez aussi la **fontaine** située tout près, en face de l'église, ornée de gueules de lions.

Maison natale de Sampiero

Au hameau de Dominicacci, tout en haut du village.

Incendiée par les Génois, cette modeste demeure fut reconstruite à l'identique au 18e s. Elle porte une inscription en langue corse rédigée en 1855 par William Wyse, petit-fils de Lucien Bonaparte, exaltant pompeusement la vaillance de l'enfant du pays : « Au plus corse des Corses, héros fameux parmi les innombrables héros que l'amour de la patrie – mère superbe des mâles vertus – a nourri dans ces montagnes et dans ces torrents… »

★ Route panoramique du plateau d'Ese

CARTE DE BASTELICA

▶ *Circuit de 16 km au départ de Bastelica tracé en rose sur la carte p. 297 – Compter environ 1h. Prendre la D 27ᴬ à l'entrée de Bastelica.*

Cette magnifique route de crêtes mène à la petite **station de ski du val d'Ese** (*www.valdese.fr*). Rapidement, le parcours devient aérien, mais restez vigilant : la route est en très mauvais état et nombre de cochons y errent en liberté. Il ménage des **vues exceptionnelles★★** sur Bastelica et le massif montagneux qui sépare les vallées du Prunelli et du Taravo. Ainsi, à la lumière du soir, il n'est pas rare de compter jusqu'à dix plans successifs de lignes de crêtes.

Au Val d'Ese, un restaurant fonctionne pendant la saison hivernale (location de ski et de raquettes dans la station) et les mois d'été. Il dispose d'une grande terrasse conviviale sur laquelle rôtissent, tout au long de la journée, quelques *figatelli* (un must !).

★ Gorges du Prunelli

▶ *Circuit de 50 km au départ de Bastelica tracé en rouge sur la carte p. 297 – Compter environ 3h. Quitter Bastelica au sud-ouest par la D 27 ; à 4,5 km prendre à droite la D 3 vers Tolla.*

La route descend dans la vallée du Prunelli. Elle pénètre dans les gorges et offre des **échappées★** à gauche sur la Punta di Forco d'Olmo (alt. 1631 m), la crête dentelée de la Punta Arghiavana (alt. 1346 m) et le lac de barrage de Tolla.

Tolla

Entouré de pommiers, de noyers et de châtaigniers, le village domine un lac artificiel retenu par le **barrage de Tolla**. Haut de 88 m, cet ouvrage de type voûte contient 32 millions de m³ d'eau et alimente à son tour une autre usine hydroélectrique. Le plan d'eau a été peuplé de truites fario et de brochets.

★★ Belvédère

Au col de Mercujo (alt. 715 m), garer la voiture. Emprunter à pied, sur la gauche, le chemin en cul-de-sac qui descend au belvédère.

La vie mouvementée de Sampiero Corso

Un chef militaire

Sampiero Corso est né vers 1498 d'une famille d'origine modeste. Très jeune, il quitte la Corse pour embrasser le métier des armes au service des Médicis à Florence, puis du pape Clément VII. Le cardinal Jean du Bellay, ambassadeur de France à Rome, le prend sous sa protection et le fait engager dans les armées de François Ier en 1536. Sampiero poursuit sa carrière d'officier et sert le roi de France pendant près de trente ans. Aux côtés de Bayard, puis de La Châtaigneraie, il s'illustre dans toutes les batailles menées contre Charles Quint. À Perpignan, il sauve la vie du dauphin Henri, ce qui lui vaut de porter sur ses armes « deux bandes d'azur à fleurs de lys d'or ». Auréolé de prestige et fortuné, il épouse en 1545 Vannina d'Ornano, dont la famille compte au rang des grands de l'île. En 1547, il est promu colonel par Henri II et reçoit le commandement de l'ensemble des compagnies corses au service du roi.

Serviteur de la France en Corse

Peu après son mariage, Sampiero est incarcéré à Bastia par le gouverneur génois, dans des circonstances demeurées obscures. Il est rapidement libéré grâce à l'intervention d'Henri II. En 1553, il s'illustre en Italie, où la France mène campagne. Lors de la conquête de la Corse par les Français, dès la fin de la même année, Sampiero devient une figure dans l'île. Selon la légende, il serait l'initiateur de cette expédition et son promoteur auprès du roi. En fait, loin d'approuver ce projet, Sampiero avait tenté d'en détourner le Conseil de guerre. Toujours est-il qu'il seconde avec bravoure les opérations menées par le maréchal de Thermes. À la tête de 500 mercenaires corses, Sampiero rallie sans peine à la cause française les chefs de l'île et une population hostile à la politique de Gênes.

Farouche adversaire des Génois

En 1557, l'administrateur français, Giordano Orsini, successeur du maréchal de Thermes, peu estimé de Sampiero, déclare à Vescovato l'incorporation de la Corse à la couronne de France. Cette déclaration qui trompa les Corses, puis les historiens, n'était que pure invention d'Orsini, sans doute soucieux de ranimer le zèle défaillant des tenants du parti français. C'était imprudemment anticiper la tournure que prirent les événements : le 3 août 1559, le **traité de Cateau-Cambrésis** rendait la Corse aux Génois.

En 1563, Sampiero, retiré en France pour préparer une nouvelle campagne contre les Génois, tue sa femme Vannina en fuite vers Gênes avec une partie de sa fortune. Le 14 juin 1564, discrètement appuyé par Catherine de Médicis, il débarque dans le golfe de Valinco : la révolte redémarre. Sampiero se rend vite maître de l'intérieur de l'île, mais Gênes conserve les places maritimes. L'intensité des combats diminue, sans victoire décisive. Les défections se multiplient parmi les insurgés, lassés du pourrissement de la situation. Dans ce contexte, le 17 janvier 1567, Sampiero tombe dans une embuscade entre Cauro et Eccica-Suarella, dirigée par les frères d'Ornano, ralliés aux Génois. Sampiero entra dans la légende et porta en France le renom des qualités militaires corses.

Il offre une **vue** plongeante sur le barrage de Tolla et la retenue, et, plus bas, sur les gorges du Prunelli dominées par la Punta Arghiavana, la Punta de Serra Cimaggia et la Punta di Mantellucio.

Poursuivre sur la D 3.

La descente en lacet sur le village d'**Ocana** procure un superbe spectacle sur toute la chaîne de montagnes. Le bourg s'accroche à mi-pente au-dessus des gorges face à la chaîne.

À 5 km d'Ocana, prendre à gauche la route d'Eccica-Suarella (D 103).

Stèle de Sampiero Corso

Stationner près du pont sur le Prunelli. Remonter à pied la D 103 sur 100 m vers Eccica-Suarella. Immédiatement après un petit pont dans un virage à droite, prendre le sentier qui monte sur la gauche à travers un agréable sous-bois.

15mn AR. Sampiero Corso fut assassiné près de Suarella, en plein maquis. Une stèle érigée à la fin du 19ᵉ s. commémore l'événement.

Eccica-Suarella

Les vignobles de ses coteaux produisent d'excellents vins de table. On y fabrique aussi de délicieux fromages de chèvre artisanaux.

On atteint bientôt la T 40 que l'on emprunte à gauche vers Cauro. À la sortie de Cauro, suivre la D 27 vers Bastelica.

La route traverse des bois de chênes et débouche sur un paysage de pâturages. Après le hameau pastoral de **Radicale**, on s'élève vers le col de Sant'Alberto (alt. 536 m).

Cascade de Sant'Alberto (dite aussi de Carnevale)

Accès à 5 km de Cauro dans un virage à gauche. Stationner à proximité du pont.

15mn AR. Quelques mètres après le pont, un sentier escarpé (non balisé) grimpe sur la rive droite du ruisseau, dans les ombrages de beaux chênes. On entend bientôt sur la droite la cascade haute d'une dizaine de mètres.

Continuer la D 27 vers Bastelica et franchir le col de Marcuccio (belles vues).

Pont génois de Zipitoli

Sentier fléché sur la gauche de la route, dans la descente du col de Marcuccio. Garer la voiture à l'un des emplacements aménagés après la maison forestière de la Pineta. Prendre à pied sur la gauche un chemin qui descend vers le pont sur l'Ese que l'on aperçoit très vite sur la droite.

10mn AR. Franchissez ce petit pont à arche unique environné de buis dans un paysage alpestre, continuez le sentier sur une trentaine de mètres, puis coupez sur la gauche pour descendre au bord de la rivière d'Ese. Du pont, il est possible de rejoindre à pied le lac de Tolla en 3h.

Reprendre la D 27 vers Bastelica.

La route, tracée à flanc de montagne, descend à travers la **forêt de la Pineta**, plantée de pins laricio auxquels se mêlent des châtaigniers et quelques hêtres. Elle procure de belles échappées sur la vallée du Prunelli et sur les arêtes rocheuses : Punta d'Antraca (alt. 1300 m), monte Rosso (alt. 969 m) et, en arrière-plan, Punta Tirolello (alt. 1541 m).

Au col de Cricheto, vous pouvez choisir de rejoindre Bastelica par la route supérieure qui rejoint la D 27 au col de Menta.

Le parcours (ancienne route forestière), plus tourmenté et étroit, offre de meilleures **perspectives**★ sur les crêtes.

Au col de Menta commence la descente rapide sur Bastelica. À 50 m en contrebas de la route, on aperçoit, au pied de grandes parois rocheuses, la cascade d'Aziana, haute de 15 m, formée par le Prunelli.

Randonnée

CARTE DE BASTELICA

Cascades d'Ortala

▶ *Départ au niveau d'une fontaine couverte, en haut du village. Balade tracée en pointillés orange sur la carte p. 297. ⬤ Compter 2h30 AR. Carte IGN (Monte Renoso) conseillée.* Cette promenade rafraîchissante est l'occasion de découvrir un système d'adduction d'eau particulièrement bien conservé. En effet, après 30mn de montée, apparaît un petit canal acheminant l'eau de la montagne jusqu'au village. En le remontant, on arrive presque jusqu'aux cascades d'Ortala, cachées dans un environnement sauvage.

ℹ Carnet pratique

S'informer

Office intercommunal de tourisme du Celavu Prunelli – *Quartier Pela-Curacchia - 20129 Bastelicaccia - ℘ 04 95 22 55 13 - www.celavuprunelli-tourisme.com.* **Bastelica**– *www.bastelica.fr.*

Visites

👥 **Petit train du Maquis** – *Col de Cricheto (D 27) - ℘ 04 95 28 41 36 - www.colcricheto.com - 15 juil.-août : 10h30, 11h45, 15h et 16h30, sam. (15 juil.-15 août) 15h ; de mi-mai à juin et sept.-oct. : tlj sf vend.-sam. 10h30, 11h45 et 15h - 13 € (-10 ans 6,50 €).* Visite commentée *(1h AR)* à travers une exploitation agricole porcine et une châtaignerie. Arrivée à la crête de Sardaja, d'où s'offre un vaste panorama jusqu'aux Sanguinaires et les montagnes du Prunelli.

6

◉ Nos adresses

Hébergement/restauration

Budget moyen

Chez Paul – *Lieu-dit Stazzona -
☏ 04 95 28 71 59 - rest. tlj midi
et soir (en saison) - 5 appart.
65 €/pers. en 1/2 P - menus 31/32 €,
plats 18/24 €* La tradition corse
est au rendez-vous dans ce petit
restaurant à l'ambiance familiale.
Vous pourrez prolonger votre
séjour dans l'une des chambres
équipées de cuisinette.

Pour se faire plaisir

Hôtel Artemisia – *Boccialacce
(2 km au nord de Bastelica par
la D27) - ☏ 04 95 28 19 13 -
www.hotel-artemisia.com -
fermé de nov. à mi-janv. - 8 ch.
118/159 € - ⊑ 19 € - ✗ 38/43 €
le soir uniquement.* Design
contemporain dans cet hôtel situé
au cœur du village. Ambiance
chic et lumineuse dans les pièces
ouvertes sur le jardin et le paysage
environnant; bibliothèque, bassin
de baignade et sauna invitent
à la détente. Salle de fitness.
Le restaurant fait la part belle
aux produits locaux.

Restauration

Premier prix

A l'Epica – *D3 - col de Mercujo
(entre Tolla et Ocana) - ☏ 04 95 27
00 54 - avr.-oct. : tlj; reste de
l'année : fermé sam.-jeu. et vend.
midi - pizza 9/15 €.* Au sommet du
col, au sud de Tolla, vous attend ce
délicieux restaurant panoramique
avec sa salle en pierre et son
agréable terrasse en bois. Au
menu : pizzas au feu de bois ou
excellentes viandes au brasero
(16 à 30 €), la grande spécialité
du lieu. Accueil charmant.

Shopping

Corsica Pam – *Lieu-dit U Salvadora -
20117 Ocana - ☏ 04 95 23 81 88 -
www.corsicapam.com - ᴾ -
lun.-sam. 9h-12h, 14h-18h - fermé déc.*

Paul et Jean-Pierre Caux, deux
frères passionnés d'aromathérapie,
et très respectueux de leur
île, ramassent chaque année
environ 30 t de végétaux selon
un cahier des charges établi
avec la préfecture (une vingtaine
de plantes différentes), puis ils
procèdent à la distillerie. Chaque
huile essentielle (Ecocert) offre
des propriétés thérapeutiques que
l'on découvre lors de la visite de la
distillerie.

Le Jardin des Abeilles –
*20117 Ocana (11 km au sud-est
d'Ocana par la D 3, en dir. de
Bastellicaccia) - ☏ 04 95 23 83 88 -
www.lejardindesabeilles.com -
juin-oct. : 9h-19h; reste de l'année
sur RV.* Un couple d'apiculteurs
vous fera découvrir cinq miels
très différents, tous détenteurs
de l'AOC.

Activités

Cors'Aventure – *Rte de Sartène -
Corri-Bianchi, T 40 - 20117 Eccica-
Suarella - ☏ 04 95 25 91 19 -
www.corse-aventure.com - ᴾ -
9h-19h (horaires et jours variables,
reserv. en ligne);* Propose des
sorties canyoning, VTT, kayak de
mer, rafting, cours de voile, location
de kayak et paddle, ainsi que
des randonnées et de l'escalade.
Réserv. possible en ligne.

**Via Ferrata de Tolla (Rêves de
Cimes)** – *20117 Tolla - ☏ 04 95 21
89 01 ou 07 62 10 73 33 - ᴾ ⊟ -
sans matériel 5 €, avec matériel
22 €, avec un guide 45 €/pers. -
sur réserv.* Entre escalade et
randonnée, la via ferrata offre une
première approche des sports
extrêmes sur les parois rocheuses.

**Centre nautique du lac
de Tolla** – *20117 Tolla - ☏ 04 95 27
00 48 - www.centre-nautique-
de-tolla.fr - juin-fin sept. : 10h-19h
(juin 11h-19h) - location 10/35 €/h -
paillotes pour se restaurer.* Location
de canoës, kayaks, pédalos,
paddles électriques, vélos d'eau
et barques de pêche.

Zicavo, le haut Taravo et l'Incudine ★★★

Zicavu, u Altu Tàravu e l'Alcùdina

Zicavo dresse ses maisons de granit au cœur de la vallée sauvage et luxuriante du Taravo, aux versants couverts de hêtres, de châtaigniers et de pins. Un paradis pour les amateurs d'écotourisme… et d'authentique charcuterie ! Le village s'incline humblement devant la « crête des Forgerons », l'Incudine, l'une des plus célèbres montagnes corses. Du sommet, la vue sur le sud de l'île est inoubliable.

Le village de Zicavo.
C. Walsh/MITO Images RM/age fotostock

▶ Se repérer

250 Zicavais – Corse-du-Sud (2A)
CARTE C1 (P. 262), CARTE DE L'INCUDINE P. 301. Situé au cœur de l'île, Zicavo est accessible par de sinueuses routes départementales. Le plus simple est, à partir de la T 40 qui relie Ajaccio à Bonifacio, d'emprunter sur la gauche la D 83, entre Cauro et Grosseto.

⏱ Organiser son temps

Zicavo constitue une bonne base de séjour pour parcourir les sentiers du parc naturel régional de Corse et effectuer l'ascension de l'Incudine.

📍 **Nos adresses p. 303**

6

Le long du Taravo CARTE DE RÉGION

◐ *Circuit de 60 km (jusqu'au col de Verde) au départ de Santa-Maria-Siché tracé en orange sur la carte p. 262.*

ⓘ *www.taravo-ornano-tourisme.corsica.* Suggestions de « randonnées-escapades » sportives ou autour du thème « saveurs et senteurs » dans la région.

Santa-Maria-Siché C2

Le village divisé en hameaux est le berceau de la famille d'Ornano.

En 1545, **Sampiero Corso** *(voir p. 295)* épousait vers l'âge de 50 ans **Vannina d'Ornano**. Mais en 1563, il étrangla son épouse de ses mains : complicité de Vannina avec Gênes, jalousie du vieil époux ou intérêt ? Cette justice expéditive n'offusqua guère la cour de France. Découvrant ses blessures devant Catherine de Médicis, Sampiero se serait exclamé : « - Qu'importe au Roi et à la France que Sampiero ait vécu d'accord ou non avec sa femme ! » En revanche, les frères de la malheureuse gardèrent rancœur envers leur beau-frère : assez pour participer activement à sa mise à mort, le 17 janvier 1567.

Palazzo Sampiero – *Hameau de Vico.* Sa maison de Bastelica ayant été brûlée par les Génois, Sampiero fit bâtir, en 1554, cette maison forte en gros appareil de granit, aujourd'hui en ruine. Une inscription et un buste en marbre dans une niche évoquent le héros.

Tour Vannina-d'Ornano – Sur la droite en descendant du vieux bourg, au lieu-dit Casabianca, tout près de la route de Grosseto, s'élève la demeure natale de Vannina, du 15ᵉ s.

Le hameau de **Zigliara** est fréquenté pour son établissement thermal.

Quitter Santa-Maria vers le nord (dir. Zicavo) par la D 83.

La route passe entre les maisons de granit des villages de **Campo**, **Frasseto** et **Zévaco**. Elle rejoint la rivière Taravo à Bains-de-Guitera.

Bains de Guitera C1

La petite **station thermale** est située sur la rive droite du Taravo. Ses eaux sulfureuses traitent les rhumatismes et des affections cutanées. On aperçoit les ruines d'un des six grands hôtels prisés des curistes. L'eau à 45° qui coule toujours dans sa vasque-lavoir compte encore quelques amateurs.

Revenir vers l'entrée du village et prendre la direction de Guitera-les-Bains (D 28).

La route grimpe sur les coteaux au-dessus de la rivière, rive droite, jusqu'au village de **Guitera-les-Bains**, perché à 620 m.

Continuer sur la D 28.

Bordée par endroits de châtaigniers et d'élevages de cochons, la route offre de belles vues sur la rive opposée, les reliefs et les toits de Zicavo, qui pointent

---

Des envies d'indépendance

En 1739, à l'appel du curé, le village soutint la cause du baron Frédéric, neveu du roi Théodore, qui relança l'idée de l'indépendance. L'échec des chefs de l'insurrection comme Giafferi et Ornano ne désarma pas les Zicavais : alors que les femmes et les enfants s'étaient réfugiés sur le plateau du Coscione, les hommes affrontèrent durant un mois les régiments du marquis de Maillebois venu prêter main-forte aux Génois. Mais ils durent se résoudre à déposer les armes. Après des semaines de vie montagnarde, le baron Frédéric s'embarqua pour Livourne muni d'un sauf-conduit. Zicavo est aussi le berceau de la **famille Abbatucci**, qui donna à la France plusieurs députés, un ministre et trois généraux.

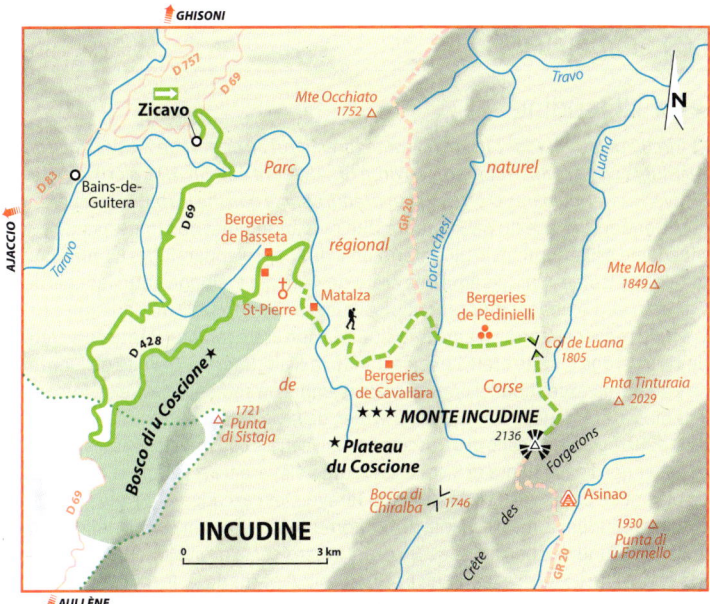

au-dessus de la végétation. Aux alentours, les villages de **Tasso** et **Sampolo** (tout comme Guitera) se peuplent chaque été d'amateurs de randonnée et de bonne chère.

Au croisement, prendre la direction de Vergajo. Au carrefour avec la D 757, emprunter la D 757A vers Zicavo.

La route très étroite grimpe franchement et en zigzags. Zicavo et ses maisons étagées à flanc de relief apparaissent bientôt.

Zicavo C1

Perché à 750 m d'altitude, le principal village du haut Taravo est bien connu des randonneurs. Proche du plateau de Coscione et de l'Incudine, le fief de la famille Abbatucci *(voir encadré p. 300)* est un carrefour de sentiers. Ses maisons de granit forment un amphithéâtre minéral dans un paysage touffu. Du sud part la D 69 qui permet de rallier, par une route forestière, le chemin empierré montant au sommet de l'Incudine *(voir la randonnée ci-dessous).*

Prendre la direction de Cozzano par la D 69, dans le haut du village.

Cozzano C1

Un autre village typique, dont les terrasses jouissent de vues splendides sur la vallée. On y cultive du **safran** bio depuis quelques années, notamment à la ferme Bocca (📞 06 10 59 80 79).

Poursuivre par la D69 en direction de Ghisoni et du col de Verde.

★ Forêt de San Pietro di Verde C1

▶ *20 km au nord de Zicavo par la D 69 (dir. Ghisoni).*

En prenant la direction du col de Verde, la route longe la forêt de St-Antoine ; elle passe ensuite à travers le peuplement de pins laricio de la forêt de San Pietro di Verde, juste en aval du **col de Verde**.

☞ Au-delà de la forêt, la D 69 franchit le col de Verde (1289 m), proche de la source du Taravo, puis continue vers Ghisoni via la forêt de Marmano *(voir p. 397).*

6

Randonnée

CARTE DE L'INCUDINE

★★★ L'Incudine

○ *Circuit de 22 km (dont 10 km de route forestière) au départ de Zicavo tracé en vert sur la carte p. 301 – compter environ 6h AR (dont env. 5h AR à pied). Quitter Zicavo vers le sud par la D 69 ; à 10 km prendre sur la gauche la route forestière.*

☺ Attention, le tracé du GR 20 ne conduit plus au sommet du monte Incudine. L'Incudine est le sommet le plus méridional de l'île. Il n'apparaît pas comme une montagne isolée, mais comme une crête de 4 km qui s'allonge entre les cols de Chiralba et d'Asinao, comprenant plusieurs cimes de 2 000 m. Son nom provient du rocher en forme d'enclume situé sur son arête faîtière. Baptisée « crête des Forgerons », cette arête culmine à 2 136 m d'altitude, à proximité de Zicavo. Le panorama exceptionnel embrasse l'ensemble du sud de la Corse et, lorsque le temps est dégagé, s'étend jusqu'à la mer, de la baie d'Ajaccio à la côte est.

La D 428 traverse le **Bosco di u Coscione**★, une hêtraie couvrant les basses pentes ouest et nord de la Punta di Sistaja. La route s'élève, à travers bois et clairières, en offrant de belles vues sur la vallée du Taravo. Des cascades et torrents bordés d'aulnes coupent le massif planté de nombreux hêtres centenaires. Un kilomètre après le refuge des bergeries de Basseta, laissez sur la droite le sentier menant à la chapelle St-Pierre et poursuivez tout droit. À partir de là, la route forestière devient un mauvais chemin *(peu carrossable : laissez la voiture aux alentours de la chapelle).*

🐾 *2h30 jusqu'au sommet. Niveau moyen (ascension assez difficile entre le col de Luana et le sommet de l'Incudine). Porter de bonnes chaussures. Partir de bonne heure pour atteindre le sommet avant 10h.*

Continuez à pied jusqu'à la bergerie de Cavallara (2 km) ; de là, suivez le chemin forestier qui rejoint le GR 20 (marques en rouge et blanc).

★ Plateau du Coscione *(voir p. 338)*

Raboté par les glaciers et couvert de pâturages où errent de nombreux cochons, le plateau sillonné de ruisseaux est parsemé de gros blocs moussus, résultats de l'érosion glaciaire. En été, les prairies sont jonchées d'aconits bleus,

Plateau du Coscione.

endémiques de Corse, et de digitales pourpres. Ces espèces végétales sont protégées.

Les troupeaux des régions de Porto-Vecchio, de Sotta, de Figari et des plaines du Rizzanèse, du Baracci et du Taravo y transhument encore. En hiver, le Coscione accueille les skieurs de fond.

Après avoir franchi sur une passerelle le ruisseau de Forcinchesi, montez par le GR 20 sur le replat où se dressent les ruines des bergeries de Pedinielli (alt. 1620 m). Poursuivez le sentier jusqu'au col de Luana (alt. 1805 m) pour atteindre l'arête nord de l'Incudine *(1h30)* ; la suivre jusqu'au sommet.

Le sommet

Alt. 2136 m. Le principal sommet du monte Incudine est surmonté d'une croix. La **vue★★★** s'étend sur une vaste surface marine, au sud sur la découpe des aiguilles de Bavella, et au nord sur le monte Renoso.

Retour à Zicavo par le même chemin.

⚲ Nos adresses

Restauration

Zicavo

Premier prix

Pacific Sud – *A Traversa (à la sortie de Zicavo, dir. Aullène)* - ☎ 09 67 16 41 37 - fermé lun. - 15/25 €. L'établissement est connu pour son atmosphère chaleureuse, ses pizzas, viandes sur grill, des copieuses salades et ses spécialités corses (tout est fait maison) ; À déguster sur la belle terrasse.

Budget moyen

Ferme-Auberge U Taravu – ☎ 06 30 93 82 80 - avr.-sept. : fermé le soir sf. vend.-sam. ; déc.-mars : fermé lun.-jeu. ; fermé oct.-nov. - menu 40 € (vin et café compris). Une bonne table de la région dans un décor rustique, des produits de la ferme (légumes, viandes variées) et d'excellents desserts à base de châtaigne. Que demander de plus ?

Hébergement

Santa-Maria-Siché

Premier prix

Hôtel Santa Maria – ☎ 04 95 25 72 65 - santa-maria-hotel.com - Ⓟ - 23 ch. 88/92 € ☕ - ✗ 1/2 P 131/138 €. Tenu par la même famille depuis trois générations, sympathique hôtel à la façade blanche, dont les chambres, meublées d'ancien, sont équipées d'une bonne literie et de salles de bains modernes. À table, produits du terroir et charcuteries maison.

Zicavo

Premier prix

Le Florida – ☎ 04 95 24 43 11 - www.hotelleflorida-corse.com - 5 ch. 70 € ☕ 9 €. Situé dans la partie haute du village, une adresse pratique pour les randonneurs.

Le Paradis – *Entrée du village en venant de Corte* - ☎ 04 95 24 41 20 - zicavo-paradis.net - 4 ch. 80 € ☕ et 2 gîtes (30 €/ pers.) - 1/2 P 120 € (pour 2 pers). Plus confortable, il est aussi recommandé pour sa table d'hôte.

6

Falaises de Bonifacio.
Photoprofi30/Getty Images Plus

7

Le Sud : Propriano, Bonifacio et Porto-Vecchio

CARTE MICHELIN DÉPARTEMENTS 345 – CORSE-DU-SUD (2A)

Propriano et le golfe de Valinco★   308

Autour de Propriano :
Sartène★   319

Sainte-Lucie-de-Tallano et la vallée du Rizzanèse★   329

À l'est de Sartène :
L'Alta Rocca★   334

Les aiguilles et la forêtde Bavella★★★ 344

Autour de Bonifacio :
Le golfe de Figari ★ et son arrière pays ★   348

Bonifacio et ses environs★★★   353

Autour de Porto-Vecchio :
Porto-Vecchio★   370

Le golfe de Porto-Vecchio★★   379

LE SUD : PROPRIANO, BONIFACIO ET PORTO-VECCHIO

AJACCIO

0   5 km

BONIFACIO	★★★	Vaut le voyage
Îles Lavezzi	★★	Vaut le détour
Porto-Vecchio	★	Vaut la visite
Propriano		Intéressant

6

Vallée du Taravo
Vallée du Coscione

Petreto-Bicchisano
Col de St-Eustache
995
T 40
Aullène
Zérubia

Filitosa
Sollacaro
Castello della Rocca
Cargiaca
Loreto-di-Talano
Piscines de Zoza
St-Jean-Baptiste

Serra-di-Ferro
Porto-Pollo
D 757
D 155
D 57
Olmeto
D 257
Sources de Baracci
D 157
Sta-Maria-Figaniella
Fozzano
Ste-Lucie-de-Tallano
St-Francois

Viggianello
Arbellara
D 19
D 119

Propriano

Golfe de Valinco
Rizzanèse
Alta
Pont Spin'a Cavallu
Source de Caldane
Parc

Portigliolo
D 121
T 40
D 69

Tour génoise
Belvédère
D 21
Sartène
régional

Campomoro
D 21
Alo Bisucce
St-Damien
Mola
Chât. de Baracci
D 50

Campomoro-Senetosa
D 48
Vre du Loreto
Le Sartenais
D 50
Montagne

MER

Palaggiu
D 48a
Plateau de Cauria
Stantari
D 250
CORSE-

Tizzano
D 48
Fontanaccia
Renaju
T 40
Monacia-d'Aullène

Erbaju
Col de Roccapina
A Casa di Roccapina

Rocher du Lion
Cala di Roccapina

MÉDITERRANÉE

Îlots des Moines
Îles Bruzzi

⇨	Ville de départ du circuit
→	Côte nord du golfe
→	Vallées du Rizzanèse et du Baracci
→	Côte sud du golfe
→	Route du Monte Rosso jusqu'à Mola
→	Les mégalithes du Maquis
→	Site préservé de Roccapina
→	De Propriano à Zonza
→	De Zonza à Solenzara
→	Massif de l'Ospédale : de Porto-Vecchio à Zonza
→	Route du col de St-Eustache
→	Vallée du Coscione
→	Bonifacio et ses environs

8

N

COL DE LARONE — SOLENZARA

AIGUILLES DE BAVELLA
1596
Bavella
COL DE BAVELLA
1218
Forêt de Bavella

Plateau du
Coscione
Trou de la Bombe

Quenza
D 420
D 268
Zonza
Forêt
de
Zonza

Serra-di-
Scopamène
D 59
Ste-Barbe

Sites de Cucuruzzu,
Capula et San Lorenzu
D 67
Chaos de Paccionitoli

Planu de Levie
1198
Forêt de
Barocaggio-
Marghèse

Levie
Pnta di u Diamante
Ste-Lucie-de-
Porto-Vecchio

Golfe de Pinarellu

D 268
Mela
D 59
Carbini

Rocca
Ospédale
Cascade de Piscia di Gallo

L'Ospédale
Castellu d'Araghju
San Ciprianu

1315
Cala Rossa

naturel
Pnta di a
Vacca Morta
Forêt
de l'Ospédale
Golfe di
Sognu
Golfe de Porto-Vecchio

Ortolo
Pointe de la Chiappa

de
Corse
Porto-Vecchio

Cagna
Palombaggia

de
Îles Cerbicale

1293
L'Uomo di Monaco
Ceccia

1217
Tappa
Tamariccio

L'Uomo di Cagna
Sta Giulia

DU-   SUD
D 859

San Quilico

Pianottoli-
Caldarello
D 322
Baie de Rondinara

Caldarello
Figari

D 122
T 40
Golfe de Santa-Manza

Golfe de
Figari
T 10
Balistra

La Tonnara
Maora et Sta-Manza
Ponti di a Nava

Ermitage
de la Trinité
D 58
Calalonga

Cala di Paragnano
St-Julien
Piantarella

Sdragonato
BONIFACIO

Capo Pertusato
Îles Lavezzi

Bouches
de
Bonifacio

SARDAIGNE

Propriano et le golfe de Valinco ★

Pruprià

Le long du golfe de Valinco alternent plages de sable fin, rochers aux formes étranges, collines couvertes d'oliviers, de figuiers, ou de maquis dont les senteurs se mêlent à l'air marin. Blottie au fond de cette étroite échancrure marine, Propriano est une station balnéaire plutôt paisible, du moins hors saison, où plane une délicieuse ambiance de farniente. Son public est mélangé : elle est prisée des amateurs de sports nautiques comme des adeptes de bronzage, des plaisanciers toujours plus nombreux comme des amateurs de balades en mer – le golfe de Propriano se trouvant à équidistance de celui d'Ajaccio et de Bonifacio. Dans l'arrière-pays, terre de bons vins, se cachent une ribambelle de villages attachants et, vers le nord, l'une des grandes curiosités de l'île : le site de Filitosa et ses statues-menhirs.

▶ Se repérer

3 789 Proprianais – Corse-du-Sud (2A)
CARTE AB1/2 (P. 306), CARTE DU GOLFE P. 313. À mi-chemin entre Ajaccio et Bonifacio, Propriano est établie au fond du golfe de Valinco, le plus méridional des grands golfes de la côte ouest.

☺ À ne pas manquer

Le site de Filitosa, une incursion dans les vallées du Rizzanèse et du Baracci.

⏱ Organiser son temps

Prévoyez au moins deux jours pour les visites, les plages et une randonnée sur le site de Campomoro-Senetosa.

👪 En famille

Une sortie en mer ; site de Filitosa ; plages de Portigliolo et de Campomoro ; parcours dans les arbres près des sources de Baracci (voir « Nos adresses »).

ℹ Carnet pratique p. 315

⚲ Nos adresses p. 316

Propriano

Bordé par le quai St-Érasme, le **port** est bien abrité des vents. Même si la plaisance s'y taille une place de choix, il est aussi un port de pêche et de commerce. Il est dominé par les maisons ocre de la rue principale,où se succèdent restaurants, bars et hôtels.

Les plages

L'embarras du choix ; et certaines sont même accessibles à pied ! En ville, vous profiterez de la **plage du Valincu** et de celle du **Mancinu**. Derrière le port de commerce, au-delà du phare du Scoglio Longo, s'étend la **plage du Lido** prolongée par celle **du Corsaire**. Plage de sable épais, surveillée en juillet et en août, elle mérite que l'on s'y attarde, en particulier au coucher du soleil : le golfe de Valinco prend alors de superbes teintes.

Le port de Propriano.
C. Moirenc/hemis.fr

★ Le golfe de Valinco

CARTE DU GOLFE DE VALINCO

Il s'étend du Capo di Muro au nord à la pointe de Campomoro au sud. Trois fleuves côtiers se jettent dans ses eaux. Les deux principaux : le Taravo au nord et le Rizzanèse au sud ont, au cours des millénaires, édifié de larges plaines alluviales. Tout au fond du golfe, le Baracci, plus modeste, est à l'origine de la vaste plage s'étirant à l'entrée de Propriano.

★ Côte nord du golfe

◗ *Circuit de 61 km au départ de Propriano tracé en vert sur la carte p. 313 – Compter environ 3h30. Quitter Propriano par la T 40 en direction d'Ajaccio. À 2 km, prendre à droite la route qui remonte la vallée du Baracci (D 557).*

Sources thermales de Baracci

Sur la rive gauche, à 1 km de l'embranchement, jaillissent à 39 °C des sources sulfureuses et salines, déjà connues dans l'Antiquité (☏ 04 95 76 30 40 - *fermées pour rénovation complète jusqu'à une date indéterminée*).
Poursuivre la route qui franchit la rivière et prendre à gauche celle d'Olmeto (D 257).

Olmeto

Le gros bourg, traversé par la T 40, étage ses maisons de granit sur la forte pente du versant méridional de la Punta di Buturetto (alt. 871 m). Face à la mairie, s'élève la maison où mourut, à l'âge de 96 ans, **Colomba Bartoli** *(voir encadré p. 313)*.
Sur la colline isolée en face du village, à l'est, se dressent les ruines du **castello della Rocca**, d'où partit la première grande révolte contre Gênes conduite par **Arrigo della Rocca**, l'arrière-petit-fils de Giudice de la Cinarca *(voir p. 261)*.
La T 40 qui descend vers Propriano offre des **coups d'œil★** sur le golfe de Valinco et sur la plaine de Baracci couverte d'oliviers.
Au premier embranchement, après un lacet à gauche, prendre à droite la D 157 tracée en corniche au-dessus du golfe.
La route descend vers l'embouchure du Taravo.

★★ Filitosa

Sur la D 57 - ☎ 04 95 74 00 91 - www.filitosa.fr - avr.-déb. nov. : tlj 9h-1h av. le coucher du soleil - 9 € (6-17 ans 7 €, famille 28 €) - fermé nov.-mars - privilégier le milieu de journée pour la luminosité. Jeu de piste/chasse au trésor à effectuer en famille.

Le site de Filitosa offre, à travers ses précieux vestiges, une synthèse des origines de l'histoire en Corse : périodes néolithique (6000-2000 av. J.-C.), mégalithique (3500-1000), torréenne (1600-800), puis romaine. Le site a été découvert en 1946 par le propriétaire du terrain ; l'archéologue Roger Grosjean y a ensuite consacré son activité de chercheur. Les **70 statues-menhirs** retrouvées sur le site ont reçu le nom de Filitosa I, II, etc. Près de l'entrée s'élève le **musée** *(9h-19h)*, où l'on s'arrêtera au retour.

Sur le chemin menant au site, à droite, a été placée une copie de la statue-menhir **Filitosa V** *(original au musée)*. La mieux armée de toutes les statues-menhirs de Corse, elle porte une longue épée et un poignard oblique dans son fourreau ; de dos apparaissent des détails anatomiques ou vestimentaires. Le haut de la tête semble avoir été sectionné.

Une muraille cyclopéenne marque l'entrée de l'**oppidum** fortifié, installé sur un escarpement rocheux. Différents ensembles témoignent de l'occupation successive du site par les Mégalithiques puis par les Torréens. On y accède par la **plate-forme de surveillance est**, monument comblé par les Torréens. Il s'agit d'un tumulus, extérieurement appareillé et disposé dans un puissant ensemble rocheux. Une rampe monte à son sommet. Sur la gauche, l'**abri-sous-roche** témoigne de la première occupation des lieux au Néolithique ancien, il y a quelque 8 000 ans.

Monument central – Le monument central, de plan circulaire, était peut-être à vocation religieuse. Dans ses murs, les Torréens avaient encastré 32 statues-menhirs débitées. Plusieurs statues qui avaient été retirées du parement encadrent l'entrée du monument. Celles de **Filitosa IX** et de **Filitosa XIII** représentent les sommets de l'art mégalithique en Corse. **Filitosa VI** montre un visage presque intact, mais

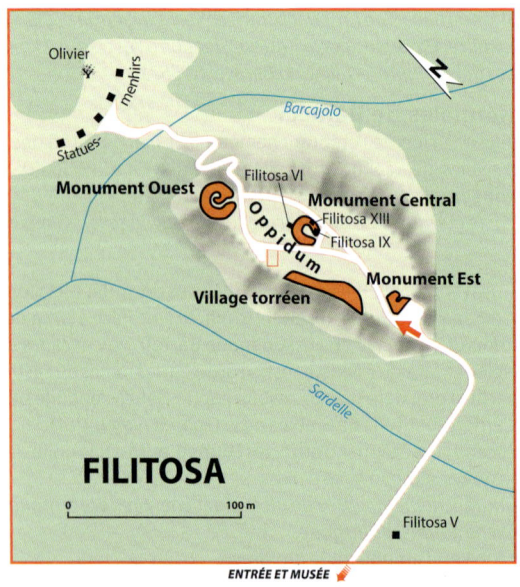

FILITOSA

Site préhistorique de Filitosa.
B. Rieger/hemis.fr

il s'agit d'une reconstitution pour le moins hardie comparée à l'original, exposé au musée.

Monument ouest – Il prend appui sur des aménagements mégalithiques antérieurs. Il s'agirait d'un édifice religieux torréen ayant occasionnellement servi à la défense collective. Sa partie centrale comporte deux chambres auxquelles on accède par des couloirs.

La descente raide à partir du monument ouest conduit dans le vallon verdoyant où **cinq statues-menhirs** redressées et reconstituées, disposées autour d'un vénérable olivier, marquent la fin de l'époque mégalithique. Au niveau de l'olivier, la vue sur le monument ouest évoque un jardin japonais ; bucolique, le lieu est empreint d'une étrange sérénité.

Un peu plus loin, on accède à la **carrière** d'où ont été extraites les pierres ayant servi à la réalisation des statues-menhirs. Là, un rocher a été baptisé « dinosaure », en raison de sa forme étrange.

Village torréen – Sur le chemin du retour, en longeant sur la gauche l'oppidum, on aperçoit le village torréen qui conserve les assises de cabanes réoccupées après le départ des Mégalithiques. Dans ses strates profondes fut trouvée de la céramique néolithique (5850 av. J.-C.), vestige de la plus ancienne période d'occupation du site.

Musée *(tlj 9h-19h - même billet que le site)* – Installé dans le Centre de documentation archéologique, il présente les objets découverts au cours des fouilles. Le visiteur est accueilli par la statue-menhir originale de **Filitosa V**. À côté, la partie supérieure de **Scalsa-Murta** (1400-1350 av. J.-C.) porte une épée verticale et, de dos, une cuirasse en chevron et un casque sur lequel apparaissent deux cavités. On a longtemps pensé que des cornes de bovidés étaient fixées dessus, mais cette hypothèse est aujourd'hui contestée. Plusieurs statues-menhirs restaurées sont exposées contre le mur du fond, dont l'original de **Filitosa VI**, constitué de plusieurs fragments. **Filitosa XII** a été débitée longitudinalement ; le bras et la main gauche sont représentés ; au fond, la tête de style archaïque de **Tappa II** et

le menhir dit de la **Carrière**. Dans le sol de la galerie supérieure sont présentées des reconstitutions de la chambre principale du monument central, témoignant d'une vie très frugale et primitive. Des écrans tactiles sont à disposition de ceux qui souhaitent en savoir plus sur le site.
Poursuivre sur la D 57.

Sollacaro

Dans une clairière ouverte parmi les châtaigniers, le village domine la basse vallée du Taravo.
Reprendre la D 57 en sens inverse puis tourner à droite sur la D 157 qui traverse le Taravo. Prendre à gauche la D 757.

Porto-Pollo

La petite station balnéaire s'étire au pied de coteaux couverts d'oliviers et de figuiers, dans une baie ouverte sur le golfe de Valinco et abritée des vents d'ouest par la pointe de Porto-Pollo. De sa plage de sable, la vue s'étend sur Propriano et la côte sud du golfe, que ferme la pointe de Campomoro.
Revenir sur ses pas jusqu'à la D 155 que l'on emprunte sur la gauche pour gagner Serra-di-Ferro.

Serra-di-Ferro

Petit village perché au-dessus de la baie de Cupabia et du golfe de Valinco, où passe le sentier de randonnée « **Mare è Monti sud** » *(signalé par des panneaux de bois)*. Deux promenades agréables et faciles à travers le maquis bas peuvent être entreprises.

👣 *1h30 AR. Départ à côté de l'église.* La promenade vers Porto-Pollo révèle la tour de **Capannella**, restaurée, avant d'offrir des **vues★** étendues sur le golfe, le marécage de Tanchiccia et la plaine cultivée du Taravo.

👣 *45mn AR. Départ à droite après le magasin de souvenirs.* L'autre balade conduit à la grande **plage de sable fin de Cupabia**, également accessible en voiture en poursuivant au-delà de Serra-di-Ferro par la D 155, puis la D 155ᴬ.
La baie est parsemée de récifs et la plage, où est établie une taverne, se double à l'ouest d'une importante crique.
Reprendre la D 757.

Vallées du Rizzanèse et du Baracci

▶ *Circuit de 43 km au départ de Propriano tracé en bleu sur la carte p. 313 – Compter environ 2h. Quitter Propriano par la route de Sartène (T 40). Après le pont sur le Rizzanèse, prendre à gauche la D 268 route d'Aullène, en direction de Levie. À 4,5 km à gauche se dresse un des plus célèbres ponts génois (ouvrez bien l'œil, l'emplacement du pont n'est pas fléché !). Stationner sur l'emplacement à droite face au pont.*

★ Spin'a Cavallu *(voir p. 334)*

Poursuivre sur la D 268, franchir le Fiumicicoli, puis le Rizzanèse sur le pont d'Acoravo, et prendre sur la gauche la D 119.

Arbellara

La route s'élève dans les chênes-lièges au-dessus du Rizzanèse, offrant un coup d'œil sur le village perché d'Arbellara, à l'abri de sa belle tour de défense carrée. Le village fut détruit par les Turcs en 1583, poussant les notables à renforcer sa protection. Remarquez l'apparat luxueux de certaines maisons, dont les portes soignées tranchent avec la sévérité du granit.
Prendre à droite la D 19 vers Fozzano.

★ Fozzano (Fuzzà)

Fier avec ses hautes maisons de granit serrées en rangs guerriers, Fozzano est un village de caractère juché sur un éperon de la Rocca. En 1833, il fut le théâtre d'une vendetta qui opposa deux familles voisines, les Carabelli et les Durazzo. Les **maisons fortes** des familles rivales, appelées « tours sarrasines », subsistent au cœur du village ; l'une se trouve en contrebas d'une ruelle en escalier, l'autre borde la route principale (à gauche, en venant d'Arbellara). La **maison de Colomba**, à l'abandon, et son **tombeau** se trouvent tout en bas du village.

Poursuivre sur la D 19, vers la partie haute de la vallée du Baracci, spectaculaire avec ses chaos rocheux hérissés d'aiguilles de granit.

Santa-Maria-Figaniella

Le principal village de la **Rocca**, province dont les seigneurs furent puissants au Moyen Âge, ne compte plus que 70 âmes à l'année, et 200 l'été...

De style roman pisan du 12e s., l'**église Santa Maria** présente un appareil très soigné en moellons de granit. Remarquez le bandeau d'arcatures ceinturant l'église

Colomba de Fozzano

Fozzano passa à la postérité grâce au succès du roman de Prosper Mérimée (1803-1870). Au cours de son voyage en Corse, en 1839, ce dernier, alors inspecteur des Monuments historiques, rencontra à Fozzano **Colomba Bartoli**, née Carabelli. Elle était âgée de 64 ans, veuve et auréolée du prestige que lui conféraient les événements dont elle avait été l'âme : son fils ainsi que deux membres de la famille Durazzo, rivale, avaient été tués. De cette rencontre naquit une nouvelle, *Colomba* (1840), dans laquelle Mérimée unissait l'intransigeance de Colomba et la beauté de sa fille Catherine. L'écrivain prend prétexte de la narration de cette vendetta pour offrir une vision romantique de la Corse au 19e s. Ce roman a contribué à ancrer dans les mentalités une image réductrice des coutumes corses et de la vie dans l'île.

7

à la base du toit et les dents d'engrenage sur lesquelles repose sa corniche. Le chevet a conservé sa couverture d'origine.

Au nord de Santa-Maria, la route offre de belles **vues★** sur la vallée du Baracci et le golfe de Valinco.

Faire demi-tour pour regagner Arbellara et prendre à droite la D 19.

Viggianello (Vighjaneddu)

Depuis ce village, on découvre une **vue★** sur le golfe de Valinco.

Retour sur Propriano par la D 19.

★ Côte sud du golfe

▶ *Circuit de 17 km au départ de Propriano tracé en violet sur la carte p. 313 – Compter environ 1h30. Quitter Propriano par la T 40 vers Sartène jusqu'au pont de Rena-Bianca sur le Rizzanèse que l'on franchit pour prendre tout de suite à droite la D 121 (en direction de l'aéroport).*

Une superbe route en corniche délivre des vues sur la côte sud du golfe, ses longues plages, ses eaux limpides, et ses rochers aux formes étranges. Elle conduit à Campomoro, petit port serein à l'extrême sud de la côte. Des coulées de maquis dévalent des montagnes jusqu'à une anse, où sont amarrés barques de pêche et voiliers.

★ Portigliolo

À l'embouchure du Rizzanèse, la longue plage *(4 km)* de sable fin de Portigliolo est certainement la plus belle à proximité de Propriano. Dans cet environnement sauvage, préservé de la route, on se sent au bout du monde.

Poursuivre sur la D 12.

Belvédère (Belvide)

Le village bien nommé offre une **vue★** sur le golfe et son arrière-pays montagneux. En contrebas, la côte rocheuse avec ses eaux claires est propice à la plongée sous-marine.

Entre Belvédère et Campomoro, des emplacements aménagés permettent d'admirer de superbes points de vue sur la mer et les rochers roses aux formes étranges.

★ Campomoro

Le village se découvre à pied. Se garer sur le parking aménagé à l'entrée.

Un petit bois d'eucalyptus précède ce bourg attachant, situé au fond d'une anse bien abritée par la pointe de Campomoro. Une plage de sable, quelques barques de pêche et des voiles multicolores au large, complètent ce décor paisible, miraculeusement préservé.

Tour génoise – *À l'extrémité du village, au-delà de la plage, gagner le sommet de la pointe -* ✆ *06 27 77 47 88 - www.campumoru-senetosa.corsica - 15 juin-15 sept. : 9h-13h30, 15h30-19h30 ; 1er avr.-14 juin et 16 sept.-6 nov. : 10h-18h ; sur RV le reste de l'année - 2,50 € (-12 ans gratuit).* 40mn AR. Construite en 1586 à la suite d'un raid barbaresque, elle présente plusieurs particularités : la plus grande de Corse, elle est plus large que haute (15 m de diamètre) et entourée d'une enceinte en étoile, percée de baies canonnières. Dans cette véritable petite citadelle, une exposition permanente « Barbaresques » retrace l'histoire de la construction de ces tours de défense élevées par les Génois. Un escalier extérieur monte à la porte principale ; on découvre ensuite la salle de séjour avec ses réserves. De la plate-forme supérieure, un **panorama★** se déploie sur le golfe de Valinco.

La **plage★** de sable fin en contrebas est un lieu propice d'observation sous-marine de la faune.

★ Site préservé de Campomoro-Senetosa

Tracé en pointillés violets sur la carte p. 313. Rens. à l'office de tourisme. Munissez-vous d'une provision suffisante d'eau.

Sur le site de l'office de tourisme de Propriano, téléchargez la brochure « Plan sentier littoral Campomoro ».

Entre la pointe de Campomoro (Punta di Campomoro) et le phare de la Punta di Senetosa, la côte sauvage alterne, sur près de 20 km, criques et promontoires rocheux à l'écart des axes de communication. Cet espace côtier, appartenant au domaine du Conservatoire du littoral, constitue l'un des sites préservés les plus vastes de l'île, avec celui des Agriate. Les plaisanciers y trouvent des anses bien abritées, parfois très étroites comme celle d'Agulia, qui possèdent généralement à leur extrémité une minuscule plage de sable.

Il est possible d'y effectuer des randonnées d'une journée ou moins le long du littoral : de la pointe de Campomoro à l'anse d'Agulia, ou bien du phare de Senetosa jusqu'à la pointe d'Eccica.

ℹ Carnet pratique

S'informer

Office du tourisme intercommunal de Propriano – *21 av. Napoléon-III -* ☎ *04 95 76 01 49 - lacorsedesorigines.com.* Nombreuses brochures et plan de la région en téléchargement, ainsi qu'une chasse au trésor dans la ville. L'office de tourisme organise de fin juin à mi-août des **visites œnologiques** des domaines de la région, avec dégustation (*35 €, transport inclus (-18 ans 5 €)*).
Bureau d'informations touristiques d'Olmeto – Ouvert de façon irrégulière (*juin.-sept*).

Arriver/partir

Liaisons maritimes - *Voir p. 479.*
Se garer - Parking payant le long du port (*30mn gratuites*).
En autocar – Eurocorse Voyages - ☎ *04 95 71 24 64.* Liaison Ajaccio-Propriano-Sartène-Scopetto-Porto-Vecchio-Bonifacio. (sept.-juin : tlj sf dim. 2/j. ; juil.-août : 3/j. dim. inclus).

Agenda

Fête de St-Érasme - *Le 2 juin.* Procession en mer en l'honneur du patron des pêcheurs.
Foire de Filitosa – *Fin juil.-déb. août.* « Fête des sens et de la saveur », près du site. Producteurs de la région (charcuterie, fromage, miel ou huile d'olive) et artisanat (coutellerie et poterie).

7

◉ Nos adresses

Restauration

Propriano

Budget moyen

Le Lido – *42 av. Napoléon-III - www.le-lido.com - ✆ 04 95 76 06 37 - fermé à midi et de mi-oct. à fin mars - plats 16/32 € - 11 ch. 86/150 €.* Des planches de charcuterie et fromages corses, des salades rafraîchissantes et toutes sortes de gourmandises pour composer un apéritif dinatoire arrosé de vins de Corse ou d'ailleurs : le petit cabanon créé dans les années 1930 est devenu un charmant hôtel sur la plage qui mérite une visite, au moins le temps d'une bonne soirée.

Tempi Fà – *Av. Napoléon-III - ✆ 04 95 76 06 52 - tlj, fermé nov.-mars - www.tempi-fa.com - plats 19/28 €.* Tempi Fà ou « temps d'avant » en corse... C'est là que nous ramène cette épicerie-bistrot et bar à vins, avec son décor reproduisant une place de village, avec un vrai marché local : charcuteries, fromages, vin de myrte, vins corses, etc. Et tous ces beaux produits sont proposés à la dégustation.

Pour se faire plaisir

Le Tout va Bien « Chez Parenti » – *10 av. Napoléon-III - ✆ 04 95 76 12 14 - www.chezparenti.fr - fermé nov.-mars. - plats 35/42 €.* Effectivement, tout va bien dans ce restaurant tenu depuis 1935 par la famille Parenti. Vous pourrez vous attabler sur sa terrasse, face au port, pour contempler le golfe en savourant une cuisine vouée aux produits de la mer, dont l'incontournable langouste (sans dénigrer la viande). Courte carte assurant la fraîcheur des produits.

Olmeto

Premier prix

Chez Antoine – *Cours Balisoni - ✆ 06 13 52 13 14 - fermé merc. -* plats 13,50/16 €. Bienvenue dans l'antre d'Antoine ! Son vénérable établissement connaît un succès populaire justifié : bonnes grillades au feu de bois, spécialités régionales et ambiance conviviale. Excellent accueil et digestif offert. Réservation recommandée.

Casalabriva

Pour se faire plaisir

Le Frère – *Au pont de Calzola - 20140 Casalabriva (7 km au nord-est de Filitosa par la D 457) - ✆ 04 95 24 36 30 - www.restaurantlefrere.com - de mi-avr. à fin sept. : fermé de dim. soir à merc. midi et jeu. midi - menu 58 €.* Ce restaurant est le fruit d'une affaire familiale, celle des Abbatucci : la viande (uniquement du veau tigre bio, décliné de toutes les façons) provient de l'exploitation du premier frère et les vins (excellents) sont ceux du deuxième. Quant au troisième, il tient, avec maîtrise et gentillesse, cette belle table et vend les vins du domaine Comte Abbatucci *(au verre ou en bouteilles).* Une très belle adresse.

Shopping

Sicreti di Corsica – *23 av. Napoléon III - Propriano - ✆ 06 37 26 04 30 - page Facebook - ouv. alétaoire, tél. au préalable.* Grand choix de produits cosmétiques issus de plantes aromatiques bio de Corse. Huiles essentielles, parfums, bougies, autant d'idées cadeau !

Marché des producteurs à Propriano – *De mi-avr. à sept., ts les dim. matin quai St-Érasme ; de janv. à mi-avr., les 1er et 3e dim. du mois dans le quartier de La plaine. Dates sujettes à fuctuations, se rens. auprès de l'office de tourisme.*

Domaine De Vaccelli – *Rte de Porto-Pollo - 20123 Cognocoli - ✆ 04 95 24 35 54 - lun.-vend. 9h-12h30, sur RV.* D'une superficie de 20 ha, le domaine

Gérard-Courrèges produit d'excellents nectars, avec comme fil conducteur le minéral. Nous avons une préférence pour les cuvées à base de *sciaccarellu*, notamment la succulente *Granit*, élaborée sur une base de vieilles vignes. Visite de cave, dégustation et vente au domaine *(entre 8 et 60 €)*.

Domaine U Stiliccionu – *Rte de Porto-Pollo - 20140 Serra-di-Ferro - (8 km en dir. de Porto-Pollo) - ℘ 06 67 22 86 25 - tlj sf dim. et j. fériés sur RV.* Le benjamin des vignerons corses travaille sur un terroir de 6 ha, de granit et de schistes, en biodynamie. Son blanc, un *vermentino*, possède du gras et une très belle minéralité quand ses rouges, croquants, donnent envie de charcuterie corse. Visite de cave, dégustation et vente au domaine sur RV *(entre 15 et 100 €)*.

Activités

👥 Excursions en mer

Port de plaisance – *Propriano - ℘ 04 95 76 10 40 - en sais. : 7h30-21h.* 500 places, bateaux jusqu'à 70 m de long. Nombreuses guérites proposant différentes excursions en mer au bord du port de plaisance.

Promenades en mer – *Port de Plaisance - ℘ 06 03 77 42 56 - www.promenades-en-mer-propriano.fr.* Sorties « demi-journées couchers de soleil » *(2h - à partir de 28 €)* ; les îles Sanguinaires *(1 j. - 70 €)* ; « Les côtes sauvages » *(9h-16h30- 70 €)* ; 5-12 ans 1/2 tarif.

👥 **Baracci Natura** – *Rte de Baracci - 20110 Propriano - ℘ 06 20 95 45 34 - www.baraccinatura.fr - 8h30-20h sur RV - canyoning 55 € (+ chauss. 10 €)* ; accrobranche 17/27 € ; via ferrata et tyrolienne 45 € ; baby parc 12 € *(à partir de 2 ans-.* Expérimentez les plaisirs du canyoning et de la voltige de branche en branche avec ce parcours situé à 1 km après les sources de Baracci. Encadrement de qualité, pour petits et grands.

Hébergement

Budget moyen

Hôtel Beach – *38 av. Napoléon - ℘ 04 95 76 17 74 - www.beachhotel-propriano.com - fermé de fin oct. à avr. - 🅿 - garage moto et vélo - 17 ch. 67/122 € - ☕ 10,80 €.* Cette construction moderne, un peu éloignée du centre, vaut surtout pour sa situation exceptionnelle quasiment à même la plage de sable fin. Presque toutes les chambres, spacieuses (climatisées, avec baignoire et réfrigérateur) et dotées d'un balcon, offrent une vue privilégiée sur les eaux du golfe.

Hôtel Claridge – *R. Bonaparte - ℘ 04 95 76 05 54 - fermé de déc. à mi-mars - www.hotel-claridge-propriano.com - 24 ch. 72/138 € - ☕.* En retrait du port, cet établissement, rénové, dispose de chambres aux tons rose, saumon, orangé, avec parquet flottant et petits balcons. Simples mais bien entretenues, elles sont toutes climatisées. Une bonne option malgré l'absence de vue sur la mer.

HôtelNeptune – *39 r. du 9-Septembre - ℘ 04 95 76 10 20 - www.hotelneptune-propriano.com - fermé en nov.- ♿ 🅿 - 40 ch. 82/148 € ☕.* Près du port et de la plage, cette bâtisse récente propose des chambres fonctionnelles, dont la moitié avec vue sur la mer. Petit-déjeuner face au golfe de Valinco. Spa de 200 m² *(payant, réduction pour les résidents).*

Sollacaro

Premier prix

Chambre d'hôte U Riposu di a Cupulatta – *À l'entrée du village - ℘ 06 76 31 25 64 - u-riposu-di-a-cupulatta.e-monsite.com - ♿ 🚭 - 5 ch. 72 € ☕:* Les chambres, spacieuses et décorées de couleurs chaudes, disposent toutes d'une petite terrasse offrant une vue époustouflante sur le golfe de Valinco. Petits-déjeuners à base de produits locaux ou faits maison. Nécessaire à café et réfrigérateur dans les chambres. Accueil convivial du propriétaire, qui vous prodiguera de bons conseils pour découvrir la région. Également des gîtes (4/6 pers.). Jacuzzi (6 pers.).

Porto-Pollo

Pour se faire plaisir

Hôtel Les Eucalyptus – ☎ 04 95 74 01 52 - www.hoteleucalyptus.com - fermé d'oct. à Pâques - 🅿 - 32 ch. 86/158 € - ⛲ 14 €. Hôtel des années 1960 dominant le golfe de Valinco que l'on contemplera du balcon de sa chambre. Ces dernières, entièrement rénovées se révèlent pratiques et bien entretenues. Court de tennis.

Une folie

Le Golfe – ☎ 04 95 74 01 66 - www.hotel- porto-pollo.com - 🛥 - fermé déc.-mars - 20 ch. 158/301 € - ⛲ 25 € - ✖ plats 21/25 €, pâtes 15/32 € -

multiactivités (*Spa, jet-ski, plongée...*). Un bâtiment récent juste à côté du port. Les chambres sont élégantes, avec une jolie vue sur le golfe de Valinco où peut vous emmener le bateau de l'hôtel. Piscine chauffée. Accueil et service gentils et efficaces. Un excellent hôtel. Brasserie *lounge* proposant une cuisine régionale soignée et des produits de la mer.

Belvédère-Campomoro

Pour se faire plaisir

U Livanti – *Lieu-dit Portigliolo - rte de Campomoro* - ☎ 04 95 76 08 06 - www.residence-ulivanti. com - fermé nov.-mars - 100 empl. - (*ch., chalets, villas*) - ♿ - ch. 109/193 €, chalets 246/359 € - ✖ (*sur réserv.*) - U Livanti propose plusieurs formules d'hébergement. Des chalets au milieu des pins, du plus simple au plus confortable. Des chambres d'hôtel, vastes et dotées du meilleur confort. Également de luxueuses villas. En contrebas du terrain, bar-restaurant avec une jolie terrasse qui surplombe la plage, la mer et la petite base nautique. Un site particulièrement agréable.

Sartène ★

Sartè

Sartène est bâtie en amphithéâtre au-dessus de la vallée du Rizzanèse, son port naturel. Elle possède un caractère très affirmé, avec ses vieilles demeures austères, ses ruelles pentues et sa grande place centrale ombragée, séparant la vieille ville en deux. La cité est aussi gardienne de traditions : la procession du Catenacciu, qui s'y déroule chaque année, est l'une des cérémonies les plus anciennes de l'île. Alignements, dolmens et menhirs jalonnent les alentours. Ce grand foyer de la préhistoire corse a également préservé sa remarquable côte de la pointe de Campomoro jusqu'à Roccapina, essentiellement accessible par bateau.

Le village de Sartène.
pkazmierczak/Getty Images Plus

▶ Se repérer

3 252 Sartenais – Corse-du-Sud (2A)
CARTE B2 (P. 306), CARTE DU SARTENAIS P. 324. 14 km au sud-est de Propriano (par la T 40), Sartène domine le golfe de Valinco.

😋 À ne pas manquer

Le musée départemental de Préhistoire corse et d'Archéologie ;

les mystérieux alignements de menhirs du plateau de Cauria et de Palaggiu, perdus dans le maquis.

👪 En famille

Le musée départemental de Préhistoire corse et d'Archéologie.

ℹ️ Carnet pratique p. 326

📍 Nos adresses p. 327

7

Se promener

PLAN DE LA VILLE

★★ La vieille ville

▶ *Circuit tracé en vert sur le plan ci-contre – Comptez 1h30.*
Le vieux quartier Santa Anna se concentre au nord de la place de la Libération.

Place de la Libération (ancienne place Porta) B1

Ombragée de palmiers et d'ormes, elle est, avec ses cafés et son marché *(samedi)*, le lieu le plus animé de la ville. Le monument aux morts s'élève sur la place dominée par l'hôtel de ville et l'imposante église Ste-Marie.

Église Ste-Marie (Santa Maria Assunta) A1

Construite à partir de 1766 en granit, elle présente un clocher à trois étages ajourés, surmonté d'un dôme. À gauche de l'entrée principale sont accrochées au mur la croix et la chaîne portées par le pénitent rouge du Vendredi saint. Dans une vitrine à droite, statue du Christ gisant en bois polychrome. Le chœur s'orne d'un de ces imposants maîtres-autels baroques en marbre polychrome importés au 17e s. de Ligurie et de Toscane.

Hôtel de ville A1

Il occupe l'**ancien palais des gouverneurs génois**, dont le passage voûté fait communiquer la place de la Libération avec celle du Maggiu dans la vieille ville. La façade principale porte les **armoiries sculptées** de Sartène.

★ Quartier de Santa Anna A1

En passant sous la voûte de l'hôtel de ville, on pénètre dans ce quartier touristique au parfum médiéval : dédale de sombres venelles, dallées, reliées par des escaliers et des voûtes, et bordées de maisons de granit gris, aux murs épais et aux persiennes closes. À 100 m de l'hôtel de ville, en descendant la ruelle de gauche, on aperçoit sur la droite une échauguette du 16e s., rare vestige des murailles qui enserraient la ville. Sur la petite place du Maggiu, à gauche, entre deux maisons, s'ouvre le **passage de Bradi**, très étroit. Empruntez ensuite la **rue Caramana**, qui descend jusqu'à la **place Angelo-Maria-Chiappe**. De là, s'offre une vue sur le golfe de Valinco. Ne manquez pas non plus l'**impasse Carababa** et la petite **place Maggiore**. De la place Chiappe, grimpez jusqu'à la **rue des Frères-Bartoli**, en cul-de-sac. Elle est très curieuse avec ses passages étroits en escaliers, ouverts sur ses côtés. La **rue du Purgatoire,** avec ses guirlandes de linge aux fenêtres, ramène place de la Libération.

Quartier du Borgo B1

En traversant la place de la Libération (en direction du musée de Préhistoire corse), vous atteignez le quartier du **Borgo**. Remontez la bien nommée **rue des Voûtes**, dont la fraîcheur est appréciable l'été. Au bout, une volée de marches sur la gauche mène à la rue Antoine-Croce. Poursuivez jusqu'à la chapelle St-Sébastien, pour une vue depuis le parvis sur les collines alentour.
Revenez place de la Libération par la rue du Médecin-Capitaine-Louis-Bénédetti et le **cours Sœur-Amélie**, l'artère commerçante de Sartène, où vous ferez vos emplettes souvenirs.

★ Musée départemental de Préhistoire corse et d'Archéologie B1

De la place de la Libération, prendre le cours Bonaparte, puis, à droite, la rue Antoine-Croce en montée et enfin, sur la gauche, les escaliers Monti Cuccu.

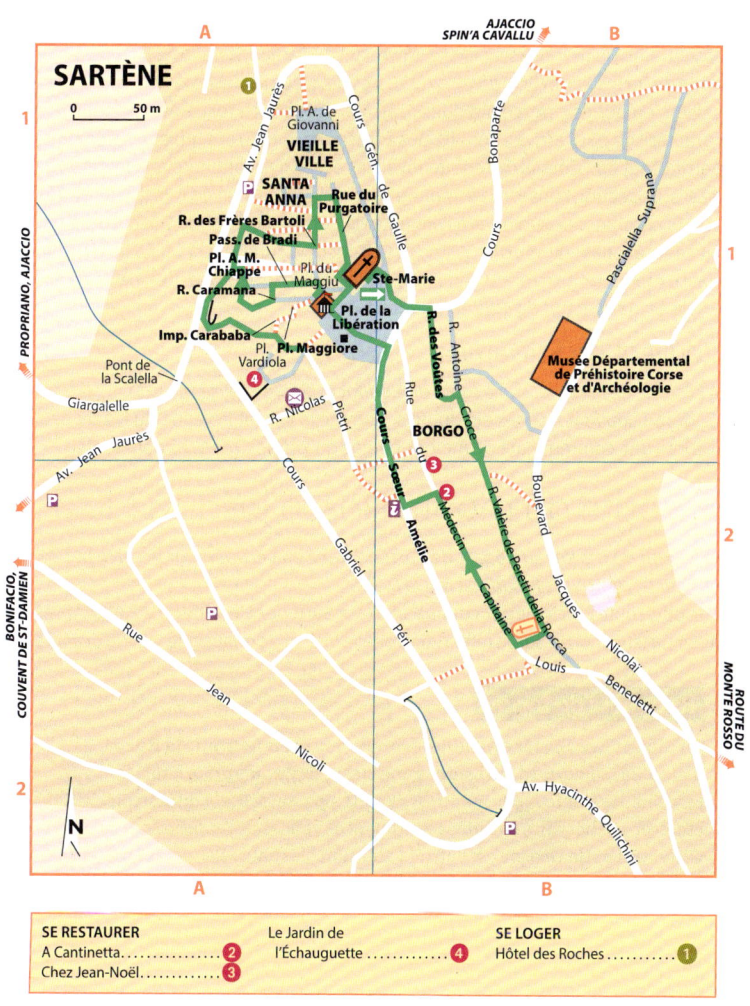

SE RESTAURER		Le Jardin de		SE LOGER	
A Cantinetta	2	l'Échauguette	4	Hôtel des Roches	1
Chez Jean-Noël	3				

R. Jacques-Nicolai - ☎ 04 95 77 01 09 - www.isula.corsica - juin-sept. : tlj 10h-18h ; avr.-mai : mar.-sam. 10h-17h ; oct. : lun.-vend. 9h-17h - nov.-mars : lun.-vend. 9h-16h - 4 € hors exposition temporaire (10-25 ans 3 €).

Dans un bâtiment moderne conçu par l'architecte **Joseph Frassatino**, il abrite des objets provenant des fouilles réalisées sur toute l'île (de - 300 000 ans jusqu'au 16e s. apr. J.-C.), à l'exception des secteurs de Mariana (p. 45), d'Aléria (voir p. 399) et de Levie (voir p. 335), qui ont leurs propres musées. Chronologique, le parcours dresse le panorama de la préhistoire insulaire (paléontologie, mésolithique, néolithique et âge des métaux) jusqu'au Moyen Âge, en passant par l'Antiquité. Après une présentation des plus anciens animaux connus en Corse, les vitrines exposent les premières cultures de chasseurs-pêcheurs-cueilleurs au Mésolithique (8700 à 6500 av. J.-C.), puis l'implantation et le développement des premiers paysans au Néolithique. Les archéologues ont retrouvé des objets dans les habitats et les sépultures de l'**âge du bronze** : perles, lames de poignard, bracelets en

7

argent, ainsi qu'un intéressant vase provenant de Campo Stefano (v. 1400 av. J.-C). L'**âge du fer** insulaire (800 à 300 av. J.-C.) est le mieux représenté (vases, parures, colliers en perles « porcelainiques », armes et outils en fer). Cette période est caractérisée par l'arrivée sur l'île des Étrusques, des Grecs, puis des Romains, permettant aux Corses de renouer avec les échanges commerciaux méditerranéens. La section consacrée à l'Antiquité romaine et au Moyen Âge présente des objets notables : céramiques à l'amiante de Lortelu, pichets de Castelo d'Istria, pièces provenant du site d'U Casteddu di Baricci, verrouillant la vallée de l'Urtulu, classé monument historique en 2021. La visite s'achève au rez-de-jardin, où est exposée la collection de **statues-menhirs★**.

Couvent de St-Damien HORS PLAN PAR A2

À la sortie de Sartène, sur la route de Bonifacio. Seule l'église se visite.
Le grand couvent franciscain du 19e s. domine la ville et la vallée du Rizzanèse. Il abrite une communauté de moines belges qui ont restauré ses bâtiments.

★ Route du monte Rosso jusqu'à Mola

▶ *Circuit de 8,5 km au départ de Sartène tracé en vert pâle sur la carte p. 324. Quitter Sartène vers le sud-est par la D 50.*
La petite route prodigue des **coups d'œil★** sur Sartène et le golfe de Valinco. Après avoir passé le col de Suara (alt. 466 m), belle vue sur le minuscule village de **Mola**

Rapports de forces

Au Moyen Âge, Sartène fut le fief des puissants **seigneurs de la Rocca** *(voir p. 261)*. Plus tard, dirigée par une classe de grands propriétaires terriens, les « **Sgiò** », elle manifesta longtemps son respect du pouvoir établi et son hostilité aux idées et influences venues de l'extérieur.
Giovanni della Grossa est l'un de ses enfants les plus célèbres. Né à Grossa près de Sartène en 1388, notaire et historien, il entra au service du parti aragonais et participa, aux côtés de Vincentello d'Istria, à la bataille de Biguglia en 1426. Dix ans plus tard, Gênes l'emportait dans sa rivalité avec l'Aragon ; il se plaça alors sous la protection de Simone da Mare. En 1447, les Génois le nommèrent vicaire de la Cinarca. Retiré à la fin de sa vie à Grossa, il y écrivit de précieuses chroniques, qui restent les principales sources de l'histoire médiévale de l'île.
En 1565, Sartène fut assiégée par les partisans de **Sampiero Corso**, qui massacrèrent la garnison. La côte fit périodiquement l'objet de raids barbaresques : en 1583, les pirates d'Alger pillèrent la ville, et prirent en esclavage près de 400 habitants. Le traumatisme d'un tel événement déclencha la construction à la hâte de la tour de Campomoro *(voir p. 314)*.
Le 17 mars 1732, pendant la guerre d'indépendance, le **général Giafferi** s'empara de Sartène, favorable aux Génois. La cité fut longtemps réticente à reconnaître le gouvernement de **Paoli**. En 1763 seulement, la Consulte de Sartène, présidée par Paoli lui-même, rallia les notables de la Rocca.
Au 19e s., le Sartenais fut agité par les guerres de clans et les vendettas, puis par l'opposition entre bonapartistes et royalistes, basés respectivement dans les quartiers du Borgo et de Santa Anna. En 1834, un traité de paix mit fin à quatre ans d'hostilités.

U Catenacciu

La cérémonie commémorant la montée au calvaire exprime le double aspect de la piété corse : s'identifier au Christ portant la croix, et adorer le Christ au tombeau. La procession est conduite par le Grand Pénitent ou **Catenacciu** (« l'enchaîné »), qui vient de passer en prières la nuit et la journée précédentes au couvent de St-Damien et a reçu en fardeau la croix de chêne (34 kg) et, au pied, les chaînes (15 kg). Le Catenacciu a sollicité, parfois depuis plusieurs années, du curé de Sartène, le secret honneur de cette pénitence anonyme et non renouvelable. Vêtu d'une robe rouge, pieds nus, la tête dissimulée sous une cagoule, il s'identifie au Christ.

Le **pénitent blanc** l'assiste. Comme Simon de Cyrène aida Jésus, il symbolise la solidarité humaine. Suivent huit pénitents noirs portant, sur un linceul et sous un dais noir, la statue du Christ mort. Viennent ensuite le clergé, les membres de la confrérie « A Compagnia del Santissimo Sacramento », qui entonnent des airs pénitentiels, et enfin les fidèles. Le lent cheminement du cortège se déroule dans une atmosphère impressionnante, où se mêlent étroitement angoisse, excitation et ferveur. On y entend le chant traditionnel de pardon « Perdono, mio dio ».

Voir « Carnet pratique/Agenda ».

niché dans les oliviers et sur la montagne de Cagna (alt. 1339 m), dominant la large vallée de l'Ortolo et principal massif du sud de la Corse. 2 km après le village, à la hauteur d'un tombeau, on aperçoit sur la droite l'éminence rocheuse coiffée des ruines du **château de Baracci**, fief de Giudice de Cinarca au 13e s.

★ Les mégalithes du maquis

Circuit de 66 km au départ de Sartène tracé en rose sur la carte p. 324. Quitter Sartène par la route de Bonifacio (T 40). À 2,5 km, à Bocca Albitrina, prendre à droite la D 48 vers Tizzano. Après 2 km, tourner dans la D 21 vers Grossa.

Alò Bisucce

Pour visiter, s'adresser à la bergerie isolée, à droite.

L'éperon rocheux occupé dès le début de l'âge du bronze est connu sous le nom de Castello d'Alo. Fortifié par une double enceinte cyclopéenne, il présente à son sommet un **monument** de l'âge du bronze (1700 av. J.-C.), de 8 m de diamètre. Quatre diverticules rayonnent de la *cella* centrale et présentent un plan en croix gammée facile à observer de la plate-forme.

Revenir sur la D 48 et reprendre la direction de Tizzano.

La route descend la **vallée du Loreto** en traversant une zone de maquis jonchée de gros blocs de rochers.

À 9 km, prendre à gauche la D 48A et suivre « Stantari, Fontanaccia, Renaju ».

★ Plateau de Cauria

Après 4,5 km, on atteint le plateau de Cauria (prononcez Caouria), où des fouilles ont permis de répertorier pas moins de **170 monolithes**, formant trois alignements. *Env. 3 km.* L'alignement de Stantari, celui de Renaju et le dolmen de Fontanaccia sont reliés par une boucle pédestre sans difficulté.

Alignement de Stantari – Perdus en pleine nature, entre vignobles et pâturages, onze menhirs sont alignés dans un enclos. Parmi eux, remarquez les deux

statues-menhirs les plus célèbres de Corse, représentant des hommes en armes de l'âge du bronze, avec leur grande épée verticale en relief.

Alignement de Renaju – 😊 Le site ombragé est idéal pour pique-niquer. Au pied de la Punta Cauria, une quarantaine de menhirs, orientés nord-sud, sont disséminés sous un petit bois. Certains sont dressés, d'autres cassés ou couchés à terre, rappelant que certains monolithes ont été réutilisés au fil des siècles, dans des murs de clôture ou des constructions.

Dolmen de Fontanaccia – Le nec plus ultra du dolmen corse ! Remarquablement conservé, il se compose de six piliers verticaux supportant l'entablement de granit. La chambre funéraire ainsi formée mesure 2,60 m de longueur sur 1,60 m de largeur pour une hauteur de 1,80 m. L'ensemble pèse environ 15 tonnes ! La croyance populaire considérait les mégalithes comme le théâtre de pratiques endiablées durant la nuit. Ainsi, le dolmen de Fontanaccia porte également le nom de *stazzona del diavolo*, « la forge du diable ».

Revenir sur la D 48 que l'on prend sur la gauche, direction Tizzano. Au bocca (col) di Capirossu, prendre à droite vers les alignements de Palaggiu, à 3,5 km.

Alignements de Palaggiu

Laisser votre véhicule devant les gros rochers. Attention, le site se trouve sur une propriété privée, se rens. au préalable à l'office de tourisme de Sartène.

Pas moins de 258 monolithes de granit, debout, inclinés ou renversés, forment le plus important site mégalithique de Corse et de Méditerranée occidentale. Les menhirs, d'assez petite taille, sont regroupés en sept alignements.

Poursuivre sur la D 48 jusqu'à Tizzano.,

Tizzano

Bien que colonisée par les lotissements, cette petite « marine » continue de séduire. Abritée à l'entrée d'un goulet, elle offre une magnifique plage de sable, ainsi que de nombreuses criques. L'endroit attire les chasseurs, les plongeurs, et bien

La tour génoise de Roccapina.
B. Rieger/hemis.fr

sûr les amateurs de farniente. La tour génoise fortifiée, propriété privée, ne se visite pas.

Au départ de Tizzano, deux promenades permettent de profiter de très belles criques moins fréquentées, car plus difficiles d'accès.

👣 *6h AR, facile.* La première conduit jusqu'au **phare de Senetosa**. La route de Tizzano se poursuit par un large chemin de terre en bord de mer jusqu'à l'adorable **plage de Barcaju** *(4 km ; parking)*, abritée du vent. Un sentier la prolonge qui débouche, après 30mn, sur l'anse de **Cala Longa**. Une simple trace s'élève au-dessus de la grève et vire doucement vers la droite pour vous conduire à **Cala di Tivella**, plus belle plage de cette randonnée, divisée par un ruisseau. Les marcheurs les plus infatigables peuvent prolonger vers l'ouest la balade littorale jusqu'à la **punta di Senctosa** (tour génoise et phare), et longer ensuite la calanque de Conca *(compter plus de 10h AR)*, en traversant une campagne intacte.

👣 *1h30 AR, facile.* La deuxième balade conduit à la **plage de Traliceto** (Tralicetu) par un chemin carrossable (4X4 conseillé), mais mal indiqué *(près d'une ferme équestre, demandez votre chemin)*. Le dernier km est à effectuer à pied pour rejoindre la **plage** de sable fin de **Tralicetu**, très sauvage et longue d'1 km.

Le retour à Sartène s'effectue par la D 48, puis la T 40.

★ Site préservé de Roccapina

▶ *Circuit de 24 km au départ de Sartène tracé en gris sur la carte p. 324. Quitter Sartène vers le sud par la T 40 en direction de Bonifacio.*

La route parcourt une région couverte de vignobles, avant d'atteindre la côte sud, rocheuse et déchiquetée. Du **col de Roccapina** (Bocca di Roccapina), face au restaurant L'Oasis du Lion, une vue s'offre sur le golfe de Roccapina et le **rocher du Lion★**. À gauche du lion et plus proche de la route, remarquez une **sculpture naturelle en forme d'éléphant** !

★ A Casa di Roccapina

Face au point de vue - col de Roccapina - 📞 *04 95 71 56 30 - lacorsedes origines.com - mai-sept. : mar.-sam. 10h-18h ; janv.-avr. : mar.-sam. 9h-16h ; reste de l'année : se rens. - 2 € (tarif réduit 1 €) - exposition, spectacle audioguidé et sentiers de découverte.*

Une visite indispensable pour comprendre les *taffoni (voir encadré p. 234).* Maquettes, *morphing* et nombreux objets font découvrir ce monde étrange, entouré de légendes.

Un sentier de découverte complète la visite et sillonne le maquis parsemé de *taffoni.* Il donne également l'occasion de voir un *oriu* reconstitué (abri de berger).

★ Le domaine de Roccapina

L'accès au littoral (2,5 km) se fait depuis la piste fléchée « Camping de Roccapina » située à gauche de l'Auberge de Coralli, au col de Coralli (Bocca di Curali). Attention, la piste, très dégradée, est déconseillée aux véhicules à faible garde au sol.

La piste qui part du col mène, après 3 km, à la **Cala di Roccapina**, magnifique **plage de sable fin** très fréquentée en saison.

Le secteur, s'étendant du cap de Roccapina jusqu'au promontoire au sud enserrant la cala di Roccapina, est protégé, libre d'accès *(réglementation particulière pour les véhicules à moteur et le camping).* Cette zone humide abrite un nombre important d'oiseaux aquatiques. Près de la plage, la dune, entièrement protégée, est en partie colonisée par des genévriers.

Sur un promontoire, près d'une tour génoise, une sculpture naturelle en forme de lion couché se découpe entre ciel et mer : le **rocher du Lion**★ *(ne pas tenter de l'escalader).* Il s'agit d'un gigantesque *tafonu.* La vaste cavité formant la « gorge » du lion a été autrefois aménagée en deux pièces probablement utilisées comme dépôt de blé. Du pied de la tour génoise, le **panorama**★★ s'étend au sud vers les îlots des Moines, vers l'est sur les contreforts de la montagne de Cagna, et à l'ouest sur la vallée de l'murtoli et son marais à tamaris.

De l'autre côté du lion, la longue **plage d'Erbaju**★, de 3 km de long est moins fréquentée, car un peu plus difficile d'accès.

ⓘ Carnet pratique

S'informer

Office du tourisme intercommunal de Sartène – PLAN DE LA VILLE B1/2 (P. 321) - *14 cours Sœur-Amélie - 20100 Sartène - ℘ 04 95 77 15 40 - lacorsedesorigines.com.*

Visites guidées – Prêt d'audioguides pour découvrir les ruelles typiques de Sartène. Nombreuses activités proposées en saison.

Arriver/partir

Se garer – Trouver une place dans le centre de Sartène est mission quasi impossible. Évitez les embouteillages en laissant votre véhicule dans les parkings gratuits situés en haut (près du supermarché) et à la sortie de la ville, en contrebas de l'église San Damiano. Si vous décidez d'y passez la nuit, ce qui est vivement conseillé, choisissez un hôtel avec parking.

Agenda

U Catenacciu – *Voir encadré p. 323.* Processions du « Christ Roi » et du Catenacciu (ou Grand Pénitent) : les soirs des Jeudi et Vendredi saints. L'accès en véhicule à la vieille ville et le stationnement sont strictement réglementés. Les processions partent de l'église Ste-Marie à 21h30 et se déroulent la première en direction du couvent de St-Damien, la seconde dans la ville illuminée aux chandelles.

📍 Nos adresses

Restauration

Premier prix

③ Chez Jean-Noël – B1 - *27 r. Borgo - 📞 06 12 77 75 70 - tlj sf lun. et selon l'humeur de Jean-Noël -🚭 (chèque accepté) - plats 10/25 €.* Dans une salle minuscule et souvent comble, quelques places assises pour dîner dans un cadre simple et typique. On sert ici une vraie cuisine de pays : soupe, cabri ou veau aux olives, courgettes farcies au *brocciu,* et flan à la châtaigne : le tout certifié fait maison.

② A Cantinetta – B2 - *29 r. Borgo - 📞 04 95 77 08 75 - mai.-oct., tlj en saison - 18/25 €.* Dans ce minuscule et vieil établissement, vous pourrez découvrir et déguster des vins sartenais et des vins et liqueurs de myrte, de pêche, d'orange, de clémentine ou de châtaigne. Planches de charcuteries, de fromages et gâteau à la châtaigne en accompagnement. Accueil charmant.

Budget moyen

④ Le Jardin de l'Échauguette – A1 - *Pl. Vardiola - 📞 06 20 40 71 49 - avr.-oct. - fermé dim. - menu corse 29 € - env. 40 €.* Une terrasse ombragée d'arbres centenaires et d'un bel oranger bigaradier sous lesquels on dégustera, sur des tables en teck, un menu corse ou des plats à choisir sur ardoise. Patron sympathique et chaleureux.

À proximité

Premier prix

La Ferme de Minora Serragia – *Vallée de l'Ortolo - T40 - RN 196 - Serragia (10,5 km au sud) -* 📞 *06 64 85 51 43 - minora.fr - avr.-oct. midi et soir - plat du jour 19/23 € - 15/25 €.* Des plats simples et copieux utilisant les produits de la ferme. La viande bovine provient de l'exploitation. Le tout à déguster dans un cadre aussi agréable que paisible.

Budget moyen

Bergerie d'Acciola – *Rte de Bonifacio (5 km au sud) - 📞 04 95 77 14 00 - fermé mar., merc. midi et de nov. à avr. - plats 23/32 €.* Sympathique restaurant en bois en contrebas de la route installé près d'une bergerie, avec vue superbe depuis la terrasse panoramique. Plats variés et originaux : aubergines à la bonifacienne, grillades à la *plancha,* galettes à la farine de châtaigne, saucisse de veau bio, etc. Les enfants pourront voir les animaux de la bergerie. Boutique de produits régionaux. Patronne et staff très sympathiques.

Une folie

Domaine de Murtoli – *Vallée de l'Ortolo - env. 25 km au sud de Sartène - 📞 04 95 71 69 24 - www.murtoli.com - fermé janv.-mars - prix variables selon les restaurants - menu du chef étoilé Laurent Renard 250 € - pas d'enf. -15 ans et dress-code - réserv. indispensable.* Le vaste domaine, qui compte aussi un superbe hôtel 5*, offre trois univers :

La Table de la Ferme sublime les produits corses : poissons pêchés face au domaine, safran de la voisine, légumes du potager, herbes du maquis, et carte des vins impressionnante. En plein maquis, au-dessus du golf du domaine,

La Table de la Grotte offre un cadre unique. On dîne d'un menu corse, à la bougie, sur des bancs de bois installés au cœur de la roche, ou sur l'une des superbes petites terrasses à la vue splendide. Et enfin, au bord de la plus jolie plage du domaine de Murtoli, **La Table de la Plage** se mérite. Poissons de pêche locale, langouste grillée, veau, bœuf ou agneau élevés sur le domaine : on se régale.

Shopping

Marché – Tous les matins en saison ; marché alimentaire et produits locaux surtout le sam.

Vin

L'**AOC « Sartène »** comprend des vins rouges charpentés, quelques rosés et des blancs parfumés.

La Cave Sartenaise – *Pl. Porta, contre l'église -* ✆ *06 88 65 50 49 - www.lacavesartenaise.com - mai-oct. : 10h-20h.* Une grande épicerie fine pour calmer des envies de charcuterie, de miel, de liqueurs et de vins locaux, à choisir parmi une belle sélection. Vente en ligne.

Petite pause

Bistrot des Voûtes – *Pl. Porta (au-dessus de la pl. de la Libération, côté Borgo) -* ✆ *09 51 95 29 09 - ouv. avr.-15 oct. 11h-18h30.* Un café-brasserie qui ne paie pas de mine, mais où sont vendues d'inégalables **glaces**, pas chères et créées par Philippe Urraca, meilleur ouvrier de France. Choix assez restreint, mais tous les parfums sont excellents.

Activités

Centre équestre Santu Pultru – *Rte de Tizzano - 20100 Sartène -* ✆ *06 82 33 61 28 - www.randochevalcorse.fr - tte l'année.* Nombreuses formules à partir de 30 €/h (découverte du maquis), jusqu'à 120 € la demi-journée (promenade baignade à la plage de Cala Barbaria), en passant par la visite d'un village abandonné (70 €). Balades en mains pour les -3 ans.

Fior di Lezza – *Vallée de l'Ortolo - 20100 Sartène -* ✆ *06 18 39 23 03 - www.fiordilezza.net - tte l'année sur réserv.* Découverte de la vallée de l'Ortolo à dos d'âne, de poney ou de cheval dans une exploitation d'élévage de brebis (à partir de 35 €/h).

Hébergement

Budget moyen

① **Hôtel des Roches** – A1 - *R. Jean-Jaurès -* ✆ *04 95 77 07 61 - www.les-roches-sartene.com - fermé 1 mois en hiver -* ♿ *-* 🅿 *- 60 ch. 49/122 € -* 🍽 *plats 20/31 €.* Le seul hôtel du centre-ville est pourvu de chambres spacieuses et confortables malgré quelques défauts d'insonorisation. Préférez les plus chères, avec vue imprenable sur la vallée. Restaurant et petit-déjeuner dans la salle panoramique. Parking bien utile et gratuit. Accueil très sympathique, et prix abordables en dehors de l'été.

Hôtel Rossi – HORS PLAN - *Rte de Propriano -* ✆ *04 95 77 01 80 - www.hotelrossi-sartene.com - fermé du 20 oct. à mi-mars -* ♿ 🅿 ⬚ *- 16 ch. 85/135 € -* ⬚ *13,50 €.* Chambres claires et vastes, à la décoration sans fioritures, toutes climatisées et équipées du double vitrage. La propriétaire vous apporte le petit-déjeuner dans le jardin agrémenté d'une piscine, qui offre un beau panorama sur la ville et les aiguilles de Bavella.

Sainte-Lucie-de-Tallano et la vallée du Rizzanèse ★

Santa Lucia di Tallà

Le nom de la commune viendrait du mot « Tallà », signifiant « région pentue » : selon la légende, fasciné par le beauté de cette contrée verdoyante, un chef arabe se serait écrié « At Allah ! », « Don de Dieu » ! Quoi qu'il en soit, Ste-Lucie-de-Tallano domine la vallée du Rizzanèse, où s'éparpillent les hameaux noyés dans la verdure, au milieu des oliviers et autres arbres fruitiers. Ses hautes maisons de granit recouvertes de tuiles orangées, bordent d'étroites ruelles que sillonne un « sentier du patrimoine », axé sur les thèmes de l'eau et des oliveraies : tout un attachant petit patrimoine restauré à découvrir.

▶ Se repérer

430 Tallanais – Corse-du-Sud (2A) CARTE BC1 (P. 306-307). À l'est de Propriano (21 km) et de Sartène (20 km), au cœur de l'**Alta Rocca**. Entre mer et montagne, Ste-Lucie-de-Tallano se trouve sur la route vers Bavella, à 450 m d'altitude.

☺ À ne pas manquer

La Vierge à l'Enfant de l'église paroissiale ; une pause à l'un des cafés de la place de l'Ormeau ; les sites de Cucuruzzu, Capula et San Lorenzu.

⏱ Organiser son temps

Ste-Lucie est une bonne étape d'approvisionnement (épiceries, boucherie, pharmacie et station-service) sur la route de l'Alta Rocca.

👥 En famille

L'écomusée dans un ancien moulin à huile ; les piscines naturelles de Zoza.

ℹ Carnet pratique p. 333

📍 Nos adresses p. 333

Se promener

🐾 Suivez le sentier de découverte (*1h30 ; 1,7 km,* accessible à tous) du « petit patrimoine » (fontaine, lavoir, four et moulin) et des oliviers produisant la variété locale d'huile d'olive « a ghjermana », douce et fruitée (*www.tallano.fr*). Autres randonnées, plus longues et difficiles, disponibles sur *www.alta-rocca-tourisme.com*.

Place du Monument-aux-Morts (ou place de l'Ormeau)

Au cœur du bourg, face à l'église paroissiale, la place ombragée est bordée de bars et de restaurants (*un panneau d'informations signale les curiosités du village*). Disposée en belvédère, elle offre un beau point de vue plongeant : au premier plan, le hameau de Poggio ; un peu plus loin, sur un mamelon couronné d'un bois de chênes verts, émerge le toit de tuiles rouges de l'**église romane** St-Jean-Baptiste ; au fond, la vallée du Rizzanèse et Loreto-di-Tallano.

7

Sous le signe d'un développement associatif durable

Ste-Lucie développe une importante vie associative. Depuis quelques années, les villageois privilégient une politique de projets structurants : eau, assainissement, rénovation des oliveraies, conservation et valorisation du patrimoine culturel et architectural.

Le monument aux morts, harmonieuse allégorie féminine, mérite une attention particulière pour l'échantillon de diorite orbiculaire servant de socle à sa statue. Longtemps exploité dans une carrière des environs, un filon de cette roche rarissime a valu au village une certaine célébrité dans le monde des minéralogistes. La **diorite orbiculaire** est une roche éruptive sombre de couleur gris-vert : la cristallisation particulière de ses composants dessine des figures concentriques. Se prêtant admirablement à la taille, elle fut utilisée comme pierre d'ornementation, notamment dans la chapelle des Médicis à Florence.

Église paroissiale
☎ 04 95 78 80 13 - été : tlj (en principe) ; si fermée, se rens. au bar-tabac Ortoli - ☎ 04 95 78 80 02.
L'intérieur est caractéristique du baroque : nef rectangulaire, avec six chapelles latérales. Au fond de l'église, un **bénitier** de marbre (tenu par une main sculptée) porte les armes des della Rocca (fin 15e s.). Adossé à un pilier de gauche, le bas-relief en marbre blanc a été offert en 1499 par un puissant seigneur de la région, le comte Rinuccio della Rocca, qui y fit graver ses armoiries. Cette gracieuse Vierge portant l'Enfant sur ses genoux évoque l'art florentin du 15e s. Le retable de la **Vierge à l'Enfant entre des saints** (chapelle centrale à droite) est attribué à l'atelier du Maître de Castelsardo (16e s.).
Quant au **retable de la Crucifixion** (16e s.), autre offrande du comte au couvent de St-François, il dénote une influence espagnole dans l'expression des visages, la finesse des traits et les riches draperies, associée au goût flamand pour les détails réalistes. Il s'agit d'une copie de taille réduite.

Maison forte
Situé derrière l'église, l'étonnant bâtiment presque cubique servait de refuge à la population en cas de danger (d'où le nom corse *casatorre*). Huit bretèches avec bouche à feu, plaquées sur les murs austères permettaient de contrôler les abords de l'édifice.

Moulin à huile
Accès par un chemin d'env. 200 m en contrebas d'église. Rte de Poggio - ☎ 04 95 78 80 13 - www.alta-rocca-tourisme.com - &. - avr.-oct. : 10h-12h, 14h-17h - gratuit.
👥 L'ancien moulin a été réhabilité et transformé en écomusée de l'oléiculture.

Couvent St-François
À la sortie du village en direction de Levie, sur la droite. En sais. : lun.-sam. 10h-13h, 14h-17h - fermé j. fériés.
Il faut sans doute attribuer la fondation et la construction de ce couvent, en 1492, à la dévotion du comte Rinuccio della Rocca. Édifiés sur une plate-forme dominant le village de Ste-Lucie, non loin de la route de Levie, la haute et sobre église et ce qui reste du bâtiment conventuel ont encore beaucoup d'allure. On peut imaginer ce que fut le cloître puisque subsiste une partie de galerie avec cinq belles arcades, d'une nudité toute franciscaine.

Le site préhistorique de Cucuruzzu.
F. Guiziou/hemis.fr

À proximité

CARTE DE RÉGION P. 306

★ Chapelle St-Jean-Baptiste B1

▶ *À la sortie nord du hameau, prendre le sentier qui part en biais sur la gauche, après la dernière maison.*

500 m jusqu'au hameau de Poggio-di-Tallano, puis 1h AR à pied. Empruntant une portion du « Mare a Mare sud », l'ancien chemin muletier serpente dans un sous-bois plein de fraîcheur. En plusieurs points, s'offrent des échappées sur Ste-Lucie et la vallée du Rizzanèse. On passe à gué un ruisselet. La chapelle surgit dans son cadre sauvage et touffu de chênes-lièges et d'oliviers. Construite sans doute peu avant 1150, l'édifice présente beaucoup de points communs avec l'église piévane de Carbini (une vingtaine de kilomètres plus à l'est), qui a dû lui servir de modèle.

La chapelle, de dimensions relativement imposantes, est construit dans un bel appareil de dalles dorées. La sobriété des murs est rehaussée d'un décor d'arcatures appuyées sur des modillons, dont certains représentent des masques humains et d'autres des têtes de bovidés. Le fronton occidental est également décoré d'arcatures sous les rampants du toit. À l'intérieur, il faut prendre le temps de s'habituer à la relative pénombre pour apprécier la pureté des volumes et la beauté du chœur semi-circulaire.

Piscines naturelles de Zoza B1

▶ *Se garer au parking à la sortie du village ; prendre à droite (indication « sans issue ») et suivre la piste qui descend à droite.*

En marchant 15mn, vous atteindrez le **ponte Vecchju** qui enjambe le Rizzanese. À droite s'étend un bassin et une cascade ; à gauche, deux piscines naturelles pour une baignade rafraîchissante. D'autres piscines naturelles, moins fréquentées mais aussi moins belles, se trouvent plus loin à gauche du pont, mais il faut escalader des rochers.

7

Mela C1

⊙ *4 km à l'est de Ste-Lucie sur la route de Levie.*

Le minuscule village s'étire tout en longueur sur une arête, dominant un paysage verdoyant de cultures en terrasses et de chênaies. L'habitat présente une belle unité architecturale avec des maisons en granit et le clocher carré de l'église, coiffé d'un lanternon. Une vue plonge sur Mela depuis le premier virage de la D 268 après le couvent de Ste-Lucie.

★★ Sites de Cucuruzzu, Capula et San Lorenzu C1

⊙ *4,3 km sur une route fléchée à partir de la D 268, entre Ste-Lucie-de-Tallano et Levie.*

Maison d'Accueil - ☏ *06 13 35 94 67 - www.isula.corsica - juin-sept. : 9h30-19h; avr.-mai et oct. : 9h30-18h - 4 € (-10 ans gratuit) - brochure fournie ou téléchargeable sur le site Internet - visite guidée (6 €) le jeu. à 16h en été sur réserv. au* ☏ *06 15 96 89 92.*

⋅᠍᠍⋗ *Boucle facile d'env. 3 km – Compter 2h. Prévoir de bonnes chaussures (rochers parfois glissants) et de l'eau.* Situé entre les vallées du Rizzanèse et du Fiumicicoli, dans un paysage de maquis, rompu par des bois de châtaigniers, de pins et de chênes verts, le **Pianu de Levie** *(voir p. 335)* accueille l'un des sites majeurs de la Corse préhistorique. La visite s'effectue à pied, le long d'un agréable sentier bien aménagé et ombragé, d'où se dévoilent d'abord la forteresse préhistorique de Cucuruzzu, puis les ruines médiévales de Capula.

★ Castellu di Cucuruzzu

Le site occupe un éperon de 2 ha. La **vue★** s'étend sur les pentes vallonnées, la forêt de chênes verts, les aiguilles de Bavella et le massif du Coscione.

Le castellu di Cucuruzzu est un complexe monumental, daté de l'âge du bronze (milieu du 2e millénaire av. J.-C.), définitivement abandonné à la fin du 3e s. av. J.-C. Les archéologues y ont distingué plusieurs éléments : une forteresse, dont la technique de construction combine avec adresse les éléments naturels (gros blocs de roche granitique) et les murs édifiés de main d'homme ; un monument supérieur de base circulaire, tourné vers l'est, la *torra*, à deux niveaux, témoignant de connaissances avancées en architecture et évoquant les *nuraghi* sardes. Montez les marches taillées dans la roche. À gauche s'élève un haut mur d'enceinte cyclopéen dans lequel sont aménagés des abris pourvus d'ouvertures destinées à l'éclairage et à l'évacuation des fumées. À droite, des diverticules (cavités) à usage de réserves. Un chemin conduit, du côté opposé, à une plate-forme donnant au nord. De là, on bénéficie d'une vue sur les aiguilles de Bavella. La plate-forme précède un monument circulaire orienté au levant, en blocs cyclopéens prenant appui sur un chaos de blocs de granit. Un couloir en arc aigu, s'ouvrant sur deux niches, mène à une chambre intérieure couverte d'une voûte en encorbellement. *Le sentier balisé descend vers un petit vallon avant d'entamer la montée vers l'éminence de Capula.* Le parcours révèle de spectaculaires **taffoni**.

Capula

Les **ruines médiévales** de Capula, dressées sur une butte circulaire, reposent sur plusieurs niveaux successifs de construction ; le site a en effet été habité dès l'âge du bronze (1800 av. J.-C.), puis à l'âge du fer (700 av. J.-C.), enfin au Bas-Empire, avant de devenir au Moyen Âge un important site défensif occupé par le seigneur Biancolacci jusqu'à son démantèlement, en 1249, par Giudice de la Cinarca.

Au pied du mur d'enceinte encastré dans le roc, une statue-menhir, **Capula I**, témoigne d'une occupation du site dès l'âge du bronze. Sur la gauche, un sentier se faufile entre les volumineux rochers pour aboutir à l'**abri n° 1**, aménagé sous une immense dalle granitique horizontale.

Revenir vers le centre de la butte et monter vers la plate-forme supérieure, jadis occupée par la demeure des comtes de Bianco. Un raidillon conduit au point le plus élevé, où apparaît la base d'un donjon ou d'une citerne. De cet endroit, on bénéficie d'une **vue★** magnifique sur le plateau très sauvage dominant la vallée boisée du Rizzanèse, jusqu'aux aiguilles de Bavella que l'on distingue au loin.

En se dirigeant vers la sortie, on longe les ruines de l'ancienne chapelle romane castrale dont les bases datent du 12e-13e s., puis la chapelle St-Laurent, bâtie au début du 20e s. avec les pierres de la précédente chapelle. Elle doit sa patine ancienne au réemploi de matériaux médiévaux. Chaque année, le 9 août, un pèlerinage vient demander la protection de saint Laurent.

Le chemin de retour vers le parking permet d'admirer un beau dallage médiéval dénommé **« chiappi di San Larenzu »**.

ℹ Carnet pratique

S'informer

Point information de l'Alta Rocca – *Voir p. 341.*

Agenda

A festa di l'oliu novu – *Un w.-end fin mars-déb. avr.* Le village organise chaque année une grande foire régionale de l'huile d'olive. Dizaines d'artisans et animations.

📍 Nos adresses

Restauration

Ste-Lucie-de-Tallano

Premier prix

Santa Lucia – *Palazzo -* 📞 *04 95 78 81 28 - tlj, fermé janv.-fév. - plats 15/24,60 €.* Un petit restaurant comme on les aime, sur la place principale du village avec sa fontaine chantante et rafraîchissante. Très bons produits et cuisine à l'avenant (34 ans de métier !). C'est aussi le café du coin *(ouv. tte l'année)*, avec véranda et terrasse ombragée.

Shopping

Jacques Léandri – *Placette de l'Église - 20112 Ste-Lucie de Tallano -* 📞 *06 31 88 73 74 - juin-sept. : sur RV obligatoirement et ouv. à la demande.* Dans une échoppe d'un autre temps,

Jacques Léandri vous fera découvrir les huiles d'olive (à différents stades de mûrissement) qu'il élabore suivant des méthodes totalement artisanales. Ses spécialités : huile douce fabriquée avec des olives noires (donc mûres !), des huiles de noix, noisette, argan, tournesol et amande. Propose aussi de la rare farine de noisette.

Hébergement

Ste-Lucie-de-Tallano

Premier prix

Gîte d'étape U Fragnonu – *À 300 m de la place du village -* 📞 *04 95 78 82 56 - gite-tallano.fr - avr.-oct. - 28 lits - 35 € la nuit ⌑ - 1/2 P 50 €.* L'imposante bâtisse, jadis moulin comme le rappelle son nom (« le gros moulin » en corse) a été successivement reconvertie en scierie, puis en gîte. Tenue impeccable des lieux.

7

L'Alta Rocca ★

Poumon vert du sud de l'île, l'Alta Rocca (« haute roche ») dévoile des paysages aux versants boisés, des plateaux abandonnés à la lande et de beaux villages aux massives maisons de granit. La partie orientale et montagneuse de l'ancienne seigneurie de la Rocca est un paradis pour les amateurs d'archéologie avec de précieux témoignages d'habitat préhistorique, pour les randonneurs avec de nombreux sentiers balisés, mais aussi pour les férus de sports de pleine nature.

▶ Se repérer

Corse-du-Sud (2A)

CARTE BC1 (P. 306-307), CARTE ALTA ROCCA P. 337. Fermée au nord par les massifs de l'Incudine et de Bavella, l'Alta Rocca, région d'élevage extensif, s'ordonne autour de la **vallée du Rizzanèse**. Ses principales localités sont accessibles par la D 268, à droite de la T 40, 2 km au nord de Sartène.

☺ À ne pas manquer

Ste-Lucie-de-Tallano ; les sites de Cucuruzzu, Capula et Lorenzu ; le musée de l'Alta Rocca à Levie ; les randonnées autour de Zonza et Quenza.

⏱ Organiser son temps

Prévoir au moins deux jours pour explorer la région. Côté approvisionnement : commerces et station-service à Ste-Lucie-de-Tallano ; supérette et distributeur de billets à San-Gavino-di-Carbini ; presse et station-service à Levie ; commerces à Zonza et Aullène.

◆ En famille

Le musée de l'Alta Rocca à Levie et le chaos de Paccionitoli.

ℹ Carnet pratique p. 341

📍 Nos adresses p. 341

De Propriano à Zonza

CARTE DE L'ALTA ROCCA

▶ *Circuit de 39 km au départ de Propriano tracé en rouge sur la carte p. 337 – Compter une journée avec les visites. Quitter Propriano par la route de Sartène (T 40) ; après le pont sur le Rizzanèse, prendre à gauche la D 268 vers Aullène.*
À 4 km sur la gauche, un peu en contrebas de la route, un **pont génois** enjambe le Rizzanèse, dont les eaux claires courent sur les galets.

★ Spin'a Cavallu (ou Cavaddu)

Stationner juste à proximité du lycée professionnel. L'accès au pont est matérialisé par une stèle moderne.
Peut-être construit dès l'époque pisane, c'est sans doute le plus fameux des ponts génois. Il constituait le trait d'union entre les **pièves** *(voir encadré p. 450)* du Vighjanu et de Sartène.
Poursuivre la D 268 en direction de Ste-Lucie-de-Tallano, puis emprunter à droite la D 148. Après avoir franchi le Fiumicicoli, continuer à gauche jusqu'au bar, propriétaire des Bains (accès fléché).

Source thermale de Caldane

☎ *04 95 73 50 26 - www.hotelresidence-caldane.com - 9h-20h (jusqu'à 23h30 en juil.-août)- - 7 € (2-8 ans 3 €) - 10 € en nocturne - baignade limitée à 20mn/ adulte et 10mn/enf. en raison de la composition des eaux - restauration possible.*

Rocher Sentinelle, sur le plateau de l'Alta Rocca.
VFKA/Getty Images Plus

Près du torrent, dans un environnement champêtre, trois petits bassins thermaux en plein air sont alimentés par une source sulfureuse chaude. On plonge par plaisir, ou pour profiter des bienfaits de cette eau réputée avoir des vertus thérapeutiques sur les rhumatismes, les affections ORL et cutanées. Sur place un bar-restaurant, un hôtel, une salle de fitness et un parcours de santé.
Revenir sur ses pas et reprendre la D 268.
On traverse un paysage de montagne et de maquis exhalant de forts parfums, suaves et poivrés, caractéristiques du ciste. Ste-Lucie-de-Tallano, première localité d'importance de l'Alta Rocca, apparaît bientôt, accrochée au flanc de la montagne.

★ Sainte-Lucie-de-Tallano (Santa Lucia di Tallà) *(voir p. 329)*

Continuer la D 268 vers Levie. À 5 km, tourner à gauche en direction des sites archéologiques du Pianu de Levie (Cucuruzzu).
Le **Pianu de Levie** (*pianu* en corse signifie « plaine » ou « plateau ») se situe à une altitude moyenne de 700 m au cœur de l'Alta Rocca. Son paysage de maquis, égayé de châtaigniers et de bosquets de chênes verts, est cloisonné de murs de pierres sèches, traces muettes d'une exploitation parcellaire fort ancienne. Le Pianu de Levie abrite un des **sites préhistoriques** les plus intéressants de Corse, le *castellu* (forteresse) de Cucuruzzu, et les **ruines médiévales** de Capula, dont la visite doit être associée à celle du musée de Levie.

★★ Sites de Cucuruzzu, Capula et Lorenzu *(voir p. 332)*

Reprendre la D 268 jusqu'à Levie.

Levie (Livia)

Capitale de l'Alta Rocca, le bourg est situé sur un plateau granitique de 800 à 900 m d'altitude. Il est limité par les vallées du Rizzanèse et du Fiumicicoli, d'où émergent plusieurs chaos rocheux qui recèlent d'importants vestiges d'habitants néolithiques et de l'âge du bronze.

🐾 *1h. Balisage orange.* À partir du village de Levie, il est possible de rejoindre à pied les sites de Cucuruzzu et Capula. Le départ du sentier se trouve en face de la fontaine, de l'autre côté de la route. Le dernier kilomètre emprunte la route. Vue panoramique sur Levie.

Dans le village, prendre sur la droite la D 59 en direction de Carbini.

★ **Musée de l'Alta Rocca** – *Quartier Prato -* 📞 *04 95 78 00 73 - juin-sept. : 10h-18h ; oct.mai : mar.-sam. sf j. fériés 10h-17h - 4 € (étud. 3 € ; -10 ans gratuit) - parcours pour malentendants et non-voyants - parcours-jeu audioguidé pour les enf.*

👥 Installé dans un bâtiment moderne en contrebas du village, le musée est un bon complément à la découverte des sites du Pianu de Levie (Cucuruzzu). Les collections proviennent notamment des fouilles effectuées à Capula, Cucuruzzu, Caleca et Curacchiaghju. Elles présentent des objets variés relatifs aux modes de vie et aux techniques, du Prénéolithique jusqu'au Moyen Âge. Remarquez en particulier la **Dame de Bonifacio** – le plus ancien **vestige humain mésolithique** mis au jour en Corse (6570 av. J.-C.) –, ainsi que le squelette de *Prolagus*, mammifère rongeur (aujourd'hui disparu), tenant à la fois du lapin et du rat, dont les habitants des lieux étaient friands.

L'**âge du bronze** et l'**âge du fer** (1800 à 250 av. J.-C.) sont les deux périodes représentés par les objets les plus intéressants : céramiques, bijoux en bronze, parures en pâte de verre, squelette bien conservé de la **Dame de Capula**, découvert sur le site du même nom.

L'espace consacré à l'art sacré abrite un **Christ en ivoire★**, réalisé vers 1516 par un élève de Donatello. On notera le souci de réalisme, tant dans la justesse des proportions, que dans l'expression de la douleur. Ce crucifix serait un don de Sixte Quint (pape de 1585 à 1590), dont la famille était originaire de Levie.

Reprendre la D 59 en direction de Carbini.

La route passe devant l'église à la jolie silhouette baroque. Elle serpente ensuite à flanc de montagne et traverse une région boisée à perte de vue. La forêt tapisse croupes, thalwegs, crêtes, mamelons, depuis les rives encaissées du Fiumicicoli et presque jusqu'aux sommets des monts. Quelques crêtes rocheuses émergent.

Carbini

Le village, situé dans les hautes collines granitiques du Sartenais, se voit à des kilomètres à la ronde. L'**église San Giovanni Battista★**, datant probablement de la fin du 11ᵉ s., illustre les débuts de l'art roman pisan en Corse. Elle se distingue par son appareillage en moellons de granit, par son décor d'arcatures et de modillons en corniche et sur les frontons. Elle faisait partie d'un ensemble qui comprenait aussi un campanile, un baptistère et l'église San Quilico, dont on a retrouvé les fondations lors de fouilles. Mérimée demanda la restauration du **campanile★**, qu'il tenait pour le plus ancien de Corse.

👣 Du parking, « le **sentier des Giovannalli** » *(2 km, 1h ; à télécharger sur www. alta-rocca-tourisme.com)* fait découvrir l'histoire du village et offre un panorama à 360° sur les massifs de l'Alta Rocca *(au calvaire, table d'orientation).*

Revenir à Levie. Prendre la D 268 en direction de Zonza.

À la sortie de Levie, on traverse d'abord une forêt de pins, puis une rouvraie magnifique.

Dans San-Gavino-di-Carbini, prendre à droite la D 67 vers Paccionitoli.

Chaos de Paccionitoli

👥 La D 67 relie en 7 km San-Gavino-di-Carbini et Paccionitoli au col de Pelza, en forêt de Zonza. Le plus souvent enserrée dans des murs de pierres sèches, elle traverse une zone de chaos granitiques à moitié enfouis dans une végétation dense ; leurs formes sont étonnantes, évoquant ici des animaux, là des humains.

La région de Paccionitoli est riche en vestiges préhistoriques. Remarquez, à hauteur d'une petite bergerie (1,8 km après San Gavino), un **dolmen** à 30 m sur la gauche, demeuré intact au milieu de traces d'aménagements plus complexes *(propriété privée)* ; 300 m plus loin, toujours à gauche, une pierre se dresse dans un champ.

Au col *(bocca)* de Pelza (alt. 874 m), on rejoint la D 368 qui traverse la **forêt de Zonza**, offrant des coups d'œil sur les aiguilles de Bavella et le massif de l'Incudine.

Zonza

Haut lieu touristique de l'Alta Rocca à l'intersection de quatre routes (celles de Bavella au nord, Quenza et Aullène à l'ouest, Levie au sud et, vers l'est, la D 368 qui rejoint l'Ospédale et Porto-Vecchio), Zonza attire de nombreux visiteurs. En haute saison, il est fortement conseillé de réserver.

À la croisée des plus belles routes de montagne du sud de l'île, Zonza, bâti en terrasses au-dessus de la vallée de l'Asinao, s'ouvre sur un panorama de châtaigniers, de pins et de chênes verts, dominé par le massif de l'Incudine.

La **place centrale** offre une **vue**★ sur l'Alta Rocca. Durant l'été, les visiteurs et les Corses revenus au pays entretiennent dans le village une joyeuse animation. En septembre, au moment de la fête locale, pétards, feux d'artifice, concours de pétanque et tournois de cartes se succèdent.

Aux environs de Zonza, on peut pêcher la truite ou se baigner. Un réseau dense de sentiers balisés (à pied, à cheval ou à VTT) rayonne autour du village. Renseignez-vous notamment sur la **boucle n°3 Zonza-Quenza** *(14,7 km, env. 4h30, visite des sites incluse - www.alta-rocca-tourisme.com)* ; prendre la D 268 vers le nord, puis bifurquer à gauche en direction de Quenza *(variante du sentier Mare a Mare sud)* ; à Quenza, prendre la piste vers la chapelle Ste-Marie jusqu'au sentier Mare a Mare sud à gauche ; continuer jusqu'à un croisement, où l'on prendra à gauche pour revenir à Zonza.

Cette randonnée assez fréquentée et sans difficulté évolue au fil de l'eau, avant de traverser une forêt de chênes ; on visitera en chemin les sites de Cucuruzzu et de Capula *(p. 332)*.

7

Quenza et ses environs

CARTE DE RÉGION C1 P. 307

▶ *7,5 km à l'ouest de Zonza par la D 420.*

Dominée par les aiguilles de Bavella, établie sur un plateau du nord de l'Alta Rocca, couvert de châtaigniers et de chênes verts, **Quenza** est l'une des principales bases d'alpinisme de Corse-du-Sud. En amont du village, le plateau du Coscione, perché à 1500 m d'altitude, est sillonné par les vieux chemins de transhumance.Cette sorte de bout du monde entre ciel et terre attire l'été les randonneurs, et l'hiver les amateurs de ski de fond. De nombreux sentiers de pays, balisés en orange par le parc naturel régional de Corse, sillonnent la vallée.

Église St-Georges – ☎ 04 95 78 62 11 - *ouv. tte la journée.* Elle abrite une étonnante **chaire★** en bois sombre sculpté, soutenue par des dragons et un masque maure (endommagé). À gauche, dans la chapelle Ste-Bernadette, deux panneaux peints sur bois, du 16e s., représentent des saints et des évêques.

Château – Menaçant ruine, la bâtisse de style « médiévalo-toscan », construite en 1935 à l'entrée du village, a été retenue par le Loto du Patrimoine en 2022. Son accès est formellement interdit, mais sa tour carrée et sa plus belle façade s'admirent depuis la route.

Chapelle Santa Maria Assunta

👣 *10mn à partir de l'église St-Georges (sur la route de Serra-di-Scopamène).* La chapelle du 11e s. se dresse, isolée, à proximité de la route. À l'extérieur, l'abside conserve sa couverture de *teghje* traditionnelles de granit. Des **fresques★** de la fin du 15e s recouvrent l'abside.

Sentier de Quenza à Serra-di-Scopamène C1

👣 *Dép. face à l'église de Quenza - 5h - gîte possible à Serra.* On franchit de nombreux cols et l'on découvre au passage des bergeries à Ghjallicu et Lavu-Donacu.

Serra-di-Scopamène (Sarra-di-Scopamena) C1

▶ *7,5 km au sud, par la D 420 en direction d'Aullène.* Les maisons en granit, étagées à flanc de coteau, présentent une certaineunité. À l'entrée sud du village, le **moulin à aube** en bord de rivière appelle au pique-nique.

★ Plateau du Coscione (Piano di Coscionu) C1

▶ *À 12 km au nord de Quenza par une route étroite en mauvais état (attention aux voitures à garde-sol bas ; dernier km jusqu'au parking déconseillé sauf avec 4x4), qui part en face de l'église de Quenza (direction Bucchinera et centre de ski de fond).* Le plateau offre de multiples randonnées *(carte ou topoguide recommandé).*

👣 Sur ce vaste plateau de 7 000 ha, où prennent source deux des principaux fleuves corses, le Taravo et le Rizzanèse, règneun climat méditerranéen de haute montagne, particulièrement rigoureux en hiver (enneigements jusqu'à fin avril). Avec une altitude moyenne de 1500 m, le plateau vallonné constitue le plus grand ensemble de hautes plaines de la Corse. Après avoir longtemps été une importante zone de transhumance des troupeaux du sud de l'île, il est plébiscité par les randonneurs et les promeneurs (à pied, à cheval ou en VTT), qui effectuent l'un des cinq parcours proposés *(de 1h45 à 3h30 + randonnée à la punta di l'Alcudina de 6h) ; panneau à l'entrée du site, près du parking)*, au sein d'une nature merveilleuse, peuplée de toutes sortes d'animaux, couverte de prairies et sillonnée de ruisseaux alimentant des pozzines. *Partie nord du plateau décrite avec l'Incudine dans les environs de Zicavo (voir p. 302).*

Plateau de Coscione.
G. Lansard/hemis.fr

Aullène et ses environs   CARTE DE RÉGION C1 P. 307

13 km à l'ouest de Quenza par la D 420.
Sur une haute croupe granitique au nord de lAlta Rocca se trouve le paisible village d'Aullène. La localité incite à prendre son temps, notamment pour profiter de la région boisée de pins et de châtaigniers située entre les vallées du Rizzanèse et du Taravo : un décor de montagnes, sauvage, parsemé de chaos rocheux, typique du sud de la Corse centrale.

Aullène (Auddè)

Le gros bourg montagnard présente une architecture traditionnelle de granit gris, avec maisons à arcades et ses quelques passages voûtés. *Auddè* signifie « carrefour ». En effet, Aullène se trouvait sur la première route stratégique reliant Corte à Bonifacio.

Église paroissiale – *ouv. tte la journée*. Elle renferme des boiseries rustiques dans le chœur. Comme à Quenza, la console en bois clair de la **chaire** du 17ᵉ s. est formée de monstres marins prenant appui sur une tête de Maure, évocation probable des raids barbaresques qui ravagèrent les côtes de Corse jusqu'au 18ᵉ s.

★ Route du col de Saint-Eustache   B1

Circuit de 20 km au départ d'Aullène tracé en bleu-gris sur la carte p. 306. Quitter Aullène par la D 420 et suivre cette route jusqu'à Petreto-Bicchisano.
La route déroule ses lacets au-dessus de la vallée encaissée du Coscione. Elle ménage des panoramas sur le paysage rocheux.
Entre le col de Tana et le col de St-Eustache (alt. 995 m), la route court à flanc de montagne. Elle traverse un massif de porphyre, boisé de pins et entaillé par de nombreux affluents du Baracci et du Rizzanèse. Des **chaos★** aux silhouettes parfois étranges surgissent de la végétation.
Après le col de St-Eustache, la route, jalonnée d'énormes blocs rocheux, descend vers la vallée du Taravo. Alors que le versant sud est couvert de pins, le versant

7

nord est surtout boisé de chênes verts auxquels se mêlent des châtaigniers, des asphodèles et des fougères.

Petreto-Bicchisano (Pitretu Bicchisgia)

Situé à un important carrefour, ce bourg se compose de deux villages : Petreto, en haut, sur la D 420, et Bicchisano, en bas, sur la T 40.

Petreto

L'**église paroissiale** abrite un Christ en bois. Le maître-autel, le tabernacle et l'autel de saint Antoine, tous en marbre polychrome du 17e s., proviennent du couvent de Bicchisano, de même que les **statues** en bois peint représentant la Vierge à l'Enfant, saint François d'Assise, sainte Claire et l'Immaculée Conception. Derrière l'église, la terrasse offre une **vue** sur Bicchisano, la vallée du Taravo et les montagnes.

Bicchisano

À l'entrée de Bicchisano, en venant de Propriano, **vue**★ étendue sur la vallée verdoyante du Taravo. Deux **maisons fortes** témoignent de l'importance passée du bourg. Celle du bas présente encore, aux quatre angles, les corbeaux qui soutenaient les échauguettes, ultime survivance d'un système défensif du 16e s. Tout près, un **campanile** isolé dresse son élégante silhouette, dernier vestige de l'église « piévane » St-Jean-Baptiste. L'autre maison forte, flanquée d'une bretèche, domine Bicchisano.

Dans l'**église**, admirez le Christ en bois du 16e s. et la chaire sculptée, provenant du couvent St-François. Ce dernier *(propriété privée)* dresse encore son vieux bâtiment dans un cadre bucolique à l'écart du village.

Vallée du Taravo (Taravu)

Le Taravo, né sur les pentes du monte Grosso, au-dessus du col de Verde, se jette dans le golfe de Valinco, près de Porto-Pollo, après avoir formé une plaine alluviale autrefois insalubre. Pour échapper à ses fortes chaleurs estivales et à ses miasmes, les habitants transhumaient de mai à octobre sur le plateau du Coscione *(voir p. 338)*. Ils édifièrent leurs villages sur des collines au-dessus des eaux stagnantes. Les terres de la basse vallée nourrissent des champs de blé et des plantations d'oliviers et de chênes-lièges. La vigne apparaît au-dessous de Sollacaro dans la moyenne vallée où l'on pratique l'élevage des bovins et des brebis.

Vallée du Coscione B1

◗ *Circuit de 32 km au départ d'Aullène tracé en marron sur la carte p. 306. Quitter Aullène par la D 69 vers Sartène.*

La route en corniche descend la vallée très encaissée, venteuse et peu peuplée du Coscione, affluent du Rizzanèse. Elle traverse les villages de **Cargiaca** et de **Loreto-di-Tallano** bâtis sur de riantes collines. L'autre versant de la vallée, moins raide, au climat plus doux, porte un essaim de villages, groupés autour du gros bourg de **Ste-Lucie-de-Tallano** *(voir p. 329)*.

Résistants

Le général **Paulin Colonna d'Istria**, grand résistant, est un enfant du pays. La stèle de granit gris érigée à sa mémoire à l'entrée de Petreto (sur la gauche) rappelle aussi le rôle éminent joué par la commune dans la libération de la Corse en 1943.

ⓘ Carnet pratique

S'informer

www.alta-rocca-tourisme.com : informations complètes, activités sportives et culturelles, applis pour smartphones, et brochures en téléchargement, notamment à l'intention des randonneurs (« Découverte U Coscionu » et les 8 boucles du dépliant « Nos sentiers de randonnées », entre autres).

Point info de Levie – *R. Sorba - 20170 Levie -* ☎ *04 95 78 49 87.*

Bureaud'information touristique de l'Alta Rocca – *Ouv. en saison dans les villages de Zonza (* ☎ *04 95 78 56 33), Ste-Lucie-de-Tallano (* ☎ *04 95 10 24 58), Aullène et Quenza (tél au point info de Levie), ainsi qu'au col de Bavella - www.alta-rocca-tourisme.com.*

📍 Nos adresses

Restauration

Levie et ses environs

Premier prix

A Funtanedda – *La Marangone (sortie nord du village par la D 268) -* ☎ *06 20 81 45 94 - d'avr. à fin sept. - menu 27 € - plats 15/26 €, pizzas 11/19 €.* Un beau choix, entre les pizzas, les viandes grillées et les plats traditonnels très réussis et préparés sous les yeux des clients. L'atout qui achève d'emporter les suffrages, c'est la terrasse, très agréable. Service rapide et attentionné.

Une folie

Ferme-Auberge A Pignata – *6 km de Levie - Rte du Pianu - sur D 268, prendre la rte du site de Cucuruzzu, Capula et Lorenzu et la rte des promenades à cheval -* ☎ *04 95 78 41 90 - www.apignata.com -* 🅿 *- fermé janv.-avr. - réserv. obligatoire -* 🍴 *menu 65 € - 17 ch. 290/350 € (2 pers. en 1/2 P) – 2 cabanes suspendues 430/650 € (2 pers. en 1/2 P).* Cette ferme-auberge en pleine nature, à 850 m d'altitude, vous séduira par son authenticité et son calme. Délicieuse cuisine (recettes familiales et produits de saison) : soupe corse, agneau au four, daube farcie, soufflé au *brocciu* et à la menthe, etc.

Zonza

Budget moyen

L'Auberge du Sanglier – *Au village -* ☎ *04 95 78 67 18 - tlj, fermé de mi-nov. à mars - plats 20/33 €.* Difficile d'ignorer cette auberge et sa terrasse sous pergola, qui domine l'intersection de deux rues et offre une vue sur la campagne. Vous y dégusterez d'excellentes spécialités corses : gigot d'agneau aux herbes du maquis, magret de canard aux figues, filet de bœuf à la tomme revisité, et gibier en saison. Service rapide et efficace.

Quenza

Premier prix

Café du Centre – *R. principale (D 420) -* ☎ *06 50 83 38 52 - fermé dim. - plats 16 €.* Petit restaurant familial sans prétention. Bons plats servis généreusement par de sympathiques propriétaires, disponibles et aimant discuter. Plus bas dans la rue principale, en allant vers l'église, le **P & P & Co** *(plats env. 15/20 €)*, sympathique restaurant où se mélangent locaux, randonneurs et motards, étend quelques tables sur le trottoir, proposant une généreuse cuisine corse.

7

Petite pause

Aullène

I Sabidini – *Andriaccia (Casa Rosalinda)* - ☏ *04 95 23 11 56 ou 06 89 06 10 84* - *9h-22h (dim. 18h, lun. 17h)*. Une biscuiterie faisant salon de thé pour déguster *ciacci* (chaussons au *brocciu*), *canistrelli* ou biscuits aux saveur variées (anis, châtaigne et fleur d'oranger). Propose aussi de nombreuses spécialités salées – feuilletés et autres tartes.

Shopping

Levie

A Meda – *R. Sorba* - ☏ *06 40 84 76 94* - *9h30-12h30, 15h-19h, fermé dim. soir et jeu. soir*. Le meilleur de la gastronomie corse : charcuteries du haut Tavaro, fromages fermiers au lait cru, terrines, douceurs, vins et liqueurs, etc.

Zonza

☺ Pour préparer un pique-nique, outre l'adresse ci-dessous, vous trouverez une boulangerie au-delà de l'église et une supérette dans le village.

A Muvra – *Près de l'église* - ☏ *04 95 78 63 57* - *mai-oct. 8h30-19h30 ; reste de l'année : le matin seult., fermé dim.* Large choix de produits du terroir : fruits et légumes de saison, charcuterie artisanale, produits fermiers, fromages, vins et spiritueux, huile d'olive, miel...

Activités

Aqa-Canyon – *20170 Levie* - ☏ *06 20 61 76 81* - www.aqa-canyon. com - *avr.-oct.* - 🖃 - *50 € (canyon du Baracci, accessible aux -8 ans)*. Paul Santacroce, diplômé d'État en canyonisme, vous fait partager les frissons d'une journée de canyoning grâce à ses sorties d'initiation ou de perfectionnement. Stages également.

Bike Park – *Rte de Levie - Zonza* - ☏ *06 11 01 63 16* - www.bikepark-bavella.com - *tlj en saison* - *15 € (pass), 28 € remontée incluse (-12 ans 25 €)* - *réserv. vivement conseillée*. Superbe parc de pistes pour tous niveaux et différents styles (enduro, descente, cross country, etc.), avec minibike parc pour les enfants *(à partir de 25 €)*. Location de VTT classiques ou électriques *(à partir de 25 €)*.

Corsica Madness – *Zonza* - ☏ *04 95 78 61 76* - www.corsicamadness.com - *fermé oct.-avr.* - canyons de la Purcaraccia, du Pulischellu et de la Vacca *55/80 € (10 % de réduc pour familles et groupes à partir de 5 pers.)*- 🖃. Une adresse incontournable pour les activités dans la région, en particulier pour la descente de trois canyons creusant les majestueuses aiguilles de Bavella, encadrée par des moniteurs diplômés. Propose aussi un choix de randonnées.

Randonnées J.-P. Quilici - Canyoning Escalade – *20145 Sari-Solenzara* – ☏ *06 43 45 90 83* - *55/80 € (canyoning)*. Le premier guide de haute montagne, diplômé d'État et figure de l'alpinisme insulaire, propose escalade, randonnée ou canyoning dans des sites superbes.

Hébergement

Serra-di-Scopamena

Premier prix

Gîte d'étape Le Scopos – ☏ *06 84 91 20 65* - www.gite-corse-scopos.com - *26 lits* - *30 €/pers.* - 🖃 *7 € - panier repas 9 € - 1/2 P 48 € (-8 ans 40 €)* - *réserv. impérative*. Perché à 800 m d'altitude, ce gîte simple ouvre ses portes aux randonneurs à partir de 16h30. Vous apprécierez la vue sur la montagne, le bain de soleil sur la terrasse et la tranquillité des cinq chambres (4 à 6 lits), d'une tenue exemplaire. Grande salle à manger en bois.

Zonza

Pour se faire plaisir

Hôtel du Tourisme – *Rte de Quenza - 𝄞 04 95 78 67 72 - www.hoteldutourisme.fr - fermé nov.-mars -* 🅿 🛏 ♿ *- 20 ch. 111/181 € - ⊑ 16 € - cabane 300/500 €.* Cet hôtel, de la fin du 19e s. est une halte sympathique, à proximité des aiguilles de Bavella. Chambres confortables au mobilier design et aux teintes colorées. Piscine panoramique. Chambres moins chères à l'annexe, **A Fontana**, de l'autre côté de la rue, tout en profitant des prestations de l'hôtel, en particulier de la piscine.

Quenza

Budget moyen

Montain Lodge Corse Odyssée – *Quartier Pentaniella Ramaca - 𝄞 06 86 89 22 03 - www.gite-corse-odyssee.com - tte l'année sur réserv. - 5 ch. 97 € ⊑ - ✕ 25 € (repas assiette + dessert pour les non résidents); panier repas 12 €.* Grande bâtisse rénovée immergée dans le maquis. Salon chaleureux et grande salle à manger. À l'étage, chambres d'ampleur variée (deux familiales) soigneusement aménagées. Côté cuisine, tout est fait maison, y compris les confitures et biscuits du petit-déjeuner. Accueil charmant.

Hôtel Sole e Monti – *𝄞 04 95 78 62 53 - www.solemonti.com - fermé d'oct. à déb. mai -* 🅿 *- 20 ch. 96/138 € - ⊑ buffet 15 € - ✕ 25 €/35 € (seult le soir).* Cette auberge familiale mérite votre attention. Elle abrite en effet des chambres simples mais bien tenues, dont le petit balcon ouvre sur le jardin coquet. Le chef et patron vous mitonnera une cuisine du terroir, avec des produits de saison, dont l'origine est indiquée. Belle carte de vins de la région.

Aullène

Premier prix c

Hôtel de la Poste – *Andriaccia - 𝄞 04 95 78 61 21 -* 🅿 *- fermé oct.-avr. - 15 ch. 80/100 € - ⊑ 11 € - ✕ menu 29,50 € - 25 €.* Accueil chaleureux dans cet hôtel familial de montagne. Les chambres, dont toutes les salles de bains ont été refaites, ne manquent pas de charme. Terrasse ombragée et fleurie. Cuisine corse copieuse à prix modérés. Jambon cru produit par la famille à ne pas manquer !

U San Larenzu – *Lieu-dit Pasta di Grano - 𝄞 06 60 11 11 99 ou 07 60 06 24 83 - www.usanlarenzu. com - de mi-mars à mi oct. - 4 ch. 90 € ⊑.* Au sein d'une exploitation porcine, des chambres chaleureuses et agréables; celles de l'étage disposent d'une terrasse commune avec transats, tables et chaises pour profiter de la vue sur la campagne. Composé de confitures maison, de gâteaux à la farine de châtaigne et de *canistrelli*, le petit-déjeuner est servi dans la salle principale ou sur la terrasse. Les amateurs de saveurs corses authentiques ne manqueront pas de profiter de l'ambiance familiale et intime du restaurant, situé à deux pas des chambres d'hôte : assiettes généreuses, bons petits plats, et charcuterie provenant bien sûr de l'exploitation. Boutique.

Une folie

Villa Cardellini – *Dans le haut du village - 𝄞 04 95 21 33 80 ou 06 77 74 14 86 -* 🅿 *- 4 ch. 165/185 € - ⊑.* Des chambres d'hôtes très claires, très calmes et confortables dans cette maison située légèrement dans les hauteurs. Petit-déjeuner pantagruélique à base de produits locaux, à déguster en admirant une vue panoramique d'anthologie sur les montagnes. Accueil chaleureux et conseils avisés du sympathique propriétaire.

7

Les aiguilles et la forêt de Bavella

★★★

Bavedda

Murailles rocheuses dressées vers le ciel, les aiguilles de Bavella composent un somptueux décor, domaine de prédilection des randonneurs, des alpinistes, et des simples amateurs de paysages hors du commun, très nombreux dès le début de la saison. Courbés par le vent, les pins s'accrochent aux versants abrupts, couverts seulement de quelques touffes d'herbe. Du col de Bavella, on contemple ces pics aux formes déchiquetées où souvent quelques nuages s'attardent. Leur couleur change au fil des heures et des saisons : à la fin du printemps, les lieux se parent du mauve rosé des fleurs de thym odorantes.

▶ Se repérer

Corse-du-Sud (2A)

CARTE C1 (P. 307). 9 km au nord-est de Zonza, le col de Bavella est traversé par la D 268 qui rejoint la partie ouest (région de Sartène) à la côte est de l'île (Solenzara). Le GR 20 relie l'Incudine et le col de Finosa et la Punta Tafonata di i Paliri. C'est l'une des plus belles étapes du sentier. Une variante du GR permet de pénétrer au cœur du massif de Bavella.

☺ À ne pas manquer

Le panorama depuis le col de Bavella ; une promenade jusqu'au trou de la Bombe.

◷ Organiser son temps

L'itinéraire est très fréquenté les dimanches d'été. Privilégiez la semaine et la fin de la journée.

⚎ En famille

Une sortie canyoning.

ℹ Carnet pratique p. 347

◉ Nos adresses p. 347

De Zonza à Solenzara

CARTE DE RÉGION C1

▶ *Circuit de 30 km au départ de Zonza tracé en orange sur la carte p. 307.*

Zonza *(voir p. 337)*
Prendre la D 268 vers le col de Bavella.
À droite de la route, après le village, inattendu à 950 m d'altitude, se trouve l'à peine moins improbable hippodrome de Viseo, le champ de courses le plus haut d'Europe.

★★★ Col et aiguilles de Bavella

Pour apprécier au mieux le panorama depuis le col de Bavella, grimpez quelques dizaines de mètres au-dessus du parking ou dépassez la statue…
Alt. 1218 m. Le col qui échancre la grande arête faîtière de l'île est marqué par une croix et par la **statue de N.-D.-des-Neiges**, au socle couvert d'ex-voto. Le site et le panorama sur le massif de Bavella sont splendides.

Le col de Bavella.
G. Lansard/hemis.fr

De la forêt de Bavella émergent, à l'ouest du col, les **aiguilles de Bavella★★★**, ou « fourches » appelées aussi « cornes d'Asinao », curieusement découpées et derrière lesquelles on peut apercevoir le massif de l'Incudine. À l'est se profilent la grande paroi de la Calanca Murata et l'arête rouge en dents de scie de la Punta Tafonata di i Paliri, avec la mer Tyrrhénienne dans le lointain.

Bavella
Peu après le col s'étagent, au milieu de pins laricio, d'anciennes bergeries en pierre ou en bois. Un peu au-dessus, près d'une source, s'est établie l'**Auberge du Col**, prise d'assaut le week-end. Chaque contour de la route ménage une vue différente sur les immenses parois rocheuses.

★★ Forêt de Bavella
Elle s'étage entre 500 et 1 300 m d'altitude et s'étend sur 930 ha. Plantée de vertigineux **pins laricio**, elle a été plusieurs fois dévastée par les incendies, notamment en février 2020 (plus de 4 000 ha détruits), et demeure sous haute surveillance. **Réserve nationale**, d'importants travaux de reboisement y sont menés ; l'Office national des forêts a fait tracer des tranchées pare-feu et planté des châtaigniers, qui résistent mieux aux flammes que les résineux. Une réserve de chasse, créée en 1950, permet à l'observateur attentif, de voir évoluer des **mouflons** sur les rochers abrupts, à plus de 1 000 m d'altitude.
La route, très sinueuse, quitte la forêt de Bavella.

Col de Larone (Bocca di Laronu)
Alt. 608 m. Il offre une très belle **vue★★**, à gauche sur la Punta di Ferriate formant la partie extrême du chaînon des Paliri et, à droite, sur la forêt de Tova accrochée aux pentes abruptes de la montagne.
La D 268 longe la Solenzara dont le lit s'encombre bientôt de rochers. Les berges se couvrent de pins en entrant dans la **forêt domaniale de Tova**.

Solenzara *(voir p. 388)*

Randonnées

◉ *Départ de l'Auberge du Col de Bavella, située 200 m en contrebas du grand parking, sur la D 268 (direction Solenzara). Des topoguides détaillent les itinéraires proposés dans le massif.*

Promenade de la chapelle

◉ *Point de départ : la fontaine située à droite de l'Auberge du Col (sur la droite en descendant du grand parking).*

👣 *30mn AR.* Le sentier, balisé, grimpe à travers la forêt. Au bout de 500 m, la **chapelle de la Vierge** apparaît, blanche et rose sur un mamelon, encadrée de pins. Depuis la prairie voisine, juste en dessous du monument, **vue**★ sur les aiguilles de Bavella.

★ Promenade de la Pianona

◉ *Départ du parking du col de Bavella ou de l'Auberge du Col (voir « Nos adresses »).*

👣 *Boucle d'1h environ. Balisage orange.* À gauche, la vue porte sur la Punta Tafonata di i Paliri, la forêt de Bavella et la mer dans le lointain. Sur les pentes douces, crocus et anémones donnent au printemps mouvement et couleur aux prairies. On progresse parmi des pins majestueux. En tournant à droite, on accède à une plate-forme herbeuse, une *pianona*, piquetée de pins aux formes tourmentées par le vent. De là, se découvre une **vue**★★ saisissante sur les aiguilles de Bavella et, par temps clair, sur le rivage occidental et oriental de la Corse. *Rejoindre la chapelle de la Vierge où l'on retrouve l'itinéraire de l'aller.*

★★ Trou de la Bombe (Tafonu di u Cumpuleddu) C1

👣 *Boucle de 3h env. Dép. du parking du col de Bavella ou de l'Auberge du Col de Bavella (voir « Nos adresses ») ; prendre à droite le chemin balisé en blanc-rouge (GR), puis celui, plus large, balisé en rouge (indication « U Cumpuleddu »).* Le chemin s'élève dans une pinède, jusqu'à apercevoir sur la gauche, après 30mn, la tête rocheuse dite Dame Jeanne, émergeant des arbres. En continuant *(sentier balisé en rouge)*, on descend jusqu'à une étendue de prés, avant d'approcher du « trou de la Bombe », par la gauche ; il s'agit d'une ouverture circulaire d'environ 8 m de diamètre transperçant l'arête faîtière du chaînon des Paliri, située sur la droite de la Calanca Murata et en avant du campanile de Ste-Lucie. Les derniers mètres sont difficiles !

Au retour, quand le sentier croise un petit ruisseau, possibilité de revenir au col *(parking)* en suivant la direction d'Alturaghja *(fléché, balisage rouge, compter environ 45mn).* Belles vues sur les aiguilles.

★★★ Les aiguilles par la variante alpine

👣 *Compter environ 6h. Pour sportifs équipés de bonnes chaussures. Topoguide du GR 20 (ou carte IGN) vivement conseillé. Balisage jaune pour la variante au début, puis balisage GR blanc et rouge.* Le parcours en boucle réunit deux variantes du GR 20 et n'offre pas de véritable difficulté, seul un passage est équipé d'une chaîne. La première partie requiert cependant prudence et résistance. Départ au col, du côté de la statue. Rapidement, il faut attaquer une montée très raide, principale difficulté de la randonnée ; attention à ne pas déclencher de chutes de pierres sur ceux qui sont plus bas. Le parcours suit approximativement une ligne de crête, passe sous les aiguilles, avant de descendre dans une forêt où l'on rejoint le GR 20. Prenez à gauche le sentier assez facile revenant au col.

❶ Carnet pratique

S'informer

Point information de l'Alta Rocca – *Voir p. 341.* Demandez la brochure « Le massif de Bavella, randonnées, faune et flore » à l'OT de Levie ou au point info du col de Bavella (en été).

Agenda

Courses à Viseo – *Hippodrome de Viseo à Zonza - hippodrome-zonza.fr - 5 €.* Six réunions le dim. apr.-midi entre fin juin et fin août dans un environnement naturel grandiose et une ambiance joyeuse.
Procession à N.-D.- des-Neiges – *5 août.* Pèlerinage de Zonza au col de Bavella en l'honneur de la sainte patronne de Bavella.

◉ Nos adresses

Hébergement/restauration

😊 Pour séjourner non loin du col de Bavella, privilégiez Zonza (9 km) ou Quenza (14 km).

Budget moyen

Auberge du Col de Bavella – *Col de Bavella - www.auberge-bavella.com -* 📞 *04 95 72 09 87 - fermé nov.-mars -* 🅿 *- menu 29 € - 18/32 € - ch. doubles 75 €/pers. (en 1/2 P seult) - gîte 25 € -* ☕ *7 €.* Blottie au milieu des pins, cette auberge de montagne est juste au-dessous du col, à proximité des fameuses aiguilles de Bavella. Une occasion de déguster des spécialités insulaires et charcuteries maison, à commencer par le jambon de Bavella *(assiette à 17 €).*

Petite pause

Envie d'un pique-nique dans la forêt de Bavella ? Faites vos emplettes à Levie ou à Zonza.

Activités

😊 Entre la forêt de Bavella et le col de Larone se succèdent le long de la route, dans les affluents de la Solenzara, des lieux de baignade et de canyoning. Attention : ne pas s'engager dans le lit des torrents en cas de risque d'orage.

Canyoning

👥 **Corsica Forest** « **canyoning** » – *D 268 dans le Camping U Ponte Grossu (10 km à l'ouest de Solenzara) -* 📞 *06 16 18 00 58 - www.corsica-forest.com - tte l'année selon les conditions météo - 50/80 €.* Canyoning, randonnées aquatiques et free ride dans le massif de Bavella.
Corsica-Canyon – *Bavella -* 📞 *06 22 91 61 44 - www.canyoncorse.com -* 🅿 *- 50/80 €.* Canyoning dans tous les sites autour du col de Larone et du massif de Bavilla.
Aqa-Canyon – *Voir p. 342.*

Le golfe de Figari ★ et son arrière-pays ★

La côte qui s'étend de Roccapina à Bonifacio, inhabitée et éloignée des grands axes routiers, a conservé sa beauté sauvage. Adossée à la montagne de Cagna et tapissée d'un maquis dense, elle offre de petites bandes de sable ou de gravier au bord d'eaux cristallines et des mouillages paisibles. De minuscules calanques pénètrent profondément dans les embouchures de ses fleuves côtiers. Ce paradis oublié et poétique est surtout connu des amateurs de plongée.

Plage isolée sur la baie de Figari.
aprott/Getty Images Plus

▶ Se repérer

Corse-du-Sud (2A)

CARTE C3 (P. 307). Au nord de Bonifacio. On rejoint Pianottoli-Caldarello, le bourg important du golfe, par la T 40 puis la D 122.

☺ À ne pas manquer

Le chaos de Caldarello aux formes insolites ; le golfe à la beauté sauvage, en particulier hors saison.

⚇ En famille

Une baignade dans les petites criques sablonneuses de la baie.

ⓘ Carnet pratique p. 351

◉ Nos adresses p. 351

Se promener

CARTE DE RÉGION P. 307

Caldarello C3

Son nom signifie « là où il fait très chaud ». Composante de la commune de **Pianottoli-Caldarello** et seule agglomération d'importance entre Sartène et Bonifacio, Caldarello déploie son port de plaisance et sa station balnéaire au cœur d'un étonnant **chaos de rochers★**. Aménagés dans le chaos, des abris troglodytiques appelés « ori », fréquents dans toute la montagne de Cagna, étaient utilisés, jusqu'au 17ᵉ s., comme habitations principales. Ils servent aujourd'hui de granges, d'étables et, en montagne, de demeures pour les bergers. Jusqu'au début du 20ᵉ s., Caldarello comptait seulement une poignée de maisons utilisées comme habitat saisonnier, car cette zone basse (appelée *piaghja* en corse) était particulièrement insalubre en été. La population passait la plus grande partie de l'année en moyenne montagne, à **Zérubia**, près de Serra-di-Scopamène. On descendait à la *piaghja* afin de pourvoir à l'alimentation de base : vigne, oliviers, orge, etc. Avec les premières chaleurs de juin et les récoltes achevées, tout le monde remontait à Zérubia jusqu'aux vendanges. Aujourd'hui, Zérubia se meurt, alors que **Pianottoli** se développe grâce à la production d'un **vin** réputé, le vin de Figari, et à la proximité de l'aéroport.

Du haut du chaos rocheux à la sortie sud de Caldarello, une **vue★** s'offre sur le golfe profond.

À la bifurcation, prendre à gauche vers l'embarcadère.

Dominée par une **tour génoise** et bordée par un maquis dense d'où émergent des toitures, une petite plage de sable s'étend à gauche de l'embarcadère.

Le vignoble de Figari

Figari peut s'enorgueillir de posséder le vignoble le plus méridional de Corse et de France. Sur place, on ajoute aussi qu'il s'agit d'un des plus anciens du pays. Certains disent qu'il aurait été introduit par les Phocéens, d'autres par les Romains. Son expansion débute au 19ᵉ s., avec le repeuplement des villages côtiers, et décolle réellement au 20ᵉ s. Dans les années 1930, sa superficie triple, dépassant 300 ha. Avec l'arrivée des rapatriés d'Algérie dans les années 1960, elle atteint plus de 1 000 ha. Aujourd'hui, suite à une campagne d'arrachage, l'appellation, accordée en 1976, ne couvre qu'une bonne centaine d'hectares seulement. Elle a ainsi gagné en qualité.

Le rendement moyen ne dépasse pas 30 hl/ha. Les ceps profitent d'une terre granitique et par endroits argileuse, très ventée et très sèche, propice à la production de vins rouges (proportionnellement plus de la moitié de l'AOC) bien charpentés. L'AOC Figari inclut aussi des rosés légers et des blancs souvent minéraux (12 % de la production).

Pour obtenir tous ces crus, de plus en plus appréciés, les cépages de base sont les suivants : les endémiques *nielluciu, vermentinu, sciaccarellu*, ainsi que grenache et syrah, auxquels s'ajoute parfois le plus corse de tous, le *carcajolu neru* (carcajolo nero). Ce dernier fait partie des 24 variétés autochtones repérées par le programme de préservation, de collecte et d'étude du CIVAM de Corse (Centre d'Initiative pour Valoriser l'Agriculture et le Milieu rural). Il donne indéniablement à l'AOC Figari une touche supplémentaire de caractère, ne serait-ce que symbolique !

Les plages

En venant de Bonifacio, arrivé au premier carrefour dans le bourg de Pianottoli, prendre à gauche direction « Le port » (D 122). À 1,2 km, prendre à droite (500 m avant la marine) et passer devant l'hôtel U Libecciu.

Continuez sur 3 km pour atteindre la première **petite plage de sable fin** de la baie de Figari (*à gauche, en contrebas de la route*).

Garez-vous le long de la route ou continuez pour rejoindre, à 2 km, la succession de **criques sablonneuses de Chevanu**, en contrebas de la tour génoise. La piste en terre à gauche de la route, en direction de la tour, aboutit à un parking ombragé où laisser son véhicule. Un sentier, au bout du parking et à gauche de la tour, mène aux criques, à 100 m.

Restaurée, la tour génoise, édifiée sur un étonnant chaos rocheux, est ouverte à la visite. Du sommet, **vue**★ sur le golfe de Figari.

Ne poursuivez pas la route lorsqu'elle s'incurve vers l'intérieur des terres, car elle dessert uniquement des résidences privées.

★ La montagne de Cagna   CARTE DE RÉGION P. 307

▶ *Depuis Pianottoli-Caldarello, prendre la T 40 direction Sartène et tourner à droite sur la D 50 qui conduit à Monacia-d'Aullène, puis au hameau de Gianuccio. Y laisser la voiture.*

La montagne de Cagna, au relief calcaire et granitique, présente une arête isolée transversale d'est en ouest. La partie centrale du massif est couverte par les sapins centenaires de la forêt de Cagna. La Punta d'Ovace (1340 m), point culminant, porte l'Uomo di Cagna, étonnant rocher sphérique en équilibre sur une pointe de granit. La région, refuge de la Résistance pendant la guerre, séduira les incontionnels d'excursions de montagne en dehors des sentiers battus, agrémentées de chaos granitiques et de panoramas immenses.

★ L'Uomo di Cagna (l'Omu di Cagna)   C2

Il est impératif d'emporter suffisamment d'eau. Le sentier est certes balisé par des cairns, mais il vaut mieux se munir d'une carte au 1/25 000e. La meilleure période pour entreprendre la randonnée est le printemps, lorsque le maquis est en fleurs.

3h aller depuis la partie la plus élevée du village (mais on parvient en 2h15 à un coup d'œil remarquable sur l'Uomo). Comportant quelques passages assez raides, la randonnée offre des points de vue superbes sur la vallée, la montagne de Cagna, les chaos granitiques et le maquis. La Résistance corse trouva logiquement refuge dans cet endroit isolé et d'accès difficile.

Le sentier s'élève au milieu d'un maquis bas : bruyères arborescentes, lavandes, genêts et cistes. Remarquez, au pied des cistes, les petites masses rouges à fleur de terre : ce sont des plantes parasites appelées « cytinets ». Après avoir dépassé le réservoir, le sentier franchit un ruisseau (à sec en été) et traverse une végétation dense, où abondent les lianes du maquis : garance et salsepareille. De nombreux oiseaux habitent les lieux : fauvette, rouge-gorge, troglodyte… Par une pente assez forte, on accède à un premier plateau offrant de belles formes d'érosion granitique, puis à un petit bois de pins, d'où la vue sur le village et les vallées voisines est magnifique.

Après une heure de marche apparaît un chaos de roches impressionnant, surmonté de quelques pins tordus et de chênes verts. À gauche, dans un vallon plus humide, prospère l'aulne. Un second plateau, couvert de bruyères arborescentes et hérissé de formes granitiques étonnantes, est atteint après 1h30.

Quelques centaines de mètres plus loin, après avoir laissé sur la gauche un énorme rocher cubique, puis un second évoquant un visage de profil, on découvre au loin l'**Omu di Cagna**. Uomo (*Omu*, en corse) di Cagna signifie « l'Homme de Cagna » : de fait, la forme du rocher évoque un visage humain.

On peut alors faire demi-tour, ou marcher encore 45mn pour parvenir à la base du rocher. Le **panorama★**, à la base du bloc, offre une vue aérienne de la pointe méridionale de la Corse et des côtes de la Sardaigne. En direction du nord-est, en suivant l'arête faîtière, on distingue un autre miracle d'équilibre naturel : l'**Omu di Monaco**.

ℹ Carnet pratique

S'informer

Office du tourisme de Bonifacio – *Voir p. 366.*

Arriver/partir

En avion

Aéroport Figari-Sud Corse – ✆ 04 95 71 10 10 - www.2a.cci.fr

Il est situé à 4 km de Figari, 22 km de Bonifacio et 25 km de Porto-Vecchio. Attention, pas de pompe à essence jusqu'à Porto Vecchio !

Navette Porto-Vecchio-Aéroport Figari-Sud Corse – ✆ 04 95 71 00 11 - www.corsicabus.org ou cc-sudcorse.fr - juin.-sept. : 2 dép./j. dans les 2 sens - 10 € (ou sur appli TixiPass).

♀ Nos adresses

Restauration

Premier prix

Chez Mika – *De Pianottoli, prendre dir. Caldarello, puis suivre les panneaux -* ✆ *06 17 11 04 81 - 📷 - avr.-sept. : tlj - pizzas autour de 10/20 €.* De généreuses pizzas, un patron affable et une ambiance sympathique... offrent l'occasion d'une pause revigorante.

Pour se faire plaisir

U Fuconu – *D 859 - Quartier Tivarello (dépasser l'église et le domaine de la Murta) -* ✆ *04 95 71 04 27 - tlj, midi et soir - menu 45 €.* Une terrasse avec vue au bord d'une rue peu passante pour déguster une délicieuse cuisine corse utilisant les meilleurs

produits du cru. Excellent vin au verre AOP Figari. Chants et guitares corses les merc. en été. Bon accueil ; équipe jeune et efficace.

Une folie

Ferme-auberge Pozzo di Mastri – ✆ *04 95 71 02 65 - www.pozzodimastri.com - fermé nov.-mars -* 🅿 *- 🏊 - menu 59 € vin compris - 12 ch. 240/270 € - ☕ 20 €.* Elle fut une des premières fermes-auberges de Corse. Aujourd'hui, la maison séduit surtout par son cadre de bergerie sophistiquée. Dans l'assiette, cuisine de saison élaborée avec les produits du jardin, bio ; de mai à fin septembre, soirée chant corse et cochon à la broche le mardi et le vendredi. Boutique, espace grill et Spa en plein air.

Shopping

Domaine de Tanella – *D 859 (Quartier Tivarello) - 20114 Figari - ☎ 04 95 70 46 23 - www.domaine-tanella.com - en sais. 9h-20h ; hors sais., 9h30-12h30, 15h-18h30, fermé dim.-lun. et j. fériés.* Appartenant à la famille de Peretti della Rocca, une des plus anciennes de Corse, ce domaine de 72 ha en AOP île de beauté produit d'excellents vins (rouge, rosé, blanc) issus de vieux cépages corses. La gamme Alexandra, élevée en fûts de chêne, a obtenu de nombreux prix.

Domaine de la Murta – *D 859 Quartier Tivarello - 20114 Figari - ☎ 06 23 58 55 63 - www.domainedelamurta.fr - lun.-sam. 9h-22h.* Le rival et voisin du précédent. Ici, les délicieux vins produits sur 8 ha sont tous bio, et labellisés Ecocert.

Hébergement

Pianottoli-Caldarello

Budget moyen

Chambre d'hôte Chez Robert et Sylvie – *Caldarello - au centre de Pianottoli prendre en dir. du port, après l'église suivre Caldarello - ☎ 06 15 90 28 67 - ☷ - 3 ch. 84/139 € et 2 appart. 650 €/sem. (en haute sais.) - pour le petit-déj., cuisine d'été où thé et café sont à volonté.* Chambres douillettes et spacieuses dans le moulin à huile et le poulailler, et appartements bien équipés dans la cave à vins. Ambiance plutôt bohème et grande terrasse commune avec cuisine ouverte et barbecue.

Pour se faire plaisir

Camping Kévano Plage – *3,3 km par D 122 et rte à droite - ☎ 06 03 36 57 36 - www.campingkevano.com - fermé nov.-mars - réserv. conseillée -- bungalows toilés, mobil-homes, chalets 4/8 pers. 75/243 €/nuit ; une sem. mini.* À 500 m de la plage, sur une colline de rochers et d'arbres. Emplacements bien délimités à l'ombre et terrasses aménagées pour offrir la meilleure vue et respecter l'environnement.

Bonifacio et ses environs ★★★

Bunifaziu

Occcupant un site d'anthologie, sur un étroit promontoire de calcaire modelé par la mer et le vent, à l'extrême sud de l'île, Bonifacio reste une étape obligée de tout voyage en Corse, malgré la foule qui envahit ses ruelles dès les beaux jours. Enfermée dans ses fortifications, la vieille ville domine une ria longue de 1500 m, au fond de laquelle se trouve une marine, où yachts et bateaux de plaisance rivalisent de luxe. Vue de la mer, la ville haute présente un visage plus saisissant encore, avec ses hautes maisons agglutinées qui semblent prolonger l'extrémité de la falaise.

⊙ Se repérer

2 700 Bonifaciens – Corse-du-Sud (2A)

CARTE C3 (P. 307), PLANS DE VILLE P. 357, CARTE DES ENVIRONS P. 363. L'approche de Bonifacio par la route de Sartène ou par celle de Porto-Vecchio donne à cette cité médiévale un air de « bout du monde », isolé du reste de l'île par un vaste et aride plateau calcaire de 25 km². Large de 12 km et parsemé de petites îles, le détroit, appelé bouches de Bonifacio, sépare la Corse de la Sardaigne.

😊 À ne pas manquer

L'animation de la marine ; la rue St-Dominique, le quartier de l'église Ste-Majeure et plus largement la vieille ville ; les 187 marches de l'escalier du Roi-d'Aragon ; les grottes marines ; un tour aux îles Lavezzi.

⊙ Organiser son temps

Comptez une demi-journée pour vous balader en ville et découvrir le site. Le musée et le mémorial sont ouverts en continu. Prévoyez un après-midi pour les îles Lavezzi.

👪 En famille

Une excursion en mer et un après-midi à la plage.

ⓘ Carnet pratique p. 366

⦿ Nos adresses p. 366

Se promener

★ La marine PLAN I ET II DE LA VILLE P. 357.

⊙ *Visite 45mn.* Le quartier du port, étiré sur le quai sud et dominé par l'imposant bastion, protégeait jadis l'entrée de la citadelle. Les hôtels, restaurants, cafés et magasins de souvenirs rassemblés dans la ville basse entretiennent durant l'été une activité qui se prolonge tard dans la nuit.

Des constructions nouvelles de quatre ou cinq étages, à arcades ou avec piscine, alignent leurs toitures roses sur la rive nord. C'est le quartier de **Giovasole** (PLAN I).

Col St-Roch

À gauche de l'**église St-Érasme** (PLAN I), un large chemin pavé, en escalier, donne accès au **col** où s'élève une modeste chapelle (PLAN II), à l'endroit où succomba la dernière victime de la grande peste de 1528. De ce belvédère naturel s'offre

7

une **vue★★** très étendue sur le large, jusqu'aux côtes de la Sardaigne, les hautes falaises calcaires aux strates burinées par la mer, le bastion et la marine. À gauche, le **« Grain de Sable »** (PLAN I), dont la base est sapée par les vagues, dresse sa silhouette familière en avant de la falaise *(voir aussi p. 361)*.

Du **col St-Roch**, un escalier en face *(fermé en 2022 pour raisons de sécurité)* descend vers les bucci di Bonifazio et atteint à la petite plage de Sutta Rocca ; sur la gauche, un sentier *(1h30)* longe le haut des falaises jusqu'au cap Pertusato, offrant de superbes **vues★★** sur la vieille ville.

★★ La ville haute PLAN II DE LA VILLE

▶ *Circuit tracé en vert sur le plan p. 357 – Compter 2h. Les piétons accèdent à la ville haute par les montées Rastello et St-Roch, longue rampe, qui mène à la porte de Gênes... ou par le petit train qui part des parkings de la marine (voir « Nos adresses ») ; les automobilistes accèdent à la ville haute par la porte de France, puis la place Bir-Hakeim.*

La ville haute comprend la vieille ville à l'ambiance moyenâgeuse et la **citadelle**. À l'extrémité ouest du plateau s'étend le **Bosco**, laissé un peu en friche, avec le cimetière marin et l'esplanade St-François.

Bastion de l'Étendard D1

Quartier de la Citadelle - ☎ 04 95 73 11 88 - bonifacio.fr - avr.-oct. : 10h-17h ; reste de l'année : horaires restreints, se rens.à l'office de tourisme - fermé nov.-mars - 5 €.

Jusqu'au 19e s., la **porte de Gênes** constituait l'unique entrée de la ville. Il fallait franchir huit portes successives et un pont-levis (de 1598) pour accéder à la place d'Armes. Le système d'ouverture par contrepoids du pont-levis est encore en place. Le bastion surveillait à la fois l'entrée du goulet, le port et la route du col St-Roch. Avec la porte de Gênes, il constituait la pièce maîtresse des 2,5 km de remparts qui conservent, aujourd'hui encore, quelques tours rondes de défense. Le bastion de l'Étendard reste la partie la plus imposante des fortifications de la ville haute. Des scènes marquantes de l'histoire de Bonifacio ont été reconstituées : visite de l'empereur Charles Quint en 1541, passage de Bonaparte en 1793 et naufrage de *La Sémillante* aux îles Lavezzi. Est également exposée une copie de la **« Dame de Bonifacio »**, dont l'original se trouve au musée de l'Alta Rocca à Levie. Des fouilles réalisées à l'abri-sous-roche de l'Araguina-Sennola à l'entrée de la ville ont livré la sépulture de ce squelette féminin, datant de 6570 av. J.-C. (prénéolithique). C'est la plus ancienne trace de présence humaine en Corse.

Le site de Bonifacio.
VFKA/Getty Images Plus

On verra aussi un squelette fossilisé, probablement celui d'un soldat turc. La visite comprend également celle du **jardin des Vestiges** *(voir ci-dessous)*. L'extrémité des bastions offre de belles **vues★** sur le goulet et le port.

Face à la porte de Gênes, la **rue du Corps-de-Garde** offre un bel aperçu sur le chevet de l'église Ste-Marie et ses arcs-boutants.

Place d'Armes D1

Des socles circulaires (coiffés d'une coupole vitrée) indiquent l'emplacement des anciens silos à grains qui, avec ceux de la Manichella, permettaient à la cité d'emmagasiner 5 000 hl de blé.

Rue des Deux-Empereurs D1

Elle ouvre sur la place d'Armes. Deux maisons se faisant face conservent le souvenir de deux hôtes illustres. Le n° 4, demeure du comte Philippe Cattaciolo, abrita, du 3 au 6 octobre 1541, **Charles Quint** au retour d'une expédition à Alger. Un linteau en marbre sculpté aux armes de l'empereur orne la porte d'entrée.

Presque en face, le n° 7 hébergea **Napoléon Bonaparte**, du 22 janvier au 3 mars 1793. Alors lieutenant-colonel, le futur général de l'armée d'Italie y prépara un débarquement en Sardaigne dont l'échec entraîna la disgrâce de Paoli. Quelques marins marseillais faillirent changer sans le savoir le destin de l'Europe : prenant à partie le futur Empereur dans une ruelle de la vieille ville, ils l'auraient sans doute tué si des passants n'étaient intervenus… La maison avait appartenu au 16e s. à un de ses ancêtres, François Bonaparte.

Revenir place d'Armes et dépasser la porte de Gênes en continuant à longer les fortifications.

Rue du Portone (« U Bastiun ») D2

Elle longe le **jardin des Vestiges** *(mêmes horaires que le bastion de l'Étendard - accès seul 5 €)*, où l'on voit les ruines des anciennes fortifications, détruites lors du siège de 1553 par les Français et les Turcs, et mène à la place du Marché.

Place du Marché (« U Masgilu ») D2

Entourée de cafés et de restaurants, cette placette ensoleillée donne accès au belvédère de la Manichella : une **vue★★** superbe se déploie, à gauche sur le port, à droite sur les bouches de Bonifacio, le « Grain de Sable » et, toute proche, la côte sarde. Remarquer les bulbes des deux silos à grains.

Quitter la place par la rue Madonetta, qui croise bientôt la rue du St-Sacrement, que vous prendrez à gauche.

Rue du St-Sacrement D2

La ruelle pavée, envahie par les tables du restaurant voisin et jalonnée d'arcs-boutants, longe l'église Ste-Marie-Majeure.

Église Ste-Marie-Majeure D1/2

L'édifice à clocher carré, achevé au 14e s., a perdu la pureté de son style au cours des nombreux remaniements qui l'affectèrent jusqu'au 18e s. Les portails ont été refaits en 1789, dans un style néoclassique.

La **loggia**, vaste préau accolé à la façade de l'église, en constitue le porche. Elle est ouverte par de larges baies en plein cintre et couverte de charpente. Sous le dallage, une vaste citerne communale d'une capacité de 650 m³ recueillait l'eau s'écoulant des toits environnants par des arcades qui enjambent la rue. Cette citerne est aujourd'hui aménagée en salle de conférences. Au temps de la domination génoise, les quatre Anciens, élus pour trois mois par le Grand Conseil, y délibéraient des affaires de la cité. Deux fois par semaine, le magistrat y rendait la justice. Au-dessus de la loggia, la **façade** de l'église conserve une élégante corniche de style pisan qui pourrait remonter au 12e ou 13e s.

Pour bien la distinguer, se placer sous les arcades de la rue Archivolta.

À l'intérieur, le maître-autel abrite des reliques de saint Boniface, choisi comme patron de la ville à cette époque. Près des fonts baptismaux, le **tabernacle** en bas-relief (1465) fut sans doute exécuté par un sculpteur génois, dans le style raffiné de la première Renaissance italienne. Huit angelots célèbrent le Christ sortant du tombeau.

Palazzu Publicu D1

Sur la place se dresse l'ancien palais du Podestat (représentant de la Gênes à Bonifacio), bâtiment à arcades de style médiéval. Sur la droite (rue du Palais), la façade de calcaire du Palazzu Publicu, ancienne mairie, s'agrémente d'un porche à arcades souligné à l'étage d'une frise d'arcature.

★ Vieilles rues D1/2

Les ruelles jouxtant l'église Ste-Marie-Majeure offrent un visage particulièrement pittoresque. Elles sont étroites et bordées de hautes et anciennes maisons dont les élégantes façades sont souvent décorées d'arcatures. Les curieux arcs-boutants qui relient les maisons entre-elles sont des canalisations destinées à diriger les eaux pluviales soit vers les citernes privées, soit vers la réserve communale.

Rue Doria D2

Comptant nombre de commerces destinés aux touristes, elle est bordée de maisons du 17e s. (comme la maison des Doria, au n° 28, dont l'entrée est surmontée d'un blason).

Les maisons bonifaciennes traditionnelles

Elles constituaient jadis de véritables forteresses, dont l'accès était commandé par une échelle que l'on retirait la nuit. À l'intérieur, un pressoir à huile, un cellier, une réserve de grains et parfois une étable pour l'âne se groupaient au rez-de-chaussée autour de la cour intérieure. En outre, chaque maison possédait son four et sa citerne alimentée par un ingénieux système de gouttières. Hautes à l'origine d'un étage, elles ont été surélevées au 19e s. Ce réaménagement s'explique par la forte croissance démographique de l'époque et l'exiguïté de la ville.

BONIFACIO
Plan I

0 — 200 m

GROTTE DU SDRAGONATO

SANTA TERESA DI GALLURA

Crique de Catena

Crique d'Orinella

GOULET DE BONIFACIO

GIOVASOLE

PORT

SARTÈNE, ERMITAGE DE LA TRINITÉ

PORTO-VECCHIO

Av. Sylvère Bohn

PHARE DE PERTUSATO

R. Sauveur-Paul Etienne

Avenue

R. de Charles de Gaulle

Q. Jérôme Comparetti

St-Erasme

Montée Rastello

LA MARINE

LE BOSCO

Cimetière Marin

Grotte de St-Antoine

Esplanade St-François

Puits de St-Barthélemy

St-Dominique

voir plan II

Gouvernail de la Corse

Grain de Sable

BOUCHES DE BONIFACIO

N

SE RESTAURER

Les Quatre Vents **3**	Le Voilier **4**
L'An Faim **5**	Kissing Pigs **7**

BONIFACIO
Plan II

0 — 50 m

N

Quai Banda del Ferro

FORT ST-NICOLAS

Colonne Romaine

JARDIN DE LA CAROTOLA

Quai Sott à Portigliola

Av. Charles de Geule

Porte de France

Bastion de l'Étendard

Mémorial du Bastion

Rue de Bocche

Place d'Armes

R. des deux-Empereurs

Maison N. Bonaparte

Monument de la Légion étrangère

Pl. Bir-Hakeim

Av. de la Carotola

R. Fred Scamaroni

R. St-J.-Baptiste

Palazzu Publicu

R. du Palais

Ste-Marie Majeure

M^{on} Ch. Quint

R. du Corps de Garde

Montée St-Roch

Porte de Gênes

Col St-Roch

R. St-Dominique

Pl. Bonaparte

St-Jean-Baptiste

Rue Doria

R. du St-Sacrement

R. du Portone

Pl. du Marché

Rampe St-Jacques

Pl. Carrega

Pl. Fondaco Montepagano

Pl. Castelletto

VILLE HAUTE

Donjon

R. des Pachas

Pl. de la Manichella

Plage de Sutta Rocca

Escalier du Roi d'Aragon

7

SE RESTAURER

Cantina Doria **1**	Stella d'Oro **6**	**SE LOGER**	
Resto Lan'K. **2**		Hôtel le Royal **1**	Hôtel Colomba **2**

À son extrémité, la rue Doria coupe la rue St-Jean-Baptiste, cœur vivant de la ville haute, où circulent encore des voitures. En face se dresse l'étonnante façade à volutes de **St-Jean-Baptiste** (1785), ancienne chapelle de la confrérie de la Miséricorde, s'occupant des malades et des services funèbres. L'intérieur abrite un groupe de bois sculpté représentant la **Décollation de saint Jean-Baptiste** que l'on sort chaque année en procession (voir « Carnet pratique/Agenda »en fin de chapitre). Il daterait du 14e s.

Traversez le quartier du **Casteletto**, qui fut dès les 7e et 8e s. le premier îlot urbain fortifié du plateau. La place Casteletto (ou « Castile Vecchio ») marque l'emplacement du cantonnement pisan.

Prendre à gauche de la place Casteletto une ruelle conduisant à l'accès de l'escalier du Roi-d'Aragon.

Escalier du Roi-d'Aragon C2

04 95 73 11 88 - www.bonifacio.fr - mêmes horaires que le bastion de l'Étendard - fermé en cas de mauvais temps ou de vent violent - 5 € (tarif réduit 2 €) - chaussures fermées obligatoires.

L'étonnante saignée oblique de 187 marches taillées dans la falaise possède sa propre légende liée au siège de Bonifacio. L'origine de cet accès est à rattacher à l'existence du **puits de St-Barthélemy** (ne se visite pas), qui fut probablement la réserve d'eau potable de la cité. Au terme de la descente, vous pourrez effectuer à droite la petite promenade à flanc de falaise menant à l'extrême pointe occidentale du plateau. Belles **vues★** sur les falaises.

Donjon (Torrione) C2

Reconstruit dans les années 1980, l'ancien donjon de 1484 accueille parfois des salles d'expositions temporaires. La terrasse circulaire (table d'orientation) offre une intéressante vue en enfilade de la ville haute.

Revenir sur ses pas pl. Fondaco Montepagano (« U Fundugu », de l'arabe fondouk qui signifie « magasin »), et prendre la rue St-Dominique à gauche.

Monument de la Légion étrangère C1

Il occupait autrefois une place de Saïda, petite ville d'Algérie, en mémoire des légionnaires tombés dans le Sud oranais entre 1897 et 1902. Transféré en Corse, il fut inauguré sur la place Bir-Hakeim (aussi appelée place de l'Europe) le 23 juin 1963, date de l'arrivée de la Légion étrangère à Bonifacio, qui fut remplacée ensuite par un centre de commandos, jusqu'en 1989.

Rue St-Dominique (San Dumè) C2

Les maisons s'ouvrent sur des escaliers vertigineux à marches très hautes. Des **blasons sculptés** ornent les portes des nos 12 et 10 (armoiries des Salineri). Plus loin, se trouve la maison de la Miséricorde, ancien hospice fondé au 13e s. Siège de la confrérie de la Ste-Croix, elle conserve pieusement un morceau de la vraie Croix.

★ Église St-Dominique PLAN I, A2

Pl. de l'Europe - 04 95 73 11 88 - www.bonifacio.fr - fermée en dehors des concerts - rens. à l'office de tourisme.

Le sanctuaire, édifié dès 1270 par les dominicains sur une ancienne église de Templiers, compte parmi les rares édifices gothiques de la Corse. Il aurait été achevé en 1343. Un couvent contigu abritait les religieux. Le cadre ne met pas vraiment l'édifice en valeur : une esplanade transformée en parking que borde l'ancienne caserne génoise laissée à l'abandon...

Une ville stratégique

Habité dès la préhistoire, le site de Bonifacio fut, sous l'Antiquité, occupé par les Grecs et les Romains. À quelques kilomètres à l'est, à Piantarella, les restes d'une vaste villa romaine ont été découverts. Elle témoigne de l'existence d'un important foyer d'activité au 1er s. apr. J.-C. Non loin, l'étang de Spérone s'étend à l'emplacement d'un port antique ensablé.

Ville libre puis colonie génoise

Boniface, marquis de Toscane, donna son nom à la cité en 828. Érigée en commune au 9e s., Bonifacio connut plusieurs siècles de piraterie. Cependant, Pise et Gênes étaient désireuses de contrôler ce port naturel permettant de surveiller la Méditerranée occidentale. En 1187, les Génois réussirent à s'infiltrer par ruse et huit ans plus tard, après en avoir chassé les habitants, ils y installèrent une colonie. La ville fut dotée de nombreux privilèges et devint une sorte de petite république autonome, battant monnaie. Au fil des siècles, elle demeura l'une des plus fidèles places génoises de Corse.

L'escalier du Roi-d'Aragon

En 1420, **Alphonse V d'Aragon**, fort d'un acte du pape Boniface VIII concédant la Corse en fief à son père Jacques II, revendiqua l'île. Avec Vincentello d'Istria, qu'il avait nommé vice-roi de Corse, il assiégea Bonifacio durant cinq mois. L'escadre aragonaise occupa le port et empêcha tout ravitaillement par terre. Malgré les privations, la colonie génoise fut animée d'un courage exceptionnel. La légende veut que les soldats aragonais, pour surprendre les assiégés, aient taillé un escalier de 187 marches sur le flanc de la falaise sud.

En réalité, cet escalier « du roi d'Aragon » empruntait un ouvrage antérieur utilisé par les Bonifaciens pour accéder à un puits. Seule la vigilance de **Marguerite Bobbia**, vaillante Bonifacienne, fit échouer la manœuvre. Gênes put se porter au secours de sa colonie, et Alphonse V leva le siège.

La trahison de Cattaciolo

En 1553, un quart de siècle après la grande épidémie de peste qui décima les deux tiers de la population, le « Gibraltar corse » subit une nouvelle épreuve. Les troupes du roi de France Henri II, dirigées par le maréchal de Thermes et Sampiero Corso, et soutenues par la flotte du corsaire turc **Dragut**, canonnèrent la cité pendant dix-huit jours et dix-huit nuits. À l'aube du dernier jour, les Bonifaciens repoussèrent trois assauts successifs. Mais le corsaire était rusé : alors que **Dominique Cattaciolo** revenait de Gênes avec 15 000 écus destinés à soutenir Bonifacio, il fut emprisonné et rallia la cause franco-turque. Il se présenta à ses concitoyens avec une lettre fallacieuse annonçant la défection de Gênes. Les Bonifaciens se résignèrent alors à capituler. Mais, les portes de la cité à peine ouvertes, Dragut, revenant sur sa parole, la pilla et massacra la garnison, ainsi que quelques habitants. Il fallut l'intervention de Sampiero et l'argent du maréchal de Thermes pour obliger le Turc à épargner la cité.

Bonifacio aujourd'hui

L'exploitation des oliviers et des chênes-lièges, la pêche à la langouste et au corail constituaient, au début du 20e s., les principales activités de la région. Bonifacio vit désormais du tourisme. Elle conserve une langue propre, le « **bonifacien** », très ancien dialecte ligure.

> ### Échanges de bandits
>
> Au 19e s., il n'était pas rare qu'un bandit corse, pour échapper à la justice de son pays, passât le détroit et se réfugiât en Sardaigne. Son homologue sarde effectuait la traversée en sens inverse. Ces échanges devinrent si fréquents qu'en 1819 et 1843 la Corse et la Sardaigne se mirent d'accord pour se livrer leurs hors-la-loi respectifs et faire surveiller les bouches de Bonifacio par des navires de guerre.

L'architecture extérieure de l'église est dépourvue de recherche ornementale. Le campanile, en revanche, est original avec ses étages supérieurs octogonaux et son couronnement de créneaux et merlons à double pointe. À l'intérieur, le plan est simple, rectangulaire à chevet plat. La nef, flanquée de bas-côtés, est voûtée de six croisées d'ogives.

L'acoustique exceptionnelle de cette église lui vaut d'accueillir régulièrement des groupes de polyphonie.

Le Bosco PLAN I DE LA VILLE P. 357

Le plateau pelé situé au-delà de St-Dominique est encore désigné par les Bonifaciens « le Bosco » : jusqu'à la fin du 18e s., il était couvert de végétation arborescente, oliviers, genévriers, lentisques… Remarquez en chemin, sur la droite, les vieilles tours ruinées : ce sont les **anciens moulins à vent** de la ville, dont l'origine remonte au 13e s

★ Cimetière marin A2

Très soucieux de leurs morts, les Corses choisissent souvent de magnifiques lieux qui dominent la mer pour les enterrer. Le cimetière marin de Bonifacio est sans doute l'un des plus beaux, avec des mosaïques de couleur, des petites chapelles et la vue sur la mer.

Gouvernail de la Corse A2

Face à l'entrée ouest du cimetière marin. 168 marches. Quartier St-François - ☎ 06 19 73 69 75 ou 06 42 12 46 88 - juil.-sept. : 9h-20h ; reste de l'année : 10h-18h30 - 3 € (billet à acheter au bar, à l'intérieur). Fermé lors de la mise à jour du guide. Se renseigner.

Un interminable escalier creusé dans la roche vers 1880 descend jusqu'à une bouche à feu aménagée dans l'entre-deux-guerres. Située au milieu du rocher dénommé « Gouvernail de la Corse », composant l'extrémité des falaises, elle offre une vue particulièrement originale sur le goulet de **Bonifacio et la Sardaigne**.

Esplanade St-François A2

La vaste esplanade, fermée face à la mer par la batterie St-Antoine, offre une **vue★★** splendide sur les falaises de la vieille ville, les bouches de Bonifacio et, au large, la Sardaigne. De l'ancien couvent St-François, longtemps isolé à l'extrémité du promontoire, il ne reste qu'une église gothique, ouverte seulement lors de cérémonies funéraires. Elle remonterait à la fin du 13e s.

Revenir au bastion de l'Étendard en empruntant les ruelles de la vielle ville. Lors de votre promenade, remarquez le caractère vertigineux des escaliers donnant accès aux étages des hautes maisons anciennes.

Réserve naturelle des îles Lavezzi.
Photoglio/Getty Images Plus

Excursions en mer CARTE DES ENVIRONS DE BONIFACIO P. 363

★★ Les grottes marines et la côte

Carte p. 363. Société des promenades en mer de Bonifacio - grand comptoir à l'entrée du port, quai Jérôme-Comparetti - ☎ 04 95 10 97 56 - www.spmbonifacio. com - 9h-18h, dép. ttes les 30mn - 20 € (4-12 ans 13 €) - durée 1h; horaires allégés en moyenne et basse sais. - fermé janv. Trois parkings appartenant à la compagnie sont disponibles gratuitement pour les clients, vous y trouverez également les points de vente de billets.

La sortie du port par le goulet permet d'apprécier l'importance des remparts qui sanglent la cité. Contournant le phare de la Madonetta, la vedette aborde les bouches de Bonifacio et pénètre dans la **grotte du Sdragonato★**.

Le bateau revient vers Bonifacio, passe au large de la **grotte de St-Antoine** ou grotte Napoléon (elle a la forme du chapeau de l'Empereur), avant de contourner la pointe de la presqu'île, marquée par le **« pointe du Gouvernail »**. Il longe les falaises, hautes de 60 à 90 m, dont les stratifications tantôt horizontales, tantôt obliques témoignent des nombreux changements de direction des courants marins au cours de la sédimentation. On découvre le **puits de St-Barthélemy**, l'**escalier du Roi-d'Aragon**, et le **site★★** spectaculaire de la vieille ville édifiée à l'aplomb de la falaise.

Le bateau fait demi-tour à hauteur du **« Grain de Sable »**, gros bloc calcaire détaché de la falaise il y a huit siècles. Le lent recul de celle-ci par effondrements successifs est dû à l'action des eaux douces infiltrées à la surface du plateau. Les stalactites visibles tout au long de la promenade, plus particulièrement dans la grotte de St-Antoine, et la présence d'une nappe d'eau souterraine au puits de St-Barthélemy confirment l'ampleur des infiltrations.

7

Les dernières heures de la Sémillante

Le 14 février 1855, *La Sémillante* quittait Toulon avec une cargaison de poudre et 750 hommes pour le front de Crimée, où le siège de Sébastopol réclamait de constants renforts. Le 15, alors que la tempête faisait rage et qu'un brouillard empêchait toute visibilité, la frégate s'engagea dans les bouches de Bonifacio. Mutilée par les vagues, elle s'écrasa sur les îlots rocheux. Le berger de l'île Lavezzi fut le seul témoin de la catastrophe. Aucun des marins et soldats ne survécut : 158 ne furent jamais retrouvés ; sur 592 cadavres rejetés sur les récifs, 572 furent inhumés sur place, les plus nombreux (560) dans l'île Lavezzi (deux cimetières), les autres sur les îles voisines, la côte sud de la Corse ou la côte nord de la Sardaigne.
Alphonse Daudet consacra à ce drame une des *Lettres de mon moulin*.

★★ Îles Lavezzi

Carte p. 363. Société des promenades en mer de Bonifacio - voir Les grottes marines et la côte (p. 361) - ☎ 04 95 10 97 56 - dép. 9h et 9h30, puis ttes les heures entre 9h30 et 15h30 ; retour ttes les heures de 12h30 à 18h30 ; horaires allégés en moyenne et basse sais. - 39 € (4-12 ans 26 €).

Les îles Lavezzi sont situées dans la réserve naturelle des Bouches de Bonifacio et leur accès est réglementé. Au large se dressent les luxueuses constructions privées de l'île Cavallo.

À près de 4 km de la pointe de Sperone, au sud-est de Bonifacio, et à environ 12 km de la Sardaigne, l'archipel des Lavezzi, extrémité la plus méridionale de la France métropolitaine, est constitué d'une centaine d'îlots et d'écueils. Après avoir franchi le goulet aux eaux tumultueuses, le bateau longe les falaises calcaires au pied rongé, puis prend le large après le phare de Pertusato. Le bateau aborde l'île dite Lavezzi (66 ha), la seule accessible au public, dans une anse abritée, sur la côte nord-est *(30mn)*.

Ce petit paradis d'eau cristalline et de criques tapissées de sable présente un paysage presque lunaire. Les formes des chaos de granit grisâtre érodés en boules et sculptés évoquent un bestiaire fabuleux. La flore de l'île compte des espèces rares comme la malodorante « oreille de porc », dont la floraison au mois de mai parsème de grosses langues sanglantes la base des chaos.

Cimetières de Furcone et de l'Achiarinu

Situé sur le plateau herbeux qui sépare l'anse d'ancrage et la plage de Furcone, le cimetière de Furcone est entouré d'un mur cantonné de pyramides. Une modeste chapelle funéraire, N.-D.-du-Mont-Carmel, protège l'enclos où s'alignent les tombes anonymes des naufragés de *La Sémillante (voir encadré ci-dessous)* et celle de l'aumônier de la frégate, identifié grâce à ses bas de filoselle noire. Une plaque a été élevée en 1895 à la mémoire du lieutenant A. de Maisonneuve. Situé au-delà de la cale du Lion, dominé par deux cabanes de berger, et à l'extrémité de la cale suivante, le cimetière de l'Achiarinu abrite la dépouille du commandant Jugan, retrouvé sanglé dans son uniforme. À son pied s'étend une **splendide plage** de sable fin, la plus belle de l'île mais aussi la plus fréquentée.

Pyramide

Située à la pointe d'Achiarina, elle honore les naufragés de *La Sémillante*.
En rentrant à Bonifacio, le bateau approche l'île Cavallo, refuge de milliardaires entièrement occupé par des résidences privées (de Roberto Benigni

Map content (Environs de Bonifacio):

PORTO-VECCHIO · PORTO-VECCHIO

SARTÈNE

Figari · D 859 · Mte Bianco △ 317 · Figari · T 40 · Ventilegne

335 △ Plateau d'Arapa · Suartone · D 158 · **Baie de Rondinara ★★** · Triona

Golfe de Figari · Golfe de Ventilegne · Francolu · Étang de Balistra · **Balistra ★** · **Golfe de Santa-Manza ★** · Rocchi Bianchi · Pnte de Capicciola

T 10 · Mte Corbo △ 239 · **Maora et Sta-Manza** · Punta Rossa

La Tonnara · D 358 · Canali · D 60 · D 60 · **Ponti di a Nava** · Gurgazu · D 59

Ermitage de la Trinité † · T 40 · Capo di Feno · **St-Julien** † · **BONIFACIO** · ★ ★ ★ · D 258 · **Calalonga** · Bonifacio

Cala di Paragnano · Ruines romaines de Piantarella · **Piantarella** · Île Ratino

★ **Sdragonato** · Réserve · Sémaphore · Île Piana · de · Île Cavallo

naturelle · **Capo Pertusato** · Pointe de Sperone · **Îles Lavezzi ★★**

des · bouches

ENVIRONS DE BONIFACIO · N · 0 — 4 km

SANTA TERESA-GALLURA, SARDAIGNE

à la famille Agnelli), longe le golfe de Sperone et pénètre dans les grottes marines *(1h)*.

L'intérêt de la balade réside aussi dans ce trajet retour, qui s'effectue au pied des falaises calcaires et permet d'apprécier le site vertigineux de Bonifacio.

À proximité

CARTE DES ENVIRONS DE BONIFACIO

★ **Cap Pertusato (Capo Pertusato)**

◗ *Carte p. 363. 5 km au sud-est. Quitter Bonifacio par la D 58 et prendre la pre-mière route à droite signalée. Une allure modérée est recommandée, car la route est étroite et en forte pente.*

La route longe la falaise blanche et dénudée. En arrière, les maisons de la vieille ville de Bonifacio apparaissent accrochées au rebord de la falaise.

Prendre ensuite à droite la route en forte descente.

Les virages qui précèdent le sémaphore laissent apparaître des **vues★** sur la ville et la montagne de Cagna.

Après le sémaphore, continuer à pied sur la route qui serpente dans le maquis avant d'atteindre le phare de Pertusato *(l'accès au-delà du phare est interdit)*. Le sentier contournant le phare offre une **vue★** panoramique sur l'île Cavallo à l'est, les îles Lavezzi, l'île italienne de la Maddalena et le relief de la côte sarde qui barre l'horizon. En contrebas à droite, remarquez la silhouette curieuse des rochers en forme de proue de navire et surmontés d'une croix.

Accès à la plage par le sentier en pente à droite avant le parking du phare.

Couvent St-Julien
🔵 *Carte p. 363. 6 km à l'est. Quitter Bonifacio par la D 58.*
À moins de 2 km du carrefour avec la T 10, on aperçoit, dominant le vallon, l'ancien couvent St-Julien. Selon la tradition, saint François d'Assise aurait passé quelque temps dans cet endroit à son retour d'Espagne en 1214 *(propriété privée)*.

Ermitage de la Trinité
🔵 *Carte p. 363. 7 km à l'ouest. Quitter Bonifacio par la T 10. À 2 km, prendre à gauche la T 40 vers Sartène, puis la 1re route à gauche.*
Le sanctuaire occupe un site splendide, au milieu des oliviers, des chênes verts et des énormes blocs de granit. L'endroit était vraisemblablement occupé dès la préhistoire, puis par des ermites, lors des premiers temps de la christianisation de Bonifacio. Le couvent primitif fut remanié au 13e s., avant d'être fortement restauré en 1880.
Face au parvis de la chapelle, une cavité dans les *taffoni* est aménagée en sanctuaire. Les vieux Bonifaciens racontent qu'encore au début du 20e s. les religieux avaient coutume de recueillir les pauvres hères. Certains quelquefois n'avaient pas hésité à nager depuis la Sardaigne pour trouver meilleure fortune sur cette côte. Faites quelques pas sur les sentiers à droite du sanctuaire pour apprécier la **vue★** dégagée sur Bonifacio et son plateau, appelé le *Piale*. Les falaises dominant le site sont très fréquentées le week-end par les férus d'escalade.

★ Les plages

Près de Bonifacio se trouvent **Catena** et **Orinella** (PLAN I), deux criques nichées sur la rive nord du goulet. Elles sont accessibles en bateau ou par un sentier. Mais préférez les plages un peu plus éloignées le long des côtes ouest et est.

Le littoral ouest
Le relief, plus abrupt qu'à l'est, a multiplié les belles criques, difficiles d'accès mais assez tranquilles.
Cala di Paragnano – *4 km à l'ouest par la T 40. Peu avant l'intersection avec la D 60, prendre à gauche ; une fois dépassé le char d'assaut qui orne le bas-côté (!), le revêtement de la chaussée s'améliore.* Un petit paradis : belle crique sableuse encadrée de rochers rouges et eau cristalline. Le sol descend en pente douce.
Plage de la Tonnara – *10 km au nord-ouest. Quitter Bonifacio par la T 40 et prendre la direction de Sartène, puis la 2e grande route à gauche, la D 358.* Belle étendue convexe de sable située face aux îles du même nom, très proches de la côte et habitées par des oiseaux de mer.

Les plages du levant
Le relief plus doux du versant oriental, marqué par l'avancée de la mer dans le golfe bien abrité de Santa-Manza, a développé de vastes plages de sable, où se sont implantés plusieurs centres nautiques.
Les accès rayonnant au départ de Bonifacio nécessitent parfois des allers et retours pour atteindre chaque site.
Plage de Piantarella – *6 km à l'est par la D 58 (direction « Piantarella »), puis suivre la première route à droite (direction « Piantarella-Golf de Spérone »).* 2 km après ce carrefour, on franchit la limite entre le calcaire, si particulier à la région de Bonifacio, et le granit, plus traditionnel dans le sous-sol de la Corse. Les rochers affleurant, d'abord blancs et disposés en strates (calcaire), apparaissent bientôt fissurés et d'une couleur franchement rose (granit). Les murets de bord de route changent eux aussi de couleur. La végétation diffère également. En effet, la garrigue recouvre le sol calcaire, tandis que le maquis occupe le sol granitique.

Se garer sur les bas-côtés de la route, juste avant la petite marina de Piantarella. Empruntez, à droite, le sentier qui longe sur 100 m les rochers pour atteindre la belle **anse de Piantarella**, face aux îlots de Piana et Ratino. Couverte d'un sable grossier et d'un tapis de posidonies séchées, la plage est très fréquentée par les véliplanchistes et les kite-surfeurs. Pour vous baigner, marchez un peu plus loin *(env. 5mn par le sentier qui longe la plage)* pour accéder, au-delà de la **pointe de Sperone (Sprono)**, à la crique de sable fin adossée à des dunes.

Plage de Calalonga (Cara Lunga) – *9 km à l'est par la D 98, puis à 3 km prendre à droite la D 258. Laisser le véhicule au bout de la route, et suivre à pied le chemin en terre qui descend aux criques (10mn env.).* La plage de Calalonga se compose d'une suite de criques de sable bien abritées, entrecoupées d'îlots aux formes émoussées. Elle est dominée par un important ensemble résidentiel.

★ **Golfe de Santa Manza** – *6 km à l'est par la D 58.* De la pointe de Capicciola jusqu'à l'étang de Balistra s'offre une grande diversité de paysages, avec une succession d'anses sablonneuses, de quelques constructions éparses et discrètes bâties autour de ports, et de falaises sur la rive nord. Le golfe a conservé une grande beauté sauvage ; les couleurs des collines couvertes de maquis contrastent avec la palette bleu turquoise de la mer.

Les principales plages publiques sont **Maora** et **Santa Manza**, à proximité des rochers de **Punta Rossa**. Au nord, la plage de **Balistra★**, accessible par une piste carrossable et particulièrement difficile (2,5 km environ), se niche dans un paysage plus sauvage, mais superbe *(embranchement signalé par un panneau à droite sur la T 10 en dir. de Porto-Vecchio).* Moins fréquentée que les plus illustres des plages de ce littoral, Balistra est un vrai bonheur quand on a la sensation de l'avoir (presque) pour soi *(hors juil.-août).*

Du petit port de **Gurgazu** jusqu'à **Ponti di a Nava**, la D 58 longe une série de plages (taverne sur la dernière) tournées vers les falaises de **Rocchi-Bianchi**.

★★ **Baie de Rondinara** – *18 km au nord-est en direction de Porto-Vecchio par la T 10. À 14 km, prendre à droite la D 158 vers Suartone. Route sinueuse et étroite. Parking payant 5 €.* La superbe anse semi-fermée de Rondinara, bordée de sable fin, est de ces lieux magiques qui font le charme du littoral corse. Elle souffre cependant, comme ses voisines, d'une importante surfréquentation en période estivale.

Cap de Pertusato.
yvonne carrington/Getty Images Plus

7

ℹ Carnet pratique

S'informer

Office du tourisme de Bonifacio – PLAN II, C1 - *2 r. Fred-Scamaroni - ☎ 04 95 73 11 88 - bonifacio.fr -* Visites guidées à thèmes en saison

Bastion de l'Étendard – PLAN II, D1 - *Sous la porte de Gênes. En saison seult.*

Arriver/partir

En avion

Aéroport Figari-Sud Corse – *Voir p. 351.* Il se trouve 22 km au nord de Bonifactio par la T 40, puis les D 859 et D 322. Attention : il n'existe pas de navette de bus pour rejoindre Bonifacio. En taxi, compter de 55 à 70 € pour un trajet de jour *(de 65 à 85 € de 19h à 7h, ainsi que les dim. et j. fériés).*

Se garer

L'idéal est de trouver une place dans l'un de parkings situé à l'entrée de la marina. À défaut, d'autres parkings se trouvent dans la ville haute (quartier du Bosco), mais ils sont excentrés et pour certains réservés aux résidents.

Se déplacer

Petit train touristique – *Quai Noël-Beretti - ☎ 04 95 73 15 07 - horaires, se rens. - fermé nov.-mars - 6 € (-6 ans gratuit) - billetterie uniquement sur le port - 30mn.* Le petit train part de la marina *(9h-21h45 en juil.-août, jusqu'à 17h hors-sais.)* et réalise un circuit dans la vieille ville de Bonifacio.

Agenda

Semaine sainte – Le Jeudi et le Vendredi saints, procession des cinq confréries à travers la ville jusqu'à l'église Ste-Marie-Majeure, pour y vénérer la relique de la sainte Croix.

Fête de St-Érasme – *Le 2 juin.* Dans la marine, procession la conférie de San Teramo, célébrant le saint patron des navigateurs.

Fête de St-Silvère - *Le 20 juin.* Dans la marine, procession en l'honneur du pape et maryr du 6e s., protecteur des pêcheurs de langoustes

Notte di a Memoria – *2e sam. de juil.* Reconstitution historique.

Festival international de Tango – *Déb. sept.* - tangoabonifacio.fr.

Procession à l'ermitage de la Trinité – *Le 8 août.*

Fête de St-Jean-Baptiste – *Le 29 août.* Sortie du groupe processionnel de l'église St-Jean-Baptiste.

📍 Nos adresses

Restauration

Premier prix

❶ Cantina Doria – PLAN II, D2 - *27-29 r. Doria - ☎ 04 95 73 50 49 - de déb. avr. à fin oct., tlj - menus 20/30 € - plats 17,50/23 €.* Adresse populaire et vivante de la ville haute, tenue par des jeunes. Installé sur les bancs de bois de cette salle chaleureuse, vous dégusterez une cuisine corse simple comme le porc à la bière, les aubergines à la bonifacienne, les tripes à la tomate et, pour le dessert, une crème au cédrat. Une valeur sûre et une adresse sincère.

Budget moyen

❼ Kissing Pigs – PLAN I, B2 - *15 quai Banda-del-Ferro - ☎ 04 95 73 56 09 - www.bonifacio.fr - tlj - menus 25/27 € - plats 14/28 €.* Une ancienne remise à barques reconvertie en bistrot convivial avec charcuteries maison suspendues au plafond et terrasse panoramique : copieuses assiettes de coppa, lonzu, prisuttu ou de fromages, petits poêlons d'œufs brouillés au *brocciu* et à la menthe… Côté vins, vous aurez le choix entre plus de 90 références.

5 L'An Faim – PLAN I, B2 - *7 montée Rastello -* ℘ *04 95 73 09 10 - www.bonifacio.fr - fermé merc. et nov.-mars - menu déj. 30/36 € - plats 22/34 €.* Au pied de l'escalier qui mène à la citadelle, cette maison fait face à l'église St-Érasme, protecteur des pêcheurs. Dans une salle contemporaine ou sur la terrasse, on savoure des plats raffinés aux accents de la Méditerranée entre terre et mer agrémentés de la touche du chef.

3 Les Quatre Vents – PLAN I, B2 - *29 quai Banda-del-Ferro -* ℘ *04 95 73 07 50 - www.bonifacio. fr - fermé sam. midi en sais., lun. hors sais. - plats 27/37 €.* Tapi au bout du port, ce restaurant, qui ouvre volontiers ses baies vitrées, sert une cuisine qui évolue au gré des saisons. Entre autres propositions alléchantes, une bouillabaisse maison et de nombreux poissons. Portions généreuses, mais prix relativement élevés.

Pour se faire plaisir

2 Resto Lan'K – PLAN II, D1 - *5 r. Archivolto -* ℘ *04 95 21 59 54 - fermé du 31 oct. à Pâques, sam. midi et dim. midi hors sais. - réserv. conseillée - plats 32/53 €.* Ici, on soigne l'accueil et on veille au bien-être des clients. Terrasse sous les arcades ou salle installée dans une ancienne étable (avec un vieux pressoir à huile) pour déguster une cuisine simple mais bien troussée : crumble de St-Jacques, souris d'agneau au romarin, risotto aux gambas et St-Jacques, loup grillé à la colbert…

6 Stella d'Oro – PLAN II, C2 - *7 r. Doria -* ℘ *04 95 73 03 63 - www.restaurant-stelladoro-bonifacio.com - tlj, fermé oct.-mars - plats 40/64 € - sur réserv. le soir.* Une adresse sympathique et joliment décorée (poutres, pressoir à olives et meule en pierre), un peu à l'ancienne. Cuisine franche faisant la part belle aux poissons. La Mamma veille encore au grain !

Une folie

4 Le Voilier – PLAN I, B2 - *81 quai Jérôme-Comparetti -* ℘ *04 95 73 07 06 - www.levoilier-bonifacio.com - fermé de mi-janv. à mi-fév., dim. midi en sais., dim. soir hors saison - plateau de fruits de mer 54/88 €, formules 34/36 €.* Voguez sans crainte vers cette étape gourmande ! Décor élégant et terrasse sur la marina, cuisine iodée d'une grande fraîcheur, embellie de légumes et d'herbes aromatiques.

Petite pause

Café niçois – PLAN II, C1 -*15 r. St-Jean-Baptiste (ou r. Fred-Scamaroni) - 6h30-20h (fermé 14h-16h en hiver).* Une politique d'ouverture capricieuse, un accueil et un service pas toujours à la hauteur, mais il s'agit là d'un véritable monument de la ville haute, dont le visage désuet, comme hors du temps, est photogénique à souhait. Belle terrasse.

Pâtisserie Sorba – PLAN I, C1 - *3 pl. St-Érasme -* ℘ *04 95 73 03 64 ou 06 25 51 70 12- tlj 7h-19h.* Un savoir-faire transmis depuis des générations pour confectionner les meilleures *canistrelli* de la ville, déclinées en 8 variétés différentes, les *fugazzi* ou « pain des morts » (*5 variétés*), ainsi que des beignets et tartes au *brocciu*, sans oublier les douceurs à la farine de châtaigne ou à la fleur d'oranger. Petit salon de thé (*24 r. St-Dominique*).

7

Rocca-Serra – PLAN I, B2 - *17 quai Jérôme-Scamparetti - ☏ 04 95 73 10 08 - www.glacierroccaserra.com - tlj 7h-0h - autre adresse ville haute 1 r. St-Dominique -* PLAN II, C2. « Tout passe, tout lasse, sauf les glaces », telle est la devise du meilleur glacier de Bonifacio. Et il a bien raison, avec ses parfums rares, comme la farine de châtaigne, mais aussi ses « classiques corses » (mandarine, châtaigne AOP, figue de Bonifacio, brocciu, etc.). Un monument que les gourmands ne manqueront pas !

Confiserie Le corail de Bonifacio – *6 r. du Corps-de-Carde - www. lecoraildebonifacio.com.* Le corail de Bonifacio est un gâteau aux amandes et noisettes, parfumé aux oranges, aux clémentines ou aux mandarines de Corse, au miel de Bonifacio et aux épices. Il est confectionné par François Rocca-Serra, maître glacier et confiseur *(voir adresse ci-dessus).*

Shopping

Marché – Le mardi matin sur la loggia de l'arsenal.

En soirée

Chant – Dans la ville haute, des restaurants proposent certains soirs des animations avec des chanteurs traditionnels. Concerts hebdomadaires *(le jeu. en principe)* en l'église St-Dominique.

Clubs – De Bonifacio à Porto-Vecchio, de nombreux night-clubs animent, le temps d'une saison, les soirées d'une clientèle très cosmopolite.

Activités

SPMB – *☏ 04 95 10 97 50 - www.spmbonifacio.com. Près des parkings à l'entrée de la marina, grande baraque en bois.* Pls excursions de durées et de prix variables *(grottes et calanques,*

îles Lavezzi,... 20 à 39 € réd. étud., 13-17 ans et -12 ans) dont des sorties nocturnes en été pour admirer les falaises de Bonifacio depuis la mer *(sur réserv., dép. 1h avt le coucher du soleil ; 1h30 - 47 € (13-17 ans 40 €, 4-12 ans 30 €)).*

Bonifacio Windsurf – *Hameau de Piantarella - ☏ 06 80 31 51 41 - www.bonifacio-windsurf.com - fermé de mi-nov. à fin mars - 10h-17h30 - location de planche à voile (20/30 €/1h).* Location de planches à voile, stages d'initiation ou de perfectionnement, dans le cadre magnifique d'un lagon aux eaux peu profondes et très limpides, protégé par l'île de Piana

Golf Club de Sperone – *☏ 04 95 73 17 13 - www.golfdesperone.com - fermé nov. du 1er nov. à fin avr.* Golf 18 trous *(110 € ; forfaits 9 trous maquis ou mer 65/105 €)* aménagé sur un site magnifique dominant les bouches de Bonifacio. Le parcours, réalisé par Robert Trent Jones Sr, vous laissera des souvenirs inoubliables. Le club-house accueille un bar panoramique, un restaurant et un pro-shop.

Plongée – *Voir « Nos adresses » dans le golfe de Porto-Vecchio p. 384.*

Hébergement

Premier prix

Hôtel des Étrangers – HORS PLAN I - *Av. Sylvère-Bohn - ☏ 04 95 73 01 09 - www.hoteldesetrangers.fr - réserv. préférable par mail : hoteldesetrangers@orange. fr - fermé nov.-mars -* 🅿 *- 31 ch. 55/100 € - ☕ buffet 9 €.* Une adresse familiale, bien connue pour ses prix tout doux, les moins chers de la ville. Cette maison des années 1930, située en bord de route non loin du port, possède des chambres aux murs blancs, avec double vitrage, et climatisées pour certaines. Simple et rudimentaire mais bien tenu.

Budget moyen

1 Hôtel le Royal – PLAN II, C2 - 8 r. Fred-Scamaroni - ℰ 04 95 73 00 51 - www.hotel-leroyal.com - tte l'année - 🅿 - 15 ch. 90/198 € - 🍽 buffet 11 € - ✕ rest. avr.-nov. 15/30 €. Au cœur de la ville haute, ce petit hôtel familial dispose de chambres correctes avec double vitrage, coffre, douche, mais sans beaucoup de charme. Les plus onéreuses ont une vue splendide sur la mer. Bon accueil. Le restaurant, prisé pour sa situation, offre un éventail de spécialités et des classiques (grillades au feu de bois, pâtes fraîches et pizzas).

Pour se faire plaisir

2 Hôtel Colomba – PLAN II, C2 - 4-6 r. Simon-Varsi - ℰ 04 95 73 73 44 - www.hotel-bonifacio-corse.fr - fermé nov.-mars - 🅿 - 12 ch. 104/184 € - 🍽 11 € - ✕ plats 20/23 €. Deux maisons du 14e s. réunies dans un seul ensemble rénové, plein de charme. Les chambres sont assez petites, mais confortables et meublées avec goût. Une très jolie adresse dans le quartier pisan de la vieille ville.

À proximité

Premier prix

Camping Rondinara – Suartone - 18 km au nord-est de Bonifacio par T 10, D 158 à droite, rte de la plage, à 400 m de la plage - ℰ 04 95 70 43 15 - www.rondinara.fr - de mi-mai à fin sept. - 🅿 🛆 - 120 empl. 36/62 € - mobile homes 644/1358 €/sem. pour 2 pers. - ✕ Chez Ange plats 20,50/29,60 €. Les équipements de ce camping, dans la baie aux eaux turquoise et aux superbes plages, sont irréprochables. Belle piscine à débordement avec vue panoramique sur la mer, terrasse dallée et plantée d'arbustes. Agréable restaurant sur la plage.

Camping U Farniente – Pertamina Village - 5 km au nord-est de Bonifacio - ℰ 04 95 73 05 47 - www.camping-pertamina.com - de déb. avr. à déb. nov. - 🛆 🦽 - 100 empl. 36/58 € (grande tente). Ici, emplacements, bungalows, chalets et mobile homes sont agréablement ombragés dans un décor de lauriers-roses, mimosas, oliviers et palmiers. Deux belles piscines avec toboggan, club enfants et nombreuses activités sportives et ludiques.

Pour se faire plaisir

Hôtel Le Golfe – Golfe Sant'Amanza - Gurgazu - 7 km au nord-est de Bonifactio par D 58 - ℰ 04 95 73 05 91 - www.hoteldugolfe-bonifacio.com - fermé de mi-nov. à mi-avr. - 🅿 - 9 ch. 65/165 € - 🍽 6,50/9,50 € - ✕ plats 15/27 €. Cette affaire familiale nichée dans un site sauvage du golfe de Santa Manza, à 120 m de la mer, séduit les amateurs de quiétude et de simplicité. Salle de restaurant conviviale et terrasse face à la côte. Appétissante cuisine, régionale et sans prétention. Une bonne adresse.

Une folie

A Cheda Hôtel – Lieu-dit Cavallo-Morto - Rte de Porto-Vecchio - 2 km au nord-est de Bonifacio sur T 10 - ℰ 04 95 73 02 83 - www.acheda-hotel.com - 🅿 🛆 🦽 - 18 ch. 117/508 € - ✕. Un jardin planté d'essences entoure les délicieuses chambres ou suites (terrasse privative, sauna) de plain-pied. Bois, pierre, mosaïque et couleurs du Sud pour la décoration. Restaurant intimiste et terrasse face à la piscine chauffée. Recettes actuelles à base de produits corses et de fruits et légumes provenant du grand potager aménagé dans le jardin (très apprécié des enfants !).

7

Porto-Vecchio ★

Purti Vechju

Dominée par sa citadelle, la troisième ville de Corse bénéficie toujours d'une position stratégique, mais pour des raisons bien différentes depuis sa fondation. Avec ses plages de rêve toute proches et son hôtellerie de luxe, la ville est devenue une station balnéaire très chic, dont le centre reste animé jusque tard dans la soirée. Son site s'apprécie de la mer, de la pointe de la Chiappa, tout comme du hameau de l'Ospédale.

Le port de Porto-Vecchio.
nito100/Getty Images Plus

▶ Se repérer

11813 Porto-Vecchiais – Corse-du-Sud (2A)

CARTE D2 (P. 307), PLAN DE VILLE P. 372-375. Porto-Vecchio est située sur l'axe routier Bastia-Bonifacio. La cité est divisée en deux parties : la ville haute, enclose dans les fortifications, et le front de mer, avec son port de plaisance et de commerce.

☺ À ne pas manquer

L'ambiance nocturne en saison : promenade au coucher du soleil et repas tardif et festif ! Une randonnée à la Piscia di Gallo (cascade).

⏱ Organiser son temps

Porto-Vecchio se visite rapidement. Admirez les vestiges historiques, prenez un verre sur la place de la République et filez vers le massif de l'Ospédale ou les plages de la côte.

ℹ Carnet pratique p. 376

📍 Nos adresses p. 376

Se promener

PLAN DE VILLE P. 372-373

★ La citadelle

La cité est traversée par le cours Napoléon, autour duquel se regroupent des ruelles, des passages voûtés et des montées en escaliers. Dans le centre, la **place de la République**, ombragée, est animée par les terrasses des cafés.

Église St-Jean-Baptiste

L'élégant clocher et le chevet donnant sur la place de la République contrastent avec la façade classique, inachevée, de cet édifice construit du 16e au 19e s. En face, la chapelle, datant du 16e s., accueille le siège de la confrérie Ste-Croix. Bien plus intéressant que celui de St-Jean-Baptiste, l'intérieur renferme plusieurs crucifix et un char processionnel.

Les fortifications

Des anciennes fortifications génoises subsistent les bastions et les échauguettes dominant la marine : **bastion de France** *(tlj 10h-19h (20h en été) - 2 € (-12 ans gratuit)*, restes de la citadelle et vestiges des remparts. La **rue Borgo** ferme les perspectives sur le port, sauf si vous choisissez la terrasse d'un des nombreux restaurants. La **porte génoise** offre, elle, une vue sur le port, les salines et le golfe.

La marine

Elle se compose d'un port de plaisance et d'un port de commerce qui exporte les bois et les lièges vers le continent. Il est le 3e port corse assurant les liaisons avec le continent. Le port de commerce est également l'escale des croisières et des lignes saisonnières avec l'Italie. À l'embouchure du Stabiacco s'étendent les salines et une belle plage de sable.

★ Massif de l'Ospédale : de Porto-Vecchio à Zonza

CARTE DE RÉGION

⟳ *Circuit de 40 km au départ de Porto-Vecchio tracé en vert sur la carte p. 307 – Comptez une demi-journée (sans compter les randonnées). Sortir de Porto-Vecchio par la D 368 en direction de Zonza.*
Le massif de l'Ospédale est une haute région boisée surplombant le golfe de Porto-Vecchio. Peu accidenté, il offre d'agréables promenades. L'Ospédale doit son nom à un ancien hospice ou hôpital romain, établi dans le village.
La route s'élève sur les hauteurs de Porto-Vecchio, quittant un paysage de maquis pour frayer son parcours dans la forêt.

★ Forêt de l'Ospédale C2

La route accidentée, en lacet, tracée dans les bois de chênes-lièges et de chênes verts, passe à proximité d'énormes entassements rocheux, où s'accrochent les grands pins de cette vaste forêt (4 500 ha) étagée au-dessus du golfe de Porto-Vecchio.

L'Ospédale (U Spidali) C1

Le **hameau** est constitué de chalets et de villas disséminés au milieu des rochers et des pins, de part et d'autre de la route forestière. L'Ospédale présente, à mi-pente et à hauteur de son cadran solaire, de pittoresques blocs de granit. Il offre des **vues★★** lointaines sur les golfes de Porto-Vecchio et de Santa Manza.

7

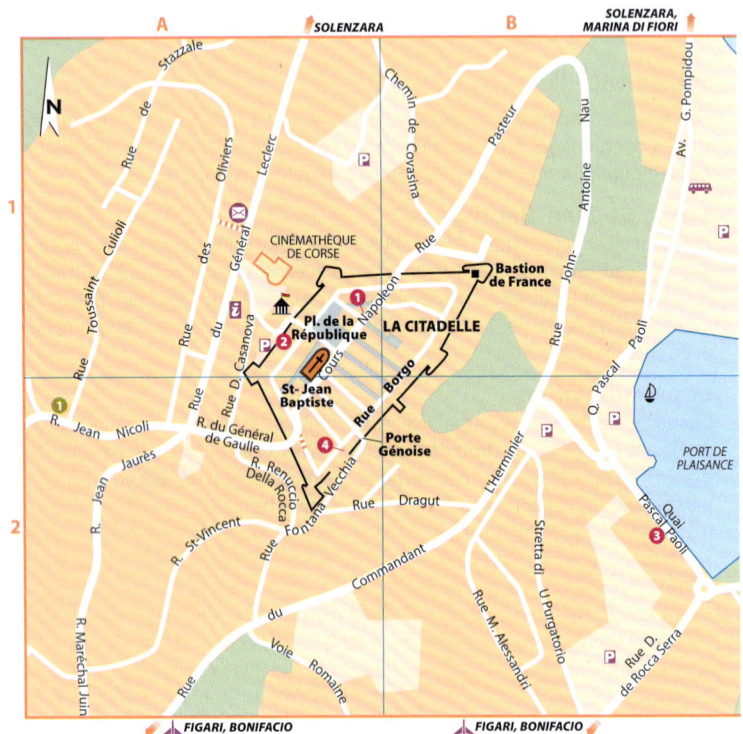

Col de l'Ospédale C1

Le vaste espace dégagé, sous les hautes frondaisons des pins, attire de nombreux promeneurs en quête d'un peu de fraîcheur.

Sentier de la Vacca Morta C1 – *Le circuit débute au bout du hameau de Cartalavanu, à 4 km à l'ouest de l'Ospédale - 2h AR.* Balisé en orange, le sentier (relativement facile) jalonné de cairns débouche sur un plateau, parsemé de rochers et de pins inclinés. De là, suivez les cairns jusqu'au sommet de la Vacca Morta. Les vues sont magnifiques, tant sur le golfe que sur les montagnes. Par temps clair, le paysage s'étire jusqu'au golfe de Valinco, sur la côte occidentale.

Barrage de l'Ospédale (Ritinuta di U Spidali) C1

Haut de 25 m, le barrage retient un petit lac qui égaye l'austère paysage d'éboulis rocheux et de sapins. Ses 3 000 000 m³ d'eau constituent la principale réserve de la vallée de l'Asinao et de la région de Porto-Vecchio.

★ Piscia di Gallo (Piscia di Ghjaddu) C1

Le circuit débute depuis le parking (5 €) situé 3,5 km après le barrage de l'Ospédale. Randonnée très fréquentée en été.

1h15 AR. Sentier balisé de jaune. Descendre jusqu'au pied de la cascade exige de s'équiper de chaussures adaptées (terrain instable).

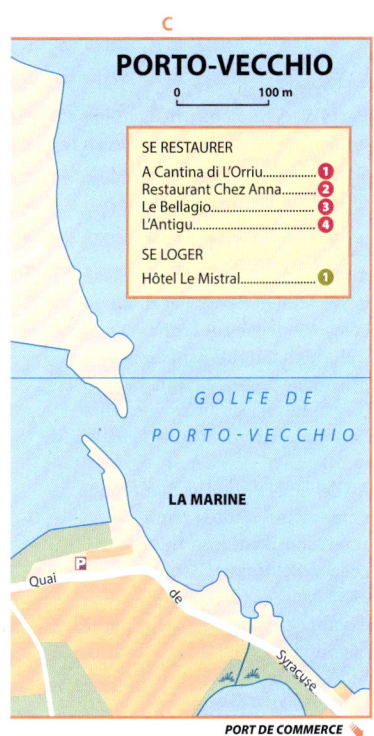

PORTO-VECCHIO

0 — 100 m

SE RESTAURER

A Cantina di L'Orriu..............**1**
Restaurant Chez Anna..........**2**
Le Bellagio..........................**3**
L'Antigu..............................**4**

SE LOGER

Hôtel Le Mistral.....................**1**

GOLFE DE PORTO-VECCHIO

LA MARINE

Quai 🅿

de

Syracuse

PORT DE COMMERCE

Le chemin balisé *(écriteaux jaunes)* dépasse les buvettes, puis longe l'Oso et rencontre un impressionnant paysage rocheux, avec la mer au loin. Après avoir franchi la rivière, on arrive devant un énorme rocher, puis le sentier descend le long d'une paroi percée de grottes, avec la cascade déjà visible. La **chute d'eau** (70 m) à flanc de falaise forme la *Piscia di Gallo* (**« pisse du coq »**), considérée comme la source de la petite rivière Oso se jetant dans la baie de St-Cyprien. Le débit est soutenu tout l'été grâce au barrage de l'Ospédale. La beauté du site et les étonnantes marmites de géants récompensent les efforts consentis.

★ Forêt de Barocaggio-Marghèse C1

Peu après le barrage, la route pénètre dans cette forêt domaniale occupant le centre du massif de l'Ospédale. Au-dessus de 1000 m d'altitude, elle se compose de pins laricio et de pins maritimes. Cette haute futaie est dominée au nord-ouest par la massive muraille de la **pointe de Diamant** (Punta di u Diamante, alt. 1198 m), à la forme pyramidale.

Un kilomètre avant le col de Pelza (Bocca di Pelza), on a une vue très étendue vers le sud-ouest avec, au loin, le village de Carbini et son environnement de monts boisés.

Au col de Pelza, prendre à gauche la D 67.

Chaos de Paccionitoli C1 *(voir p. 336)*

Revenir à la D 368.

7

Le charme d'un port historique

La ville tiendrait son nom de « vieux port » du *portus Syracusanus* figurant sur la carte de Ptolémée.

Des débuts difficiles

Après avoir fondé les places fortes de Bonifacio, Bastia, St-Florent, Ajaccio et Calvi, l'Office de St-Georges créa Porto-Vecchio en 1539, afin de compléter le système de défense de l'île. Le site était stratégique, avec son port abrité, dominé par une arête rocheuse sur laquelle les Génois bâtirent la citadelle cachée de la mer par les hauteurs de la Punta di u Cerchio. Les premiers colons établis en 1539 furent décimés par la maladie. Gênes repeupla alors Porto-Vecchio en 1546, cette fois avec des Corses recrutés de force. Nouvel échec, engendré par le paludisme, les raids barbaresques, l'hostilité des habitants spoliés de leurs terres et assignés à résidence.

Prise par Sampiero

En 1564, Sampiero Corso, privé de l'appui de la France, passa seul à l'attaque pour délivrer son île de la tutelle génoise. Prenant position dans le village de Vescovato, il constitua une petite armée avec laquelle il échoua devant Ajaccio. Il jeta alors son dévolu sur Porto-Vecchio, et s'en empara le 30 juillet 1564.

Sampiero pouvait espérer une alliance avec les Barbaresques : Porto-Vecchio devint un nid de corsaires redoutable pour les Génois… Consciente du danger, Gênes alerta son allié, le roi d'Espagne Philippe II. À l'automne 1564, les vaisseaux espagnols cinglèrent vers la Corse. Le 26 novembre, la cité, assiégée par les Espagnols commandés par le Génois Stefano Doria, capitula.

L'essor

Porto-Vecchio demeura longtemps une petite bourgade endormie, enfermée dans ses remparts. Ses habitants étaient pasteurs, commerçants en bois ou artisans. L'hiver, les bergers de Serra-di-Scopamène et de Quenza descendaient à Porto-Vecchio et logeaient dans des cabanes éparses. L'été, les habitants gagnaient la montagne. L'élevage transhumant et l'exploitation des forêts de chênes-lièges constituaient leurs principales ressources.

Au début du 20e s., l'agglomération s'étendit le long de la route Bonifacio-Bastia. La ville fut reliée à Bastia par chemin de fer en 1935. Mais ce tronçon connut une existence éphémère (huit ans) : très endommagé pendant la guerre, il fut définitivement abandonné après avoir vu sa reconstruction maintes fois différée. Quelques industries s'implantèrent à la marine (usine de préparation du liège, réparation navale…).

Porto-Vecchio connut un essor particulièrement rapide après la Seconde Guerre mondiale, grâce à l'éradication du moustique responsable de la malaria, à l'aménagement d'un port de commerce, à la mise en valeur de la plaine orientale et, surtout, au développement d'un tourisme de haut de gamme sur la côte et les rivages du golfe. La forte fréquentation italienne lui assure une activité touristique régulière, de même que la multiplication des luxueuses résidences secondaires proches des splendides plages du sud du golfe. Jusqu'à une époque relativement récente, les habitants tiraient également leurs ressources de l'exploitation des marais salants et des chênes-lièges.

Punta di u Diamante.
VFKA/Getty Images Plus

Forêt de Zonza C1

La route est sinueuse, mais belle et assez large. Elle grimpe à travers la forêt de Zonza plantée de pins, dans un ample paysage.

Zonza *(voir p. 337)*

De Zonza, vous pouvez rejoindre très rapidement *(9 km)* le **col et les aiguilles de Bavella★★★** *(voir p. 344).*

🛈 Carnet pratique

☛ *Voir aussi « Nos adresses » dans le golfe de Porto-Vecchio, p. 383.*

S'informer

Porticechju turisimu – PLAN DE LA VILLE A1 (P. 372) - *Espace Jean-Paul de Rocca Serra, r. Fred-Scamaroni - Porto-Vecchio -* ℘ *04 95 70 09 58 - www.portovecchio-tourisme. corsica.com.* Guides (« Guide rando » et « Guide Découverte », avec de nombeuses adresses), plan de ville, carte touristique et agenda des festivités.
Visites guidées – *A Citadedda, sur réserv. - 10 € (-12 ans gratuit).* Découverte de la citadelle. Visite en autonomie avec l'appli *A Spassu.* Chasse au trésor/jeu de piste.

Arriver/partir

En avion
Aéroport Figari-Sud Corse – *Voir p. 351.* **Navette pour l'aéroport** – ℘ *04 95 71 00 11 - www.corsicabus.org - voir carnet pratique du golfe de Figari et son arrière-pays, p. 351.*

Se garer
En été, laissez votre voiture à la marine et rejoignez la ville haute, à pied ou par le bus électrique.

Se déplacer

A Citadina – ℘ 04 95 20 20 20 - acitadina.porto-vecchio.corsica - été : 8h10-23h30 ; reste de l'année : lun.-sam. 8h10-20h30, dim. 8h10-13h30 - ttes les 15mn. Un minibus électrique relie gratuitement l'ensemble des parkings, le cœur de ville et le port.

Navette des plages – En saison, compte tenu des embouteillages et de la difficulté de trouver une place de stationnement à proximité des plages (compter 10 €), il est vivement conseillé d'emprunter les navettes. En juil.-août, dép. fréquents depuis la gare routière pour les plages de Santa Giulia et de Palombaggia (11 € AR, enf. 6 € AR).

Autocars – Liaisons (2/j.) avec Ajaccio via Figari, Sartène et Propriano (Eurocorse Voyages - ℘ 04 95 21 06 30) ; par la montagne (Balesi Évasion - ℘ 04 95 70 02 50 - www. balesievasion.com - 1 liaision/j. en juil.-août, 1 liaison/j. lun.-vend. de sept.à juin).

Agenda

Fête de St-Jean-Baptiste (San Ghjuvà) – 5 j. jusqu'au 24 ou 25 juin. En l'honneur du saint patron de la ville, messe en polyphonie corse en l'église St-Jean-Baptiste, procession aux flambeaux, bénédiction du feu, du blé et du sel : la grande fête de Porto Vecchio.

Fête de U Ludarettu – Le 31 juil. En souvenir des difficultés rencontrées dans le passé, la population suit un bonhomme de paille, sous les huées de la foule. Il finit brûlé place de la République sous les vivats.

Nos adresses

Restauration

Premier prix

3 Le Bellagio – PLAN II, B2 - Quai Pascal-Paoli - port de plaisance - ℘ 04 95 70 04 05 - fermé lmerc de mi-oct. à fin mars - plat du jour le midi en sem. 17 € - plats 20/30 €. Difficile de faire son choix pour dîner sur le port avec la multitude d'établissements alignés au coude à coude. Le Bellagio travaille le produit frais, légumes, viandes et poissons et renouvelle sans cesse le repas par des suggestions. Goûtez aux pâtes à la truffe et au loup grillé. Desserts par un chef pâtissier.

Budget moyen

1 A Cantina di L'Orriu – PLAN II, B2 - Cours Napoléon - ℘ 04 95 25 95 89 - fermé dim. soir et lun. d'avr. à sept, et de déb. nov. à fin mars - plats 20/50 €. Attenant à la boutique qui propose le meilleur de la charcuterie et des fromages corses, A Cantina di L'Orriu déploie ses terrasses, vite envahies par les gourmets qui se délectent de charcuterie, de cochon de lait ou encore d'une étonnante escalope de veau corse panée dont la recette demeure secrète. Les plats ne sont pas donnés mais vraiment bons et bien préparés, dans le respect des produits locaux. Une adresse sans faille.

2 Restaurant Chez Anna – PLAN II, A2 - 16 r. Camille-de-Rocca-Serra - ℘ 04 95 70 19 97 - en sais. : fermé dim. midi ; reste de l'année : fermé mar. et dim. midi - formule déj. 18 € - 25/30 €. Spécialités italiennes et pâtes fraîches – dont de savoureuses lasagnes aux aubergines –, salades, carpaccio, et, en dessert, de délicieux panna cotta et tiramisu. Deux terrasses dont une en aplomb du bastion de France.

Hyannis Port – HORS PLAN PAR B1 - Marina di Fiori - ℘ 04 95 23 12 94 - www.bestportovecchio.com/

hyannis-port - fermé hors saison - 25/35 €. Grand restaurant lumineux et moderne de la famille Leccia dominant la marina di Fiori. Vaste et superbe terrasse pour déguster d'excellents plats de poissons, une viande grillée ou des tapas, tous présentés avec goût. Un lieu tout trouvé pour une soirée en amoureux.

4 L'Antigu – PLAN II, A2 - *51 r. Borgo - ✆ 04 95 70 39 33 - fermé de mi-janv. à fin fév.-avr.-nov. : tlj - plats 28/32 €*. Depuis le toit-terrasse, le panorama sur le golfe de Porto-Vecchio est magnifique et côté papilles, les plats régionaux, copieux, bien préparés et présentés avec soin, mettent le palais en joie.

Petite pause

L'Art de la Glace – PLAN II, A2 *-1 cours Napoléon - ✆ 04 95 21 27 53 - 9h30-12h30, 15h-19h*. Pas loin d'une cinquantaine de parfums, de quoi donner le tournis ! Du cédrat, de la figue, du limoncello, de la myrte, du tiramisu ou du brocciu, mais aussi des saveurs qu'apprécieront plutôt vos enfants : nutella, kinder, snickers, rocher, barbe à papa...

Ghjacci – PLAN II, A2 - *22 av. du Gal-de-Gaulle - ✆ 06 72 13 72 30 - en sais. 10h-1h*. À quelques mètres du précédent, voici le « maestro del gelato », et à dire vrai, il n'y a pas usurpation : ses glaces sont fabuleuses, du miel de châtaignier bio à la mandarine certifiée non traitée, en passant par le citron nepita et l'inoubliable chocolat guanaja à l'orange. Des smoothies également.

Shopping

U Tavonu – PLAN II, A2 - *7 r. du Gén.-de-Gaulle - ✆ 04 95 72 14 03 - juil.-août : 9h-0h ; reste de l'année : 9h-23h*. Monsieur Santoni travaille avec les éleveurs de porcs et vend des produits frais – boudins, fromages de tête – presque

impossibles à trouver ailleurs. Quand la saison commence, les charcuteries descendent de la montagne pour s'accrocher par dizaines au plafond de sa boutique. Miels AOC, huiles d'olive, fromages.

En soirée

Cinémathèque de Corse – PLAN II, B2 - *Espace J-P de Rocca-Serra, 7 rte de Bastia - ✆ 04 20 20 20 01 - www.casadilume.corsica*. La cinémathèque itinérante de Corse est basée à Porto-Vecchio (programmation sur le site).

La Taverne du Roi – PLAN II, B2 - *43 r. Borgo - ✆ 06 10 73 16 53 - sais. : 22h30-5h ; reste de l'année : se rens*. Cabaret des frères Marcellesi, La Taverne est un haut lieu de la chanson corse sur la côte orientale. Cadre rustique et proximité des musiciens créent une atmosphère particulière. On aime bien !

Le Vinyle – PLAN II, B2 - *10 r. du Borgo - ✆ 06 86 88 48 02 - 11h-15h, 18h-2h - concerts live certains soirs*. Bar animé, où l'on boira un verre accompagné d'une planche de charcuterie ou d'une bonne tartine de terrine maison. Patron corse sympa, bonne ambiance et musique.

Activités

Excursions en mer

Sur le port, de nombreux prestataires proposent des sorties dans le golfe, et vers les îles Lavezzi *(voir aussi à Bonifacio p. 368)*.

Chiocca Croisières – *Face à la capitainerie - ✆ 06 26 05 37 24 - www.amour-des-iles.com - avr.-oct. - 85 € avec repas (5-12 ans 50 €), 65 € sans*. Sorties à la journée *(9h-18h)*.

Destination Lavezzi – *Port de Plaisance - ✆ 06 15 48 51 52 - www.portovecchio-croisieres.com - avr.-sept. - 85 € (4-12 ans 50 €) avec repas, 65 € sans (4-12 ans 40 €)*.

7

Prestations semblables à celles de Chiocca Croisières *(ci-dessus)*.

Voiles de Bonifacio – *Plage de Piantarella - ℰ 06 83 17 37 17 - www.voilesdebonifacio.com - mars-nov. - à partir de 65 € (-10 ans 1/2 tarif)*. Visite à la journée ou demi-journée des îles Cavallo, Lavezzi et Nord Sardaigne.

Croisière Exclusive – *ℰ 06 25 81 20 84 - www.croisiere-exclusive.fr - avr.-oct. sur réserv. - 60 €/2h. - 210/250 € la journée sur Aida*. Prestations à la journée en mode haut de gamme à bord d'un spacieux semi-rigide, entre le sud de la Corse et la Sardaigne.

Xtrem Sud – *L'Ospédale - ℰ 04 95 70 01 20 - www.xtremsud.com - de mi-avr. à mi-sept. tlj - 25 € (enf. 20 €)*. Une centaine d'ateliers au milieu de la forêt : lianes, tyroliennes, ponts de singe, etc. ainsi que deux via ferrata au sommet desquels s'offre une vue sur la Sardaigne. Canyoning (Piscia di Gallo, la Vacca, etc.) et escalade dans les aiguilles de Bavella.

Hébergement

Pour se faire plaisir

🔴 **Hôtel Le Mistral** – PLAN II, A2 - *13 r. Jean-Nicoli - ℰ 04 95 70 08 53 - lemistral.eu - fermé*

nov.-fév. - 🅿 - 31 ch. 77/251 € - ☕ buffet 16,50 €. Des chambres (2-5 pers.) rénovées, certaines disposant d'un balcon. Petit-déjeuner dans un patio agréablement arboré.

À proximité

Budget moyen

Casa Di Mama – *Rte de Sotta, direction Figari - ℰ 04 95 70 27 69 - www.casadimama.fr - fermé d'oct. à fin mars - 🅿 🏊 - 10 ch. 72/152 €- ☕ 11 €*. À 3 km de l'entrée sud de la ville, cet hôtel abrite des chambres agréables dans les tons gris. Certaines se prolongent d'un petit balcon/terrasse. Petit-déjeuner sur la terrasse.

Une folie

Hôtel San Giovanni – *Rte Arca - 3 km au sud-ouest par D 659 - ℰ 04 95 70 22 25 - www.hotel-san-giovanni.com - fermé mi-nov.-déb. janv. - 🅿 🏊 ♿ - 30 ch. 167/380 € - ☕ 9/14 € - ✗ 34,50 € (plats 21,50/23,50 €)*. Pension de famille dans un beau parc arboré et fleuri. Certaines chambres, de plain-pied, donnent sur un petit jardin privatif. Piscine et Jacuzzi. Petit-déjeuner et restauration familiale simple servie sous la pergola.

Le golfe de Porto-Vecchio ★★

Golfu di Purti Vechju

Le succès dont jouit à juste titre le golfe de Porto-Vecchio aurait-il son revers ? On serait tenté de répondre par l'affirmative, tant les constructions résidentielles se sont multipliées, jalousement préservées des regards, qui rendent l'accès à ses plages de rêves toujours plus difficile… Le littoral nord et l'intérieur des terres, où abondent les vestiges préhistoriques à mieux résisté à l'avidité des promoteurs. Au sud, presqu'îles et petites baies accueillent de somptueuses étendues de sable fin frangées de pinèdes, telle la très attractive plage de Palombaggia. Si l'on en a les moyens, séjourner dans le golfe permettra de se régaler de fruits de mer. L'ensablement provoqué par les deux fleuves côtiers, l'Oso et le Stabiacco, s'il ne facilite pas toujours la navigation, a permis la prolifération de grands coquillages appelés « nacres » et des huîtres sauvages de la variété « pied-de-cheval », qui abondent.

▶ Se repérer

Corse-du-Sud (2A)

CARTE D2 (P. 307), CARTE DU GOLFE P. 382.

Au sud-est de l'île, le golfe de Porto-Vecchio s'étend sur 8,5 km dans une rade bien abritée ouverte seulement au vent du nord-est. Il est bordé au sud par la presqu'île de Piccovagia qui s'achève à la pointe de la Chiappa, et au nord par l'avant-golfe de San Ciprianu et la petite baie de Pinarellu.

☺ À ne pas manquer

Les plages du Sud ; le Castellu d'Araghju.

ℹ Carnet pratique p. 383

◈ Nos adresses p. 383

Découvrir

CARTE DU GOLFE DE PORTO-VECCHIO P. 382

★★ Sud du golfe

▶ *Traverser Porto-Vecchio en direction du sud. À la sortie de la ville, après le rond-point, prendre sur la gauche la route qui fait le tour de la presqu'île.*
On parcourt des paysages encore sauvages : eucalyptus, pins parasols, maquis, roches rouges et mer turquoise. À la faveur de trouées dans la végétation, belles vues sur Porto-Vecchio.
En se dirigeant vers la **pointe de la Chiappa★** *(au-dessus du camping naturiste)*, le regard embrasse le golfe de Porto-Vecchio et son arrière-pays, notamment la baie de Stagnolo et la pointe de San Cipriany en face.

★ Plage de Palombaggia

Parking payant en saison (10 €) ; accès libre à Cala di Lume (places très limitées).
Vous en avez certainement rêvé, vous l'avez trouvée ! Encadrée de rochers rouges, cette somptueuse plage de fin sable blanc s'allonge au pied des dunes ombragées de majestueux pins parasols. L'eau revêt des tonalités turquoise, bleu outremer, améthyste. La beauté des lieux attire de nombreux estivants et explique la terrible

7

pression immobilière au-dessus de la plage ; il est désormais difficile d'en trouver les accès. Un des endroits les mieux préservés est le secteur de **Tamariccio★★**, objet de nombreuses cartes postales, et accessible par un sentier nature.

Au loin se distinguent les cinq îlots rocheux entourés d'écueils de l'archipel des **Cerbicale** *(accès interdit au public).* Classé réserve naturelle, le site du Conservatoire du littoral est le fief des cormorans huppés, qui y nidifient par milliers.

Reprendre la T 10 vers Bonifacio, puis à gauche la petite route qui, passant sur un étroit lido entre l'étang et la mer, longe la plage de Santa Giulia.

☺ En saison, en raison des embouteillages et de la difficulté de trouver une place de stationnement, empruntez la navette des plages depuis Porto-Vecchio *(voir p. 376).*

★★ Plage de Santa Giulia

Parking 10 € (Santa Giulia et Kusten, donnant droit à une consommation dans l'un des bars de plage).

La plage de sable blanc aux eaux cristalline s'étend au fond du paisible golfe de Santa Giulia. Bordée d'hôtels et de restaurants, il est possible d'y pratiquer toutes sortes d'activités nautiques en saison.

Site de Ceccia

▶ *6 km au sud-ouest de Porto-Vecchio. Accès par la T 10 en direction de Bonifacio. Prendre à droite la D 859, voir carte p. 382. Le site se trouve sur la gauche, 4 km avant Ceccia. Le sentier débute au centre de ce dernier (indications).*

> ## La grande forêt corse
>
> La **forêt de Porto-Vecchio** est la plus étendue de Corse. Installée sur des sols siliceux et des alluvions anciennes, elle couvre environ 8 000 ha de part et d'autre de la T 10. Elle est essentiellement composée de **chênes-lièges** *(voir encadré p. 441).* Il est aisément reconnaissable à ses gros glands noirâtres et à son écorce crevassée. Le sous-bois de la forêt de Porto Vecchio est dense. Le maquis (cistes et bruyères) y prédomine, même si certains propriétaires nettoient leurs parcelles pour favoriser le pâturage et la glandée, suivant une pratique ancestrale autorisant les porcs, friands de glands, à paître dans les forêts. Parmi la faune typique de ce milieu, on note le pic épeiche, le pinson des arbres et une importante colonie de tortues d'Hermann, espèce protégée.

La plage de Palombaggia.
iristipitina/Getty Images Plus

40mn AR. Attention déconseillé aux enfants, le site n'est pas sécurisé. Un monument circulaire d'environ 12 m de diamètre datant de 1350 av. J.-C., réaménagé à l'époque génoise, se dresse parmi les arbres, à quelques pas du piton rocheux. Une petite *cella* (chambre), accessible par un couloir dallé, en occupe le centre. À la différence des sites torréens analogues, Ceccia ne présente pas de trace d'habitat autour du monument.

Du fait de l'existence d'une *cella*, l'édifice pourrait avoir eu une fonction cultuelle. Mais il servait peut-être seulement à surveiller les alentours.

Le **panorama★** s'ouvre vers la plaine de Sotta et, au loin, Porto-Vecchio et son golfe.

Site de Tappa

▸ *Carte p. 382. 7,5 km au sud-ouest de Porto-Vecchio. Accès à 1,5 km de Ceccia par la D 859 vers Figari. Panneau indicateur sur la gauche. Stationner au niveau de la route. Suivre le balisage menant à l'éperon rocheux, panneau avec plan du site.* Le **complexe monumental torréen,** occupé entre 2200 et 1900 av. J.-C., a été fouillé et étudié dès 1960. Son vaste espace fortifié comportait des habitats (cabanes et abris-sous-roche), des passages souterrains et de petits bastions. Au sommet du site s'élevait le monument principal, circulaire, dont la fonction demeure mal définie. Les habitants de ce hameau fortifié connaissaient la poterie, ce que confirment les nombreux tessons retrouvés sur place. Ils sont présentés au musée de Préhistoire corse et d'Archéologie de Sartène (*voir p. 320*). La population vivait d'une petite agriculture.

Chapelle San Quilico C2

▸ *17 km au sud-ouest de Porto-Vecchio (et à 10 km au sud du site de Tappa). Sortir par la T 10, vers le sud ; prendre à droite la D 859 vers Figari et la suivre sur 14 km (1 km env. après l'embranchement de la D 59). Tourner à gauche en direction du hameau de Montilati que l'on atteint au bout de 1 km.* Elle est l'un des très rares édifices romans voûtés de l'île : un berceau en plein cintre est maçonné comme les murs, d'un appareil assez archaïque. L'unique fenêtre apparaît dans la petite abside. La toiture est en *teghje* (lauzes) posées à même les voûtes.

★ Nord du golfe

▸ *Emprunter la T 10 vers le nord. À Trinité-de-Porto-Vecchio, prendre sur la droite la D 468 qui dessert plusieurs plages.* Dans la grande baie bien abritée de Stagnolo, le **Golfo di Sognu** offre une plage de sable fin ombragée de pins, formée par le delta de l'Oso. Un peu plus loin,

nichée entre la punta di Benedettu et la punta San Ciprianu, la plage de **Cala Rossa** est superbe.

Au fond d'une anse, sorte d'avant-golfe délimité par les pointes de San Ciprianu et d'Araso, s'étire la grande **plage de San Ciprianu**. Rangées de pins et sable blanc constituent un long cordon littoral devant l'étang d'Araso. Vers l'intérieur se profilent les aiguilles de Bavella et le massif de l'Incudine.

En poursuivant vers le nord, on atteint le **golfe de Pinarellu**, plus tranquille que les précédents. Il abrite un petit **port** et une plage de sable blanc protégée par un îlot surmonté d'une tour génoise.

Baignade en rivière

Pour échapper aux plages surfréquentées, pourquoi ne pas envisager une baignade en rivière, qu'affectionnent les insulaires en plein cœur de la saison estivale ? À 12 km au nord de Porto-Vecchio, à **Sainte-Lucie de Porto-Vecchio** *(accès par la T 10)*, suivez la direction Taglio Rosso à gauche. En longeant la **rivière Cavu**, garez-vous près du centre de loisirs (tyrolienne, accrobranches), et descendez le long de la rivière. Des vasques naturelles attendent les baigneurs, avec les aiguilles de Bavella en guise de décor...

Du golfe de Pinarellu, vous pourrez rejoindre rapidement Sainte-Lucie de Porto-Vecchio et ses environs pour une baignade dans les vasques naturelles de la rivière *(voir encadré page précédente)*.

★ Castellu d'Araghju

▶ *Carte p. 382. De Porto-Vecchio, suivre la D 368 direction « Ospédale ». Après 4 km, prendre à droite la D 759 en direction d'Araggio (Araghju). À l'entrée du hameau, stationner au parking sur la droite et s'équiper de chaussures de marche. Le sentier menant au site s'amorce dans le hameau (fléchage). Accès réservé aux bons marcheurs.*

Bâti sur un éperon rocheux, véritable vigie au-dessus du golfe de Porto-Vecchio distant de 5 km, le *castellu* (forteresse) d'Araghju est l'un des plus représentatifs des grands **édifices torréens**.

1h30 AR. Le sentier franchit un ruisselet et se transforme en raidillon bordé de murets tracé dans le maquis et coupé de racines d'arbres. Après un palier, la majeure partie de la montée se fait dans le maquis et donc toujours sans ombrage. De la forteresse qui dominait (alt. 245 m) le village torréen il y a trois millénaires, subsiste une enceinte, haute de 4 m en moyenne et large de plus de 2 m, barrant l'éperon rocheux. Une porte monumentale ayant conservé son entablement donne accès aux ruines d'un monument à vocation certainement cultuelle. Dans l'épaisseur des murs circulaires sont aménagés des chambres et un escalier conduisant à un chemin de ronde : la **vue★★** s'étend sur toute la plaine littorale et le golfe de Porto-Vecchio.

ℹ Carnet pratique

S'informer

Office du tourisme de Porto-Vecchio – *Voir p. 376.*

Office du tourisme de Zonza - Ste-Lucie-de-Porto-Vecchio – *Mairie annexe - Ste-Lucie-de-Porto-Vecchio - ℘ 04 95 71 48 99 - zonza-saintelucie.com*

📍 Nos adresses

Voir aussi « Nos adresses » à Porto-Vecchio, p. 376.

Restauration

Plages du Sud

Budget moyen

Tamaricciu – *Rte de Palombaggia - ℘ 04 95 70 49 89 - www.tamaricciu.com - de mi-avr. à déb. oct. : tlj - plats 17/78 €.* La carte de cette élégante paillote à la terrasse en bois de teck décline d'alléchants plats de poisson. Pizzas à midi pour un déjeuner rapide et plus accessible.

Le Petit Chose – *Falacca, rte de Palombaggia (9 km sud-est de Porto-Vecchio) – ℘ 04 95 77 00 16 - www.petitchose.fr - tlj - fermé nov.à mi-avr. - 🅿 ♿ - menu 26,50/29,50 €.* Venez goûter, sur une petite terrasse surplombant la mer, de véritables pizzas, du poisson frais à la plancha, des moules de l'étang de Diane et des pâtes joliment cuisinées (mention spéciale pour les *linguine* aux palourdes, *vongole*). Les origines sardes de la famille expliquent certainement la réussite de ces mets. Excellent accueil. À noter, sanitaires équipés de douches pour les gourmands qui souhaiteraient piquer une tête avant de passer à table...

Terraméa – *Rte de Palombaggia par Piccovagia (env. 5 km à l'est de Porto-Vecchio) -* 📞 *04 95 50 03 94 - fermé à midi et dim.- plats 29/36 €* Suspendu entre ciel et mer sur une terrasse dominant le golfe de Porto-Vecchio, on goûte avec délectation des plats de poisson et de viande, tendance méditerranéenne bistronomique. Les prix s'accordent au cadre exceptionnel...

Pour se faire plaisir

U Santa Marina – *Marina de Santa Giulia (env. 7 km au sud de Porto-Vecchio) -* 📞 *04 95 70 45 00 - www.usantamarina.com -* ♿ ⛴ *- fermé de fin nov. à fin avr. - rest. plage et grill plats 23/29 € - rest. gastronomique plats 44/48 €.* Belle cuisine privilégiant les produits de la pêche locale dans une maison aux couleurs méditerranéennes ou sur l'une des multiples terrasses offrant une vue superbe sur la baie. Restaurant plage midi et soir, grill autour de la piscine à midi et table gastronomique le soir.

Shopping

Domaine de Granajolo – *En direction de Pinarellu puis à gauche vers Testa - 20144 Ste-Lucie-de-Porto-Vecchio -* 📞 *04 95 70 37 83 - www.granajolo.com - en saison : lun.-sam. 9h-13h ; hiver uniquement sur RV - fermé dim.* Ce domaine dirigé par une talentueuse vigneronne diplômée, Gwenaële, est le résultat d'une passion familiale pour la viticulture entièrement bio depuis 1974. Blanc, rouge et rosé (en AOC porto-vecchio) se partagent la production que l'on peut déguster sur place. Vins gourmands plébiscités par les restaurateurs de la région.

Activités

Plongée

Kalliste Plongée – *Plage de Palombaggia -* 📞 *06 35 29 35 71 - www.lekalliste-plongee.corsica - de mai à mi-oct. : lun.-sam. 8h-20h - à partir de 60 € (baptême à partir de 8 ans).* Installé sur la magnifique plage de Palombaggia, ce centre de plongée affilié à la FFESSM, au SSI, au CEDIP et à PADI, propose des baptêmes, des explorations et des stages à faire dans les eaux limpides du parc marin et de la réserve naturelle des Bouches de Bonifacio (îles Cerbicale et Lavezzi). Scooters sous-marins.

Hébergement

Plages du Sud

Premier prix

Camping U Pirellu – *Rte de Palombaggia (9 km à l'est de Porto-Vecchio par la T 10 et D 859) -* 📞 *04 95 70 23 44 - www.camping-palombaggia.corsica -* ⛴ *- fermé d'oct. à mi- avr. - 150 empl. 32,40 € - mobil-homes et chalets (4 à 5 pers.) 77/94 € (3 nuits mini. en été) -* ✗ *plats 19,50/34,50 €.* Vous trouverez dans ce camping implanté dans une grande chênaie des emplacements ombragés, des chalets en bois avec vue sur la mer.

Pour se faire plaisir

Chambre d'hôte Littariccia I et II – *Rte de Palombaggia (10 km à l'est de Porto-Vecchio et 1 km de la plage de Palombaggia) -* 📞 *04 95 70 41 33 ou 06 03 73 68 62- www.littariccia. com -* 🅿 ⛴ *- 6 ch. 90/200 €* ☕. Les grandes terrasses de cette maison moderne offrent une vue de rêve sur la mer avec, en toile de fond, les îles Cerbicale et la Sardaigne. Les chambres sont décorées avec goût.

Une folie

Hôtel Le Moby Dick – *Baie de Santa Giulia -* 📞 *04 95 70 71 00 - www. sud-corse.com - fermé de mi-oct. à* *mi-avr. - 🅿 - 44 ch. 219/666 € ☕ - menu soir 45 €.* Mer turquoise, plage de sable blanc et parasols en paillote : la Corse prend des airs de bout du monde ! Cet hôtel isolé entre lagune, mer et étang abrite des chambres rénovées.

Nord de Porto Vecchio

Premier prix

Camping La Vetta – *Trinité (5,5 km au nord par T 10) - ☎ 04 95 70 09 86 - www.campinglavetta.com - fermé oct.-mai - 🅿 ⛵ - 110 empl. 12/16 €, appart 1 ch. 2000/4200 €/sem., mobil-homes et chalets 126/206 €/nuit- 🍴 snack.* Dans ce camping à la tenue irréprochable et au cadre agréable, préférez la partie du terrain en terrasses. Aire de jeux.

Budget moyen

Camping Acqua e Sole – *Pianu-di-Conca (1 km au nord-est de Ste-Lucie-de-Porto-Vecchio, par T 10, rte de Solenzara, puis chemin à gauche) - ☎ 04 95 50 15 75 - www.camping-acquaesole.com - fermé de mi-oct. à mi-avr. - ⛵ - 154 empl. - bungalows et cottages à partir de 714 €/sem.4 pers.* Ce village-vacances propose des locations de chalets en bois sur pilotis de bon confort, des mobile-homes ou des chambres. Pas d'emplacements pour les tentes ni pour les caravanes. Côté loisirs, bar, restaurant, club enfants et piscine.

Une folie

Grand Hôtel de Cala Rossa – *Rte de Cala Rossa (10 km au nord-est de Porto-Vecchio par T 10 et D 468) - 20137 Lecci - ☎ 04 95 71 61 51 - www.hotel-calarossa.com - fermé de déb. nov. à fin avr. - 🅿 ⛵ - 40 ch. 374/1100 € - ☕ - 🍴 plats 26/43 €.* Dans cet hôtel Relais & Châteaux, vous savourerez chaque instant dans son jardin verdoyant, sur sa terrasse de teck au bord de l'eau, à la plage ou dans ses luxueuses chambres méditerranéennes... jusqu'au dîner sous les pins, qui est un pur moment de bonheur ! Piscine chauffée et Spa.

7

LA CÔTE ORIENTALE ET LE FIUMORBO

★★★	Vaut le voyage
M^TE RENOSO	
★★	Vaut le détour
Col de Larone	
★	Vaut la visite
Aléria	
Ghisoni	Intéressant
	Ville de départ du circuit
	Côte des Nacres
	Vallée de l'Abatesco
	Bergeries de Capannelle
	Col de Verde par la forêt de Marmano
	La vallée du Fium'Orbo

0   5 km

N

BASTIA

HAUTE-CORSE

Étang de Diane
Padulone
Aléria

CORTE

AJACCIO

Défilé des Strette
Ghisoni
D 344
Défilé de l'Inzecca

B^ies de Capannelle
F^t de Ghisoni
Lac de Bastiani
2352   M^TE RENOSO   Ft de Marmano
1972   Le Fiumorbo
Col de Pruno   Col de Verde
F^t de S. Pietro di Verde   1289

Prunelli-di-Fiumorbo
Ghisonaccia
D 343
Étang d'Urbino
Domaine de Pinia
D 444
Costa   Serena
Vignale
D 244
D 45   D 45
Pietrapola   Étab^nt thermal   Serra-di-Fiumorbo
D 145
Cascade de Buja
V^e de l'Abatesco
Calzarellu
D 144

CORSE-

Parc   naturel

Zicavo

Forêt de Tova

MONTE INCUDINE   2136

régional   de

DU-

608
Col de Larone

SUD

Corse

Scaffa Rossa
Solenzara
Sari-Solenzara
Canella
Anse de Favone
Anse de Tarco
Tour génoise
Fautea

Côte   des   Nacres

PORTO-VECCHIO

La côte orientale et le Fiumorbo

CARTE MICHELIN DÉPARTEMENTS 345 – CORSE-DU-SUD (2A) ET HAUTE-CORSE (2B)

Solenzara 388

Autour de Ghisonaccia :
Ghisonaccia 391

Ghisoni et le Fiumorbo★ 395

Au nord de Ghisonaccia :
Aléria★ 399

Solenzara

Sulinzara

À l'embouchure de la Solenzara, la station balnéaire du même nom sépare la côte rocheuse des Nacres, au sud, de la côte orientale et plane, au nord. Elle combine les plaisirs de la mer, avec son port de plaisance et ses fonds marins, et ceux de la montagne toute proche. Au nord de la rivière s'étire une grande plage de sable fin, dissimulée par des eucalyptus plantés au 19ᵉ s. afin d'assainir une région autrefois marécageuse.

Plage de Fautea.
Wild-Places/Getty Images Plus

▶ Se repérer

2 206 Sarais – Corse-du-Sud (2A)
CARTE B3 (P. 386). À l'embouchure du fleuve du même nom, Solenzara offre un agréable bord de mer et un accès direct au col de Bavella par la D 268 (30 km).

😊 À ne pas manquer

Le vol des cormorans huppés survolant le site naturel de Fautea.

🕐 Organiser son temps

Sur la côte des Nacres, profitez pleinement des plages de sable fin.

👥 En famille

Pour changer de l'eau salée, allez vous baigner dans la rivière débouchant sur la plage de Scaffa Rossa.

ℹ Carnet pratique p. 390

📍 Nos adresses p. 390

Se promener

La ville porte le nom de la rivière **Solenzara**, dont le nom dérive du corse *sole*, « soleil ». Très animée l'été, elle est dotée d'un port de pêche et de plaisance. De l'extrémité de la jetée s'offre la plus belle **vue★** de la cité au-dessus de laquelle se découpent les aiguilles de Bavella.

La longue **plage de Scaffa Rossa** (sable fin) s'étale au nord, à l'embouchure de la Solenzara. Vous pouvez alterner natation dans la Méditerranée et baignade dans les eaux de la rivière.

Sari-Solenzara B3

▶ *7 km au sud-ouest par la D 68.*
Perdu dans le maquis, le village domine Solenzara. Il offre des vues sur la côte et les aiguilles de Bavella.

Côte des Nacres   CARTE DE RÉGION B3

▶ *Circuit de 20 km au départ de Solenzara tracé en vert sur la carte p. 386. Quitter Solenzara vers le sud, par la route côtière (T 10).*
Les fonds sous-marins de cette côte abondent en poissons et en grands coquillages triangulaires appelés **plumes de mer** ou **grandes nacres**, dont l'intérieur présente une fine pellicule de nacre blanche et irisée. Devenus rares en Méditerranée, ces coquillages bénéficient depuis 1992 d'une protection totale. Il faut trente ans aux grands spécimens pour atteindre une longueur de 50 cm !
Quant aux boules fibreuses sur le sable des plages ou accrochées à la végétation des dunes, il s'agit de restes séchés d'herbiers de posidonie. Ces plantes formant de véritables prairies marines sont des productrices essentielles d'oxygène.
La route taillée en corniche suit de près le rivage et longe les petites anses de Cala d'Oro et de Canella.

Plage de Canella
Suivre la direction du camping Le Grand Bleu et du restaurant Dolce Vita.
Très belle petite baie arrondie, tapissée de sable fin.

Anse de Favone (Favona)
Grande plage de sable au débouché du Favone.

Anse de Tarco
Plage de sable à l'embouchure du Tarco. Vers l'intérieur des terres se profilent les aiguilles de Bavella.

★ Site naturel de Fautea
Les deux anses, bornées au nord par la **tour génoise** *(illuminée le soir par panneaux solaires),* constituent un des sites protégés du Conservatoire du littoral. Abritée entre deux pointes rocheuses, la **plage de Fautea** est tapissée de sable fin, tandis que la **plage des Américains**, plus longue et moins protégée, est constituée de sable grossier avec en arrière-plan des massifs d'épineux. Sur le chemin d'accès à la tour génoise, on découvre, à la belle saison, une végétation typique du maquis dont, notamment, le ciste de Crète aux fleurs mauves et le ciste de Montpellier aux fleurs blanches. La proximité de la réserve des îles Cerbicale *(voir p. 380)* permet d'apercevoir le manège des **cormorans huppés** noirs *(marangone* en corse), qui survolent la mer en rase-mottes et plongent subitement pour attraper un poisson.
◉ *Pour rejoindre Bavella, voir l'itinéraire « De Zonza à Solenzara » p. 344.*

ℹ Carnet pratique

S'informer

Office de tourisme de Solenzara - Côte des Nacres – *Pl. des anciennes -écoles -* ℘ *06 85 89 58 71.*

Point information de l'Alta Rocca, *voir p. 341 - alta-rocca-tourisme.com.*

📍 Nos adresses

Restauration

Budget moyen

La tentation sera grande de déjeuner dans l'un des restaurants sans prétention qui étendent leurs agréables terrasses près du port de plaisance de Solenzara : L'Annexe (℘ *04 95 59 85 11 - page Facebook),* peut-être le plus recommandable pour déguster du poisson grillé, ou A Marina (℘ *04 95 56 19 65),* son voisin, souvent un peu moins pris d'assaut.

À proximité

Budget moyen

A Mandria di Pigna – *Rte de Ghisonaccia, Pont-de-Solenzara - ℘ 04 95 32 71 24 - www. restaurantpigna.com - fermé déc.-janv., et lun. hors saison - plats 14,50/26 € (déj.), 23/35 (soir) - menu 38 €.* Cet établissement, installé dans une ancienne bergerie, mitonne soigneusement de savoureuses recettes corses escortées d'un bon choix de grillades cuites au feu de bois. Autres atouts : les prix corrects et une terrasse ombragée d'une treille. Patron charismatique qui assaisonne ses plats avec les herbes de son potager.

Petite pause

Glacier du Port – *Port de plaisance - ℘ 04 95 57 42 21.* Les glaces artisanales jouissent d'une bonne réputation (l'endroit fait aussi restaurant).

Shopping

Domaine de Solenzara – *℘ 06 15 10 35 48 - www.domainedesolenzara.com - de mi-juin à fin sept. : lun.-sam. sur RV préalable.* Unique à Solenzara, ce vignoble d'une superficie de 16 ha est classé AOC porto-vecchio. À partir de cépages traditionnels *(nielluccio, sciacarello, vermentino),* il produit des vins rouges, rosés et blancs que vous apprécierez lors d'une dégustation. Propose aussi plusieurs villas à louer *(autour de 1 660/1 970 €/ sem./4 pers.).*

Activités

☞ *Voir aussi « Nos adresses »* dans le massif de Bavella, p. 347.
Subaquatique club – *Port de plaisance - ℘ 04 95 57 44 19- www.sccn-solenzara.org - tlj juil.-août ; w.-end hors sais.* Explorations des merveilleux fonds sous-marins de la côte orientale.

Hébergement

Budget moyen

Hôtel La Solenzara – *Quartier du Palais - ℘ 04 95 57 42 18 - www.lasolenzara.com – fermé d'oct. à mi-avr. -* 🅿 ♿ 🏊 *Spa - 28 ch. 85/130 € -* 🛏 *buffet 17 €.* Cette bâtisse du 18e s. de style génois avec son jardin, sa piscine et sa terrasse face à la mer vous fera vite oublier la proximité de la nationale. Préférez les chambres avec vue sur la grande bleue (plus chères). Espace bien-être, massages.

Ghisonaccia

Carrefour touristique entre mer et montagne, Ghisonaccia est en même temps située à quelques kilomètres des grandes plages de la Costa Serena, et le point de départ du sentier de randonnée « Mare a Mare centre ». Dans l'arrière-pays du Fiumorbo, les villages en belvédère, les sources d'eaux chaudes et les vallées plongeant vers la mer offrent autant alternatives aux bains de soleil sur le sable fin.

⊙ Se repérer

4 196 Ghisonacciais – Haute-Corse (2B)
CARTE B2 (P. 386), CARTE DU FIUMORBO P. 392. Ghisonaccia se trouve à moins de 5 km de la côte, entre Aléria et Solenzara.

☺ À ne pas manquer

Le village belvédère de Prunelli-di-Fiumorbo dominant la plaine et les étangs d'Aléria.

⚎ En famille

Une promenade à cheval *(voir « Nos adresses »)*.

ⓘ Carnet pratique p. 394

◉ Nos adresses p. 394

Se promener

CARTE DE RÉGION P. 386

Ghisonaccia

Située à 4,5 km de la mer et adossée aux collines du Fiumorbo *(voir encadré p. 393)*, **Ghisonaccia** est devenue, grâce à l'essor agricole de la plaine orientale, une petite ville moderne et dynamique, centre de la **Costa Serena**. L'**église** est entièrement décorée de **fresques néobyzantines**, réalisées entre 1980 et 1985 par le peintre grec **Nikos Giannakakis**.

Il existe de nombreuses randonnées dans la région, dont une au départ de Ghisonaccia, à la découverte de l'étang d'Urbino *(rens. à l'office de tourisme, voir Carnet pratique)*.

★ Plage de Calzarellu

▶ *4,5 km au sud-est de Ghisonaccia (par les routes T 10 puis D 244). Buvette et poste de secours en été.*
Située au bout d'une petite route bordée d'eucalyptus, à l'embouchure du Fium'Orbo, elle est signalée par la **tour de Calzarellu**, édifiée dans les années 1930, qui gardait un port. La plage s'étend au sud, derrière l'**étang de Gradugine**. Protégée par le Conservatoire du littoral, elle constitue l'unique fenêtre maritime, à l'est, du parc naturel régional de Corse.

Plage de Vignale

▶ À 4,5 km à l'est de Ghisonaccia, elle séduit les amateurs de farniente.

Domaine préservé de Pinia

Il occupe 400 ha au sud de l'étang d'Urbino et longe 4 km de **plage de sable fin**. La **pinède** de Pinia, qui faisait la renommée des lieux, a brûlé en 1993. Elle fut le dernier refuge naturel du cerf de Corse *(voir p. 441)*, avant sa disparition à la fin des années 1960.

Étang d'Urbino

Comme à celui de Diane *(p. 402)*, on élève des moules et des huîtres depuis l'Antiquité dans ce vaste étang.

Vallée de l'Abatesco

CARTE DU FIUMORBO

▶ *Circuit de 56 km au départ de Ghisonaccia tracé en bleu sur la carte ci-dessous – Compter environ 2h30. De Ghisonaccia, suivre la route de Bonifacio jusqu'à Migliacciaro (1,5 km). Là, emprunter à droite la D 244 puis, 3 km plus loin, à gauche la D 145. Après Agnatello, prendre à gauche la D 45 qui s'élève en lacet dans le maquis et les chênes-lièges.*

Au sud-est, la D 144 mène au littoral. Vers le nord s'étire la plage de sable fin.

Serra-di-Fiumorbo

Accroché à flanc de montagne, le village domine la plaine orientale de 450 m. De la terrasse de l'église, le regard embrasse à la fois la plaine d'Aléria avec l'étang de Palo et la vallée de l'Abatesco.

Regagner la D 145 et poursuivre la D 45 à gauche.

Pietrapola

La localité est connue depuis l'époque romaine pour les bienfaits de ses eaux chaudes sulfurées sodiques sur les affections rhumatismales et osseuses. L'**établissement thermal** moderne, situé sur la rive gauche de l'Abatesco, reçoit plusieurs centaines de curistes par an. Devant l'église s'élèvent des maisons anciennes en granit.

Continuer vers San-Gavino-di-Fiumorbo.

La D 445 s'élève au-dessus de la vallée de l'Abatesco parmi les châtaigniers et les chênes-lièges.

À San-Gavino, emprunter, à droite, la D 245 en direction d'Isolaccio. À environ 2 km, au niveau d'un pont sur la gauche, est discrètement fléchée la cascade de Buja.

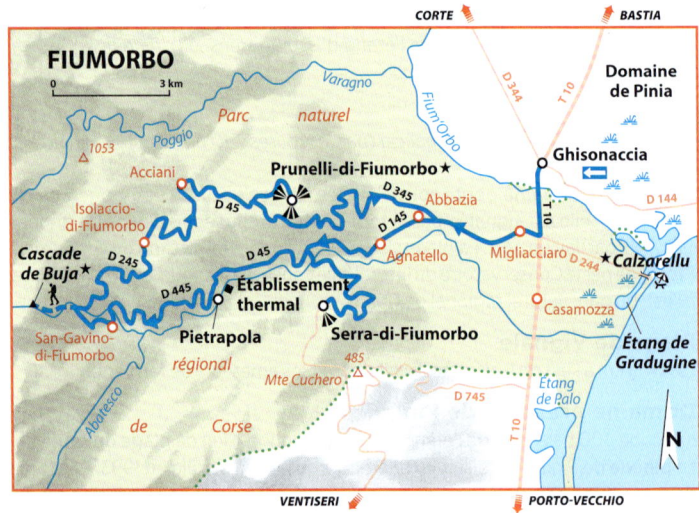

Fiumorbo et Fium'Orbo

La région du **Fiumorbo** (sans l'apostrophe) doit son nom au Fium'Orbo (« fleuve aux eaux troubles »), cours d'eau qui la limite au nord, et rassemble les eaux des torrents nés sur le versant oriental du monte Renoso. D'ouest en est, le Fiumorbo présente une zone d'altitude où règne le châtaignier, puis un ensemble de collines. À l'extrême sud s'étend la grande plaine d'Aléria. Aujourd'hui encore, seul le long parcours sinueux de la D 344, puis de la D 69, relie la région à l'intérieur de l'île par le col de Verde (alt. 1 289 m). Les villages sont maintenant accessibles par des routes, mais la plupart de celles-ci s'achèvent en cul-de-sac.

L'isolement géographique a fait de la région un foyer de **résistance**. Au 18e s., des bergers fiumorbais refusaient les astreintes de la loi française. À la fin du 19e s., le Fiumorbo devint un repaire de bandits, vivant ostensiblement leur condition et mettant la région en coupe réglée. En septembre 1944, la région de Vezzani, le défilé de l'Inzecca et Ghisoni furent le théâtre d'actions de la résistance victorieuse face à l'armée d'occupation allemande.

★ Cascade de Buja (ou Bughja)

Compter 1h AR. Mal entretenu, le chemin indiqué par une croix jaune débute près du pont sur la rivière. Après env. 50mn, prendre à gauche au niveau d'un gros arbre, enjamber ou passer sous des arbres arrachés, puis continuer à monter. Tout droit, le franchissement de la rivière est rendu impossible par d'énormes éboulis rocheux. La cascade de Buja est l'une des plus hautes de Corse, avec quelque 100 m de chute, sans être la plus impressionnante. Une vasque ombragée offre une courte halte à la rivière, qui s'engage ensuite dans d'étroits goulets. Soyez prudent : la roche peut être glissante.

Continuez sur la D 245 jusqu'à Isolaccio et, après Acciani, poursuivre par la D 45 vers Prunelli.

La route offre sur tout son parcours des échappées sur la vallée de l'Abatesco, Ghisonaccia et la région du Fiumorbo.

★ Prunelli-di-Fiumorbo

Le village-belvédère dominant la plaine littorale est le principal centre du Fiumorbo. La terrasse de l'église fortifiée, bâtie en haut du village, offre un **panorama★** très étendu sur la plaine orientale et ses étangs jusqu'à Aléria, sur la vallée de l'Abatesco et l'ensemble du Fiumorbo. À côté de la mairie, un petit **musée Mnémosyna** *(fermé ; nouveau projet en cours)* est consacré à l'histoire de la région.

Possibilités de stationnement et demi-tour au bout du village au niveau de l'église.

Le retour à Ghisonaccia s'effectue par la D 345, puis la D 145 jusqu'à Migliacciaro et la T 10 à gauche.

ℹ Carnet pratique

S'informer

Office de tourisme Fium'Orbu-Castellu – *55 rte de Ghisoni - Ghisonaccia -* ☏ *04 95 56 12 38 -* www.corseorientale.com. Informations sur la région, Fium'Orbo et Ghisonaccia compris. Nombreuses brochures en téléchargement, dont des suggestions de randonnées.

📍 Nos adresses

Hébergement/restauration

😊 Dans les environs de Ghisonaccia, le bord de mer réserve des surprises agréables aux vacanciers exigeants. Confortables et bien aménagés, les pieds dans l'eau, les campings ouvrent leurs portes de mai à septembre. Les villages clubs La Marina d'Oru et La Perla di Mare constituent une autre solution avec leurs équipements complets et animations.

Budget moyen

Hôtel Franceschini – *Av. du 9-Septembre - centre bourg -* ☏ *04 95 56 06 39 - www.hotelrestaurantghisonaccia.com -* 🅿 *- 10 ch. 87/100 € -* 🍽 *12 € -* 🍴. Hôtel facile à trouver car placé au bord de la nationale traversant le village. Derrière une façade quelque peu défraîchie, il abrite un bar et une salle de restaurant rénovés, joliment décorés d'un mobilier en fer forgé. Les chambres, fonctionnelles, sont bien équipées et climatisées.

À proximité

Premier prix

Camping Arinella-Bianca – *Rte de la Mer (3,5 km à l'est de Ghisonaccia par D 144 puis 0,7 km par chemin à droite) -* ☏ *04 95 56 04 78 - www.arinellabianca.com - de mai à déb.-oct. - réserv. obligatoire –* ♿ 🏊 *- 381 empl. 41/44 € - espace Balnéo et rest.* Un véritable village de vacances en bordure de plage, proposant un espace camping traditionnel ainsi que la location de bungalows et mobile-homes. Équipement commercial et de loisirs très complet. Club pour les enfants.

Camping Marina d'Erba Rossa – *Rte de la Mer (4 km à l'est de Ghisonaccia par D 144; bord de plage) -* ☏ *04 95 56 25 14 - www.marina-erbarossa.com - d'avr. à mi-oct. - réserv. obligatoire -* 🏊 *- 550 empl. 34/66 € - mobil-homes, lodges et chalets pour 4 pers ou plus.* Pelouses d'agrément ou de jeux, massifs de lauriers-roses, palmiers, bananiers, parc animalier, clapotis de la mer et sable fin, piscine chauffée; dans ce camping ombragé, la nature est reine, pour votre plaisir. Activités sportives à volonté et services multiples : restaurant, club enfants, commerces…!

Activités

👬 **Ranch Évasion** – *Rte de la Mer -* ☏ *06 26 98 57 62 - fermé dim. et hors saison - adulte 60 €/2h - enf. 40 €.* Ce centre équestre affilié à l'ANCV et à la FFE propose des promenades à cheval ou à poney entre forêt et plage. Initiation dès 18 mois sur des miniponeys.

Le torrent de Fiumorbo.
G. Lansard/hemis.fr

Ghisoni et le Fiumorbo ★

Gardé par deux impressionnants rochers, le Kyrie Eleïson et le Christe Eleïson, Ghisoni est l'un des rares villages de l'île établi dans une dépression, au creux de la haute vallée du Fium'Orbo. Cette région préservée incite à prendre son temps, en se baladant au cœur des forêts de pins, à la découverte de bergeries, de lacs d'eau fraîche où il fait bon se baigner. Les marcheurs entraînés effectueront l'ascension du monte Renoso.

▶ Se repérer

213 Ghisonais – Haute-Corse (2B)
CARTE AB2 (P. 386), CARTE DU GHISONI P. 397. Ghisoni est située à 27 km au nord-ouest de Ghisonaccia.

▶ Organiser son temps

Pour l'ascension du monte Renoso, partez de très bonne heure afin d'atteindre le sommet avant que ne se lève la brume.

ⓘ Carnet pratique p. 398

◉ Nos adresses p. 398

★ La vallée du Fium'Orbo

CARTE DE RÉGION

▶ *Circuit de 27 km au départ de Ghisonaccia tracé en violet sur la carte p. 386. Sortir de Ghisonaccia par la D 344.*
La route file en ligne droite en direction des montagnes, en longeant le vignoble de la côte orientale. Passé le hameau de St-Antoine, les premiers virages dévoilent un panorama sur la plaine littorale.
Continuez sur la D 344.

★ Défilé de l'Inzecca A2

L'étroit défilé au visage austère a été creusé dans un verrou rocheux par le Fium'Orbo, qui conserve là son caractère de torrent montagnard impétueux. En amont, le bassin de Sampolo est planté d'oliviers et de châtaigniers.

Défilé des Strette (Stretta di e Strette) A2

Étroit et sinueux, il a été creusé par le Fium'Orbo. La route *(croisements difficiles)* traverse un univers hérissé de pics granitiques émergeant de la verdure. Puis la rivière s'élargit jusqu'à former un lac (retenue en amont).

Ghisoni A2

Dans un environnement montagneux, au fond d'une cuvette, la tranquille bourgade attire les randonneurs l'été et les skieurs l'hiver. Une jolie cascade et un vieux moulin se découvrent depuis le pont, situés en contrebas du village.

Bergeries de Capannelle CARTE DE GHISONI

▶ *Circuit de 18 km au départ de Ghisoni tracé en rose sur la carte ci-contre. Quitter Ghisoni au sud par la D 69. À 6,5 km, après le pont de Casso, prendre à droite la D 169 qui s'arrête non loin des bergeries de Capannelle.*

Construite pour faciliter l'exploitation de la **forêt de Ghisoni**, la route traverse de superbes peuplements de pins laricio et maritimes, ou de hêtres, auxquels se mêlent le bouleau, l'aulne et l'alisier blanc. Certains pins laricio, hauts de 40 m, sont vieux de trois siècles.

Bergeries de Capannelle (refuge du parc régional)

500 m à l'ouest de l'extrémité de la route (alt. 1640 m).

Elles se groupent dans le vallon de Tomba. Avec celles de Tragette et de Scarpaccedie, les bergeries de Capannelle abritent en été 2500 ovins. Un vaste **domaine skiable**, le « stade de neige de Ghisoni », s'étend entre 1600 m et 2100 m d'altitude, limité par la crête de Chufidu au nord et celle de Pietra Niella au sud.

★★★ Monte Renoso (Monte Renusu)

4h30 pour AR direct, 9h pour la grande boucle réservée aux bons marcheurs – dénivelé de 700 m. L'escalade des pentes caillouteuses du Renoso ne présente guère de difficultés pour de bons marcheurs bien équipés : il est le plus accessible des six plus hauts sommets de l'île. L'itinéraire est balisé de cairns. À partir des **bergeries de Capannelle**, une piste jalonnée de cairns s'engage vers le sud-ouest en direction du monte Renoso ; elle atteint *(1h)* la source de Pizzolo sur un plateau herbeux, puis *(2h)* le **lac de Bastiani** (alt. 2089 m), grande nappe d'eau grise, aleviné en truitelles et en saumons de fontaine, qui s'étend sur 4,7 ha. Ses rives sont souvent recouvertes par les névés, même en été.

Longer la moraine qui borde le lac pour atteindre l'arête faîtière que l'on suit jusqu'au sommet du Renoso (à 1h de marche du lac).

Point culminant de la longue arête reliant les cols de Vizzavona et de Verde, le **monte Renoso** (alt. 2352 m) apparaît comme un dôme massif couvert de blocs et d'éboulis. Du sommet, le **panorama★★★** englobe tout le sud de l'île, de la côte orientale aux golfes de Valinco et d'Ajaccio, ainsi que la Sardaigne.

★ Col de Verde
par la forêt de Marmano

▶ *Circuit de 17 km au départ de Ghisoni tracé en rouge sur la carte ci-dessus. Quitter Ghisoni vers le sud par la D 69 jusqu'au col de Verde.*

La route s'élève dans la forêt de Ghisoni. On aperçoit sur la droite le monte Renoso et, en contrebas sur la gauche, le Christe et le Kyrie Eleïson.

★ Forêt de Marmano

Couvrant le bassin supérieur du Fium'Orbo, la forêt s'accroche à des versants abrupts. Elle est plantée de pins laricio et maritimes, de hêtres, de sapins et de bouleaux. On peut y voir le plus gros sapin de Corse, également l'un des plus imposants d'Europe (👣 *45mn de marche au départ du col*).

Col de Verde

S'ouvrant à 1289 m d'altitude au milieu des hêtraies, il fait communiquer la vallée du Fium'Orbo et la forêt de Marmano au nord, avec la vallée du Taravo et la forêt de San Pietro di Verde au sud.

★ Forêt de San Pietro di Verde *(voir p. 301)*

En continuant la D 69, on arrive à Zicavo, point de départ de randonnées dans l'Incudine (voir p. 302).

8

ⓘ Carnet pratique

S'informer

Office de tourisme Fium'Orbu-Castellu, *voir p. 394.*
Bureau d'informations touristiques - *Mairie de Ghisoni – ✆ 04 95 57 61 28 - www.ghisoni.*

corsica ou www.corseorientale.com - appli pour smartphone Ghisoni. Nombreuses informations sur le site Internet, notamment sur trois randonnées en boucle (téléchargeables) au dép. de Ghisoni et sur la station de ski Capanelle.

📍 Nos adresses

Restauration

Ghisoni

Premier prix

A Stazzona – *Vadina (r. principale) - ✆ 04 95 56 00 11 - tlj mi-mai.-oct. - 15/20 €.* Restaurant familial où l'on se sent comme chez soi. Déjeuner au bord de la rue ou en terrasse de produits corses issus du circuit court. Ne manquez pas la brochette de veau, un délice! Accueil chaleureux.

À proximité

Premier prix

Ferme-auberge U Sampolu – *Lieu-dit Sampolu (traversez le pont en amont du Sampolo; 9 km à l'est de Ghisoni par D 344) - ✆ 04 95 57 60 18 - www.auberge-u-sampolu. fr - 🅿 ♿ - juil.-août : tlj; mai, juin et sept. : fermé lun. et mar. soir - menus 16/19 et 34 € - plats 15/28 €.* Desservie par une petite route charmante, cette ferme entourée de pins cuisine ses propres produits en des recettes typiquement corses, simples et savoureuses : tarte aux herbes, agneau et veau de la ferme, grillades de mai à sept; Accueil très sympathique.

Budget moyen

Ferme-auberge L'Inzecca – *Lieu-dit Pinzalone (12 km à l'est de Ghisoni par D 344) - ✆ 04 95 56 62 62 - juin.-sept. : tlj sf mar. - mi-nov. à mi-mars : vend-sam. soir - menu 38 € - plats 18/26 €.* À l'entrée du défilé de l'Inzecca, c'est une ancienne bergerie restaurée. Tout est fait maison : charcuterie, tripettes, veau et cochon... Seule la truite est d'élevage. Ambiance familiale dans la salle de pierre ou en terrasse avec vue sur les montagnes et la forêt. Très bon accueil.

Shopping

Fromagerie Xavier Baldovini – *Lieu-dit Salastraco - commune de Pietroso - ✆ 04 95 56 63 32 - www.fiore-di-muntagna.com - lun.-sam. 8h-13h.* Cet artisan produit d'excellents fromages de brebis. Bel espace de dégustation. Également vente de charcuterie, vin, miel, yaourts et poteries.

Hébergement

Une folie

A Casetta di u banditu – *Lieu-dit Salastraco (accès par la D 344A depuis le défilé de l'Inzacca; 15 km à l'est de Ghisoni - ✆ 04 95 56 63 32 ou 06 09 40 66 21 - www. casettadiubanditu.com - 🅿 - cabane : 220 €/2 à 3 pers./nuit (loc. à la sem. en été).* Dressée juste au-dessus de la rivière U Bandiolu, cette cabane, charmante et confortable, est équipée d'une chambre en mezzanine, d'un coin cuisine, d'une salle de bains et de toilettes séparées. Petite piscine naturelle à côté, bordée d'une terrasse aménagée. Également un gîte dans une maison traditionnelle **A Casa Cantuniera** *(8 à 14 pers., 470 €/nuit, 1 sem. mini. l'été.*

Aléria ★

Située à proximité d'un abri portuaire naturel, au débouché de la vallée du Tavignano, l'ancienne Alalia, simple comptoir commercial à l'origine fondé vers 565 av. J.-C., fut la première métropole historique de la Corse. Grâce aux travaux des archéologues menés dans les années 1950, Aléria s'affirme comme un témoignage important de l'implantation phocéenne sur l'île. Véritable voyage à travers les civilisations méditerranéennes, les lieux offrent aussi aujourd'hui d'agréables promenades le long du fleuve et des étangs.

▶ Se repérer

2 206 Alériais – Haute-Corse (2B)
CARTE B1 (P. 386), PLAN DE LA VILLE ANTQUE P. 400. Aléria se trouve à peu près à mi-chemin entre Bastia et Porto-Vecchio, le long de la T 10. Dominant le cours inférieur du Tavignano, un plateau de 40 à 60 m d'altitude et de plus de 2 km de long s'élève à 4 km de la mer. Au nord-est s'ouvre l'étang de Diane auquel on accède par une petite route depuis la T 10.

😊 À ne pas manquer

Le musée Jérôme-Carcopino.

ℹ Carnet pratique p. 403

📍 Nos adresses p. 403

Se promener
PLAN DE LA VILLE ANTIQUE

★ Fort de Matra

☎ 04 95 46 10 92 - 16 mai-sept. : 10h-18h ; oct.-15 mai : 9h-17h, fermé dim. - fermeture de la billetterie 30mn avt - 4 € (-10 ans gratuit), billet combiné avec le site archéologique.
Construit par les Génois à la fin du 15e s. sur un emplacement déjà fortifié, le fort a subi de nombreux remaniements. Restauré, il abrite le musée Jérôme-Carcopino.
★ **Musée départemental Jérôme-Carcopino** – *Hameau du Fort - ☎ 04 95 57 00 92 - de mi-mai à fin sept. : 10h-18h ; oct.-15 mai : 9h-17h - fermé dim., fermeture de la billetterie 30mn avt - 4 € (même billet que pour le site).*
Le musée présente de manière attractive une collection d'objets provenant de la nécropole préromaine et du site de la colonie d'Aléria.
La visite débute par le sous-sol où sont présentées deux sépultures étrusques provenant de la nécropole 90 (v. 475-450 av. J.-C.) ; les défunts sont entourés d'objets trouvés à leurs côtés lors des fouilles (épées et céramiques). La grande salle du rez-de-chaussée renferme la précieuse **collection de céramiques★★**, regroupées par thématiques (mythologie et symboles, conservation de l'image du défunt, lamentation funéraire), ainsi que des objets en bronze (pointes et casques), des bijoux et des balsamaires surpeints du 4e s. av. J.-C. La grande vitrine de la salle (le « dernier banquet ») abrite de splendides **céramiques attiques★** à figures rouges, pour certaines en relation avec la musique. Un espace est consacré à la nécropole romaine de Genucilia (objets en verre).

Église St-Marcel

Faisant face au fort, sur le site d'une ancienne cathédrale romane, l'église a été en partie construite avec des pierres provenant de la ville romaine (comme le montrent quelques éléments sculptés).

8

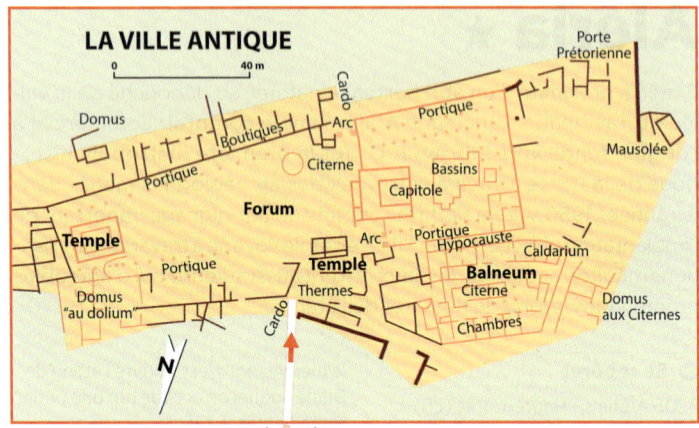

LA VILLE ANTIQUE

0 ——— 40 m

Domus · Boutiques · Portique · Arc · Portique · Porte Prétorienne · Mausolée · Citerne · Bassins · Capitole · **Forum** · **Temple** · Portique · Arc · Portique · Hypocauste · Caldarium · **Temple** · Thermes · **Balneum** Citerne · Domus "au dolium" · Cardo · Chambres · Domus aux Citernes

N

MUSÉE ALÉRIA

★ Le site antique
Plan ci-dessus. Revenir vers le fort et le longer sur la gauche.
Le site de la ville antique se déploie dans un hameau isolé sur une colline, à l'extrémité du village. Une rénovation du site est envisagée pour réparer les dégradations liées à l'érosion. Elle devrait valoriser l'**amphithéâtre**, appelé à accueillir des manifestestations culturelles, pour l'instant invisible.
Prendre à droite du fort le chemin menant à la cité antique, à 300 m.
L'antique cité porte l'empreinte des différents peuples méditerranéens qui l'ont convoitée : Phocéens, Étrusques, Carthaginois, Romains et Génois. À son époque faste, Aléria accueillait jusqu'à 80 000 habitants (la bourgade en regroupe aujourd'hui à peine plus de 2 000). Les fouilles ont permis de dégager le forum et le soubassement des principaux monuments de la ville romaine. Les lieux, peu spectaculaires pour les non-initiés, ont été replantés de pins et de cyprès.
Forum – La place de forme trapézoïdale, cœur de la vie publique de la cité, était bordée de portiques au nord et au sud. À ses extrémités se faisaient face un petit temple et le capitole.
Le capitole. Consacré à Jupiter, Junon et Minerve, le capitole est le monument religieux et politique le plus important de la colonie d'Aléria. Il a été rasé à l'époque génoise. On y accédait par un escalier monumental. Un triple portique le fermait vers l'ouest ; l'esplanade ainsi délimitée fut occupée au Bas-Empire par un petit ensemble thermal dont il reste les bassins.

L'emprise hellénique

Les Phocéens exploitaient les mines de cuivre et de fer de la région de Venaco et de Corte, le plomb argentifère de Ghisoni et les forêts. Ils utilisaient l'argile corse pour leurs céramiques. Tirant aussi parti des étangs voisins riches en huîtres et en anguilles, ils développèrent les pêcheries et les salaisons. Les salines et le murex, coquillage dont les Anciens extrayaient la pourpre, alimentaient une grande part de leur commerce. Enfin, ils introduisirent en Corse la vigne, l'olivier et le blé.

➕ Âge d'or et déclin d'Aléria

Un relais du commerce attique

Après avoir fondé Marseille en 600 av. J.-C., les Phocéens (Grecs de Phocée, ville d'Asie Mineure) créèrent en Corse, vers 565, un comptoir à Alalia. Vingt ans plus tard, chassés de Phocée par la conquête perse, ils s'installèrent à Alalia et en firent leur métropole (de 540 à 535 av. J.-C.). Amoindris par les batailles contre les Étrusques et les Carthaginois, les Phocéens transférèrent leur capitale à Marseille et utilisèrent Alalia comme relais commercial. Ce dernier servit d'escale sur les voies maritimes entre la Provence, l'Italie, la Sicile, l'Espagne et l'Afrique du Nord, et devint un port d'importation pour la Corse.

La cité et l'intérieur de l'île connurent donc les influences helléniques avant de s'ouvrir aux autres civilisations méditerranéennes.

La base navale de Rome

En 259 av. J.-C., Rome enleva Aléria aux Carthaginois qui la contrôlaient depuis vingt et un ans. Jusqu'en 163 av. J.-C., la République dut réprimer de nombreuses révoltes des peuplades de l'intérieur ; la Corse perdit alors plus de la moitié de sa population.

L'île, qui formait avec la Sardaigne une province romaine, fut soumise aux aléas de la politique intérieure de la République. En 81 av. J.-C., Sylla, par mesure punitive, transforma Aléria en colonie militaire. Tour à tour, Pompée, César puis Octave s'emparèrent de la cité.

Sous l'Empire, Aléria devint la capitale de la province Corse, séparée de la Sardaigne. Auguste (empereur de 27 av. J.-C. à 14 apr. J.-C.) créa un port de guerre dans l'étang de Diane, un port de commerce au pied du plateau dans un coude du Tavignano (où ont été trouvées les ruines des thermes de Santa Laurina des 2e et 3e s.), et fit entreprendre de vastes travaux d'aménagement. Les empereurs Hadrien, Caracalla et Dioclétien continuèrent à agrandir et à embellir la cité. De par le grand rayonnement qu'elle exerçait, la civilisation romaine put se répandre dans l'île. Pourtant, Aléria ne résista pas à la lente décadence de l'Empire romain. Resserrée sur son plateau, décimée par la malaria, elle fut incendiée par les Vandales, puis abandonnée au début du 5e s. apr. J.-C.

Une terre longtemps déshéritée

Après le départ des Romains, la population, fuyant les incursions barbaresques, abandonna la plaine d'Aléria. Les eaux descendues des montagnes se perdirent alors dans les terres et formèrent des marécages malsains. Le paludisme fit des ravages. Cernés par un haut maquis, les villages de Ghisonaccia, Aghione et Aléria tirèrent, durant des siècles, leurs maigres ressources de l'élevage et d'une agriculture aux techniques archaïques.

En 1944, les troupes américaines basées dans la plaine orientale inondèrent cette dernière de DDT, éradiquant définitivement la malaria. À l'heure actuelle, l'irrigation et la modernisation des méthodes agricoles ont transformé en un vaste verger cette région qui fut longtemps la plus déshéritée de Corse.

Site romain d'Aléria.
R. Franken/imageBROKER/age fotostock

Temple – Il date vraisemblablement de l'époque d'Auguste et présente un soubassement de galets taillés provenant du Tavignano. Sur son flanc nord, l'abside d'un édifice chrétien montre la continuité de l'occupation du site à travers les siècles. Plus au nord ont été dégagés les vestiges d'une vaste demeure dite **Domus « au dolium »**, car elle possède en son milieu une grande jarre en terre cuite appelée *dolium*.

Balneum – L'ensemble de plan trapézoïdal est séparé du capitole par le portique nord. On y reconnaît les citernes, et probablement des chambres, vestiaires et salles chauffées *(caldarium)* par un système de canalisations souterraines (hypocaustes). À l'ouest du *balneum*, en bordure du plateau, était située une vaste *domus*, où l'on distingue encore un hypocauste et des citernes destinées à des thermes privés.

À proximité
CARTE DE RÉGION P. 386

Étang de Diane B1
▶ *3 km au nord-est d'Aléria.*
L'étang de 600 ha est un centre d'élevage de moules, de clovisses (ou palourdes) et d'huîtres. Dès l'Antiquité, l'étang de Diane, importante base de la flotte romaine, était réputé pour ses **huîtres**. Les huîtres sont importées de Bretagne à 18 mois ou 2 ans, puis commercialisées après huit mois d'affinage. L'élevage est surtout axé sur l'huître plate. L'îlot des Pêcheurs, au nord-est, a été formé par les valves plates de ces mollusques.

Plage de Padulone B1
▶ *3 km à l'est d'Aléria.*
Une route tracée dans les vignes conduit à une longue étendue de sable gris. Bar et restaurant.

ℹ️ Carnet pratique

S'informer

Office du tourisme de l'Oriente – *80 av. St-Alexandre-Sauli - Aleria - 📞 04 95 57 01 51 - oriente-corsica.com.* Brochures téléchargeables, notamment sur le site antique.

Arriver/partir

Se garer – Pour le site archéologique, parking obligatoire à l'entrée du hameau.

📍 Nos adresses

Restauration

À proximité

Budget moyen

Aux Coquillages de Diana – *Étang de Diana (4 km au nord d'Aléria par T 10) - 📞 04 95 57 04 55 - fermé lun., le soir sf vend.-sam. et janv., - 🅿️ ♿ - plats 24/48 €.* Telle une barge de bois posée, au bout du ponton, sur l'étang, ce restaurant joue jusqu'au bout la carte maritime : objets et bibelots de la pêche et, à table, coquillages et poissons, bien sûr.

Shopping

Les Vignerons d'Aléria – *T 10 (rte de la Mer) - 📞 04 95 57 02 48 - www.cavedaleria.fr - lun.-vend. 8h30-12h, 14h-17h30, sur RV préalable.* Dans la cave coopérative sont vendus de nombreux vins de qualité dont la « Réserve du Président », rouge, rosé ou blanc. Dégustation.

À proximité

Domaine Mavela – *U Licettu (suivre la T 10 vers le sud sur env. 5 km et poursuivre sur la D 343 dir. Ghisoni sur 2,5 km) - 📞 04 95 56 63 15 - www.domaine-mavela.com - lun.-sam. 11h-18h30.* Distillerie élaborant ses produits dans le respect des traditions ancestrales : fruits cultivés de manière naturelle, transformation sans colorant ni levure. Les eaux-de-vie de prune, dont la culture s'est intensifiée depuis l'arrachage de ceps de vigne dans les années 1980 pour endiguer la surproduction de vin, sont les fleurons de ce domaine où a été créé le premier whisky corse. Vous trouverez aussi des eaux-de-vie de raisin, de cédrat, de poire, de framboise, de myrte et de châtaigne.

Hébergement

Premier prix

Hôtel Les Orangers – *Rte de la Plage - juste après le croisement de la T 10 - 📞 04 95 57 00 31 - hotel-lesorangers.com - fermé en déc. - 🅿️ - 10 ch. 60/80 € - ⊑ 9 €.* Chambres simples et confortables, dotées de la climatisation.

Budget moyen

Hôtel-restaurant L'Empereur – *T 10 (face au Leclerc) - 📞 04 95 57 02 13 - www.hotel-empereur.fr - 🅿️ ♿ ⚊ - 32 ch. 70/121- ⊑ 12 € - 🍴 1/2 P 39 €.* Réparties autour d'une piscine à l'arrière du bâtiment, les chambres, confortables, jouissent d'un cadre paisible, à l'écart de la route.

À proximité

Premier prix

Hôtel Le Banana's – *Lieu-dit Casaperta - 13 km au nord-ouest par la T 50 - 📞 04 95 57 04 87 - www.hotel-aleria.fr - de mars à fin oct. - 🅿️ ⚊ ♿ - 9 ch. 70/110 € - ⊑ 10 € - 🍴 30/50 €.* Une adresse des plus originales, à l'écart de l'agitation du bord de mer, comprenant piscine, salon de coiffure, bar, restaurant... Chambres fonctionnelles aux tons clairs.

L'église baroque Sant'Andria.
B. Rieger/hemis.fr

Castagniccia, Costa Verde et Casinca

CARTE MICHELIN DÉPARTEMENTS 345 – HAUTE-CORSE (2B)

La Castagniccia★★   408

À l'est de la Castagniccia :
Cervione et la Costa Verde★   421

La Casinca★   429

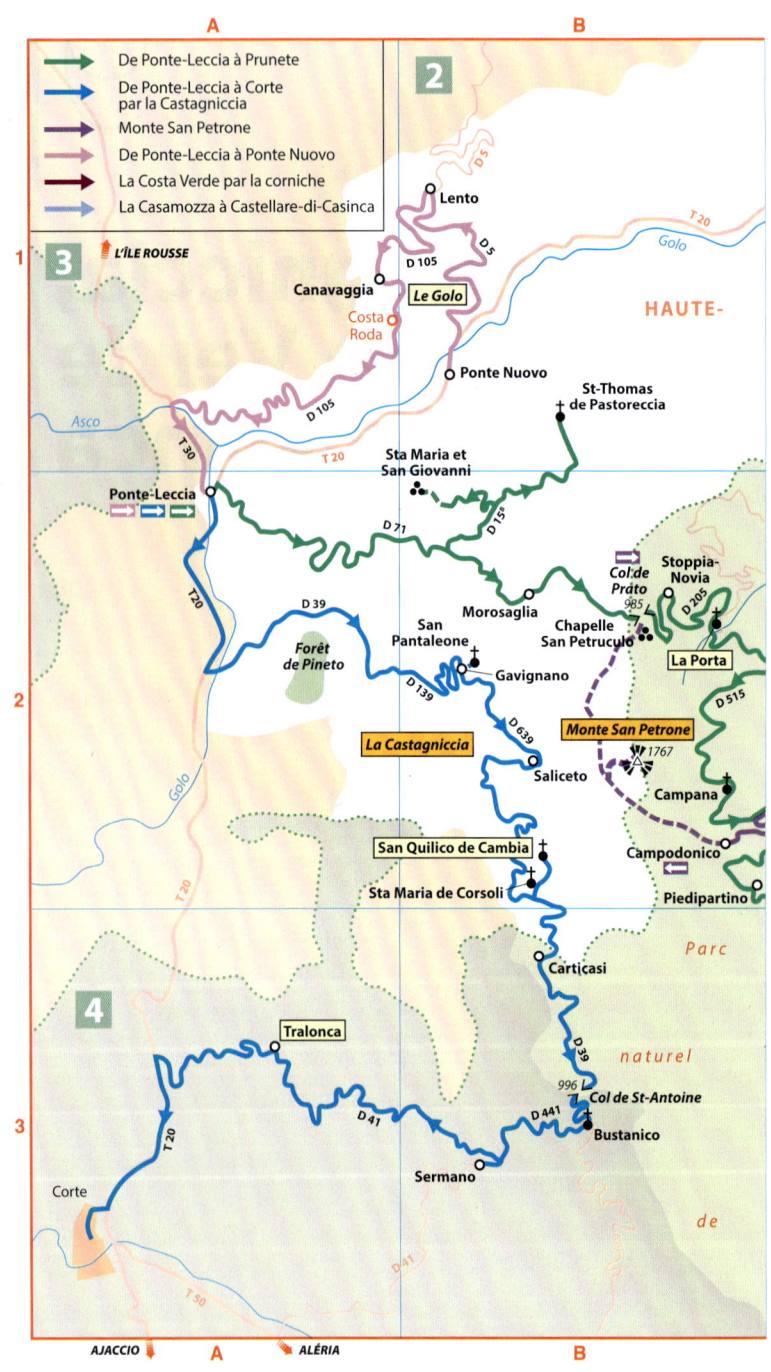

2

3 L'ÎLE ROUSSE

4

De Ponte-Leccia à Prunete
De Ponte-Leccia à Corte par la Castagniccia
Monte San Petrone
De Ponte-Leccia à Ponte Nuovo
La Costa Verde par la corniche
La Casamozza à Castellare-di-Casinca

Lento
Canavaggia · Le Golo
Costa Roda
Ponte Nuovo
St-Thomas de Pastoreccia
Sta Maria et San Giovanni
HAUTE-
Asco
Ponte-Leccia
Stoppia-Novia
Col de Prato
985
La Porta
D 105
D 71
D 15ᵉ
D 205
Forêt de Pineto
San Pantaleone
Morosaglia
Chapelle San Petruculo
Monte San Petrone
1767
D 39
Gavignano
D 139
La Castagniccia
D 639
Saliceto
Campana
San Quilico de Cambia
Campodonico
Sta Maria de Corsoli
Piedipartino
Carticasi
Parc
Tralonca
naturel
D 39
996
Col de St-Antoine
D 41
D 441
Bustanico
Sermano
Corte
de
D 515

AJACCIO   ALÉRIA

CASTAGNICCIA, COSTA VERDE ET CASINCA

0   5 km

La Castagniccia	★★	Vaut le détour
Cervione	★	Vaut la visite
Morosaglia		Intéressant
⇨		Ville de départ du circuit

BASTIA

1

Casamozza

T 20

T 11

T 10

D 237

Vescovato

La Casinca

D 6

Venzolasca

CORSE

San Pancrazio

Loreto-di-Casinca

D 6

Penta-di-Casinca

Castellare-di-Casinca

D 206

N

1

D 506

Parc Galea

D 30

D 230

Isolaccio

*Vallée
du Fium'Alto*

D 306

Chapelle San Petru

D 205

Talasani

T 10

Velone-Orneto

Mezzana

D 506

D 330

Costa

2

San-Giovanni-
di-Moriani

Sta-Lucia-
di-Moriani

Couvent d'Orezza

Les Eaux d'Orezza

St-Jean

San Mamiliano

Piedicroce

San Nicolao

Stazzona

C.ᵈᵃ del l'Ucelline

Carcheto

Sta-Reparata-
di-Moriani

D 34

Verde

T 10

D 71

Poggiale

Corniche de la Castagniccia

Moriani-Plage

Felce

Port de Taverna

régional

N.-D.-de-la-
Scobiccia

Ste-Christine

Couvent d'Alesani

D 217

*Pointe
de Nevera*
815

Cervione

Prunete

D 71

D 71

Couvent
St-François

D 71

San Giuliano

Alesani

D 517

Alesani

Corse

D 52

8

T 10

La Castagniccia ★★

Située au nord-est de l'île, la Castagniccia doit son nom aux châtaigneraies peuplées de geais couvrant ses collines. En dehors de sa nature verdoyante d'où émergent les silhouettes de villages aux allures de forteresses et aux solides demeures couvertes de lauzes, la région possède mille et une séductions : son ambiance paisible et tranquille, l'abondance de ses chapelles romanes et de ses églises baroques. Enfin, le réseau capricieux de ses vallées et de ses étroites routes bucoliques est une incitation permanente à l'errance.

Châtaigneraies en Castagniccia.
RnDmS/Getty Images Plus

▶ Se repérer

Haute-Corse (2B)

CARTE AB2/3 (P. 406). La Castagniccia, qui finit en balcon sur la plaine orientale, est bordée au nord par l'étroite vallée du Golo, à l'ouest par le sillon central cortenais, à l'est par la Costa Verde, et au sud par le Bozio. Le monte San Petrone, du haut de ses 1767 m affirme le caractère montagnard de la région.

☺ À ne pas manquer

Les ruines romantiques du couvent d'Orezza ; le village de Carcheto ; le site sauvage du couvent d'Alesani ; la chapelle Santa Maria de Corsoli et les fresques de la chapelle San Quilico de Cambia.

◷ Organiser son temps

Une traversée de la Castagniccia est ici proposée. Comptez plusieurs jours si vous voulez randonner, et une journée supplémentaire pour l'ascension du monte San Petrone.

ⓘ Carnet pratique p. 420

◉ Nos adresses p. 420

★★ De Ponte-Leccia à Prunette CARTE DE RÉGION

▶ *Circuit de 82 km au départ de Ponte-Leccia tracé en vert sur la carte p. 406-407 – Compter une journée.*

Le circuit emprunte la D 71 et la D 330 et traverse les anciennes *pièves* de Rostino (un pays qui a vu grandir Pascal Paoli), d'Ampugnani, d'Orezza et d'Alesani. Il offre une vue d'ensemble sur ce pays aux villages situés sur les versants exposés au soleil.

Ponte-Leccia A2 *(voir p. 192)*

De Ponte-Leccia, suivre la D 71 en direction de Cervione.

La route délivre des **vues** sur le massif du Rotondo, sur les aiguilles rouges de Popolasca et les montagnes de l'Asco. Elle s'élève à travers les châtaigneraies dominant sur la droite la vallée verdoyante de la Casaluna, affluent du Golo.

Santa Maria et San Giovanni de Valle-di-Rostino B2

5 km au départ du Bocca a Serna par la D 15^B à gauche. Au premier carrefour, prendre à gauche la D 615 (dir. Valle-di-Rostino), descendre la route en lacets serrés puis prendre à gauche au-delà de l'église St-Michel. Plus loin un panneau indique le site. Suivre la piste à pied (🚶 15mn). Au sommet de la montée, un petit chemin à droite (fléché) descend à la chapelle.

L'ensemble perdu dans la campagne réunit les vestiges d'une ancienne **église piévane**, Santa Maria (10e s.), et de son **baptistère**, San Giovanni (12e s.). Bâtie sur un ancien site romain, l'église a été abandonnée au 19e s. Le chevet est construit en pierres minces taillées dans des schistes bruns, gris ou verts, orné de pilastres et d'élégantes arcatures. Le baptistère est très différent. De plan octogonal, l'étrange édifice d'environ 11 m de diamètre était couvert d'une charpente et surmonté d'une sorte de flèche. La piscine et la plupart des éléments de décor ont disparu, mais on voit encore un tympan semi-circulaire représentant Adam et Ève tentés par le serpent.

St-Thomas de Pastoreccia B1

Reprendre la D 15^B vers le nord jusqu'à Pastoreccia. Au carrefour à la sortie du village après la plaque indicatrice, emprunter la route à gauche. À 500 m, un sentier se détache à droite vers la chapelle et le cimetière - ♿ - s'adresser à la mairie (📞 04 95 38 70 34) ou à M. Girolami (📞 04 95 38 75 16).

Élevée sur un promontoire au-dessus de la vallée du Golo, la **chapelle romane** en schiste gris a été mutilée lors d'une restauration malheureuse en 1930, qui démolit la moitié de l'église et détacha une partie de ses fresques.

Entrer par l'étroite porte latérale sud.

Les **fresques**★★ datent de la fin du 15e s., période de renouveau du décor peint, notamment en Castagniccia. À l'abside, figure un Christ bénissant au très beau

---

La Castagniccia, foyer de rébellion

La région a joué au 18e s. un rôle important lors de la guerre d'indépendance : elle fut l'un des principaux foyers de révolte de l'île. Les patriotes se réunirent souvent en Consulte dans ses couvents :

– à Orezza, le clergé déclara la guerre de libération contre Gênes ;

– à Alesani, le baron Théodore de Neuhoff fut proclamé roi de Corse ;

– à Rostino, **Pascal Paoli**, enfant de Morosaglia, se fit élire général de la Nation.

visage, entouré des symboles des évangélistes et de deux anges musiciens ; l'Annonciation est représentée sur l'arc triomphal.

Reprendre la D 15B, en sens inverse, jusqu'à la D 71, et l'emprunter sur la gauche en direction de Morosaglia.

Morosaglia B2

Constitué de plusieurs hameaux perchés à 800 m d'altitude, le village-belvédère aux maisons de schiste offre un **panorama**★ exceptionnel sur les grandes étendues de chênes et de châtaigniers des alentours. Morosaglia est le village natal de **Pasquale Paoli**.

Église Santa Reparata – L'église paroissiale où Pascal Paoli fut baptisé domine le village de son promontoire, à 900 m d'altitude. Le tympan de la porte occidentale s'orne de deux serpents entrelacés du 12e s.

Musée départemental Pascal-Paoli – *Hameau de la Stretta -* ℘ *04 95 61 04 97 - www.haute-corse.fr - de mi-mai à fin sept. : mar.-dim. 10h-18h ; reste de l'année : lun.-sam. 10h-17h - 4 € (-10 ans gratuit).* Situé dans la maison natale de Paoli, il regroupe sur deux niveaux des objets personnels et des documents évoquant la personnalité et l'œuvre du héros de la nation corse. La visite débute par une intéressante projection vidéo et s'achève dans la chapelle familiale, abritant les cendres du « Père de la patrie ».

La D 71 monte à travers les châtaigniers.

Col de Prato (Bocca di u Pratu) B2

Alt. 985 m. Peu après le col se dégage une **vue**★ sur une grande partie de la Castagniccia, la mer Tyrrhénienne et l'archipel toscan.

☺ ℘ *Du col de Prato, l'ascension du monte San Petrone est la moins ardue, voir le descriptif de la randonnée à la fin du circuit.*

Chapelle ruinée San Petruculo d'Accia B2

Au col de Prato, après avoir laissé votre voiture, prendre sur la droite, le chemin qui part en direction du San Petrone. Au bout de 100 m, virage à droite à 90°.

℘ *30mn à pied AR. 20 m plus loin, prendre à gauche une vague piste qui monte en direction du sud. Laisser sur sa gauche le mamelon rocheux couronné de chênes verts. Continuer tout droit. Les ruines se trouvent au sommet d'un petit col, entourées des restes d'un mur de pierre.*

De l'ancienne **église** isolée au flanc du San Petrone subsistent l'élévation du chœur avec son abside et les bases d'une nef de plan basilical. Ces ruines dateraient du 6e s. Chaque 1er août, le paisible site fait l'objet d'un pèlerinage.

De retour au col de Prato, reprendre la D 71 vers le sud-est sur 500 m, et prendre à gauche la route étroite de Stoppia-Novia.

Continuez vers La Porta.

★ La Porta (A Porta) B2

La route en corniche domine alors la vallée du **Fium'Alto**. Au cœur de la Castagniccia, nichée dans sa châtaigneraie, La Porta est la « porte d'entrée » de l'ancienne *pieve* de l'Ampugnani. Organisé autour d'une vaste place dotée d'une fontaine, le séduisant village fleuri possède l'une des plus belles églises baroques de Corse, qui est dotée d'un clocher aussi raffiné qu'ambitieux.

L'**église St-Jean-Baptiste**★★ *(voir ABC d'architecture p. 470)* fut élevée entre 1644 et 1680 sur les plans de l'architecte lombard Domenico Baïna. Sa **façade**★ monumentale (1707) ocre et blanc, ornée de fines volutes et d'élégants pilastres, est flanquée d'un campanile★★ de cinq étages. S'élevant à 45 m de haut et ajouté en 1720, il est consiéré comme le plus beau spécimen de l'art baroque insulaire.

Le père de la patrie (« U Babbu »)

Les débuts

L'exilé devenu « général de la nation »

Né en 1725 à **Morosaglia**, **Pasquale Paoli** est le plus jeune fils de Hyacinthe (Giacinto) Paoli (1690-1756), exilé à Naples pour s'être insurgé contre Gênes (1734). Dans la ville de Campanie, il fréquente l'université, et s'initie aux doctrines du « despotisme éclairé ».

Le 16 avril 1755, moins de deux ans après l'assassinat du général Gaffori, il débarque en Corse, évince son rival, Emmanuel Matra, avant d'être proclamé « général de la nation » pour une guerre « décisive » contre Gênes.

La Corse de Paoli

Vie et mort d'une utopie

Paoli, parfait représentant de « l'esprit des lumières », dirige durant quatorze ans, sous le regard attentif de l'Europe, une Corse indépendante dont Corte est la capitale.

En 1764, ses partisans contrôlent l'essentiel de l'île, sauf les places fortes du littoral, aux mains de Gênes. Ruinée, La Superba signe le traité de Compiègne avec la France, et lui cède ses droits sur l'île (1768). Paoli organise la résistance, mais il est défait à **Ponte Nuovo** en 1769 et doit s'exiler : La Corse devient française.

Premier exil

Le 13 juin 1769, Paoli s'embarque de Porto-Vecchio sur un vaisseau anglais à destination de Livourne. Il sillonne l'Europe durant plusieurs mois avant d'arriver à Londres le 19 septembre 1769, accueilli par George III et son ami James Boswell.

Paoli et la Révolution

Le retour en Corse

Amnistié à la Révolution, Paoli regagne son île après vingt et un ans d'exil. Il débarque à Macinaggio,

embrasse le sol et s'écrie : « Ô ma patrie, je t'ai quittée esclave, je te retrouve libre ! » Élu président du Conseil départemental, son idéal d'une Corse indépendante, rattachée à la France par la personne du roi, s'effondre avec l'exécution de Louis XVI.

Paoli, le rebelle

Traduit devant la Convention, Paoli est déchu de son commandement. En riposte, le 27 avril 1793, une Consulte de Corte le proclame généralissime ; il arme les villes et les villages de Corse, fait occuper Bonifacio. Victorieux dans l'ensemble de l'île, il rédige un acte d'accusation contre la Convention.

Soutien anglais et dernier exil

Un royaume anglo-corse

Déclaré « traître à la République », Pascal Paoli fait appel au capitaine Nelson, futur amiral, qui bloque la rade de Toulon. En janvier 1794, l'escadre anglaise attaque et enlève St-Florent, Bastia et Calvi. Un **royaume anglo-corse** est constitué, mais celui-ci survit seulement deux ans. L'île est unie à l'Angleterre par la personne du souverain, et **sir Gilbert Elliot** en devient vice-roi. Cruelle déception pour Paoli !

Dernier exil

Paoli est rappelé à Londres à la suite d'une insurrection. Le 14 octobre 1795, le « Père de la patrie » embarque à St-Florent pour un nouvel exil, amer et devant une foule en larmes. Pasquale Paoli s'éteindra à Londres le 5 février 1807 dans une certaine indifférence des médias britanniques et français. Il est inhumé au cimetière de St-Pancras. Ses cendres seront ramenées à Morosaglia en 1889, dans l'enthousiasme général.

La patrie du châtaignier

Castagniccia (prononcez « Castagnitche ») signifie « région plantée de châtaigniers » ; ce nom évocateur paraît s'être imposé vers le milieu du 17e s.

Impulsion des Génois

Le châtaignier atteint une vingtaine de mètres de hauteur et son tronc vigoureux, revêtu d'une écorce gris argenté et fendillée, dépasse souvent 2 m de diamètre. Il fleurit en mai et en juin. Présent en Corse dès l'époque néolithique, c'est à partir du 16e s., sous l'impulsion des Génois qui ordonnèrent sa plantation (en 1584), que le châtaignier règne en maitre en Castagniccia, région où la densité de population était forte. Ainsi, vers 1770, il occupait plus de 70 % des surfaces cultivées de la région. En 1880, la châtaigneraie couvrait 33 000 ha et produisait plus de 3 000 t de châtaignes.

Vie de l'« arbre à pain »

Il faut environ quinze ans pour obtenir une première récolte, après avoir soigné, greffé et protégé le jeune arbre. Le ramassage débute à l'automne ; jusqu'à fin novembre, des familles entières passent leur journée courbées à saisir les bogues et les châtaignes nues avec une petite fourche de bois *(la ruspula)*. La récolte est alors transportée au séchoir *(siccatoghju)* pour y être étalée sur des claies au-dessus du *fucone* durant près de trois semaines. Ensuite a lieu l'opération de battage : on place les châtaignes décortiquées dans des sacs en peau de porc d'une contenance de 5 kg pour les jeter à la force du bras sur un billot de bois. Au terme de cette opération, répétée au moins une trentaine de fois, la peau extérieure de la châtaigne est retirée et la récolte est mise à sécher dans un four tiède qui permettra d'enlever la seconde peau fine. Les châtaignes sont alors expédiées au moulin. On distingue en Corse plusieurs **catégories de châtaignes** : celle de qualité et de belle taille, *l'insitina* ; la *tricciuta,* qui se ramasse en bouquets de bogues ; la *pitrina* (ou tuile) de forme plate et la *villana,* rustique destinée à la consommation animale. Les deux premières fournissent en mélange la farine la plus appréciée. La **farine** de châtaigne a la particularité d'être sans gluten et donc particulièrement recommandée pour les personnes allergiques. Elle se conserve un an au congélateur.

Commerce et artisanat

La culture presque exclusive du châtaignier fut à l'origine d'une économie particulière en Castagniccia. Une partie des châtaignes récoltées était soit troquée contre d'autres denrées, soit vendue pour fournir les ressources monétaires indispensables au paiement des impôts. Les **élevages de porcs** en semi-liberté, nourris de châtaignes, fournissaient une charcuterie remarquable. L'**artisanat** était florissant : serrurerie, coutellerie, cordonnerie, confection de chaises et de paniers, fabrication à Orezza de meubles.

L'habitat en Castagniccia

La **maison traditionnelle**, couverte d'un toit de lauzes, comprend un rez-de-chaussée à demi enterré réservé aux animaux et aux provisions. Au 1er étage, on brûle des bûches pour sécher des châtaignes placées dans le grenier sur un plancher à claire-voie sous lequel sont suspendus les jambons et *figatelli.*

L'**intérieur**★ présente des peintures en trompe l'œil. La peinture de la voûte a été réalisée en 1866 par un certain Joseph Giordani. L'orgue, construit en 1780 par un moine franciscain, est classé. Remarquez aussi le Christ en bois peint, du 17e s. La Porta, dont la plupart des maisons sont couvertes de lauzes, compte aussi plusieurs *palazzi*, résidences de notables du 17e-18e s., dont celle du docteur Conneau, médecin de Napoléon III *(au-dessus de la place de l'Église)*.

Campana B2

Laisser la voiture à l'ombre des arbres le long de la D 71 ; gagner par des ruelles en escalier le haut du village qui s'adosse au monte San Petrone.

L'**église paroissiale St-André**, d'extérieur ingrat, abrite *L'Adoration des bergers*, attribuée au peintre espagnol Francisco de Zurbarán (1598-1664), ou à un de ses élèves Nombreuses randonnées possibles aux alentours.

Reprendre la route. Un kilomètre avant Piedicroce s'élèvent, sur la gauche, les ruines d'un couvent.

★ Couvent d'Orezza C2

Fondé au 18e s., le couvent franciscain fut un bastion de l'opposition à Gênes, pendant la guerre d'indépendance. Désaffecté à la Révolution française, il n'est plus qu'une ruine romantique, envahie par le lierre *(ne pas trop s'approcher)* et ... par les vaches. L'endroit est mystérieux et poétique à souhait.

Les chapelles baroques de l'église à ciel ouvert présentent des restes de polychromie. Dans l'une d'elles se distingue deux bras croisés sur une croix, emblème franciscain. Des trous béants permettent d'apprécier la profondeur des caves et des souterrains du couvent. Par les fenêtres, une vue plongeante sur la vallée d'Orezza rappelle que ce lieu saint occupait un endroit stratégique.

★ Piedicroce C2

Le village masse ses hautes maisons couvertes de lauzes au milieu d'un environnement de collines boisées, créant un ensemble des plus photogéniques.

L'**église St-Pierre et St-Paul**★ possède une façade baroque du 18e s. et un clocher carré. L'intérieur surprend par l'abondance du décor, où se mélangent motifs géométriques peints, stucs et trompe-l'œil. Au-dessus du maître-autel, la peinture sur toile représentant une Vierge à l'Enfant est l'œuvre d'un primitif italien. La chaire (18e s.) séduit par son riche décor de stuc peint. Ne manquez pas de vous retourner pour admirer le **buffet d'orgue**★ polychrome, qui enchâsse le plus ancien orgue de Corse attribué à Giorgio Spinola (1617-1619) ; l'instrument provient de la cathédrale Ste-Marie de Bastia.

Prendre la D 506 vers Folelli, une route en lacet à travers une châtaigneraie.

Stazzona C2

Le hameau reçoit les curistes venus prendre les eaux d'Orezza. Jolie vue sur Carcheto et son clocher baroque, de l'autre côté de la vallée.

Suivre la D 506 pendant 1,5 km.

Les eaux d'Orezza (L'Acque d'Orezza) C2

L'ancienne station thermale occupe le fond d'un vallon couvert de châtaigniers que domine le village de Piedicroce. Les vertus des eaux d'Orezza, froides, ferrugineuses, bicarbonatées et gazeuses étaient connues dèsl'Antiquité. Au 19e s., elles passaient pour soigner les anémies, les troubles du système nerveux, ainsi que le paludisme et les affections du foie et des reins. De l'établissement thermal subsiste, sous le kiosque au centre du parc, une **fontaine** où l'on peut lire quelques panneaux racontant l'histoire des lieux et surtout goûter l'eau. Mais il vaut mieux profiter de sa mise en bouteille et du traitement qui lui ôte son goût

9

Un bastion d'opposition

Plusieurs Consultes se réunirent au **couvent d'Orezza**. Le 20 avril 1731, une vingtaine de représentants du clergé étudièrent la question qui préoccupait les consciences : la révolte contre l'autorité légale était-elle compatible avec la morale chrétienne ? Une majorité délia les Corses du serment de fidélité à la république de Gênes. Les termes de cette résolution demeuraient cependant modérés et n'entraînaient pas la rupture.

désagréable. Ces opérations sont réalisées sous vos yeux ou presque dans les ateliers attenants, jusqu'à la mise en bouteilles que l'on trouvent dans toute l'île. *Revenir à Piedicroce pour continuer la D 71 sur la gauche.*

★ Carcheto C2

Le village possède une carrière de roche ornementale, le vert d'Orezza, une variété très dure d'ophiolite d'une exceptionnelle beauté ; elle servit, entre autres, à la décoration de la chapelle Médicis de Florence.

★ **Église Ste-Marguerite** – ☎ 04 95 35 84 08 - avr.-oct. : horaires, se rens. C'est peut-être l'un des monuments religieux les plus émouvants de la Corse des 17e et 18e s., avec ses décorations naïves réalisées par des artistes locaux, mais malheureusement détériorées. Elle s'orne d'un clocher ajouré visible à des kilomètres à la ronde. Sur sa façade principale, corniches, pilastres, colonnes engagées et niches composent un ensemble harmonieux. La chaude couleur de la pierre contraste avec les taches noires des trous de boulin. Les peintures du chemin de croix sont de 1790. Le maître-autel, au pied duquel sainte Marguerite a été représentée allongée, est surmonté d'un tabernacle monumental en bois polychrome. Les chapelles latérales à la nef, comme les bras du transept, ont reçu un décor mélangeant stucs, trompe-l'œil et couleurs vives autour d'un autel-tombeau. Les orgues proviennent du couvent d'Orezza.

Cascade – 🐾 *30mn AR (indication près de l'église, continuer jusqu'à la barrière, près du cimetière, et poursuivre à pied).* Le chemin descend vers la rivière qui coule ici en cascade ; les lieux, très appréciés à la belle saison, offrent une halte rafraîchissante.

Sentier de découverte – *Fléché au départ de la D 71.* 🐾 *boucle de 3h, balisage orange.* Il traverse une châtaigneraie, avant d'arriver auprès des ruines de la chapelle romane San Martino (11e-13e s.). Les châtaigniers laissent très provisoirement leur place à un bois de chênes qui protège le gisement de vert d'Orezza exploité jusqu'à la fin du 20e s. Après avoir longé une châtaigneraie, gagnez la D 71 et prenez-la à gauche en direction de **Piedipartino**. Le village ne manque pas d'attraits, notamment le portail de l'église baroque San Bernardino et l'imposante maison forte (16e s.) en face. Le sentier revient vers Carcheto en passant par l'agréable cascade citée ci-dessus.

Reprendre la D 71.

La route s'élève offrant de belles échappées, en arrière, sur le vallon d'Orezza dominé par le monte San Petrone.

Felce C3

Le hameau possède une modeste **église** à toiture de schiste, surmontée d'un clocher à quatre étages, sur une plate-forme face à un cirque de montagnes. L'**intérieur★** est décoré de fresques naïves : à gauche en entrant, *Baptême du Christ* ; sur un pendentif de la voûte, l'auteur inspiré flotte sur les nuages ; le chevet plat s'orne d'une Annonciation dans des arcades en trompe l'œil. Le tabernacle du maître-autel a été sculpté au couteau par un bandit corse.

Couvent d'Alesani C3

À Valle-d'Alesani, prendre la route de Piazzali (6 km par la D 217), puis celle de Perelli (D 17) qui s'ouvre à droite, à la sortie du village.

La fondation du couvent remonte aux premiers temps de l'ordre franciscain en Corse. Les bâtiments actuels sont d'époque beaucoup plus récente. Décorée de peintures vives, l'**église conventuelle** conserve une copie d'un primitif de l'école de Sienne, datant de 1450, la **Vierge à la cerise★**, attribuée au peintre siennois Sano di Pietro. L'original, conservé au musée d'Aléria *(voir p. 399)*, revient chaque année les 7 et 8 septembre à l'occasion d'un pèlerinage très suivi.

Revenir sur la D 71.

La route en corniche domine la vallée étroite et sinueuse de l'Alesani, puis son lac de barrage avec, en arrière-plan, la plaine orientale où l'on distingue le barrage de Péri et le phare d'Alistro.

Barrage de l'Alesani D3

Il retient 11 millions de m³ d'eau destinée à l'irrigation de 4 200 ha de la plaine orientale entre Moriani-Plage et Bravone.

Les châtaigniers cèdent la place au maquis. Peu avant Cervione, la route oblique vers le nord pour longer en corniche la plaine littorale.

★ Cervione D3 *(voir p. 421)*

Possibilité de rejoindre la côte à Prunete par la D 71, ou à Moriani-Plage en passant par la **corniche de Castagniccia★** *(voir p. 422)*.

9

Randonnées

CARTE DE RÉGION

★★ Monte San Petrone B2

● *Circuit tracé en pointillés violets sur la carte p. 406.*

☺ Ascension assez facile, mais il faut être bien chaussé et faire attention aux orages.

Théodore Iᵉʳ, roi de Corse

Né en 1694 à Cologne, **Théodore de Neuhoff**, baron westphalien, fit en Italie la connaissance d'exilés corses, qui lui dépeignirent le pitoyable état de leur île. L'aventurier promit son aide si on le nommait roi.

Le 12 mars 1736, il débarqua sur la plage d'Aléria avec un chargement d'armes et de munitions acheté à Tunis. Le 15 avril, une Consulte se réunit au **couvent d'Alesani** : le baron y fut couronné roi de Corse sous le nom de Théodore Iᵉʳ, tandis qu'une nouvelle Constitution était adoptée. Une diète assista le roi. Agostino Giafferi et Hyacinthe Paoli furent nommés ministres. Au grand étonnement des chancelleries européennes, le royaume s'organisa. Le régime battit monnaie et proclama la liberté de conscience, afin d'attirer les commerçants juifs du continent et de relancer l'activité économique de l'île. La monnaie frappée par le roi Théodore inspirait une confiance très relative aux Corses : ils lisaient les initiales qui la marquaient, TR (Teodorus Rex) « Tutto Ramo » (tout cuivre) !

La résistance génoise, la méfiance des généraux corses et le manque de ressources obligèrent Théodore Iᵉʳ à rembarquer à Solenzara, le 11 novembre 1736. Il erra alors à travers l'Europe, et ses tentatives pour reconquérir son royaume échouèrent. Il se fixa à Londres, où il mena une vie misérable jusqu'à sa mort dans l'arrière-boutique d'un fripier de Soho, le 5 décembre 1756.

Le monte San Petrone est le plus haut sommet de la Castagniccia (1767 m). Ses flancs sont schisteux, recouverts d'une épaisse végétation constituée de hêtraies et de châtaigneraies.

Au départ du col de Prato

6h AR depuis le col de Prato (alt. 985 m). La pente est plus douce (et plus ombragée le matin) qu'en partant du hameau de Campodonico. Point culminant de la chaîne orientale, cette haute montagne boisée, au centre de la Castagniccia, domine toute la Corse orientale. Prenez, au col, la piste forestière qui s'infléchit au bout de 100 m en direction du sud-ouest. Suivez-la sur 2,5 km jusqu'à un col (alt. 1151 m). Au-delà, un sentier plus étroit, parfois balisé de cairns, monte en forêt en direction du sud-est. L'itinéraire traverse ensuite une magnifique hêtraie, avant d'atteindre un grand replat déboisé sur l'arête *(2h)*.

Profitez de cette pause pour admirer la face nord du monte San Petrone. À l'extrémité de ce replat, on rejoint le sentier venant de Campodonico, qui s'embranche sur la droite. Serrez à gauche pour contourner la face ouest, et atteindre le sommet du San Petrone par la face sud : **panorama**★★★ très étendu sur la plaine orientale, l'archipel toscan, le cap Corse, le Nebbio, la Balagne et la chaîne centrale du monte Cinto à l'Incudine.

Sur la plate-forme du San Petrone *(table d'orientation)* s'élevait jadis la cathédrale de l'évêché d'Accia : **San Pietro d'Accia**, édifiée au 11e s. pour remplacer la chapelle San Petruculo d'Accia. Une croix en fer forgé en rappelle le souvenir, ainsi qu'une statue de saint Pierre.

Au départ du hameau de Campodonico (Campudonicu)

Quitter Piedicroce par la D 71 en direction de Campana. Passé les ruines du couvent d'Orezza, emprunter à gauche la route qui monte au hameau de Campodonico.

6h AR. Le sentier du San Petrone se détache à droite à l'entrée du village. Le sentier s'élève sur la crête qui sépare les *pièves* d'Orezza et de Vallerustie. Quittant la forêt, il serpente à travers de maigres pâturages, avant d'atteindre le sommet.

L'ascension du San Petrone peut aussi s'effectuer au départ des villages de Saliceto et Gavignano.

De Ponte-Leccia à Corte par la Castagniccia

▸ *Circuit de 73 km au départ de Ponte-Leccia tracé en bleu sur la carte p. 406 – Compter environ 4h.*
À l'écart des routes touristiques habituelles, ce circuit permet de découvrir les contrées sauvages et reculées de la Castagniccia méridionale et du Bozio *(voir p. 208).*

Ponte-Leccia *(voir p. 192)*
Quitter Ponte-Leccia par la T 20 en direction de Corte ; à 5 km, prendre à gauche la D 39 vers Gavignano.
La route serpente dans l'odorante **forêt de Pineto** à travers les chênes verts, puis les pins, les oliviers et les arbres fruitiers.
Prenez à gauche, au bout de 7 km, la route de **Gavignano** (D 139). 6 km plus loin, peu avant le village, sur la gauche de la route, la porte d'accès à un cimetière conduit à une **chapelle romane** *(2mn de marche)* entourée de quelques tombes éparpillées dans le maquis.

Chapelle San Pantaleone B2
Rte du Cimetière - fermée en général - visite guidée sur demande au ☏ 06 43 08 30 14 ou s'adresser à la mairie de Gavignano ☏ 04 95 48 40 69 (ouv. le vend. 9h-12h).

De construction rudimentaire, un clocheton ajouté au 16ᵉ s. coiffe sa façade. Les **fresques★**, de la fin du 15ᵉ s., recouvrent l'abside et l'arc triomphal. Malgré leur dégradation, elles sont remarquables par la combinaison des couleurs et des nuances. Parmi les personnages subsistants, remarquez saint Barthélemy, étonnant avec sa peau sur le dos et la profondeur de son regard, et saint Pantaléon, coiffé d'un bonnet rouge, qui arbore un instrument de chirurgie (il fut le médecin d'un empereur romain).
Continuer vers Saliceto.

Saliceto (Salicetu) B2

Occupant un site en belvédère au fond d'un cirque montagneux, le minuscule village ménage une succession de **panoramas★** remarquables que vous découvrirez au hasard des ruelles (voûtées) en escalier débouchant sur des terrasses. Surmontée d'un gracieux campanile, l'église enjambe un torrent.
En quittant le cirque montagneux de Saliceto pour changer de vallée, la D 639 amorce une descente jusqu'à San Lorenzo (San Lurenzu), où l'on retrouve le cours de la Casaluna, ménageant au passage de beaux panoramas.
Au carrefour (à la sortie de San Lorenzo), prendre à gauche la D 39 vers Cambia.

Chapelle Santa Maria de Corsoli B2

À 3 km, laisser la voiture sur le petit espace de stationnement aménagé (panneau explicatif) à droite de la route, au carrefour du chemin communal conduisant à Corsoli, et emprunter à pied le chemin s'amorçant en face. Un panneau indique le départ du sentier baptisé « Entre légende et symbolique » (doublé d'un autre panneau, brun, indiquant la chapelle et le menhir).

15mn. Au bout de 5mn de marche, empruntez un sentier secondaire vers le menhir de Petra Frisgiata, situé à moins de 3mn du sentier principal. L'énorme rocher est couvert de gravures rupestres datées de l'âge du bronze.
Revenez au sentier principal et poursuivez vers la chapelle.
La petite chapelle, admirable par ses proportions et son appareillage, ressemble à celle de San Quilico, toute proche. Elle s'en distingue cependant par l'absence totale de décoration et par ses dimensions plus modestes. De style roman pisan très pur, elle paraît d'exécution tardive, sans doute du 13ᵉ s. L'intérieur conserve l'autel roman d'origine.
Sur l'aire ombragée de chênes verts, devant la chapelle, trône le **menhir de Cambia**, orné en son extrémité d'une figure de femme sculptée.
Depuis la chapelle Santa Maria de Corsoli, il est possible de rejoindre la **chapelle de San Quilico** en suivant un sentier montant à travers le maquis (*env. 30mn*). Soyez tout de même équipé de bonnes chaussures si le temps n'est pas au beau fixe, certains passages dans la roche sont très étroits et régulièrement inondés en période de fortes pluies. Dans ce dernier cas, mieux vaut rebroussez chemin.
Poursuivre sur la D 39 vers Cambia. À 1 km environ, prendre à gauche la petite route communale vers le hameau de San Quilico. Après 1,5 km, laisser la voiture sur le parking aménagé à l'entrée du hameau, au bout de la route. Un panneau indique la direction de la chapelle en contrebas.

★ Chapelle San Quilico (San Quilicu) de Cambia B2

Visite, se rens. à la mairie.
Le vocable San Quilico – appellation corse de saint Cyr – est assez fréquent en Corse. Saint Cyr est un petit martyr de 7 ans qui se serait joint volontairement au martyre de sa mère, sainte Judith, en affirmant son baptême et sa foi.
Isolée dans un enclos arboré sur le flanc sud-ouest du monte San Petrone, la chapelle pourrait être d'origine seigneuriale. On ignore tout de sa fondation. L'édifice

paraît avoir été élevé au 13ᵉ s. dans un style et sur des canons déjà bien établis dans l'art roman pisan du 12ᵉ s. Des dalles de schiste ocré composent les murs. La porte latérale est surmontée d'un tympan *(Tentation d'Ève)*. Celui ornant la porte sud est plus expressif encore : sans doute faut-il voir dans le personnage en robe en train de dominer un serpent, l'image du chrétien qui terrasse le Mal en se ceignant du vêtement de la Foi.

Accès par la porte latérale.

Le chœur est décoré de fresques naïves et pleines de vie (16ᵉ s.). Sur le cul-de-four, le Père éternel et le Christ en croix avec au-dessus d'eux la lune, le soleil et une colombe ; quatre anges adorateurs et les quatre évangélistes les entourent. Dans une partition horizontale, à la base de la composition, Vierge à l'Enfant et les douze apôtres. Saint Barnabé, l'apôtre élu pour remplacer Judas, est rajouté à l'extrême droite.

Regagner la D 39 qui poursuit la montée jusqu'à Carticasi.

Carticasi B3

Construit en balcon sur un éperon rocheux dominant la vallée de la Casaluna, ce bourg corse typique est particulièrement animé en période de chasse. Ses vieilles maisons, couvertes pour la plupart de grosses lauzes, semblent monter la garde vers le sud où moutonne le relief plus désolé du Bozio.

Au-delà de Carticasi, la route, très étroite, franchit **le col de St-Antoine** pour s'enfoncer dans le **Bozio**.

Poursuivre sur la D 39.

Bustanico B3 *(voir p. 209)*

Dans le village, prendre à droite la D 441.

Sermano B3 *(voir p. 208)*

Revenir sur ses pas jusqu'à la D 41 que l'on suit en direction de Santa-Lucia-di-Mercurio et Tralonca.

★ Tralonca A3 *(voir p. 208)*

La route descend jusqu'au col de San Quilico où l'on retrouve la T 20 à 7 km au nord de Corte.

★ De Ponte-Leccia à Ponte Nuovo : le Golo

CARTE DE RÉGION

▶ *Circuit de 28 km au départ de Ponte-Leccia tracé en mauve sur la carte p. 406 – Compter env. 1h30. Prendre la T 30 vers le nord puis, après 2 km, la sinueuse D 105 à droite qui épouse en corniche le cours capricieux du Golo.*

Également peu fréquenté et hors des sentiers battus, ce circuit part à la découverte de la région de la **haute vallée du Golo**, fleuve marquant la limite nord de la Castagniccia. Entre autres points forts : des vues vertigineuses sur l'environnement sauvage et austère du Golo, en contrebas ; Canavaggia, l'une des plus anciennes localités de l'île ; le paisible village perché de Lento, et le pont de Ponte Nuovo, monument-symbole de l'histoire de la Corse.

De Ponte Leccia à Canavaggia

Très vite, la D 105 délivre des **échappées★** à droite sur le Golo et grimpe dans les hauteurs. Brusquement, à 1 km de Costa Roda, dans un tournant, une **vue★★** se déploie sur les chaînes neigeuses et le monte San Petrone. Les courbures des différents plans des montagnes, à l'arrière-plan, forment un décor de rêve derrière les sombres frondaisons.

Canavaggia A1

La route en corniche monte en lacets jusqu'au village, qui se détache sur la ligne dentelée du monte **Reghia di Pozzo**. Châtaigniers, fougères et cistes bordent la route ; des cyprès rivalisent de hauteur avec le clocher d'une église isolée dans son cimetière. Belles vues sur les gorges. Une très jolie route en corniche conduit à Lento.

Lento B1

Perché à plus de 600 m d'altitude, le village étage ses maisons couvertes de toits de tuiles. À la veille de la bataille du Ponte Nuovo *(voir encadré ci-dessous)*, les troupes françaises installèrent leur campement ici, en occupant notamment les chapelles.

De Lento, descendre jusqu'au Golo par l'étroite D 5.

Ponte Nuovo (Ponte Novu) B1

Le pont fut le thâtre, le 8 mai 1769, de l'affrontement entre les troupes de Pascal Paoli et l'armée française *(voir encadré ci-dessous)*. L'ouvrage fut partiellement détruit au cours de la Seconde Guerre mondiale. Ses ruines s'ornent de drapeaux corses, tandis que des panneaux évoquent cet important épisode historique sur la rive gauche.

Revenir à Ponte Leccia par la N 193 (8 km).

9

Un « Waterloo » insulaire

À la fin de l'année 1768, les Français avaient dû se résoudre à la retraite devant Borgo. Puissamment renforcée au printemps et placée sous les ordres du comte de Vaux, l'armée française ouvre les opérations dès le 1er mai : elle fait mouvement vers Rapale dans le Nebbio, obligeant ainsi Paoli à abandonner Murato, à passer sur la rive droite du Golo et à se transporter en Castagniccia. Le 8 mai, Paoli fait retraverser le Golo à ses hommes qui passent imprudemment à l'attaque. Ils sont repoussés et doivent regagner le pont. Las, celui-ci est barré par un muret de pierres sèches tenu par un contingent de mercenaires prussiens à la solde des Français. Pris dans cette souricière, ils sont massacrés. La **bataille du Ponte Nuovo** marque la fin de la guerre d'indépendance et décide du rattachement de la Corse à la France. Après sa défaite, Paoli, replié sur Corte, abandonne la lutte. Suivra bientôt son exil définitif à Londres.

ℹ Carnet pratique

S'informer

Office du tourisme de la Costa Verde - *Maison du Développement - 430 rte de Moriani-Plage - San-Nicolao -* ☎ *04 95 38 41 73 - www.castagniccia-maremonti.com.* Demandez le *« Guide de vos vacances »,* riche en adresses de toutes sortes.
Office du tourisme à Ponte-Leccia *– Voir p. 196.*

Agenda

Fiera in Castagniccia *– 3 j. à Pâques, à Piedicroce.* Foire d'artisanat local.
A Fiera di a boca di u pratu *– Entre le dernier w.-end de juil. et le premier w.-end d'août.* Au col de Prato, rassemblement très populaire de producteurs et d'éleveurs, qui donne lieu à des festivités diverses (concours agricoles, chants, etc.).

📍 Nos adresses

Restauration

La Porta

Premier prix

ℹ**L'Ampugnani** *–* ☎ *04 95 39 22 00 - www.ampugnani.com - fermé janv.-fév. - sur réserv. - menu 28 € - pizzas et burgers 8/12 €.* Dans la rue principale du charmant village, une vaste salle (avec vue) où l'on se régale d'une cuisine familiale et copieuse.

Activités

Xavier Santucci *– Quercete - Perelli -* ☎ *04 95 35 94 37 ou 06 87 41 81 26 - avr.-oct. - se rens.* Les randonnées pédestres de M. Santucci, éleveur artisan charcutier, accompagnateur de montagne diplômé et guide conférencier, suivent les sentiers de Castagniccia. Visites guidées en bus à la découverte du patrimoine local aussi organisées.
Rando-trails *–* Les adeptes de consulteront le site suivant, qui répertorie 7 parcours : www.onpiste.com/en/explorer/destinations/corse-castagniccia-207.

Hébergement

Piedicroce et ses alentours

Premier prix
Le Refuge d'Orezza *– Piedicroce -* ☎ *04 95 35 82 65 - www.lerefuge-orezza.com - fermé de mi-oct. à fin mars - 20 ch. 60/74 € -* ☐ *10 € -* ✕. Ce refuge constitue une halte appréciée des randonneurs, tant pour ses chambres (simples) que pour sa table. La maison jouit d'une situation d'exception et d'une belle terrasse panoramique. Quel plaisir d'ouvrir les volets le matin sur un tel paysage ! Au restaurant, la simplicité est encore de mise, entre salades et plats corses. Accueil gentil. Bref, une bonne adresse.

Budget moyen
Chambre d'hôte Alma Viva *– Verdèse (10 km au nord de Piedicroce) -* ☎ *04 95 34 26 33/ 06 15 84 61 13 - www.almaviva20229. com - tte l'année (sf période de fêtes) - 5 ch. 85/105 € -* ☐ *-* ✕ *(4 pers. mini., repas complet) 30 €.* Dans un relais de diligence du 18e s. entièrement restauré en pierre apparente, de très jolies chambres (dont deux climatisées) rustiques et pleine de charme. La table est savoureuse et les confitures maison remportent un franc succès. Une adresse reposante et conviviale. Terrasse ouverte en châtaignier.

Cervione et la Costa Verde ★

Cervioni

Réputé pour sa noisette qui a donné naissance à de savoureuses spécialités, Cervione surplombe toute la plaine orientale. La capitale de la Costa Verde, et même de la Corse durant le court règne de Théodore Ier, possède un intéressant musée d'ethnographie et l'une des grandes églises baroques de l'île.

▶ Se repérer

2 045 Cervionais – Haute-Corse (2B)
CARTE D2/3 (P. 407) – CARTE P. 425.
Cervione et la **Costa Verde** sont entourés de la Casinca au nord, la Castagniccia à l'ouest, et la Costa Serena au sud. Comme les autres communes de la Costa Verde, Cervione affiche un visage montagnard, souvent de caractère, et une façade maritime plus moderne sur le passage de la T 10. La commune de Cervione descend jusqu'au littoral où elle a pris le nom de Prunete.

☺ À ne pas manquer

Le musée de Cervione ; les fresques de la chapelle Ste-Christine ; le parc Galea ; le panorama du haut du clocher de San-Giovanni-di-Moriani.

👪 En famille

Le parc Galea et le sentier botanique de San Giovanni.

ℹ Carnet pratique p. 427

📍 Nos adresses p. 427

9

Se promener

Cathédrale St-Érasme

Au cœur de la vieille ville de Cervione, l'édifice de dimensions imposantes date de la première moitié du 18e s. Elle possède une nef unique, conformément aux préceptes de l'art jésuite, couverte en berceau et bordée de chapelles latérales peu profondes. Le transept est surmonté d'une coupole à lanternon et pendentifs, élément d'architecture assez rare dans l'île. Sur les pendentifs sont représentés les quatre évangélistes. Certaines peintures ornant les chapelles sont du 18e s., mais l'essentiel de la décoration date du début du 19e s. Remarquez le dallage de marbre blanc et noir. Au coin de la place San Terano (St-Érasme), la **Loghja Re Teodoru** rappelle le passage en 1736 du roi Théodore à Cervione.

★ Musée Anton Dumenicu Monti

Pl. Jean-Simonetti - 📞 04 95 38 12 83 - 9h-12h, 14h-18h - fermé dim. - 5 € (-12 ans gratuit).
Il est installé dans une aile de l'hôtel de ville, dans l'ancien séminaire de l'évêché construit par saint Alexandre Sauli (16e s. – *voir encadré p. 422*) derrière le chevet de la cathédrale, doté d'une vaste terrasse. Animé par l'Association pour le développement des études archéologiques, historiques, linguistiques et naturalistes du centre-est de la Corse (ADECEC), il présente par thèmes des souvenirs de la vie de Cervione et de la Castagniccia. Complet et pédagogique, il fourmille d'objets liés aux métiers et traditions corses, répartis sur plusieurs niveaux.

Saint Alexandre Sauli

Né le 15 février 1535 à Milan, **Alexandre Sauli** fut nommé évêque d'Aléria en 1570 et sacré par saint Charles Borromée, évêque de Milan, dont il était le confesseur et l'ami. Après la destruction d'Aléria, saint Alexandre Sauli transféra le siège de son diocèse à Cervione, où il fit bâtir la cathédrale, le palais épiscopal *(en face de l'église)* et le séminaire *(actuelle mairie et musée)*. Les contemporains lui prêtaient, de son vivant, des pouvoirs miraculeux. Il réforma son diocèse et œuvra pendant vingt ans pour l'application des décrets du concile de Trente. Son rayonnement s'étendait à toute la Corse. Il passa la dernière année de sa vie à Pavie, où il mourut en 1592. Il fut canonisé en 1904. Sa statue a été élevée sur Carrughju Santa Croce, rue montant en forte pente vers l'église.

On retiendra la minutieuse reconstitution d'un atelier de forge et la collection de roches et de vêtements anciens. On découvrira également le matériel nécessaire à la culture des noisettes et des châtaignes (tamis, pilons, trieuses, paniers). Au 2e étage (imprimerie, sellerie, tissus sacerdotaux), remarquez le très kitsch **sanctuaire en palme** qui surmontait une crucifixion, ainsi que la reconstitution d'une chambre (salle du roi Théodore). Prolongez la visite en écoutant la station de radio de l'association – Voce Nustrale – qui diffuse du même lieu *(www.voce.pro)*.

À proximité CARTE DE RÉGION P. 407

★ Chapelle Ste-Christine D3

▶ *Descendre de Cervione en direction de Prunete. Laisser à gauche la D 330 vers San-Nicolao, puis, à 200 m, prendre à gauche vers « Valle di Campo Lauro-Valle di Campo Lauri-Santa Cristina ». À 2 km environ, à gauche, chemin carrossable (signalisé en orange) sur 500 m. Rte de la Chapelle - ☎ 06 15 35 71 23 - sur demande à asso.santacristina@mail.com.*

Le petit édifice roman possède deux absides jumelles décorées de **fresques★** de 1473, remarquables par leurs coloris délicats. La nef date du 9e s. La chapelle fut agrandie au 15e s., sans doute après une destruction partielle. Les absides jumelles s'expliquent peut-être par le double patronage de sainte Christine et saint Polita (Hippolyte). Dans l'abside de gauche, la fresque représente le Christ en majesté, entouré de la Vierge et de sainte Christine avec, à ses pieds, un moine agenouillé, peut-être le donateur. Dans celle de droite, le Christ est entouré des symboles des évangélistes.

Pointe de Nevera D3

▶ *Accès par un mauvais sentier qui grimpe au sud-ouest. Pour sportifs.*

🐾 **3h AR.** Gagnez la chapelle isolée de **N.-D.-de-la-Scobiccia**, puis la pointe de Nevera (alt. 815 m), qui domine celle-ci et offre un **panorama★** sur la plaine d'Aléria jusqu'à l'embouchure de la Solenzara et la mer.

★ La Costa Verde par la corniche CARTE DE CERVIONE

▶ *Circuit de 75 km au départ de Moriani-Plage tracé en bordeaux sur la carte p. 425.*

😊 *Nous proposons cet itinéraire au départ de Moriani-Plage car les possibilités d'hébergement sont importantes sur le littoral mais rares à Cervione et sur la corniche (réservation à l'avance impérative).*

Le village de Cervione.
Christiane Bender/Shutterstock

Moriani-Plage

Comme toutes les stations balnéaires de la côte orientale, Moriani n'offre pas d'intérêt patrimonial. Son pouvoir d'attraction tient à son animation commerçante, à ses restaurants, et à sa longue et étroite plage de sable fréquentée par les Bastiais. Elle est aussi le point de départ du chemin de randonnée **« Mare a Mare nord »**, qui traverse la Costa Verde avant de gagner la Castagniccia. Une petite exposition se tient à l'office du tourisme, aménagé dans un ancien chai.

Au temps de Pascal Paoli, le port se nommait **Padulella**. Hyacinthe Paoli, le père de Pascal, et le général Giafferi s'y embarquèrent en 1739 pour s'exiler en Italie. Napoléon, évadé de l'île d'Elbe, s'y arrêta en février 1815 avant de s'embarquer pour Golfe-Juan.

Quitter Moriani-Plage au nord par la T 10.

★ Parc Galea

Rte de l'Ex-CNRO (D 30) - Taglio-Isolaccio - 07 78 13 56 70 - www.parcgalea.com - - juil.-août : 9h-19h ; de fin avr. à juin et sept. : 14h-18h ; de mi-mars à fin avr. et oct. : dim. 12h-18h - 9 € (7-18 ans 6 €).

Situé au-dessus des champs de vignes, ce parc de découvertes de 9 ha présente le patrimoine naturel, historique et culturel de la Corse, de manière originale et dans un esprit ludique et pédagogique. Des **jardins paysagers** d'une extraordinaire variété forment une sorte d'introduction : riche collection de cactées, espaces zens et minéraux, forêt de chêne-lièges avec sentier « pieds nus », palmiers, carré aromatique, végétaux de Corse et de Méditerranée, grands arbres d'essences variées venus du monde entier, mare naturelle... Le parc comprend aussi 2 000 m² d'espaces muséographiques, agrémentés de projections, d'ambiances sonores, d'écrans tactiles, de jeux et de questionnaires. **Memoria** vous immerge dans l'histoire de la Corse au début du 20e s., tandis qu'**Etnografia** dévoile les mythes de l'île, de ses origines géologiques, à ses traditions toujours vivantes, dont une installation sur les chants polyphoniques. Le survol de l'île grâce à l'écran circulaire **Panoramica★** de 35 m de long sera à coup sûr un grand moment ! Vous seront aussi

révélés, entre autres, les secrets de la navigation antique à **Naviga**… **Archéosite**, petit village néolithique, donne l'occasion d'effectuer des gestes millénaires.
Continuez sur la T 10 et prenez à gauche la D 230 (direction Isolaccio).

Isolaccio

Patrie des frères Bernadini, fondateurs du groupe **I Muvrini**, le village doit une bonne part de sa réputation à une légendaire querelle de clocher. En effet, après une altercation entre mendiants, l'un d'eux, mécontent, se serait enfermé dans le clocher et aurait sonné les cloches à toute volée. L'église San Mamiliano surprend par sa façade orangée, comme écrasée par son haut campanile. Possibilité de randonnées alentours.

Avant Talasani, au carrefour de la D 330 et de la D 130, un chemin à gauche (⌖ *15mn AR - indiqué par un panneau en bois)* conduit aux ruines de la **chapelle romane San Petru** (7ᵉ s.).

★ Talasani

La rue principale du joli village serpente au milieu de nombreuses **vieilles maisons**, dont une majorité du 18ᵉ s. Les plus anciennes remontent aux 15ᵉ-16ᵉ s. Les vergers alentours lui donnent un peu plus de charme encore. Talesani séduira enfin les marcheurs, nombreux à sillonner le territoire communal *(randonnées de 1h30 à 7h30 - certaines téléchargeables sur talasani.corsica/randonnees-de-talasani).*

Peu après, sur la droite, une route grimpe jusqu'à **Velone-Orneto**, hameau isolé aux vieilles maisons de pierre. Un passage sous voûte dessert le petit groupe de maisons serrées près d'une petite église.

Après un demi-tour à l'emplacement réservé, redescendre vers **Mezzana**. Au carrefour, la petite église St-Jean-Baptiste séduit par son élégante façade baroque très colorée.

Continuer sur la D 330 jusqu'à Santa-Lucia-di-Moriani.

Avant d'arriver au village, la route traverse une rivière au **pont de l'Enfer**. Ce vieux pont de pierre, dont le nom est entouré de diverses légendes, est noyé dans une végétation luxuriante. Site de **baignade** apprécié, il est aussi le point de départ de quelques sentiers.

Santa-Lucia-di-Moriani

Le village allonge les hautes façades de ses maisons austères le long de la crête prolongeant la corniche. La partie haute du village constitue, par temps clair, un superbe belvédère sur le littoral, la vallée du Petrignani et les collines boisées coiffées de hameaux.

Revenir légèrement et prendre à gauche la direction de San-Giovanni-di-Moriani.

San-Giovanni-di-Moriani

Le village est constitué de 6 hameaux perchés. Le principal d'entre eux présente une belle unité architecturale, avec ses hautes maisons à toit de schiste flanquées d'un escalier extérieur. À l'entrée du groupe d'habitations, une **vue** s'offre sur l'église de San-Nicolao et sur la plaine orientale en contrebas.

Église St-Jean – ☏ 04 95 38 52 68 - ♿ - *horaires, se rens.* Excentrée avec la chapelle de confrérie Ste-Croix, l'église paroissiale (17ᵉ s.) de style baroque est facilement identifiable grâce à son clocher haut de 33 m.

Sentier botanique de San Giovanni – *Dép. du terre-plein de l'église - www.trekincostaverde.com - fiche descriptive « boucle 22 ; Chjassu Botanicu » à l'office du tourisme de Costa Verde (voir p. 427).* ⌖ *1h45 (3,3 km) ; dénivelé d'env. 150 m.* 👥 Les plantes rencontrées sont présentées par des panneaux explicatifs. Ce circuit botanique rejoint le hameau de **Cioti**, avant de grimper à travers les châtaigniers

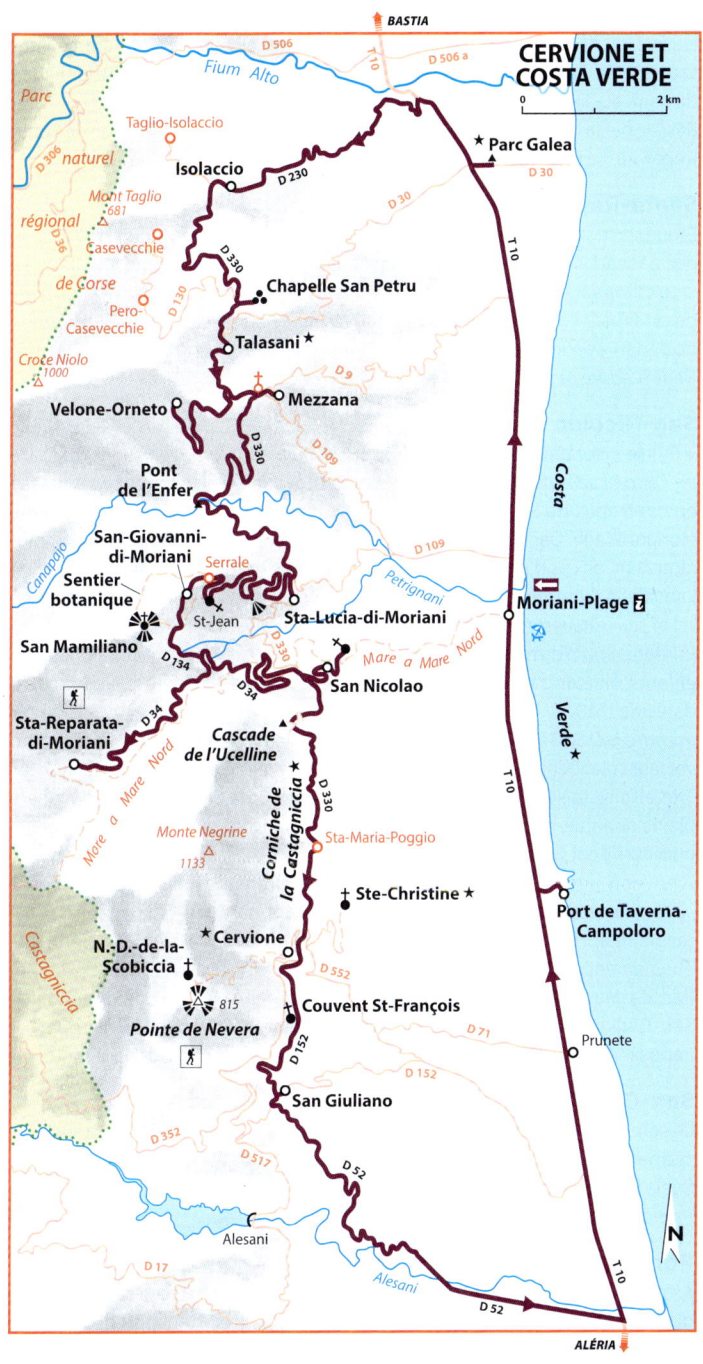

CERVIONE ET
COSTA VERDE

0   2 km

BASTIA

Fium Alto
D 506
T 10
D 506 a
D 30
★ Parc Galea
D 30
Taglio-Isolaccio
D 306
Parc
naturel
Isolaccio
D 230
Mont Taglio
681
régional
Casevecchie
D 130
D 330
Chapelle San Petru
de Corse
Pero-
Casevecchie
Talasani ★
Croce Niolo
1000
Mezzana
D 9
Velone-Orneto
D 330
D 109
T 10
Costa
Pont
de l'Enfer
San-Giovanni-
di-Moriani
Serrale
Canaiola
D 109
Petrignani
Sentier
botanique
St-Jean
Sta-Lucia-di-Moriani
San Mamiliano
D 134
D 330
Moriani-Plage
San Nicolao
Mare a Mare Nord
Sta-Reparata-
di-Moriani
D 34
D 34
Cascade
de l'Ucelline ★
Mare a Mare Nord
Corniche de la Castagniccia
D 330
T 10
Verde ★
Monte Negrine
1133
Sta-Maria-Poggio
Ste-Christine ★
Port de Taverna-
Campoloro
N.-D.-de-la-
Scobiccia
★ Cervione
D 552
Couvent St-François
D 71
Pointe de Nevera
815
D 152
Prunete
San Giuliano
D 152
Castagniccia
D 352
D 517
D 52
N
Alesani
D 17
Alesani
D 52
T 10

ALÉRIA

9

jusqu'à la **chapelle San Mamiliano**, de style roman, reconnaissable à sa toiture de lauze. Lieu de pèlerinage très fréquenté autrefois, elle offre un **panorama★** sur la côte (gîte d'étape). Revenez légèrement sur vos pas pour reprendre le chemin du hameau de Serrale, avant de redescendre à San-Giovanni.

Passez par la route derrière l'église et gagnez les hauteurs en direction de Santa Reparata. La route, souvent étroite, offre de très belles vues sur la côte.

Santa-Reparata-di-Moriani

Étape sur le sentier **« Mare a Mare nord »**, le village semble au bout du monde. Un peu à l'écart, l'église est juchée sur une butte au-dessus de la route, tandis qu'au creux de la vallée une source ferrugineuse attire les curieux ; la dégustation n'est pas vraiment convaincante ! La route se termine peu après le gîte d'étape, point de départ de superbes randonnées.

Redescendre par la D 34 en direction de San-Nicolao.

San-Nicolao

★Église – *Moriani-Plage* - ☏ *04 95 38 58 74 - juil.-août : lun.-vend. 15h-19h ; reste de l'année se rens.* Isolée dans un site verdoyant, l'église baroque se dresse en contrebas de San-Nicolao, **village-terrasse** situé à 2 km sur la route de Moriani-Plage. Dans l'ancienne *piève* de Moriani, les chapelles isolées communiquaient, en cas d'alerte, avec les villages par de grands feux allumés à côté de l'abside. À l'**intérieur★**, le décor naïf de couleurs vives présente des parties en relief qui rehaussent les trompe-l'œil et le *stuccolustro* (imitation du marbre). L'*antependium* du maître-autel est décoré d'un haut-relief représentant les trois enfants, dans un baquet, de la légende de saint Nicolas. La chaire polychrome est datée de 1740.

Prendre la D 330 en direction de Cervione. Plusieurs chapelles devraient retrouver leur splendeur, à commencer par celle consacrée à St-François-Xavier (17e s.). Très étroite, taillée à flanc de coteaux, la **corniche de la Castagniccia★** domine la plaine orientale et la mer. La route en forme de belvédère long de 5 km enjambe plusieurs ponts et traverse quelques tunnels.

À environ 1 km de San-Nicolao, au niveau des premiers tunnels (*parking juste après*), la **cascade de l'Ucelline** fait une chute remarquée, qui peut être spectaculaire après de fortes pluies, allant jusqu'à provoquer d'impressionnants éboulements.

Par Sta-Maria-Poggio, rejoignez Cervione et prenez la D 152 en direction de San-Giuliano. La route passe devant le **couvent St-François** (16e s.), dont les imposants bâtiments au crépi jaune s'élèvent à droite au-dessus de la route.

San-Giuliano

La commune accueille une station de recherche agronomique de l'Inra spécialisée dans la culture des agrumes.

Sur la D 52, en direction de la côte, se dressent les ruines d'une tour du 16e s.

Prendre la T 10 à gauche vers Prunete, puis Moriani-Plage.

Port de Taverna (Campoloro)

Fléché sur la droite environ 2 km après Prunete. À l'abri derrière ses puissantes digues, c'est, avec Macinaggio au cap Corse, le plus important port de plaisance de la côte orientale. Hors saison, l'endroit est un peu morne…

Rejoindre Moriani-Plage.

🛈 Carnet pratique

S'informer

Office du tourisme de Costa Verde - Destination Castagniccia - Mare è Monti – *Maison du Développement - 430 rte de Moriani-Plage - 20230 San-Nicolao -* ☎ *04 95 38 41 73 - www.castagniccia-maremonti.com.* Topoguide des sentiers de randonnées en Costa Verde en vente (2 €). Vous trouverez l'ensemble de ces randonnées, classées par durées et par degrés de difficulté, sur www.

trekincostaverde.com. Demandez le *« Guide de vos vacances »*, riche en adresses de toutes sortes, surtout concernant la Costa Verde. Site dédié aux vététistes : www.vttincostaverde.com

Agenda

A Fiera di a Nuciola – *En général le 3e w.-end d'août.* Foire de la noisette à Cervione.

Settembrinu di Tavagna – *www.tavagna.com - fin août-déb. sept.* Festival de musiques locales et du monde dans les villages de la Tavagna.

📍 Nos adresses

Restauration

Cervione

Budget moyen

U Casone – *Lieu-dit Casone -* ☎ *04 95 38 10 47 - fermé lun. (sf juil.-août uniquement lun. midi) et mar. midi - plats 19/50 €.* Accessible par un petit passage couvert à partir de la place de l'Église, ce restaurant classique, prolongé d'une vaste terrasse, se révèle l'une des meilleurs adresses de la localité. Bonnes et généreuses pizzas, terrines et plats corses figurent au menu. Ainsi bien sûr que des plats à base de noisettes, comme l'escalope pannée aux noisettes et des desserts. Accueil très sympathique.

Prunete

Premier prix

Le San Carlu – *Rte de la plage - Prunete -* ☎ *04 95 38 01 65 - www.sancarlu.com -* 🅿 *- tlj - plats 17/25 €.* Restaurant de la résidence hôtelière du même nom, le San Carlu est ouvert à tous. Agréable terrasse proche de la plage,

cuisine simple et copieuse à base de produits locaux, spécialité de couscous (mar.) et paella (jeu.).

Budget moyen

Le Campo Mare – *Sur la plage du camping de Campoloro - Prunete -* ☎ *06 70 34 30 65 - www.lecampoloro.com - fermé le w.-end (sf été) et de fin sept. à mi-mai - réserv. conseillée - plats 25/46 €.* Cette authentique paillote, joliment colorée, s'ouvre sur les îles Montecristo et Capraia. Cuisine succulente à vocation gastronomique, à déguster les pieds dans l'eau, face à la grande bleue, dans une ambiance lounge. Les produits frais du terroir sont à l'honneur. Poisson frais à la plancha, pizzas au feu de bois et salades pour les petits budgets. Accueil et service très agréables.

Moriani-Plage

Premier prix

Bor' si Mare – *En bord de mer -* ☎ *04 95 38 50 45 - page Facebook -* 🅿 *- tlj - plats 20/25 € burgers 18/21 € et pizza 12/17 €.* Comme son nom l'indique, un restaurant de bord de mer situé presque les pieds dans l'eau dans un cadre très agréable avec une

9

belle terrasse donnant sur la mer. Plats variés : viandes et poissons, mais aussi un beau choix de pizzas. Excellent accueil.

Petite pause

Au carrefour principal de Moriani-Plage, allez en toute confiance faire vos emplettes à l'épicerie **A Castagniccia** (🕾 04 95 38 58 81 - fruits, fromages, charcuteries, vins) pour composer un joli panier repas. **Glacier Sole e Mare** – *20 r. Jean-Tafani - Moriani Plage - 🕾 06 76 49 93 21 - mai-sept. : tlj.* Les meilleures glaces de la place, d'après l'avis général.

Shopping

Le Moulin de Prunete – *Prunete - 🕾 04 95 38 01 84 - fermé dim. et oct.-mars.* Depuis 1982, Joseph Rioli presse les huiles de plusieurs récoltants de la région dans son moulin familial. Son propre verger, dont il tire une huile fruitée, lui a valu une médaille d'or au Concours général agricole.

Activités

Costa Verde Loisirs – *Port de Taverna - 🕾 04 95 38 00 50 - www.costa-verde-loisirs.fr - promenades en mer avec randonnée palmée, 2h30 : 45 €.* Le petit port abrite ce centre qui propose des promenades en mer *(mars-nov.)*, location de bateaux avec permis, formation au permis bateau et plongée *(juin-oct.)*.

Hébergement

Prunete

Budget moyen

Hôtel Orizonte – *Paesolu di Prunete - 🕾 04 95 38 09 00 - hotel-orizonte.com - fermé de nov. à fin avr. -* 🅿 🛏 *- 45 ch. 89/119 € -* 🍽 *12 € -* 🍴. Les amateurs d'hôtels de plage trouveront ici leur bonheur (calme, piscine, etc.).

Les chambres bien équipées, sans charme particulier, bénéficient pour certaines de jolies vues. Dans la paillote, vous pourrez déguster des grillades de viande et de poisson.

Chambre d'hôte A Casa Corsa – *Acqua Nera Prunete (à 3,8 km de Cervione) - 🕾 06 18 31 96 29 - www.casacorsa.com -* 🛏 🅿 🖬 *- 6 ch. dont 1 suite familiale - ch. 98 €* 🍽 *- 2 nuits mini. en hte sais., cuisine partagée à disposition.* La côte est s'offre à vous depuis cette petite adresse très conviviale proche de Prunete. Les chambres confortables – certaines portent de doux noms comme « Rêve bleu » ou « Rayon de soleil » – sont dotées de terrasses individuelles qui réservent une belle vue sur les montagnes. Petit-déjeuner agrémenté de confitures maison. Restaurant à proximité.

Moriani-Plage

Premier prix

Camping Merendella – *Moriani-Plage (à 1,2 km par T 10 rte de Porto-Vecchio, bord de plage) - 🕾 04 95 38 53 47 - www.merendella.com -* 🍴 🛏 🚿 *- avr.-oct. - réserv. conseillée - 220 empl. 24/58 € - chalets (6 à 8 pers.), bergerie (6 pers.).* Détendez-vous… Vous pourrez faire la sieste à l'ombre d'une agréable chênaie ou, sous le soleil, sur la plage de sable fin. Tout le confort d'un camping quatre étoiles.

La Casinca ★

La petite région située au sud de Bastia présente des paysages de collines couvertes d'oliviers et de châtaigniers. Dans les plaines côtières et fertiles s'épanouissent vignes, agrumes et céréales. Dressés sur des éminences, les villages fleuris de Casinca dominent l'étang de Biguglia, le littoral, le détroit toscan et ses îles. Parmi eux, Vescovato, haut lieu de l'histoire corse.

○ Se repérer

Haute-Corse (2B)
CARTE C1 (P. 407). La région se trouve environ 20 km au sud de Bastia.

☺ À ne pas manquer

L'église San Martino de Vescovato et son tabernacle de bois blanc du 15e s.

ⓘ Carnet pratique p. 430

⊙ Nos adresses p. 430

Circuit conseillé
CARTE DE RÉGION

9

De Casamozza à Castellare-di-Casinca C1

○ *Circuit de 40 km au départ de Casamozza tracé en bleu-gris sur la carte p. 407 – Compter environ une demi-journée.*

Casamozza
Le hameau fut le point de départ de la ligne de chemin de fer qui longeait la côte orientale. En service dès 1888 dans sa partie nord, elle n'atteignit Porto-Vecchio qu'en 1935. Endommagée pendant la dernière guerre, la voie ne fut jamais reconstruite.
Prendre la T10 vers Aléria et, à Torra, s'engager sur la première route à droite (D237).

★ Vescovato (U Viscuvatu)
L'ancienne place forte se situe au débouché d'une gorge profonde. Vescovato (« évêché » en corse) fut, après la destruction de Mariana, le siège d'un évêché de 1269 jusqu'en 1570, date de son transfert à Bastia. Le bourg a du charme avec ses hautes maisons de schiste sombre, son dédale de vieilles ruelles en escaliers et sa place centrale, ornée d'une fontaine et bordée de terrasses des cafés.
Église San Martinu – *Quartier San-Martinu - tourismevescovato.com - tlj sf w.-end, sur demande à la mairie.* L'ancienne chapelle St-Martin fut agrandie au 15e s. par les évêques de Mariana. Ils ornèrent son maître-autel d'un tabernacle en marbre blanc, sculpté d'une Résurrection, œuvre génoise de 1441.
Un tunnel sous l'église rejoint la grande place à travers une suite d'escaliers.
Poursuivre vers Venzolasca. La route serpente entre les cimetières aux tombes imposantes.

Venzolasca
De hautes maisons très serrées bordent la rue étroite. Le campanile élancé de l'église Sainte-Lucie et l'aspect massé du village bâti sur une croupe en belvédère confèrent à Venzolasca une silhouette très particulière. Aux environs de la calme

bourgade, en hauteur, se dressent les ruines du **couvent St-François** *(accès par un chemin proche de la ferme-auberge U Fragnu, bien indiquée un peu avant le village en venant de Vescovato)*, fondé dit-on par saint François d'Assise lui-même. Les ruines en U visibles aujourd'hui datent du 16e s.

Suivre la D 237 jusqu'à l'embranchement de la D 6 (à droite) qui monte à Loreto.

★ Loreto-di-Casinca

Le village est bâti sur une terrasse dominée par le monte Sant'Angelo. Passé la vaste place ombragée, une longue rue bordée de maisons en schiste vert conduit à l'église Sant'Andrea et au campanile. Du campanile, la superbe **vue★★** *(table d'orientation en céramique)* porte sur les vieux toits de lauzes, les terrasses culti-vées, les villages perchés de la Casinca et, au loin, sur la plaine orientale, l'étang de Biguglia, Bastia et la mer.

Reprendre la D 6 à droite ; à l'embranchement suivre, sur la droite, la D 237. Après 3 km, tourner à gauche (D 206).

★ Penta-di-Casinca

Agrippé à un éperon schisteux, le bourg classé s'étire sur la crête rocheuse qu'em-prunte la rue principale. Les venelles transversales *(de petits panneaux guident le promeneur)* sont bordées de maisons de caractère : beaucoup conservent des pièces voûtées et de vieux escaliers derrière leurs façades sobres et patinées. Les toitures anciennes, le haut fronton dépassant des toits et le fin campanile à étages de l'église baroque donnent au bourg beaucoup de personnalité. Remarquez les cultures en terrasse, au pied du village.

Castellare-di-Casinca

Constitué d'un noyau de maisons fortes, le village est dominé par une tour seigneu-riale médiévale. Dernier du balcon sur la plaine, il jouit encore d'une belle vue. Juste avant l'intersection avec la T 10, remarquez sur la gauche la **chapelle San Pancrazio**, dont le chevet à trois chapelles remonte au 10e s.

ⓘ Carnet pratique

S'informer

Office du tourisme de Costa Verde - Destination

Castagniccia - Mare è Monti – *Voir p. 427.*
Voir aussi www.castagnicciacasinca. fr (document en téléchargement).

📍 Nos adresses

Restauration

Vescovato

Budget moyen

L'Ortu – *Vescovato -* ☎ *04 95 36 64 69 -* ✉ *- fermé lun. et mar. (jeu. midi et dim. soir hors -saison) et* oct.-avr. - 20/30 €. Noyée dans les arbres, cette maison située entre Vescovato et Venzolasca abrite l'un des pionniers du bio en Corse. Dans un cadre idyllique, pas loin d'être paradisiaque, on savoure des plats végétariens (légumes du jardin et autres produits bio) et « carnivores » parfaitement préparés.

Venzolasca

Pour se faire plaisir

Ferme-auberge U Fragnu – *Lieu-dit U Campu* - ℘ *04 95 36 62 33* - *juil.-août : le soir ; hors sais. : dim. midi, vend. soir et sam. soir. - fermé oct.-déc. - réserv. obligatoire - menu 42/47 €.* Moulin et pressoir à huile, jambons suspendus aux poutres... Dans cette vieille bâtisse en pierre, le temps semble s'être arrêté. Plats savoureux mijotés délicatement.

Loreto-di-Casinca

Budget moyen

U Rataghju – *Lieu-dit Pielaterra* - ℘ *04 95 36 30 66* - 🥢 - *midi et soir - menu 32 € - sur réserv.* Le restaurant est aménagé dans un séchoir à châtaignes en contrebas du village. Comme tous les chanceux qui ont dégusté son menu unique à base de produits corses, vous repartirez comblé. Accueil chaleureux.

Penta-di-Casinca

Premier prix

U Fornu – *Dans le village* - ℘ *06 13 08 39 48* - *ufornupentadicasinca.com* - *mai-sept. : mar.-dim. midi - plats 14/22 € sur réserv.* En contrebas de la rue principale, une adresse sympathique appréciée pour ses plats corses et ses excellentes charcuteries à savourer sur la terrasse panoramique.

Hébergement

Casamozza

Budget moyen

Hôtel Chez Walter – *Dans le village, T 20* - ℘ *04 95 36 00 09* - *www.hotel-chez-walter.com* - 🅿 ♿ 🛆 - *65 ch. 106/112 €* - 🛆 *10 €* - ✗. Situé à l'entrée nord du village, l'hôtel propose des chambres modernes et bien équipées, dotées de balcon ou de terrasse. Côté activités : un tennis et une salle de sport. Vaste salle de restaurant et belle terrasse ombragée ; cuisine traditionnelle, buffets et pizzas.

Vescovato

Budget moyen

Domaine de Valle – *Querciolo (6 km au sud de Vescovato)* - ℘ *04 95 38 93 03* - *www.domainedevalle.fr* - 🥢 🅿 - *avr.-mi-oct. - 4 ch. 98 €* 🛆. Dans un parc-verger agréable et fleuri, un relais de voyageurs devenu exploitation agricole abrite de belles et vastes chambres, confortables et climatisées.

Pour se faire plaisir

Le Clos des Oliviers – *T 10 - Querciolo (9 km à l'est de Vescovato)* - ℘ *06 25 03 32 17* - *www.clos-des-oliviers-corse.fr* - ♿ 🛆 - *3 ch. et 9 villas 98/243 €* 🛆. Ce petit domaine familial ouvre sur un beau jardin où l'on profite également d'une piscine et sur le tennis.

9

Le littoral à Ajaccio.
eugenesergeev/Getty Images Plus

COMPRENDRE LA CORSE

Bienvenue en Corse	434
8 choses à savoir	435
Nature et environnement	436
Saveurs locales	444
Histoire	448
Personnalités corses	456
Tradition et art de vivre	458
Art et culture	462

Bienvenue en Corse

La Corse mérite bien son surnom d'« île de Beauté » ! Sur les rives de la Méditerranée, nulle part ailleurs la nature n'est autant préservée, aussi verdoyante et variée. Nulle part ailleurs, les paysages littoraux rivalisent autant de beauté avec ceux de l'intérieur des terres – vallées arrosées de rivières bruissantes, gorges encaissées, hautes montagnes couvertes de forêts… Et, partout, une ribambelle de villages où il fait bon prendre le temps de vivre.

L'identité corse

Les Corses seraient machos, individualistes, fainéants, susceptibles, et dépourvus de sens de l'humour. Bien sûr, tout cela est faux et relève d'archétypes éculés ! Au contraire, le visiteur est étonné par la chaleur de l'accueil qu'il reçoit partout, particulièrement hors saison et dans les endroits épargnés par le tourisme de masse. Une certitude toutefois : les Corses sont fiers de l'être et de leur île. On les comprend !

L'île des amoureux de la nature

Paradis du randonneur, avec un éventail de sentiers de tous niveaux dans le parc naturel régional de Corse, l'île est aussi plébiscitée par les plongeurs, avec sa faune marine et ses eaux transparentes, sans parler des adeptes d'autres disciplines sportives, – nautiques ou terrestres – : canyoning, snorkelling, sports de glisse et de voile, équitation, alpinisme, escalade, ski, parapente et, bien sûr, cyclisme sous toutes ses formes. Impossible de s'ennuyer en Corse, d'autant que de nombreuses distractions se destinent aux simples promeneurs et aux familles, de la balade en kayak de mer à l'excursion organisée en bateau, seul moyen de découvrir les petits îles voisines ou certaines zones inaccessibles du littoral.

Milles séductions

La Corse fait aller de découverte en découverte. Les village perchés au sommet d'une vallée ou à flanc de montagne, avec leurs hautes et robustes maisons, dominent un littoral aux splendeurs variés, jalonné ici de petites plages, là de calanques sculptées par l'érosion. Partant à l'assaut des montagnes, s'étendent des forêts plantées de pins laricio, hauts de plus de 40 m. Dans les hauteurs se cachent des lacs glaciaires, des cascades et des torrents. À une **gastronomie** et à une **vie culturelle** en plein renouveau, s'ajoute un **patrimoine** historique d'une rare diversité : statues-menhirs armées, chapelles romanes couvertes de fresques, églises baroques au décor empreint de saveur populaire, tours et forteresses génoises, sans oublier, rencontré au hasard des sentiers muletiers, un petit patrimoine rappelant quelle était la vie autrefois dans l'île de Beauté.

8 CHOSES À SAVOIR

8 722 KM²

À 170 km des côtes de la métropole, la Corse s'étire sur 180 km du nord et sud, et sur 80 km d'est en ouest. En Corse orientale, le relief s'adoucit jusqu'à prendre l'aspect d'une grande plaine. La Corse occidentale, au relief accidenté et au littoral échancré de golfes, est le paradis des randonneurs. Le centre de l'île est hérissé de montagnes dépassant 2 000 m d'alt.

CTC

Jouissant d'un statut particulier, la « Collectivité territoriale de Corse » (CTC : www.isula.corsica) regroupe deux départements : la Haute-Corse (préfecture Bastia, 2B) et la Corse-du-Sud (préfecture Ajaccio, 2A).

AJACCIO
CAPITALE

Si la cité natale de Napoléon conserve peu de souvenirs de l'Empereur, la capitale de l'île se signale par son animation parfois fébrile et par ses quartiers aux visages très différents.

1755-1769
L'indépendance

Pascal Paoli, « général de la nation Corse », s'oppose à la présence génoise remontant au 13e s. Il crée un gouvernement basé à Corte et une Constitution inspirée des Lumières. En 1789, l'île deviendra « partie intégrante de l'Empire français ».

Unesco

Trois sites sont inscrits au patrimoine mondial, tous situés dans le golfe de Porto :
• Calanche de Piana
• Golfe de Girolata
• Réserve de Scandola

Réserves naturelles

Au parc naturel régional de Corse s'ajoutent 7 réserves naturelles, administrées par la CTC, totalisant 86 624 ha : Scandola, étang de Biguglia, îles du cap Corse, bouches de Bonifacio, îles Cerbicale, Tre Padule de Suartone et massif du monte Rotondo.

2 706 m

Au monte Cinto, point culminant de la Corse.

58 %

Taux moyen de boisement en Corse (plus de 500 000 ha, dont 50 % en Haute-Corse et 67 % en Corse-du-Sud). Le chêne-vert est très largement majoritaire, suivi du pin maritime, du chêne-liège et du pin laricio.

Nature et environnement

Troisième grande île de la Méditerranée occidentale, après la Sicile et la Sardaigne, la Corse possède une nature féerique demeurée intacte : falaises rougeoyantes plongeant à pic dans la mer, gorges taillées dans la pierre, collines tapissées de maquis, de châtaigniers, d'oliviers, montagnes couvertes de forêts ou de landes rases. Bien qu'il soit possible d'admirer son littoral depuis un bateau, l'île dévoile ses plus beaux secrets aux marcheurs : cascades, lacs glaciaires, forêts, cirques montagneux, roches aux formes et aux coleurs variées, sans oublier les criques et des plages parfois désertes.

Une île continent

Au cœur de la Méditerranée occidentale, la Corse ressemble à une montagne surgissant de la mer. Née à l'ère secondaire de son détachement d'avec la Provence et la Sardaigne, elle se divise en trois zones géologiques.

La Corse occidentale

Aussi appelée « Corse cristaline », elle couvre près des deux tiers du territoire et porte les plus hauts sommets. Au centre se dessine une ligne de hautes montagnes tout en pics, en aiguilles, et en gorges encaissées. De part et d'autre, des chaînons transversaux bordés de vallées et de gorges s'abaissent graduellement vers la mer. Les extrémités nord et sud de l'île possèdent un relief moins tourmenté. La **Balagne**, terre de collines, s'allonge du nord de Galéria jusqu'au-delà de L'Île-Rousse. Le **littoral**, véritable « Riviera » de la Corse, attire de nombreux estivants par son climat méditerranéen, ses plages et ses marinas. Appuyé

sur le monte Incudine, le **sud de la Corse** s'ouvre en éventail, du golfe de Valinco à Porto-Vecchio. Les paysages montagneux sont moins escarpés. Le climat sec et chaud favorise la culture de la vigne.

La Corse orientale

Formée de monts schisteux et bordée d'une plaine côtière cultivée de manière intensive (agrumes et vigne) courant de Bastia à Aléria – ancienne zone marécageuse encore parsemée d'étangs –, elle constitue le tiers nord-est de l'île. Son relief est bien moins accidenté que celui de la Corse occidentale (alt. maximale 767 m).

Tout au nord, le **cap Corse** présente un squelette montagneux en arêtes de poisson, avec des crêtes émoussées par l'érosion. Ses pentes, façonnées en terrasses par l'homme et désormais abandonnées à la végétation, gardent les traces d'une activité agricole autrefois intense. Si la filière viticole fit la renommée de la péninsule dès le Moyen Âge. la mer et le tourisme demeurent les principales ressources.

Randonneuse dans la montagne corse.
SanderStock/Getty Images Plus

La **Castagniccia**, au nord-est, est délimitée par les fleuves du Golo au nord et du Tavignano au sud. Elle forme un moutonnement de larges collines, entaillées par les torrents, et se couvre d'un épais manteau de châtaigniers, à l'origine de sa richesse et de son nom.

Le sillon central

Entre L'Île-Rousse et Solenzara, une fracture élargie par les cours d'eau sépare la Corse orientale de la Corse occidentale. D'une altitude moyenne inférieure à 600 m, le sillon central relie l'est du désert des Agriate à Solenzara, au sud-est de l'île. Le **sillon de Corte**, plus affirmé, drainé par le Golo puis le Tavignano, offre un paysage où coteaux et plateaux s'enchevêtrent dans un cadre montagneux.

Au paradis des minéralogistes

L'infinie variété des roches fascine : certaines régions se hérissent de véritables forêts de pierres en formes de sculptures minérales. Les **roches magmatiques** couvrent l'essentiel de la Corse occidentale. Le **granit** a créé ici des paysages singuliers : les **aiguilles de Bavella**, taillées par l'érosion, ou encore le rivage découpé de la côte ouest. Dans les aiguilles de granit rouge des **Calanche** de Piana, l'eau et le vent ont creusé des cavités appelées *taffoni* (« trou », en corse) et sculpté de surprenantes silhouettes. Les **rhyolites** et les **ignimbrites** (roches volcaniques), très présentes dans la réserve de **Scandola**, forment des paysages spectaculaires, dont les teintes vont du vert au rouge

Polychromie

Les passionnés de minéralogie remarqueront le **schiste lustré**, à l'aspect soyeux, souvent employé dans les églises pisanes (chapelle San Quilico de Cambia), le **calschiste**, pierre dorée aux teintes pâles orange, vertes, bleues (église de la Canonica) ou encore les **roches vertes**, utilisées pour l'édification de monuments polychromes (San Michele de Murato).

GÉOLOGIE

- Zone cristalline
- Zone schisteuse
- Bassins tertiaires
- Plaines d'alluvions

BASTIA
St-Florent
L'Île-Rousse
Calvi
Monte Cinto △
Ponte Leccia
Corte
Monte Rotondo △
Monte d'Oro △
Aléria
Monte Renoso △
AJACCIO
Solenzara
Porto-Vecchio
Sartène
Bonifacio

Golo
Tavignano
Gravona
Tavaro
Rizzanese

0   20 km

N

par les Anglais « l'île parfumée », elle apparaît étonnamment verte, boisée et fleurie. Napoléon disait qu'il reconnaissait sa terre natale à son odeur !

Une végétation étagée

L'île compte plus de 2 000 espèces végétales. Certaines sont communes à la flore continentale, d'autres à celle du bassin méditerranéen. On dénombre plus d'une centaine de variétés endémiques.

Les végétaux ont dû s'adapter à un milieu difficile : sécheresse prolongée, vents violents ou froid rigoureux. Chaque essence évolue dans une zone d'altitude particulière, avec bien sûr quelques variations liées à la nature du sol, à l'exposition des versants et à l'orientation des vallées.

Plaines et maquis

À l'étage méditerranéen inférieur (jusqu'à 500 m d'alt.) se mêlent les fleurs exotiques et le maquis. Le **figuier de Barbarie**, cactus originaire d'Amérique centrale, donne un fruit comestible. L'**agave d'Amérique**, plante grasse aux longues feuilles bordées d'épines brunes, est orné de fleurs jaunes. L'**aloès** aux feuilles charnues offre de janvier à avril un panache de fleurs rouges ou jaunes. L'**eucalyptus** (*voir encadré p. 284*) embaume les régions de Porto et d'Ajaccio et la plaine orientale. Les **cédratiers** produisent des fruits ressemblant à de gros citrons que l'on consomme confits, en liqueur ou en confiture. Constitué par un tapis végétal extrêmement dense pouvant atteindre 6 m de hauteur, le **maquis** a longtemps servi d'abri aux bandits, puis aux résistants. Il s'étend sur d'immenses surfaces, y compris sous les pins maritimes, les chênes et dans les châtaigneraies abandonnées. Cette couverture végétale a pour vertu de retenir la couche d'humus et de fournir du bois

en passant par d'innombrables nuances. Aux **roches sédimentaires**, partout présentes en Corse, ayant notamment formé les hautes falaises blanches de Bonifacio, s'ajoutent les **roches** dites **métamorphiques**, nées des mouvements tectoniques. Omniprésentes en Corse orientale, il s'agit de schiste feuilleté que l'on débite en **lauzes** ou **teghje**. À cela s'ajoutent les **roches vertes**, plus résistantes que les schistes, connues sous le nom de « vert de Corse ». Cette pierre contenant de splendide cristaux vert jade, est très recherchée pour ses vertus ornementales.

Une végétation variée

Contrairement à la plupart des îles de Méditerrannée occidentale, la Corse est un véritable festival de couleurs et de senteurs. Surnommée

0   20 km

CAP CORSE

Cima di e
Folicce
1305

Mte Stello
1307

Col de Teghime
536
BASTIA

AGRIATE

NEBBIO

St-Florent

L'Île-Rousse

Étang de
Biguglia

Calvi

Mte Asto
1535

BALAGNE

GIUNSSANI

Ostriconi

Tartagine

Golo

CASINCA

Figarella

Mte Padro
2393

Asco

Fium' Alto

Ponte-
Leccia

Mte
San Petrone
1767

Fango

Mte Cinto
2706

NIOLO

CASTAGNICCIA

Scandola

2525
Paglia Orba

Golo

Corte

BOZIO

Col de Vergio
1477

Mte Tozzo
2007

VENACCHESE

Bravone

Porto

Porto

2622
Mte Rotondo

Venaco

Tavignano

PLAINE

Capo
Rosso

CALANCHE

Mte d'Oro
2389
Col de Vizzavona
1163

Col de Sorba
1311

Étang de
Diane

LIAMONE

Cargèse

Liamone

Mte Renoso
2352

Ghisoni

Fium'Orbo

D'ALÉRIA

Étang
d'Urbino

Golfe de
Sagone

CINARCA

Gravona

Col de Verde
1289

FIUMORBO

Ghisonaccia

Pnte
Pozzo di Borgo
779

Prunelli

Pnta di a Cappella
2042

Étang de Palo

AJACCIO

ORNANO

Zicavo

Mte Incudine
2136

Travo

Solenzara

Îles Sanguinaires

TARAVO

Travo

Aiguilles de Bavella
1596

Col de Bavella
1218

Capo di Muro

RIZZANESE

ALTA ROCCA

Zonza

Massif
de
l'Ospédale

Golfe
de
Valinco

Propriano

Rizzanèse

Pnta di a
Vacca Morta
1315

Pointe de la Chiappa

Sartène

Ortolo

L'Uomo di Cagna
1217

Montagne de Cagna

Porto-
Vecchio

Bonifacio

Capo Pertusato
Île Lavezzi

Bouches de Bonifacio
Bocche di Bonifacio

Isola
Maddalena

Isola
Caprera

N

SARDEGNA

Le maquis corse

Au printemps, le maquis en pleine floraison exhale des arômes puissants et se pare de mille couleurs. Le **ciste de Montpellier** et le **ciste à feuilles de sauge** constellent les basses pentes de leurs fleurs blanches, alors que le **ciste de Crète** apporte des touches mauve-rose. Les **calycotomes**, sorte de genêts épineux, forment de magnifiques buissons fleuris de jaune et parfumés d'une odeur de miel. Le **cyclamen** égaye de ses petites fleurs violettes le littoral et les sous-bois. Dans le bas maquis pousse aussi le **myrte**, dont les baies d'un noir bleuâtre servent à la fabrication d'une liqueur réputée. Les autres plantes caractéristiques sont l'**asphodèle** avec ses fleurs blanchâtres, le **lentisque** reconnaissable à son odeur résineuse et à ses baies virant au noir à maturité et le genévrier, dont les baies d'un brun rouge font le délice des merles. Le maquis arboré se compose de **bruyères**, de **chênes-lièges** (présents surtout dans le sud- est de l'île), de **chênes verts** et d'**arbousiers**. Ceux-ci portent, d'octobre à janvier, des fleurs blanches et des fruits rouge vif de la taille d'une grosse fraise (d'où son nom d'« arbre aux fraises »), consommés sous forme de gelée ou d'eau-de-vie. Excepté les jours de grand vent où les incendies peuvent se propager, une balade dans le maquis s'impose. On n'y rencontrera aucun serpent venimeux, seulement des porcs à demi sauvages se régalant de glands et d'arbouses.

de chauffage mais, éminemment combustible, elle favorise la propagation des incendies, lesquels frappent régulièrement l'île.

Forêts

Le **châtaignier** (*voir encadré p. 412*) est très répandu entre 500 et 800 m., tandis que le **pin laricio** (*voir encadré p. 220*), emblématique des futaies corses, croît entre 500 et 1500 m. Ce dernier peuple l'essentiel des splendides forêts d'Aïtone, de Vizzavona et de Valdu-Niellu, dans le Niolo. Il est parfois associé au pin de Corte, au pin maritime, au sapin pectiné, voire au cèdre en forêt de Bavella. Le **hêtre** peut aussi se mêler à lui entre 1000 m et 1500 m d'altitude. Des massifs de hêtres s'élèvent dans le nord-est de l'île (massif du San Petrone, plateau du Coscione). Le **bouleau** apparaît surtout à la limite supérieure de la forêt ; on le trouve au col de Vergio et sur la face nord du monte Cinto. Les zones comprises **entre 1500 et 1900 m** sont dominées par l'**aulne odorant**, fréquent en forêt de Valdu-Niellu. Les aulnaies peuplent aussi les rives des torrents et les versants exposés au sud. Leurs branches servaient à couvrir le toit des cabanes de bergers. **Au-dessus de 1600 m** apparaissent des plantes typiquement corses : le

Les pozzines

Les « puits » (du mot corse pozzi), protégées par le parc naturel régional, font la grande originalité des paysage de haute montagne corse. Ces pelouses spongieuses entourent et couvrent en partie certains lacs de montagne, celui de Nino en particulier. Elles créent de surprenants puzzles de terre et d'eau. Formées par l'accumulation de matière végétale non dégradée, elles s'habillent d'un gazon dont raffole le bétail. Comme toutes les zones humides de Corse et d'ailleurs, la richesse écologique des pozzines est menacée par le réchauffement climatique : elles font l'objet de mesures de protection et de restauration.

Le chêne-liège fait de la résistance

Appelé ici *a suara*, le chêne-liège tient une place prépondérante dans le paysage du sud-est de la Corse, jusqu'à 700 m d'altitude. Son écorce, épaisse et crevassée, ultra-résistante, lui permet de réduire les pertes en eau et de protéger le cœur de l'arbre lors des incendies. L'arbre – dont les plantations ou forêts sont nommées suberaies – est cultivé pour produire du liège. Si de vastes surfaces uniquement dédiées à l'exploitation existent au Portugal, en Espagne, en Algérie et au Maroc, elles sont assez limitées en Corse où l'essence pousse principalement à l'état sauvage. Malgré le déclin de l'exploitation au 20ᵉ s. (avec l'avènement du plastique), l'île n'en demeure pas moins la première région productrice en France. Et une partie des petits producteurs se regroupent, notamment au sein de « A Silva », une coopérative forestière.

Le démasclage (prélèvement de l'écorce) s'effectue la première fois lorsque l'arbre atteint 25 ans, il s'agit de l'écorce mâle. Puis l'opération se répète tous les neuf à dix ans, durée nécessaire à la reconstitution d'une nouvelle assise de liège ; on retire alors l'écorce femelle, la plus prisée par l'industrie et l'artisanat. La transformation de l'écorce s'effectue le plus souvent en Sardaigne ou au Portugal. La déception née de l'utilisation de bouchons en plastique par nombre de viticulteurs et, surtout, la demande croissante comme matériau écologique d'isolation thermique et acoustique, laissent augurer une reprise sensible de l'activité, comme c'est déjà le cas au Portugal.

genévrier nain, arbrisseau couché sur le sol et l'**épine-vinette de l'Etna**, à fleurs jaunes et aux rameaux garnis de fortes épines. Sur les hauteurs peu accessibles s'épanouissent quelques fleurs : l'ancolie de Bernard, la violette corse et la marguerite cotonneuse, sorte de chrysanthème à fleurs blanches.

Une faune spécifique

L'insularité a favorisé le développement d'espèces animales endémiques. Menacés de disparition, certains animaux, comme le **cerf élaphe corse** (*u cervu corsu*), sont protégés par le parc naturel régional (*voir p. 441*). Après avoir occupé toute l'île au 18ᵉ s. et disparu à la fin des années 1960, il a été réintroduit à partir d'individus identiques prélevés en Sardaigne. Il est plus petit et plus sombre que son congénère du continent. Des enclos de reproduction ont été aménagés à Quenza et à Chisa notamment et, au fil des années, des animaux ont été relâchés. On dénombre aujourd'hui plusieurs centaines de cerfs (*voir Domaine de Pinia, p. 391*).

Un symbole

Le **mouflon** (*voir p. 195*), seul mouton sauvage d'Europe, vit dans les montagnes. L'animal symbolise la paix et la liberté. Les bons marcheurs munis de jumelles et de patience pourront observer l'animal au pelage brun dans la vallée de l'Asco, ainsi que dans certains massifs.

Oiseaux rares

Reconnaissable à son bec rouge strié de noir, le **goéland d'Audouin** se réfugie dans les zones rocheuses et escarpées. La Corse est le seul lieu de France où il se reproduit, notamment dans les îles Finocchiarola, au nord-est du cap Corse. La colonie de **cormorans huppés** demeure aussi l'une des plus importantes de Méditerranée. La **sittelle corse** est une espèce

La tortue d'Herrmann

Menacée d'extinction sur le littoral méditerranéen suite aux progrès de l'urbanisation, des incendies, ou de collectes sauvages, la tortue d'Hermann est le reptile emblématique de l'île. Il n'est pas rare d'en rencontrer en Corse, du côté du golfe d'Ajaccio, dans les maquis du sud (Sartenais et région de Porto Vecchio), et surtout dans la plaine orientale, où se trouvent les colonies les plus nombreuses. L'animal vit une soixantaine d'années et reste fidèle à son habitat. Il est interdit de le ramasser, de le capturer ou de le déplacer. Un tortue de milieu humide,a trouvé refuge aud du de Bastia, du côté de l'étang de Biguglia : la tortue cistude.

endémique. L'oiseau sédentaire occupe les forêts centrales de pins laricio. Il niche dans le tronc d'arbres morts à une dizaine de mètres du sol et se déplace souvent à la verticale la tête en bas. La sitelle se reconnaît à son bec fin et droit et à son sifflement modulé. Le **gypaète barbu** (« altore » en corse, « celui qui habite les hauteurs » ; *www.gypaete-corse.com*), est un charognard vivant dans les failles des rochers verticaux. Mesurant plus de 1 m et d'une envergure dépassant 2,50 m, il possède une tête blanche, un bandeau noir autour de l'œil,une touffe de barbe à la base du bec, des ailes pointues et une queue en losange. Enfin, le **balbuzard**, sorte d'aigle pêcheur, niche sur les pitons rocheux en bord de mer. En voie d'extinction, l'espèce a survécu grâce à l'action et la protection du parc naturel. Une vingtaine de couples de balbuzards vivent dans la réserve naturelle de Scandola.

Les reptiles

L'île abrite douze espèces de reptiles terrestres, non venimeux, dont deux types de couleuvre. Si les **lézards** sont très nombreux (lézard endémique de Bédriaga, lézard Tiliguerta, et diverses espèces de **geckos**, comme la tarente de Maurétanie, qui peut atteindre 20 cm), le « reptile star » reste la **tortue d'Hermann**, quasiment disparue sur le continent (*voir encadré ci-dessus*).

La faune marine

L'espèce la plus spectaculaire des côtes corses est le **rorqual commun**. Le **dauphin** escorte volontiers les plaisanciers, notamment sur la côte ouest.

Les **fonds sous-marins** abritent poissons et crustacés : congres, rascasses, murènes, barracudas, langoustes et homards, etc. Le **mérou** peuple les eaux du sud de l'île. La **girelle** colore les fonds de ses robes bigarrées rouge et verte. Différentes espèces de **rougets** voisinent avec les bancs de **castagnoles**. Une très abondante faune fixée couvre les fonds. Anémones jaunes, ascidies pointues de teintes variées, dentelles de Neptune et gorgones rouges chatoient sous la lumière diffuse.

L'**aphanius de Corse**, petit poisson endémique, fréquente les eaux douces et saumâtres des estuaires et les lagunes de Biguglia, les étangs de Diana et les marais salés de Porto-Vecchio.

Le **corail rouge** (Corallium rubrum), espèce typiquement méditerranéenne, prolifère sur les tombants et les falaises à l'abri d'une trop forte lumière. Sa couleur rouge provient de substances de type carotène colorant le squelette.

La **posidonie** (endémique à la Méditerranée) est une plante à fleurs ayant quitté la terre ferme il y a 100 millions d'années pour le milieu marin. Essentielle à la bonne santé de l'écosystème marin, les prairies de posidonie souffrent de l'ancrage des navires de toutes tailles et du réchauffement des eaux de la Méditerranée (record de 28,71 °C) en 2023). Leur disparition ou leur raréfaction seraient dramatiques : de très nombreux poissons y vivent et s'y reproduisent.

Une nature protégée

Grâce à son environnement protégé et à l'absence d'industries polluantes, la Corse est l'une des régions françaises les mieux préservées. Mais son patrimoine naturel n'est pas à l'abri de dégradations liées à l'activité humaine, à la convoitise des promoteurs, à la pression touristique toujours plus forte (plus de 3 millions de visiteurs/an), aux sécheresses et aux incendies toujours plus difficiles à maîtriser.

En dehors du **parc naturel régional de Corse** (PNRC), plusieurs organismes s'attachent à préserver la diversité écologique de l'île. Le **Conservatoire du littoral,** propriétaire de près de 25 % des

1030 km de côtes, acquiert de vastes surfaces non bâties, à l'instar des Agriates, des côtes de la Balagne, et de bien d'autres trésors naturels. Il aménage certaines d'entre elles : sentier du littoral, restauration de tourés génoises, reconstitution de dunes…Le **parc marin international, des Bouches de Bonifacio** rare exemple de collaboration internationale dans le domaine de l'environnement, couvre l'ensemble du détroit séparant la Corse de la Sardaigne. Le **parc naturel marin du Cap Corse et de l'Agriate** constitue une autre aire marine protégée de l'île depuis 2016.

Aux 150 000 ha de forêts sous contrôle de l'Office National des Forêts (ONF) s'ajoutent **sept réserves naturelles** couvrant une surface de 83 500 ha environ *(voir p. 435)*. Par ailleurs, plus de 150 sites sont classés Natura 2000 (programme européen de protection de sites naturels

- ⊙ www.conservatoire-du-littoral.fr
- ⊙ www.onf.fr ⊙ www.reserves-naturelles.org ⊙ www.natura2000.fr

Le parc naturel régional de Corse (PNRC)

D'une superficie d'env. 350 500 ha, soit 40 % de l'île, il englobe 178 communes (selon une charte validée en 2018). situées dans le cœur montagneux de l'île : massifs du monte Cinto, monte Rotondo, monte d'Oro, monte Renoso, monte Incudine.

Sa façade maritime occidentale, longue de 80 km, est centrée sur les golfes de Porto et de Girolata et la presqu'île de Scandola (elle-même classée en réserve naturelle). Le parc comprend les principales forêts du centre (Aïtone, Valdu-Niellu, Vizzavona, Bavella, l'Ospédale…), et certains des plus beaux sites de l'île (gorges de Spelunca et de la Restonica, col de Bavella, lacs d'altitude, lac de Nino…)

La mission du parc est la préservation d'espèces rares ou endémiques, et d'animaux en danger, à commencer par le mouflon corse. Enfin, le PNRC protège ou restaure le « petit patrimoine » de l'île (bergeries, moulins, vieilles maisons), ainsi que des monuments ou des vestiges archéologiques. Il réhabilite les châtaigneraies et développe le tourisme en montagne.

⊙ www.pnr.corsica

Saveurs locales

Une simple omelette au *brocciu* et à la menthe, accompagnée de quelques tranches de coppa et arrosée d'un patrimonio : en Corse, le plaisir du voyage se retrouve aussi bien dans l'assiette que dans le verre. Fermes-auberges, restaurants et boutiques du terroir abondent pour découvrir ces trésors gastronomiques aux parfums irrésistibles.

Cochonnailles

La **charcuterie** traditionnelle corse (« AOC charcuterie corse »), confectionnée à partir de porcs noirs de race endémique *nustrale*, constitue le fleuron de la gastronomie insulaire en raison de son incomparable saveur parfumée. L'explication est simple : les porcs, élevés en pleine nature et en semi-liberté, se nourrissent de bons produits, tels que les châtaignes, les glands et certaines herbes aromatiques du maquis. Le goût de la charcuterie est encore relevé par un fumage au bois de châtaignier.

Les procédés de fabrication traditionnels ont repris, une certaine vigueur, du moins auprès de certains petits producteurs de l'île. Renseignez-vous sur l'origine de la charcuterie que vous achetez et privilégiez les productions artisanales.

Trois produits possèdent le label AOC : la **coppa**, constituée d'échine, le **lonzu** (longe), à base de filet, et le **prisuttu**, jambon cru à savourer avec des figues fraîches.

Les **figatelli** sont des saucisses fumées préparées avec les rognons, le cœur et le foie. Elles se dégustent en période hivernale immédiatement après l'abattage des porcs, qui a lieu en novembre et décembre.

Les autres charcuteries sont affinées et séchées de six mois à trois ans pour les jambons de grosse taille. Les boudins (*sangui*) et terrines sont affaire de spécialistes et leur préparation varie selon les régions. 😊 Attention, le saucisson d'âne n'est pas du tout une tradition corse !

Poissons et fruits de mer

Le long du littoral, on se régale de poissons de roche, utilisés dans la bouillabaisse corse, **aziminu**, de

Le bon cochon !

Afin de couvrir une demande touristique en forte croissance ces dernières années, l'« île de Beauté » a beaucoup développé son offre de charcuterie. Vous trouvez aujourd'hui toute l'année du jambon, de la *coppa* ou du *lonzu*. Cette abondance a son revers : 85 % de la charcuterie vendue sur place est faite à partir de bêtes ou de viandes directement importées. Quant à la production artisanale, par définition bien plus limitée, elle est souvent déjà écoulée au début de l'été.

Charcuterie traditionnelle corse.
CHASSENET/BSIP/age fotostock

fritures, de rougets ou de loups braisés aux sarments, de sardines grillées, etc. La **langouste** règne partout sur la côte, avec une prédilection pour le cap Corse, notamment du côté de Centuri.
Les **huîtres** et les **moules** viennent des étangs de Diane et d'Urbino, dans la plaine orientale.
En montagne, les gourmets apprécient les **truites de torrent**. Elles étaient autrefois pêchées par les bergers au fusil et cuites sur des galets chauffés au feu.

Potages

Les Corses sont friands de soupes *(minestra)* aux haricots rouges, aux petits oignons, aux herbes sauvages, aux pâtes avec addition de *brocciu*. Après moult efforts le long du GR 20, une soupe corse est un véritable bonheur ! Dans la vallée de la Restonica, la soupe est enrichie de la chair savoureuse des truites de torrent. En hiver et à l'automne, les herbes aromatiques qui couvrent le maquis servent à concocter une soupe aux saveurs magiques d'angélique, de myrte et toute autre « erbiglie ».

Viandes et gibiers

Au printemps, les Corses font honneur aux côtelettes d'agneau et au chevreau rôti aux herbes du maquis. Le ragoût de cabri aux poivrons, **piverunata**, est une grande spécialité. La chasse (de septembre à février) fournit son lot de sangliers et de marcassins, servis rôtis ou en ragoûts et accompagnés d'une *pulenta*, purée de châtaignes. Le **veau corse** est à tester absolument. Il est parfois servi sous forme de carpaccio, mais le plus souvent **sauté aux olives**. Depuis l'interdiction des pâtés de merles, on déguste toute l'année les **pâtés de sansonnets** (étourneaux) à la chair parfumée. Côté **triperie**, les andouillettes de Bonifacio, faites d'abats de chevreau ou d'agneau, et les tripes aux oignons « à la mode de Bastia » raviront les amateurs.
Une partie de la viande provient du continent.

Pâtes

L'influence italienne l'emporte dans la pâte sèche *(past'asciutta)* cuite à l'eau, tandis que la personnalité corse s'affirme avec le **stufatu**, pâte cuite à l'étouffée avec une sauce à la viande, et avec les raviolis ou les lasagnes garnis de *brocciu* (spécialité bastiaise). Les **cannellonis** au *brocciu* figurent en bonne place sur les menus.

Châtaignes

La farine de châtaigne (AOC), recommandée en cas d'intolérance au gluten, était la base de l'alimentation traditionnelle. Il existait une variété étonnante de plats intégrant ce fruit. Ils ont été réintroduits ces dernières années grâce au renouveau de la châtaigneraie. Ainsi, la **pulenta**, composée de farine de châtaigne, est servie en bouillie épaisse ou en galette et accompagne bien les plats de viande et les *figatelli*.

Fromages

Plutôt secs en Corse-du-Sud et frais en Haute-Corse, les fromages sont très répandus. La vedette revient au fameux **brocciu** (prononcez *broutch*), fromage de brebis ou de chèvre, auréolé d'une AOC, et confectionné avec du petit-lait mêlé à du lait réchauffé et battu (broussé). Il entre dans la composition de maints plats locaux (omelettes, tartes, crêpes, beignets, et même glaces...). D'octobre à juin, on le consomme frais, nature ou sucré, arrosé d'eau-de-vie. Salé, il se conserve toute l'année et peut être dégusté très sec.
On trouve aussi des fromages de chèvre ou de brebis secs et très forts, dont le plus connu est le **niolo**. Le **calinzana**, fromage à pâte molle, était autrefois travaillé à façon par des femmes, e *casgilante*. Elles travaillaient de nuit évitant ainsi les hordes de mouches. Le **sartinese**, fromage à pâte pressée, est un fromage de garde permettant de faire le lien d'une production à l'autre. Sa croûte ne s'affecte pas avec le temps et garde son intégrité quand l'intérieur, lui, se décompose. Si le *casgiu merzu* fit la réputation d'*Astérix en Corse*, il reste réservé aux initiés.

Douceurs

Le *brocciu* est présent dans quelques pâtisseries : les **falculelle**, brioches de Corte et le **fiadone**, flan aromatisé au citron. Pour vous adoucir le palais, testez le beignet dit **frittella**, la **torta castagnina**, tourte piquée de noix, amandes, pignons, raisins secs et rhum, et les **canistrelli**, biscuits souvent aux amandes ou aux noisettes et surtout parfumés à l'anis tout comme le **pastizzu**, l'un de ces desserts à la farine de châtaigne qui rencontrent un grand succès. La châtaigne se retrouve dans bien d'autres spécialités : flans, gâteaux, mousses, glaces...
Parmi les sucreries, citons les compotes et gelées d'arbouses, les cédrats confits (agrume entre le citron et l'orange), et une grande variété de confitures. La **confiture de figue**, incontournable, accompagne très bien les fromages les plus relevés. Les **miels** (*voir aussi « Sur place de A à Z », p. 496*) sont une grande spécialité corse. Il y en a un pour chaque saison et les associations végétales lui donnent des propriétés uniques reconnues depuis l'Antiquité. Le *mele di Corsica* est le deuxième miel français à avoir bénéficié d'une AOC. Le miellat du maquis (parmi les plus spécifiques), se distingue par sa couleur ambrée, tandis que dans la vallée de l'Asco, on peut trouver un miel blanc ; le miel de châtaigneraie est le plus corsé, alors que le miel de printemps est d'une tendre douceur. Le miel d'été se parfume de toutes les odeurs des plantes aromatiques.

« A saluta », à votre santé !

Les vins

Si les viticulteurs travaillent les cépages internationaux (syrah, grenache, cabernet sauvignon), ils accordent désormais la priorité à la trentaine de cépages insulaires. Les plus réputés sont le *nielluccio* et le *sciacarello* pour les vins rouges, le malvoisie *(vermentino)* et le muscat pour les vins blancs. Ils produisent des crus corsés et bouquetés. La Corse compte neuf AOC (ajaccio, patrimonio, calvi, coteaux-du-cap-corse, muscat-du-cap-corse, figari, porto-vecchio, sartène et corse) et deux IGP (île de Beauté et Méditerranée, cette dernière indication incluant aussi des vins produits entre l'Ardèche et les Bouches-du-Rhône).

Le **patrimonio** est le premier vin corse à avoir obtenu une AOC. Il comprend des vins rouges, rosés et blancs, et a acquis une renommée internationale. Les rouges sont produits presque exclusivement avec le cépage *nielluccio*, originaire d'Italie. Ces vins généreux, souvent de qualité, accompagnent bien charcuterie et gibier.

Le **cap Corse** produit d'excellents vins blancs moelleux de muscat et de malvoisie. Le vignoble est en pleine expansion comme le prouve la désormais la foire du vin de Luri *(fiera di u vinu)*.

Les vins rouges d'appellation **ajaccio** comprennent au moins 40 % de *sciacarello*. Le **Sartenais** produit des vins rouges. Dans le **sud de l'île**, sous l'appellation porto-vecchio et figari-pianottoli, on trouve des vins rouges, rosés et blancs. La **côte orientale** de Bastia à Solenzara, la **Balagne** et les environs de Ponte-Leccia élaborent aussi des vins fruités de qualité.

 www.vinsdecorse.com

Les alcools

Le cap Corse est connu pour ses apéritifs comme le cap Corse Mattei, un breuvage à base de quinquina fabriqué à Bastia.

Les **liqueurs de fruits** utilisent toutes les ressources d'une nature prodigue. Arbouse, myrte et cédrat composent des eaux-de-vie aux saveurs inhabituelles.

Le **whisky corse**, commercialisé depuis 2003 (deux marques se partagent le marché), est réalisé avec l'eau provenant de la source U Canale à Patrimonio. Le pastis a trouvé ici des saveurs étonnantes.

Les bières

La Corse, terre de vignobles, surfe désormais comme bien d'autres régions du monde sur la vague des brasseries locales. Les insulaires et les touristes profitent désormais d'une offre de qualité et de plus en plus variée.

La **Pietra** (du nom du village d'un de ses créateurs, Pietraserena) est apparue sur les zincs en 1996. Connaissant un vrai succès à l'exportation, elle est élaborée à base de châtaignes qui lui donnent une saveur originale. La **Serena** et la **Colomba**, parfumée aux herbes du maquis, sont nées en 1999. Quant à la **Torra**, qui a fait son apparition en 2004, elle mêle des arômes d'arbouse et de myrte.

Les **microbrasseries** se multiplient, en Corse comme ailleurs. Elles produisent la *Lutina, A Ribella*... Elles marchent ainsi sur les traces de la pionnière, A Tribbiera, qui régale les amateurs depuis 1999 avec sa large gamme.

Les eaux

La montagne corse cache en ses flancs des sources d'eaux minérales exploitées depuis l'Antiquité. L'eau de St-Georges, produite à Grosseto-Prugna, possède de remarquables qualités désaltérantes. L'eau de Zilia, mise en bouteille depuis 1995, traverse une roche volcanique qui la filtre de toutes les impuretés. Très réputée, l'eau gazeuse d'Orezza, au goût délicat, est riche en fer et en gaz carbonique.

Histoire

Peuplée dès la Préhistoire, l'île a suscité la convoitise des Grecs, des Carthaginois, des Romains, puis des Byzantins et de différents peuples barbares, enfin des Pisans et des Génois. Le déclin de Gênes au 18e s. permet une courte expérience de royaume, avec Théodore de Neuhoff, puis d'indépendance avec Pascal Paoli. Depuis 1768, la Corse est rattachée à la France, annexion qui devient effective en 1789.

Une histoire mouvementée

Du Prénéolithique à l'Antiquité romaine

Avant Jésus-Christ
Des populations de pêcheurs nomades abordent l'île quelque 10 000 ans av. J.-C. Venus de Sardaigne et d'Italie, ils profitent de la variation du niveau de la mer pour accoster brièvement en Corse. Ils vivent sous des abris rocheux, utilisent des outils grossiers et inhument leurs morts comme l'atteste le squelette de la « dame de Bonifacio », plus ancienne trace humaine découverte en Corse, datée de 6570 av. J.-C.
Une colonisation débute au VIe millénaire. De petites communautés pratiquent l'agriculture et l'élevage. Elles possèdent un mode de vie en tous points semblable aux populations du pourtour méditerranéen.
Entre 4 000 et 2 500 ans av. J.-C., les premiers villages se forment et le mégalithisme (de mégalithe : grande pierre) se manifeste. Les *castelli*, sortes de villages fortifiés défendus par des tours imposantes, les *torre,* sont édifiés sur plus d'une centaine de sites, en particulier dans la région de Porto-Vecchio et dans le Sartenais.
Au milieu du IVe millénaire apparaissent les premières techniques du bronze ; deux millénaires plus tard, la métallurgie du cuivre est introduite à Aléria.
L'**âge du bronze**, caractérisé par une forte insécurité dans l'ensemble du bassin méditerranéen, coïncide avec l'émergence d'une société en quête de spiritualité. Les statues-menhirs se multiplient ; on en compte plus de 250 en alignements à Palaggiu dans le Sartenais.

L'Antiquité

Au 7e s. av. J.-C., les Étrusques commercent avec des peuplades insulaires, tout comme les **Phocéens**, venus d'Asie mineure, qui fondent Alalia (Aléria) vers 565 av. J.-C. De par sa situation au cœur de la Méditerranée occidentale, la Corse devient l'une des haltes obligées des routes maritimes du monde antique. Les **Grecs** de Syracuse, qui s'y installent au 5e s., sont chassés au 3es. par les **Carthaginois**. L'écriture et les techniques nouvelles pénètrent enfin dans l'île. En 259, les **Romains** assiègent Aléria, mais il leur faut plus de deux siècles pour asseoir leur autorité sur l'île. Un siècle av. J.-C., **Marius** fonde la colonie romaine de Mariana.

Saint Martin (316-397), l'évangélisateur en marche

Né en Pannonie (Hongrie), fils de magistrat militaire et ayant lui-même longtemps servi dans la légion romaine, Martin (« voué à Mars ») se convertit au christianisme dès l'enfance. Ayant fait vœu de pauvreté, il entreprend bientôt une longue marche évangélisatrice ponctuée de miracles (guérisons et même résurrection d'un mort) qui traverse 14 différents pays européens. Par la suite, Martin rejoint saint Hilaire de Poitiers, se fait ermite, puis est proclamé évêque par les habitants de Tours. Parmi ses prodiges et ses innombrables actions charitables, la plus célèbre reste le partage de son manteau à un déshérité d'Amiens. En Corse, plus d'une centaine de communes et de lieux sont attachés au souvenir de saint Martin, à commencer par la Scala di Santa Regina *(voir p. 202)*. L'axe méditerranéen de la **via sancti Martini** débute en Corse, île que le saint traverse par l'intérieur avant d'atteindre Patrimonio et Ville di Pietrabugno, au nord-ouest de Bastia. De là, il rejoint l'île ligurienne de Gallinara, où il passe trois années d'exil, avant de rallier Albenga, puis Monaco, Pavie ou Milan. La création à l'étude d'un itinéraire culturel suivant le segment corse de la via Sancti Martini constituerait un atout pour un tourisme différent, hors du pic estival, et permettrait de valoriser les villages de l'intérieur.

Après Jésus-Christ

La Corse a ses premiers martyrs chrétiens au 2e s. Deux cents ans plus tard, les églises siègent au centre des villes de la côte. Sainte Restitude, sainte Julie et sainte Dévote sont promises à une belle destinée, tant la ferveur populaire perdure à travers les siècles. Au 6e s., sous le pontificat de Grégoire le Grand, on édifie de nombreux monastères.

Les invasions

Du 5e au 11e s., la Corse est envahie par les Vandales, puis, régulièrement, par les pirates barbaresques. Les insulaires se réfugient dans les montagnes. Maures, Ostrogoths, et Byzantins se disputent tour à tour la Corse, provoquant la **ruine de la grande cité d'Aléria** (vers 420) et la désertification des côtes. En 774, le Saint-Siège affirme ses droits d'administration temporelle et de possession de l'île. Au 11e s., Pise et Gênes s'entendent pour combattre les bases sarrasines en Corse, menaces permanentes pour leur puissance maritime.

La « paix » pisane (1077-1284)

L'île passe alors sous l'autorité de la florissante République pisane, qui apporte une paix relative et une certaine prospérité. Gênes, jalouse, revendique des droits sur l'île.

- **1133** – Le pape Innocent II confirme à Pise l'autorité sur les évêchés d'Aléria, Ajaccio et Sagone ; il accorde à Gênes ceux d'Accia, Mariana et de St-Florent.
- **1195** – Les **Génois** s'installent à Bonifacio et colonisent la cité.
- **1278** – **Calvi** s'inféode à Gênes.
- **1284** – L'effondrement de Pise à la bataille navale de la **Meloria** consacre la suprématie de Gênes.

Cinq siècles d'occupation génoise (1284-1768)

Du 13e au 16e s., Gênes fait face aux révoltes des seigneurs de la région de la Cinarca, fidèles à Pise, et à plusieurs soulèvements populaires. Dans le Nord, Sambucuccio d'Alando *(voir p. 210)* mène le mouvement de la *Terra del Commune*, chassant les petits féodaux. En 1297, les Aragonais obtiennent du pape

Les pièves

Ancêtres des actuels cantons, elles correspondent à une grande vallée ou à un ensemble de petites vallées. Sous l'administration génoise, les *pièves*, au nombre de 66, ont formé durant des siècles le cadre communautaire où s'est élaboré le destin de la population.

Boniface VIII l'investiture de la Corse et de la Sardaigne.
La Corse, plongée dans un chaos politique et économique, perd le tiers de sa population lors de la **grande peste** de 1348.
En 1453, son autorité rétablie, Gênes confie la gestion de l'île à l'Office (banque) de St-Georges, sorte d'établissement financier para-étatique, alors tout puissant dans la République. La répression s'accroît dramatiquement. Un siècle plus tard, les troupes du roi de France Henri II débarquent en Corse.
Mais en 1559, le **traité de Cateau-Cambrésis** restitue l'île aux Génois. À cette date apparaît l'une des figures emblématiques de l'histoire corse. **Sampiero Corso** *(voir p. 295)*, qui avait participé à l'offensive française, tente l'impossible pour donner à l'île son indépendance.
En 1571, Gênes instaure des **pièves**, circonscriptions organisées autour des paroisses reconstruites durant la période pisane, de véritables cellules administratives.

- **16ᵉ s.** – Le littoral assailli par les Barbaresques est ceinturé de tours de guet.

- **17ᵉ s.** – Renouveau religieux : la Corse se couvre d'églises baroques.
- **1676** – 600 Grecs, fuyant les Turcs, s'installent à Paomia, près de Sagone, puis un siècle plus tard à Cargèse.
- **18ᵉ s.** – Décadence de Gênes.
- **1729-1769** – Succession de soulèvements populaires appelés « guerre d'Indépendance ».
Des notables mettent en place d'éphémères gouvernements d'un « royaume corse ».
En 1736, **Théodore de Neuhoff** est proclamé roi. Interventions militaires françaises en 1738 et 1748 pour rétablir l'ordre.

La Corse indépendante (1755-1769)

La Corse connaît quatorze années d'indépendance sous l'action de **Pasquale Paoli** *(voir p. 411)*, homme de démocratie et de progrès.
Paoli est élu « général de la nation corse » en 1755. Il proclame un « gouvernement de la nation corse » à Corte.
Le fondateur de la Constitution nationale corse tentera en

La « vendetta »

La *vendetta*, la vengeance, est une coutume sanglante. Elle est née de l'éloignement et des défaillances de la justice génoise. Celui qui avait subi une offense grave était ainsi poussé à faire sa propre justice ; le code de l'honneur l'y obligeait. Le fléau fut tel que l'on vit des familles entières se livrer de véritables guerres. De là sont nés les « bandits d'honneur », car la règle voulait que le justicier « prît le maquis » : dans un pays occupé par une administration étrangère, le rebelle devenait un héros populaire. Les plus célèbres furent : Antoine et Jacques Bellacoscia (Bocognano), Jean-Camille Nicolaï (Carbini), François-Marie Castelli (Carcheto), Nonce Romanetti (Calcatoggio), André Spada (Lopigna) et Felix Micaelli (Isolaccio-di-Fiumorbo).

L'émigration

La population corse connaît de rares épisodes de progression au cours de son histoire. La malaria, la famine, les querelles claniques qui marquent la fin du 19e s. et la première moitié du 20e s., accélèrent ce phénomène récurrent. La Corse atteint son maximum démographique en 1881 avec 273 000 habitants, mais en comptera 160 000 en 1957. La fonction publique représente alors une sécurité enviable, quitte à s'exiler sur le continent. Les départs pour les colonies s'intensifient. Les Corses rejoignent l'Algérie, Madagascar, l'Asie et l'Amérique du Sud. Deux présidents du Venezuela seront d'origine corse. Des villages entiers se reconstituent dans ces cités du bout du monde et tissent des réseaux solides au travers d'amicales et de sociétés philanthropiques. Les habitants du cap Corse se retrouvent ainsi massivement en Amérique. En dépit de l'arrivée, entre 1958 et 1964, de 17 000 Français rapatriés d'Algérie, corses ou non, l'île doit attendre le début du 21e s. pour voir la tendance s'inverser.

une décennie à peine une révolution institutionnelle d'envergure, vite étouffée par la mainmise française.

La Corse française

- **1768** – Traité de Versailles : Gênes, ruinée, cède la Corse à la France.
- **1769** – Le 8 mai, les paolistes sont vaincus par les troupes françaises lors de la **bataille du Ponte Nuovo** ; Paoli s'exile en Angleterre. Le 15 août, Napoléon Bonaparte naît à Ajaccio.
- **1789** – L'Assemblée constituante proclame la Corse « partie intégrante de l'Empire français ».
- **1790** – Paoli regagne la Corse après vingt et un ans d'exil.
- **1794-1796** – Un royaume anglo-corse est constitué avec sir Gilbert Elliot pour vice-roi. Paoli reprend le chemin de l'exil.
- **1796** – La France reconquiert la Corse. L'île est divisée en deux départements.
- **1811** – L'île est réunifiée en un seul département, dont Ajaccio devient le chef-lieu.
- **À partir de 1830** – Baisse des tensions, de la vendetta et du banditisme.
- **1894** – Inauguration de la voie ferrée Ajaccio-Bastia.

- **1914-1918** – La Première Guerre mondiale accentue l'hémorragie démographique amorcée à la fin du 19e s. : 14 000 morts. Il reste très peu d'hommes valides pour reprendre les exploitations agricoles.
- **1942-1943** – La Corse est occupée par les troupes allemandes et italiennes. En septembre 1943, elle est le premier département libéré, par ses propres partisans de surcroît.

La Résistance en Corse

Le 8 novembre 1942, les Américains débarquent en Afrique du Nord. Une joie bien vite assombrie par l'arrivée en Corse, trois jours plus tard, de plus de 30 000 soldats italiens accompagnés de leur redoutable service de renseignements (OVRA). **Mussolini** rêve de faire main basse sur l'île de Beauté, mais ses habitants ne l'entendent pas du tout ainsi. De nombreux mouvements de résistance se développent dans l'île, comme Combat, R2 Corse (Scamaroni), le FFL, le Front national (Jean Nicoli). L'arrivée des Américains en Afrique du Nord lance la **bataille de Méditerranée**, au cours de laquelle la Corse occupe une place stratégique. L'armistice italien le 3 septembre 1943 appelle à l'offensive. Le 13, le général Giraud déclenche l'**opération Vésuve**. Les combats autour de Levie empêchent

La tête de Maure.
Oleksii Liskonih/Getty Images Plus

la jonction des SS Reichsfurher avec la 90ᵉ Panzer, et privent Kesserling de leur appui pour empêcher le débarquement de Salerne. Après avoir réussi sa libération, la Corse fournit 12 000 combattants à la libération de la France.

● **1944** – Début de l'éradication de la malaria dans la plaine orientale par les troupes américaines.

● **1958-1970** – Tensions entre communautés suite à l'arrivée massive de rapatriés d'Algérie.

● **1970** – Séparée de la région Provence-Alpes-Côte d'Azur, la Corse devient la 22ᵉ région de France.

Éveil de l'identité corse

● **1975** – La Corse est divisée en 2 départements : Haute-Corse (2B) et Corse-du-Sud (2A).

● **1976** – Fondation du Front de libération nationale de la Corse (FLNC).

● **1981** – Création à Corte de l'université de Corse.

● **1982** – Élection de la première assemblée de Corse au suffrage universel.

● **1991** – L'assemblée territoriale de Corse devient l'organisme régional exécutif doté de pouvoirs étendus.

● **1995** – Création de l'IMEDOC : regroupement d'intérêt économique d'îles de la Méditerranée occidentale (Sardaigne, Corse, Baléares, Sicile).

● **1996** – Plus de 2 000 femmes défilent dans les rues d'Ajaccio pour protester contre la violence dans l'île.

● **1998** – Assassinat du préfet Claude Érignac. Plus de 40 000 personnes défilent dans l'île pour se dresser contre les dérives sanguinaires et mafieuses.

Les années 2000-2023

● **2003** – Interrogés par référendum, les Corses refusent la fusion des deux conseils généraux avec l'assemblée de Corse pour former une collectivité territoriale unique. Arrestation d'Yvan Colonna dans le cadre de l'enquête sur l'assassinat du préfet Érignac.

● **2004** – Défaite des partis nationalistes aux élections territoriales.

● **2005** – « Semaine de la fraternité », en réponse aux attentats racistes.

● **2006** – Privatisation de la SNCM.

● **2007** – Corte célèbre le bicentenaire de la mort de Pascal Paoli.

● **2010** – La gauche arrive en tête des élections territoriales ; les partis nationalistes obtiennent environ 35 % des voix.

- 2014 – Le FLNC dépose les armes.
- 2015 – Aux élections départementales, victoire de la gauche en Haute-Corse et de la droite en Corse-du-Sud.
- 2018 – Création de la Collectivité Territoriale de Corse.
- 2021 – Élections territoriales ; renouvellement du mandat de Gilles Simeoni.

☞ « Derniers événements », p. 455.

En route vers l'autonomie

La Corse a connu une seule période d'indépendance, entre 1755 et 1768, sous l'égide de **Pasquale Paoli**.

Un éphémère royaume

En 1736, **Théodore de Neuhoff** (voir encadré p. 415), un baron allemand qui avait pris cause pour des exilés corses, débarque sur l'île avec des armes. Redonnant espoirs aux insurgés, il est couronné roi de Corse sous le nom de Théodore Ier. Mais il doit quitter l'île quelques mois plus tard en raison de la résistance génoise et de la méfiance des généraux corse.

La Corse de Paoli

Pour la plupart des Corses, nationalistes ou non, **Pasquale Paoli** (voir p. 411) est le « **Père de la Patrie** », un « héros » qui permet à la nation corse, pour la première fois, de s'affirmer et de disposer d'une Constitution républicaine bien avant la France.

Né en 1725 en Castagniccia, Pasquale Paoli accompagne son père en exil à Naples. Il y reçoit une formation intellectuelle poussée, maîtrise plusieurs langues, s'intéresse aux idées des Lumières, aux doctrines étrangères et suit avec attention l'évolution de son île. De retour en Corse en avril 1755, il prend la tête de l'insurrection contre les Génois ; le 13 juillet 1755, il est proclamé « général de la Nation ». Il fixe sa capitale à Corte et dote l'île d'une organisation politique démocratique et moderne : il fait voter une Constitution avec séparation des pouvoirs, fait frapper monnaie, organise l'enseignement primaire, fonde l'université de Corte, réforme la justice, crée une armée et un embryon de marine, stimule le commerce et l'industrie, encourage l'agriculture, et débute l'assèchement des marais, etc.

Les Génois, toujours présents dans l'île mais affaiblis, demandent secours à la France. En 1768, après des négociations entre la république de Gênes et la France, le traité de Versailles donne la Corse à la France. Paoli organise la résistance armée. En vain. Vaincu à la bataille du **Ponte Nuovo** en 1769, Paoli s'exile en Angleterre, tente une alliance avec les Anglais : elle débouche pendant deux ans sur un royaume anglo-corse dirigé par le vice-roi sir Gilbert Elliot. Des insurrections y mettent un terme et provoquent un nouvel exil de Paoli à Londres, où il meurt en 1807.

Autonomistes et nationalistes

En août 1975, un commando de militants autonomistes occupe une cave viticole d'**Aléria** pour stigmatiser les privilèges réservés aux agriculteurs pieds-noirs. La répression est brutale et deux gendarmes sont tués. Un an plus tard naît le **Front de libération nationale de la Corse (FLNC)**, symbole du réveil de l'indépendantisme corse. Autonomie, défense de la langue et de la culture, protection des sites, etc. figurent parmi ses revendications. Mais une partie du mouvement s'éloigne des aspirations initiales et dérape dans la violence. Le FLNC est dissous en 1983, mais plusieurs groupes nationalistes restent très actifs.

Napoléon Bonaparte

L'Empereur des Français, né de parents ajacciens, veut que son île « soit une bonne fois française », même s'il doit pour cela entretenir la rivalité nord-sud et s'opposer à Paoli. Ses rêves de pouvoir le conduisant vers des contrées plus lointaines, il n'a en définitive réalisé que peu d'action en Corse. Ajaccio perpétue cependant le souvenir de « l'enfant de la Corse » et de sa famille.

Enfance de Nabulio

Au 16e s., des Bonaparte auraient quitté Sarzana en Italie pour s'installer à Ajaccio, sous la même souveraineté génoise. Deux siècles plus tard, Charles Marie, le père de Napoléon, épouse à 18 ans Letizia Ramolino âgée de 14 ans. Le 15 août 1769, ils donnent naissance à leur quatrième enfant et à leur deuxième fils prénommé **Napoleone**, en mémoire d'un parent de Letizia. Ce nom peu commun est vite remplacé au sein de la famille par le diminutif de Nabulio, « Touche à tout ».
Les Bonaparte habitent à Ajaccio. Letizia veille à la bonne marche du foyer et s'occupe des enfants (13 dont 5 morts en bas âge). L'éducation est sévère et le jeune Nabulio essuie ses réprimandes justifiées. L'Empereur reconnaîtra : « J'étais querelleur, lutin, rien ne m'imposait. Je ne craignais personne, je battais l'un, j'égratignais l'autre. Je me rendais redoutable à tous. » D'une famille anoblie, mais modeste, Charles Marie sollicite une bourse d'études pour ses deux aînés ; en 1779, Napoléon est admis à l'école militaire de Brienne dans l'Aube et poursuit ses études à l'école militaire de Paris, dont il sort lieutenant d'artillerie à l'âge de 16 ans. Ses projets sont alors modestes : retourner en Corse pour y faire une carrière politique et militaire. Dès 1789, il est acquis aux idées de la Révolution.

La guerre civile

La loi n'autorise les officiers français à s'engager dans les régiments de Gardes nationaux corses que s'ils sont élus lieutenants-colonels. Napoléon, désireux de suivre au plus près les événements qui se déroulent en Corse, se porte candidat. Le 1er avril 1792, il est élu au poste de lieutenant-colonel en second du 2e bataillon des Volontaires corses d'Ajaccio-Tallano derrière Jean-Baptiste Quenza. Quelques jours plus tard, à la suite d'une émeute entre les Volontaires corses des Gardes nationaux et les citadins, le bataillon Quenza-Bonaparte tue plusieurs personnes à la sortie de la cathédrale d'Ajaccio. L'événement déclenche huit jours de guerre civile, dont la population garde longtemps rancune au futur empereur. La maison des Bonaparte, qui affichent leur fidélité à la Convention, est mise à sac, tandis que l'insurrection gagne toute l'île. Si bien qu'en juin 1793 les Bonaparte doivent fuir sur le continent. Napoléon ne reviendra en Corse qu'en 1799.

L'ascension vers l'Empire

Commence alors la fulgurante carrière de Napoléon. Capitaine d'artillerie, il se distingue à Toulon en 1793, puis comme général de brigade dans les campagnes d'Italie en 1796 et d'Égypte en 1798. Après le coup d'État du 18 Brumaire an VIII (1799), il devient **Premier consul**, puis consul à vie. Le 2 décembre 1804, à l'âge de 35 ans, il est sacré **Empereur des Français**.
En 1807, après une série de campagnes, il domine l'Europe et édifie le Grand Empire. En 1815, quelques jours après la défaite de Waterloo, Napoléon se replie en France et abdique. Suivront six ans de séjour forcé à l'île de Sainte-Hélène, où il meurt en 1821.

Les différents gouvernements ont du mal à appréhender ce délicat « malaise corse ». Alternent périodes de laxisme, de fermeté et de trêve monnayée en secret.

En février 1998, l'assassinat du préfet Érignac provoque un réveil des consciences et la volonté de rétablir l'État de droit. Les accords dits « de Matignon » sont signés dans cette perspective en 2002.

Après s'être heurtées violemment durant les années 2000, les différentes tendances nationalistes essaient de renouer le dialogue. Les années 2010 voient l'émergence de mouvements politiques régionalistes opposés à la violence et à ses dérives parfois mafieuses. En 2014, le FLNC – représentant seulement une partie des indépendantistes – dépose les armes.

Derniers événements

En décembre 2015, les nationalistes gagnent les élections régionales. Gilles Simeoni (Femu a Corsica), en fusionnant sa liste avec celle de Jean-Guy Talamoni (Corsica libera) prend la tête du conseil exécutif. L'année 2016 est marquée par des tensions communautaires, par la reprise de la SNCM par Corsica Linea, ou encore par la volonté de Paris de mettre fin à certains avantages fiscaux appliqués à la Corse.

En juin 2017, les autonomistes et les indépendantistes réunis sous la bannière « Pè a Corsica » (Pour la Corse), envoient pour la toute première fois trois élus siéger à l'Assemblée nationale. Les dernières élections régionales se sont tenues en 2021. Les trois listes régionalistes, nationalistes ou indépendantistes ont obtenu 46 sièges (73,02 % des voix, dont 40,6 % pour Fà Populu insieme, de Gilles Simeoni), les 17 fauteuils restants revenant à la liste divers droite conduite par Laurent Marcangeli. Gilles Simeoni, ancien maire de Bastia et ancien avocat de Colonna, conserve son mandat de président du conseil exécutif de Corse.

En mars 2022, l'assassinat d'Yvan Colonna déclenche une flambée de violences, notamment auprès des jeunes. En septembre 2023, après 18 mois de discussions, le Président Macron accepte l'idée d'une « autonomie de la Corse dans la République ». La dissolution de l'Assemblée nationale de 2024 risque de remettre en question les « avancées significatives » de l'hiver 2024 et un projet sur le point d'aboutir. Droite et extrême-droite sont hostiles à toute forme de régionalisme, et une majorité des 3/5e au Congrès est requise pour modifier la Constitution…

⌾ www.isula.corsica

La tête de Maure

Désormais indissociable de l'identité insulaire, la tête de Maure a marqué les combats de la Résistance pendant la Seconde Guerre mondiale, puis ceux des mouvements autonomistes. L'emblème apparaît à la fin du 13e s. sur les armoiries du **roi d'Aragon** en souvenir de la reconquête chrétienne de l'Espagne. Il est repris deux siècles plus tard par des chefs corses partisans des Aragonais. Tombée en désuétude, la tête de Maure réapparaît au 18e s., notamment avec le général Gaffori au siège de Bastia (1754). Mais c'est avec **Pascal Paoli** que la tête de Maure devient le symbole officiel de la nation corse. Il supprime les chaînes et autres marques de soumission, et relève le bandeau qui couvre les yeux : « Les Corses veulent y voir clair. La liberté doit marcher au flambeau de la philosophie. Ne dirait-on pas que nous craignons la lumière ? » déclare le chef des insurgés.

Personnalités corses

Sampiero Corso (v. 1498-1567)

Samperu Corsu, ou Sampieru de Bastelica, est un condottiere corse ayant exercé l'essentiel de sa carrière militaire au service de la France. Adversaire redouté des Génois, il est considéré comme le père du nationalisme corse (*G p. 295*).

Jean-Pierre Gaffori (1704-1753)

Protecteur de la nation corse, puis « général de la nation », il réalise l'exploit de s'emparer de la citadelle de Corte, avant de se rendre maître du centre de l'île. Son fils François (1744-1796) deviendra le compagnon d'armes de Pasquale Paoli.

Pasquale Paoli (1725-1807)

Successeur de Gaffori comme « général de la nation corse » en 1755, U Babbu (« le père de patrie ») est le grand héros de l'île. Homme des Lumières, de démocratie et de progrès, l'île connaît quatorze années d'indépendance sous son égide. Après sa défaite contre les troupes françaises à Ponte Nuovo, Paoli s'exile et meurt en Angleterre (*G p. 411*).

NAPOLÉON BONAPARTE, VOIR P. 454

Horace Sebastiani (1772-1851)

Né à La Porta, en Castagniccia, il s'illustre comme simple officier dans de nombreuses batailles auprès de Bonaparte. Nommé comte d'Empire, puis maréchal de France, il sert Napoléon, puis Louis Philippe, Plusieurs fois ministre et nommé ambassadeur, il est inhumé aux invalides.

Colomba Bartoli, née Carabelli

Originaire de Fozzano, au nord de Sartène, Colomba est passée à la prospérité grâce au roman de Prosper Mérimée, qui raconte la sanglante vendetta liée au refus d'un Durazzo d'épouser une Carabelli qu'il a compromise. En 1830, la veuve Colomba organise la vengeance : quatre hommes meurent dans l'affrontement, deux Durazzo et deux Carabelli, dont François, son fils.

Bandits corses

Le terme est indissociable de la vendetta et du crime d'honneur. Les bandits corses sévissent de la chute de l'Empire au début des années 1930, jusqu'à ce qu'une importante opération militaire y mette fin. Deux des plus célèbres sont les frères **Antoine** et **Jacques Bonelli**, surnommés **Bellacoscia**. Avec la complicité de la population, ils commettent leurs méfaits durant une quarantaine d'années au 19e s. En 1892, à l'âge de 75 ans, Antoine Bellacoscia se rend en grande cérémonie à la justice dans la gare de Vizzavona.

Monument Pascal Paoli à Sartène.
D. Bringard/hemis.fr

Tino Rossi (1907-1983)

La fabuleuse carrière du natif d'Ajaccio à la voix de velours débute à 20 ans à l'Alcazar de Marseille, avant de recevoir sa consécration à Paris dans les revues de Vincent Scotto et le film *Marinella* (1936). Tino Rossi a enregistré plus de 1000 chansons, participé à 24 films et animé quatre opérettes. Il est inhumé au cimetière de sa ville natale.
Alain et Jean-François Bernardini À la fin des années 1970, les frères Bernardini créent un groupe de musique corse traditionnelle : **I Muvrini** (« les petits mouflons »). Musiciens et chanteurs intègrent bientôt l'ensemble, qui s'ouvre à des influences diverses.
Un premier album paraît en 1978 (une trentaine à ce jour). L'ensemble le plus célèbre de Corse, comptant 3 à 4 voix, se produit sur les plus grandes scènes, en France comme à l'international. Il a reçu 8 disques d'or et deux Victoires de la Musique.

Edmond Simeoni (1934-2018)

Né à Corte et mort à Ajaccio, gastro-entérologue de formation, Edmond Simeoni milite contre la mainmise des clans, pour la défense de l'environnement et de la culture corses, avant de lutter pour l'autonomie de l'île. En 1970, il fonde l'ARC (Action régionaliste Corse, future Action pour la renaissance de la Corse), premier mouvement autonomiste. À ce titre, il est considéré comme le père du nationalisme corse. Ayant participé à l'action d'Aléria en 1975 *(p. 453)*, Edmond Simeoni rejette bientôt la violence et adopte une attitude pacifiste, ce qui déclenche une scission des « durs » et la création du FLNC. Habile politicien, hostile à la lutte armée, mais tentant de concilier avec les auteurs d'attentats, il parvient finalement à convaincre le nationaliste Jean-Guy Talamoni de fusionner sa liste avec celle de son fils Gilles Simeoni, permettant à ce dernier d'être élu président du conseil exécutif de l'assemblée de Corse en 2015.

Tradition et art de vivre

Si les Corses revendiquent non sans fierté leur singularité, ils ne se sentent pas pour autant les témoins d'une identité en perdition. Bien au contraire. Les signes d'un renouveau de la culture corse se multiplient. Cela passe par la langue, parlée par plus de la moitié de la population, aux succès que connaissent les confréries, attirant des processions toujours nombreuses. Enfin, le chant polyphonique est devenu, en métropole comme à l'étranger, une sorte de vitrine de la culture insulaire.

L'identité insulaire

L'histoire tourmentée de l'île, soumise à de multiples invasions et incursions, a nourri une imagerie simpliste du peuple corse.
Les tragiques événements qui ont marqué son actualité ces dernières décennies ont renforcé certains traits repris à loisir par les médias. Les mouvements indépendantistes qui se sont engagés dans la lutte armée, n'ont pas été suivis dans leurs combats. Ils ont toutefois provoqué une prise de conscience salutaire. Sans renier leur attachement à la France, les Corses ont renoué avec leur culture et l'ont inscrite dans la modernité.
Désormais, au-delà des clichés, le peuple corse demeure fier de sa différence, mais celle-ci ne l'isole plus de l'extérieur. Dans une montagne dépeuplée, les échanges entre insulaires et « pinzutti » sont tout à la fois simples et cordiaux, et les fêtes traditionnelles constituent de réelles occasions d'échange et de dialogue. L'hospitalité est entendue ici comme une obligation morale. Ce 21e s. voit heureusement la fin de l'obsolète Colomba, héroïne de la nouvelle éponyme de Mérimée, comme égérie d'un peuple sanguinaire. En effet, l'immense majorité des Corses ne cautionne pas les actes de vandalisme ou les attentats meurtriers. Les femmes corses se sont d'ailleurs plusieurs fois mobilisées contre la violence et l'intolérance. La vendetta (voir encadré p. 450) ne concerne qu'une poignée de militants ultras ; elle est surtout l'effet de luttes d'intérêts entre mafieux. Quant à l'idée d'indépendance, elle n'attire que 13 % des suffrages ; dans leur écrasante majorité, les Corses réclament seulement une plus grande autonomie et le bilinguisme.

Des usages ancrés dans l'histoire

Certains stéréotypes sur la société corse sont vraies, sans forcément être le signe d'une culture féodale. La notion de clan, si décriée, a permis longtemps de survivre à des conditions de vie spartiates et difficiles. Compris comme une famille au sens large, n'intégrant pas seulement des membres de son sang mais des habitants d'un même

Pêcheur dans l'étang de Biguglia.
B. Rieger/hemis.fr

village, le clan est d'abord synonyme de protection et d'entraide.

Le sens de l'honneur, qui s'est montré un puissant allié de la violence, trouve dans le clan une ressource inépuisable de bonnes volontés prêtes à se sacrifier pour le respect de la parole donnée.

La famille reproduit de génération en génération la vénération des anciens. Les petits-enfants portent le prénom des grands-parents.

L'apprentissage du métissage

Des caractères moins connus de l'identité corse, comme une attention particulière pour l'égalité, se sont révélés au cours du 20e s. Ainsi s'explique par exemple l'image inversée des Corses dans les colonies. Dépréciés sur le continent, ils apparaissent dans les contrées de l'Empire colonial français comme des colons pondérés et soucieux du bien-être commun. Cette génération de Corses qui n'a pas grandi dans l'île revient au pays dans le courant des années 1960. Le mouvement migratoire s'accompagne de l'arrivée massive de pieds-noirs fuyant l'Algérie, à qui sont confiées de riches terres dans la plaine d'Aléria. Si leur intégration fut lente, et si les immigrés maghrébins eurent des difficultés à trouver leur place dans les années suivantes, ces composantes, qui ont suscité de fortes tensions, semblent aujourd'hui se confondre autour d'une conception fédératrice du territoire.

Les « pinzutti »

Même si la tradition s'est peu ou prou perdue, les Corses surnommaient autrefois respectivement l'Italien et le Français du continent Luchesu (Lucquois) et *pinzuttu*. Le terme un peu ironique de **pinzuttu** (pointu) est peut-être une allusion aux chapeaux tricornes que portaient les soldats de Louis XV envoyés en Corse en 1764, à moins qu'il ne fasse référence à l'accent pointu des Parisiens...

L'identité corse n'est pas figée, elle se fonde sur une expérience humaine et se réalise jour après jour en lien avec son histoire et les données actuelles.

La langue corse

Elle est un élément fondamental de l'identité corse. Proche du toscan médiéval, en particulier par sa syntaxe, elle ne connaît de **transcription** qu'à partir du 19e s. Un siècle charnière où l'italien, la langue de l'écrit, va être interdit pour laisser place au français. Les premières revues de langue corse (*A Tramuntana* puis *A Muvra*) revendiquent fortement l'identité insulaire sous la IIIe République. Associé à la rébellion contre l'hégémonie de l'État français, le corse n'obtiendra son statut de **langue régionale** qu'en 1974. La constitution d'une société corse plurilingue est l'une des grandes revendications des autonomistes.

Une pratique contrastée

Depuis 2016, l'Unversité de Corte forme des enseignants à la pratique de la langue corse. Elle est désormais apprise dès l'école primaire, mais sa pratique se perd dans la société, car le corse est trop peu transmis de génération en génération. Vous l'entendrez encore dans les villages, parlée par les aînés. On estime que 50-60 % de la population sait la parler. Il existe des émissions de télévision et de radio en corse, ainsi que des journaux.

Le chant et l'expression musicale

Les chants traditionnels, proches des mélopées arabes et du chant grégorien, reflètent les luttes du passé et la profondeur des sentiments. Ils étaient autrefois souvent improvisés et marquaient chaque étape de l'existence. Avec l'abandon du mode de vie pastoral, ces chants, transmis de génération en génération et de vallée en vallée lors de la transhumance, auraient pu totalement disparaître. Même si les « **nanne** » (berceuses), les « **serinati** » (sérénades), les « **lamenti** », complaintes funèbres et les « **voceri** », chants mortuaires et de vengeance se sont progressivement perdus, la musique et les chants restent bien vivants.

Les **polyphonies** resurgissent avec vitalité du passé, surtout la « **paghjella** », chant liturgique ou profane à trois voix d'hommes (baryton, basse et ténor), inscrit au Patrimoine immatériel de l'Unesco depuis 2009, qu'entonnaient les villageois ou les bergers durant la période d'hivernage. Les textes s'inspirent de la vie quotidienne ou de la tradition, voire relatent des événements historiques. Les chants polyphoniques corses connaissent un regain de faveur depuis la deuxième moitié du 20e s. grâce à divers groupes, comme I Muvrini (« les petits mouflons ») ou d'autres. Certains n'hésitent pas à ajouter des instruments, un soliste et à associer des styles venus d'autres cultures.

Parmi les autres chants corses moins célèbres que la *paghjella*, figurent le **chjama è rispondi**, joute poétique chantée et improvisée où les chanteurs se répondent, le chant d'amour ou *matricale*, et le *terzuttu*, chant d'amour ou d'exil de trois vers de onze pieds.

Par ailleurs, les travaux de recherche et de restauration entrepris par des musiciens ont permis la redécouverte d'instruments traditionnels comme la **cetera**, cithare à seize cordes dont l'usage avait disparu depuis les années 1930, ainsi que la **pifane** (flûte en corne de chèvre) et la **pirule** » (flûte en roseau), instruments utilisés par les bergers.

Des festivals de qualité sont organisés pour faire découvrir la richesse du patrimoine musical corse : **Estivoce**, à Pigna, début juillet et les **Rencontres de chants polyphoniques** de Calvi, mi-septembre. Le **musée de la Corse à Corte** (voir p. 176) conserve aussi la trace de nombreux chants populaires.

Les fêtes traditionnelles

Les villes et les villages, où l'engouement reste vif pour les fêtes et les rassemblements, ont conservé une spontanéité et un sens fédérateur.

Les fêtes religieuses

Les traditions catholiques sont encore très vivantes dans l'île, grâce notamment aux **confréries** dont l'origine remonte au Moyen Âge. À Pâques, les processions de la **Semaine sainte** sont à ne pas manquer. La tradition pascale veut que le prêtre visite et bénisse chaque logement. Pour saisir toute la dimension sacrée de la mémoire populaire, il convient d'assister aux rites et aux **processions** organisées par les confréries avec leurs cortèges de pénitents en cagoule de Bonifacio, Calvi, Cargèse ou Sartène.

Lors de cette dernière, le **pénitent** (u catenacciu : l'enchaîné) suit un chemin de croix, traînant derrière lui une lourde chaîne. La légende veut que ce Pénitent Rouge soit à l'origine un jeune homme que la colère a poussé à commettre un acte irréparable. Joie et ferveur marquent cette semaine parée des habits du merveilleux et qui se clôt par un repas collectif, la merendella.

Villes et villages fêtent aussi leurs **saints** patrons et quelques saints protecteurs de corporations comme saint Érasme, patron des marins, ou sainte Restitude en Balagne. La Vierge Marie est particulièrement vénérée : l'hymne de la Vierge, Dio vi salvi, Regina, est un chant religieux très souvent entonné en Corse.

Les foires rurales

Dédiées à l'amandier, à l'olivier, aux vins, à la châtaigne, etc., les plus réputées ont conservé leur air de fête et rassemblent souvent les paysans éloignés des centres urbains. La Fiera di Bocca di u Pratu (Foire du Col du Prato), en Castagniccia, le dernier week-end de juil., compte parmi les plus importantes.

Décrypter le corse

Prononciation

La fin des mots est souvent avalée et les voyelles qui se suivent sont prononcées séparément. Par exemple, on dira « Porto-Vec » et non « Porto-Vecchio » ; forêt d'« A-i-tone » et non « d'Aïtone ». Par ailleurs, les lettres k, w, x et y n'existent pas ; le u se prononce « ou », le t parfois « d » et le tt « t ». De même, chj se dit « tj » et ghj « dj ».

Toponymie

Nous connaissons les localités sous leur transcription toscane datant du 18e s. Le « o » qui en termine un bon nombre se transcrit par « u ». Plus surprenant, le « ll » devient « dd » dans le Sud (Bavedda pour Bavella).

Dictons corses

Per cunosce una persona, bisogna manghjà cun ella una somma di sale : « Pour connaître une personne, il faut manger beaucoup de sel avec elle. »

A lavà u capu a l'asinu, si perde fatiga e sapone : « À vouloir laver la tête de l'âne, on perd fatigue et savon. »

Buciardu cume a scopa : « Menteur comme la bruyère »... qui fleurit mais ne donne pas de fruits.

Art et culture

La Corse possède une large variété de trésors archéologiques, à commencer par ses mystérieuses statues-menhirs. Le patrimoine insulaire comprend des vestiges gréco-romains, des chapelles romanes, des églises baroques, des ponts génois, des tours et des citadelles juchées sur des promontoires, ainsi que d'humbles bergeries ou des fontaines rustiques, entre autres « petit patrimoine ». Dans l'intérieur, les villages longtemps isolés ont conservé toute leur authenticité. Il fait bon se perdre dans leurs ruelles en escalier jalonnées de passages couverts, bordées de maisons sobres et robustes.

De l'âge du Bronze à l'époque génoise

Au cœur des mégalithes

À partir du IVe millénaire av. J.-C. apparaît un ensemble de civilisations fécondes en monuments originaux. La richesse de la Corse est, à ce sujet, exceptionnelle dans le bassin de la Méditerranée. On a repéré plusieurs centaines de menhirs dans l'île. Sans doute un certain nombre d'autres dorment encore sous la terre.

Art des mégalithiques

La civilisation mégalithique (de mégalithe : grande pierre) se développe dans l'île vers 4000 av. J.-C. Elle s'y maintient jusqu'aux environs de l'an 1000 av. J.-C. Cette civilisation élabore ses techniques et son propre mode de vie agropastoral. On note la pratique des inhumations dans des **coffres**, puis dans des **dolmens**. Dans le même temps apparaissent des blocs monolithes dressés : les **menhirs**. Ils sont isolés ou groupés en alignements ou en cercles.

Les énigmatiques **statues-menhirs**. datent de la fin du Néolithique (2500-2000 av. J.-C.). Environ quatre-vingts statues anthropomorphes sont connues en Corse. Munies d'un nez, d'une bouche et d'une paire d'yeux, elles sont parfois sexuées, et alors en majorité féminines. Celles du sud de la Corse sont souvent armées (poignards, épées). Il s'agirait de représentations d'ennemis tués au combat, de défunts ou de divinités selon d'autres sources.

La région de Sartène et la basse vallée du Taravo conservent les monuments les plus caractéristiques de cette époque : le site de Filitosa et les mégalithes de Cauria. Des vestiges subsistent aussi dans le Niolo, le Nebbio et la Balagne.

Monuments torréens

Vers le milieu du IVe millénaire av. J.-C. apparaît la civilisation torréenne, qui doit son nom aux nombreuses tours (**torre**) édifiées à cette époque. D'une dizaine de mètres de diamètre, les tours disposent d'une petite pièce centrale. Certaines forment un ensemble beaucoup plus vaste

La tour génoise d'Erbalunga.
RnDmS/Getty Images Plus

avec le village appelé **castellu** et une enceinte de murs cyclopéens, constitués de gros blocs de pierre irréguliers, assemblés sans mortier. La civilisation torréenne serait une évolution du peuplement insulaire mégalithique liée aux échanges avec le reste du monde méditerranéen.

Les monuments torréens les mieux conservés se situent sur le plateau de Levie et dans la région de Porto-Vecchio. Le gisement de Filitosa, dans la basse vallée du Taravo, présente un intérêt exceptionnel.

Vestiges de l'Antiquité

Sites grecs et romains

Les sites archéologiques de Mariana et d'Aléria concentrent les vestiges grecs et romains de l'île. **Aléria** fut surtout une base navale, important relais commercial avec la Grèce et l'Italie. Son musée abrite une collection de cratères et de pièces provenant de l'Attique (territoire de la cité d'Athènes), de bronzes, de mosaïques, de monnaies et de poteries. Cet art témoigne de la perméabilité du milieu insulaire aux influences artistiques du monde méditerranéen.

À l'embouchure du Golo, jouxtant l'église de la Canonica, **Mariana** était une cité antique et un port où stationnait une partie de la flotte de Misène. Près du site s'élève un musée ultramoderne.

Art paléochrétien

Le christianisme se répand en Corse sans doute au 3e s. La plus ancienne tradition établie avec certitude remonte au martyre de **sainte Dévote**, en 202. Entre le 3e et le 5e s., tout un art fleurit sur l'île, lequel connaît son âge d'or durant la seconde moitié du 4e s. Des **basiliques paléochrétiennes** ont été localisées à Calvi, Ajaccio, St-Florent, Sagone, Mariana... Le baptistère et les mosaïques découverts sur le site de **Mariana** donnent une idée assez précise du milieu artistique évolué de la Corse à cette époque. Cependant, il subsiste peu de témoignages paléochrétiens car, au 5e s., tous les bourgs situés le long des côtes furent pillés et saccagés par les hordes d'envahisseurs arrivés par mer.

Héritage roman

L'art roman est considéré comme l'un des plus beaux d'Europe. Il éclôt sur l'île dès le 9e s., atteint sa pleine maturité durant la seconde moitié du 11e s., et se perpétue avec la même qualité jusqu'à la fin du Moyen Âge.

Églises préromanes

Dès le 9e s., des dizaines de petites églises et de chapelles rurales sont édifiées. La présence de bénédictins des îles toscanes stimule l'architecture romane primitive qui fleurit surtout, à l'écart du littoral, dans les lieux protégés des raids. Seulement une quinzaine d'édifices subsiste, la plupart très ruinés. Citons **St-Jean-Baptiste de Corte** (9e s.) avec son baptistère à peu près intact, et **Santa Maria de Valle-di-Rostino** (10e s.).

L'art roman pisan

Dès la fin du 11e s., la république de Pise entreprend de réédifier les cathédrales côtières, signe de repeuplement des plaines littorales abandonnées. Elle reconstruit aussi les principales églises des vallées, les **piévannies**. Architectes, tailleurs de pierre, maîtres maçons et sculpteurs toscans viennent apporter leurs connaissances aux artisans corses. Ils élèvent des églises, principalement dans la Castagniccia, le Nebbio et la Balagne ; celles-ci servent également de maison du peuple et de tribunaux.

L'église piévane de Carbini et l'abside de la cathédrale de Mariana représentent des chefs-d'œuvre du début de cette époque. Entre 1125 et 1160, période de maturité, on remarque en particulier la cathédrale du Nebbio à St-Florent et l'église St-Jean-Baptiste à Ste-Lucie-de-Tallano. À partir du milieu du 12e s. apparaissent quelques édifices polychromes dont San Michele de Murato et La Trinité d'Aregno constituent les plus beaux exemples.

Plan et dimension – Le caractère si harmonieux de l'architecture pisane de Corse vient de la simplicité de ses lignes et de la pureté de ses volumes. La plupart des églises présentent une nef rectangulaire et un chœur semi-circulaire. Elles sont de dimensions modestes : 33 m de long pour la plus grande, la Canonica ; 7,5 m pour la plus petite, la chapelle San Quilico. Seule l'abside est voûtée (d'un cul-de-four) ; la nef est couverte d'une simple charpente, à l'exception de la chapelle San Quilico, près de Figari.

Matériau et appareillage – Les pierres, d'excellente qualité (schistes de Sisco, calschistes de la Canonica, granits de Carbini…), sont appareillées avec un soin tout particulier. L'architecte conserve souvent les trous de boulin qui servaient à caler les échafaudages, et dans lesquels jouent l'ombre et la lumière. Les chevets ornés de bandes lombardes et de colonnettes engagées, les fenêtres-meurtrières ouvertes dans les murs latéraux, les losanges, rosaces et marqueteries, les toitures en lauzes ou pierres plates *(teghje)* constituent une architecture sobre et équilibrée.

Décoration – Des motifs sculptés apparaissent en façade, à la base des toits et/ou encadrements des fenêtres. À partir de 1135, la polychromie naturelle de la pierre participe souvent à la décoration, comme l'illustre l'église de la Trinité d'Aregno. San Michele de Murato est à la fois admirée pour son parement en serpentine vert sombre et en calcaire blanchâtre et pour sa naïve décoration sculptée.

Les **sculptures archaïques** ornent parfois les corniches, les arcatures et les tympans des portails. D'un dessin stylisé, elles représentent des figures géométriques, des dents d'engrenage, des entrelacs, des animaux fabuleux, des scènes symboliques et des personnages énigmatiques exécutés en ronde-bosse.

Des **fresques** habillent parfois l'intérieur de modestes sanctuaires.

D'inspiration byzantine, elles seraient l'œuvre d'artistes locaux du 15e s. Les plus belles ornent les chapelles St-Michel de Castirla, San Nicolao de Sermano et Ste-Christine, près de Cervione. Le haut de la voûte est toujours occupé par le Christ en majesté, entouré des symboles des évangélistes, tandis qu'en bas figurent les apôtres et des saints. Leur style, où dominent le vert clair, l'ocre et le rouge, rappelle l'art des peintres de Sienne au 13e s.

Les canons de l'art roman continueront longtemps d'être appliqués en Corse : la chapelle Ste-Catherine de Sisco, par exemple, est de style roman, bien qu'elle date du 15e s. L'île passe ensuite presque sans transition au baroque. L'île compte seulement deux églises gothiques : St-François et St-Dominique à Bonifacio.

Floraison de l'art baroque

L'ancienne cathédrale de Cervione marque sans doute le point de départ, en 1584, de l'art baroque, style reflétant le renouveau religieux insufflé par la Contre-Réforme.

Renouveau religieux – Aux 17e et 18e s., sous l'occupation génoise, un style baroque très inspiré de l'Italie du Nord se développe dans les régions les plus riches de l'île : la Balagne, la Castagniccia et la région de Bastia. Sans profusion monumentale extérieure, les églises offrent toutefois une façade ornée de corniches, pilastres, colonnes engagées supportant un décor de pinacles, volutes et coquilles. L'intérieur est souvent embelli d'un parement de pierres dorées. Un solide clocher carré, à plusieurs étages ajourés, domine l'édifice. Dans certains cas, il se dresse à l'écart de l'église.

Dans les villes génoises, notamment à Bastia, la sobriété de certaines façades contrastent avec des intérieurs somptueusement décorés d'ors, de marbres, de peintures en trompe l'œil, de meubles en bois sculpté, de stucs dorés de style baroque en honneur à Gênes au 17e s. Dans les églises baroques de villages, on découvre de riches autels et des balustrades de chœur en mosaïques de marbre polychrome, importé de Ligurie. Les artistes locaux expriment un art haut en couleur et plein de saveur : l'église de Carcheto est un bon exemple de cette veine populaire.

Rôle social des confréries – Apparues au 14e s., les chapelles de confréries fleurissent par la suite dans toute la Corse en empruntant leur décor intérieur au riche répertoire baroque, tout en conservant un extérieur des plus simples.

Architecture militaire

Littoral ceinturé de tours de guet, citadelles perchées sur des éperons, les témoignages d'architecture militaire sont très présents.

Citadelles

Dans l'objectif de développer les relations commerciales avec le monde méditerranéen et d'améliorer la défense de l'île, Gênes fonde, à partir de la fin du 12e s. les places fortes de Bonifacio, Calvi, Bastia, St-Florent, Ajaccio, Algajola et Porto-Vecchio. Les citadelles, dans lesquelles se serrent les hautes maisons, sont entourées de remparts défendus par des bastions.

Tours

Pour lutter contre les invasions des pirates venus d'Afrique du Nord, l'**Office de St-Georges** organise un système de surveillance et d'alerte sur 500 km de côtes en faisant construire des tours de vigie et de refuge. Dès que des voiles barbaresques se pointent à l'horizon, les guetteurs allument au sommet de l'édifice des feux pour alerter les villages. En outre, les notables font ériger des tours carrées servant d'habitation et, en cas de péril, d'abri.

Aujourd'hui, sur les 85 tours que l'on dénombrait au début du 18ᵉ s., 67 sont encore debout et font l'objet d'un programme de restauration. D'architecture rudimentaire, hautes de 12 à 17 m, elles donnent une note romantique aux paysage littoraux. On les retrouve plus particulièrement le long du cap Corse et sur la côte ouest de l'île (*voir encadré p. 69*).

Forts

Le cap Corse (Rogliano) et la Corse-du-Sud (Tiuccia...), conservent des ruines de châteaux médiévaux qui appartenaient aux seigneurs de l'île. Quelques ouvrages militaires, conçus pour la défense d'un lieu stratégique, subsistent en partie. C'est notamment le cas du fort défendant le goulet de Tizzano dans le Sartenais.

Architecture traditionnelle

Villages

Dans les villages anciens, les maisons sont groupées dans un apparent désordre dénotant une organisation en blocs familiaux. Ils forment souvent un dédale de ruelles empierrées en escalier et de passages couverts où il fait bon errer, comme à Sant'Antonino en Balagne ou à Vescovato en Casinca. De rares villages conservent une maison forte (*casa torra*), ancien habitat noble qui avait aussi une fonction défensive communautaire. On peut en observer à Ste-Lucie-de-Tallano, à Bicchisano, à Ste-Marie-Sicché.

Maison traditionnelle

Tout comme le village, la maison (*a casa*) est très importante pour un Corse. Il répugne à la vendre et même à la louer. Toujours simple et sobre, elle abritait autrefois la famille au grand complet. C'est une « maison bloc » à quatre pans,

construite avec les pierres locales : blocs de schiste dans le nord de l'île, granit dans le centre et le Sud, calcaire à Bonifacio et St-Florent. En montagne, les murs très épais sont percés d'étroites fenêtres empêchant le soleil d'entrer en été et les vents de s'infiltrer en hiver. Les toits sont recouverts de tuiles canal en Corse occidentale et de dalles de schiste lustré appelées **teghje** en Corse orientale, ce qui donne de jolis tons gris-bleu à Corte, verts à Bastia, gris-argent en Castagniccia. En Balagne, les toits sont remplacés par des terrasses utilisées pour le séchage des fruits au soleil.

Bergeries, petit patrimoine

Disséminées dans les montagnes, Les **bergeries** sont plus ou moins abandonnées en raison du déclin de la transhumance. Ce sont de grossières constructions autour d'un assemblage de pierres sans mortier. L'installation est rudimentaire : la **cabane** (*capanna*) n'offre qu'une pièce sans fenêtre. Le berger confectionnait le fromage et le *brocciu*, puis les disposait dans des caves-saloirs (*casgili*). Dans le désert des Agriate, se rencontrent des « **paillers** », constructions quadrangulaires en pierres sèches autrefois couvertes de branchages et d'un épais revêtement de glaise. En Castagniccia, on rencontre parfois, sous l'apparence de « bergeries », des séchoirs à châtaignes. Au bord des chemins, à l'entrée des villages ou en forêt, on peut se rafraîchir à la source de **fontaines** rustiques faites de galets. Le terme de « **pont génois** » désigne volontiers tous les ponts tant soit peu anciens de l'île, même si, quelques-uns sont antérieurs et datent de la période pisane. À partir du 16ᵉ s., Gênes en fait construire un grand nombre sur des itinéraires très fréquentés afin de développer les échanges commerciaux et agricoles

ART ET CULTURE   467

Une contrée légendaire

Les récits fondateurs font appel à plusieurs **légendes**. Corsica est-elle née de l'union de Sica, nièce de Didon, avec Corso, fils du roi de Troie ? Ou bien de Corso, Ligurienne poursuivant un taureau jusque dans l'île ? Aurait-elle, encore, émergé des eaux en souvenir de Nausicaa tuée par son mari jaloux ? De vallées en vallées, de villages en villages, contes et légendes peuplent encore l'imaginaire corse. Parmi eux, les histoires merveilleuses tiennent la plus grande part. Les chaos rocheux aux formes anthropomorphiques essaimés sur toute l'île sont autant de géants pétrifiés, d'amoureux saisis. Saint Martin *(voir encadré p. 449)* s'affirme comme un personnage central, suivi d'une cohorte de saints et de saintes apparus à la naissance du christianisme insulaire. Le magicien (magu), la vieille à l'origine inconnue testent la valeur et le courage des hommes. Les bergers et leurs troupeaux confrontés aux colères de la nature et aux invites du Malin nourrissent nombre de récits, ainsi que les bandits d'honneur, les rois, les fils de rois, quelques jeunes filles, rarement la reine. La Peau d'Âne corse, cughjulina, se cache sous une peau de vache. Les animaux y sont de grands sages qui savent conseiller. La Mort est fort redoutée.

Cette culture populaire est relativement bien conservée jusqu'à une époque récente. Dès le 19e s., quelques insulaires et continentaux se sont attachés à fixer ces traditions orales.

dans l'île. Ces ponts portent une arche unique et une étroite chaussée empierrée, à la brisure très accentuée. Leur hauteur et leur position à un endroit large du cours d'eau sont calculées en prévision des crues parfois subites et violentes sous le climat méditerranéen.

Littérature

Les romanciers du 19e s. qui aiment les personnages exaltés et les situations mélodramatiques, à l'instar d'Alexandre Dumas ou de Mérimée de sa célèbre *Colomba*, trouveront en Corse un terrain de prédilection. Avec **Michel Zévaco** et sa saga *(Les Pardaillan)*, les Corses gagnent brièvement le panthéon littéraire français au franchissement du 20e s. Plus de 70 ans plus tard apparaît une nouvelle génération d'écrivains avec Marie Susini et Jean-Claude Rogliano ou l'académicien **Angelo Rinaldi**. Les essais politiques et les biographies historiques constituent l'essentiel des publications d'auteurs d'origine corse parmi lesquels Jean-Louis Andréani, Pierre Antonetti, Michel Vergé-Franceschi, Nicolas Guidici, les nationalistes Jean-Pierre Santini et Jean-Guy Talamoni, ou encore Jean-François Bernardini, chanteur d'I muvrini. **Marie Ferranti** et **Jérôme Ferrari** écrivent des fictions contemporaines ou des polars, à l'instar d'**Antoine Albertini**.

La **littérature de langue corse** connaît un renouveau depuis la redécouverte des fables de Natale Rochiccioli, chansonnier et humoriste de l'entre-deux-guerres, parfois surnommé l'« Ésope corse ». Rinato Coti, Ghjacumu Thiers et Marcu Biancarelli publient des œuvres novatrices. La poésie, très riche, est représentée par Ghjacumu Biancarelli et Ghjacumu Fusina, tandis que le théâtre est servi par Dumenicu Tognotti. Les albums bilingues de **Batti** s'attachent quant à eux aux caractères des Corses.

ABC d'architecture

Les dessins présentés dans les planches qui suivent offrent un aperçu visuel de l'histoire de l'architecture dans la région et de ses particularités. Les définitions des termes d'art permettent de se familiariser avec un vocabulaire spécifique et de profiter au mieux des visites des monuments religieux, militaires ou civils.

Architecture religieuse

LURI (hameau de Piazza) – Plan de l'église St-Pierre (17ᵉ s.)

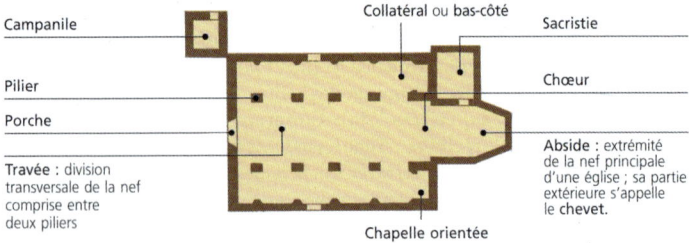

Campanile

Collatéral ou bas-côté

Sacristie

Pilier

Chœur

Porche

Abside : extrémité de la nef principale d'une église ; sa partie extérieure s'appelle le **chevet**.

Travée : division transversale de la nef comprise entre deux piliers

Chapelle orientée

LUCIANA – Coupe en élévation de la Canonica (12ᵉ s.)

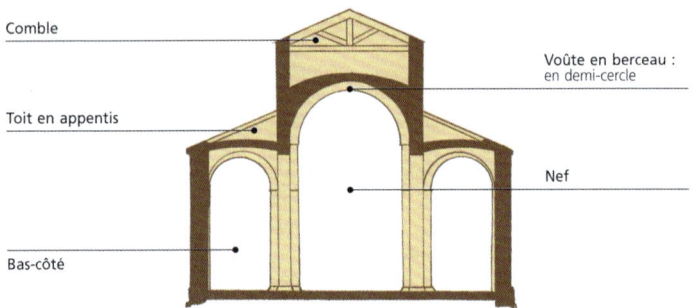

Comble

Voûte en berceau : en demi-cercle

Toit en appentis

Nef

Bas-côté

MARIANA – Église San Parteo (11ᵉ et 12ᵉ s.)

Contemporaine de la cathédrale de Pise, l'église fut bâtie en deux étapes : abside (11ᵉ s.) et nef (début du 12ᵉ s.). La sobriété des lignes et du décor caractérise le premier art roman pisan.

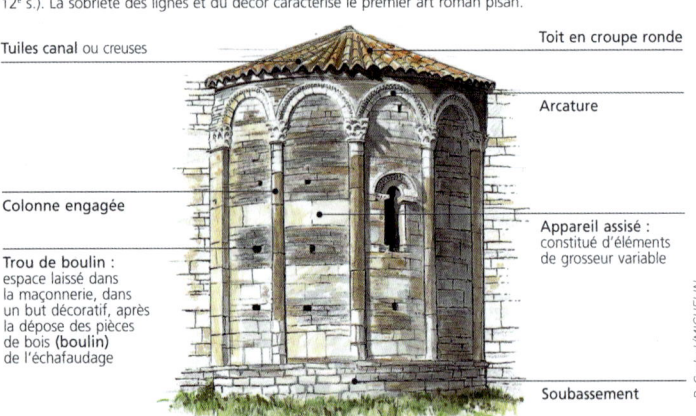

Tuiles canal ou creuses

Toit en croupe ronde

Arcature

Colonne engagée

Appareil assisé : constitué d'éléments de grosseur variable

Trou de boulin : espace laissé dans la maçonnerie, dans un but décoratif, après la dépose des pièces de bois (**boulin**) de l'échafaudage

Soubassement

R. Corbel/MICHELIN

ST-FLORENT – Église Santa Maria Assunta (12ᵉ s.)

L'ancienne cathédrale du Nebbio, inspirée de la Canonica, illustre la seconde période de l'art roman pisan : un décor extérieur plus important y tire parti de l'architecture.

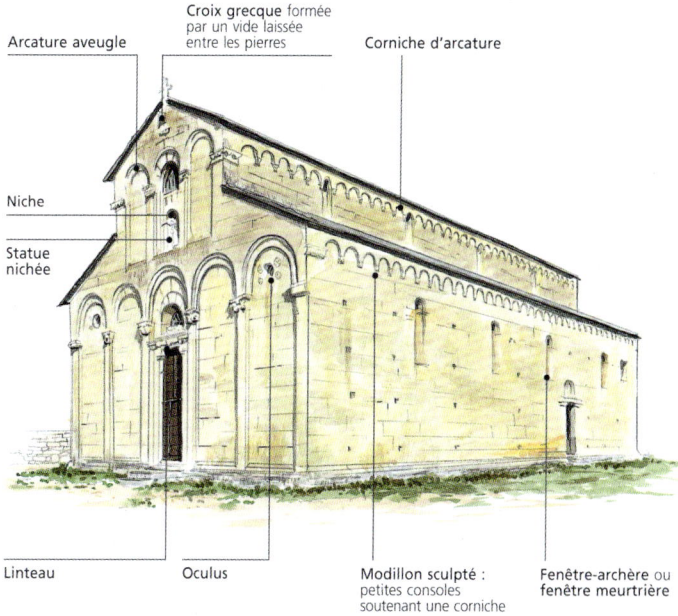

Arcature aveugle

Croix grecque formée par un vide laissée entre les pierres

Corniche d'arcature

Niche

Statue nichée

Linteau

Oculus

Modillon sculpté : petites consoles soutenant une corniche

Fenêtre-archère ou fenêtre meurtrière

BASTIA – Nef de l'église St-Jean-Baptiste (17ᵉ-18ᵉ s.)

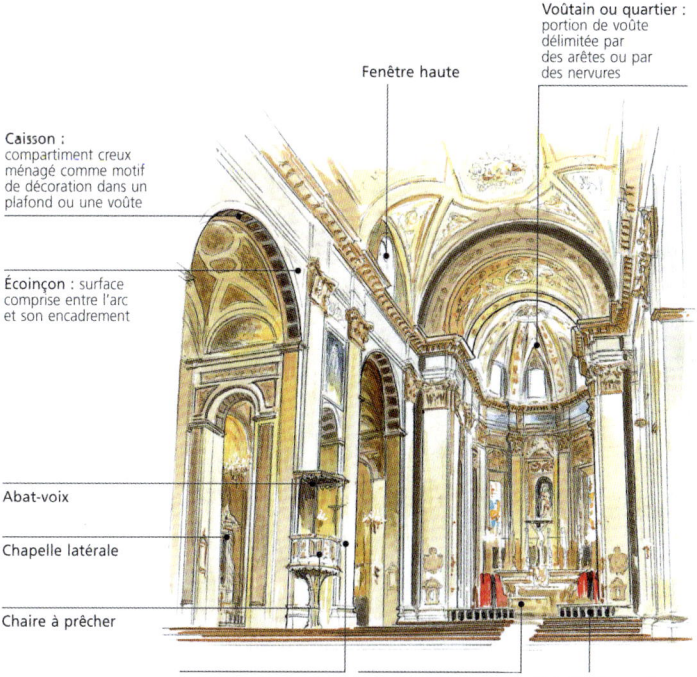

Voûtain ou quartier : portion de voûte délimitée par des arêtes ou par des nervures

Fenêtre haute

Caisson : compartiment creux ménagé comme motif de décoration dans un plafond ou une voûte

Écoinçon : surface comprise entre l'arc et son encadrement

Abat-voix

Chapelle latérale

Chaire à prêcher

Pilastre : pilier engagé dans un mur sur lequel il fait une faible saillie

Autel

Balustrade : garde-corps formé d'une file de balustres

R. Corbel/MICHELIN

LA PORTA – Façade de l'église (17ᵉ s.)

L'art baroque né de la Contre-Réforme se développe en Corse dans la région du Cap et à Bastia. La Castagniccia concentre le plus grand nombre d'églises baroques.

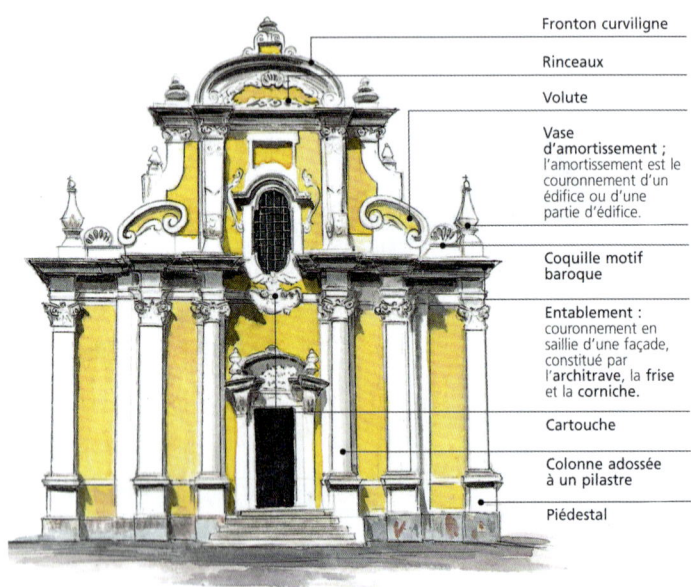

Fronton curviligne

Rinceaux

Volute

Vase d'amortissement ; l'amortissement est le couronnement d'un édifice ou d'une partie d'édifice.

Coquille motif baroque

Entablement : couronnement en saillie d'une façade, constitué par l'architrave, la frise et la corniche.

Cartouche

Colonne adossée à un pilastre

Piédestal

AJACCIO – Cathédrale de l'Assomption Maître-autel baroque (fin du 17ᵉ s.)

Les retables baroques sont nombreux dans l'île. Celui-ci, offert par la sœur de Napoléon, Elisa, princesse de Lucques, provient d'une église de cette ville italienne.

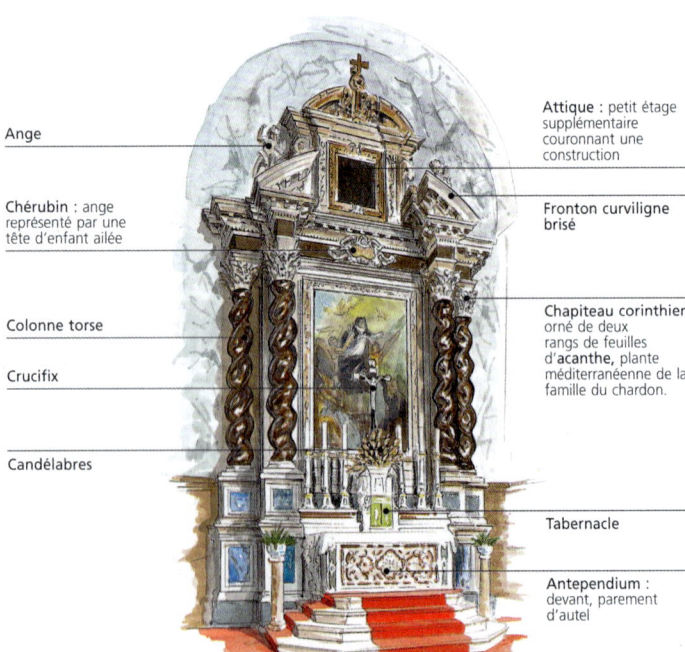

Ange

Chérubin : ange représenté par une tête d'enfant ailée

Colonne torse

Crucifix

Candélabres

Attique : petit étage supplémentaire couronnant une construction

Fronton curviligne brisé

Chapiteau corinthien orné de deux rangs de feuilles d'acanthe, plante méditerranéenne de la famille du chardon.

Tabernacle

Antependium : devant, parement d'autel

R. Corbel/MICHELIN

CALENZANA – Campanile baroque (reconstruit au 19ᵉ s.)

Œuvre de l'architecte bastiais Guasco, il reproduit fidèlement le modèle d'origine.

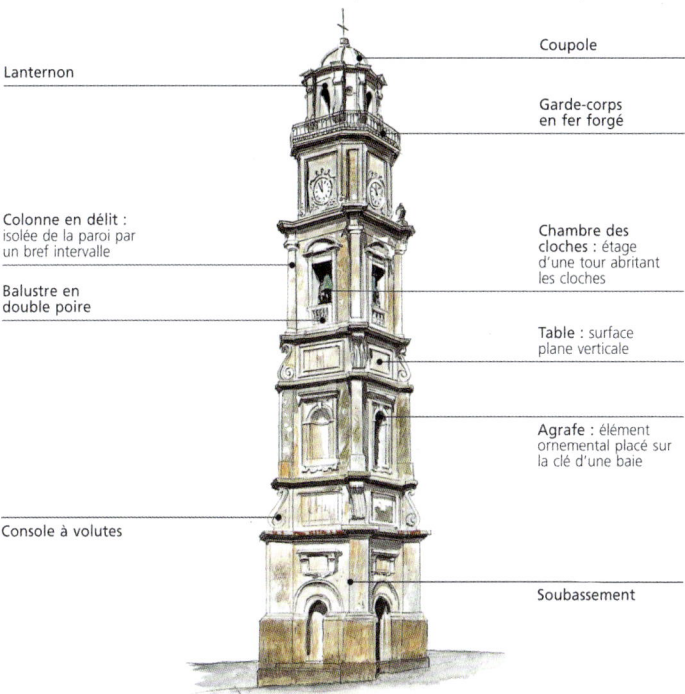

Lanternon

Coupole

Garde-corps
en fer forgé

Colonne en délit :
isolée de la paroi par
un bref intervalle

Chambre des
cloches : étage
d'une tour abritant
les cloches

Balustre en
double poire

Table : surface
plane verticale

Agrafe : élément
ornemental placé sur
la clé d'une baie

Console à volutes

Soubassement

BALAGNE – Mausolée (19ᵉ s.)

Ces tombes familiales, souvent majestueuses, se dressent sur des terrains privés, au bord de petites routes à la sortie des villages. Leur décor puise dans les styles baroque et néoclassique.

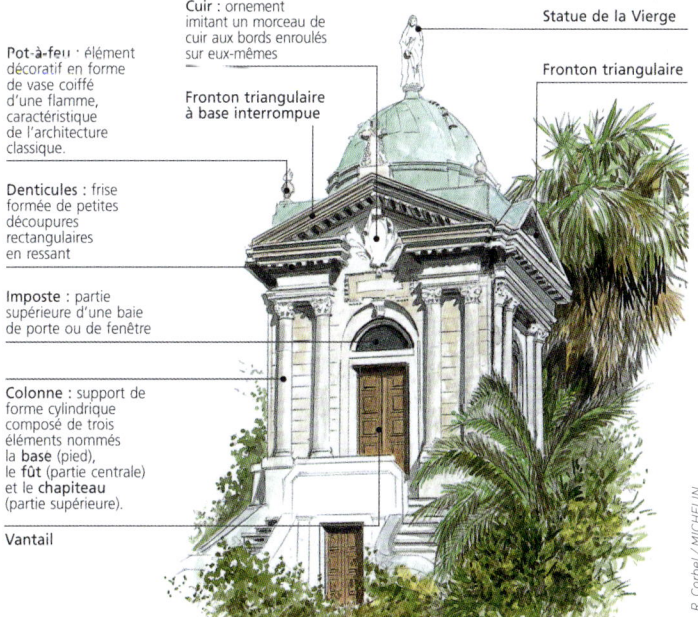

Cuir : ornement
imitant un morceau de
cuir aux bords enroulés
sur eux-mêmes

Statue de la Vierge

Pot-à-feu : élément
décoratif en forme
de vase coiffé
d'une flamme,
caractéristique
de l'architecture
classique

Fronton triangulaire

Fronton triangulaire
à base interrompue

Denticules : frise
formée de petites
découpures
rectangulaires
en ressant

Imposte : partie
supérieure d'une baie
de porte ou de fenêtre

Colonne : support de
forme cylindrique
composé de trois
éléments nommés
la base (pied),
le fût (partie centrale)
et le chapiteau
(partie supérieure).

Vantail

Architecture traditionnelle

BASTIA - Maisons du quartier Terra Vecchia (19ᵉ s.)

Les hautes maisons serrées autour du port, au crépis ocre délavé par l'air marin, dissimulent les grandioses façades des églises, physionomie commune aux ports méditerranéens traditionnels.

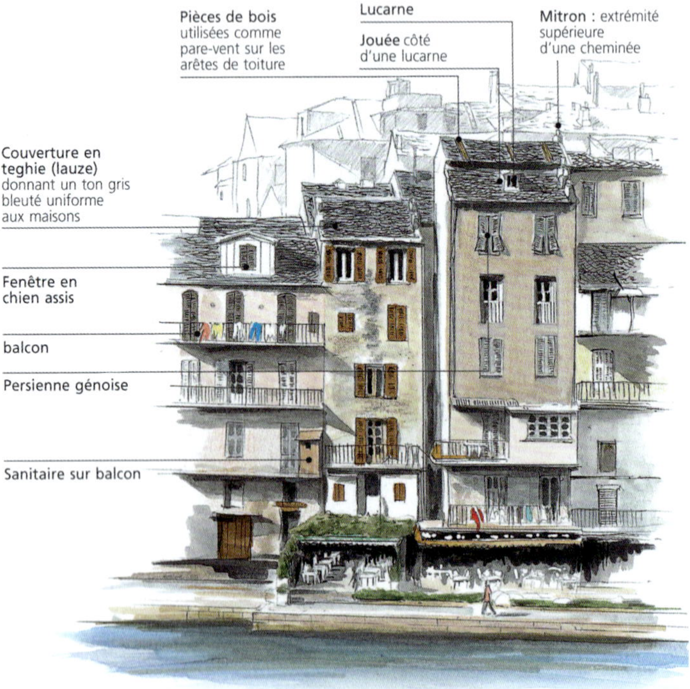

Pièces de bois utilisées comme pare-vent sur les arêtes de toiture

Lucarne

Jouée côté d'une lucarne

Mitron : extrémité supérieure d'une cheminée

Couverture en teghie (lauze) donnant un ton gris bleuté uniforme aux maisons

Fenêtre en chien assis

balcon

Persienne génoise

Sanitaire sur balcon

Génie civil

PONTE LECCIA – Pont sur le Golo (1782)

Le pont génois (à arche unique) ne peut franchir plus de 20 m. Dès le rattachement de la Corse, les ingénieurs français adoptent donc le pont à piles en pierres de taille, très souvent orné d'une arcature moulurée.

Culée : massif de maçonnerie qui contient la poussée des arches

Bec ou avant-bec : massif de maçonnerie angulaire renforçant une pile en amont

Tablier : sol du pont servant de voie

Œil de pont (ici, obturé) destiné à l'écoulement des eaux en cas de crue submergeant le tablier

Crèche : empierrement autour des piles destiné à protéger des dégradations provoquées par la force de l'eau.

Rein : partie de la voûte entre l'arche et le tablier

Maîtresse-arche

Pile

R. Corbel / MICHELIN

Architecture militaire

CALVI - Citadelle génoise (15ᵉ-16ᵉ s.)

L'Office de St-Georges, organisme génois tutélaire de l'île, fortifia à partir de 1453 cette position stratégique. Percé à 81 m d'altitude, l'unique accès à la citadelle est commandé par un pont-levis et des portes blindées.

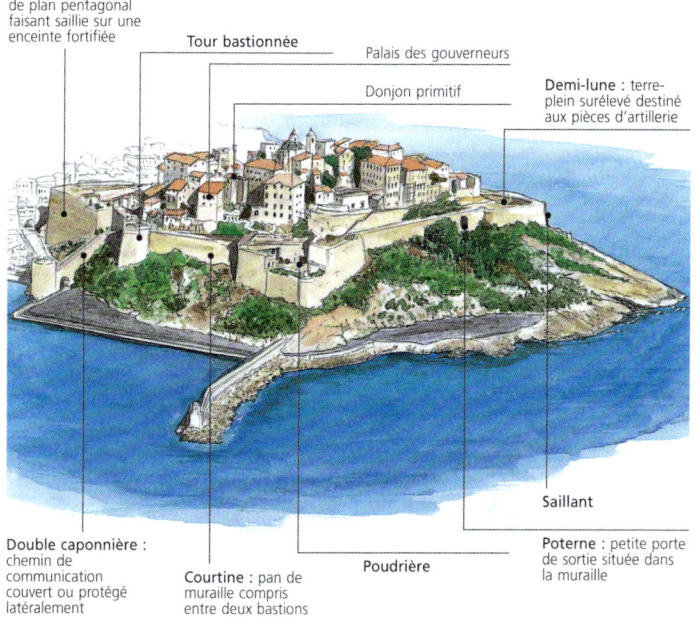

Bastion : ouvrage de plan pentagonal faisant saillie sur une enceinte fortifiée

Tour bastionnée

Palais des gouverneurs

Donjon primitif

Demi-lune : terreplein surélevé destiné aux pièces d'artillerie

Saillant

Double caponnière : chemin de communication couvert ou protégé latéralement

Courtine : pan de muraille compris entre deux bastions

Poudrière

Poterne : petite porte de sortie située dans la muraille

CAP CORSE – Tour génoise (16ᵉ s.)

Pour prévenir les razzias barbaresques, Gênes fit édifier, à partir de 1530, un réseau de 85 tours rondes de vigie sur le littoral de l'île. Les plus nombreuses subsistent dans le Cap Corse.

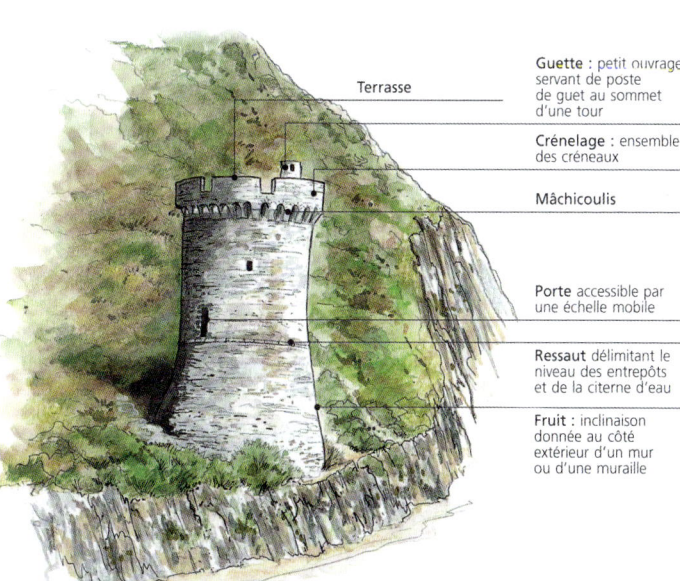

Terrasse

Guette : petit ouvrage servant de poste de guet au sommet d'une tour

Crénelage : ensemble des créneaux

Mâchicoulis

Porte accessible par une échelle mobile

Ressaut délimitant le niveau des entrepôts et de la citerne d'eau

Fruit : inclinaison donnée au côté extérieur d'un mur ou d'une muraille

R. Corbel / MICHELIN

Plage de Ostriconi.
ValerioMei/Getty Images Plus

ORGANISER
SON VOYAGE

Séjours à thème 476

Aller en Corse 478

Avant de partir 480

Sur place de A à Z 485

Agenda 500

Livres et films 502

Séjours à thème

Art de vivre	
La gastronomie corse	Les **vins** de très grande qualité et pour certains entièrement naturels, les **fromages** fermiers de brebis, la **farine de châtaigne** au goût unique et la **charcuterie** réalisée à partir des cochons de la race Pin di Nat (« à boucle d'oreille ») et affinée jusqu'à 52 mois.

Randonnées	
Les sentiers incontournables	Le parcours mythique du **GR 20**, réservé aux marcheurs aguerris, relie Calenzana à Conca, à faire de préférence en mai-juin ou en septembre ; les sentiers de moyenne montagne « **Mare a Mare** » et « **Mare è Monti** », plus accessibles, avec nuits en gîte d'étape ou hôtel. Ou le vaste éventail des « **sentiers du patrimoine** », très accessibles et d'une durée jamais supérieure à 3h.
Les cimes mythiques	Le **monte Cinto** (2 706 m), le plus haut sommet de la Corse, réservé aux randonneurs expérimentés ; l'**Incudine** (2 136 m), pour sa vue sur tout le sud de l'île ; le **monte d'Oro** (2 389 m), au départ de Vizzavona : attention, bonne condition physique et topoguide indispensables.
Les sentiers littoraux	Le sentier des douaniers du **cap Corse**, au départ de la plage de Macinaggio, jalonné de tours génoises ; la traversée des **Agriate**, en deux jours avec le bateau pour Saleccia (prévoyez un sac de couchage et un bivouac) ; le **Capo Rosso**, pour la vue sur les Calanche de Piana, à faire de préférence le matin.

Culture	
Cités d'art et d'histoire	**Bastia**, son vieux port et sa citadelle, forme une excellente base pour visiter le Nebbio et ses nombreuses églises, ainsi que le patrimoine du cap Corse ; **Ajaccio** conserve la maison natale de Napoléon, entre autres souvenirs à sa mémoire, et le palais Fesch-musée des Beaux-Arts, abritant la deuxième plus grande collection de peintures italiennes de France ; **Corte**, siège de la seule université de l'île et du musée de la Corse ; **Calvi**, capitale de la Balagne connue pour sa citadelle, multiplie les festivals (jazz, rock, polyphonies) d'avril à octobre.
Patrimoine et traditions religieuses	L'église **San Michele de Murato** ; le riche patrimoine religieux de **Bonifacio** ; la cité médiévale de **Sartène**, connue pour sa procession du Catenacciu à Pâques. Dans la **Castignaccia**, l'église St-Jean-Baptiste de La Porta, la chapelle San Quilico et l'église de Carcheto.
Vestiges antiques	Le site de **Filitosa** ; le musée de **Sartène** et les mégalithes de **Cauria** ; le castellu di **Cucuruzzu** et le castellu d'**Araghju**.

Plages	
Le cap Corse, le Nebbio et la Balagne	L'anse Santa Maria sur le sentier des douaniers, aux eaux d'un bleu profond ; la plage du Loto, tapissée de sable fin et enserrée par deux promontoires ; la vaste plage de Calvi, cachée derrière une pinède, face à la citadelle ; l'immense plage de galets de Riciniccia à Galéria.
Les golfes de Porto, Sagone et Ajaccio	Les plages de Gradelle et Caspio, perles du golfe de Porto ; la plage de Chiuni, au nord de Cargèse et bordée de buissons de lantisques ; la plage du Grand Capo au nord de la pointe de la Parata.
Le Grand Sud	Tamariccio, Santa Giulia, Palombaggia, Campomoro.
La côte orientale	La plage de Calzarellu, au débouché du Fium'Orbo et bordée par l'étang de Gradugine ; la plage de Scaffa Rossa, au nord de Solenzara.

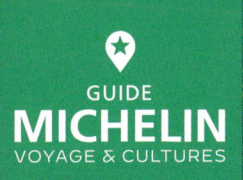

GUIDE **MICHELIN**
VOYAGE & CULTURES

GUIDE **MICHELIN**
VOYAGE & CULTURES
Provence
Bouches-du-Rhône | Vaucluse

GUIDE **MICHELIN**
VOYAGE & CULTURES
Corée du Sud

GUIDE **MICHELIN**
VOYAGE & CULTURES
ÎLES CANARIES

*Disponibles en
version numérique

**POUR CHAQUE
DESTINATION
IL Y A
UN** GUIDE
MICHELIN
VOYAGE & CULTURES

MICHELIN

Aller en Corse

En avion

Aéroports de la région

La Corse dispose de quatre aéroports assurant des liaisons avec le continent, l'Italie et une partie de l'Europe. Tarifs plus intéressants en réservant plusieurs mois à l'avance.

Ajaccio (Napoléon Bonaparte) – ✆ 04 95 23 56 56 - ajaccio-aeroport.cci.corsica

Bastia (Poretta) – ✆ 04 95 54 54 54 - bastia-aeroport.cci.corsica

Calvi (Ste-Catherine) – ✆ 04 95 65 88 88 - calvi-aeroport.cci.corsica

Figari-Sud Corse – ✆ 04 95 71 10 10 - figari-aeroport.cci.corsica ci.fr

Compagnies aériennes

Air France – www.airfrance.fr. Dessert l'île toute l'année, au départ de Paris-Orly, Nice, Lyon, Marseille, et d'autres aéroports régionaux en haute saison. Certains vols sont affrétés par Air Corsica.

Air Corsica – www.aircorsica.com. Dessert les quatre aéroports corses par des vols réguliers ou saisonniers depuis Clermont-Ferrand, Dole, Lyon, Marseille, Nice, Paris-Orly, Toulon, Toulouse et Bruxelles-Sud-Charleroi.

Autres compagnies – **Brussels Airlines** (www.brusselsairlines.com - de Bruxelles National vers Bastia et Calvi). **Luxair** (www.luxair.lu - vols de Luxembourg vers Ajaccio et Bastia (Calvi et Figari en été). **Swiss** (www.swiss.com - en saison, Genève-Bastia ; Zurich-Bastia et Zurich-Figari).

Low cost

Saisonnières et fluctuantes, les dessertes en *low cost* évoluent régulièrement. Renseignez-vous sur leur site Internet.

Easy Jet – www.easyjet.com. Liaisons avec la plupart des aéroports de Corse depuis Paris-CDG, Bordeaux, Lyon, Nantes, Genève et Bâle-Mulhouse.

Ryanair – www.ryanair.com. Vols pour Figari au départ de Paris-Beauvais, Bordeaux, Toulouse et Bruxelles-Charleroi.

Volotea – www.volotea.com. Vols pour Figari, Ajaccio ou Bastia au départ de Bordeaux, Brest, Caen, Deauville, Lille, Montpellier, Nantes, Paris-Beauvais, Strasbourg et Toulouse.

Prix des vols

Depuis Paris et bagage inclus, compter autour de 400 à 500 € A/R en très haute saison chez Air France ou Air Corsica, et env. 400 €

Tout compris

Vous pouvez consulter sur Internet les offres des centrales de réservation, agences spécialisées ou compléter votre recherche du côté des voyagistes classiques. D'une manière générale, les séjours de printemps et d'automne demeurent meilleur marché et les professionnels sont alors plus disponibles. S'il faut en citer un spécialiste de la destination :
Corsicatours – ✆ 04 95 20 20 20 (lun.-vend. 9h12h30, 14h-17h30) - www.corsicatours.com.
☺ En Corse, certaines agences de voyages et loueurs de voitures acceptent les chèques vacances, ils sont référencés, tout comme l'ensemble des prestataires partenaires, sur le site www.ancv.com

Distances entre les principales villes de Corse					
	Ajaccio	**Bastia**	**Bonifacio**	**Calvi**	**Corte**
Ajaccio	-	147	132	165	80
Bastia	147	-	170	92	68
Bonifacio	132	170	-	232	147
Calvi	165	92	232	-	87
Corte	80	68	147	87	-

sur un vol *low cost*, en réservant plusieurs mois à l'avance. En règle générale, les prix des vols au départ des métropoles regionales sont moins élevés.

En bateau

Du continent vers la Corse

Cinq **ports** corses sont desservis au départ de la métropole (Toulon, Nice ou Marseille) ou de l'Italie (Savone, Gênes et Livourne) : Bastia, L'Île-Rousse, Ajaccio, Propriano et Porto-Vecchio. Les temps de traversée varient selon le port de départ et d'arrivée, ainsi que le type de bateau.

En **car-ferry**, compter 5 à 6h de traversée (Nice-Bastia ou Nice-L'Île-Rousse, liaisons les plus courtes) de jour et un minimum de 350 € AR en très haute saison (voiture type Peugeot 308 + 2 adultes + 2 enf. de + 12 ans), en réservant plusieurs mois à l'avance. Tarifs moins élevés sur les liaisons plus longues, sur les trajets de nuit, ainsi que depuis l'Italie.

L'été, prévoyez une attente importante dans les ports et de fréquents retards.

Plusieurs **compagnies** assurent des liaisons régulières entre le continent et la Corse.

 www.directferries.fr

Corsica Ferries – www.corsica-ferries.fr. Depuis Toulon ou Nice, elle dessert Ajaccio, Bastia et L'Île-Rousse. Également des traversées entre Bastia et l'Italie (Livourne et Savone), ainsi qu'avec la Sardaigne (depuis Ajaccio et Bastia *via* Toulon ou Livourne).

Corsica Linea – www.corsicalinea.com. Depuis Marseille, liaisons nocturnes avec Ajaccio, Bastia, L'Île Rousse et Propriano.

La Méridionale – www.lameridionale.fr. L'ancienne CMN (Compagnie méridionale de navigation) Ajaccio et Porto-Vecchio plusieurs fois/sem. au départ de Marseille.

Moby Lines – www.mobylines.fr. Relie en saison Gênes à Bastia et Ajaccio, ainsi que Piombino à Bastia ; liaisons Bonifacio-Sardaigne.

Rejoindre les ports d'embarquement

Principaux axes routiers

Prévoyez du temps et de la patience pour rejoindre les ports d'embarquement pour la Corse : Marseille, Toulon et Nice depuis la métropole ; Savone, Gênes et Livourne depuis l'Italie.

Carte de France 721.

Carte régionale Corse 528. Existe aussi en version plastifiée (avec incontournables, coups de cœur et itinéraires), au 1/200 000ᵉ également.

Carte Départementale Corse-du-Sud Haute-Corse 345. En ligne : calcul d'itinéraires sur **www.viaMichelin.fr**

Avant de partir

Météo

Située au cœur du golfe de Gênes, l'île bénéficie d'un **climat remarquablement doux** sur l'ensemble de son littoral et relativement sec.

www.meteofrance.com

Été

Les étés éclatants de soleil et de luminosité sont brûlants (maxima : 36 °C sur les côtes, 26 °C à 1000 m) et secs. Mais la sensation d'étouffement est rare, les effets de la chaleur étant souvent adoucis par une brise marine rafraîchissante. Du fait du changement climatique, des épisodes caniculaires sont possibles, même en juin.
En montagne, le temps peut rapidement changer, avec des risques d'orages, surtout l'après-midi ; les randonneurs ne partiront pas sans bien s'informer sur la météo.
La température de la mer atteint 25 °C ou plus, un paradis pour les frileux.

Automne

Le littoral est agréable toute la saison, la température de l'eau ne s'abaissant que tardivement. Jusqu'à 600 m, il fera toujours bon se promener dans les immenses forêts rougeoyantes de châtaigniers de la Castagniccia.

Hiver

Les hivers sont particulièrement cléments sur les rivages (18 °C), mais la mer reste fraîche (autour de 14 °C). En haute montagne et dans les stations de ski (Bastelica, Ghisoni, Coscione), l'enneigement peut être très variable d'une année sur l'autre. Exceptionnellement, la neige peut perdurer jusqu'au mois de mai sur les ubacs peu ensoleillés et entraver la marche sur le GR 20 ou les sentiers Mare a Monti. Attention, de nombreux hôtels et restaurants ferment à cette période.

Printemps

C'est la saison idéale pour découvrir la Corse. Dès le mois de mars, la moyenne des températures s'élève à 15 °C pour atteindre, voire dépasser, 25 °C en juin. Dans les régions forestières, la floraison odorante, les jeunes pousses et l'air venteux ont quelque chose d'entêtant et d'envoûtant. Cette saison, encore peu fréquentée (hors ponts de mai), est aussi idéale pour s'adonner à la plongée.

Adresses utiles

Institutions

Agence du tourisme de la Corse (ATC)
17 bd du Roi-Jérôme - 20181 Ajaccio Cedex 01 - www.visit-corsica.com

Offices de tourisme
Les adresses et sites Internet (souvent très bien fournis) des offices de tourisme locaux sont indiqués dans la rubrique « Carnet pratique/S'informer » située en fin de description des principaux sites de la partie « Découvrir la Corse ».
☺ Sources d'informations touristiques en ligne : **www.france. fr** et **www.tourisme.fr** (Fédération des offices de tourisme et syndicats d'initiative).

Parc naturel régional de Corse
Siège social – 34, cours Paoli - 20250 Corte - ☎ 04 95 34 54 80. Autre adresse : 19 av. Georges-Pompidou,

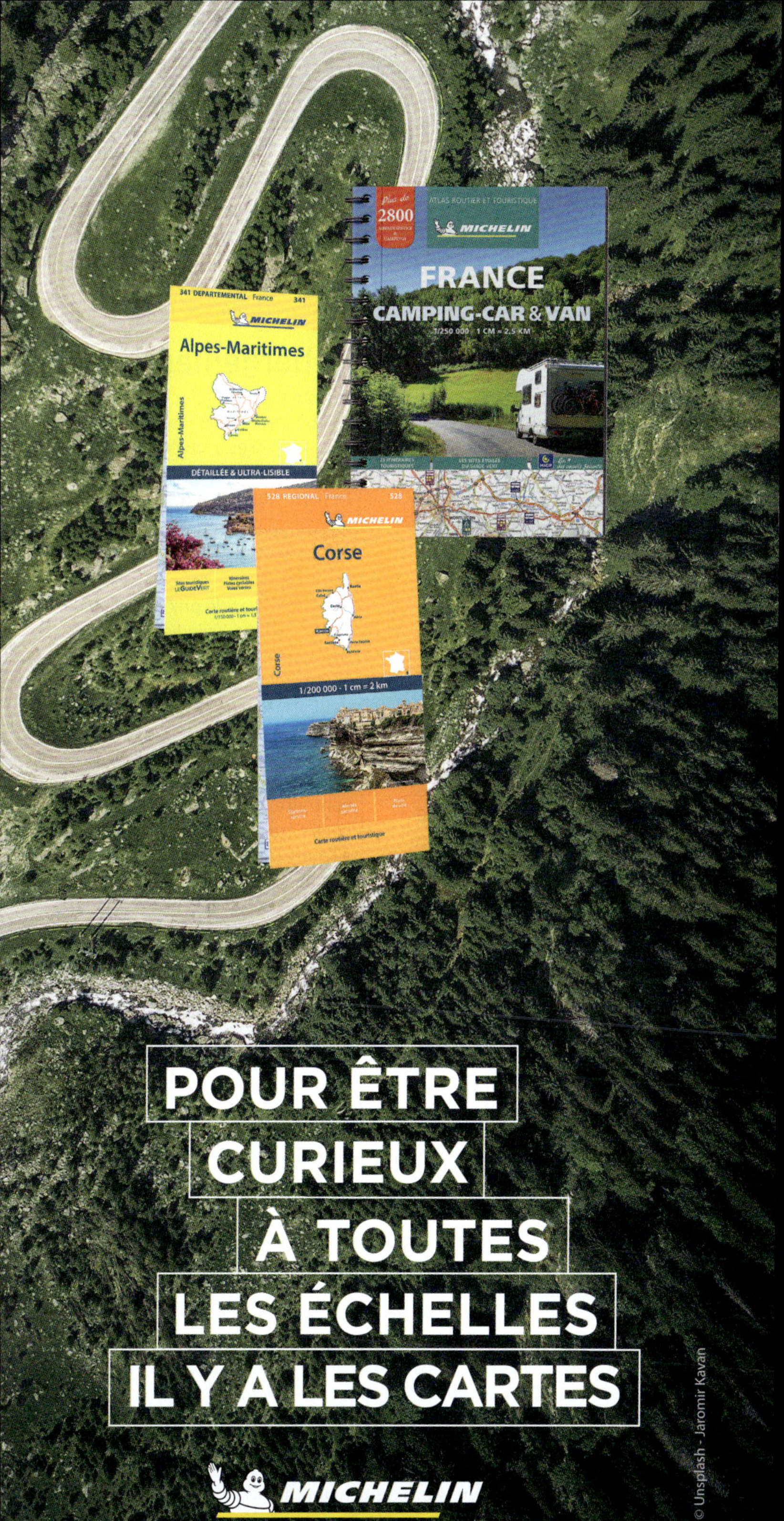

POUR ÊTRE
CURIEUX
À TOUTES
LES ÉCHELLES
IL Y A LES CARTES

MICHELIN

immeuble Faggianelli CS 30417 -
20184 Ajaccio Cedex 9 -
℘ 04 95 51 79 00 - www.pnr.corsica.
Réservez en ligne les nuitées
dans les refuges du parc.
Sur place, les maisons
d'information du parc sont
ouvertes tlj de déb. juin à mi-sept. :
Calenzana, Cozzano, Rezza,
Moltifao (au Village des tortues)
et Conca.

Personnes à mobilité réduite

Dans ce guide, les sites et
établissements qui peuvent
accueillir des personnes à mobilité
réduite sont signalés par le
symbole ♿.
Le logo « Tourisme et Handicap »
(tourisme-handicaps.org) donne
de précieuses informations
sur l'accessibilité des sites et
équipements touristiques selon les
types de handicaps. Cependant, la
nature même de cette « montagne
dans l'eau » rend son accès
particulièrement compliqué pour
les personnes à mobilité réduite.
En dehors des informations
générales disponibles sur le site
officiel www.handicap-info.fr,
le blog www.corsica-access.org
recense l'offre proposée pour les
personnes en situation de handicap
(hébergements, restaurants,
activités, sites culturels…).
Consultez également les blogs
dédiés : www.trekors.com/joëlette/
Le site www.handiplage.fr liste
les plages adaptées et de leurs
équipements.

☺ Procurez-vous le guide
Vacances accessibles en France -
Michelin Éditions, 2024 : 1 200 sites
et activités adaptés pour les
personnes à mobilité réduite.

Hébergement

Retrouvez notre sélection
d'hébergements dans la rubrique
« Nos adresses » située en fin de
description des principaux sites
de la partie « Découvrir la Corse ».

Notre sélection

Les établissements sont classés
par catégories de prix *(voir tableau
p. 483)*. Les tarifs indiqués dans
« *Nos adresses* », prix minimum
et maximum pour une chambre
double standard, sont ceux
pratiqués en haute saison. Les
tarifs en demi-pension indiqués
le sont par personne (sauf mention
contraire). Les **tarifs** varient
considérablement d'une **saison**
à l'autre ! Ils peuvent passer du
simple au double entre avril et août
dans des zones très prisées comme
Calvi ou autour de Porto-Vecchio.

Réservation

En **haute saison** (de fin juillet à la
3e sem. d'août en règle générale),
il convient de réserver le plus tôt
possible, quel que soit le type
d'hébergement choisi, afin de
profiter aussi de prix moins élevés
ou d'éventuelles promotions.
En moyenne saison, réserver reste
recommandé pour profiter des
meilleures adresses. Voyez les

Infos sur le net

www.visit-corsica.com – Portail touristique officiel de la Corse.
www.allerencorse.com et www.bienvenue-en-corse.fr – Sites
d'informations générales avec description des sites touristiques.
www.corsematin.com et www.corsenetinfos.corsica – Actualités.
www.isula.corsica – Site de la Collectivité Territoriale de Corse.
www.vinsdecorse.com, www.gustidicorsica.com,
www.recettes-corses.fr, www.casgiucasanu.fr – Gastronomie corse.

Nos catégories de prix		
	Hébergement	**Restauration**
Premier prix	jusqu'à 90 €	jusqu'à 25 €
Budget moyen	de 90 € à 130 €	de 25 € à 40 €
Pour se faire plaisir	de 130 € à 170 €	de 40 € à 60 €
Une folie	plus de 170 €	plus de 60 €

sites conseillés ci-dessous selon les types d'hébergement.
Enfin, réserver via une centrale de réservation est pratique mais rarement intéressant financièrement : beaucoup d'hôtels, et la majorité des chambres d'hôtes, proposent des tarifs moins élevés en ligne sur leur site propre ou directement par téléphone.
😊 Certains établissements ne peuvent pas recevoir vos compagnons à quatre pattes ou les accueillent moyennant un supplément, pensez à le demander lors de votre réservation.

Hôtels

L'île compte un peu plus de 450 hôtels, en majorité de petits établissements familiaux. La moitié d'entre eux seulement sont ouverts à l'année. Nous vous proposons, dans chaque carnet d'adresses, un choix très large en termes de confort. La location se fait à la nuit et le petit-déjeuner est facturé en supplément. Certains établissements assurent un service de restauration également accessible à la clientèle extérieure.

Hôtels de charme
Le Cercle des grandes maisons corses regroupe 19 établissements disséminés dans l'île, proches ou au bord du littoral, de l'agritourisme chic à l'hôtel de charme raffiné. Promotions fréquentes.
Info – www. lesgrandesmaisonscorses.com

Chambres d'hôte

Une formule en pleine expansion. Trouvez des adresses et réservez sur : www.chambres-d-hotes-en-corse.com (affilié aux Gîtes de France). Chambres d'hôtes en Corse propose aussi une sélection de tables d'hôtes, d'hébergement en demeures de caractère, et des offres de séjours insolites.
Large choix de gîtes et de chambres d'hôte de charme sur des sites comme www. charme-traditions.com et www. chambresdhotesdecharme.com
😊 En contactant directement les propriétaires, vous obtiendrez de meilleurs tarifs qu'en passant par une centrale de réservation, surtout s'il s'agit de chambres d'hôte. Et vous serez certainement encore mieux accueilli !

Campings

L'île compte plus de 200 campings, parfois aménagés dans des sites superbes. Ils ouvrent en général de mai à octobre. Les tarifs pratiqués varient sensiblement selon la localisation et les prestations proposées. Prévoyez de 20 à 30 €/j. hors-saison (plus de 60 € en haute-saison en bord de mer) pour planter une tente de deux personnes dans un camping 3 étoiles. Le **camping sauvage** est strictement interdit. Un séjour minimum d'une semaine est souvent imposé en haute saison. En ligne : camping-france.com/ corse ; corsicacamping.com

Hébergement rural

Pour un séjour en famille ou entre amis, vous pouvez opter pour des gîtes ruraux, maisons ou logements indépendants, à louer pour une ou plusieurs semaines (plus rarement un week-end). Mais il faut s'y prendre très longtemps à l'avance pour dénicher les meilleures adresses !

Gîtes de France en Corse – www.gites-corsica.com
Stations Vertes de Vacances – lama.stationverte.com. **Lama** *(99)* est le seul village de Corse labellisé « Station Verte ». Pour amateurs d'écotourisme.
Bienvenue à la ferme – www.bienvenue-a-la-ferme.com. La chambre d'agriculture regroupe les informations sur les accueils et hébergements dans les exploitations agricoles : fermes-auberges, fermes équestres, campings à la ferme, chambres d'hôte et gîtes ruraux.

Hébergement pour randonneurs

Le Parc naturel régional de Corse *(voir p. 480)* diffuse une liste des **refuges et gîtes d'étape** à l'usage des promeneurs empruntant les circuits balisés par le parc : **www.pnr.corsica**.
Le site **www.gites-refuges. com** est principalement destiné aux amateurs de randonnées, d'alpinisme, d'escalade, de ski, de cyclotourisme et de canoë-kayak.

Auberges de jeunesse

À l'heure actuelle, la Corse ne possède qu'une seule auberge de jeunesse, à **Vero** dans la vallée de la Gravona.
Ligue française pour les auberges de jeunesse (LFAJ – www.auberges-de-jeunesse.com).

Couvents

Ces établissements religieux proposent l'hébergement et offrent également la possibilité d'effectuer des retraites spirituelles.
Dans le sud du **cap Corse**, à **Miomo**, maison Saint-Hyacinthe (04 95 33 28 29 ou 06 23 20 00 66 - couventsainthyacinthe. corsica).
Près du **Golfe de Sagone**, à **Vico**, couvent St-François (04 95 26 83 83 ou 06 46 50 33 60, *voir p. 256)*.

Sur place de A à Z

Argent

Les distributeurs de billets étant rares en dehors des villes principales et les cartes de paiement n'étant pas acceptées pour loger chez l'habitant, prévoyez suffisamment de liquide ou un carnet de chèques.

Baignade

Les plages corses sont nombreuses, et réputées pour leurs eaux cristallines. Trois plages du golfe d'Ajaccio sont labéllisées Pavillon bleu, gage de qualité environnementale : la plage Trottel-plage de la Terre-Sacrée, près d'Ajaccio, la plage des Tamaris (Grosseto-Pugna) et la plage de Ruppione (Pietrosella), au sud. À celles-ci s'ajoute la plage de Porto-Pollo, au nord du golfe de Propriano.
Rens. : **pavillonbleu.org**

En mer

Sur la **côte ouest** de l'île, les golfes de St-Florent, de Porto, de Sagone, d'Ajaccio et de Valinco se prêtent particulièrement bien à la baignade en famille et à l'apprentissage des sports nautiques comme à la découverte d'une nature magnifique et relativement bien protégée malgré son succès touristique (les Calanche de Piana, la réserve naturelle de Scandola, le parc naturel régional).

La **côte orientale**, beaucoup plus rectiligne, offre sur quelque 100 km de longues étendues de sable également très prisées par les estivants. Tout au long de la Costa Verde, de la Costa Serena et de la côte des Nacres se succèdent d'interminables plages de sable blanc. Un peu plus au sud, le golfe de Porto-Vecchio réunit les plus belles plages de Corse, dont la célèbre **Palombaggia**, bondée

Attention aux méduses

Autrefois, les années à méduses (la *Pelagica noctulica*, notamment) intervenaient environ tous les douze ans, précédées de printemps chauds et secs. Aujourd'hui, la prolifération de « groseilles des mers » s'observe chaque année ou presque. Les causes sont multiples, mais il semble que la surpêche de grands prédateurs marins adultes, qui se nourrissent de méduses, serait la principale responsable de ces invasions. Sans oublier bien sûr le réchauffement alarmant des eaux de la Méditerranée.

Les méduses des côtes méditerranéennes ne sont pas agressives, mais leur contact est toxique. Ce contact urticant provient de la libération instinctive du venin par les tentacules. Ce dernier, sans grand danger pour l'homme, nécessite pourtant quelques précautions.

Tout d'abord, ne pas s'agiter afin d'éviter la diffusion du venin dans le corps. À l'aide d'une serviette, nettoyer sans frotter la plaie avec de l'eau de mer (l'eau douce active la décharge des cellules urticantes) ou avec de l'urine, dont la chaleur désactivera l'effet du venin.

Vous pouvez également mettre du sable et laisser sécher. Gratter ensuite très doucement pour enlever les morceaux de tentacules et les cellules encore actives. Enfin, appliquer une pommade antihistaminique, que l'on aura pris soin d'emporter avec soi. Il existe aussi des crèmes et des laits exerçant un pouvoir répulsif sur les-méduses.

Vacances sportives

Pour obtenir de la documentation traitant des différentes activités à pratiquer, s'adresser à l'**Agence du tourisme de la Corse** (voir 480).
Pour d'autres adresses de prestataires, reportez-vous aux rubriques « S'informer » et « Activités » dans « Nos adresses », en fin de description des principaux sites de la partie « Découvrir la Corse ».
Certains prestataires sont spécialisés **multiactivité**. Ils réunissent des moniteurs diplômés dans plusieurs disciplines, proposées séparément ou associées (randonnée pédestre ou équestre, canyoning, rafting, voile, parapente, VTT, escalade, ou même ski). Parmi eux : ☏ corse-aventure.com, corse-active.com, interracorsa.com, www.couleur-corse.com, www.corsicanatura.fr, www.cycling-corsica.fr, www.altore.com, vallecime.com

en été. La floraison de clubs de jet-ski peut gêner les amateurs de calme. La pression immobilière, de plus en plus forte dans ce secteur, rend les accès à la mer plus difficiles, et souvent payants. Les plages du littoral de la **pointe sud** s'étendent de part et d'autre de Bonifacio, contenues dans de petites anses plus ou moins abritées. D'une manière générale, les plus belles plages se découvrent au prix d'une petite marche.

En rivière

En Corse, les rivières qui descendent de la montagne se sont souvent taillé de superbes parcours au milieu des rochers, franchissant de belles cascades ou paressant dans d'accueillantes vasques aux eaux rafraîchissantes. La **Restonica**, le **Fango** ou la rivière **Solenzara** comptent parmi les plus réputées et recherchées.

☺ **Recommandations** – Il est important cependant de savoir que ces lieux si agréables pendant les chaudes journées de l'été sont des rivières au régime torrentiel qui peuvent devenir dangereuses après un orage, tandis que d'autres peuvent être régulées par des équipements hydroélectriques. Vérifiez donc l'éventuelle réglementation locale et ne vous aventurez pas dans des lieux difficiles d'accès où vous risqueriez de vous retrouver bloqué. Portez également des chaussures adaptées.

Canoë-kayak

De nombreux cours d'eau corses peuvent être descendus en toute saison, mais la période optimale s'étend de fin mars à fin mai. Les rivières Taravo et Rizzanese ; l'Asco, le Liamone, le Golo, le Vecchio et le Tavignano offrent des itinéraires réputés. La carte IGN n° 905 recense les cours d'eau praticables. Le site de la fédération liste les clubs corses et les agences d'aventure locales agréés proposant cette activité. **Fédération française de canoë-kayak** – www.ffck.org

Canyoning

Les principaux secteurs de référence sont, dans le centre et le Nord, la clue de la Richiusa, le défilé de la Spelunca, le ravin du Dardo, la haute Gravona, le cap Corse et, dans l'extrême sud de l'île, le canyon de Baracci et les gorges de la Solenzara. Le guide Canyonisme - L'essentiel -Livret 1 (et Livret 2, s'adressant aux plus expérimentés), édité par la **Fédération française de la montagne et de l'escalade** (www.ffme.fr), résume tout ce qu'il faut savoir pour commencer à pratiquer le canyonisme et signale ses dangers en hiver.
☏ www.canyon-corse.com, www.canyoncorse.com, www.bavellacanyon.com ou www.corsica-forest.com (pour le massif de Bavella).

Cyclisme

Les petites routes sinueuses de Corse se prêtent à merveille au cyclisme, mais elles mettront les mollets à l'épreuve. Le VTT se pratique beaucoup dans le désert des Agriate. La plupart des anciens sentiers muletiers, sans parler bien sûr des pistes et chemins forestiers, leurs sont accessibles. Certains sont dotés d'une assistance électrique bien utile.

Pour organiser votre périple à vélo, adressez-vous aux prestataires multiactivité *(encadré ci-contre)*.

La **GT 20** propose une **grande traversée de l'île à vélo** de 600 km, du cap Corse à Bonifacio, en 12 étapes. Au programme : tour du cap Corse, villages de Balagne, Porto, Corte et l'Alta Rocca. Une façon différente et sportive de découvrir l'île, ses villages et sa nature variée, le tout en profitant de vues sur la mer et avec la possibilité d'escapades vers les hauteurs en empruntant à pied le « classique » GR 20. À noter que la GT 20 est accessible aux sportifs confirmés comme aux amateurs courageux, mais inexpérimentés, ainsi qu'à tous les types de vélos – de route, VTT ou électriques.

☞ www.visit-corsica.com/La-GT-20.

☺ Emportez quelques pièces de rechange, les fournisseurs de matériel sont rares dans les montagnes corses.

Fédération française de cyclotourisme - Ligue Corse – corse.ffct.org

Escalade et via ferrata

Les amateurs d'escalade « aventure » trouveront toutes les difficultés souhaitées dans le cadre grandiose des **aiguilles de Bavella**.

La **via ferrata de la Manicella** dans la vallée de l'Asco est un parcours sur parois, sécurisé par des câbles métalliques, une formule idéale pour s'initier à l'escalade *(voir p. 192).* Quatre autres via ferrata sont dissiminées à travers l'île : Chisa dans le Fiumorbo ; Peri *(fermée depuis pls années, se rens. sur son éventuelle réouverture)* dans la vallée de la Gravona ; A Buccarona, la plus facile, vers Solenzara ; et Tolla (www.revesdecimes.fr), pour découvrir les gorges du Prunelli. Autres suggestions de sites sur escalade-corse.com

☞ www.viaferrata-fr.net

Fédération française de la montagne et de l'escalade – www.ffme.fr. Elle édite dfférents guides pour s'initier ou progresser en escalade.

Équitation

On dénombre plus de 1000 km de pistes qui sont souvent d'anciens **chemins muletiers**, très fréquentés jusqu'au début du 20e s. et qui restent encore les meilleurs et plus rapides moyens de liaison entre deux vallées ou deux villages. Des vallées presque inaccessibles deviennent le but d'agréables randonnées d'une journée. L'**Alta Rocca**, par son relief complexe, offre un terrain de choix à ce type d'excursions qui bénéficient par ailleurs, dans toute l'île, d'un grand développement. Le littoral du **cap Corse** constitue une base de superbes balades et la **vallée de l'Ostriconi,** au départ de Lama, permet d'atteindre la Balagne par les chemins de transhumance.

Les passionnés de courses hippiques ne manqueront pas, l'été, les manifestations de l'**hippodrome de Viséo**, aussi connu sous le nom d'**hippodrome de Zonza**.

Comité régional du tourisme équestre de Corse – ✆ 06 22 74 24 38 - www.cre-corse.fr. Liste des clubs, événéments, compétitions et stages.

Le site www.visit-corsica.com répertorie plusieurs centres équestres à travers l'île.

Excursions en bateau

La promenade en mer est le meilleur moyen d'apprécier pleinement la beauté du littoral préservé de l'île et de ses golfes, en participant à une excursion organisée ou à bord de location. Les principales destinations sont listées dans le tableau ci-dessous.

Golf

La Corse possède 8 parcours, dont un magnifique 18 trous suspendu au-dessus de la mer sur une côte sauvage et déchiquetée : le **golf de Sperone** (www.golfdesperone.com) avec de superbes étapes entre maquis (9 trous inland) et mer (9 trous links) ; le trou n° 16 étant considéré comme l'un des plus beaux du monde.
℡ www.liguecorsedegolf.org

Kayak de mer

Les secteurs du **cap Corse** et du **Sartenais** sont parmi les plus favorables au maniement des esquifs.

Certains secteurs du **cap Corse**, avec ses anfractuosités et ses grottes uniquement accessibles par mer, offrent de très belles sorties en mer. Les criques des **Agriate** et le tour des îles depuis Algajola et l'Île-Rousse figurent parmi les excursions les plus plébiscitées, tout comme la **baie**

Port d'embarquement	Excursions en bateau : destinations
Ajaccio/Porticcio	Îles Sanguinaires, réserve naturelle de Scandola, Girolata, Calanche de Piana, Capo Rosso, falaises de Bonifacio, îles Lavezzi.
Bonifacio	Grottes, falaises de Bonifacio, îles Lavezzi et Cerbicale.
Calvi	Ajaccio, réserve naturelle de Scandola, Girolata, plages des Agriate, grotte des Veaux-Marins.
Cargèse/Sagone	Calanche de Piana et réserve naturelle de Scandola, Girolata, Capo Rosso, falaises de Bonifacio.
Macinaggio	Nord cap Corse, plages, tours génoises, réserve des îles de Finocchiarola, île de la Giraglia, port de Barcaggio.
Porto	Calanche de Piana, réserve naturelle de Scandola, Girolata, Capo Rosso.
Porto-Vecchio/ Sta Giulia	Bonifacio, îles Lavezzi et Cerbicale, plages de Santa Giulia et Palombaggia, Rondinara, Sperone.
Propriano	Tour du golfe de Valinco, Conservatoire du littoral (deux compagnies). Bonifacio, réserve naturelle de Scandola, golfe de Porto, îles Sanguinaires, Girolata, Calanche de Piana.
St-Florent	Navette vers les Agriate (plage du Loto).
Escapade en Italie	
Bastia	Trajet direct en été deux fois par semaine vers l'**île d'Elbe**, ou toute l'année *via* Piombino dans la péninsule italienne.
Bonifacio	Trajet vers Santa Teresa di Gallura en **Sardaigne**

Les vents

Les vents dominants

La frange littorale de l'île est soumise en été aux brises de mer durant le jour et de terre durant la nuit, dont les effets perturbent ou renforcent ceux des vents dominants.

Le **libecciu**, venant de Gibraltar, souffle sur toute l'île, surtout sur le cap Corse et à Bonifacio. Sec et chaud en été, il devient frais en hiver et déverse de copieuses ondées sur le versant occidental.

Le **ponente** est un vent d'ouest.

Le **maestrale**, issu du mistral de Provence, se manifeste surtout sur l'ouest de l'île (36 jours à Ajaccio, 11 jours sur le Cap, 17 jours à Bonifacio). Sec et violent en été, il souffle en courtes rafales et soulève alors une mer très forte entre Galéria et l'extrémité du Ca En hiver, il apporte la pluie.

La **tramontane**, grand vent froid provenant de la plaine du Pô, sévit surtout en hiver, mais sa fréquence est faible (57 jours à Ajaccio, 10 jours sur le Cap).

Le **grecale** souffle sur tout le versant tyrrhénien ; il apporte la pluie dans le nord de l'île, mais demeure sec dans le sud.

Le **levant** est un vent d'est.

Le **sirocco**, venant d'Afrique du Nord, humide et brûlant, chargé de grains de sable, affecte seulement la côte orientale.

Les vents locaux

Sur la frange littorale, le contraste des températures entre la mer et le rivage provoque, l'été, des brises dont les effets viennent s'ajouter à ceux des vents dominants. Le matin, le sol de l'île s'échauffe plus vite que la masse d'eau maritime ; aussi, vers 9h, se lève une brise de mer appelée localement **mezzogiorno** (maximum vers 13h). L'après-midi, cette brise se calme et disparaît vers 19h. Une brise de terre ou **terrane** lui succède au coucher du soleil et prend fin au matin.

d'Ajaccio, le **golfe de Porto**, ou encore la promenade au bas du **rocher de Bonifacio**.

Kitesurf, surf, paddle, voile et planche à voile

Les plages d'Agosta et de la Viva à Porticcio, la longue plage de Portigliolo au sud de Propriano et celles du golfe Ventilegne à Figari sont réputées pour la pratique du **kitesurf**. Spots de renommée mondiale près de Bonifacio (Tonnara et Piantarella, plus calme).

Côté **surf**, les plages de Cargèse et celle d'Algajola conviennent aux débutants, ainsi qu'à la pratique du stand up **paddle**.Le Capo di Feno et la vague de Coggia au sud de Sagone sont réservés aux **surfeurs** très expérimentés.

Les vents capricieux du cap Corse et de Bonifacio, aux deux extrémités de l'île, soulèvent l'enthousiasme des amateurs de **voile**. Sur la côte ouest, St-Florent, Calvi, les plages de Sagone, du Ricanto près d'Ajaccio et Porticcio ou Propriano sont les rendez-vous les plus connus. Aléria, Ghisonaccia et Porto-Vecchio sont les seuls points de rassemblement de la côte est.

Le **paddle** se développe partout sur la côte. Des promenades en groupes sont organisées par de nombreux prestataires.

Ligue corse de voile – www.facebook.com/VelaInCorsica/.

Navigation de plaisance

Agence du tourisme de la Corse – www.visit-corsica.com. Fournit la liste des loueurs de voiliers sur l'île.

NAVIGATION DE PLAISANCE

0 — 20 km

⚓ Ports de plaisance
● Principaux mouillages

Barcaggio
Centuri-Port
MACINAGGIO
SANTA SEVERA
Giottani
Erbalunga
Golfe de St-Florent
ST-FLORENT
BASTIA
L'ÎLE-ROUSSE
SANT' AMBROGGIO
CALVI
Galéria
Girolata
TAVERNA-CAMPOLORO
Golfe de Porto
Porto
CARGÈSE
Sagone
Golfe de Sagone
Orcino
SOLENZARA
AJACCIO
Porticcio
Golfe d'Ajaccio
PORTO-POLLO
PROPRIANO
Golfe de Valinco
Campomoro
Golfe de Porto-Vecchio
PORTO-VECCHIO
Roccapina
Santa Giulia
PIANOTTOLI-CALDARELLO (FIGARI)
Santa Manza
Golfe de Sta Manza
BONIFACIO
CAVALLO

Consultez aussi le site de location de particuliers ou professionnels : www.clickandboat.com.

Les côtes

La côte ouest – De St-Florent à Propriano, la côte offre de larges golfes dentelés et ourlés de plages de sable ou de galets, mais qui sont mal abrités des vents dominants. Seuls quelques ports ou mouillages, comme Centuri, St-Florent, L'Île-Rousse, Sant'Ambroggio, Calvi, Girolata, Ajaccio, Campomoro et Propriano, constituent des abris sûrs. Le nord de la presqu'île d'Isolella est également un mouillage bien abrité.

La côte sud – De Propriano à Solenzara, les ports sont peu nombreux (Propriano, Bonifacio, Porto-Vecchio, Solenzara). Par ailleurs, cette côte sauvage compte une multitude de criques où les bateaux de croisière ne peuvent accéder que par très beau temps. Le mouillage dans les sites classés comme les îles Lavezzi, dans la réserve naturelle des Bouches de Bonifacio, est limité à 24h; il est soumis à des restrictions et à des quotas depuis 2024 (2 000 pers./j.). Dix zones de tranquillité, où personne ne peut se rendre, ont été créées. Il faut éviter de s'engager dans les bouches de Bonifacio lorsque le *maestrale* ou le *libecciu* sont annoncés *(voir ci-après)*.

La côte est – De Solenzara à Bastia, seuls les vents d'est sont dangereux (exceptionnels en été). On compte trois bons abris : Bastia, Campoloro, Solenzara.

Le cap Corse – Ses quelques mouillages sont difficiles d'accès en raison du *libecciu*. Macinaggio est le véritable port de plaisance du Ca Les bateaux peuvent s'abriter dans les nombreuses criques de galets roulés.

Parapente

C'est l'activité sportive aérienne la plus développée. L'**Agence du tourisme de la Corse** *(voir p. 480)* vous fournira une liste complète des divers prestataires. Citons tout de même **Altore** (www.altore. com), spécialiste de l'initiation au parapente proposant aussi canyoning dans le cap Corse et vols en ULM.

Pêche

Pêche en eau douce

La plupart des rivières de montagne sont peuplées d'**anguilles** et de **truites fario**. Les cours d'eau suivants sont propices à de belles prises que l'on effectue au lancer ou au coup : Asco, Golo, Fango, Restonica, Vecchio, Tavignano, Fium'Orbo, Prunelli, Gravone, Rizzanèse, Travo et Taravo.

Les lacs de montagne (Nino, Melo, Bastiani) sont régulièrement alevinés en petites truites et en **saumons de fontaine**. Des lacs-réservoirs sont peuplés de **sandres**. La plupart des étangs du littoral oriental sont des plans d'eau privés.

Fédération de la Corse pour la Pêche et la Protection des Milieux Aquatiques – www.federationpeche.fr ou www.truitecorse.org. Détaille les sites, les périodes et les distributeurs de carte de pêche.

Pêche en mer

Amateur de pêche en surface, vous n'aurez que l'embarras du choix face à la richesse de la faune marine du littoral : poissons de roche (rascasses, bars…) et de sable (rougets, daurades) propres à alimenter une savoureuse bouillabaisse. Vous pourrez satisfaire votre passion le long des côtes du cap Corse, de la Balagne, au sud du golfe de Valinco et au nord de Porto-Vecchio.

😊 Attention, la pêche aux **oursins** n'est autorisée que de décembre à fin mars (période variable, se renseigner) et limitée à des prises de trois douzaines d'oursins par personne. Dans le périmètre des réserves naturelles, toute forme de pêche est sévèrement réglementée. Se conformer aux indications sur place.

Fédération française des pêcheurs en mer – www.ffpm-national.com

Plongée sous-marine

Principaux sites

Pour les plongées à faible profondeur, préférez le golfe de Valinco, le secteur de Tizzano, la baie de Figari et les îles Bruzzi jusqu'à Porto-Vecchio, la face ouest du cap Corse, notamment le secteur de Centuri. Les fonds du golfe de Porto se laissent surtout découvrir dans le cadre de plongées avec bouteilles. Le golfe de Pero (au nord de Cargèse) et la pointe d'Omignia recèlent une végétation sous-marine d'une étonnante richesse.

Parmi les **épaves** peu profondes, citons les suivantes : au sud de Porticcio, face à la pointe di Castagna, un navire de combat gît à une dizaine de mètres de la surface ; au large de la pointe de Zivia (au sud de Tizzano), une épave d'avion repose par 10 m de fond ; à l'entrée du golfe de Porto-Vecchio, à moins de 10 m de profondeur, un chalutier est visible depuis la surface. D'autres épaves nécessitent un équipement plus perfectionné : forteresses volantes à Calvi et à Campoloro.

Baptêmes

Les secteurs peu profonds du golfe de Valinco ou de celui de Porto-Vecchio, la baie de Figari ou la façade ouest du cap Corse sont particulièrement recommandables. ☺ En Corse, les enfants sont dès 8 ans autorisés – avec accord parental bien sûr – à être initiés.

Renseignements

Comité régional corse de la Fédération française d'études et de sports sous-marins (FFESSM) – www.ffessm-corse.com. Liste les sites et les clubs de plongée.

ⓖ Reportez-vous aussi à la rubrique « Activités » dans « Nos adresses » de la partie « Découvrir la Corse ».

Randonnée pédestre

Fédération française de la randonnée pédestre – www.ffrandonnee.fr. La fédération donne le tracé détaillé des GR, GRP et PR ainsi que d'utiles conseils. Vous pouvez également acheter les topoguides sur le site Internet.

GR 20, roi de la montagne

Long de 180 km, il traverse dans sa longueur le parc régional, de Calenzana à Conca. Suivant la plupart du temps la ligne de partage des eaux, il dépasse souvent les 2 000 m d'altitude, ce qui ne le rend accessible dans sa totalité que du 1er juin à fin octobre. Il reste un modèle de difficulté pour l'ensemble des sentiers de randonnée en France (et dans le monde). En effet, seulement la moitié des randonneurs qui l'empruntent effectue le parcours en entier. La description minutieuse et le balisage de ce sentier très sportif sont l'œuvre d'un précurseur

de la randonnée en montagne : Michel Fabrikant.

ⓖ www.le-gr20.fr

Le **topoguide** consacré au GR 20 (édité par la FFRP) prévoit 16 étapes que les bons marcheurs, bien équipés et bénéficiant d'une excellente forme physique, peuvent accomplir en 15 jours environ. Les changements brutaux de conditions climatiques constituent un risque réel et permanent. Il convient donc de faire preuve d'une très grande prudence. La partie nord, la plus dure, reste réalisable par les sportifs de haut niveau.

Deux tronçons sont aisément praticables : celui du **col de Vergio** (voir p. 201) et celui du **col de Palmente** (voir p. 221).

Sentiers « randonnées découverte »

Six grands circuits aménagés sont proposés par le parc naturel régional de Corse : trois « Mare è Monti », mer et montagne, et trois « Mare a Mare » (balisés en orange) qui relient les deux côtes. Physiques mais sans difficultés particulières, il sont praticables quasiment toute l'année et jalonnés de gîtes d'étape mentionnés dans le topoguide correspondant.

ⓖ Reportez-vous au topoguide À travers la montagne corse - Parc naturel régional de Corse édité par la FFR

« Mare è Monti nord » – De Cargèse à Calenzana, ce parcours très fréquenté se développe entre mer et montagne s'échelonnant sur de remarquables sites naturels (gorges de Spelunca, réserve naturelle de Scandola, forêt de Bonifato). Il est conseillé plutôt au printemps et à l'automne. Le circuit (balisé en orange) s'effectue en 10 étapes de 4 à 6h et offre une vue panoramique qui oscille entre mer et montagne. L'hébergement se fait en gîtes d'étape dans les villages. Ce parcours, sportif mais sans difficulté notable, nécessite une bonne condition physique.

« Mare è Monti Levantinu » – Du pont de Solenzara, sur la côte est de l'île, il traverse la région du Fiumorbo et atteint Ghisoni en 7 étapes de 4h à 6h30 (à terme, s'ajouteront un arrêt à Vezzani, puis à Vivario, où s'achève la randonnée, soit 105 km en tout). Sans difficulté particulière, le sentier peut s'effectuer toute l'année. Au programme : immersion dans le maquis corse et dans la région méconnue du Fiumorbo, vues plongeantes sur les vallées dévalant vers la mer.

« Mare è Monti sud » – De Porticcio à Propriano en 5 étapes de 4 à 6h ; praticable toute l'année. Le parcours offre de beaux points de vue sur les golfes de Valinco et d'Ajaccio. Le sentier étant situé hors du parc, l'hébergement se pratique en hôtel ou auberge.

« Mare a Mare nord » – De Moriani à Cargèse via Corte en 8 à 12 étapes de 4 à 6h ; praticable de mi-mai à fin octobre. Une variante débute à Évisa, gagne Vivario et rejoint le parcours classique à Sermano. Jonction avec le « Mare è Monti nord » à Évisa.

PARC ET RÉSERVES

0   20 km

GR 20   Sentier de grande randonnée
– – –   Sentier "Randonnée-Découverte":
①   Mare è Monti nord
②   Mare a Mare nord et variante
③   Mare a Mare centre
④   Mare è Monti sud
⑤   Mare a Mare sud
⑥   Sentier de la transhumance
⑦   Mare è Monti Levantinu

Îles Finocchiarola

BASTIA

Biguglia

Calvi

Calenzana

Baie de Crovani

Haut-Asco

Corscia

Moriani Plage

Scandola

Monte Cinto 2706

Corte

Vergio

Monte Rotondo 2622

Pianello

Porto

Évisa

Vivario

Vezzani

Capo Rosso

GR 20

Casabianda

Cargèse

Monte d'Oro 2389

Vizzavona

Ghisoni

Poggio di Nazza

Monte Renoso 2352

⑦

Ghisonaccia

Isolaccio di Fiumorbu

AJACCIO

③

Chisà

Solaro

Pont de Solenzara

Porticcio

Monte Incudine 2136

Bavella

Conca

Zonza

Propriano

④

⑤

Sartène

Porto-Vecchio

Îles Cerbicale

Bonifacio

Île Lavezzi

N

Parc naturel régional

Réserve de faune

Réserve naturelle

« Mare a Mare centre » –
De Porticcio à Ghisonaccia en
7 étapes de 4 à 6h; praticable de
mai à novembre. Peu fréquenté
mais tout à fait séduisant, le sentier
permet de découvrir des paysages
singuliers : *piève*, maquis, cols
d'altitude. Le balisage peut y être
aléatoire, il est donc essentiel de
se munir d'une carte.

« Mare a Mare sud » – De Porto-
Vecchio à Propriano en 5 étapes
de 4 à 6h; praticable toute l'année.
Le plus facile et le plus fréquenté.
Le sentier suit les chemins de
transhumance qui sinuent dans
l'Alta Rocca et croise les vestiges
archéologiques de Cucuruzzu
ainsi que Ste-Lucie-de-Tallano.
La 3ᵉ étape du sentier offre
trois variantes.

Refuges du parc régional

Ils sont ouverts toute l'année et
gardés de juin à octobre *(9 € le
bivouac; bivouac + tente 22 € nuit/
pers.; 2 bivouacs + tente 31 €)*.
Un refuge comprend une cuisine
approvisionnée en eau courante
potable et équipée (casseroles,
couverts). Vous trouverez aussi un
dortoir (composé de bat-flanc sans
couvertures; *17 €*), des sanitaires
et une douche chaude ainsi qu'une
fosse à ordures pour vos déchets.
Petit ravitaillement.
Le camping sauvage est interdit
tout au long du sentier.
☺ Le sentier étant très fréquenté
en été, les refuges affichent
souvent complet. Réservez dans
les maisons d'informations du Parc
naturel régional ou en ligne sur
pnr-resa.corsica.

Sentiers de pays
et sentiers du patrimoine

Balades en boucle, ils sont
accessibles à tous et d'une durée
allant de 1h à 6h. La plupart de ces
petites randonnées sont balisées
de marques orange par le parc
régional de Corse (vérifiez au
préalable l'état de ces sentiers

auprès des offices de tourisme).
Les **sentiers du patrimoine** *(de 1h à
3h)*, actuellement au nombre de 16,
s'attachent à valoriser le patrimoine
identitaire de plusieurs villages de
Corse. Accessibles à tous, même
en famille, ils sont recensés sous
forme de dépliants individuels
ou dans leur totalité dans la
brochure « I Chjassi di a Memoria,
à la découverte des Sentiers du
Patrimoine » (dans les OT ou en
téléchargement sur www.sentiers-
patrimoine-corse.fr). Ces sentiers
sont regroupés par microrégion
ou pays :

Alta Rocca – Cette région bien
vivante, dominée à l'est par le massif
des aiguilles de Bavella, offre de
très nombreuses possibilités
(50mn à 5h), notamment au départ
de Quenza, de Zonza ou de la
serra di Scopamene. Rens. :
www.alta-rocca-tourisme.com

Balagne – Dans chaque village,
sont indiqués des sentiers de
découverte permettant se sillonner
les alentours ou de relier les
localités en traversant le maquis,
les vergers, etc.

Bozio – S'étendant à l'est de Corte,
cette région austère est riche en
chapelles ornées de fresques.
Elle reste réputée pour la qualité
de ses chants *paghjella*. Au départ
de Sermano ou de Sant'Andréa-
di-Bozio, 7 randonnées *(de 2h20
à 6h)*, permettent de dénicher des
chapelles blotties dans des vallons
ou perchées sur une crête.

Fiumorbo – Ce pays de collines,
difficilement pénétrable, riche
en cascades en montant dans
les hauteurs, offre une vue
dominante sur le littoral oriental.
Boucles et randonnées de durée
et de difficulté variables autour de
San Gavino-di-Fiumorbo, Isolaccio-
di-Fiumorbo, Solaro ou Ghisoni,
entre autres.

Giussani – Cette microrégion
établit la liaison entre la haute
Balagne et la vallée de l'Asco.

À l'écart des grands secteurs touristiques, possibilité de découvrir le Giussani, la forêt d'Olmi, et d'effectuer l'ascension du monte Grosso *(difficile ; 1260 m)* au départ d'Olmi-Cappella.

Niolo – Une région qu'apprécieront les alpinistes et les amateurs de haute montagne. Près de Calacuccia débute la boucle du monte Cinto *(très difficile ; 9h45)*, sommet de la Corse (2706 m), avec des vues à couper le souffle. D'Albertacce, des sentiers de pays *(difficiles)* permettent de parcourir de profondes forêts de pins laricio, de découvrir des lacs isolés, de franchir des torrents sur de vénérables ponts génois, ou de tenter l'ascension du monte Albanu (2018 m).

Taravo – Située au sud d'Ajaccio, la vallée du Tavaro dispose de nombreux sentiers ombragés *(niveau moyen à difficile)*, à parcourir dans la journée (boucles au départ de Petreto-Bicchisano ou de Cassone). Ils sont aussi réalisables en VTT.

Venachese – Jolie boucle *(4h40 ; difficulté moyenne)* au départ de Santo-Pietro-di-Venaco. Depuis Venaco, randonnée difficile *(40mn)* remontant le Vecchio en amont du pont Eiffel *(prévoir baignade)*. De nouveaux sentiers sont régulièrement ouverts, entre autres, vers la vallée du Liamone (lac de Creno), Castagniccia ou le cap Corse.

Sentier de la Transhumance

Inspiré du chemin muletier utilisé par les bergers lors de la transhumance, ce sentier exigeant relie la Balagne au Niolo, de Calenzana à Corscia en 5 étapes de 4 à 6 heures par jour.

Randonnées avec un âne

L'âne connaît un vif engouement auprès des randonneurs, qui peuvent ainsi marcher plus léger.

Succès garanti auprès des enfants juchés sur leur dos.

⌖ www.altaroccanes.com, www.randonnee-ane-corse.com

Randonnées accompagnées

Compagnie régionale des guides et accompagnateurs en montagne de Corse – Rte de Cuccia - 20224 Calacuccia - ☏ 06 22 50 70 29.

Couleur Corse – 6 bd Fred-Scamaroni - 20000 Ajaccio - ☏ 04 95 10 52 83 - www.couleur-corse.com. Agence spécialisée dans les randonnées itinérantes, acompagnées ou non, pour randonneurs individuels, groupes ou familles ; circuits découvertes.

⌖ « Vacances sportives » *(p. 486)*.

Ski

L'enneigement des montagnes peut permettre la pratique du ski en hiver et parfois au printemps mais l'activité est devenue fragile en raison du dérèglement climatique ; les stations tentent donc de développer d'autres offres sportives. Pour le **ski alpin**, les stations aménagées sont : **Ghisoni** (1580 m-1960 m), station du Renoso ; **Bastelica** (1600 m-1950 m), station du Val d'Ese.

Pour le **ski de fond**, le plateau du Coscione dans le sud de la Corse, d'une altitude de 1500 m et subissant un climat particulièrement rigoureux, constitue un vaste réseau de circuits balisés. Foyers de ski de fond à Albertacce, Bastelica, Évisa, Quenza, Soccia et Zicavo.

La **haute route à ski** (l'**Alta Strada**) offre aux skieurs et alpinistes confirmés un parcours de randonnée d'un haut niveau sportif. Empruntant une partie de l'itinéraire du GR 20, elle relie la vallée de l'Asco à Bastelica. Il est conseillé d'être accompagné

d'un guide de haute montagne.
Un topoguide est disponible au
Parc naturel régional.

Restauration

Retrouvez notre sélection dans la
rubrique « Nos adresses », située
en fin de description des principaux
sites de la partie « Découvrir la
Corse ». Les établissements sont
répertoriés par catégorie de prix
(voir tableau p. 483).
Pour en savoir plus sur la
gastronomie et le vignoble,
reportez-vous au chapitre
« Saveurs locales » (voir p. 444).

Notre sélection

Nous vous proposons des
restaurants régionaux, des
classiques, des gastronomiques
et des adresses où faire une pause.
Le **Guide Michelin** France
sur guide.michelin.com/fr/fr
et les **fermes-auberges** sur
www.bienvenue-a-la-ferme.com

Souvenirs

Les adresses de boutiques ou
d'artisans que nous avons retenues
se trouvent dans « Nos adresses »
dans la partie « Découvrir la
Corse ».

Douceurs

La grande diversité de la flore
corse donne des **miels** très typés.
L'appellation **AOC « mele di
Corsica »** concerne six catégories
de miels : de printemps (très clair),
de maquis de printemps (couleur
ambrée, produit durant tout le
printemps), miellats du maquis
(très foncé, à la saveur prononcée),
de maquis d'été (rare et de couleur
dorée, produit à la fin de l'été dans
les hautes vallées), de châtaigneraie
(récolté fin juin en moyenne
montagne), de maquis d'automne
(clair ambré, récolté à partir de
novembre du littoral à la montagne,
au goût légèrement amer). Vous
trouverez, par exemple, de bons

miels dans les villages de Quenza,
Belgodère, Bastelica et Moltifao
qui conservent une forte tradition
apicole.
mieldecorse.com
La Corse produit aussi de
délicieuses **confitures** élaborées
à partir des riches vergers de la
plaine orientale. Figue, abricot,
orange, châtaigne, et, plus original,
myrte, arbouse ou cédrat.
Le **cédrat**, étonnant fruit peu
comestible à l'état naturel, devient
un confit exquis après un assez
long passage dans des fûts remplis
d'eau de mer.
Pensez aux **biscuits et pâtisseries** :
canistrelli, panetta, gâteaux à la
farine de châtaigne, etc.

Charcuteries

Incontournables, elles font partie
des souvenirs préférés des visiteurs
(p. 444).

Brocciu

Le roi des fromages corses que
l'on trouve partout ne voyage
malheureusement pas facilement.
Oublions le transport du brocciu
frais. En revanche, vous pouvez
quitter l'île avec un brocciu
sec, emballé dans de multiples
couches de papier pour ne
pas incommoder les voisins !
aop-brocciu.com

Huile d'olive

Durant des siècles, la production
d'huile d'olive a constitué un
important secteur de l'économie
corse, surtout en Balagne et dans
la région de Bonifacio. L'**AOC Oliu
di Corsica** se caractérise par son
extrême douceur et son parfum de
maquis. À travers l'île, plus d'une
dizaine de moulins produisent
de l'huile d'olive corse AOC.
www.oliudicorsica.fr

Vins et alcools

Si vous souhaitez rapporter
quelques bouteilles, procurez-
vous auprès d'un office de

tourisme la carte des AOC-vins de Corse. Vous y trouverez la liste des caves ouvertes aux visites et dégustations. ☞ *« Les vins » p. 447.*

😊 Attention, au café, il arrive souvent que l'on vous serve un verre de vin de table ordinaire... avec des glaçons !

☞ www.vinsdecorse.com

Côté apéritifs, pourquoi ne pas céder à l'achat d'un « **cap Corse** », d'un *rappu,* mélange de moût de vin rouge et d'eau-de-vie ou d'une **cédratine**, liqueur authentiquement corse ?

Les amateurs de bière pourront emporter une variété originale : la bière à la châtaigne, la « **pietra** ».

😊 Attention : liquides et substances molles (vins et alcools, confitures, miels, etc.) sont interdits en cabine. Placez-les dans votre bagage transitant en soute.

Strada di i sensi Corsica

Vous pouvez organiser votre balade en choisissant de faire halte chez les hébergeurs et de rencontrer les producteurs affiliés au ODARC (Office du développement agricole et rural de Corse – www.odarc.corsica) dans les régions de la Balagne, du centre Corse, de Castagniccia, de la vallée du Taravo et de la Costa Serena. Vins, châtaignes, huile d'olive, *brocciu,* fromages fermiers, charcuterie, clémentines, produits biologiques... Au total, près de vingt filières sont représentées. La brochure Strada di i sensi cosica (Route des sens autentiques), remise à jour chaque année, liste tous les producteurs AOC région par région

☞ www.gustidicorsica.com

Recense les producteurs de la *Route des sens authentiques,* les tables d'hôtes, fermes-auberges et gîtes ayant reçu le label *Gusti di Corsica,* garantissant l'utilisation de produits locaux, issus du circuit court, et valorisant la gastronomie insulaire.

Objets d'artisanat

Plusieurs régions font renaître l'artisanat et redonnent ainsi un peu de vie aux villages de l'intérieur. C'est le cas plus particulièrement en **Castagniccia** et en **Balagne**. Les artisans commercialisent eux-mêmes leur production, sélectionnée dans les maisons d'artisanat « **case di l'artigiani** » et les magasins et ateliers à l'enseigne « **Corsicada** », association-syndicat alternatif fondé par un regroupement d'artisans : paniers, couteaux, objets en bois, instruments de musique, céramiques, poterie et verreries. En Castagniccia, laissez-vous tenter par les pipes en bruyère du village d'Orezza ou par les objets en bois d'aulne, d'olivier et de châtaignier à Piedicroce.

En Balagne, la Strada di l'Artigiani (« route des artisans » ; routedesartisans.fr) conduit vers les plus beaux villages de la région et fait découvrir les métiers ancestraux. Pigna, par exemple, est devenu un véritable foyer du renouveau musical ; les artisans y fabriquent des **instruments de musique** traditionnels. À St-Florent et Porto-Vecchio notamment se perpétue la fabrication de **bijoux** en corail (une espèce désormais protégée). Lumio a maintenu les techniques de la **coutellerie** : on produit toujours le *temperinu,* petit couteau traditionnel corse. Au nord-est d'Ajaccio, le village de Cuttoli-Cortichiato se consacre à l'**ébénisterie** et à la **coutellerie**.

😊 Une petite mise en garde à propos du couteau effilé baptisé « vendetta » qui, souvent, n'est pas produit localement.

Thermalisme

La Corse dispose d'un ensemble de petites stations thermales dont la modernisation témoigne de l'effort accompli pour relancer le thermalisme dans l'île. Les plus connues sont : **Pietrapola** (rhumatismes et rééducation) et les bains d'Urbalacone à **Zigliara** (affections des voies respiratoires et dermatoses).

⊙ www.medecinethermale.fr, www.thalasso-thermale.com

Transports

Train

L'**U Trinighellu** (le « petit train » en corse) se compose de **deux lignes** qui courent sur 232 km.

La ligne centrale relie **Bastia** à **Ajaccio** (en passant notamment par Ponte-Leccia, Corte et Vizzavona). L'autre s'y connecte à **Ponte-Leccia** et traverse la Balagne pour rejoindre **Calvi** via L'Île-Rousse. Même s'il ne couvre pas tout le territoire, le train est un t**rès bon moyen de se déplacer** dans l'île. Il est confortable, climatisé et équipé de fenêtres panoramiques. Égrenant des petites gares qui ont conservé leur charme d'antan, il traverse les montagnes, se hisse sur des falaises abruptes, franchit les rivières grâce à des ponts vertigineux et longe les côtes de Balagne au plus près des eaux translucides, ménageant des panoramas extraordinaires.

L'axe **Corte-Bocognano**, passant par le double pont du Vecchio construit par G. Eiffel et la forêt de Vizzanova, est particulièrement beau. Entre **L'Île-Rousse et Calvi**, le train, surnommé sur cette portion le **« tramway de Balagne »**, suit le littoral sur des portions invisibles aux voitures. Un moyen pratique pour aller à la plage. ⊙ *Encadré « U Trinighellu » p. 122.*

Liaisons – Entre Bastia et Ajaccio, jusqu'à 5 liaisons/j. (4h) via Corte. De Calvi, 2 trains/j. pour Bastia et Ajaccio. D'Ajaccio, 2 liaisons/j. avec Calvi via Corte, avec changement à Ponte-Leccia. De Corte, jusqu'à 6 liaisons/j. avec Ajaccio ou Bastia.

Informations – ☏ 04 95 32 80 57 - cf-corse.corsica

☺ Pas de réservation possible, les billets s'achètent le jour du départ en gare ou dans le train (pour les trajets périurbains, achat en gare seulement). Le **Pass Liberta** permet de voyager pendant 7 jours consécutifs en toute liberté sur le réseau corse (*50 € - 4-12 ans 50 % - www.train-corse.com ou cf-corse.corsica*). En été, les trains sont souvent bondés, arrivez en avance.

Autocar

Les compagnies desservent les principales villes de l'île à des tarifs assez économiques (attention, un supplément peut être demandé pour les bagages ou un vélo). Les fréquences étant relativement faibles, renseignez-vous pour les liaisons et les horaires auprès des offices de tourisme et sur www.corsicabus.org

Voiture

Les routes sinueuses de Corse font partie du charme de l'île. Si nombre d'entre elles ont été élargies, elles exigent une grande vigilance, surtout dans le cap Corse.

Routes de montagne – La prudence est particulièrement de mise (pas ou peu de glissières), surtout en cas de mauvaise visibilité (brouillard d'automne sur le versant oriental ; changement brusque de visibilité près du col de Teghime ; orages soudains dans la région de Corte), et jusqu'au 15 mai, voire début juin, lorsque l'enneigement ajoute aux difficultés de la chaussée.

Dépassements – Soyez prudent pour doubler ; les accidents sont fréquents.

Stationnement – Il est difficile, même dans les hameaux, souvent au bout d'une route en cul-de-sac.

Croisement difficile – Dans les virages serrés, à visibilité réduite, klaxonnez par précaution.

Stations-service – Les postes d'essence sont rares dans le cap Corse, la Castagniccia et le Niolo.

Signalisation – Les panneaux sont généralement en corse et en français, même si cette dernière inscription est parfois effacée. Certains sont rendus illisibles par le soleil.

☺ Sur les routes peu fréquentées, vous rencontrerez souvent... du **bétail en liberté**! Une vitesse réduite reste le meilleur moyen de maîtriser une situation inattendue. Il n'est pas rare de rencontrer des vaches et des cochons sur les routes la nuit, restez vigilant.

Louer une voiture

L'insularité et la limitation du parc d'automobiles de location expliquent les prix élevés et la nécessité de réserver le plus longtemps possible à l'avance. Pour payer moins cher, passez par un courtier ou un comparateur qui sélectionne les meilleures offres. La sortie de Corse est interdite. Prévoir un supplément en cas de remise dans un lieu différent.

Des véhicules électriques, sont de plus en plus souvent proposés à la location par de grandes sociétés internationales. La Corse est bien équipée en bornes de recharge, mais elles demeurent encore mal réparties, d'où des attentes parfois longues *(consultez fr.chargemacom)*.

BSP – www.bsp-auto.com

Auto europe – www.autoeurope.com

Voir également les prix en vigueur chez liligo.fr et kayak.fr.

Circuler à moto

Les motards sont très nombreux en Corse. Ils arpentent souvent l'île en groupe et se délectent de routes sinueuses à souhait. Si ce véhicule est idéal pour sillonner les petites routes de l'île, les dangers et les recommandations de sécurité restent les mêmes que pour les voitures. Les motards – allemands et italiens surtout – sont légion, au printemps notamment. Parkings adaptés dans de nombreux hôtels et restaurants.

Agenda

Processions, foires rurales (**www.foiresdecorse.com**), festivals, concerts, les manifestations ne manquent pas et se multiplient en été. Les journaux locaux et l'agenda du site **www.visit-corsica.com** constituent une bonne source d'information. Certaines manifestations de moindre importance sont évoquées dans la rubrique « Carnet pratique » de la partie « Découvrir la Corse ».

Février

Renno – Foire traditionnelle de la Tumbera. ☾ *p. 258.*

Mars et avril

Ajaccio – La Madunuccia (le 18 mars). ☾ *p. 275.*
Ste-Lucie-de-Tallano – A festa di l'oliu novu (fin mars-déb. avr.). ☾ *p. 333.*
Bastia – Festival BD (déb. avr.).
Toute la Corse – Avril. Manche du Championnat du monde de rallye WRC, Tour de Corse automobile. Attention, la date peut changer - www.tourdecorse.com

Semaine sainte

Erbalunga – Procession de la Cerca (Jeu. et Vend. saints). ☾ *p. 73.*
Corte – Procession du Christ mort (Jeu. et Vend. saints). ☾ *p. 181.*
Calvi – Bénédiction des « canistrelli » et procession (Jeu. saint). Procession de la Granitola (Vend. saint).
Bonifacio – Procession des cinq confréries (Jeu. et Vend. saints). ☾ *p. 366.*
Sartène – Processions du « Christ Roi » et du Catenacciu (Grand Pénitent). ☾ *p. 326.*

Mai

Venaco – A Fiera di u Casgiu : foire aux fromages fermiers (1er w.-end). ☾ www.fromages-corse.org

Juin

Ajaccio, Bastia, Calvi, Propriano – Fête de saint Érasme (le 2).
Corte – Cavall'in Festa : foire du cheval (1er w.-end de juin).

Juillet

Calvi – Calvi on the rocks, festival de musique electro-rock (1re sem.). ☾ www.calviontherocks.com
Pigna (et la Balagne) – Festivoce (1re quinz. du mois). ☾ *p. 149.*
Patrimonio – Les Nuits de la guitare (mi-juil.). ☾ *p. 73.*
Ajaccio – Rencontres philosophiques du lazaret François-Ollandini. ☾ www.lelazaretollandini.com

Juillet-août

Dans le Giussani (à Olmi Cappella, Pioggiola...) – Rencontres internationales de théâtre en Corse. ☾ *158.*

Août

St-Florent – Porto Latino. ☾ *p. 84.*
Ajaccio – Journées napoléoniennes (autour du 15).
Bastia – Assomption (le 15). ☾ *p. 49.*

Septembre

Casamaccioli – A Fiera di a Santa di u Niolu. ☾ *p. 206.*
Calvi – Rencontres polyphoniques (mi-sept.) - ☾ *p. 114.*

Décembre

Bocognano – Fiera di a Castagna (2e w.-end). ☾ *p. 291.*

RETROUVEZ LES POINTS D'INTÉRÊTS DU

GUIDE
MICHELIN
VOYAGE & CULTURES

ET PLANIFIEZ VOS VOYAGES AVEC

VIA MICHELIN

POUR FAIRE DE VOS ITINÉRAIRES DES MOMENTS UNIQUES.

Livres et films

Livres

Romans

BALZAC Honoré de, **La Vendetta**, 1830. Un Roméo et Juliette corse sur fond de vendetta.

Biancarelli Marc, **Murtoriu** : *Balade des innocents*, Actes Sud, 2015. Une vision sans concession de la réalité corse, à travers l'opposition de deux mondes, celui de la tradition et celui de l'argent-roi.

Castellani Jean-Pierre, **Mémoires de Corse**, Colonna, 2017. Anthologie de textes de thèmes variés signés par une myriade d'auteurs.

Chabrol Elsa, *La guerre de Louise,* Belfond, 2011. Une adolescente isolée en Corse après la mort de son père et le départ de son cousin à la guerre.

Dumas Alexandre, *Les Frères corses*, Folio, 2007. Un roman bref, autour de deux jumeaux séparés, mais unis par télépathie.

Ferranti Marie, *La Fuite aux Agriates*, Folio, 2000. Tragédie sentimentale et vendetta avec le désert des Agriates en toile de fond.

Ferrari Jérôme, *Le Sermon sur la chute de Rome*, Actes Sud, 2013. Roman pessimiste aux accents de fin du monde. Prix Goncourt 2012.

Gattateca Patrizia, *La Paille et le Feu*, Les Belles Lettres (édition bilingue), 2000. Récit épique où la langue corse adapte des formes poétiques traditionnelles.

Mérimée Prosper, *Colomba et dix autres nouvelles,* Folio, 2018. Inclut aussi une autre « nouvelle corse », *Matteo Falcone*

Rogliano Jean-Claude, *Les Mille et une vies de Théodore, roi des Corses,* ÉditionsJ. C. Lattès, 2009. L'histoire de la lutte de Théodore contre les Génois, au 18e s., dans une Corse en proie à la lutte des clans.

Romans policiers

Les éditions Albiana (www. albiana.fr) publient nombre de polars ayant pour cadre la Corse, tels les polars historiques de **Archange Morelli**.

Albertini Antoine, *La Femme sans tête*, Le Livre de Poche, 2021. En 1988 dans la Cap Corse, le corps décapité d'une femme est retrouvé au fond d'un caveau.

Wadham Lucy, *L'Île du silence*, Gallimard Série Noire, 2002. Une jeune veuve revient dans l'île natale de son mari. L'un de ses fils est kidnappé.

Jeunesse

Hédelin Pascale, *La Corse,*Milan, coll. Mes années pourquoi, 2014. La Corse racontée en images - à partir de 4 ans.

BD et dessins

Pétillon René, *L'intégrale Corse*, Les Arènes, 2009. Tous les dessins de Pétillon sur la Corse en un seul volume.

Piatzszek Stéphane et Espé, *L'Île des Justes - Corse 1942*, Glénat, 2015.

Tignous, *La Corse prend le maquis*, Robinson, 2021.

Uderzo Albert et Goscinny René, *Astérix en Corse,* Hachette, 1re parution en 1973.

☺ Voyez aussi les albums du dessinateur de presse **Battì** (batticorsicartoons.free.fr).

Contes & légendes

Albertini Jean-Pierre (préface), *Les légendes de Corse*, CPE Éditions, 2019 (format Kindle).

Muzi Jean,*Contes des sages de Corse*, M Seuil, 2010.

Rogliano Jean-Claude, *Contes et légendes de Corse*, Éd. Clémentine, 2019.

Films

BEGOTTI, Fabrice. **Les Francis**. 2014. Quatre amis, victimes d'un quiproquo, deviennent l'objet d'une « chasse au Francis », les Français du continent.

BERBERIAN, Alain. **L'Enquête corse**. En versions française et corse, 2004. Un détective part en Corse retrouver un indépendantiste recherché par la police. Avec Christian Clavier et Jean Réno.

BOTTARO, Caroline. **Joueuse**. 2009. Une modeste femme de chambre d'hôtel se prend de passion pour les échecs. Son succès au jeu va bouleverser sa relation avec ses proches et les habitants du village.

DE PERETTI, Thierry. **À son image**. 2024. Le destin tragique d'une jeune photographe dans la tourmente que traverse l'île des années 1980 aux années 2000. Une adaptation très réussie du roman de Jérôme Ferrari.

DE PERETTI, Thierry. **Les Apaches**. 2013. Quatre ados cambriolent une villa à Porto-Vecchio. Le propriétaire fait appel à un caïd local pour les retrouver.

DE PERETTI, Thierry. **Une vie violente**. 2017. Le destin d'un homme presque ordinaire sur fond de guerre fratricide au sein des groupes nationalistes corses, dans les années 1990.

FRATICELLI, Éric. **Permis de construire**. 2021. Un dentiste reçoit en héritage un terrain constructible en Corse. Mais bâtir dans l'île n'est pas une mince affaire...

FRATICELLI, Éric. **Le Clan**. 2023. Une comédie loufoque qui a connu un gros succès dans l'île.

HAREL, Philippe. **Les Randonneurs**, 1997. Cinq amis trentenaires partent randonner sur le GR 20. Des paysages de rêve pour une comédie à succès jouée par une pléiade d'acteurs célèbres (Poelvoorde, Viard, Pailhas, Harel et Elbaz).

LECCIA, Ange. **Nuit bleue**. 2011. Une jeune femme, de retour sur son île natale, est ballottée entre son ancien amour et un autre homme. Avec le cap corse comme vedette.

ROZIER, William. **Manina, la fille sans voiles**, 1952. Un navire phénicien, coulé au large des côtes corses, contiendrait un trésor. Avec Brigitte Bardot, fille du gardien de phare des îles Lavezzi.

ROZIER, Jacques. **Adieu Philippine**, 1962. Le premier long-métrage d'un cinéaste culte de la Nouvelle Vague, dispau en 2023 : deux jeunes filles amoureuses partent en Corse rejoindre un jeune homme sur le point de partir faire la guerre en Algérie. Un film solaire qui sent bon l'été et le sable chaud (restauré en 2024).

MIRET, Orso. **Le Silence**. 2004. Les vacances d'été d'un jeune couple sur l'île de Beauté, sur fond de loi du silence.

RENUCCI, Robin. **Sempre vivu !** 2007. « Qui a dit que nous étions morts ? » La création d'un complexe théâtral dans un village perdu du maquis corse.

RICHET, Jean-François. **Un moment d'égarement**. 2015. Des amis partent en vacances en Corse avec leurs filles ; l'une s'éprend de l'ami de son père. Reprise du film de Claude Berri, avec Cassel et Cluzet.

ROCHER, Karole et BIANCARDINI, Barbara. **Fratè**. 2022. À la mort de son père adoptif, un fils découvre l'existence d'un demi-frère, fils de sang, avec lequel il faudra partager l'héritage et cohabiter pendant un mois.

TAGNATI, Pascal. **I Comete**. 2021. Des vacances en Corse, vécues différemment selon les générations.

Corte : villes, curiosités et régions touristiques.
Paoli, Pascal : noms historiques et termes faisant l'objet d'une explication.
Les sites isolés (châteaux, abbayes, grottes…) sont répertoriés à leur propre nom.
Nous indiquons par son numéro, entre parenthèses, le département auquel appartient chaque ville ou site. Pour rappel :
2A : Corse-du-Sud
2B : Haute-Corse

A

Abastesco, vallée (2B) 392
Abbatucci, famille 300
Accia, pont (2B) 203
Adresses utiles 480
Agenda.. 500
Agnello, tour (2B)..............................67
Agnone, torrent (2B) 221
Agosta, plage (2A) 284
Les Agriate (2B)...............................93
Aigle royal 194
Aïtone, cascades (2A)........................244
Aïtone, forêt (2A) 243
Ajaccio (2A)..................................264
Ajaccio, golfe (2A)...........................280
Alando (2B) 209
Albo, marine (2B) 69
Alcools.......................................447
Aléria (2B) 399, 463
Alesani, barrage (2B) 415
Alesani, couvent (2B) 415
Algajola (2B) 133
Alò Bisucce (2A) 323
Alphonse V d'Aragon, ... 359
Alta Rocca (2A) 334
Altiani (2B)...................................212
Alzo, plateau (2B) 188
Ancone, tour génoise (2A) 250
Anglais, cascades (2B) 220
Antiquité....................................448
Appietto (2A).................................251
Araghju, castellu (2A) 383
Arbellara (2A) 312
Arbori (2A)...................................255
Architecture 468
Aregno (2B) 132
Arena, Barthélemy 72
Arena, Joseph.................................72
Arena Rossa, golfe (2A) 286
Argent 485
Argentella, plage (2B) 163

Arinella, plage Bastia (2B)...................42
Arinella, plage Lumio (2B)................ 134
Arone, plage (2A)............................ 237
Arrighi de Casanova,
    Jean-Thomas 176
Art...462
Artisanat.....................................497
Asco, gorges (2B) 192
Asco, réserve de faune (2B)............. 193
Asco, vallée (2B) 191
Aspreto, pointe (2A)........................264
Asto, monte (2B) 100
Aullène (2A) 339
Autocar......................................498
Avapessa (2B) 137
Avion.. 478

B

Baignade 485
Bains-de-Guitera (2A) 300
La Balagne (2B)..............................127
La Balanina (2B)..............................98
Balbuzard pêcheur 232
Balistra, plage (2A)......................... 365
Baracci, vallée (2A) 312
Barbaresques 60
Barcaggio (2B).................................63
Barcaju, plage (2A) 325
Bardiana (2B)................................ 165
Barocaggio-Marghèse,
    forêt (2A) 373
Baroque 465
Bartoli, Colomba............................456
Bastelica (2A) 293
Bastia (2B)....................................32
Bastiani, lac (2B) 396
Bastia-Poretta, aéroport (2B)............47
Bateau 479, 488
Bavella (2A) 345
Bavella, aiguilles (2A)........................344
Bavella, col (2A) 344

Bavella, forêt (2A) 345
Belgodère (2B) 136
Bellacoscia, Antoine 456
Bellagranajo, col (2B) 214
Bellevalle, col (2A) 286
Belvédère (2A) 314
Bernardini, Alain
    et Jean-François 457
Bettolacce (2B) 62
Bicchisano (2A) 340
Bières 447
Biguglia, étang (2B) 44
Bobbia, Marguerite 359
Bocca Bassa, col (2B) 163
Bocca di Marsulinu, col (2B) 164
Bocca di Vezzu, col (2B) 94
Bocognano (2A) 289
Bombe, trou (2A) 346
Bonaparte, Charles 266
Bonaparte, Letizia 266
Bonaparte, Napoléon .... , 266
Bonaparte, Pierre 159
Boniface 359
Bonifacio (2A) 353
Bonifato, cirque (2B) 159
Bonifato, forêt (2B) 159
Borgo (2B) 47
Le Bozio (2B) 208
Brocciu 446, 496
Bruno, Andrea 176
Buffon, comte de 456
Buja, cascade (2B) 393
Bussaglia, plage (2A) 230
Bustanico (2B) 209

C

Cagna, montagne (2A) 350
Calacuccia (2B) 197
Calacuccia, barrage (2B) 200
Cala d'Orzo, plage (2A) 285
Calalonga, plage (2A) 365
Calanche .... , 234
Calanche de Piana (2A) 232
Cala Rossa (2A) 382
Calasima (2B) 199
Calcatoggio (2A) 260
Caldane, source thermale (2A) 334
Caldarello (2A) 349
Calenzana (2B) 151
Calinzana 446

Calvi (2B) 106
Calzarellu, plage (2B) 391
Camera (2B) 65
Campodonico (2B) 416
Campomoro (2A) 314
Campomoro-Senetosa, site (2A) 315
Canari (2B) 68
Canavaggia (2B) 419
Canella, plage (2A) 389
Canistrelli 446
Cannelle (2B) 64
Cannelloni 445
Canoë-kayak 486
Canyoning 486
Capannella, tour (2A) 312
Capannelle, bergeries (2B) 396
Cap Corse (2B) 56
Cap-corse, vin 447
Capezza, Louis 251
Capigliolo, tour génoise (2A) 250
Capitello, lac (2B) 187
Capo a u Cavallo (2B) 163
Capula, site (2A) 332
Carbini (2A) 336
Carcheto (2B) 414
Carco, Francis 291
Carcopino, Jérôme 291
Cardo (2B) 32
Cargèse (2A) 247
Cargiaca (2A) 340
Carozzu, refuge (2B) 160
Carrozzica, forêt (2B) 193
Carticasi (2B) 418
Casabianca, sous-marin 33, 96, 237
Casaglione (2A) 259
Casamaccioli (2B) 199
Casamozza (2B) 429
Casanova, Danielle 270
La Casinca (2B) 429
Caspio, plage (2A) 230
Cassano (2B) 128
Castagna, sentier (2A) 229
La Castagniccia (2B) 408
Castagniccia, corniche (2B) 426
Castellare-di-Casinca (2B) 430
Castello (2B) 57
Castellu 463
Castifao (2B) 192
Castiglione (2B) 179
Castirla (2B) 179

Castirla, centrale électrique (2B) ... 203
Cateau-Cambrésis, traité 295
Catena, plage (2A) 364
Cateri (2B) 130
Cattaciolo, Dominique 359
Cauria, plateau (2A) 323
Cavallo, île (2A) 362
Ceccia (2A) 380
Cecu, monte (2B) 178
Cédrat 496
Centuri (2B) 64
Cerbicale, îles (2A) 380
Cerf 441
Cervione (2B) 421
Cesta, bergeries (2B) 203
Cetera 460
Chant 460
Charcuterie 444
Châtaigneraie, sentier
   d'interprétation (2A) 244
Châtaignes 445
Châtaignier 412
Chêne-liège 380, 441
Chenova, col (2A) 286
Chevanu, criques (2A) 350
Chiappa, pointe (2A) 379
Chiavari, forêt (2A) 285
Chiuni, plage (2A) 249
Chjama è rispondi 460
La Cinarca (2A) 259
Cinarca, comtes 261
Cinto, monte (2B) 198, 203
Cipriani, Leonetto 65
Citadelles 465
Cocavera, col (2A) 245
Colette 457
Colga, bergeries (2B) 204
Colomba 313
Colomba, bière 447
Colomb, Christophe 108
Colonna d'Istria, général Paulin 340
Confitures 496
Confréries 465
Conservatoire du littoral 443
Coppa 444
Corbara (2B) 144
Corbara, couvent (2B) 145
Cormoran huppé 389
Corscia (2B) 202
Corso, Sampiero 175, 295, 374
Corte (2B) 172

Corte, arche (2B) 180
Cortone, col (2A) 286
Coscione, plateau (2A) .... , 302
Coscione, vallée (2A) 340
Costa Serena 391
Costa Verde (2B) 422
Costume 69
Côtes 490
Coti-Chiavari (2A) 285
Cozzano (2A) 301
Creno, lac (2A) 257
Crêtes, sentier (2A) 286
Cristinacce (2A) 256
Croix, col (2A) 230
Crovani, baie (2B) 163
Cucuruzzu, site (2A) 332
Culture 462
A Cupulatta, parc (2A) 290
Cuttoli-Corticchiato (2A) 290
Cyclisme 487

D

Della Rocca, Arrigo 261
Della Rocca, Sinucello 261
Diane, étang (2B) 402
Didon, père 145
Diorite orbiculaire 330
Douaniers, sentier (2B) 67
Dragut 359
Drosera 198

E

Eaux minérales 447
Eccica-Suarella (2A) 296
Émigration 451
Engoulevent 94
Équitation 487
Erbajolo (2B) 210
Erbaju, plage (2A) 326
Erbalunga (2B) 58
Ersa (2B) 63
Escalade 487
Ese, plateau (2A) 294
Eucalyptus 284
Évisa (2A) 243

F

Fabrikant, Michel 188
Falculelle 446
Fango, vallée (2B) 164

Farinole, marine (2B).............................71
Faune 441
Fautea, site naturel (2A)...................389
Favalello (2B) 210
Favone, anse (2A)..............................389
Felce (2B) 414
Feliceto (2B)......................................137
Fesch, cardinal Joseph 39, 270
Fesch, palais
    (musée des Beaux-Arts) 270
Fêtes traditionnelles.........................461
Ficaghjola, boucle (2B).....................161
Ficajola (2A) 237
Fieno (2B)..66
Figarella, vallée (2B).........................164
Figari, golfe (2A)...............................348
Figatellu 444
Filitosa (2A) 310
Filmographie.....................................503
Filosorma (2B)...................................164
Finocchiarola, îles (2B) 62
Le Fiumorbo (2B) 393
Fium'Orbo (2B) 395
Fondère, Alphonse 251
Fontanaccia, dolmen (2A)................324
Forêt..440
Forts...466
Fozzano (2A) 313
Franceschini, Marthe........................145
Francese, cala (2B)..............................67
Fromages 446
Furiani (2B) 44

G

Gaffori, Faustina...............................177
Gaffori, général 175
Gaffori, Jean-Pierre 456
Galea, parc (2B).................................423
Galéria (2B) 162
Galéria, golfe (2B) 162
Gargalo, île (2A) 232
Gastronomie 444
Gênes...449
Genévrier...193
Genovese, cala (2B).............................67
Géologie 436
Ghignu, anse (2B) 96
Ghisonaccia (2B)...............................391
Ghisoni (2B).......................................395
Ghisoni, forêt (2B) 396

Giafferi, Agostino 35
Giafferi, général Luiggi 322
Giottani, marine (2B)............................69
Giraglia, îlot (2B)............................62, 63
Girolata (2A).......................................231
Girolata, golfe (2A) 232
Le Giussani (2B) 155
Golf 488
Golo, haute vallée (2B) 418
Golo, vallée (2B).................................198
Gozzi, rocher (2A) 251
GR 20 492
Gradelle, plage (2A) 230
Grand Capo, plage (2A) 284
Grandes nacres 389
Granitula...................................111, 174
Gravona, vallée (2A)...........................289
Grecale 489
Grecs (Les) 248
Grotelle, bergeries (2B)......................186
GT 20 487
Guagno-les-Bains (2A) 256
Guardiola, pointe (2A) 286

H-J

Haut-Asco (2B)....................................195
Haut-Sorru, vallée (2A)........................256
Hébergement 482
Histoire..448
Huile d'olive 99, 496
Identité insulaire 458
L'Île-Rousse (2B)..................................120
L'Incudine (2A)....................................302
Invasions...449
Inzecca, défilé (2B).............................396
Isolaccio (2B) 424
Isolella, presqu'île (2A).......................284
d'Istria, Vincentello.....................175, 261
Jason..94
Julie, sainte 70

K-L

Kayak de mer 488
Kitesurf..489
Lama (2B) 99
Lancone, défilé (2B) 91
Langue 460
Larone, col (2A)...................................345
Lava, col (2A) 237
Lavasina (2B) 57

Lavatoggio (2B) 132
Lavezzi, îles (2A) 362
Légendes 467
Lento (2B) 419
Levant 489
Levie (2A) 335
Levie, Pianu de (2A) 335
Liamone, gorges (2A) 255
Libecciu 489
Libio, forêt (2A) 257
Lindinosa, forêt (2A) 246
Liqueurs 447
Liscia, golfe (2A) 250
Littérature 467
Livres 502
Lonzu 444
Loreto-di-Casinca (2B) 430
Loreto-di-Tallano (2A) 340
Losse, tour (2B) 58
Loto, plage (2B) 95
Lozari (2B) 136
Lozari, plage (2B) 123
Lumio (2B) 134
Lunghignano (2B) 128
Luri (2B) 68

M

Macinaggio (2B) 62
La Madonuccia (2B) 221
Maestrale 489
Maison traditionnelle 466
Malfalcu, plage (2B) 96
Manicella, via ferrata (2B) 192
Manso (2B) 165
Mantinôn 34
Maora, plage (2A) 365
Maquis 440
Marbeuf, marquis de Cargèse 248
Marcasso, couvent (2B) 131
Mariana, fouilles (2B) 463
Mariana, parc archéologique (2B) 45
Marinella, plage (2A) 282
Marmano, forêt (2B) 397
Marsolino, vallée (2B) 163
Martin, saint 449
Mattei, moulin (2B) 64
Mausoleo (2B) 156
Méduses 485
Mégalithes 462
Mela (2A) 332
Melo, lac (2B) 187

Ménasina, plage (2A) 249
Meria, tour (2B) 58
Météo 480
Mezzana (2B) 424
Mezzogiorno 489
Miel 194, 446, 496
Les Milelli (2A) 273
Miomo (2B) 42
Mola (2A) 322
Moltifao (2B) 192
Monserato, oratoire (2B) 42
Monte-Estremo (2B) 165
Montemaggiore (2B) 129
Monte Stello, sommet (2B) 67
Monte Tolu (2B) 157
Monticello (2B) 123
Morello, col (2B) 216
Moriani-Plage (2B) 423
Morosaglia (2B) 410
Morsiglia (2B) 65
Mortella, tour (2B) 95
Moto 499
Mouflon 193, 195
Muletiers, sentier (2B) 202
Muna (2A) 256
Muracciole (2B) 216
Murato (2B) 88
Muricciolu, pont (2B) 199
Muro (2B) 137
Murzo (2A) 256
Musique 460
Mute, crique (2B) 65

N

Nacres, côte (2A) 389
Nature 436
Le Nebbio (2B) 87
Nebbio, ancienne
    cathédrale (2B) 84
Nebium 83
Negro, marine (2B) 71
Neuhoff, Théodore de 415, 450, 453
Nevera, pointe (2B) 422
Nichiareto, baie (2B) 163
Nino, lac (2B) 204
Le Niolo (2B) 197
Niolo, fromage 446
Nonza (2B) 70
Notre-Dame-
    de-la-Scobiccia (2B) 422
Notre-Dame-de-la-Serra (2B) 112

O

Ocana (2A) 296
Occhiatana (2B) 136
Occhio-Vario (2B) 216
Oletta (2B) 90
Oliva, Fiora 35
Olmeta-di-Tuda (2B) 90
Olmeto (2A) 309
Olmi-Cappella (2B) 156
Omessa (2B) 179
Ondella, col (2B) 157
Orezza, couvent (2B) 413
Orezza, eaux (2B) 413
Oriente, lac (2B) 188
Orinella, plage (2A) 364
Oro, monte (2B) 222
Ortala, cascades (2A) 297
Orto (2A) 257
Orto, cap (2A) 236
Osani (2A) 230
L'Ospédale (2A) 371
Ospédale, barrage (2A) 372
Ospédale, col (2A) 372
Ospédale, forêt (2A) 371
Ostriconi, plage (2B) 96, 98
Ostriconi, vallée (2B) 98
Ota (2A) 241

P

Paccionitoli, chaos (2A) 336
Paddle 489
Padulone, plage (2B) 402
Pagliaghj 94
Palaggi, alignements (2A) 324
Palasca (2B) 136
Palmente, col (2B) 221
Palombaggia, plage (2A) 379
Pancheraccia (2B) 213
Paoli, Pasquale 175, 411, 450, 453, 456
Paomia (2A) 248
Paragnano, cala di (2A) 364
Parapente 491
Parata, pointe (2A) 283
Parc marin international 443
Parc naturel marin du Cap Corse et de l'Agriate 443
Parc naturel régional de Corse 443, 480
Pasciolo, fort (2B) 216

Pâtes 445
Patrimonio (2B) 71
Patrimonio, vin 447
Pêche 491
Pénitent 461
Penta-di-Casinca (2B) 430
Peraiola, anse (2B) 98
Peri (2A) 290
Pero, plage (2A) 248
Personnalités 456
Personnes à mobilité réduite 482
Pertusato, cap (2A) 363
Petreto (2A) 340
Phocéens 448
Piana (2A) 236
Pianella, pont génois (2A) 241
Pianona, promenade (2B) 346
Pianottoli-Caldarello (2A) 349
Piantarella, plage (2A) 364
Piazza (2B) 68
Piedicorte-di-Gaggio (2B) 213
Piedicroce (2B) 413
Piedipartino (2B) 414
Pietra, bière 447
Pietracorbara, marine (2B) 58
Pietra, île (2B) 122
Pietrapola (2B) 392
Pietraserena (2B) 213
Pietra Tafonata (2B) 137
Pietrosella (2A) 284
Piévannics 464
Piève (2B) 08
Pièves 450
Pifane 460
Pigna (2B) 147
Pigno, serra di (2B) 72
Pinarellu, golfe (2A) 382
Pineta, forêt (2A) 296
Pineto, forêt (2B) 416
Pinia, domaine (2B) 391
Pin laricio 220
Pino (2B) 68
Pinzuttu 459
Pioggiola (2B) 137
Pirio, forêt (2B) 165
Pirule 460
Pisan (art roman) 464
Piscia di Gallo, cascade (2A) 372
Plaisance, navigation 489
Plongée sous-marine 491

Poisson.. 444
Polyphonies.................................... 460
Ponente..489
Ponte-Leccia (2B) 192
Ponte Nuovo (2B)...........................419
Ponte-Vecchiu (2B).................164, 165
Pont génois.................................... 193
Popaghja,
    maison forestière (2B) 201
Popolasca (2B) 179
La Porta (2B).................................. 410
Porticcio (2A)..................................284
Porticciolo, marine (2B) 58
Portigliolo (2A)............................... 314
Porto (2A) 229
Porto, golfe (2A)............................. 228
Porto-Pollo (2A) 312
Porto-Vecchio, golfe (2A).............. 379
Potages 444
Pozzines..198
Prato, col (2B) 410, 416
Prisuttu.. 444
Propriano (2A).................................308
Prunelli-di-Fiumorbo (2B).............. 393
Prunelli, gorges (2A) 294
Pulenta 445
Punta, château (2A).........................283
Punta de la Revellata (2B).................. 113
Punta de la Revellata,
    domaine (2B) 113
Punta di Spano (2B)........................134
Punta Muchillina (2A)..................... 232
Punta Palazzu (2A) 232
Punta-Rossa (2A).............................365

Q-R

Quenza (2A)..................................... 338
Radule, bergeries
    et cascades (2B) 205
Randonnée pédestre 492
Recisa, anse (2B) 163
Refuges..494
Reghia di Pozzo (2B) 419
Regino, vallée (2B).......................... 136
Renaggiu, alignement (2A).............. 324
Renno (2A) 255
Renoso, monte (2B)........................396
Résistance....................................... 451
Restauration....................................496
Restitude, sainte 153

Restonica, forêt (2B) 186
Restonica, gorges (2B)....................185
Restonica, vallée (2B) 188
Riciniccia, site (2B) 162
Rizzanèse, vallée (2A)..............312, 329
Roccapina, col (2A)......................... 325
Roccapina, site (2A) 325
Rocchi-Bianchi (2A) 365
Roches... 437
Rogliano (2B) 62
Roman (art) 464
Rondinara, baie (2A) 365
Rospa-Sorba (La forêt de).............. 216
Rosso, cap (2A) 237
Rotondo, monte (2B) 187
La Roya, plage (2B)...........................83
Ruppione, plage (2A).......................284

S

Sagone (2A) 249
Sagone, golfe (2A) 249
Saint-Antoine, col (2B) 418
Saint-Eustache, col (2A) 339
Saint-Florent (2B)..............................82
Saint-François, couvent (2B)............. 90
Saint-Georges, Office 465
Saint-Julien, couvent (2A)...............364
Saint-Rainier, chapelle (2B) 129
Saint-Thomas
    de Pastoreccia (2B)...................... 409
Sainte-Lucie (2B)...............................42
Sainte-Lucie, col (2B)........................ 66
Sainte-Lucie
    de Porto-Vecchio (2A).................. 382
Sainte-Lucie-de-Tallano (2A)...........335
Sainte-Restitude, église (2B) 152
Saleccia, parc (2B)........................... 123
Saleccia, plage (2B) 96
Saliceto (2B) 417
Salto, col de (2A)............................ 245
Salvi, col (2B)...................................129
Sambucuccio 210
San-Bastiano (2A) 251
San-Ciprianu (2A) 382
San-Giovanni-di-Moriani (2B) 424
San-Martino-di-Lota (2B) 42
San-Nicolao (2B) 426
San Pantaleone, chapelle (2B)........416
San Petrone, monte (2B).................. 415
San Petru, chapelle (2B)..................424

San Petruculo d'Accia,
  chapelle (2B).................................410
San Pietro di Verde, forêt (2B) 301
San Quilico de Cambia,
  chapelle (2B)................................. 417
San Quilico de Montilati,
  chapelle (2A)................................. 381
San Stefano, col (2B) 90
San-Giuliano (2B).............................. 426
Sanguinaires, îles (2A).....................280
San Michele de Murato (2B)...............88
Sant'Alberto, cascade (2A)...............296
Sant'Ambroggio, marine (2B).........134
Sant'Andréa d'Orcino (2A) 259
Sant'Angelo, monte (2B) 146
Sant' Eliseo, chapelle (2B) 214
Sant'Eliseu, monte (2A) 257
Santa Giulia, plage (2A).....................380
Santa-Lucia-di-Moriani (2B) 424
Santa-Manza, golfe (2A)................... 365
Santa-Maria, anse (2B) 67
Santa Maria Assunta,
  chapelle (2B)................................210
Santa Maria de Corsoli,
  chapelle (2B)................................. 417
Santa Maria di a Chjapela,
  tour (2B) 67
Santa-Maria-Figaniella (2A)............. 313
Santa-Maria-Siché (2A) 300
Santa-Reparata
  di-Balagna (2B).............................158
Santa-Reparata-di-Moriani (2B)....426
Sant'Antonino (2B)............................ 132
Santa-Severa (2A)................................58
Santo-Pietro-di-Tenda (2B).........87, 88
Santo-Pietro-di-Venaco (2B)...........214
Sari-d'Orcino (2A).............................. 259
Sari-Solenzara (2A) 389
Sarrola-Carcopino (2A) 291
Sartène (2A).. 319
Sartinese..446
Sauli, Alexandre 422
Scaffa, plage (2A).............................. 389
Scala di Santa Regina (2B) 202
Scala Santa 42
Scandola, réserve naturelle (2A) 231
Sdragonato, grotte (2A) 361
Sebastiani, Horace 456
Séjour...476
Sénèque, tour (2B)............................. 66

Sentier du littoral (2B)........................ 94
Serena, bière 447
Sermano (2B).......................................208
Serra-di-Ferro (2A)............................. 312
Serra-di-Fiumorbo (2B).....................392
Serra-di-Scopamène (2A)................. 338
Sevi, col (2A) 255
Sidossi (2B)...199
Simeoni, Edmond 457
Sirocco...489
Sisco (2B) 58
Sittelle, sentier (2A) 244
Ski..495
Soccia (2A) 256
Sognu, golfe (2A) 381
Solenzara (2A)....................................388
Sollacaro (2A) 312
Sorba, col (2B) 217
Souvenirs...496
Spasimata (2B)....................................160
Spasimata, sentier (2B).....................160
Speloncato (2B) 137
Spelunca, gorges (2A)....................... 241
Sperone, pointe (2A)......................... 365
Spin'a Cavallu, pont (2A) 334
Stagnoli, plage (2A)...........................249
Stantari, alignement (2A)................. 323
Statue-menhir 462
Stazzona (2B) 413
Stazzona, col (2B)...............................205
Ste-Christine, chapelle (2B)............. 422
Stello, mont (2B)..................................57
Strette, défilé (2B)............................. 396
Stufatu...445
Surf..489

T

Taffoni.., 326, 234
Tafonato, trouée (2B)........................202
Talasani (2B)....................................... 424
Tamariccio, plage (2A).......................380
Tamarone, plage (2B).........................62
Tappa (2A) 381
Taravo, vallée (2A).............................340
Tarco, anse (2A) 389
Tarrabenioi... 261
Tartagine, col (2B) 157
Tartagine, gorges (2B).......................156
Tavera, statue-menhir (2A)..............290
Taverna, port (2B) 426

Tavignano, gorges (2B)......................180
Tavignano, vallée (2B) 212
Teghime, col (2B)................................72
Teghje...466
Terrane 489
Théophile, saint................................ 178
Thermalisme 497
Timozzu, bergeries (2B)....................188
Tiuccia (2A) 250
Tizzano (2A) 324
Toga, plage (2B).................................41
Tolla (2A) 294
Tombalo (2A) 242
Tombulu biancu, plage (2B).............. 44
Tomino (2B)...62
Tonnara, plage (2A)...........................364
Torre 462
Tortue 192, 290, 442
Tortues, village (2B)........................... 192
Tours génoises...........................69, 465
Tova, forêt domaniale (2A) 345
Train...498
Tralicetu, plage (2A) 325
Tralonca (2B).....................................208
Tramontane 489
Transhumance....................................194
Transports 498
U Trinighellu....................................122, 498
Trinité, ermitage (2A) 364
Tuani, couvent (2B)............................ 136
Tuara, plage (2A) 230
Tuarelli (2B).......................................164
Turghiu, tour (2A) 237

U

U Catenacciu 323
Ucciani, pont (2A)..............................290
Ucelline, cascade (2B) 426
Uomo di Cagna (2A)..........................350
Urbino, étang (2B) 392
Urtaca (2B) 98

V

Vacca Morta, sentier (2A)................. 372
Valdu-Niellu, forêt (2B) 201
Valéry, Paul 58

Valinco, golfe (2A)..............................309
Valle-di-Rostino (2B) 409
Vancances sportives 486
Vecchio, pont (2B)............................. 215
Velone-Orneto (2B) 424
Venaco (2B) 215
Vents 489
Venzolasca (2B) 429
Verde, col (2B) 397
Vergio, col (2A/2B)............................201
Vero (2A) 290
Vescovato (2B) 429
Vezzani (2B) 217
Viandes 445
Vico (2A) 254
Viggianello (2A) 314
Vignale, plage (2B) 391
VIgnoble 349
Vignola (2A) 286
Village..466
Vins..446, 496
Vitulo, fontaine (2B) 219
Vivario 215
Vizzavona (2B) 219
Vizzavona, col (2B)............................220
Vizzavona, forêt (2B) 219
Vizzavona, fort (2B)........................... 222
Voile...489
Voile de la Mariée,
    cascade (2A) 289
Voiture................................... 479, 498

W

Wachtendonck.................................. 152
Whisky..447

Z

Zaglia, pont génois (2A) 241
Zérubia (2A) 349
Zicavo (2A) 299, 301
Zilia, 2B... 128
Zipitoli, pont (2A) 296
Zonza (2A) 337
Zonza, forêt (2A) 375
Zoza, piscine naturelle (2A) 331
Zuani (2B) 211

Carte générale

Premier rabat de couverture

Cartes des microrégions

1 Bastia et le cap Corse 30
2 Le Nebbio et les Agriate 80
3 La Balagne................................104-105
4 Corte et sa région 170-171
5 Porto, les Calanche
et Cargèse 226-227
6 La région d'Ajaccio
et le haut Taravo...................... 262
7 Le Sud : Propriano, Bonifacio et
Porto-Vecchio..................... 306-307
8 La côte orientale
et le Fiumorbo............................386
9 Castagniccia, Costa Verde
et Casina 406-407

Plans de ville

Ajaccio.............................267 et 268
Bastia 37
Bonifacio 357
Calvi...109
Corte 174
L'Île-Rousse 121
Porto-Vecchio.........................372-373
Sartène.. 321

Plans de monuments

Aléria, ville antique............................ 400
La Canonica et le site de Mariana 46
Filitosa 310

Cartes thématiques

Géologie 438
Relief.. 439
Navigation de plaisance...................490
Parc et réserves.................................. 493

Cartes des circuits

Aïtone, forêt 244
Ajaccio, golfe.. 282
Alta Rocca.. 337
La Balagne 130-131
Bastelica 297
Bastia, environs 43
Bonifacio, environs 363
Bonifato, cirque.................................160
Le Bozio...210
Cap Corse 59
Cervione et Costa Verde 425
Le Fiumorbo 392
Ghisoni 397
Incudine 301
Le Niolo (Monte Cinto)..................... 200
Piana, Calanche................................. 235
Porto, golfe 231
Porto-Vecchio, golfe 382
Sagone, golfe................................250
Le Sartenais 324
Spelunca, gorges........................... 242
Valdu-Niellu, forêt........................204
Valinco, golfe 313
Vizzavona, forêt 222

Note au lecteur

Michelin a apporté le plus grand soin à la rédaction de ce guide et à sa vérification. Toutefois, les informations pratiques (formalités administratives, prix, adresses, numéros de téléphone, adresses Internet, etc.) doivent être considérées comme des indications du fait de l'évolution constante de ces données.

Il n'est pas totalement exclu que certaines d'entre elles ne soient plus, à la date de parution du guide, tout à fait exactes ou exhaustives. N'hésitez pas à nous signaler toute omission ou inexactitude que vous pourriez constater, ainsi qu'à nous faire part de vos avis et suggestions sur les adresses contenues dans ce guide.

Avant d'entamer toute démarche, formalités administratives ou douanières notamment, vous êtes invité à vous renseigner auprès des organismes officiels. Ces informations ne sauraient, de ce fait, engager notre responsabilité.

Collection sous la direction de Philippe Orain

Responsable d'édition et rédactrice en chef du guide : Natacha Brumard

Suivi éditorial : Emmanuelle Souty

Rédaction : Denis Montagnon, François Sichet, Luc Decoudin, Serge Guillot, Jordane Bertrand, Isabelle Bruno, Louise Druet, Jean-Louis Gallo, Guylaine Idoux, Hervé Kerros, Catherine Zerdoun

Ont contribué à ce guide : Denis Rasse, Steluța Anghel, Gabriel Dragu (**Cartographie**), Véronique Aissani, Carole Diascorn (**Couverture**), Marie Simonet, Marion Capera (**Iconographie**), Bogdan Gheorghiu, Cristian Catona, Hervé Dubois, Pascal Grougon (**Prépresse**), Dominique Auclair (**Pilotage**)

Plans et cartes : © MICHELIN 2024.

Conception graphique
Christelle Le Déan, Sandro Borel (maquette intérieure)
Véronique Aissani (couverture)

Régie publicitaire et partenariats
contact.clients@editions.michelin.com
Le contenu des pages de publicité insérées dans ce guide n'engage que la responsabilité des annonceurs.

Contacts
Vous souhaitez nous contacter ?
Rendez-vous dans la rubrique contact de notre site internet :
editions.michelin.com

Parution 2025

515

MICHELIN Éditions

Société par actions simplifiée au capital de 487 500 EUR
57 rue Gaston Tessier – 75019 Paris (France)
R.C.S. Paris 882 639 354

© 2025 MICHELIN Éditions - Tous droits réservés
Dépôt légal : 01-2025 – ISSN 0293-9436
Compograveur : Nord Compo, Villeneuve d'Ascq
Imprimeur : Chirat, 744 rue de Sainte- Colombe,
42540 Saint-Just-la-Pendue
Imprimé en France : 01-2026

Sur du papier issu de forêts bien gérées

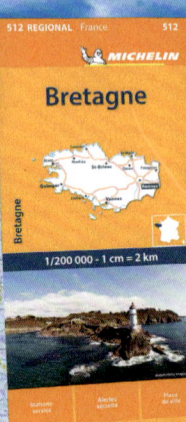

POUR VOYAGER
CURIEUX
EMPORTEZ
GUIDE ET CARTE